喀什高台民居

王小东 宋辉 刘静 倪一丁 著

东南大学出版社
·南京·

图书在版编目（CIP）数据

喀什高台民居 / 王小东等著 .—南京：东南大学出版社，2014.1
ISBN 978-7-5641-4641-2

Ⅰ.①喀… Ⅱ.①王… Ⅲ.①民居－介绍－喀什地区 Ⅳ.① K928.79

中国版本图书馆 CIP 数据核字（2013）第 267748 号

喀什高台民居

著　　者	王小东　宋　辉　刘　静　倪一丁
出版发行	东南大学出版社
社　　址	南京市四牌楼 2 号　邮编 210096
出 版 人	江建中
网　　址	http://www.seupress.com
责任编辑	戴　丽　姜　来
文字编辑	陈　淑　陈　佳
装帧设计	皮志伟　刘　立
责任印制	张文礼
经　　销	全国各地新华书店
印　　刷	利丰雅高印刷（深圳）有限公司

开　　本	787 mm × 1092 mm　1/12
印　　张	42.5
字　　数	1000 千字
版　　次	2014 年 1 月第 1 版
印　　次	2014 年 1 月第 1 次印刷
书　　号	ISBN 978-7-5641-4641-2
定　　价	460.00 元

本社图书若有印装质量问题，请直接与营销部联系。电话：025-83791830。

谨以此书献给关心和保护我国历史文化名城的各方人士。如果有一天高台民居消失，此书的完整资料可以使其重现。

感谢喀什市人民政府、新疆建筑设计研究院、东南大学建筑学院和北京市住宅建筑设计研究院有限公司新疆分公司对本书出版的鼎力支持。

王小东
2013年10月

喀什高台民居抗震改造及风貌保护研究与测绘参与人员

项目主持人： 王小东 中国工程院院士

倪一丁	高级建筑师		钟 波	高级建筑师
胡方鹏	博 士		刘 静	博 士
宋 辉	博士研究生		王 宁	建 筑 师
刘 勤	高级建筑师		帕孜来提	助理建筑师
戴 佳	助理建筑师		郭 蓉	院士秘书
秦占涛	助理建筑师		苏 艳	硕 士
马思超	助理建筑师		阿孜古丽	硕 士
马雷	助理建筑师		杨 亮	建 筑 师
刘 磊	助理建筑师		毛 健	助理建筑师
董 超	工 程 师		亚森江	建 筑 师

作者简介

王小东，1963年西安冶金建筑学院建筑学专业毕业，分配到新疆建筑设计研究院工作，历任高级建筑师、院长。现为资深总建筑师、名誉院长，中国建筑学会第十一届常务理事、西安建筑科技大学博士生导师。长期从事建筑设计和建筑理论研究工作，主要建筑作品有新疆友谊宾馆三号楼、库车龟兹宾馆、北京中华民族博物院新疆景区、新疆博物馆、新疆地质矿产博物馆、新疆国际大巴扎、库尔勒康达大厦等，分别获得新疆维吾尔自治区、建设部、中国建筑学会的优秀设计奖。2005年以建筑创作的个人成就获得国际建协（UIA）颁发的罗伯特·马修奖（改善人类居住环境奖）。2007年获我国建筑师的最高荣誉奖——第四届梁思成建筑奖。曾在学术刊物上发表学术论文数十篇，如《新疆建筑创作之语》、《继承与创新》、《新疆伊斯兰建筑的定位》、《文化对建筑困境的拯救》、《变化中的城市观念》、《建筑本源与消解》等。出版著作有《新疆古建文化之旅》、《伊斯兰建筑史图典》、《西部建筑行脚》等。

2007年12月被增选为中国工程院院士。目前致力于"乌鲁木齐市城市特色"和"喀什老城区改造"的研究，其喀什老城改造阿霍街坊项目获第二届中国建筑传媒"居住建筑特别奖"。

宋　辉

（1980.10—），女，陕西省西安市人，西安建筑科技大学建筑学院讲师，博士研究生，主要研究方向为建筑历史及其理论、地域建筑理论与设计。

刘　静

（1980.01—），女，河北唐山人，厦门理工学院土木工程与建筑学院讲师，博士，主要研究方向为城市规划与城市设计、地域建筑理论与设计。

倪一丁

（1973.03—），男，高级建筑师，新疆建筑设计研究院第八建筑创作室副主任。

喀什高台民居的抗震改造与风貌保护（代前言）

图1 高台民居东南段全景（2008年）

新疆喀什是我国历史文化名城，城市风貌和地域文化具有浓郁民族特色。但因处于地震多发区，老城区房屋大都简陋、陈旧，抗震及防火能力极差。为保障人民生命财产安全，改善居民居住条件，加强喀什老城区房屋抗震性能，更好地保护喀什古城文化风貌，经过多年的探索和实践，2009年喀什老城区改造工作的新阶段开始启动。同年6月初，联合国教科文组织派卡贝丝女士为代表的考察组到喀什考察后认为，喀什老城区改造方式值得赞扬，体现了以人为本的精神。

喀什老城区改造的指导思想是把生命安全放在首位，把老城区危旧房屋改造和抗震防灾结合起来；与扶贫帮困和改善居民生活结合起来；与继承传统和弘扬维吾尔历史文化结合起来；与城市远期发展结合起来。在具体实施过程中采用就地翻建，广泛征求居民意愿，一对一的逐户设计，在建造过程中尤其在后期装修中的屋顶、栏杆、楼梯、柱式、门窗等，由住户参与实施。通过各方论证，国家补助20亿元、自治区筹资10亿元，再加上地方财政配套，预计总投资启用70亿

图2 高台民居在喀什的地理位置（卫星图片）

元。这在世界上也是罕见的。

随着改造工作不断地进展和总结经验，从2009年9月份开始，启动了对喀什老城区最有特色、最有代表性的高台民居的改造工作的研究。

我们先后共投入十余人，历时4个月，对高台民居的现状和454户民居进行了实测、访谈并完成整体和每户民居的三维数字模型图库。在此基础上，从总体布局、单栋改造，道路系统，水、暖、电、燃气、市政管网，边坡支

本文发表在《建筑学报》2010年第3期上，这里略有改动。

图3　建筑群层叠而上

图4　随地势变化的街巷（实测数字模型）

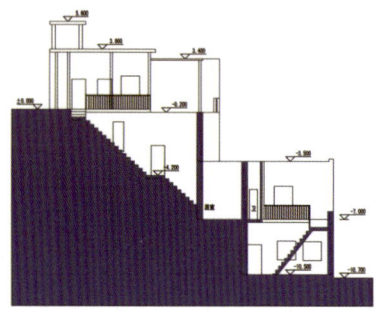

图5　沿坡地而建的156号民居（数字模型）

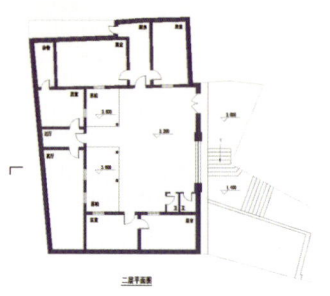

图6　丰富的庭院布局（553号数字模型）

护、结构、构造等各方面提出了达千页的研究成果。本文就是对研究成果的简要阐述。

一、高台民居独有的形态和魅力

在喀什有一句"不到喀什不算到新疆，不到高台民居不算到了喀什"的流行语，生动地说明了高台民居在喀什的地位（图1、图2）。

高台民居维吾尔名称是阔孜其亚贝希，意为高崖土陶，因这里的千年制陶工艺而得名。高台民居依势建于老城东南端高20多米、长400多米的黄土高崖上，毗邻吐曼河和东湖公园，现有住宅多为1902年大地震后建设，百年老宅处处可见。居民绝大部分为维吾尔族，主要从事维吾尔传统的手工艺制作，这里集中体现了维吾尔族的民族特质与生活特色，表现出独特的魅力。

1. 建筑群肌理脉络的生长

民居群呈现出生长性，建筑密度非常大。由于早期高台上的巷道都是被用来做排水的排水道，因此巷道均没有人为的规划，顺应自然地势，自由延伸，逐渐形成了现在民居群落依高崖坡势而建的现状（图3），层层叠叠形成不规则的空间。

2. 街巷空间的生命延伸

巷道随着地势的变化形成台阶或缓坡道样式，过街楼之间犬牙交错，连续的天井空间，形成了丰富的空间变化的同时也营造出具有识别性和归属感的场所意向（图4）。

3. 院落空间布局的因地制宜

建筑空间充分利用地形和空间修建，如有一户民居在崖上建有二层、崖下四层，从崖上、崖下都可进入，是一种在有限的范围内极大利用空间的建筑，这可以说是高台民居建筑中的主要特色（图5）。

4. 叠落的庭院

由于地形变化大，庭院亦随之变化，形成大小、高低、形状各异的生活空间。加之回廊、栏杆、装饰、绿化以及半露天的平台——苏帕，使得空间更为丰富，生活更有情趣（图6、图7）。

图8　各标高变化下的屋顶层次

图7　庭院空间及装饰实例

5. 建筑第五立面——屋顶

坡地形成了不同层面与标高的屋顶。屋顶平坦，常围以栅栏，既可贮藏、晾晒、养殖，还可以夏季纳凉、眺望，在景观上不论从高处俯视，或从远处平视，屋顶是极为重要的空间构成（图8）。

6. 整体可视性

由于街巷、民居布局在独立的山崖上，从城市的每个角度都可以看到，色调统一且体型丰富，沿崖下环行一周，可体会其时时变化的场景（图9）。

二、高台民居保护性改造的特殊性和难点

（1）由于高台民居在喀什老城区中具有代表性意义，规模大、完整性程度高，所以对其传统风貌的保护要求更高。在改造方案中必须保持原有的整体风貌，街巷和住宅尽可能地按原状恢复，尤其对于丰富多彩的庭院和装饰，尽量保持原貌。

（2）在喀什其他老城区的改造中，由于历史原因，现代楼房和原有民居呈现咬合状态，无法形成成片的规模。而高台民居保留完好，通过

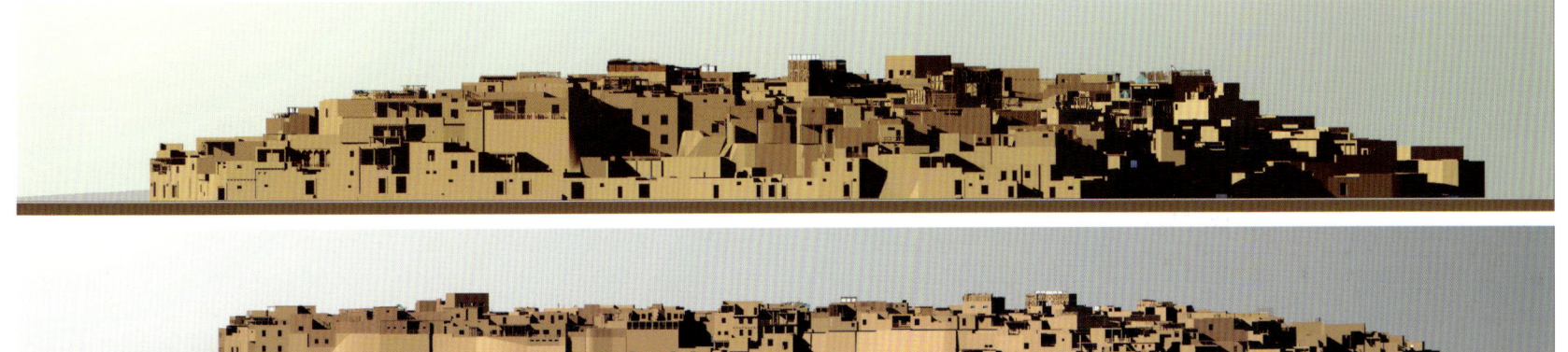

图9　东、北视角下的高台民居全景（实测数字模型）

对高台民居进行整体研究，提出整体的改造方案。拆迁的准确性、道路系统、市政管网系统都要在同一系统中综合平衡解决。

（3）高台民居的居民多为平民，高台为"穷人居住的地方"。目前高台内居民1552人，其中从事手工业及生意的有393人，职工与退休人员155人，学龄前儿童106人，学生276人，待业616人。其中待业人员在总数中占比例最高，为39.69%。居民从事手工业及生意的职业有服饰制作、花帽制作、维吾尔铁器、维吾尔族土陶器、维吾尔族乐器、维吾尔族木器制作等，由此可见，高台民居的保护与改造不仅仅是建筑和规划的事情，而且关系到整个社会生态与结构体系。保护与扩大就业，便利生意也是极为重要的一环，大翻大建、迫使外迁，破坏原有的手工业、商业以及人际关系结构，在这里是不可取的（图10）。

（4）喀什的地质属自重湿陷性黄土，承重性能较差。目前高台的四周已经露出了坡度陡峭的边坡地带，原来边坡上已有的民居，大都傍坡而建，坡高最大的达到13米，大部分也在6~9米。这些民居基本上都没有经过正规的设计，现有情况几乎没有抗边坡滑移的能力，更不要说抵抗地震发生了，就是处于正常使用情况，边坡的稳定也没有保证，随时都有滑坡发生的可能，这些情况严重危害着高台居民的生命安全（图11）。

高台民居早期的房屋主要为土木结构，质量较好的房屋用木柱、木梁、生土填充墙，楼板为木质密肋小梁，沿街外墙大多用土坯砌成，抹上麦草泥，数十年甚至百年依旧如故。近十几年再建的房屋外墙逐步用砖木结构，少数砖混结构。可以这样说，高台民居的抗震性能均未能达到8.5度的抗震设防标准，何况民居不是文物，并时刻处于建造改造之中，只有拆除重建才能保证居民的生命安全。

三、高台民居保护性改造方案要点

采用最大限度减少改动的原则，保持历史街区的特殊风貌。由于高台四周的建筑基本被拆除，"高台"成为绿地和公园中的孤岛，可视性极强。要特别维持其完整性（图12、图13、图14）。

1. 保障住户居住权的合法性

在原来454户中，除去愿意外迁的83户和坍塌迁走的10户外，经调查调整，最后在高台保留了412户民居。在这412户中，原住户一再要求不想拆除重建的有23户，原址返建的322户。在规划设计方案中特别体现了保护居民利益的思想。

满足居民这种要求也是在不断总结老城改造经验中形成的。最初我们认为为了更加合理满足道路、市政的需求，只要在一个街坊内，可以在保证每户建筑面积不减的前提下，对布局和户型作出我们认为"合理"的改动，但这一设想在实践中根本行不通，因为居民在合法的前提下，保护自己的私有财产是正当的要求。不能依靠低价拆迁就剥夺了世居于此的居民的居住权。何况，几百年来形成的街巷及民

图10 制陶人家的陶艺展示

图11 边坡上岌岌可危的民居实例

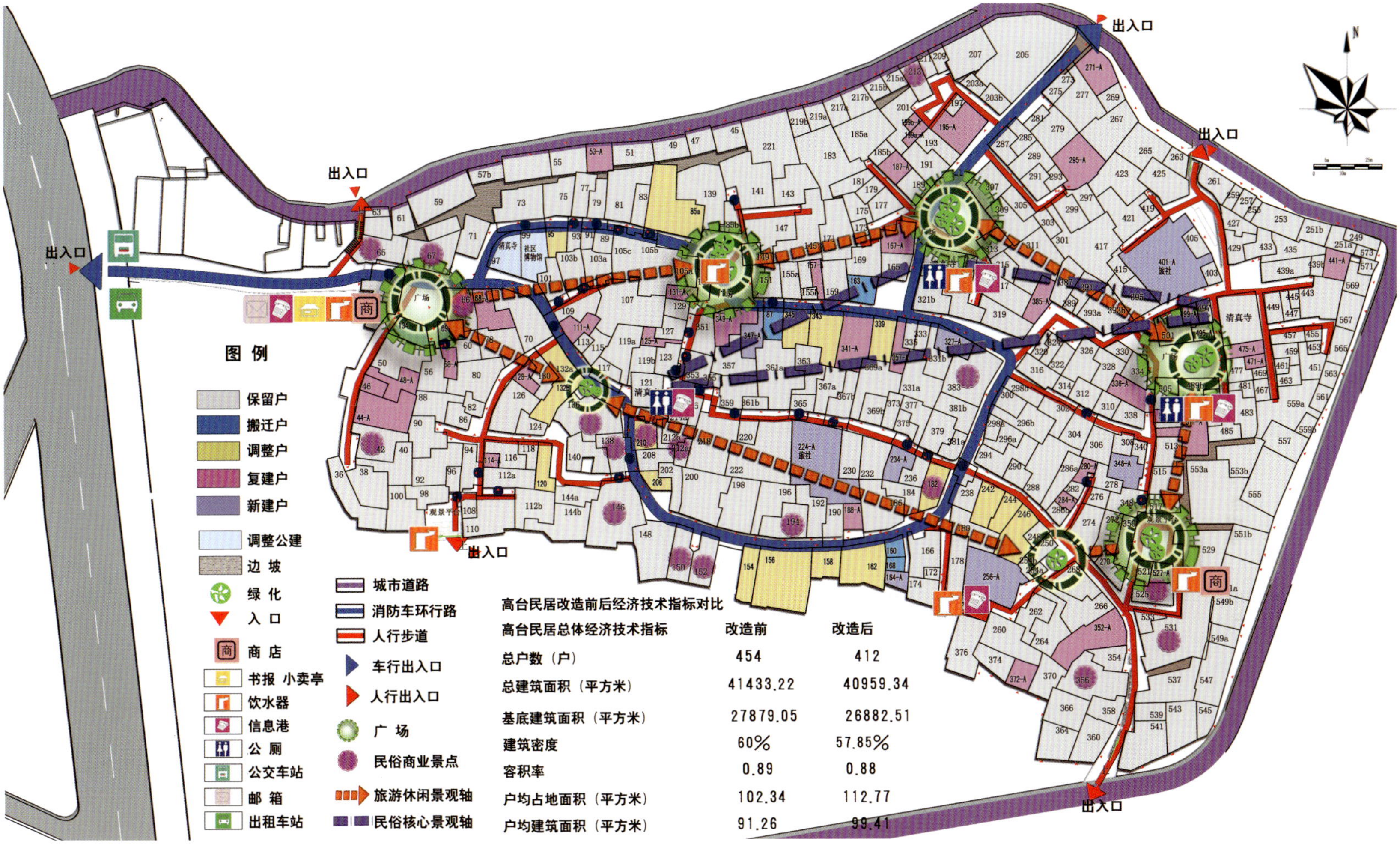

图12 高台民居改造方案

图13 高台民居改造后的空间和街巷示意

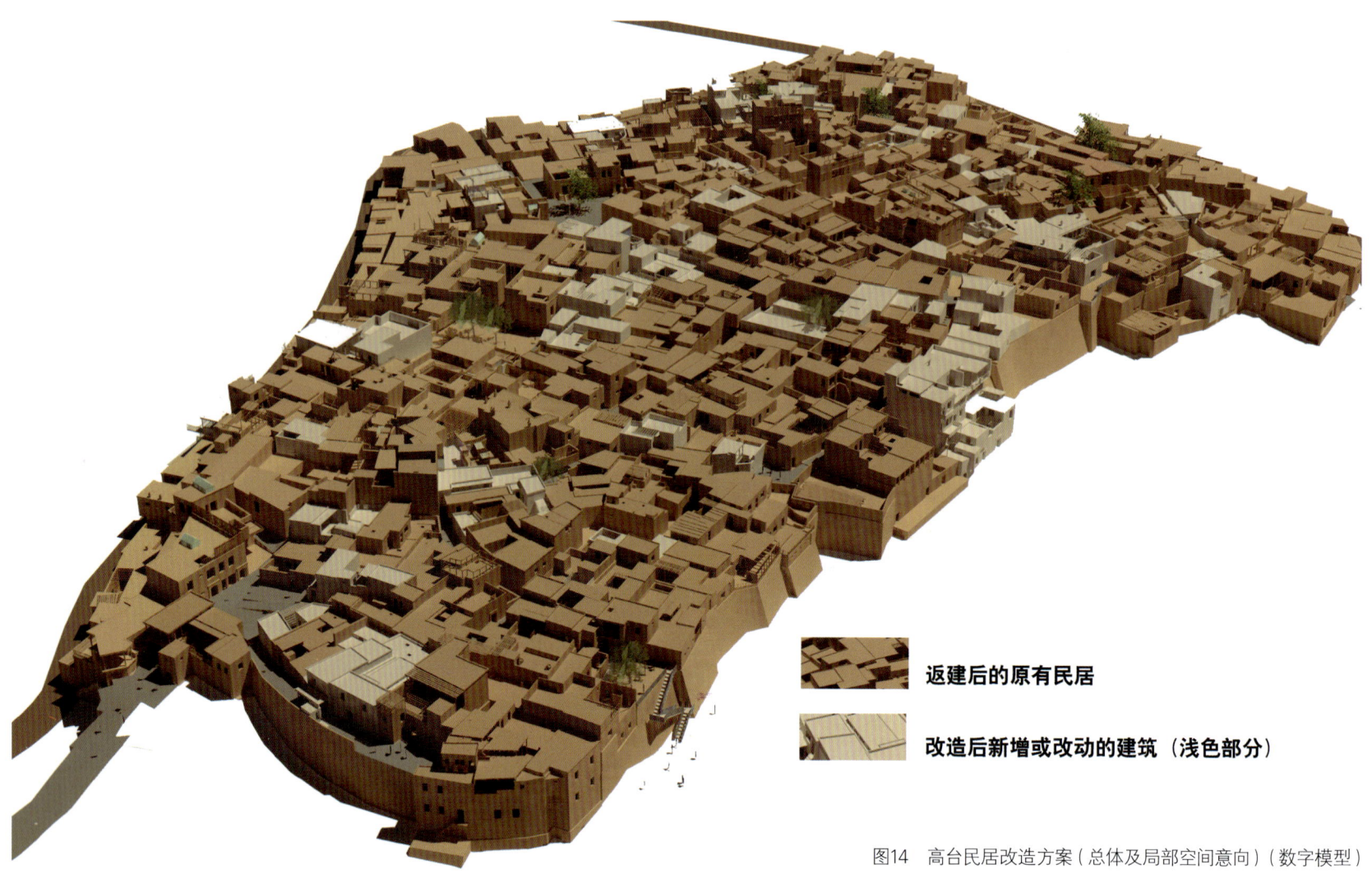

■ 返建后的原有民居

■ 改造后新增或改动的建筑（浅色部分）

图14 高台民居改造方案（总体及局部空间意向）（数字模型）

居空间有它的丰富性、历史感，更能体现历史街区的风貌。

2. 以人为本、公众参与

通过在高台的调查我们发现，每个居民心中都有对自己家建造的设想，这些设想是由他们日常生活中积累的，富有生活特征的。每户居民自己参与设计，专业人员提供技术指导，打破以往传统的改造模式，创造了民居改造与保护新模式。为了保持风貌，充分发挥住户参与的力度，施工单位仅完成建筑主体以及市政配套设施的建设，至于屋顶、栏杆、柱廊装饰、门窗、楼梯等均由住户自己完成。在一年来的试点中，这种方式很受欢迎（图15）。在发挥住户的聪明才智和审美情趣的同时，不少原建筑拆除下来的门窗、装饰构件还可以再次利用，这是一件一举两得的事情。每户民居的设计都要反复征求住户的意见，用地范围实测后要进行公示，得到每户居民的认可后，才能开始设计改造。可以说这在建筑设计史上是没有过的。在喀什，设计师要面对面地设计几万户民居，难度之大可想而知，以至联合国教科文组织派人员来调查后也说，这是世界性的难题。

3. 整合空间——查漏补缺

为了拓宽和打通道路、增加广场等移动了6户，适当修改了17户，新建或合并44户。这样，基本上保持了高台民居的原状肌理及巷道空间，尤其是边坡地带，我们尽可能保持每户的空间结构。适当修改、移动、新建与原有肌理结合形成一个完整的历史街区的更新格局。

4. 设计充分结合地形、完善基础设施

原有道路系统中有死胡同，为了观光和疏散，尽可能地打通巷道，高台外部环形道路是

城市道路，宽9米，内部道路有消防车行的环路（宽度大于3米）及人行步道（宽度大于2米），内部道路上都有过街楼。为了便于疏散和交往、旅游及商贸，在"高台"中还增加了5个小型广场，几处观景平台，并适当增加了绿化，同时把东湖纳入到高台范围内，在这个区域内使景观形成系统。

在改造的高台民居中，除了412户民居外，还有清真寺3座（原有）、特色商业点18处、特色民俗旅馆3座、过街楼28处（新建），新建旅馆的空间构成与民居的空间构成相似，以供游客住宿以及切身体验维吾尔族的生活，并可直接解决住区部分就业问题。为满足社会需要还增设了公共卫生间、饮水点、电话亭、报刊亭、邮箱、公交车站、出租车站等。

5. 加强边坡稳定性

如何解决高台周边十分陡峭的边坡的稳定问题是结构最大的难题。对高台民居的改建而言，由于台太高，坡太陡，民居的改建又要保持原有的形态不变。加固有相当大的难度，需要针对不同的部位采用重力式挡土墙或上部有锚拉下部嵌入土中板桩等结构体系保证边坡的稳定。

6. 消防及市政设施改造

消防及给排水：从要保证现有建筑和巷道的原貌来看，沿高台民居东侧和北侧的外围住户，消防车可利用环形道进行消防，对于街巷内部加强室外消防给水管网的系统设置，增加小型消防摩托车的使用，以保障高台内部街巷的消防安全。鉴于高台民居的特殊性，消防给水系统应和民居的建设同步进行，由于高台民居巷道宽度的限制，地下也不允许埋设更多的管道，设置生活（生活、绿化、浇洒道路）、消防合用系统，为环枝状管网，两个给水入口，从市政管网的不同管段上引入，在两个引入管上均应装设倒流防止器。

喀什年降雨量很少，在高台仅仅增加雨水口就能解决雨水排水系统的问题，生活污水的排水系统根据地形坡度可分为三个排水区域，每个排水区域都为重力流，不需提升，在流速过大处设置跌水井以便于消能。

电力供热：在高台民居外设置一座10千伏的中压配电站给民居内的预装式变电站供电。高台民居主要采用集中供热采暖系统进行供热。

通信方面：通信系统（电视、电话、广播）由室外通信网络的市政接口引光缆至高台民居内部的弱电机房。

图15-1 一栋居民参与建设的民居即将落成

图15-2 街巷已经形成雏形

目 录

喀什高台民居的抗震改造与风貌保护（代前言）

第一章 现状篇 1

喀什概况 3
高台民居现状总体照片 9
高台民居总平面示意图 11
高台民居现状道路结构分析图 12
高台民居现状绿地景观资源分析图 13
高台民居现状西南角视图 14
高台民居现状东南角视图 15
高台民居现状东北角视图 16
高台民居现状西北角视图 17
高台民居地形示意图 18
高台民居悬崖现状及高度示意图 19
高台民居地道现状位置图与照片 20
高台民居道路现状及分级图 21
高台民居巷道现状照片 22
高台民居道路现状结构分析图 24
高台民居过街楼位置示意图 25
高台民居过街楼现状照片 26
高台民居出挑照片 27
高台民居特色商业分布图 28
高台民居特色商业入口照片 29
高台民居庭院现状图 30
高台民居现状建筑结构分析图 31
高台民居公建及广场分布图 32

高台民居建筑层数示意图 33
高台民居现状一层平面图 34
高台民居三维模型视图 44
高台民居三维模型节点效果图 48
高台民居立面图 50
高台民居剖面位置图示 52
高台居民剖面示意图 53
高台民居风貌展示 56

第二章 建筑测绘篇 59

第三章 设计篇 463

高台民居现状住户综合分析图 465
高台民居外迁后平面分析图 466
规划设计方案一 467
规划设计方案二 468
规划设计方案三 469
规划设计方案四 470
推荐方案鸟瞰图 471
推荐方案及说明 475
推荐方案道路断面分析图 476
推荐方案道路竖向分析图 477
推荐方案广场布局分析图 478
推荐方案景观架构分析图 479
推荐方案商业功能分析图 480
推荐方案景观步行系统分析图 481
推荐方案街道公共服务设施图 482
推荐方案道路铺装意向图 483
推荐方案实物模型照片 484

第一章　现状篇

　　高台民居位于喀什噶尔老城东南端一座高二十多米，长四百余米的黄土高崖上，维吾尔名：阔孜其亚贝希，意为"高崖土陶"。高崖已有两千年的历史，早在一千多年前便有最早的维吾尔先民在此居住，他们发现崖上有适合做土陶的泥土，因此便有许多土陶艺人在此开设土陶作坊，"高崖土陶"因此而得名。

喀什概况

1. 自然条件

喀什地区地处欧亚大陆中部，中国西北部，新疆维吾尔自治区西南部。地处东经71°39′~79°52′，北纬35°28′~40°16′之间。东临塔克拉玛干大沙漠，东北与阿克苏地区的柯坪县、阿瓦提县相连，西北与克孜勒苏柯尔克孜自治州的阿图什市、乌恰县和阿克陶县相连，东南与和田地区的皮山县相连，西部与塔吉克斯坦相连，西南与阿富汗、巴基斯坦等国接壤，边境线总长888千米。周边邻近的国家还有吉尔吉斯斯坦、乌兹别克斯坦、印度3个国家。全区总面积16.2万平方千米，东西宽约750千米，南北长535千米。从空中鸟瞰，它仿佛是镶嵌在大雪山和大戈壁之间一颗珍贵的绿色宝石。那是一片生机盎然的绿洲。

1）地形地貌

喀什地区三面环山，一面敞开，北有天山南脉横卧，西有帕米尔高原耸立，南部是绵亘东西的喀喇昆仑山，东部为一望无垠的塔克拉玛干大沙漠。诸山和沙漠环绕的叶尔羌河、喀什噶尔河冲积平原犹如绿色的宝石镶嵌其中。整个地势由西南向东北倾斜。地貌轮廓是由稳定的塔里木盆地、天山、昆仑山地槽褶皱带为主的构造单元组成。印度洋的湿润气流难以到达，北冰洋的寒冷气流也较难穿透，造成喀什地区干旱炎热的暖温带的荒漠景观。而山区的冰雪融水给绿洲的开发创造了条件，形成较集中的喀什噶尔和叶尔羌河两大著名绿洲。境内最高的乔戈里峰海拔8611米，最低处塔克拉玛干大沙漠海拔1100米，喀什市城区的平均海拔高度为1289米。

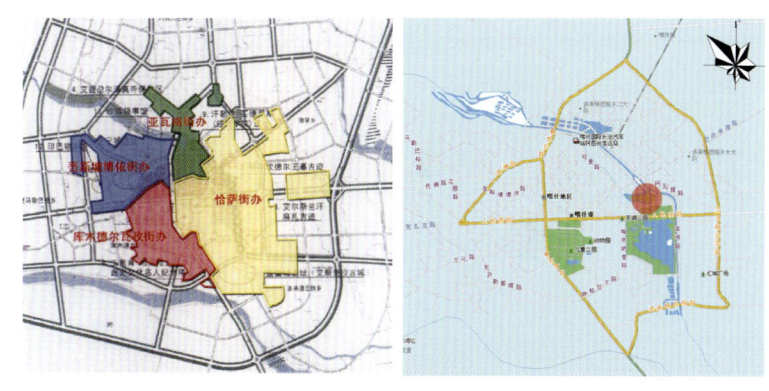

2）气候特征

喀什属暖温带大陆性干旱气候带，境内四季分明、光照长、气温年较差和日较差大，降水稀少，蒸发旺盛。大部地区年平均气温在11.4~11.7℃，其中，春季升温快，多大风、沙暴、浮尘天气；夏季炎热干燥，日光照射时间长，最高温度可达40℃，但酷暑期较短；秋季短促，降温迅速；冬季虽低温期较长，却较少严寒，偶有-22℃低温纪录。喀什年降雨量在39~664mm，而蒸发量却高达降雨量的几十倍，形成这些气候特征的原因是喀什地处远离海洋的欧亚大陆腹部塔里木盆地周缘，三面环山阻挡了海洋季风的影响。所以日照长、降水少、蒸发强、多风沙以及四季分明是喀什的气候特征。

由于典型的地形地貌和气候特征，这里的人们很早就开始种植五谷，这里还盛产葡萄、苜蓿及瓜果、药材等。在这里林木资源也较其他绿洲城市丰富。生长着红柳、白杨和核桃树。因此，在建筑中除使用生土等材料外，木材也被广泛使用。这种特殊的原始绿洲型经济形态对人们的衣食住行、家庭结构、社会结构、民族性格和心理等方面都具有深刻的影响，对喀什维吾尔族传统建筑的形成和发展来说是重要的影响因素。

2. 社会条件

喀什市在1986年12月20日被确定为中国历史文化名城，是新疆唯一的国家级历史文化名城。

喀什是一个多民族聚居的地区，许多古老民族曾在这里繁衍生息，发展经济、文化。在漫长的社会进程中，各个民族互相协作、互相影响、互相融合，逐渐完成了现代民族的发展进程。截至2005年，境内主要民族有维吾尔族、汉族、塔吉克族、回族、柯尔克孜族、乌孜别克族、哈萨克族、俄罗斯族、达斡尔族、蒙古族、锡伯族、满族等31个民族。

公元2世纪初叶，喀什佛教日至昌隆，曾与于阗、龟兹、高昌并列为西域的四大佛教文化中心。高僧裴慧琳（737—820）用25年编撰了长达100卷的古汉语文献《一切经音义》，对当时和后世的中华民族文化产生过一定影响。在这片充满浓厚文化艺术氛围的土地上，哺育了无数维吾尔文化的名家。喀什的传统文化，已成为天山南北维吾尔文化的典型代表，对新疆各民族产生着重大的影响。

老城区内的艾提尕尔清真寺，是古代维吾尔族创建的历史瑰宝之一，是中亚西亚地区影响最大的清真寺。除此而外，还有向世人昭示维吾尔精美建筑艺术的大型伊斯兰古建筑群香妃墓，有著名的班超西征遗址盘橐城、千年佛教遗址莫尔佛塔、西域屯兵要塞唐王城、石头城堡等历史古迹。历史老人、自然之翁给了这片土地深沉之美、旷达之美、幽远之美、神秘之美。

11世纪伟大的维吾尔语言学家麻赫穆德·喀什噶里，以及他那闪烁着智慧光芒的旷世巨著——《突厥语大辞典》就出自这里；著名诗人、思想家玉素甫·哈斯·哈吉甫，以及他那长达85章、13290行的经典哲理长诗——《福乐智慧》在此诞生；15世纪杰出的维吾尔女诗人阿曼尼沙汗，以及由她收集整理的少数民族古典音乐艺术瑰宝《十二木卡姆》在此流传。这三大文化成果，堪称维吾尔文化史上的三座巨峰，显示了喀什古文化在中国乃至世界文化史上的巨大贡献。从元代开始，到明代、清代，诗歌创作开创了"喀什噶尔时代"，鲁提斐的2400行的叙事长诗《古丽与诺鲁孜》、无畏诗人海尔克提的长篇叙事诗《爱苦相依》，都对维吾尔文化的复苏与繁荣，起了极大的促进作用。这一时期，成就最高、影响最大的是一大批维吾尔诗人及其不朽的诗作。如19世纪维吾尔文坛最伟大的诗人阿布都热依木·尼扎里的"爱情组诗"长达48000多行，成为继纳瓦依之后无人可比的诗坛巨星。

3. 历史沿革

喀什(喀什噶尔简称)古代时曾是西域三十六国之一疏勒国国都,是古丝绸之路上一颗璀璨的明珠,也是我国最西端的一座古城。千百年来,始终是天山以南著名的政治、经济、军事、文化的中心。翻开《喀什市志》大事记,首条记:"西周穆王十三年(前994年)季夏辛巳,穆王姬满西巡时,曾跨流沙、渡洋水入曹奴。据《穆天子传西征讲疏》,洋水即今喀什噶尔河,曹奴应为疏勒,在今喀什一带。此时喀什噶尔绿洲已完全进入农业经济社会。"接着又记:"西汉元朔元年(前128年),张骞通使西域自大月氏返,途经疏勒国,称其王治疏勒城(即今喀什市)有市列,种五谷,产葡萄、苜蓿、石榴等,并开始种植棉花。畜产品与兵器制作与中原相同。"第三条记:"西汉神爵二年(前60年),汉朝在乌垒城(今轮台野云沟南)设置西域都护府,安远侯郑吉首任都护,疏勒国自此正式归属中国。"

"喀什"之名从公元前100年至今多次演变,其中有3次明显变化,在喀什市市名考释节中有详尽的叙述。首次是在公元前126年,张骞来此地时称疏勒,此名称沿用至公元6世纪末;第二次是唐代初期,高僧玄奘取经返回途经此地时,玄奘按梵语读音将这里地名译作"沙"的同义异译;第三次是公元8世纪初,高丽族僧人慧超曾到此,译地名作"伽师祇离",这是清代以来正式译定的"喀什噶尔"一词的最早译法。元、明时期的各种译法,均为"喀什噶尔"的同音异译。"喀什噶尔"是突厥粟特语,"喀什"是突厥语"玉石"的意思,"噶尔"则为粟特语"城市"或"集中"之意,意即"玉石建成的城市",由其历代地名的演绎,足见其历史文化名城的渊源。喀什是古丝绸之路的重镇,是繁华、悠久的商业城市。自汉代至明末,疏勒市场"街衢交互,廛市纠纷",集市上有内地运来的丝绸、漆器、瓷器、铜器和铁制的各类工具,印度香料、巴比伦地毯、埃及纸草、罗马与波斯玻璃器皿等应有尽有,琳琅满目。

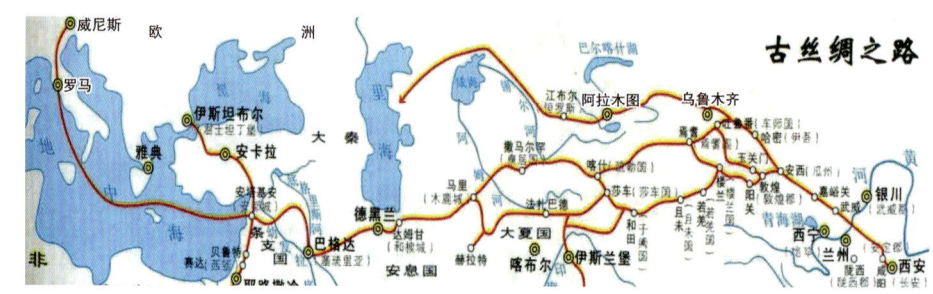

古丝绸之路

4. 高台历史

高台民居位于喀什噶尔老城东南端一座高三十多米，长四百余米的黄土高崖上，维吾尔名为"阔孜其亚贝希"，意为"高崖土陶"，已有两千年的历史，早在一千多年前就有维吾尔先民在此居住，他们发现崖上有适合做土陶的泥土，因此便有许多土陶艺人在此开设土陶作坊，"高崖土陶"也因此而得名。相传东汉名将班超、耿恭曾在此留下足迹。公元9世纪中期喀什拉汗王朝时，就把王宫建在这个高崖的北面，高崖的南面与北面原来都是连在一起的，分南北两端。住在高台民居的94岁高龄土陶艺人买买提阿西木讲述了高崖分成现在两个互不相连的南崖和北崖的来历：据说在数百年前一次从帕米尔高原突如其来的大山洪把高崖地带冲出一个大缺口，从此南北割断，分成各自独立的两个高坡，现在高台民居就建在南坡上。经过千年历史的发展，高崖上形成了今天的维吾尔族民居群落，居住着400多户人家，许多民居院落经过六七代人流传至今，保留着多处四五百年前建造的住房，百年老宅处处可见。

民居沿高崖土坡而建，高低起伏，错落有致。因人口增加的需要，民居向高空发展，多为二至四层土楼，更有沿坡建造的七层高楼。

高台民居的庭院布局、室内外建筑、装饰风格处处体现着维吾尔族浓厚的民俗风情和传统文化，高崖上的小巷多达四十多条，纵横交错，弯弯曲曲，左转右拐，常有人在此迷路。小巷的特有布局，也创造出"过街楼"、"半过街楼"以及罕见的"悬空楼"等建筑形式。

高崖上的土陶作坊有八百多年的历史，至今还保留有四五百年前的土陶作坊多处，其制陶所用的土泥、工具、配料、工艺设备，转坯成形、刻花上釉等及数小时的"窑变"最后出窑，这二三十道工序都是祖传下来的。维吾尔土陶制作精美，色彩古朴，图案花纹粗犷，造型具有民族风格，既有实用性、观赏性，更具纪念意义，为中外游客喜爱、收藏。如今，高台居民大多从事维吾尔传统手工艺制作，如纺织、刺绣、缝纫、编织、皮革加工及美味的民族小吃等，受到国内外游客高度的评价和赞誉，被称为"维吾尔活的民俗博物馆"，更是体现喀什这座历史文化名城的内涵所在。

高台民居现状总体照片

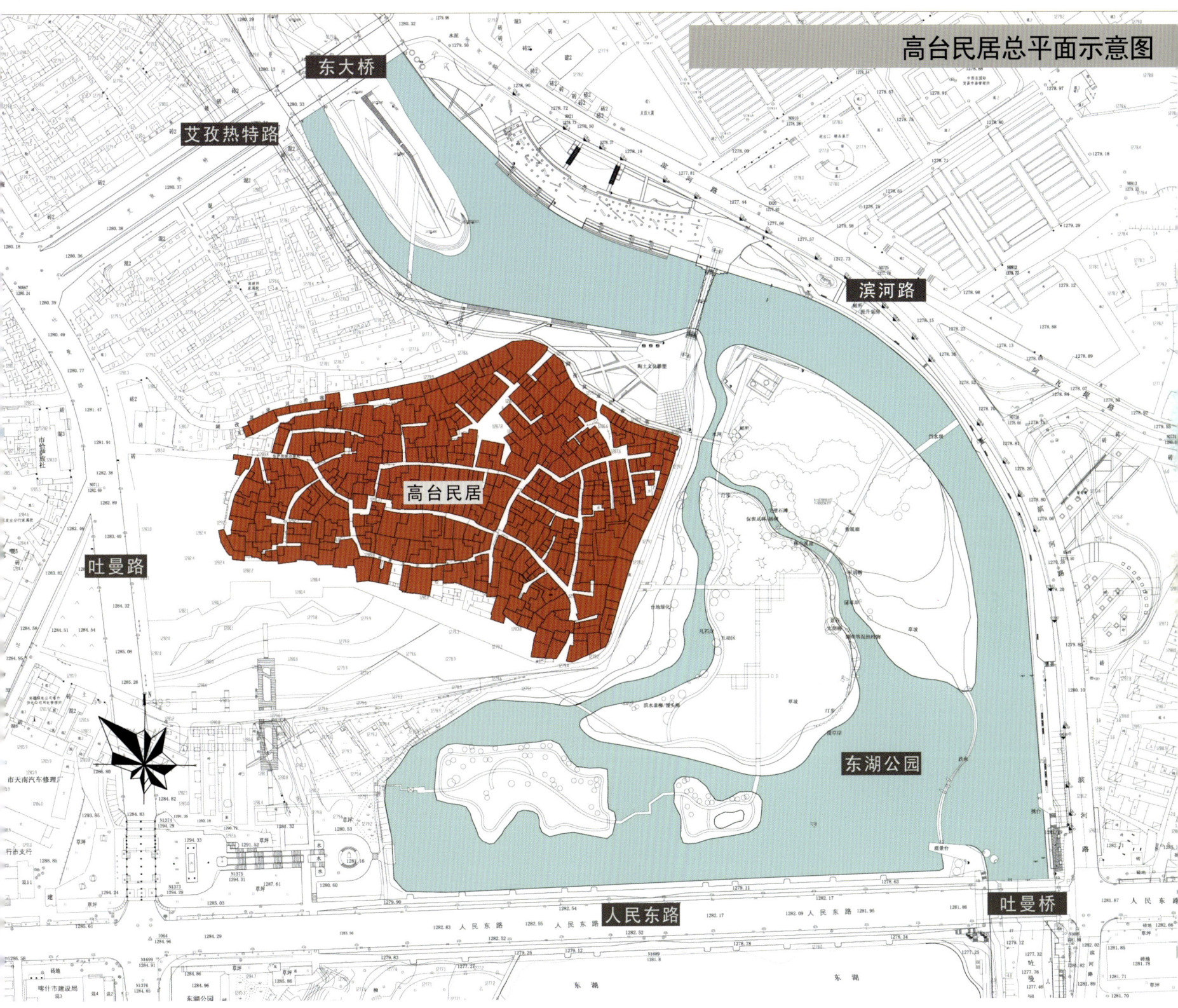

高台民居现状道路结构分析图

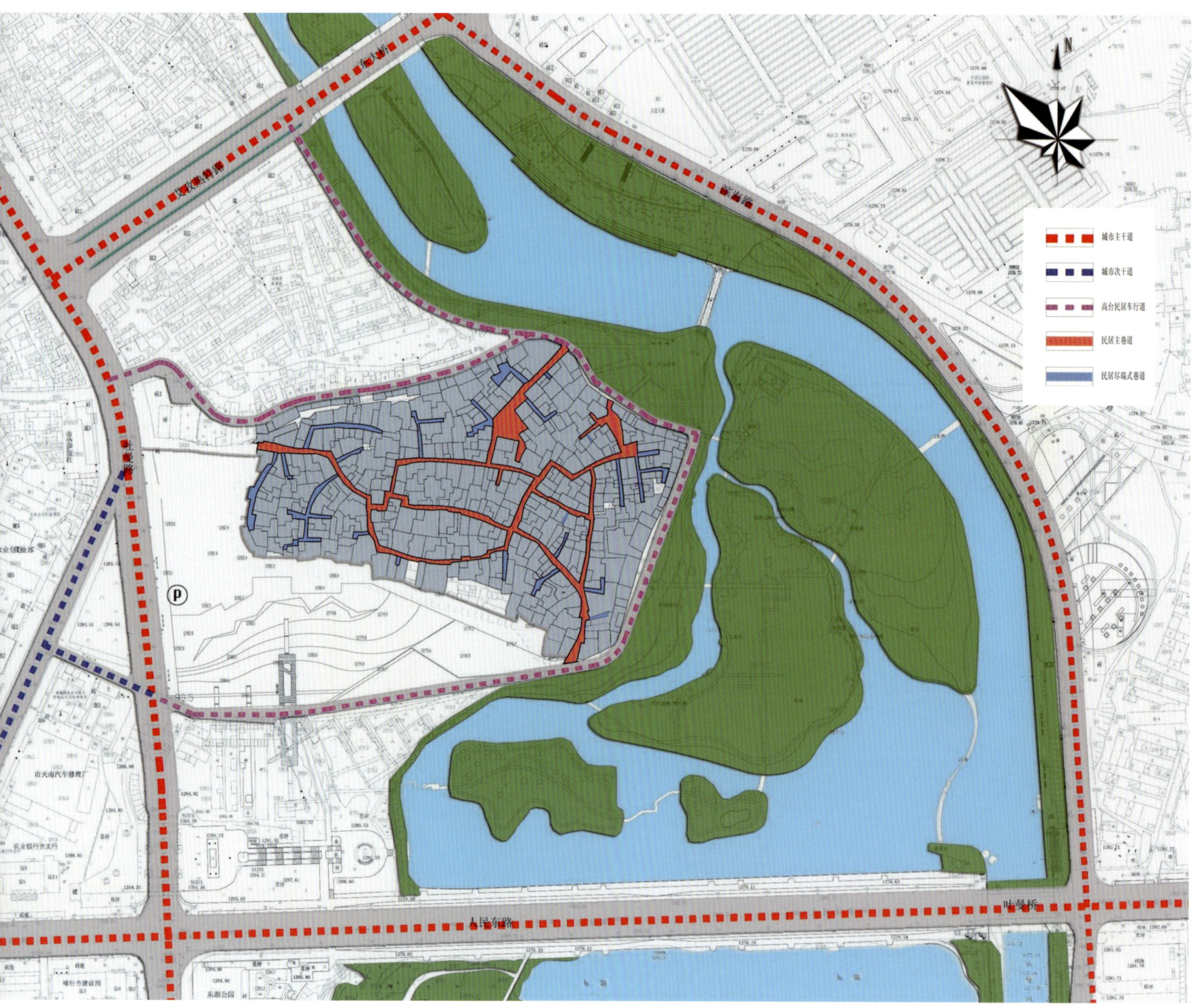

高台民居现状绿地景观资源分析图

高台民居现状西南角视图

01

02

03

04

05

06

07

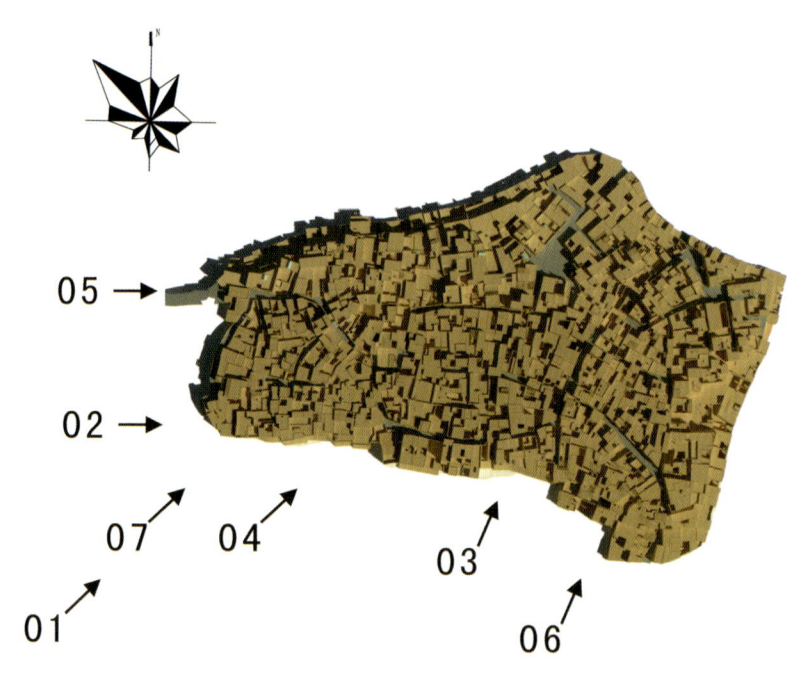

高台民居现状东南角视图

高台民居现状东北角视图

01

02

03

04

05

06

07

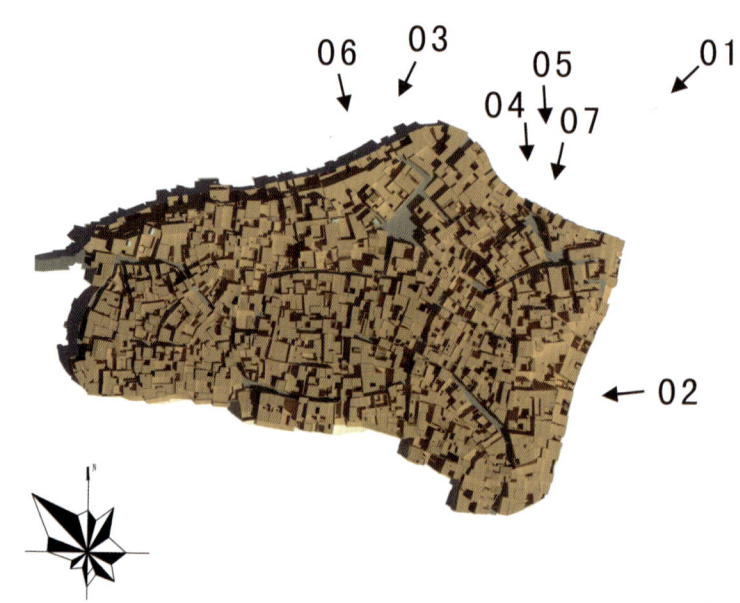

高台民居现状西北角视图

01

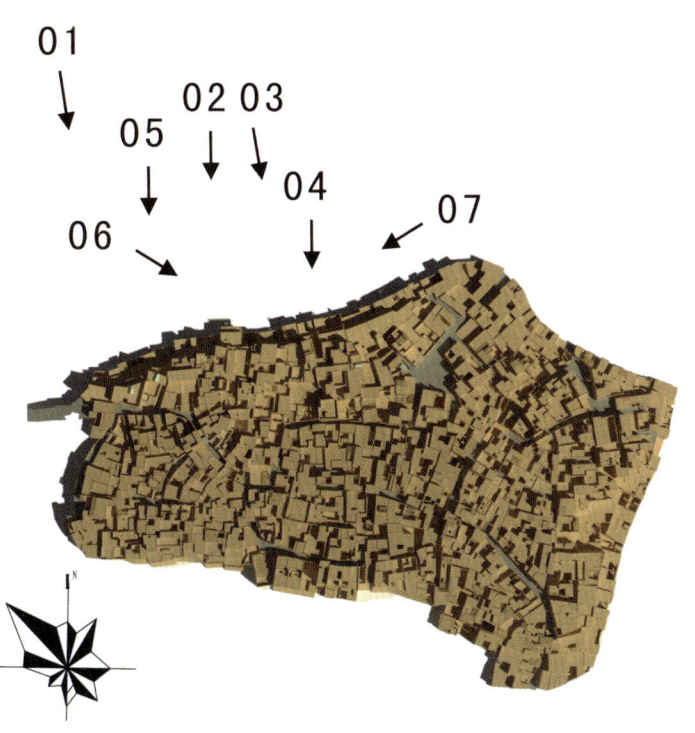

02

03

04

05

06

07

高台民居地形示意图

现状地形东南角示意图

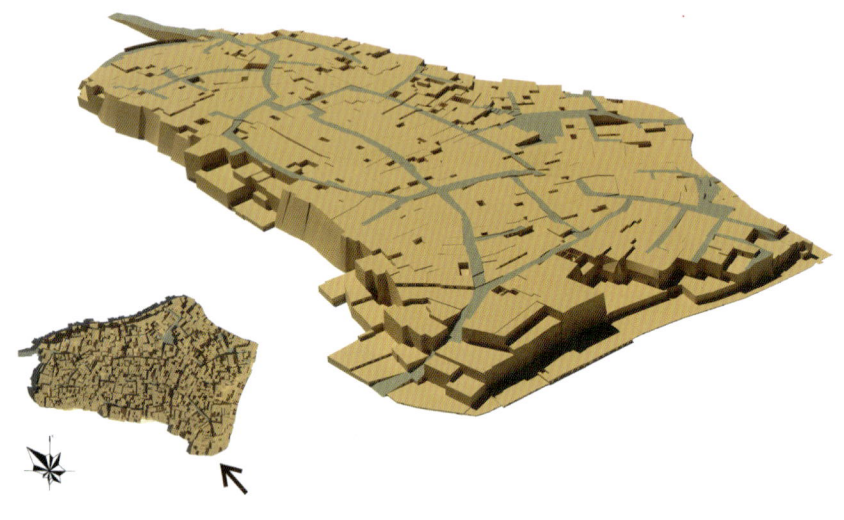

现状地形西南角示意图

现状地形西北角示意图

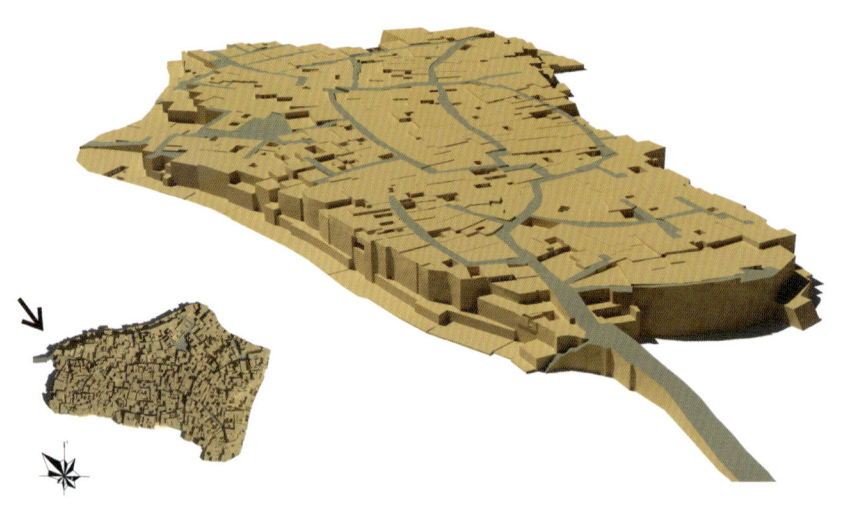

现状地形东北角示意图

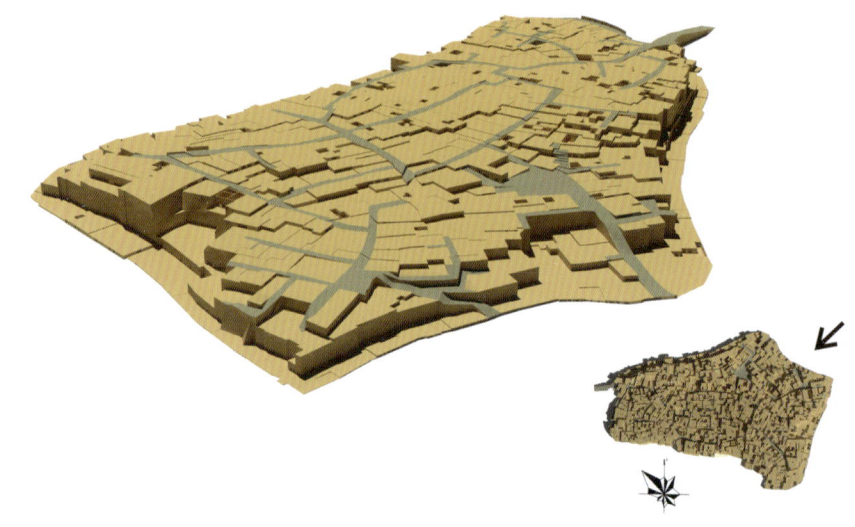

高台民居悬崖现状及高度示意图

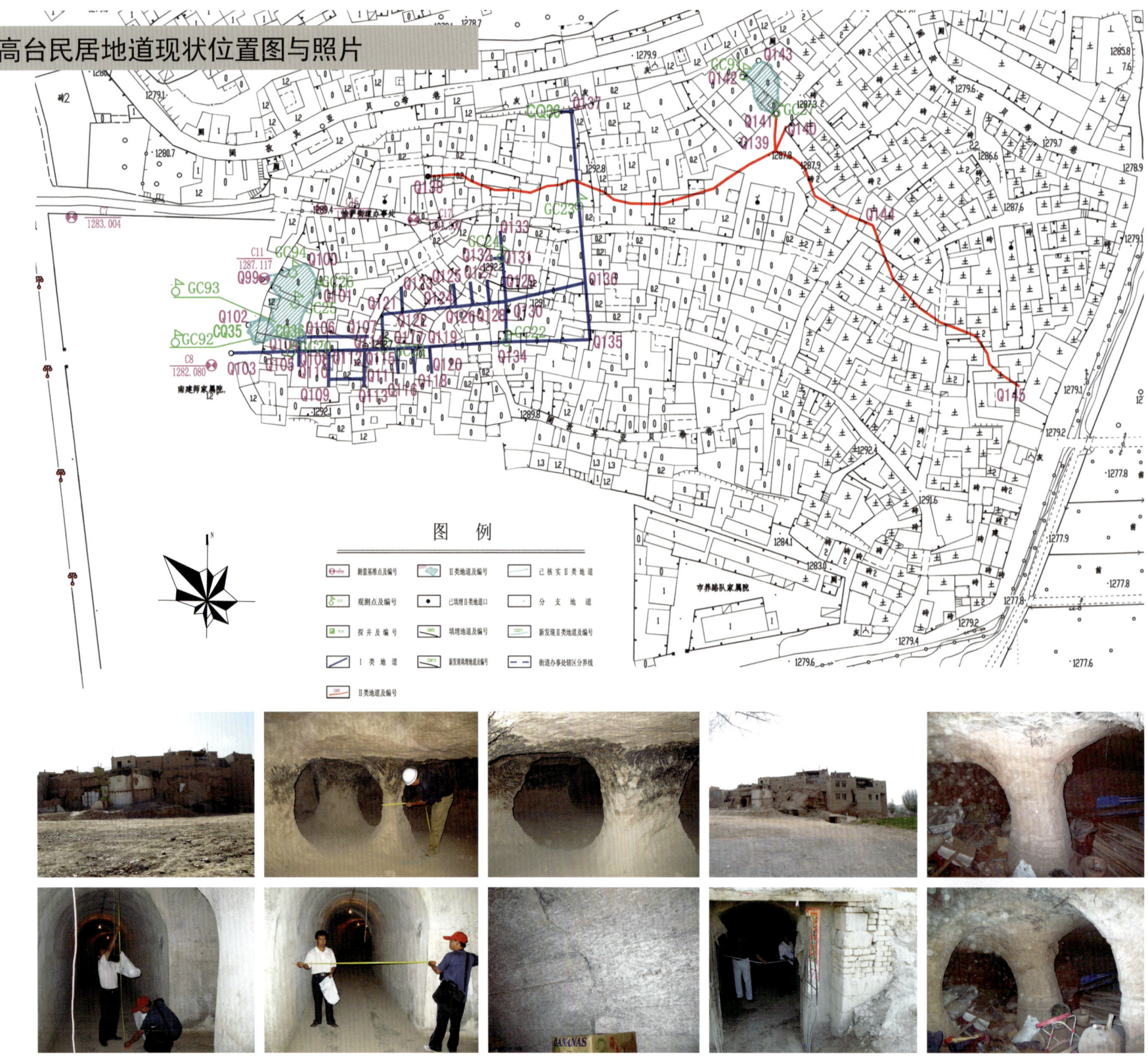

高台民居地道现状位置图与照片

高台民居道路现状及分级图

图例：
主干道
尽端巷

高台民居巷道现状照片

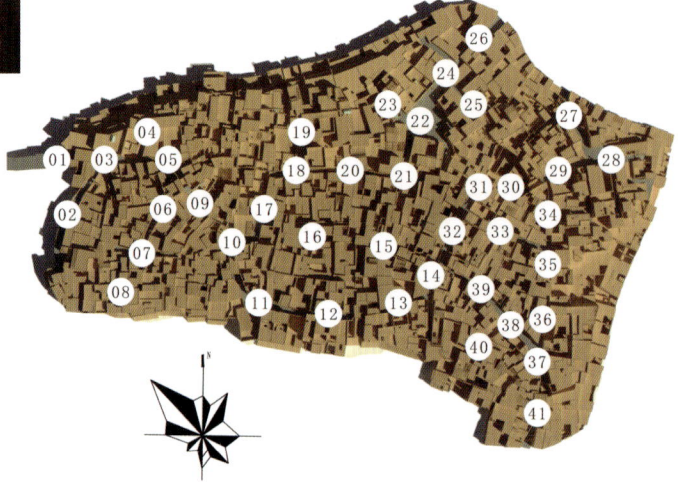

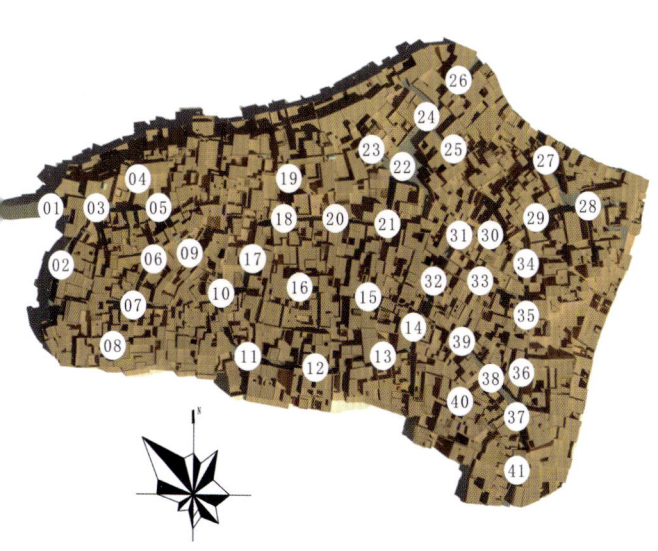

高台民居道路现状结构分析图

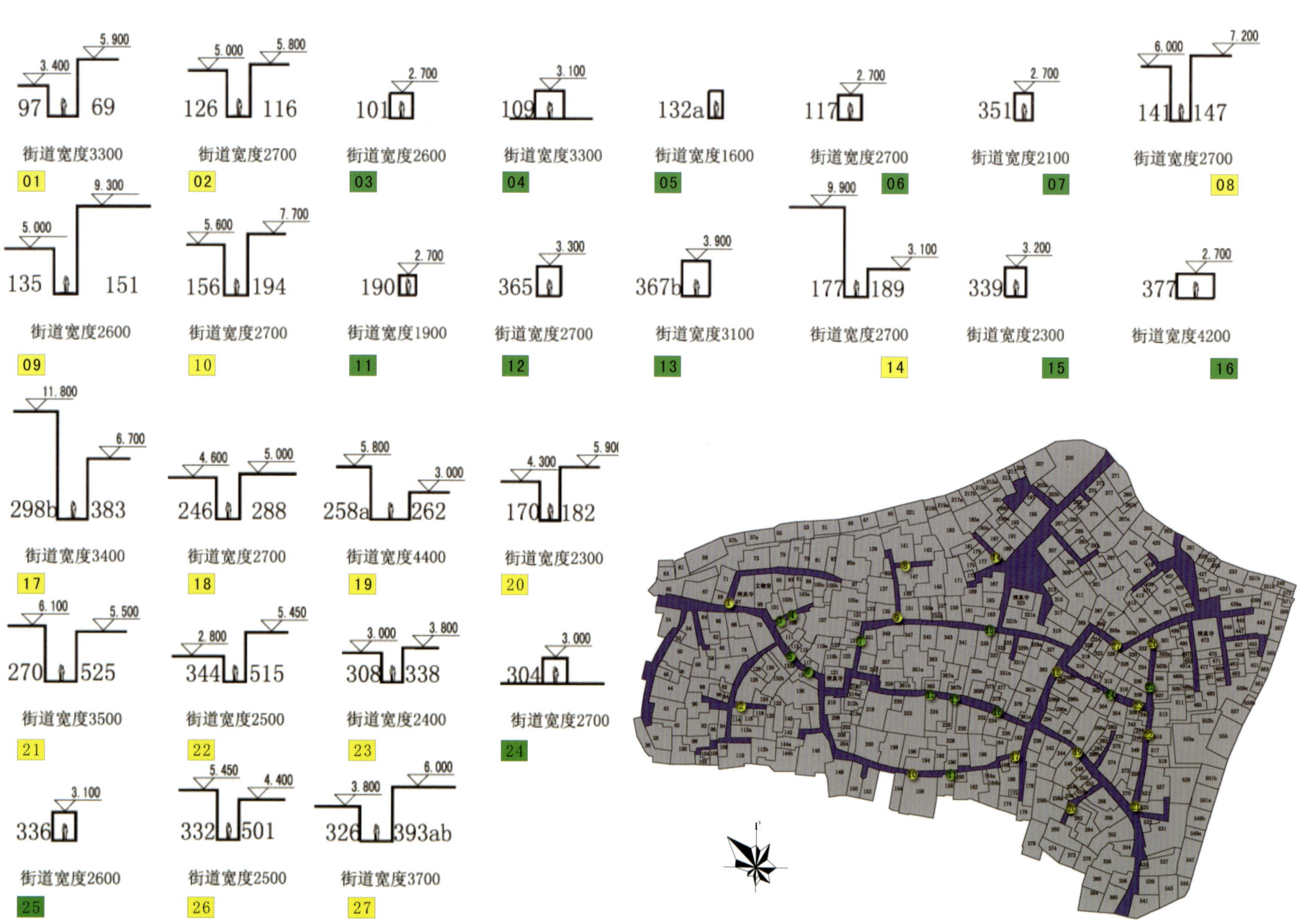

高台民居过街楼位置示意图

高台民居过街楼现状照片

 0034
 0073
 0075
 0078
 0089
 0095

 0134
 0148
 0188
 0190
 0234
 0236

 0284
 0327
 0336
 0351
 0359
 0379

高台民居出挑照片

 0053
 0068
 130
 0082
 0094
 0105
 0123

 0187
 0322
 0165
 0171
 0184
 0185
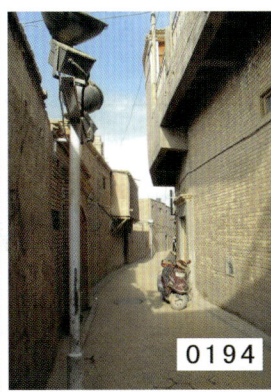 0194

 0206
 0238
 0294
 0340
 0359
 0381
 0495

高台民居特色商业分布图

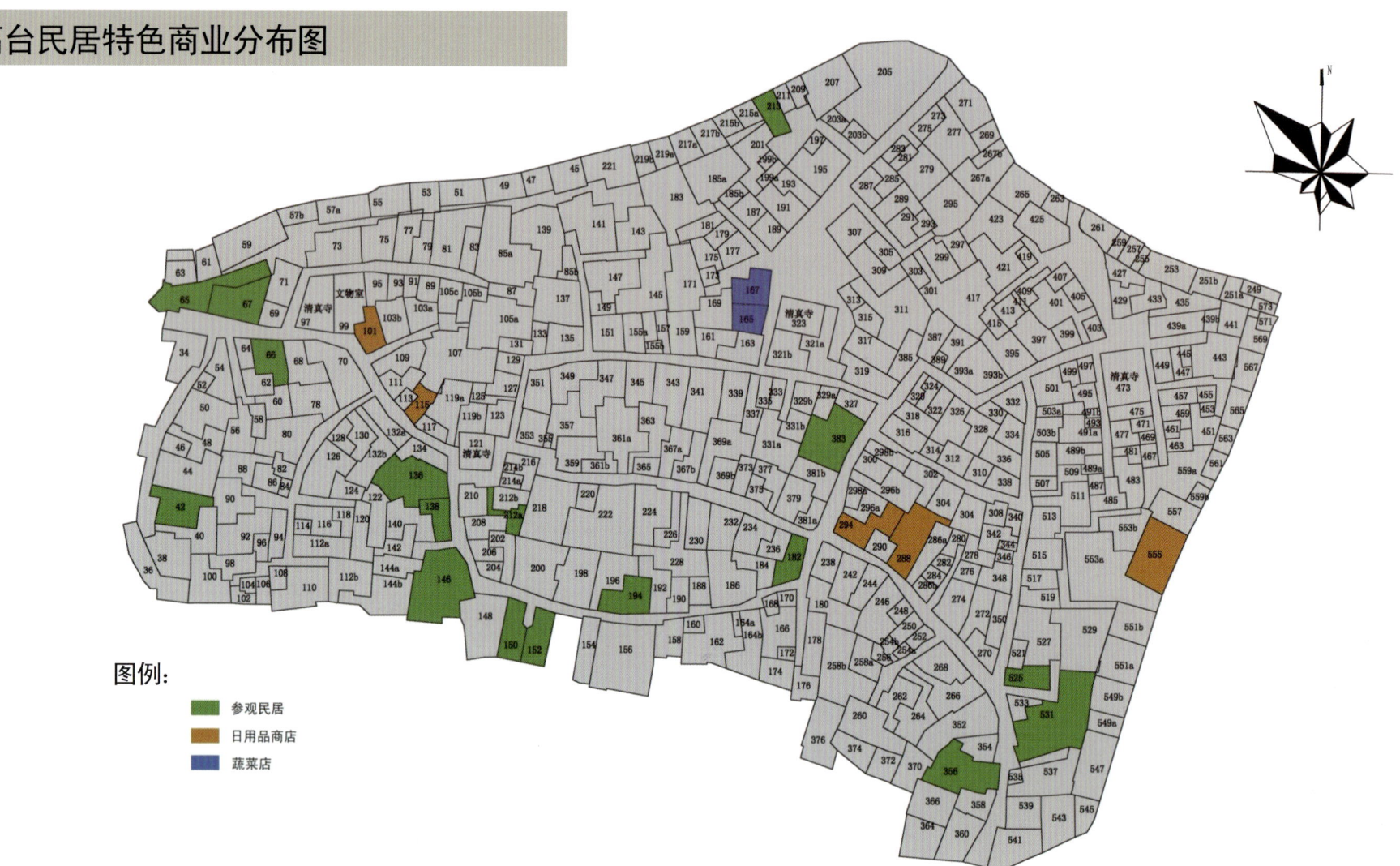

图例：
- 参观民居
- 日用品商店
- 蔬菜店

0042	维吾尔家庭建筑
0065	特色干果与鲜果饮料点——出售巴旦姆、杏干、葡萄干、核桃等特色干果与维吾尔特色旅游纪念品
0066	艾德莱丝制作及刀具加工——展示传统艾德莱丝制作工艺及刀具加工
0067	歌舞茶吧——伴随着维吾尔族新郎、新娘，欣赏优美的民族歌舞表演。品尝当地特色干果、鲜果、果汁，畅饮当地维吾尔族美味、健康的各种特色茶水
0010	日用品商店
0115	日用品商店
0136	维吾尔家庭建筑——单层房屋建筑，院落平面布局自由灵活，不受对称等观念的束缚，充分利用地形和空间修建。客厅采用了彩绘石膏雕刻等工艺
0138	古代民居（150多年历史）
0146	古代民族风情手工家庭——从事绣帽工艺第七代
0150	维吾尔家庭建筑
0152	维吾尔家庭建筑
0165	蔬菜店
0167	蔬菜店
0182	吐尼亚孜古丽手工艺品——主要制作手工绣花帽、风铃等手工艺品
0194	民族腰巾及演出服制作——腰巾：维吾尔传统服饰之一
0212a	传统打馕
0213	吐尔内斯手工土陶——主要制作清真寺门上的砖、碗、墓碑、水壶等工艺品
0288	日用品商店
0294	日用品商店
0356	吾买尔艾力手工土陶——主要制作花盆与小孩尿罐等土陶品
0525	传统龙须酥——以鸡蛋、牛奶等原料搭配，营养丰富，口感独特
0531	六代传统手工土陶古代民居——400多年的古老土陶作坊
0555	日用品商店

高台民居特色商业入口照片

 0042
 0065
 0066
 0067
 0101
 0115
 0136

 0138
 0146
 0150
 0152
 0165
 0167

 0182
 0194
 0200
 0212
 0213
 0288

 0294
 0356
 0383
 0525
 0531
 0555

高台民居庭院现状图

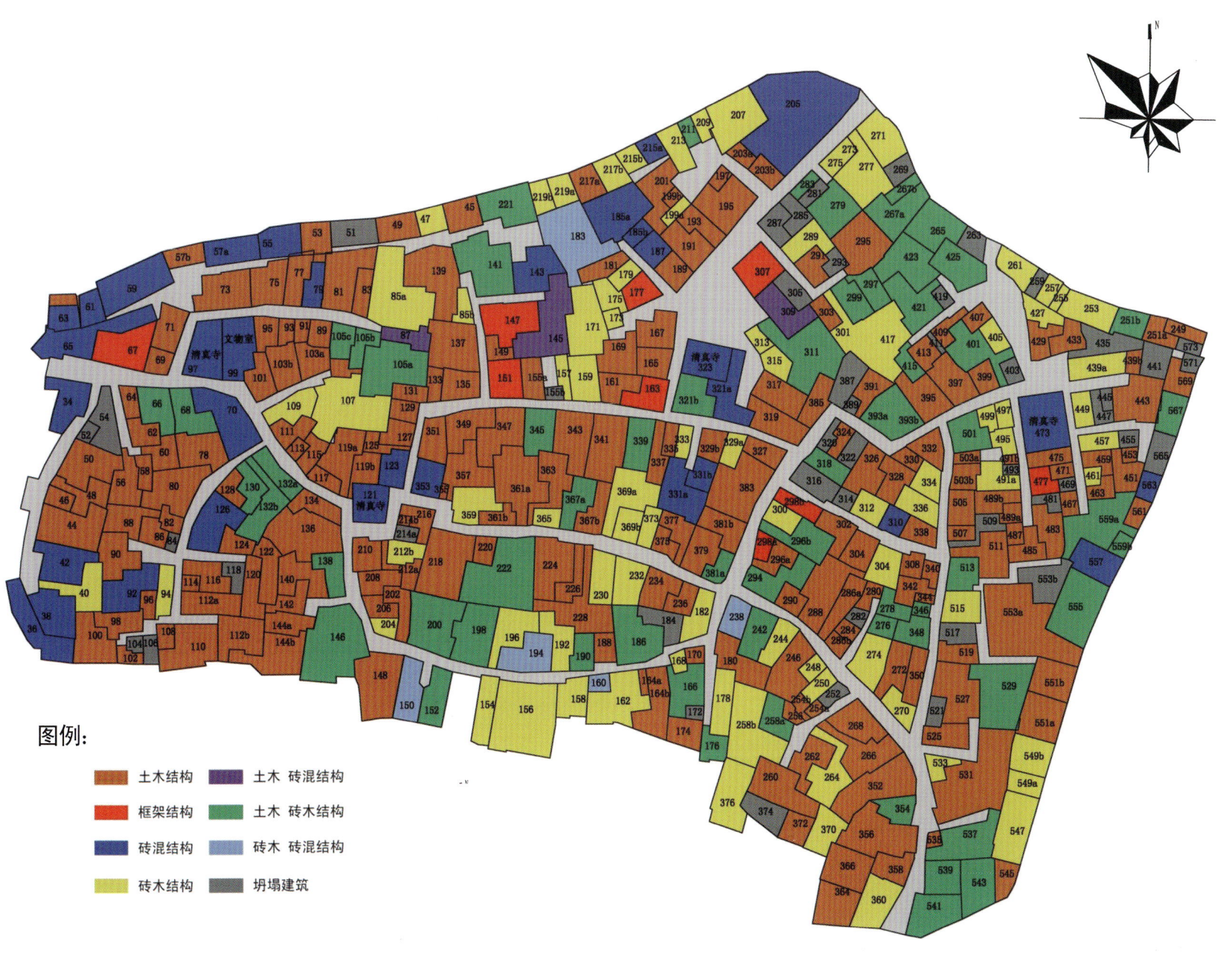

高台民居现状建筑结构分析图

高台民居公建及广场分布图

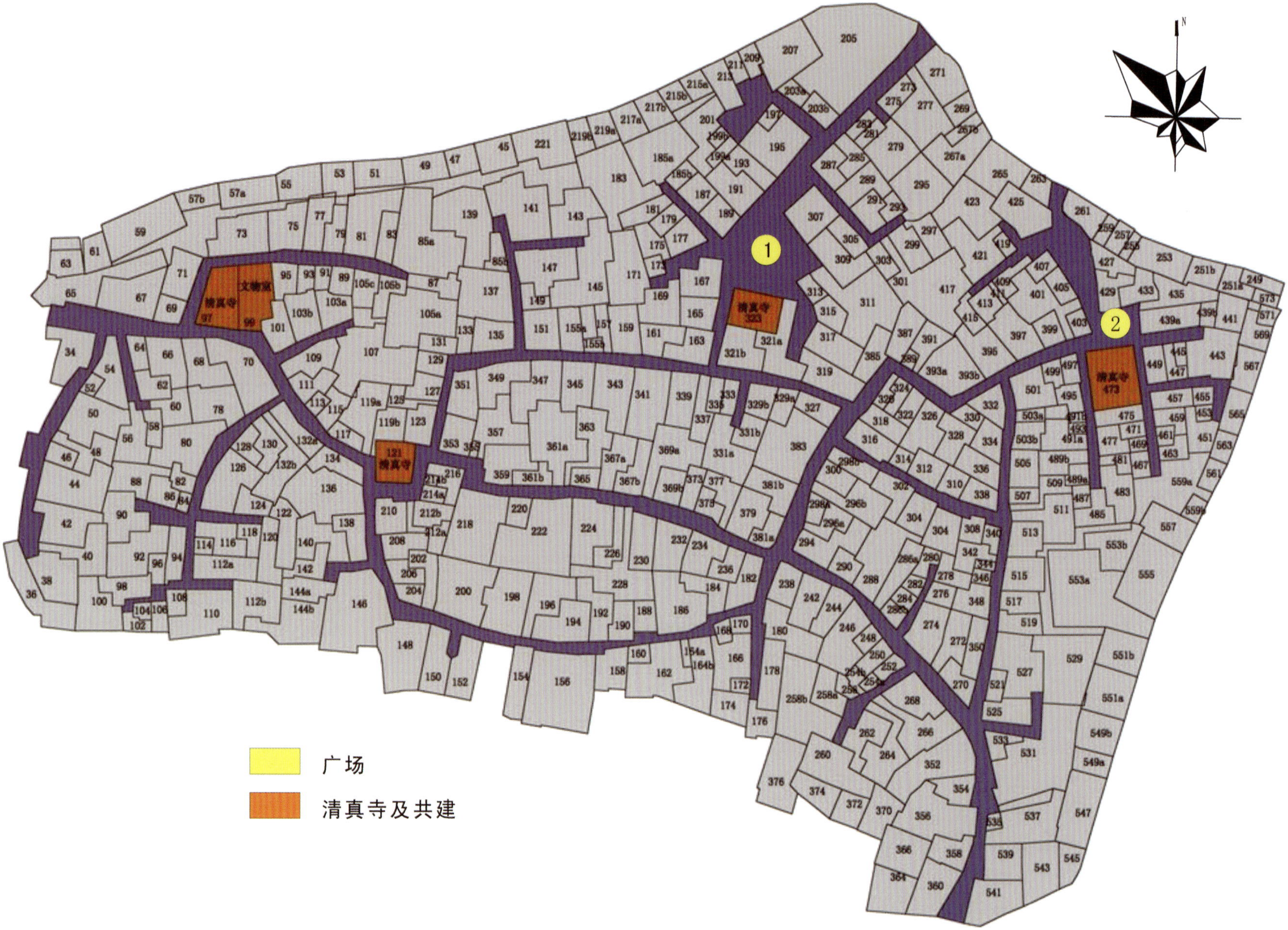
清真寺
文物所
清真寺 323
清真寺 473
121 清真寺
1
2
N
广场
清真寺及共建

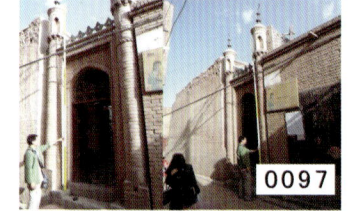

0097

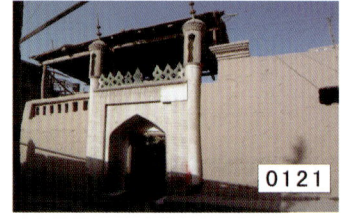

0121

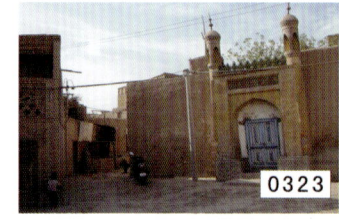

0323

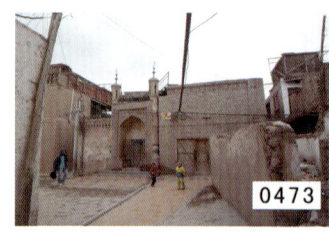

0473

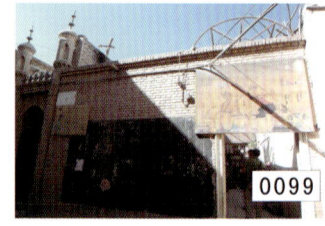

0099

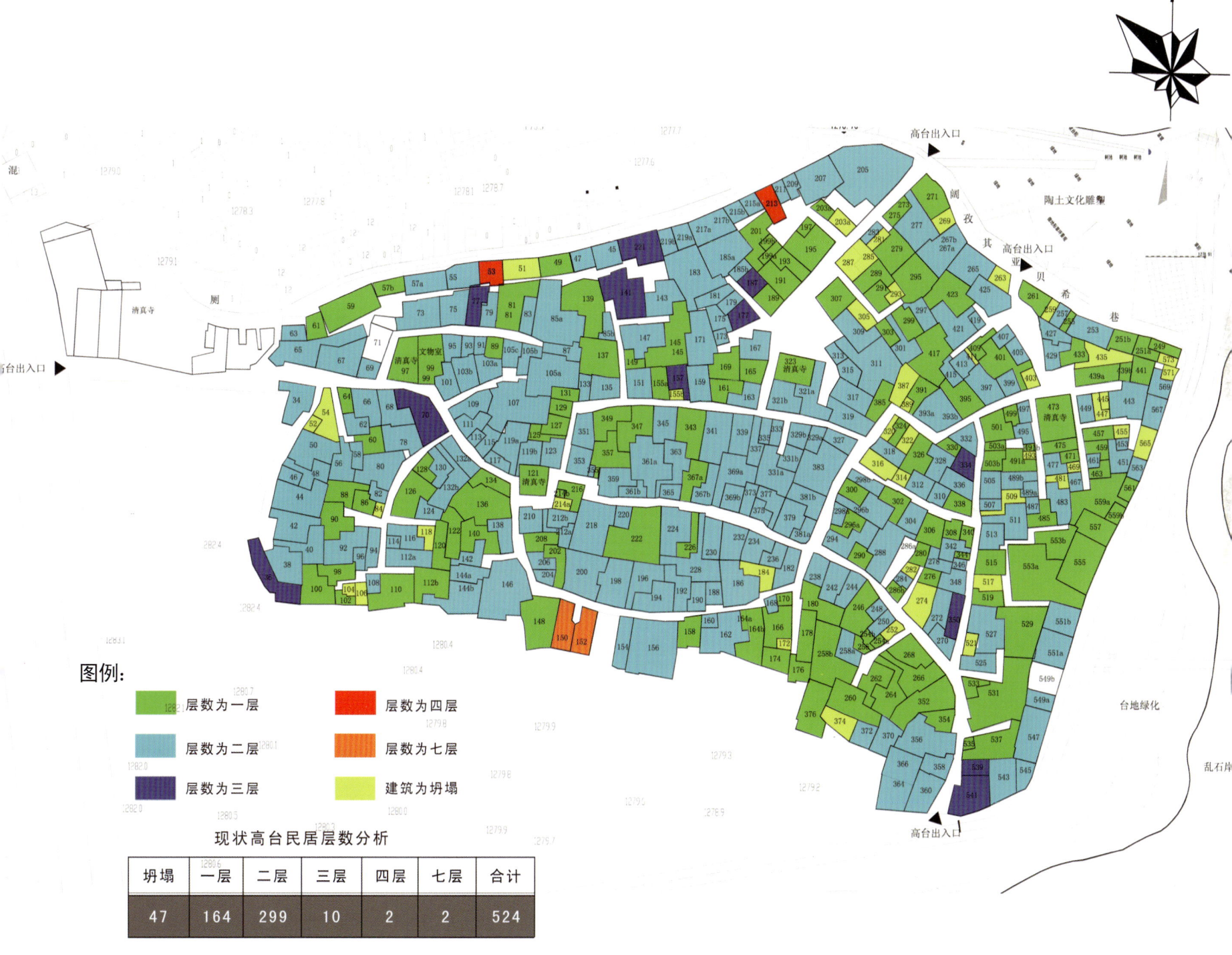

高台民居现状一层平面图

高台民居现状一层平面1号地段

高台民居现状一层平面2号地段

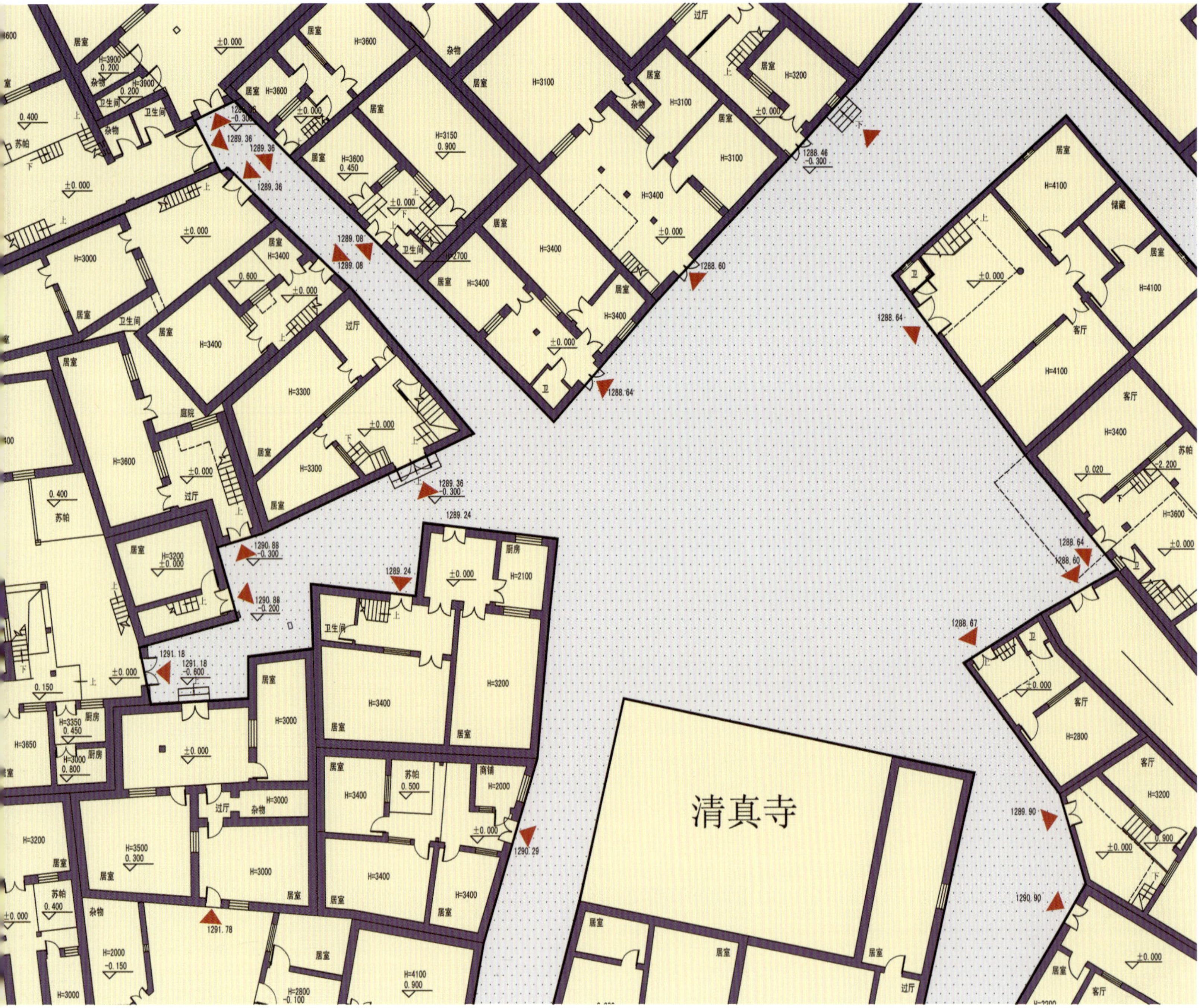

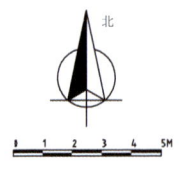

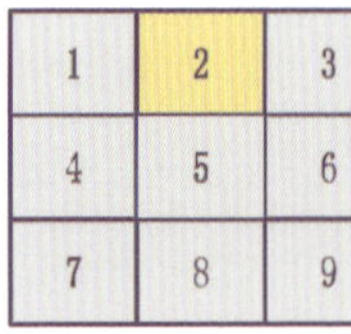

高台民居现状一层平面3号地段

高台民居现状一层平面4号地段

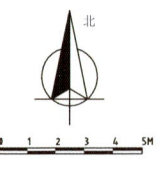

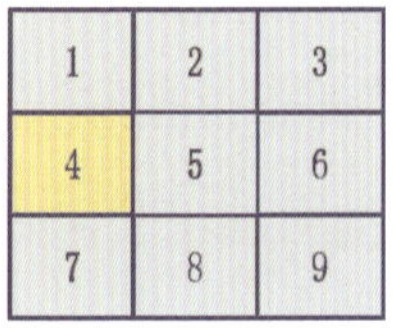

高台民居现状一层平面5号地段

高台民居现状一层平面6号地段

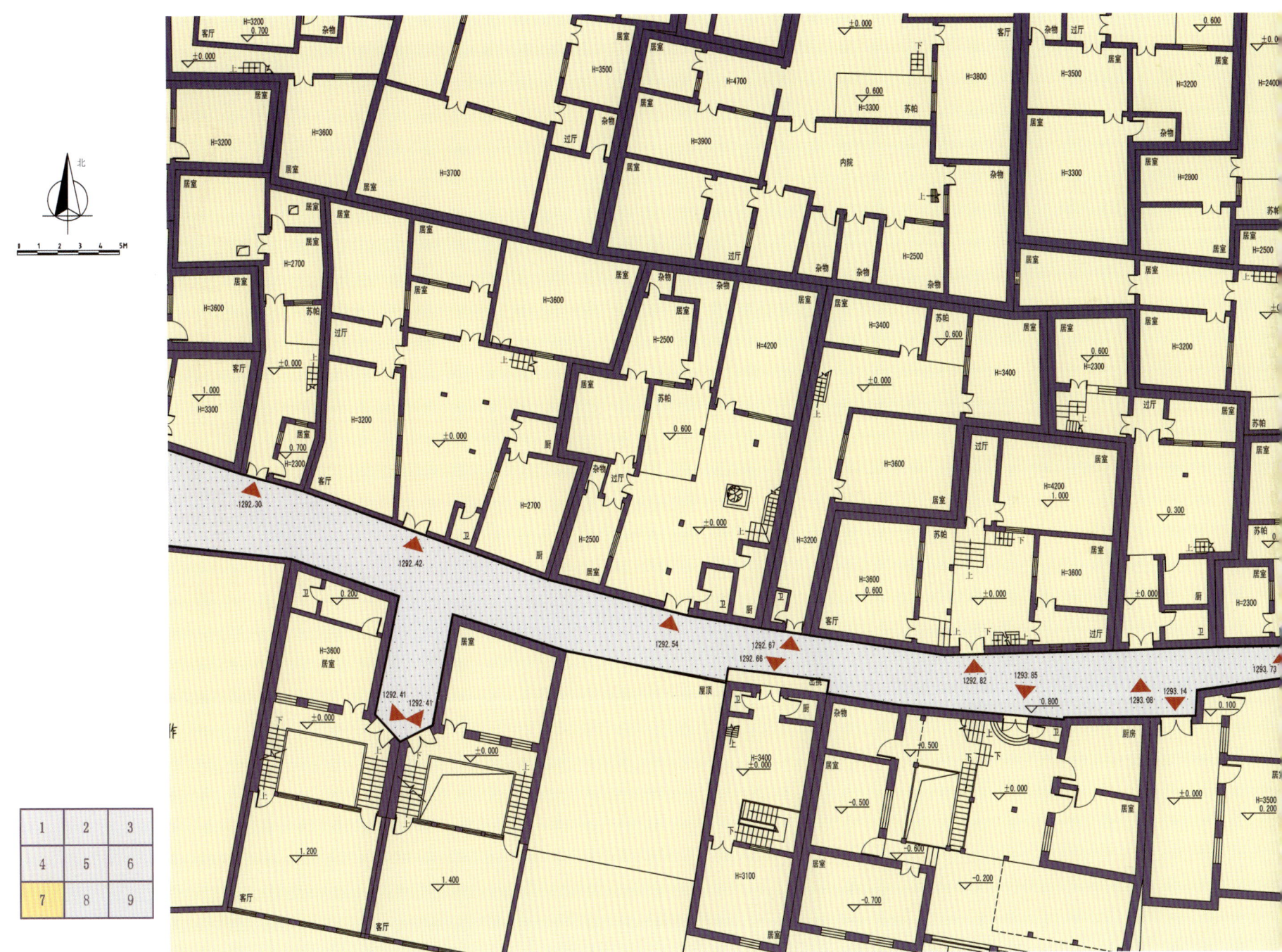

高台民居现状一层平面7号地段

高台民居现状一层平面8号地段

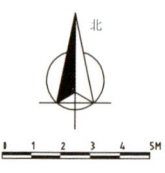

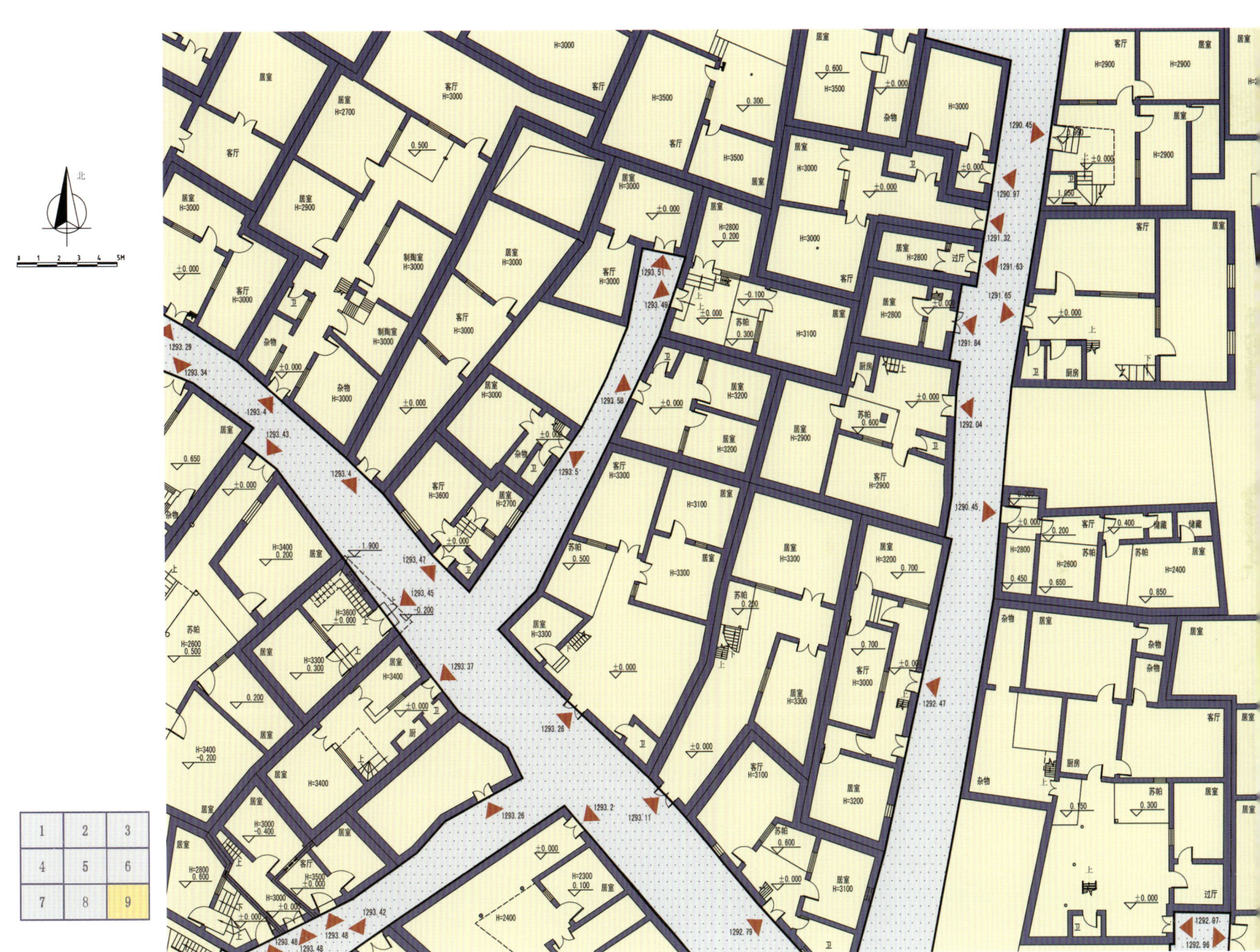

高台民居现状一层平面9号地段

高台民居三维模型视图

东南角

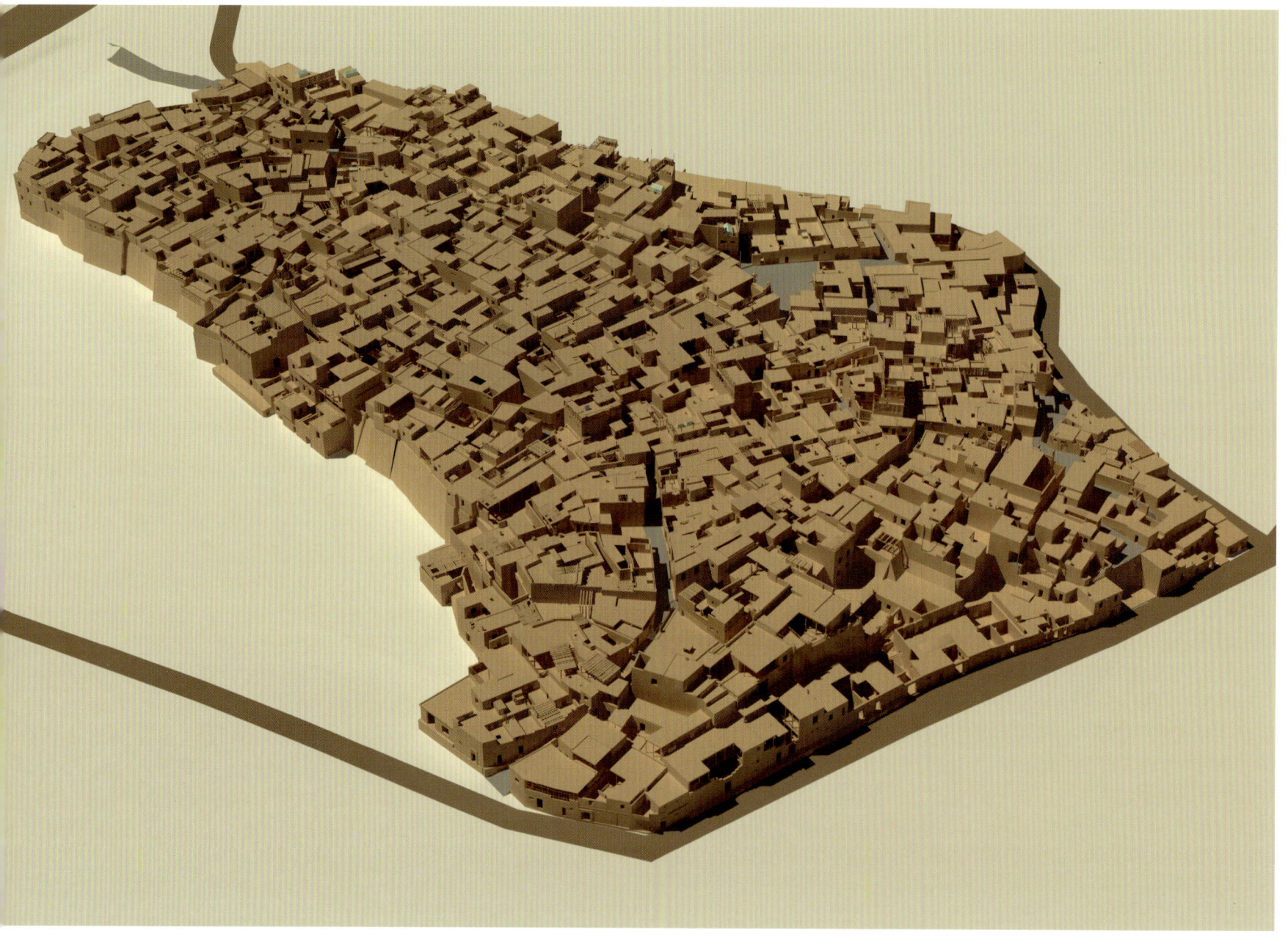

西南角

东北角

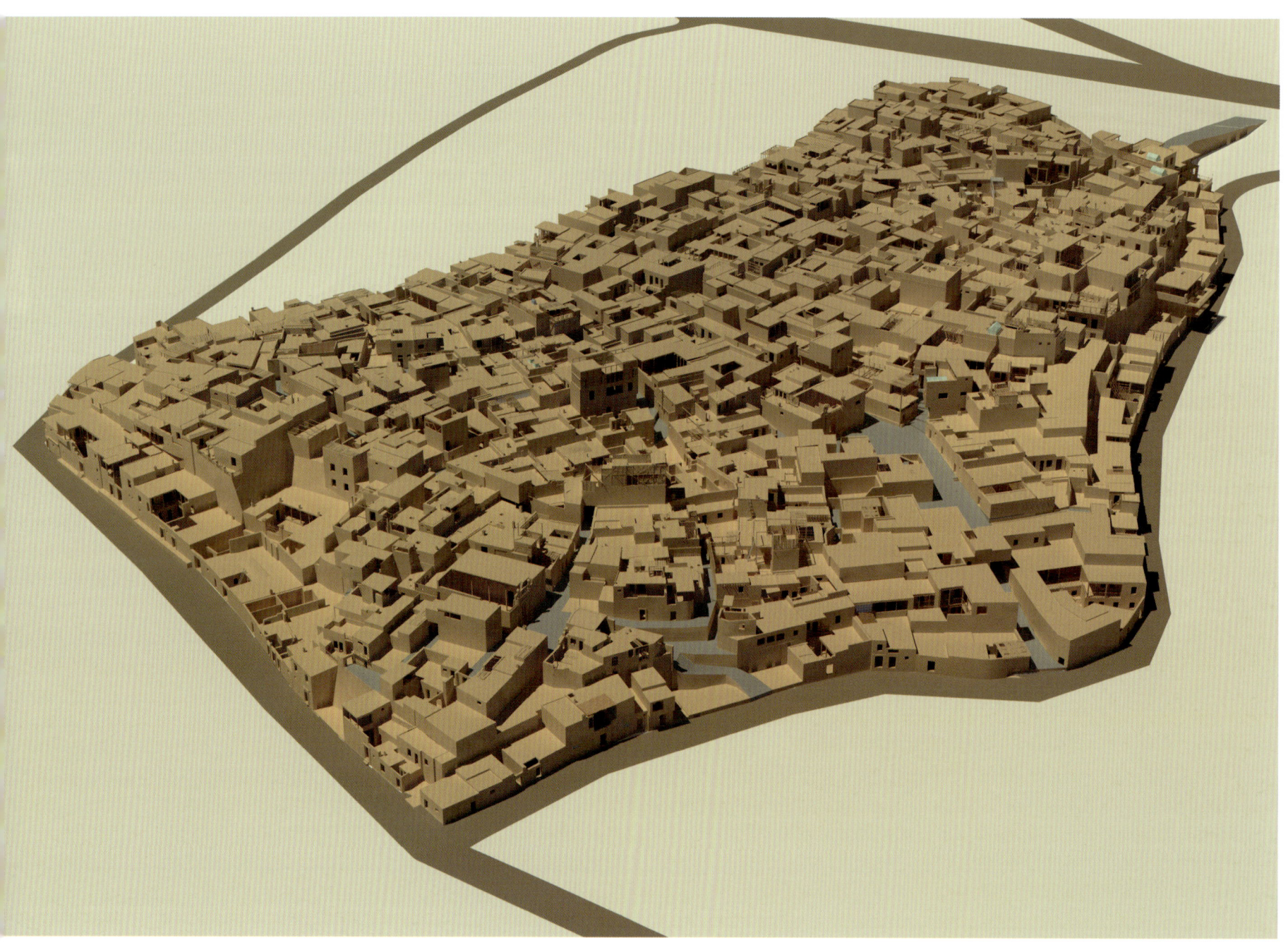

西北角

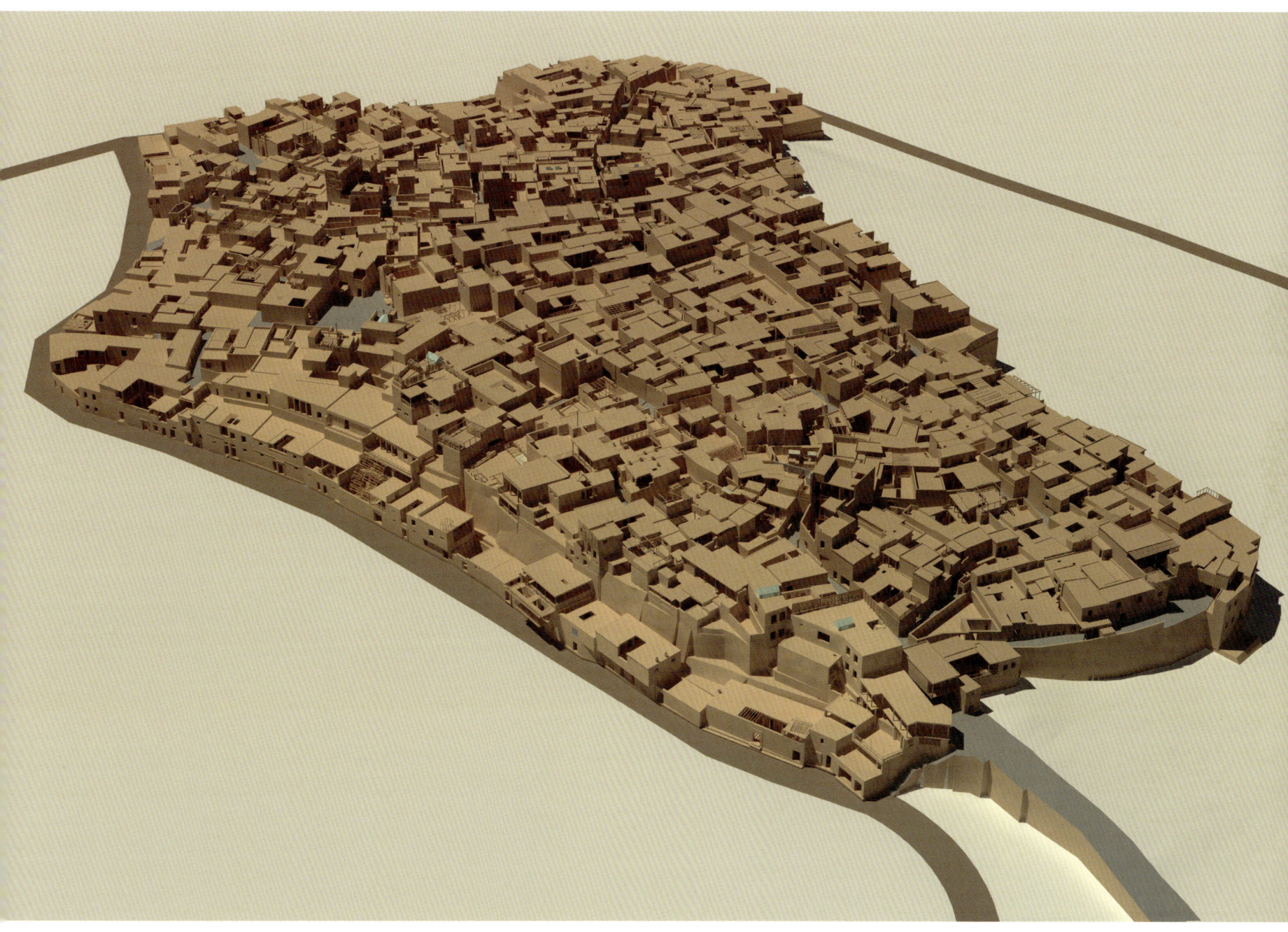

高台民居三维模型节点效果图

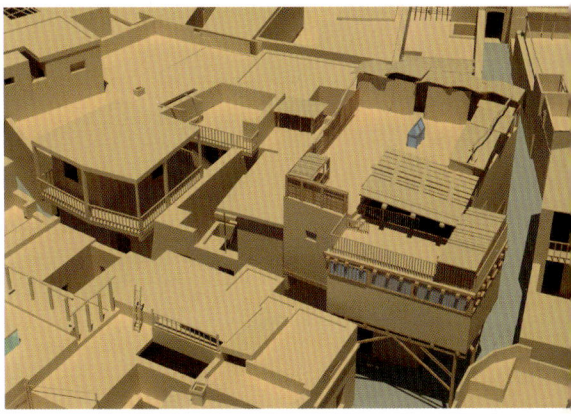

高台民居立面图

高台东立面图

高台南立面图

高台西立面图

高台北立面图

高台民居剖面位置图示

高台民居剖面示意图

示意图 1

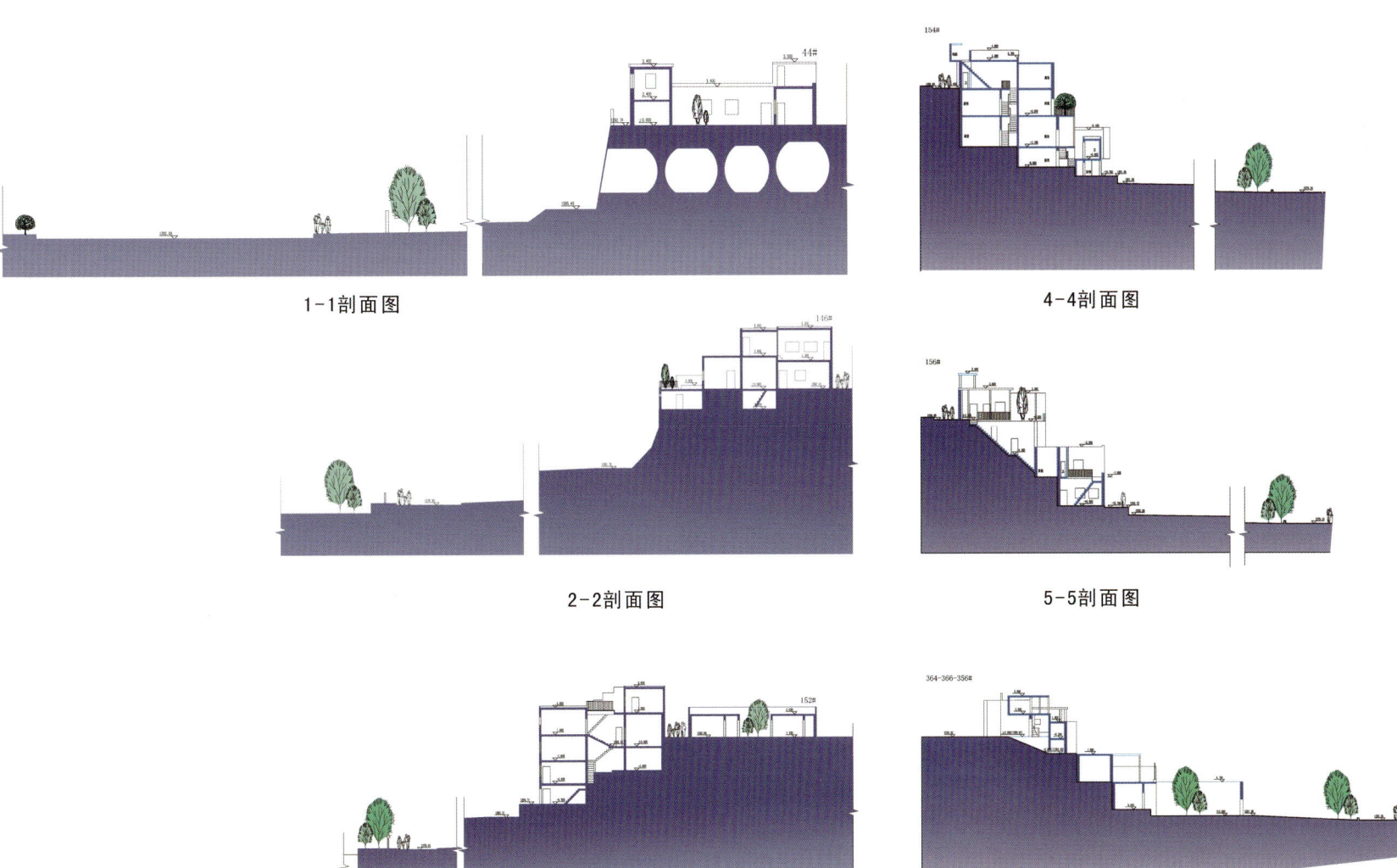

示意图 2

7-7剖面图

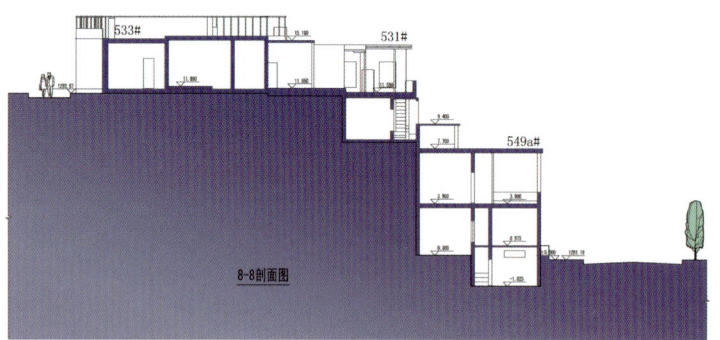

8-8剖面图

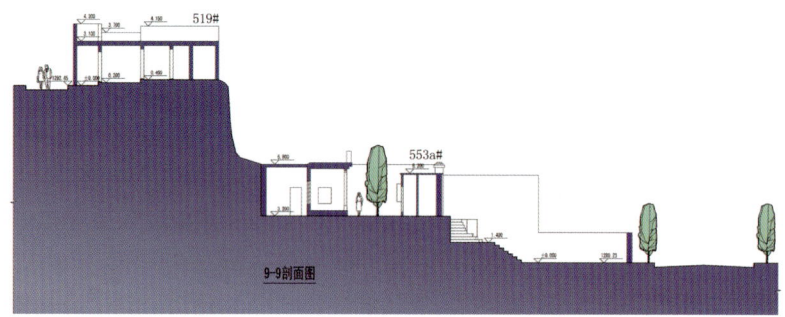

9-9剖面图

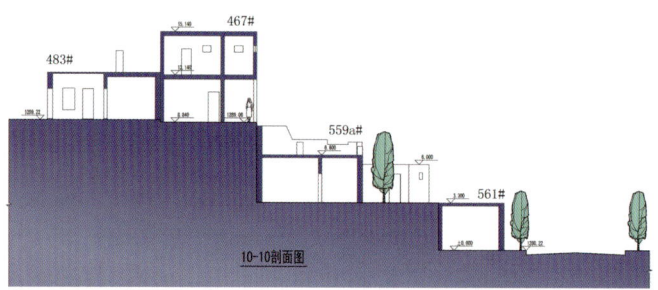

10-10剖面图

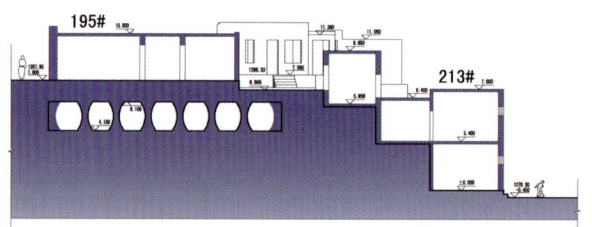

11-11剖面图

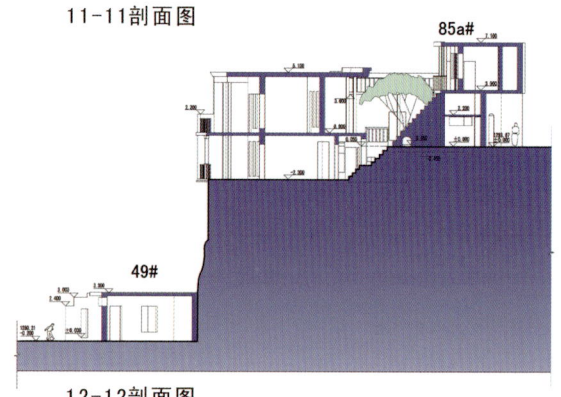

12-12剖面图

示意图 3

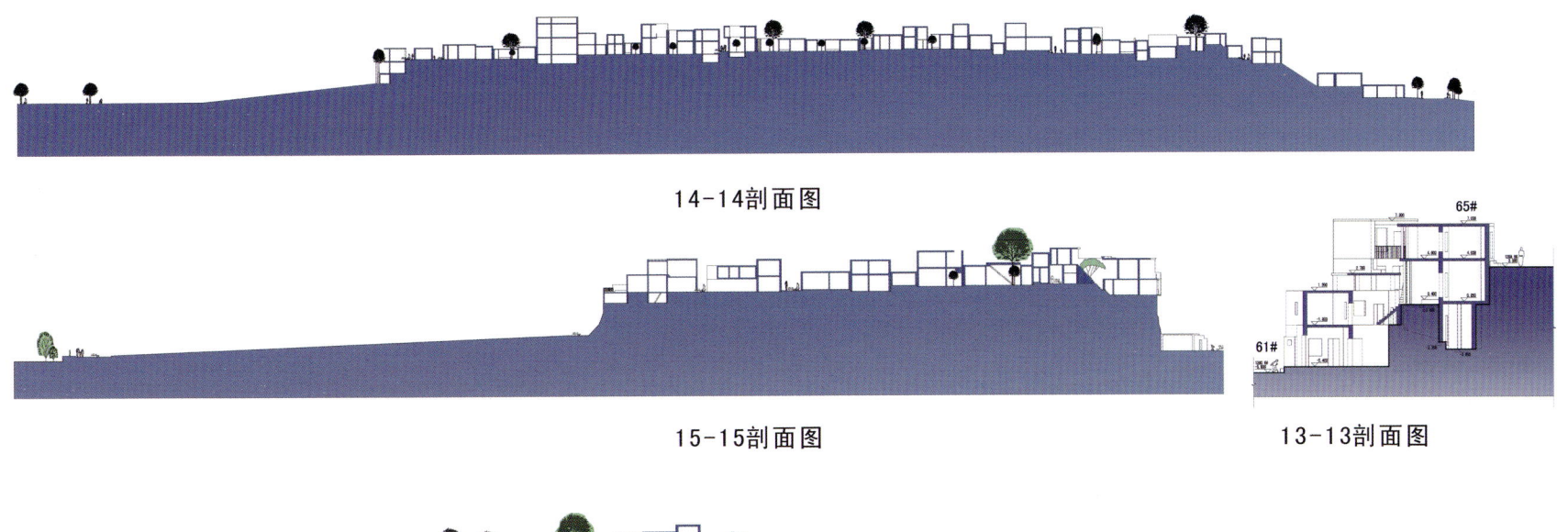

14-14剖面图

15-15剖面图

13-13剖面图

16-16剖面图

高台民居风貌展示

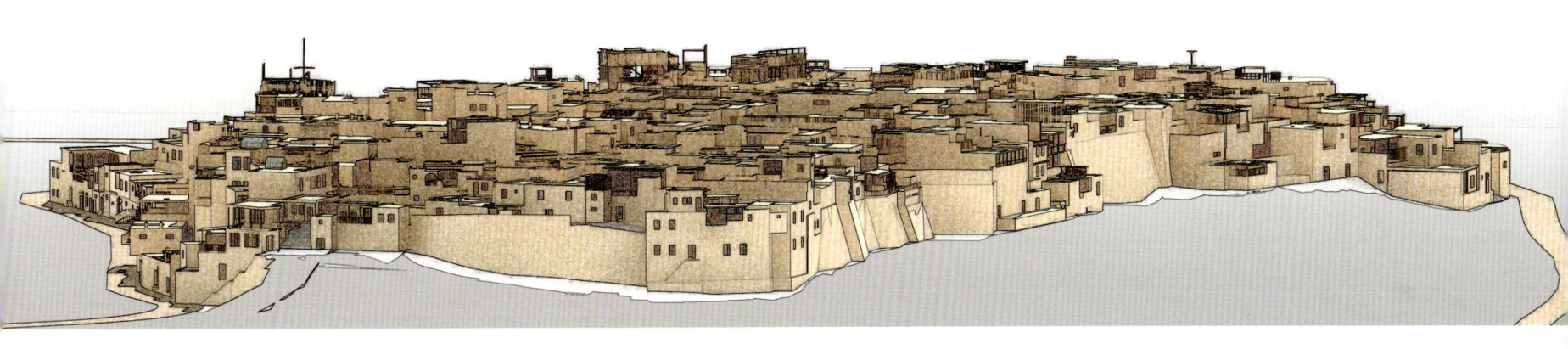

第二章　建筑测绘篇

　　高台民居位于喀什噶尔老城东南端一座高二十多米，长四百余米的黄土高崖上，维吾尔名：阔孜其亚贝希，意为"高崖土陶"。高崖已有两千年的历史，早在一千多年前便有最早的维吾尔先民在此居住，他们发现崖上有适合做土陶的泥土，因此便有许多土陶艺人在此开设土陶作坊，"高崖土陶"因此而得名。

34号住宅

位置示意图

用户编号	1	户主	哈力斯·肉孜	人口	4人
门牌号	0034	收入水平	￥3200	职业分类	木匠
搬迁意向	同意	是否重建	重建	建筑主体结构	砖混
建筑密度	77.40%	庭院面积	25.96 m²	住宅基地面积	114.78 m²
总建筑面积	284.28 m²		一层建筑面积		88.82 m²

描述	房屋始建于1900年之前，历经三代，1976年修缮，1990年整体装修，现有房屋共计11间，地上两层，地下一层。房屋贴近高台边缘，其前方已改建为停车场。

北

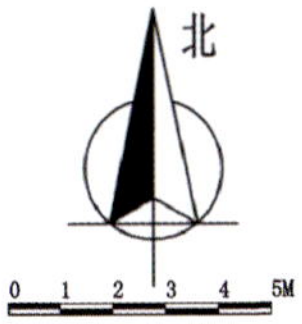

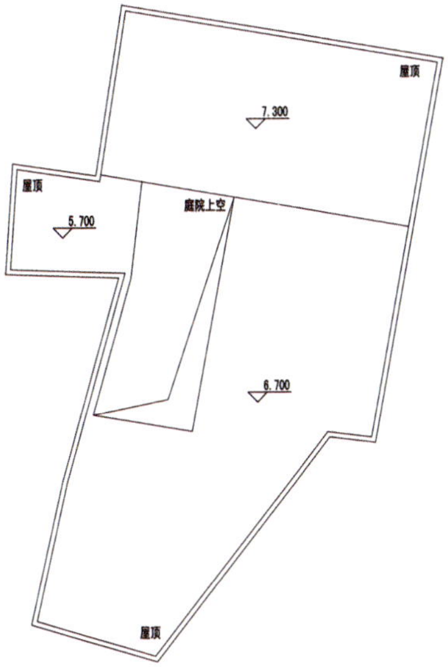

| 屋顶平面图 | 二层平面图 | 一层平面图 | 地下室平面图 | 1-1剖面图 |

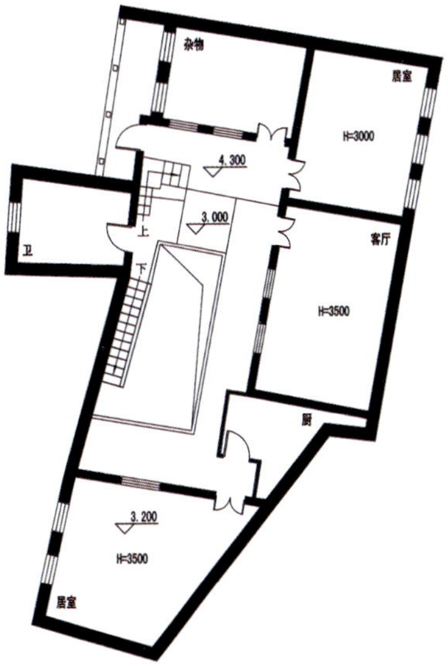

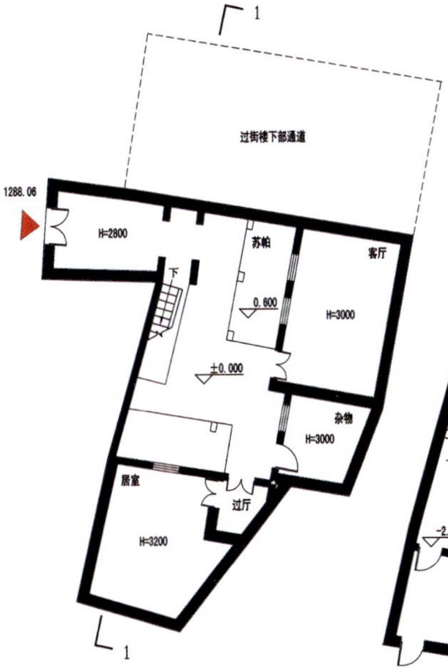

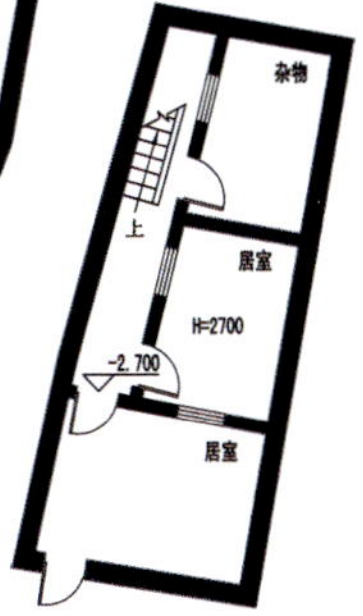

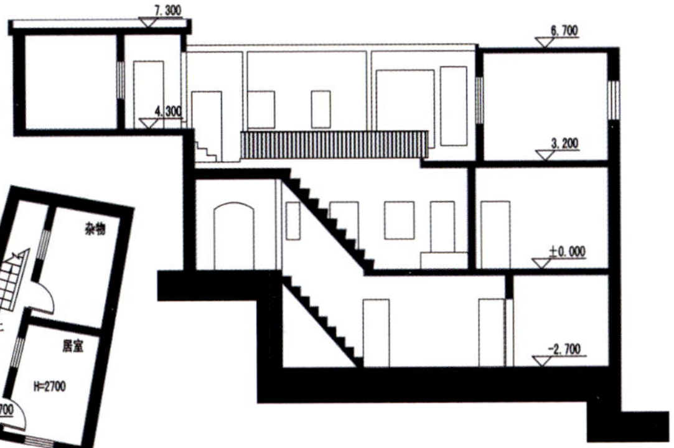

36号住宅

用户编号	2	户主	阿不都艾尼·肉孜	人口	4人
门牌号	0036	收入水平	￥700	职业分类	木匠
搬迁意向	不同意	是否重建	是	建筑主体结构	砖混
建筑密度	69.20%	庭院面积	44.65 m²	住宅基地面积	145.03 m²
总建筑面积	235.36 m²			一层建筑面积	100.38 m²

描述：房屋始建于1700年之前，地上两层，局部三层，地下一层。房屋14间，1999年修缮，院落左边的房间在1990年代喀什大地震时毁坏，后几经修缮。房屋有两个出入口，房屋布置灵巧，充分利用了空间，具有丰富的层次感。

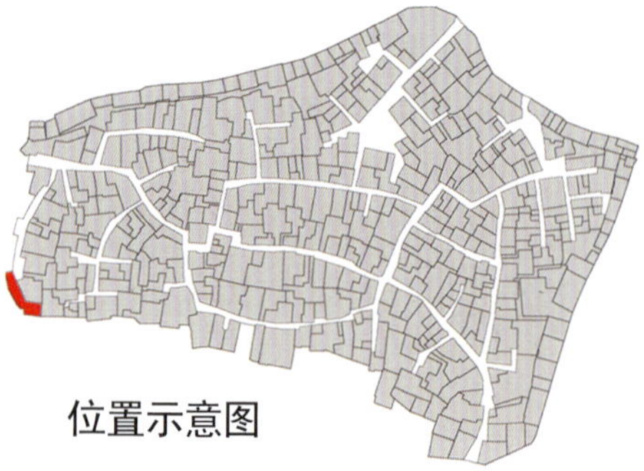

位置示意图

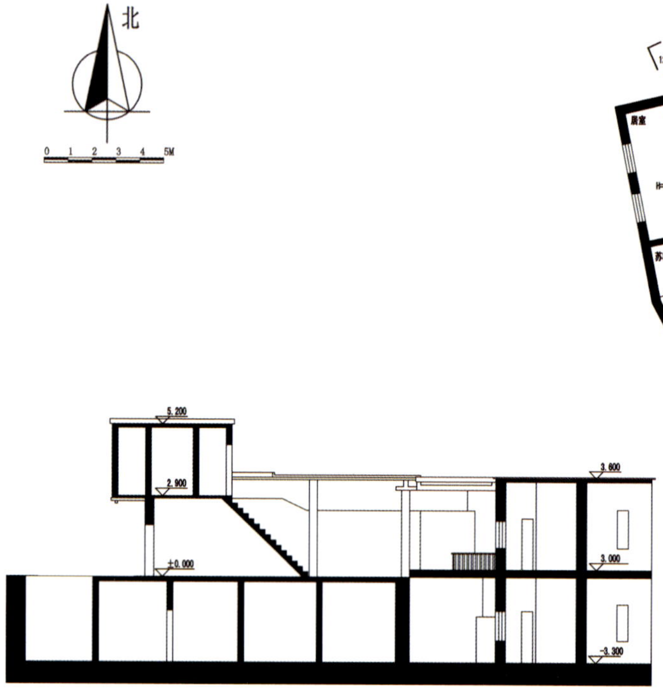

1-1剖面图 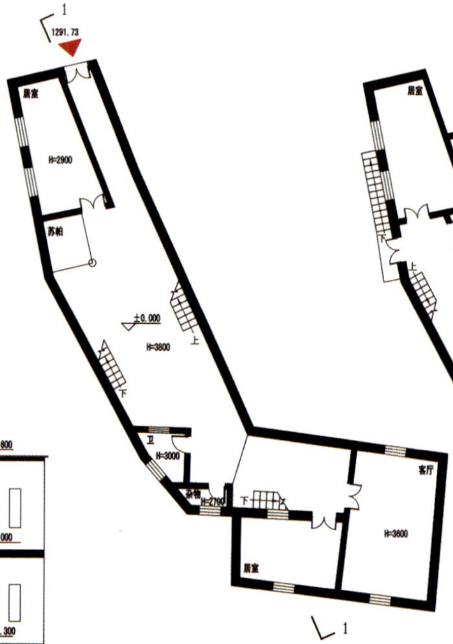　　一层平面图 　　地下室平面图 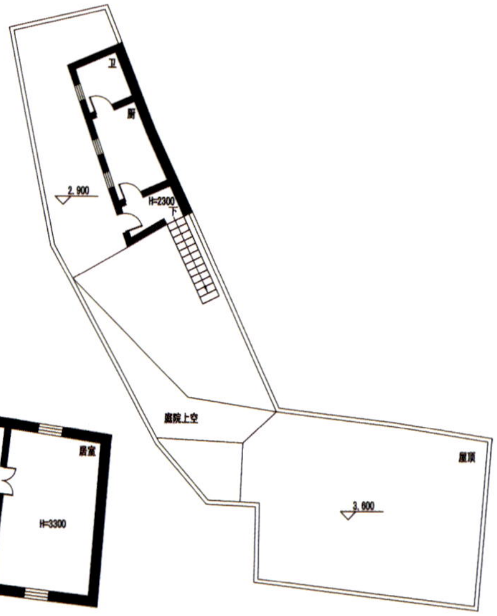　　屋顶平面图

38号住宅

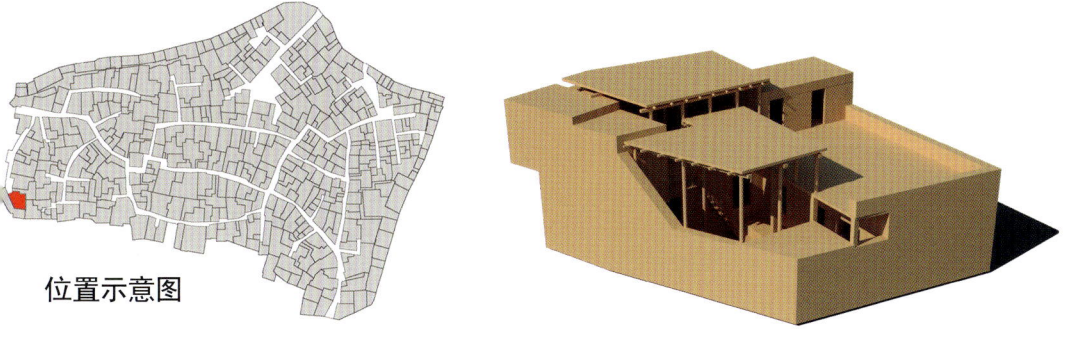

用户编号	3	户主	买买提艾力·阿布力米提	人口	4人
门牌号	0038	收入水平	￥1200	职业分类	司机
搬迁意向	不同意	是否重建	重建	建筑主体结构	砖混
建筑密度	82.00%	庭院面积	22.63 m²	住宅基地面积	125.58 m²
总建筑面积		151.43 m²		一层建筑面积	102.95 m²

描述	房屋于2005年购买，花费一万多元。局部两层，共12间（含1卫1厨）。

位置示意图

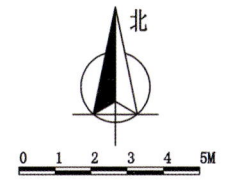

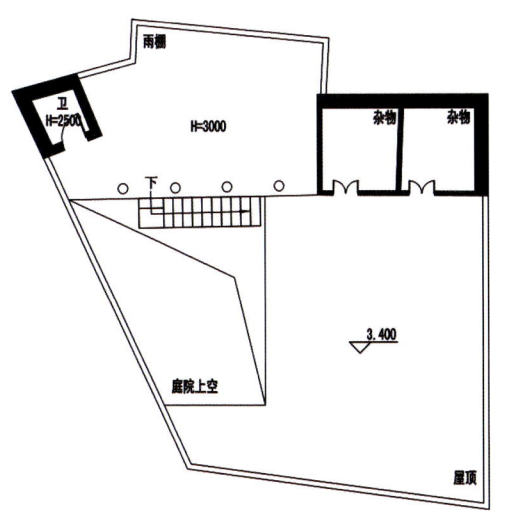

二层平面图

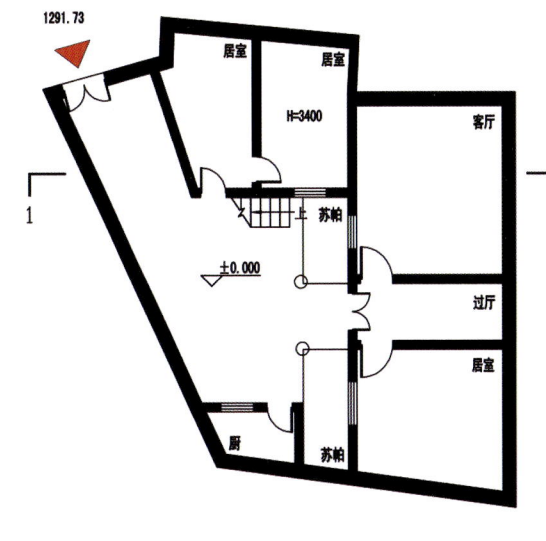

一层平面图

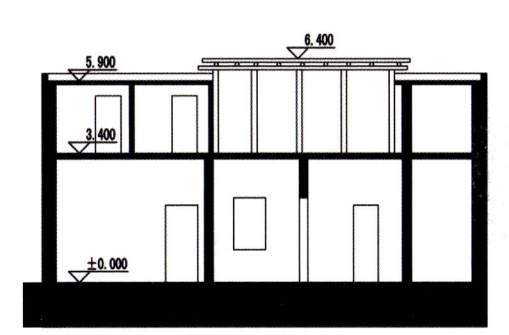

1-1剖面图

40号住宅

用户编号	4	户主	麦麦提吐逊·吾守尔	人口	4人
门牌号	0040	收入水平	￥300	职业分类	经商
搬迁意向	不同意	是否重建	重建	建筑主体结构	砖木
建筑密度	81.00%	庭院面积	20.48 m²	住宅基地面积	107.94 m²
总建筑面积		99.66 m²	一层建筑面积		87.46 m²

描述：房屋平面呈T型，始建于1800年之前，共5间，两层，局部二层为卫生间，设于入口上方。

位置示意图

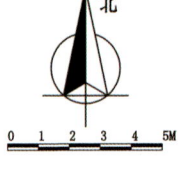

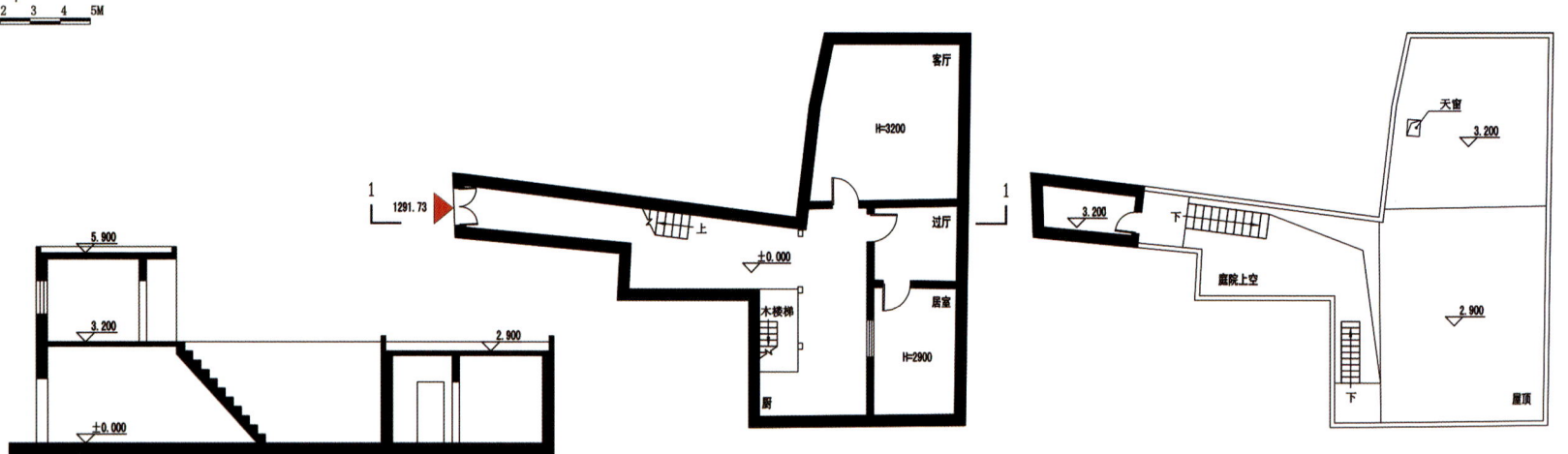

1-1剖面图　　　　　一层平面图　　　　　二层平面图

42号住宅

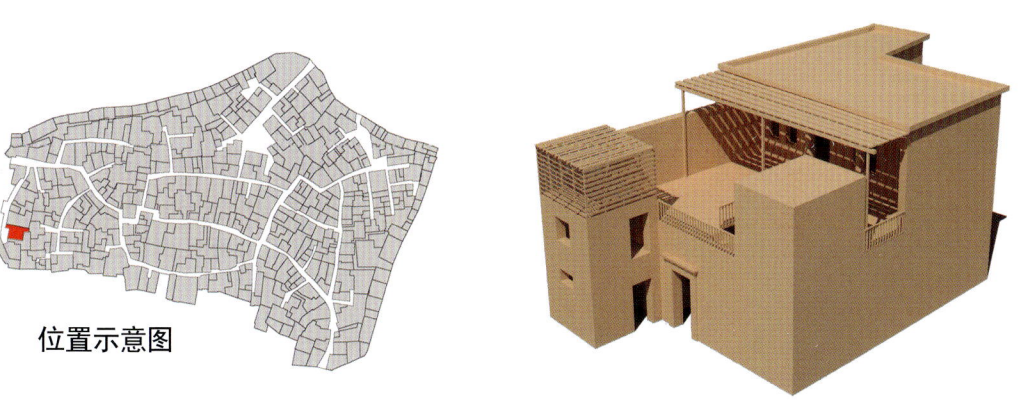

位置示意图

用户编号	5	户主	奴尔艾力	人口	3人
门牌号	0042	收入水平	￥300	职业分类	做花帽
搬迁意向	不同意	是否重建	重建	建筑主体结构	砖混
建筑密度	86.10%	庭院面积	17.94 m²	住宅基地面积	129.26 m²
总建筑面积	197.01 m²		一层建筑面积		111.32 m²

描述：房屋始建于1700年之前，于1994年前修缮，共15间，两层。

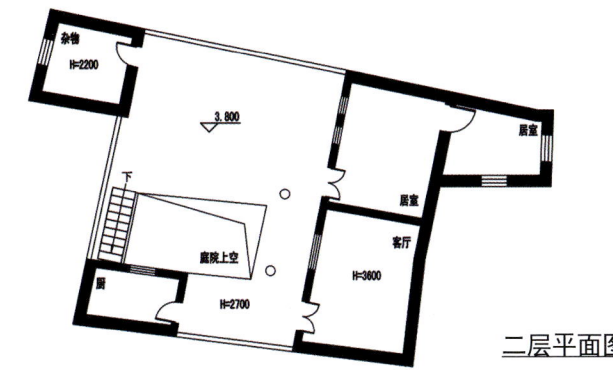

二层平面图

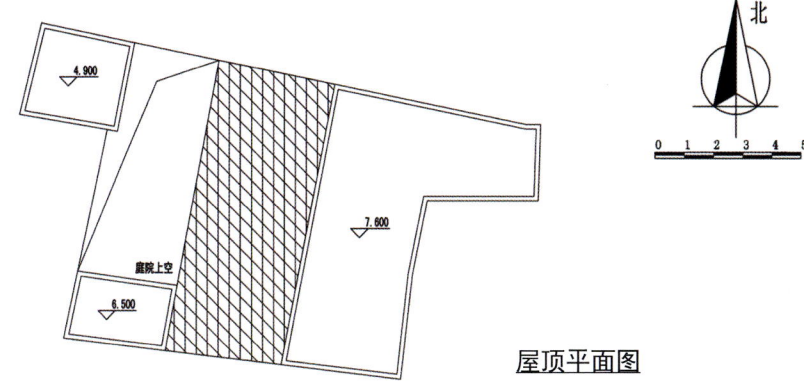

屋顶平面图

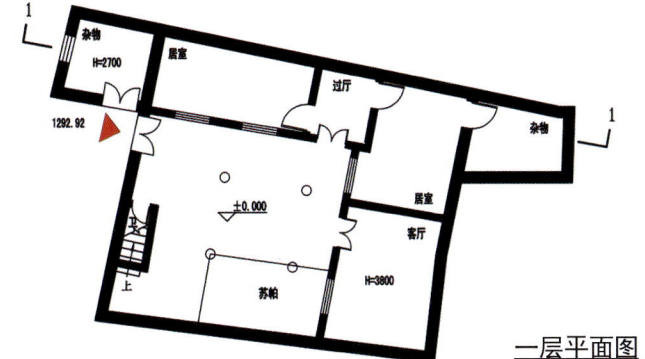

一层平面图

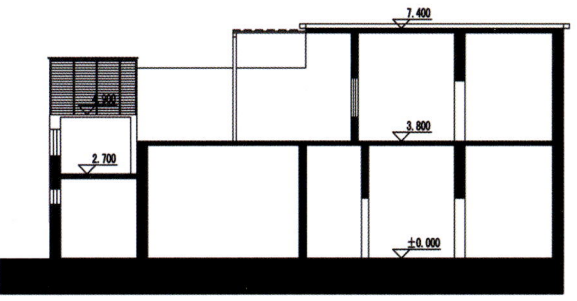

1-1剖面图

44号住宅

用户编号	6	户主	吐松江·吾斯曼江	人口	3人
门牌号	0044	收入水平	￥1800	职业分类	司机
搬迁意向	同意	是否重建		建筑主体结构	土木
建筑密度	83.10%	庭院面积	29.2 m²	住宅基地面积	172.4 m²
总建筑面积		190.15 m²	一层建筑面积		143.2 m²
描述	房屋于1979年前购得，1984年扩建装修。				

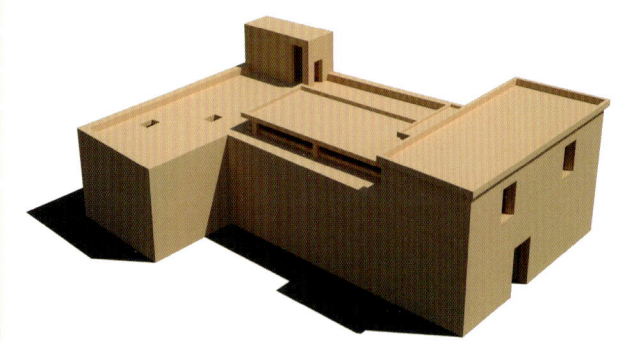

位置示意图

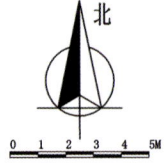

北

0 1 2 3 4 5M

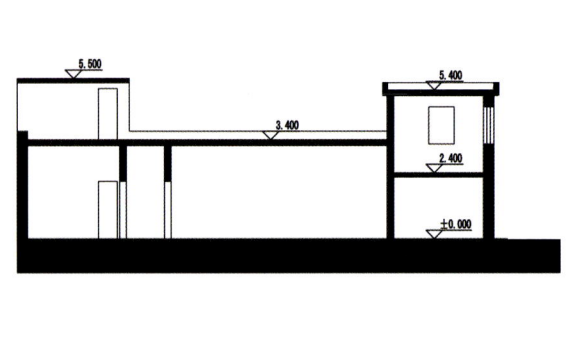

1-1剖面图

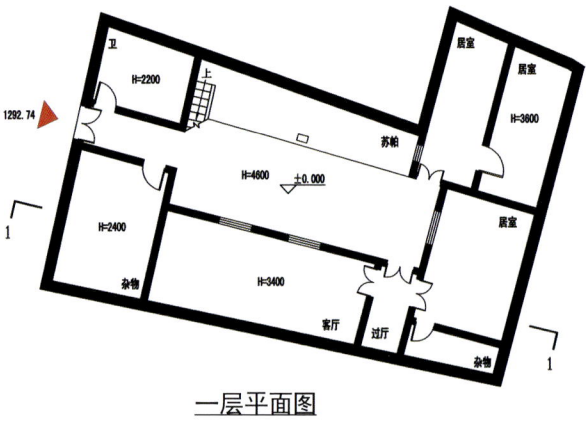

一层平面图

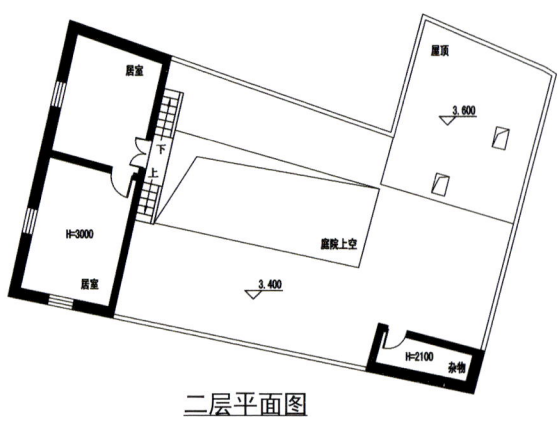

二层平面图

46号住宅

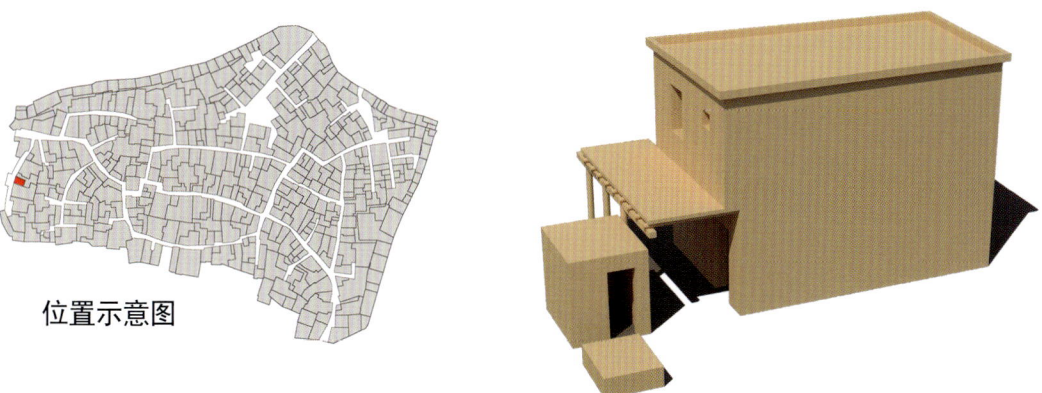

位置示意图

用户编号	7	户主	白克日·纳麦提	人口	3人
门牌号	0046	收入水平	￥500	职业分类	经商
搬迁意向	不同意	是否重建	重建	建筑主体结构	土木
建筑密度	100.00%	庭院面积		住宅基地面积	36.13 m²
总建筑面积		72.25 m²		一层建筑面积	36.13 m²
描述	房屋始建于1700年之前，现已居住20余年。房屋面积较小，两层，共4间。				

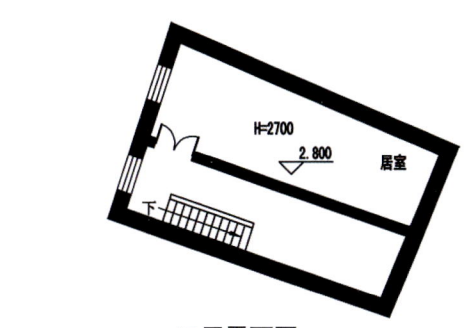

二层平面图

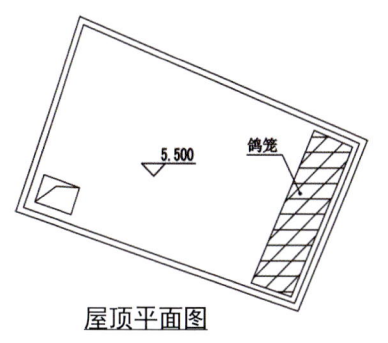

屋顶平面图

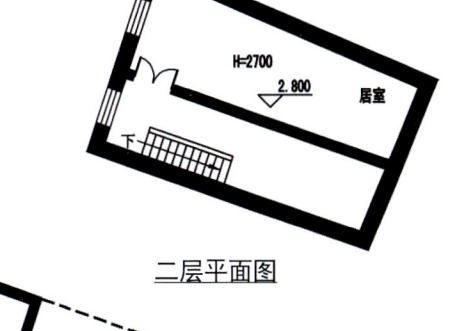

一层平面图

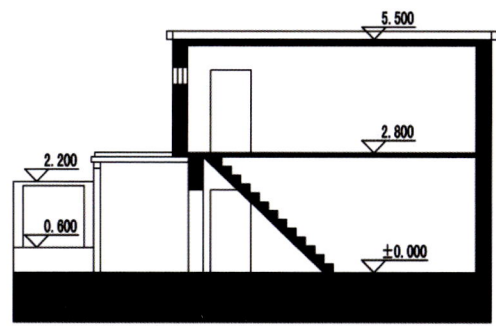

1-1剖面图

48号住宅

用户编号	8	户主	吐汗·卡的	人口	2人
门牌号	0048	收入水平	￥300	职业分类	做花帽子
搬迁意向	同意	是否重建		建筑主体结构	土木
建筑密度	82.80%	庭院面积	14.02 m²	住宅基地面积	81.66 m²
总建筑面积		87.87 m²	一层建筑面积		67.64 m²
描述	房屋始建于2002年,共有5间,局部两层,土木结构,从未修缮。				

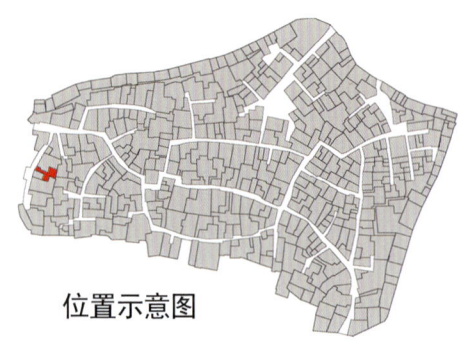

位置示意图

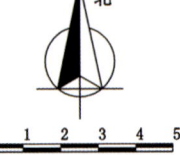

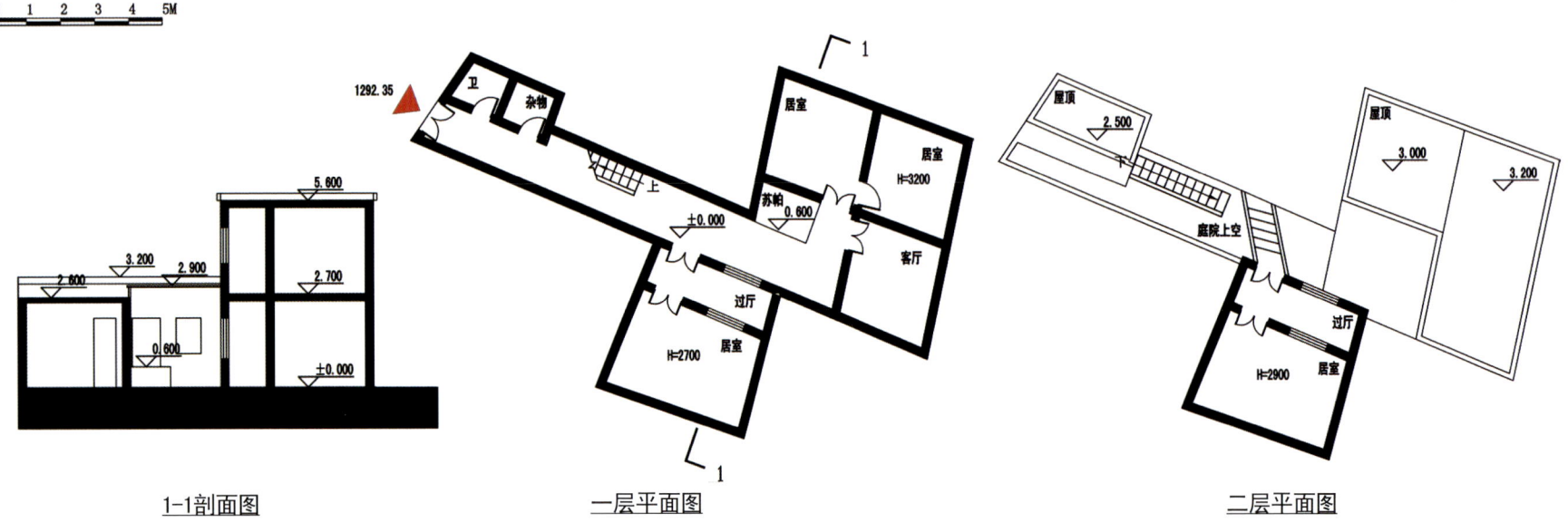

1-1剖面图　　　　一层平面图　　　　二层平面图

50号住宅

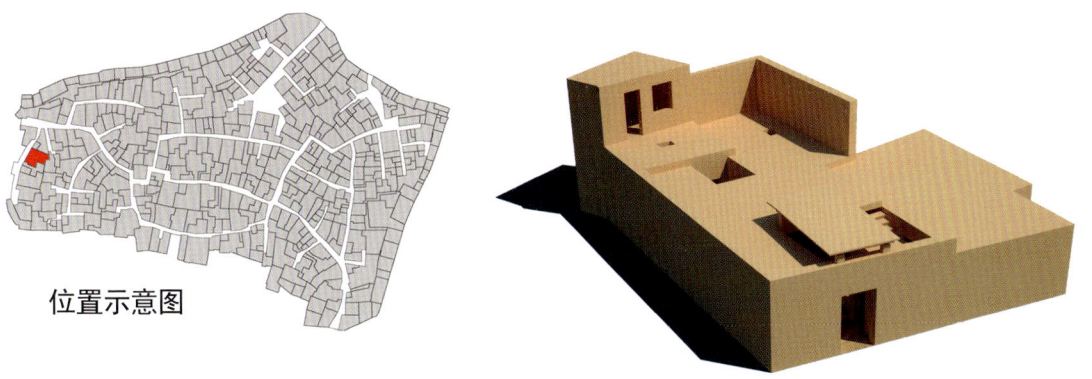

位置示意图

用户编号	9	户主	阿布都哈力克·肉孜	人口	4人
门牌号	0050	收入水平	￥600	职业分类	木匠
搬迁意向	不同意	是否重建	重建	建筑主体结构	土木
建筑密度	78.70%	庭院面积	31.17 m²	住宅基地面积	146.01 m²
总建筑面积		123.92 m²		一层建筑面积	114.84 m²

描述：房屋始建于1900年之前，历经三代，于1980年修缮，共10间，局部两层，2006年原二层在地震中毁坏，后新建二层杂物室两间。主人为木匠，希望回迁。

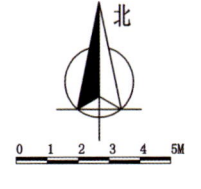

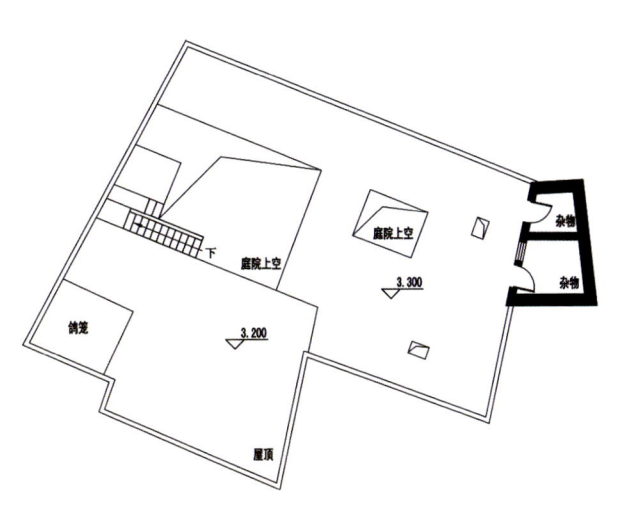

二层平面图

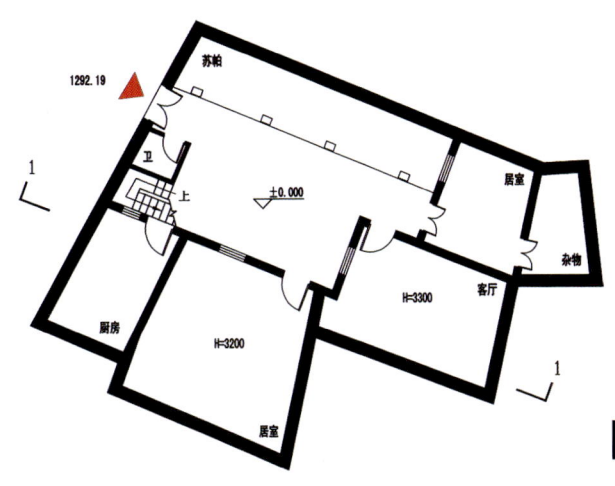

一层平面图

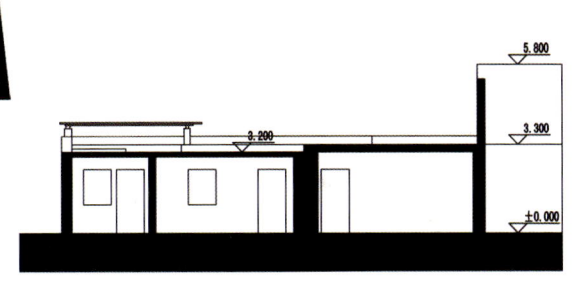

1-1剖面图

56号住宅

用户编号	10	户主	依玛木买买提·艾力	人口	4人
门牌号	0056	收入水平	￥1000	职业分类	
搬迁意向	不同意	是否重建	重建	建筑主体结构	土木
建筑密度	74.80%	庭院面积	22.39 m²	住宅基地面积	88.93 m²
总建筑面积		81.27 m²	一层建筑面积		66.54 m²

描述　房屋始建于1900年之前，现住户为1992年前迁入，两层，共5间。

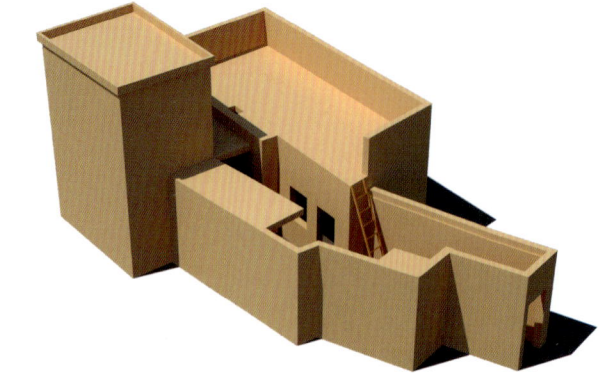

位置示意图

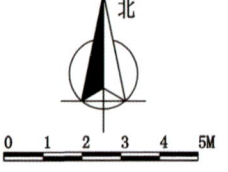

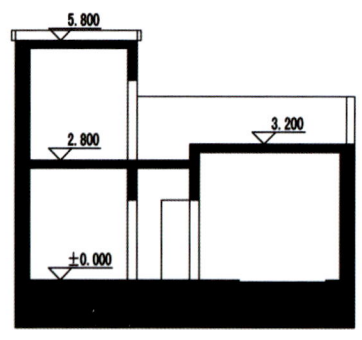

1-1剖面图

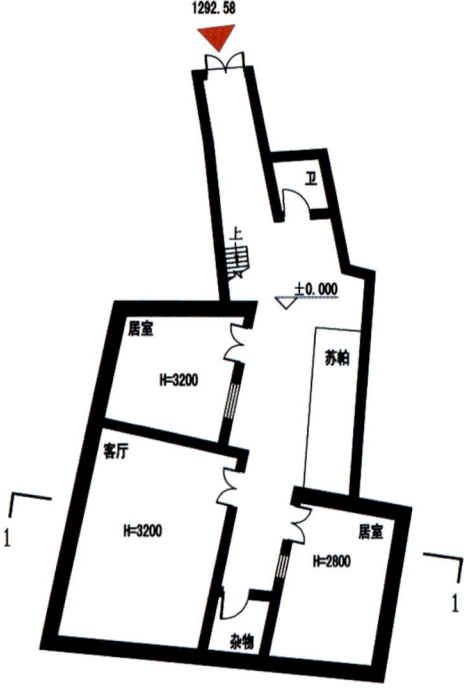

一层平面图

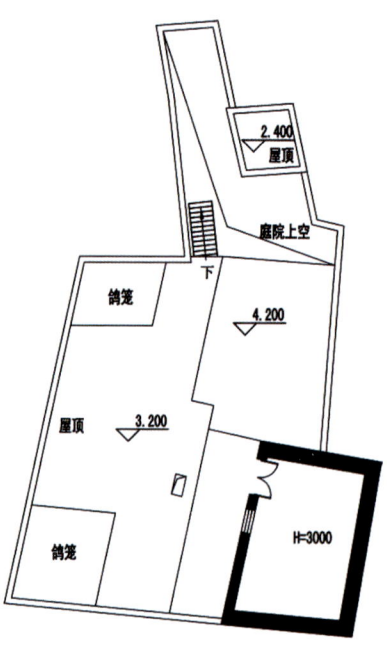

二层平面图

58号住宅

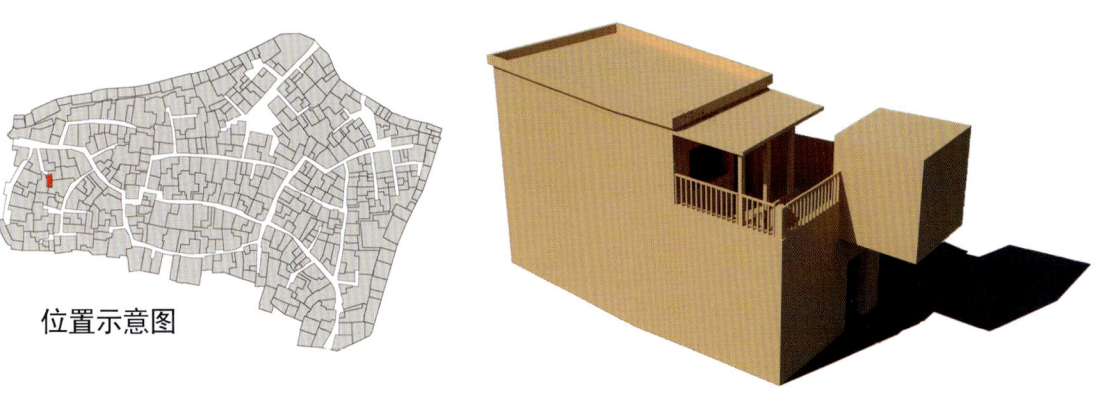

位置示意图

用户编号	11	户主	阿瓦古丽·阿不都拉	人口	4人
门牌号	0058	收入水平	￥260	职业分类	做帽子
搬迁意向	同意	是否重建		建筑主体结构	土木
建筑密度	79.90%	庭院面积	7.6 m²	住宅基地面积	37.84 m²
总建筑面积	64.64 m²		一层建筑面积	30.24 m²	

描述：房屋为1986年建造，当时花费1.5万元，近两年房屋开始严重裂缝，部分倒塌，后几经修缮。房屋有两层三间，院子较小。二层卫生间设于通道上方。

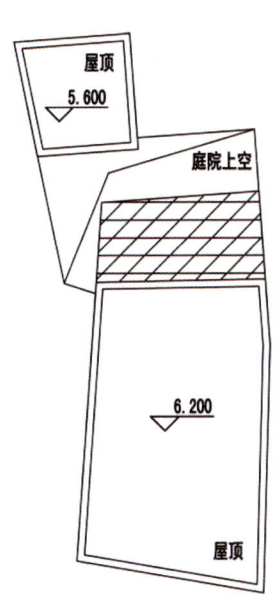

屋顶平面图

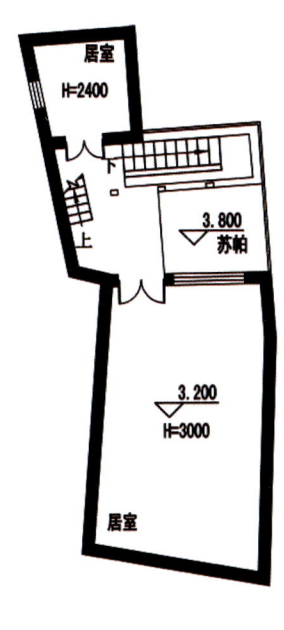

二层平面图

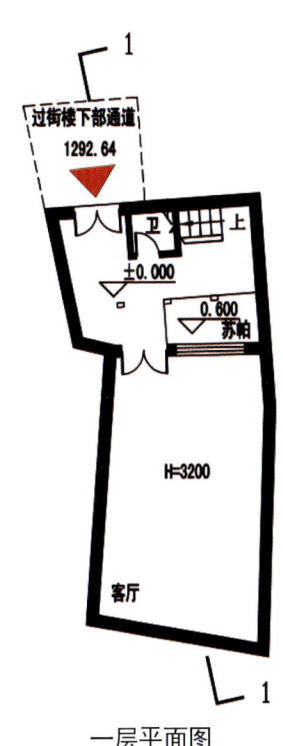

一层平面图

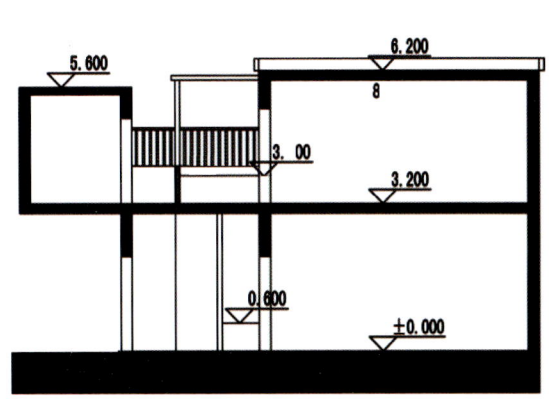

1-1剖面图

60号住宅

用户编号	12	户主	阿迪力江·依明提	人口	2人
门牌号	0060	收入水平	￥300	职业分类	待业
搬迁意向	不同意	是否重建	重建	建筑主体结构	土木
建筑密度	82.40%	庭院面积	11.28 m²	住宅基地面积	63.99 m²
总建筑面积		52.71 m²	一层建筑面积		52.71 m²
描述	房屋于1990年购得，一层，共三间，2007年主人过世，房屋由儿子继承。				

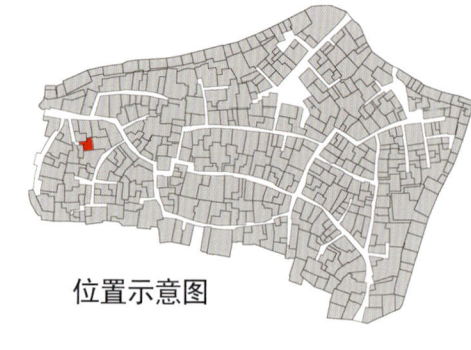

位置示意图

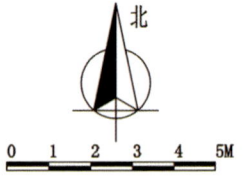

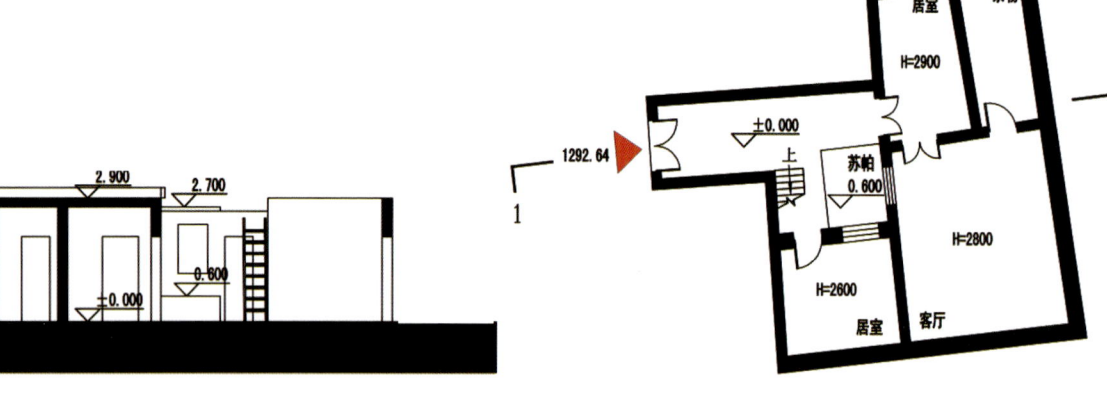

1-1剖面图　　　　　一层平面图　　　　　屋顶平面图

62号住宅

位置示意图

用户编号	13	户主	阿孜古丽·吐逊	人口	4人
门牌号	0062	收入水平	￥250	职业分类	绣帽子
搬迁意向	同意	是否重建		建筑主体结构	土木
建筑密度	76.50%	庭院面积	12.82 m²	住宅基地面积	54.57 m²
总建筑面积	77.55 m²		一层建筑面积	41.75 m²	

描述：房屋于1998年购得，当时花费4万，从未修缮，两层，共四间房子，房屋已开始裂缝，住户愿尽早搬迁。

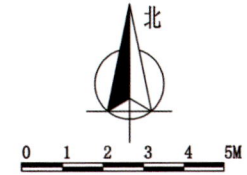

屋顶平面图　　二层平面图　　一层平面图　　1-1剖面图

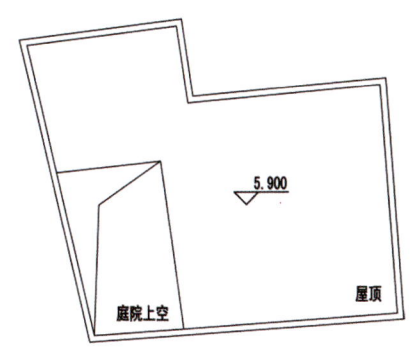
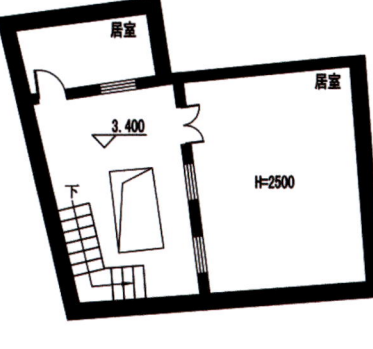
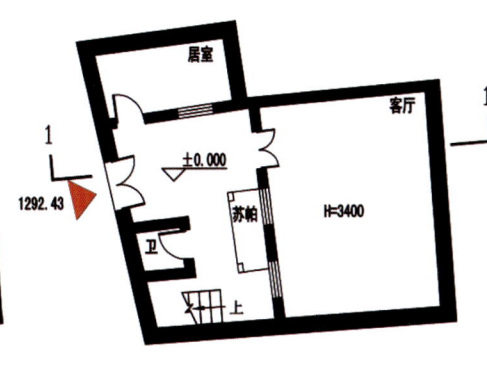
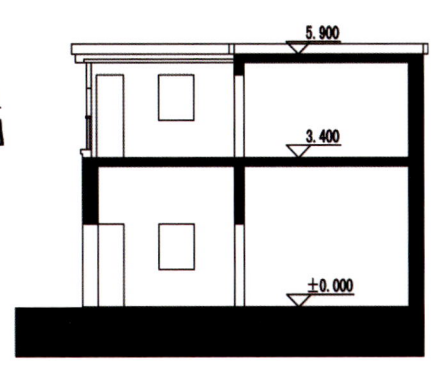

64号住宅

用户编号	14	户主	努尔斯曼·牙生	人口	5人
门牌号	0064	收入水平	￥800	职业分类	待业
搬迁意向	同意	是否重建		建筑主体结构	土木
建筑密度	84.00%	庭院面积	5.99 m²	住宅基地面积	37.52 m²
总建筑面积	31.53 m²		一层建筑面积		31.53 m²
描述	房屋始建于1949年，一层，共两间，院子较小，房屋破旧。				

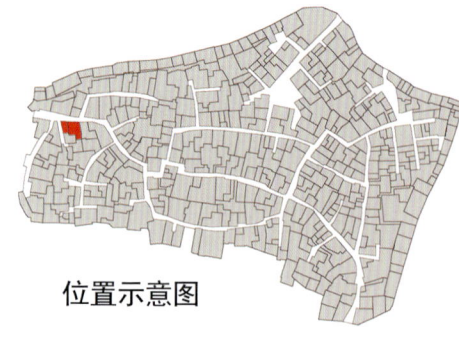

位置示意图

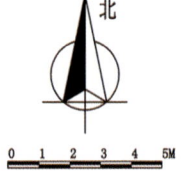

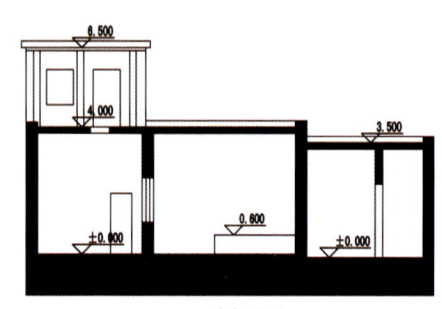

1-1剖面图

66号住宅

用户编号	15	户主	依玛木·艾山	人口	5人
门牌号	0066	收入水平	￥2000	职业分类	卖烤肉
搬迁意向	不同意	是否重建	重建	建筑主体结构	砖木&砖混
建筑密度	75.10%	庭院面积	24.58 m²	住宅基地面积	98.8 m²
总建筑面积	90.32 m²		一层建筑面积		74.22 m²
描述	房屋已出租，两层，共6间，主人在内地卖烤肉。				

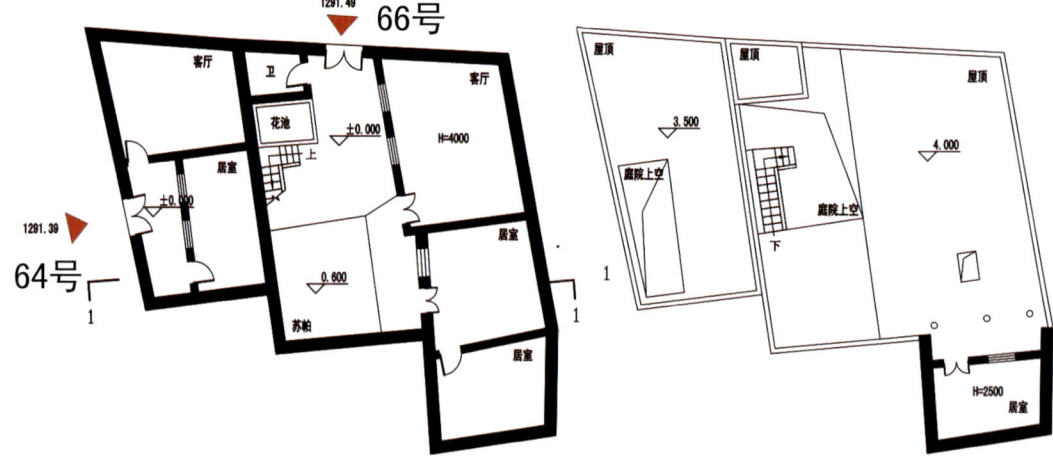

一层平面图　　二层平面图

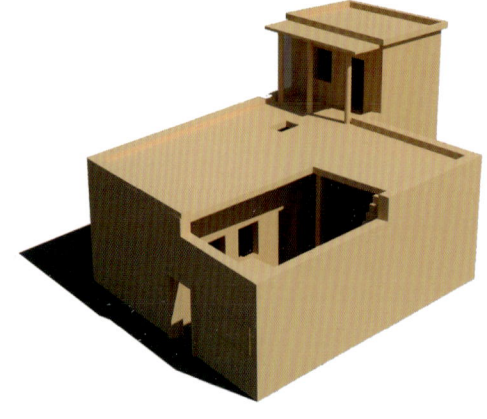

68号住宅

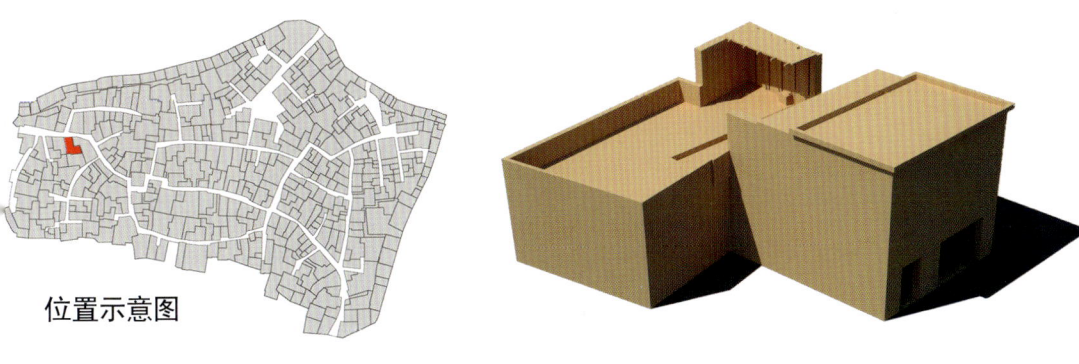

位置示意图

用户编号	16	户主	库尔班·伊斯拉木	人口	4人
门牌号	0068	收入水平	￥900	职业分类	司机
搬迁意向	同意	是否重建		建筑主体结构	土木&砖木
建筑密度	81.50%	庭院面积	18.41 m²	住宅基地面积	99.64 m²
总建筑面积	149.82 m²		一层建筑面积	81.23 m²	

描述：房屋始建于1900年之前，2005年修缮并新建几间房，花费两万元，两层，共9间房屋（含地下室）。据主人述说，著名人物斯特诺奇（维吾尔历史上的大力士）曾居于此，现在的主人和他是远房亲戚。

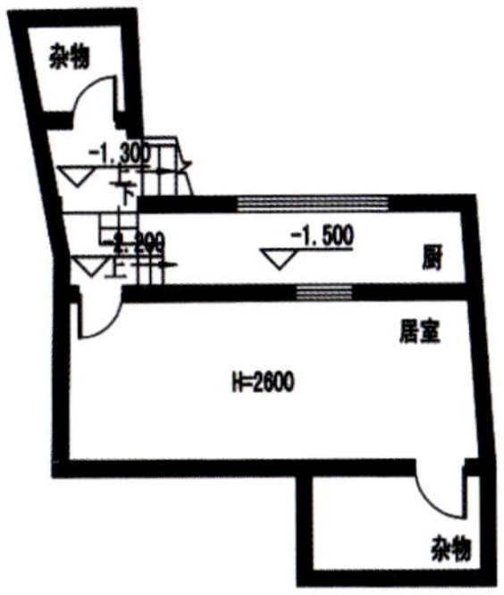

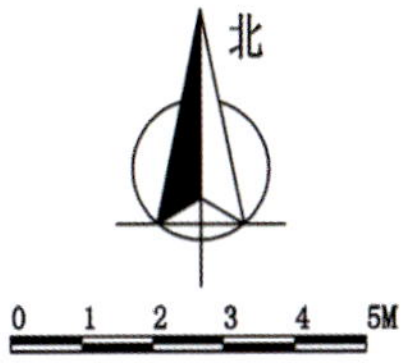

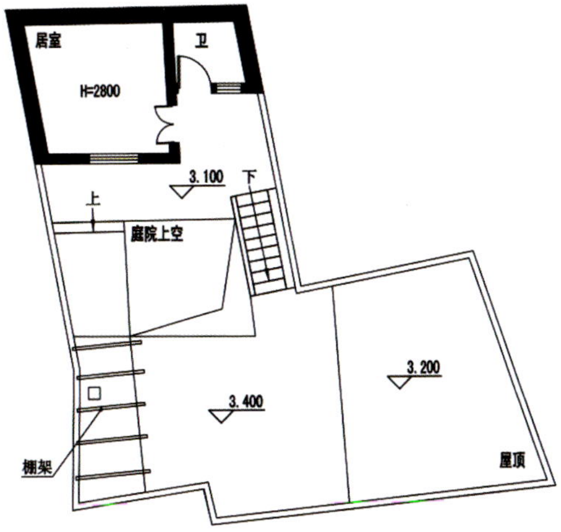

二层平面图 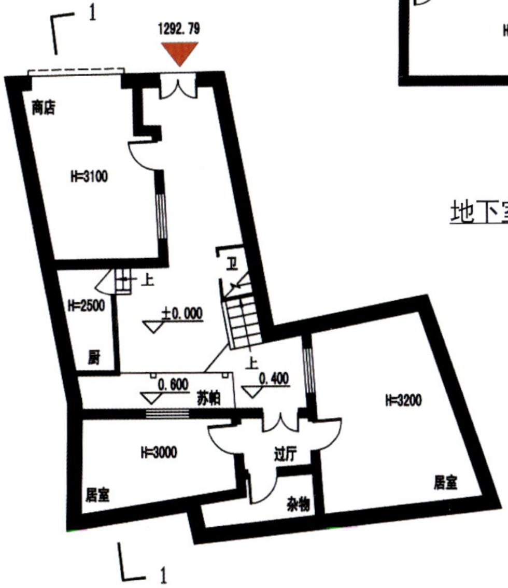　　一层平面图　　地下室平面图　　1-1剖面图

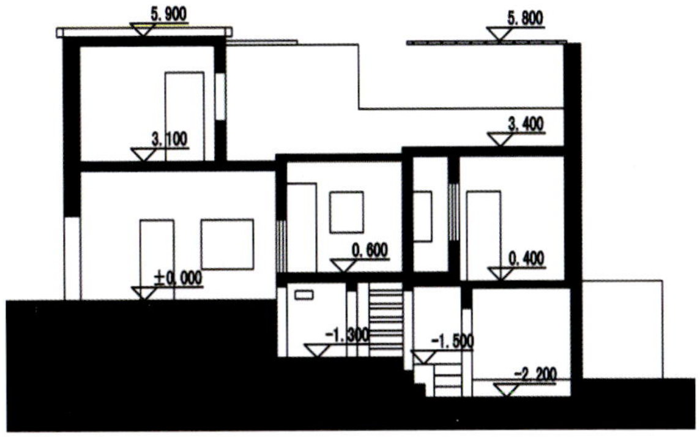

70号住宅

用户编号	17	户主	买买提明·肉孜	人口	5人
门牌号	0070	收入水平	¥500	职业分类	做小生意
搬迁意向	不同意	是否重建	保留	建筑主体结构	砖混
建筑密度	69.70%	庭院面积	51.93 m²	住宅基地面积	171.61 m²
总建筑面积	320.7 m²	一层建筑面积	119.68 m²		

描述：房屋于2007年修建，当时花费65万元，房屋共四层（含地下室），装饰细致，柱、门窗框及栏杆均为木质，上面雕刻有精致的花纹，极具特色，房间布置合理灵活。（主人是105号主人的儿子，先后购买了72、74、76号的房屋，并为70号。）

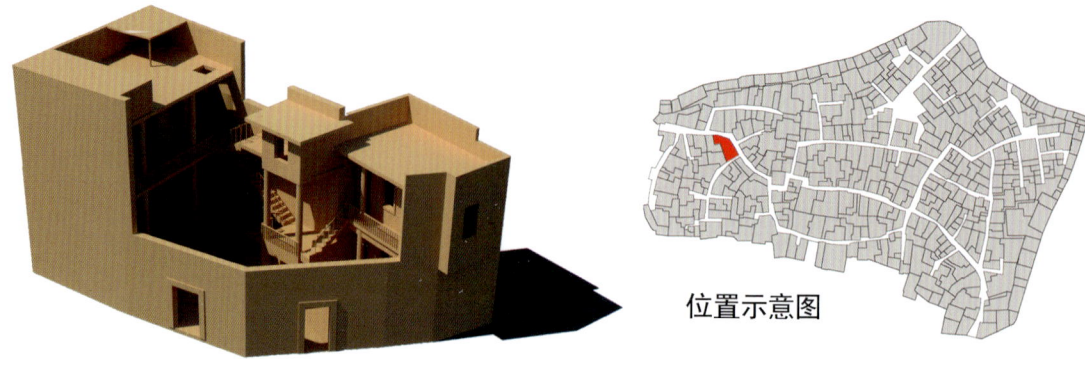

位置示意图

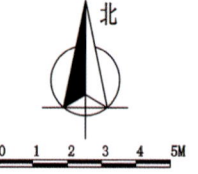

1-1剖面图

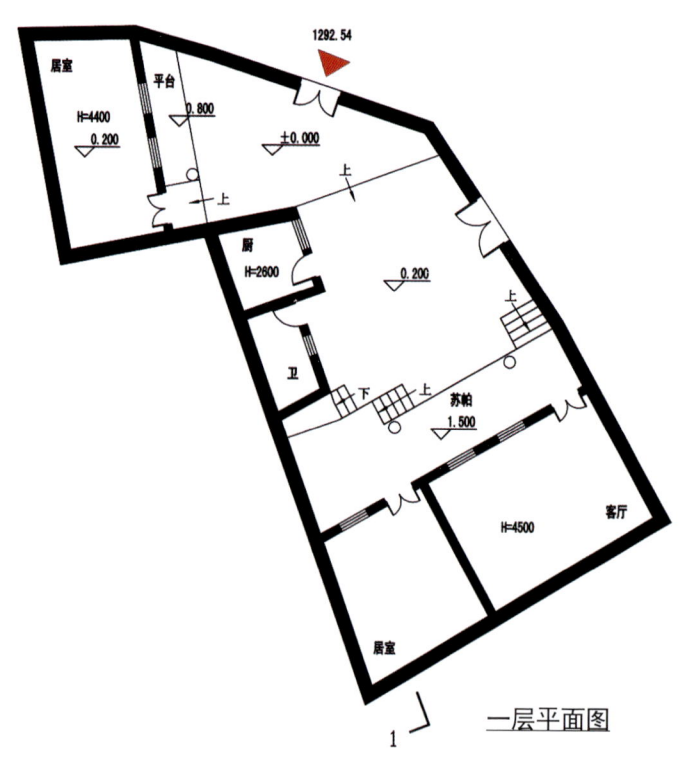

一层平面图

70号住宅

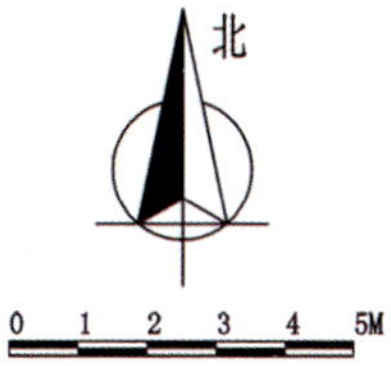

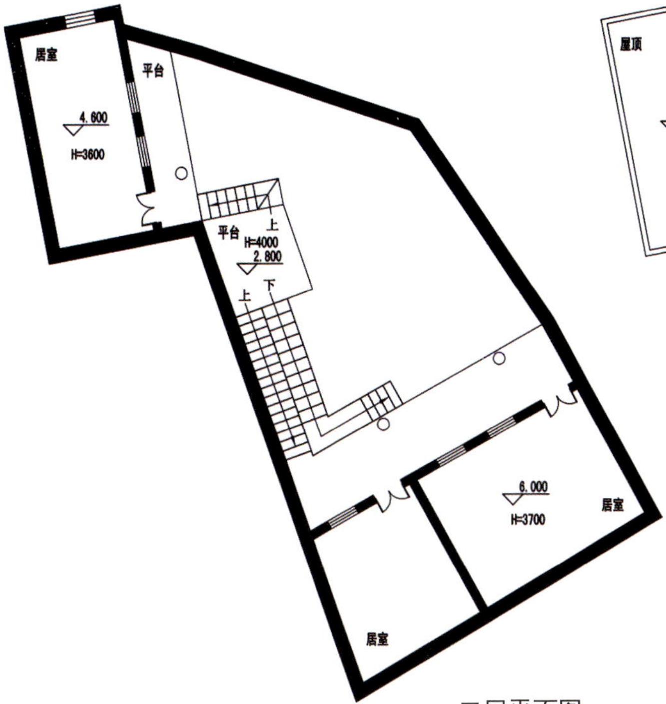

二层平面图 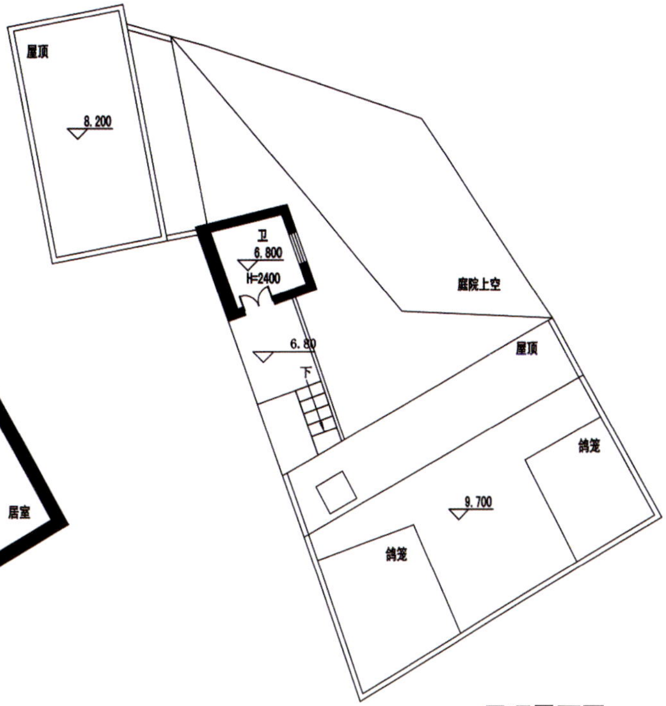　　　屋顶平面图 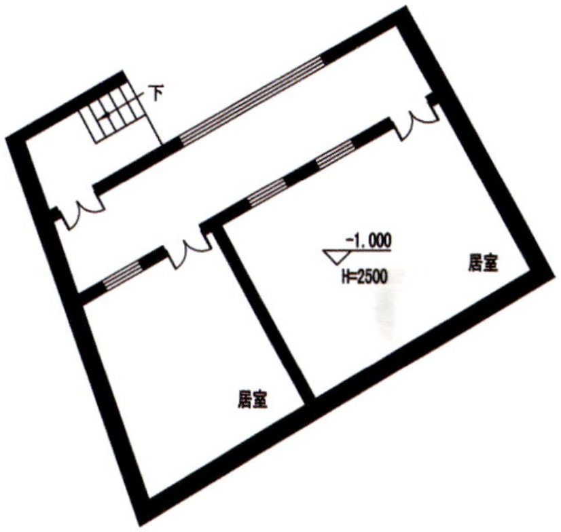　　　地下室平面图

78号住宅

用户编号	18	户主	吾布里卡斯木·吐尔逊	人口	5人
门牌号	0078	收入水平	￥500	职业分类	做小生意
搬迁意向	不同意	是否重建	重建	建筑主体结构	土木
建筑密度	77.50%	庭院面积	26.27 m²	住宅基地面积	116.96 m²
总建筑面积	146.88 m²		一层建筑面积	90.69 m²	

描述：房屋始建于1929年，主人于2006年扩建，两层，共10间，2007年分成两套，一套自住，一套出租。

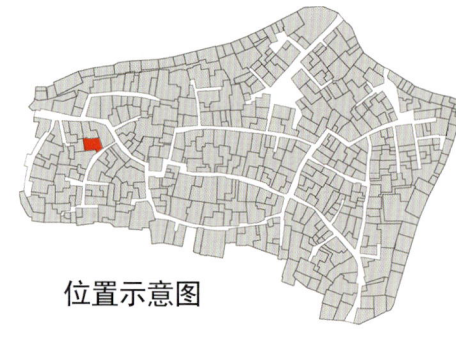

位置示意图

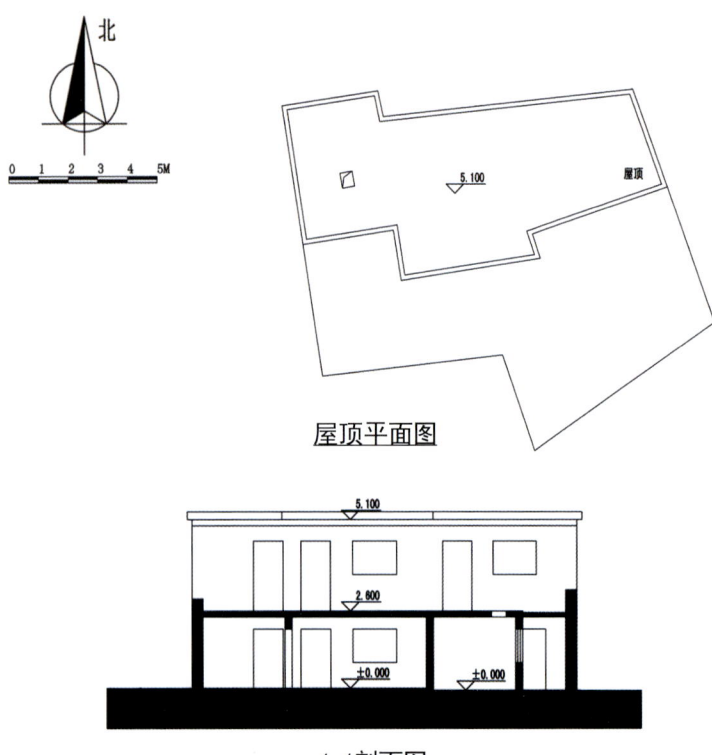

屋顶平面图

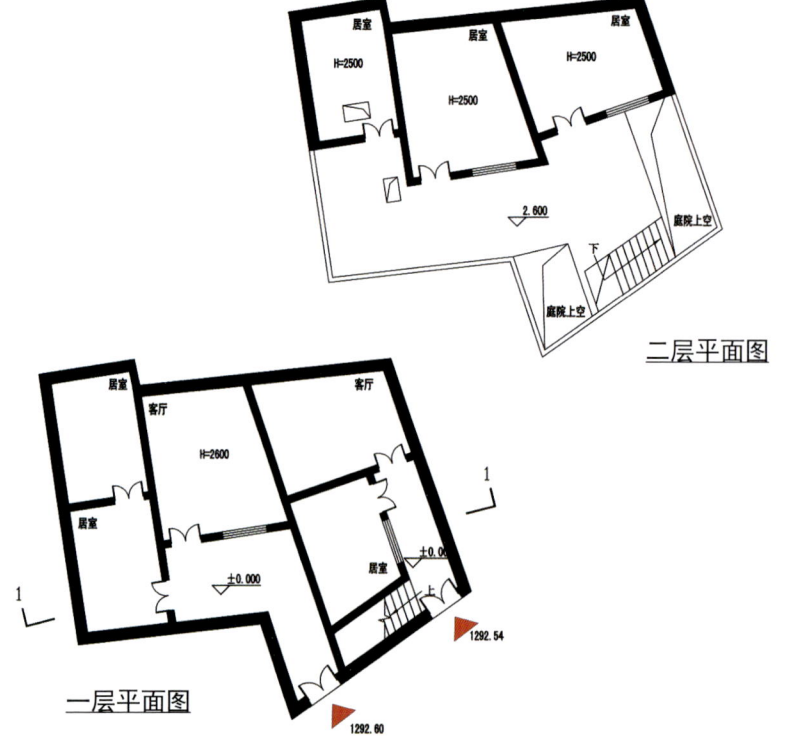

二层平面图

一层平面图

1-1剖面图

80号住宅

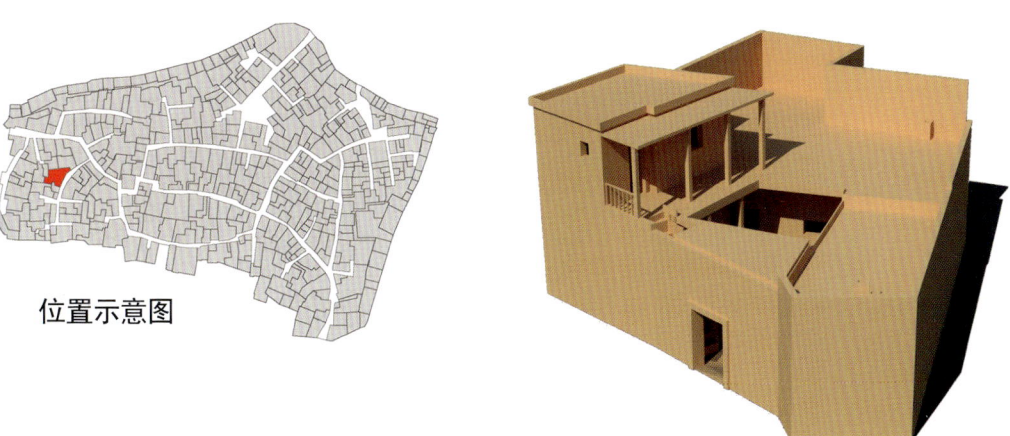

位置示意图

用户编号	19	户主	艾则孜汗·亚合浦	人口	1人
门牌号	0080	收入水平	￥300	职业分类	退休
搬迁意向	不同意	是否重建	重建	建筑主体结构	土木
建筑密度	84.70%	庭院面积		住宅基地面积	152.73 m²
总建筑面积	155.19 m²			一层建筑面积	129.35 m²

描述 房屋始建于1900年之前,主人有7个子女,但都有自己的家庭。房屋有两层,共7间。主人已在此生活60余年,1980年修缮过,1990年再次修缮。

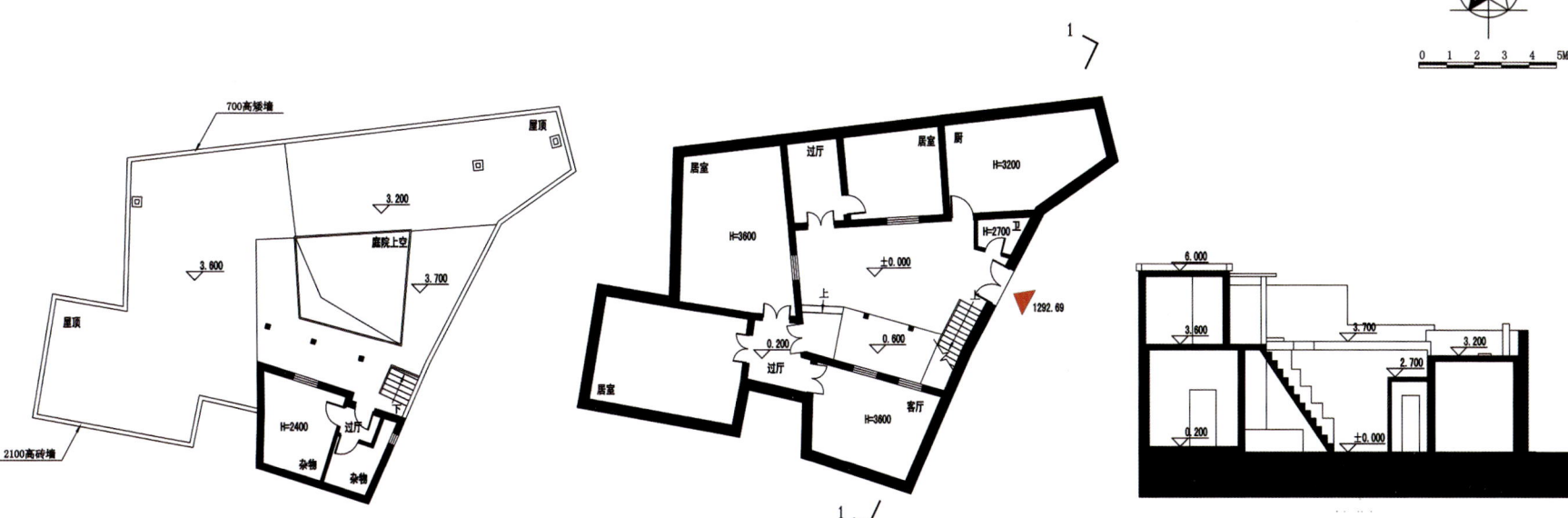

二层平面图　　　　　　　　一层平面图　　　　　　　　1-1剖面图

82号住宅

用户编号	20	户主	吾布力卡斯木	人口	4人
门牌号	0082	收入水平	￥500	职业分类	司机
搬迁意向	不同意	是否重建	重建	建筑主体结构	土木
建筑密度	100%	庭院面积		住宅基地面积	32.17 m²
总建筑面积	63.93 m²			一层建筑面积	32.17 m²
描述	主人在此生活已15年，1999年修缮，花费3万元，两层，共5间，无院。				

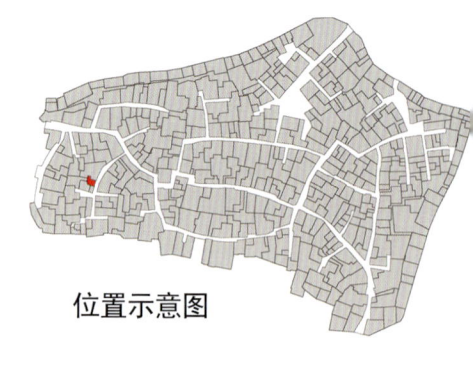

位置示意图

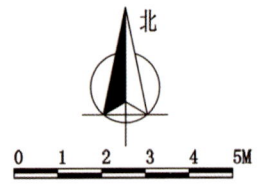

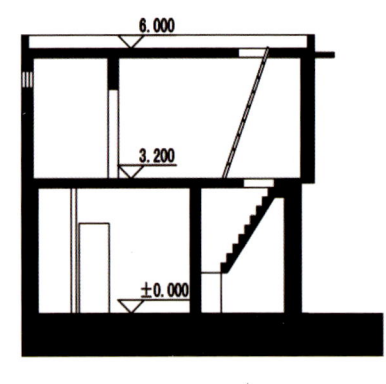

1-1剖面图

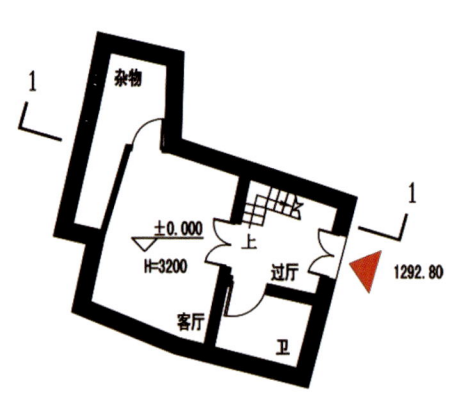

一层平面图

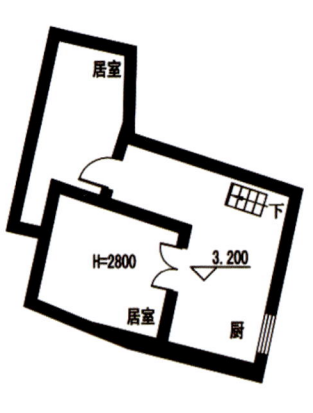

二层平面图

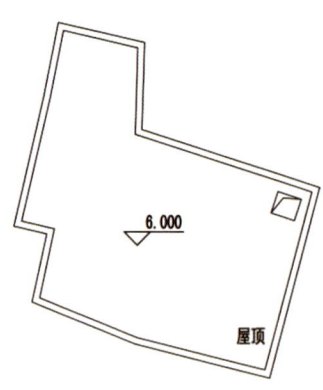

屋顶平面图

86号住宅

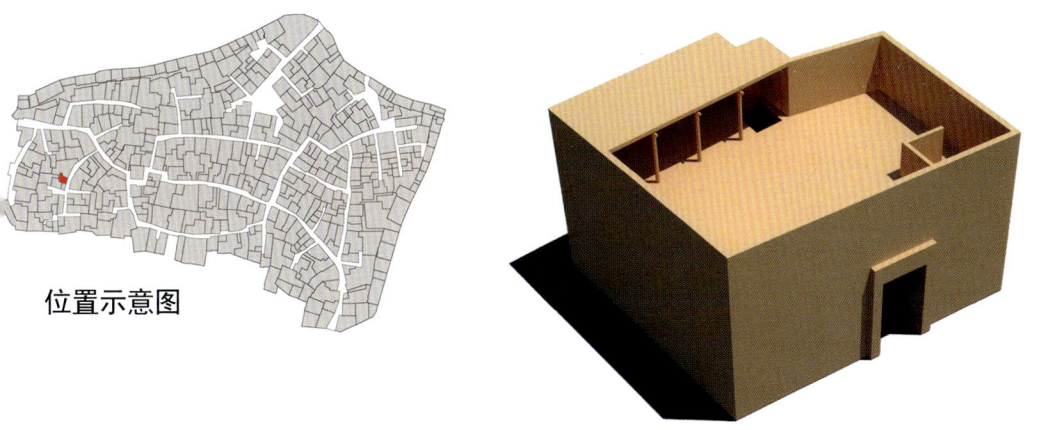

用户编号	21	户主	如先古丽·买买提	人口	5人
门牌号	0086	收入水平	￥300	职业分类	下岗
搬迁意向	不同意	是否重建	重建	建筑主体结构	土木
建筑密度	100%	庭院面积		住宅基地面积	48.65 m²
总建筑面积	48.65 m²		一层建筑面积	48.65 m²	
描述	房屋始建于1949年，一层，共3间，无庭院。				

位置示意图

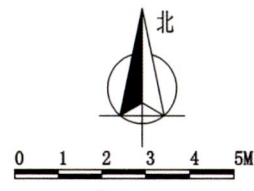

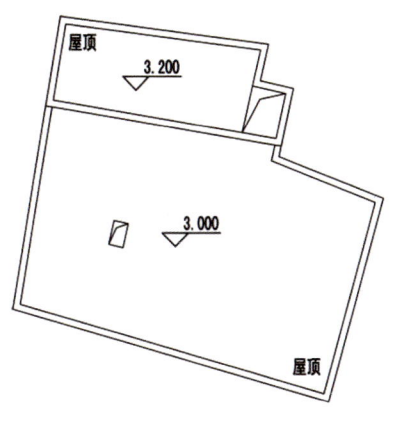

屋顶平面图

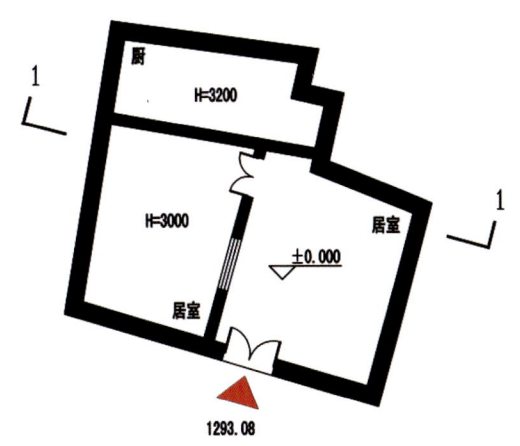

一层平面图

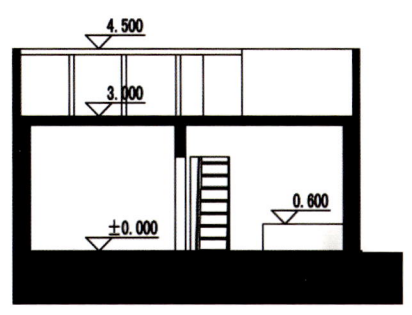

1-1剖面图

88号住宅

用户编号	22	户主	艾莎·艾力	人口	5人
门牌号	0088	收入水平	￥500	职业分类	卖烤肉
搬迁意向	不同意	是否重建	重建	建筑主体结构	土木
建筑密度	87.30%	庭院面积	11.09 m²	住宅基地面积	87.11 m²
总建筑面积	76.02 m²			一层建筑面积	76.02 m²

描述：房屋始建于1900年之前，主人居于此已53年，一层，共4间，局部墙厚达0.7米。

位置示意图

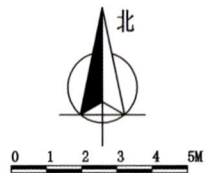

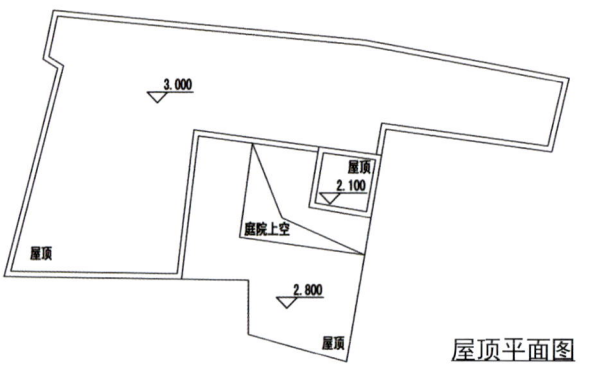

屋顶平面图

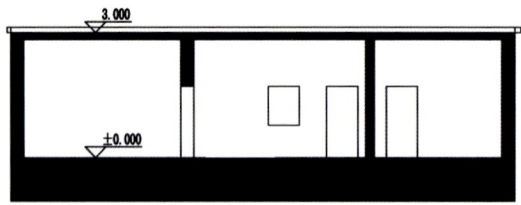

1-1剖面图

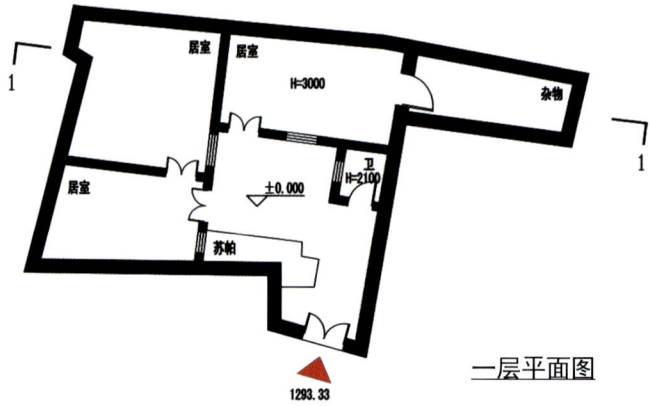

一层平面图

90号住宅

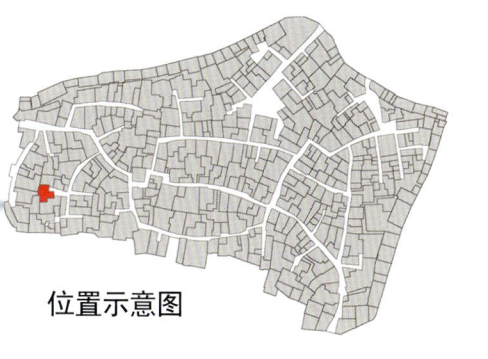

位置示意图

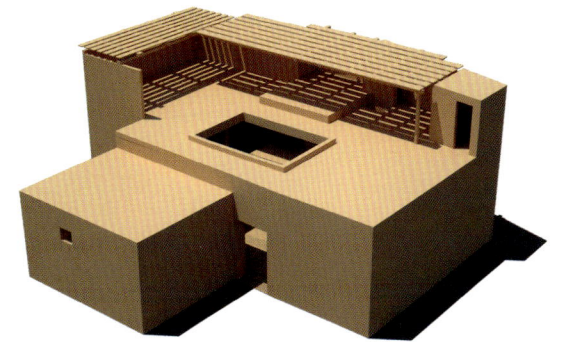

用户编号	23	户主	阿布都热西提·吾斯曼	人口	4人
门牌号	0090	收入水平	￥1100	职业分类	退休
搬迁意向	不同意	是否重建	重建	建筑主体结构	土木
建筑密度	80.00%	庭院面积	21.66 m²	住宅基地面积	108.04 m²
总建筑面积		107.03 m²		一层建筑面积	86.38 m²

描述：房屋始建于1900年之前，于1989年修缮，花费8千元，地面一层，局部有半地下室，房屋具有古老的维吾尔民居空间布置的特点。

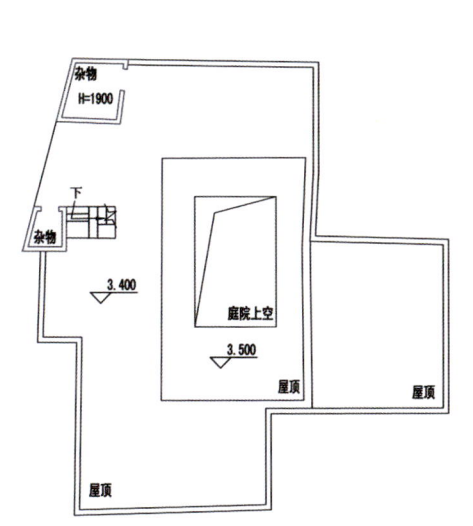

屋顶平面图

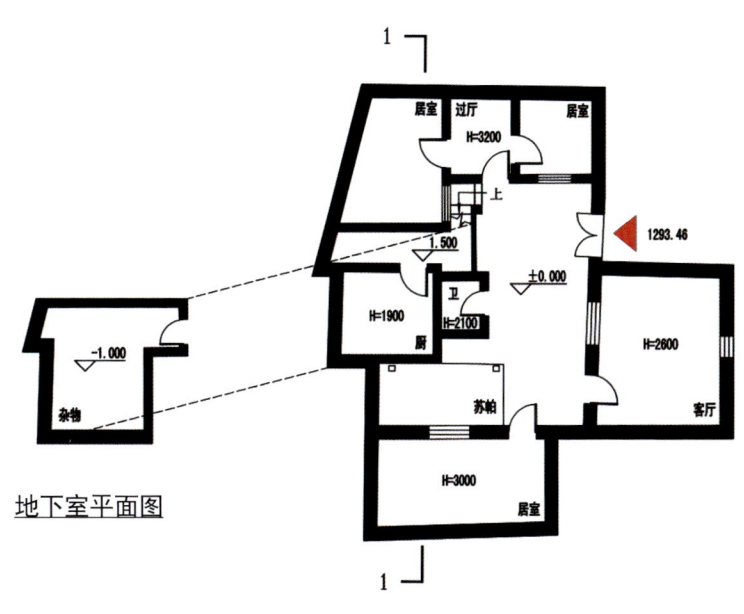

一层平面图

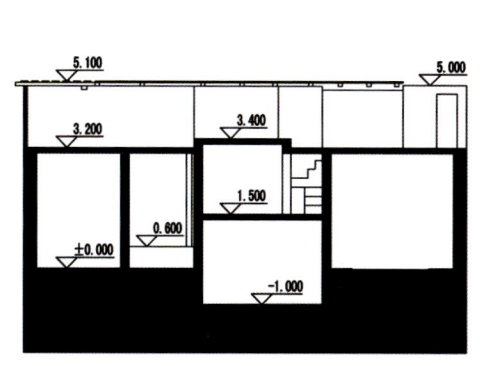

1-1剖面图

92号住宅

用户编号	24	户主	库尔班·依明	人口	3人
门牌号	0092	收入水平	￥3000	职业分类	退休
搬迁意向	不同意	是否重建	保留	建筑主体结构	砖混
建筑密度	90.70%	庭院面积	12.34 m²	住宅基地面积	133.05 m²
总建筑面积		167.23 m²	一层建筑面积		120.71 m²

描述	房屋始建于1900年之前，于2004年进行修缮，地上两层，局部地下一层，共10间。

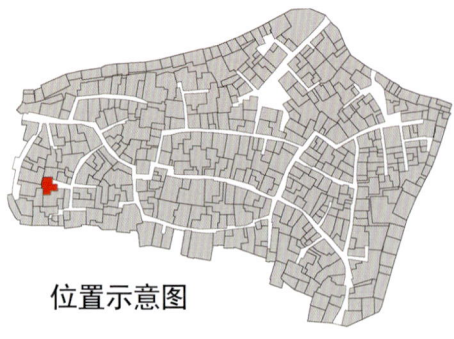

位置示意图

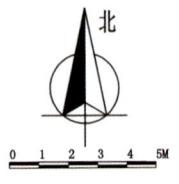

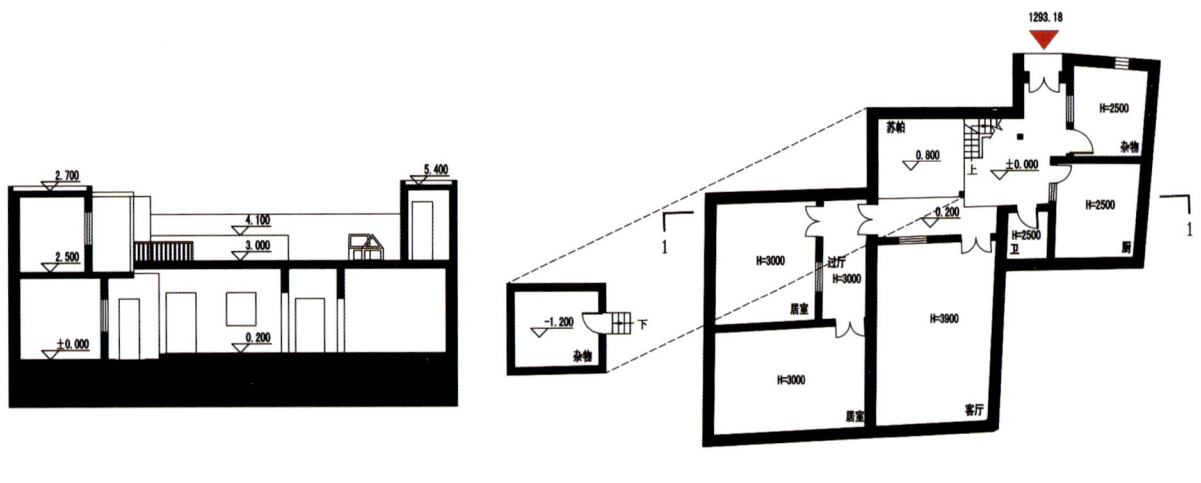

1-1剖面图　　　地下室平面图　　　一层平面图　　　二层平面图

94号住宅

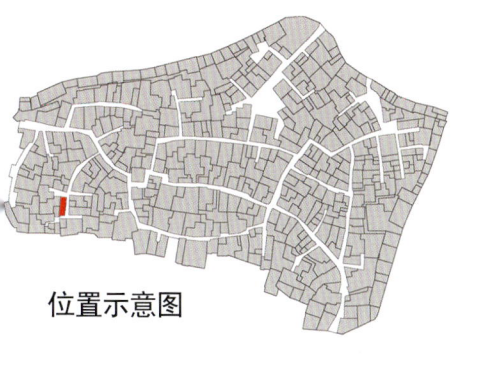

位置示意图

用户编号	25	户主	亚森·祖农	人口	5人
门牌号	0094	收入水平	￥1600	职业分类	铁匠
搬迁意向	不同意	是否重建	重建	建筑主体结构	砖木
建筑密度	78.30%	庭院面积	12.69 m²	住宅基地面积	58.57 m²
总建筑面积	101.46 m²		一层建筑面积		45.88 m²
描述	房屋是主人于1984年继承父亲的，2004年新建，两层，共6间。				

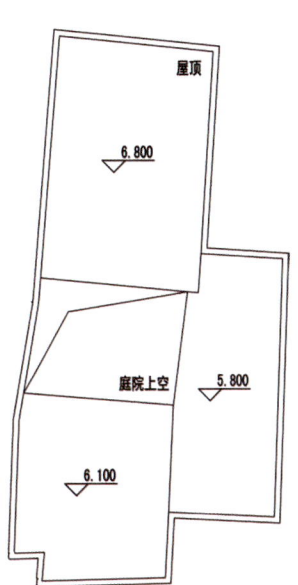

屋顶平面图

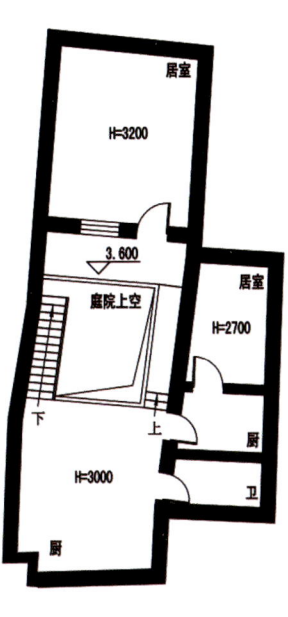

二层平面图

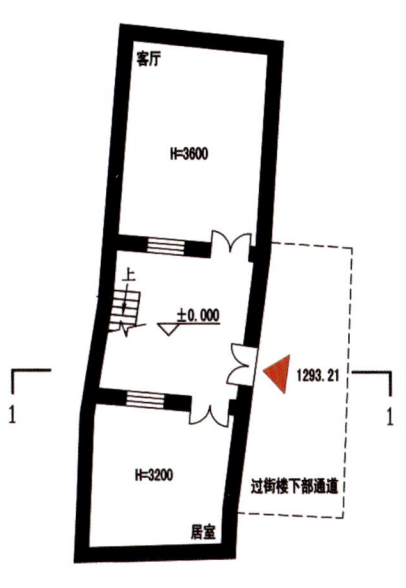

一层平面图

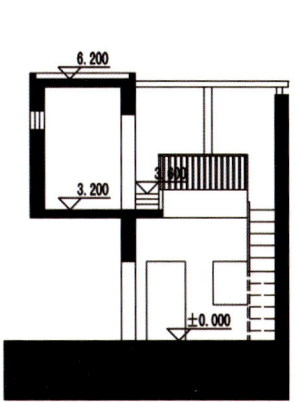

1-1剖面图

96号住宅

用户编号	26	户主	艾买提·玉奴斯	人口	2人
门牌号	0096	收入水平	￥260	职业分类	退休
搬迁意向	不同意	是否重建	重建	建筑主体结构	土木
建筑密度	100%	庭院面积		住宅基地面积	30.46 m²
总建筑面积	54.43 m²			一层建筑面积	30.46 m²

描述　房屋始建于1949年之前，主人居于此已60余年，其子女都已结婚，并有自己的住所。房屋两层，共3间。

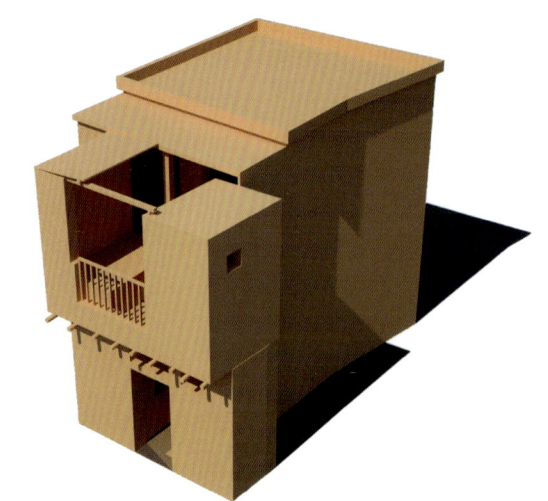

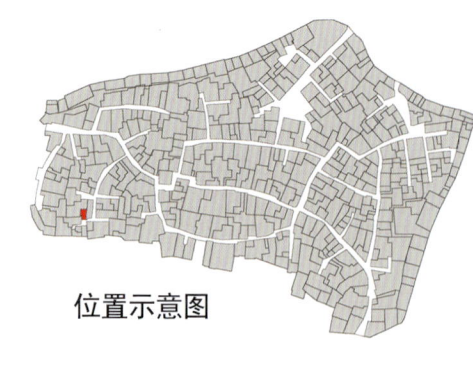

位置示意图

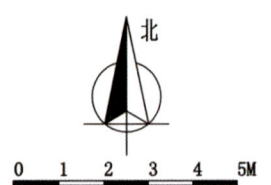

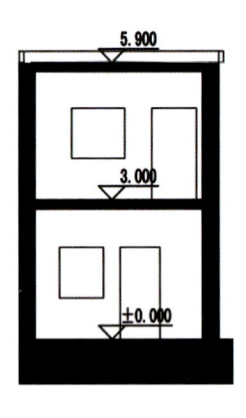

1-1剖面图

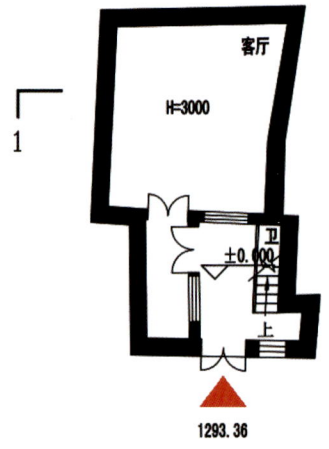

一层平面图

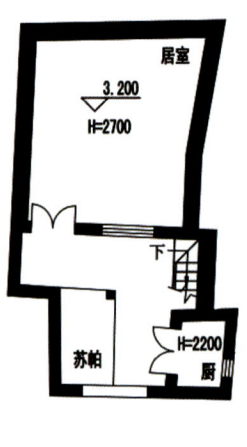

二层平面图

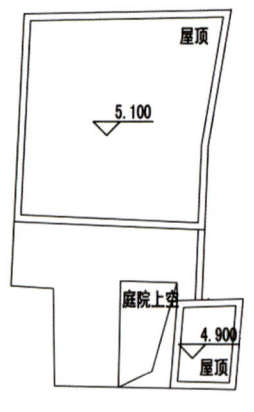

屋顶平面图

98号住宅

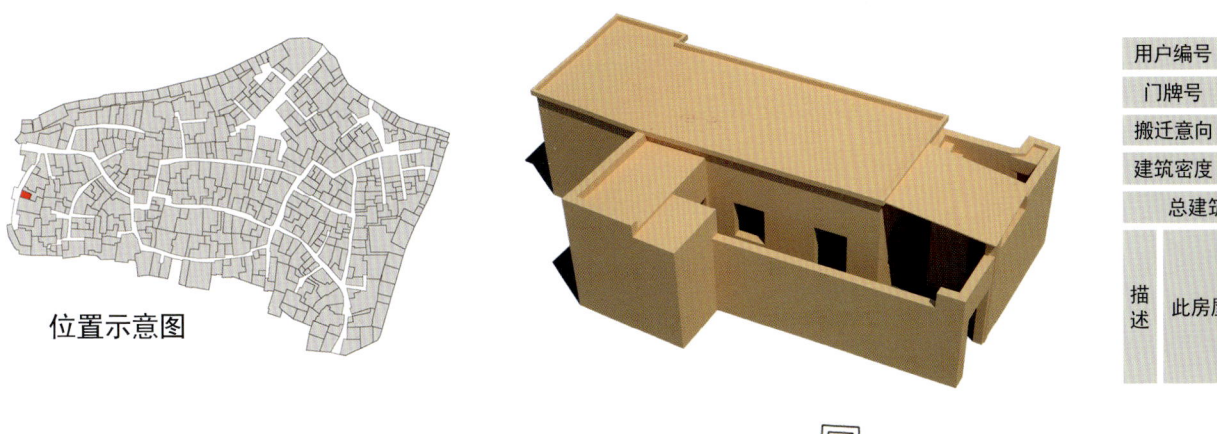

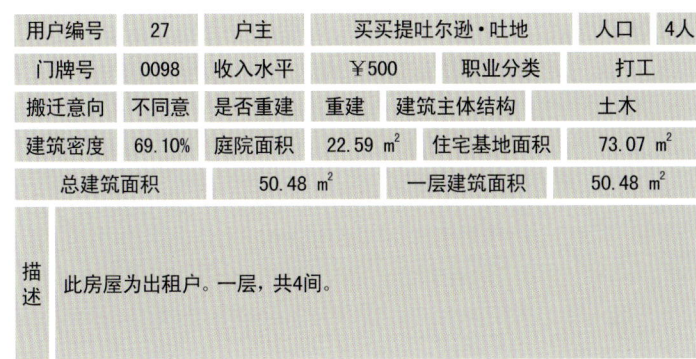

位置示意图

用户编号	27	户主	买买提吐尔逊·吐地	人口	4人
门牌号	0098	收入水平	￥500	职业分类	打工
搬迁意向	不同意	是否重建	重建	建筑主体结构	土木
建筑密度	69.10%	庭院面积	22.59 m²	住宅基地面积	73.07 m²
总建筑面积		50.48 m²		一层建筑面积	50.48 m²

描述	此房屋为出租户。一层，共4间。

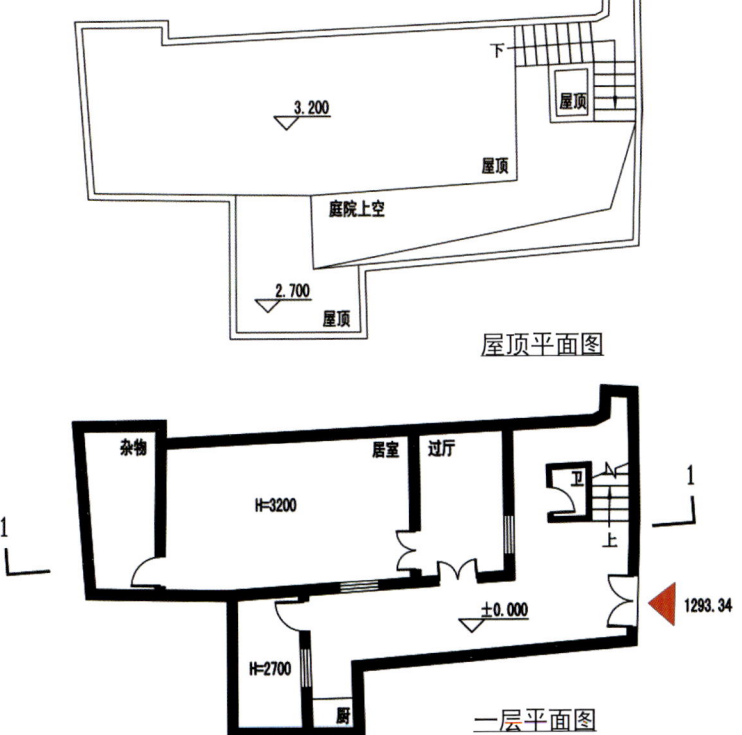

屋顶平面图

一层平面图

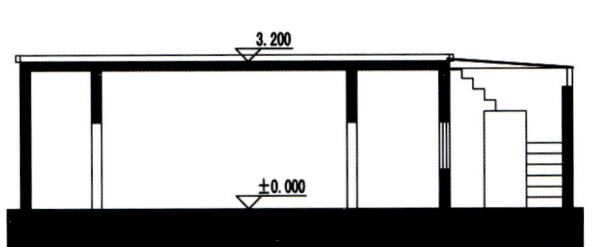

1-1剖面图

100号住宅

用户编号	28	户主	买买提依明·玉奴斯	人口	3人
门牌号	0100	收入水平	￥600	职业分类	打工
搬迁意向	不同意	是否重建	重建	建筑主体结构	土木
建筑密度	75.50%	庭院面积	29.94 m²	住宅基地面积	122.11 m²
总建筑面积		140.99 m²		一层建筑面积	92.17 m²
描述	房屋于2006年修建，具有两层，有地下室，共7间房间。				

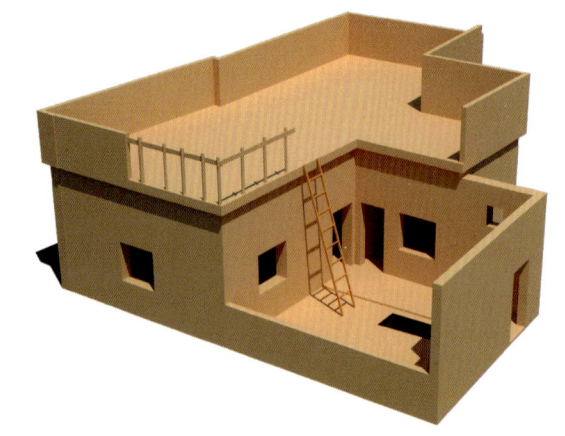

位置示意图

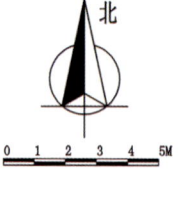

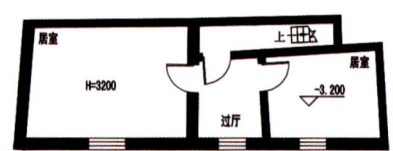

地下室平面图

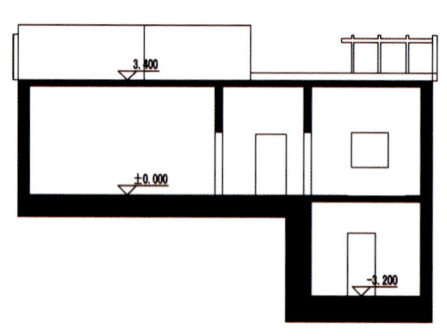

1-1剖面图

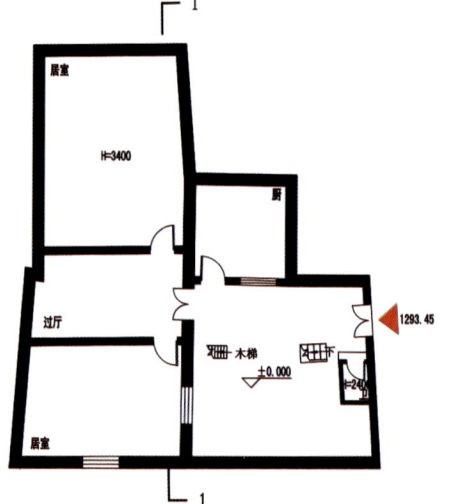

一层平面图

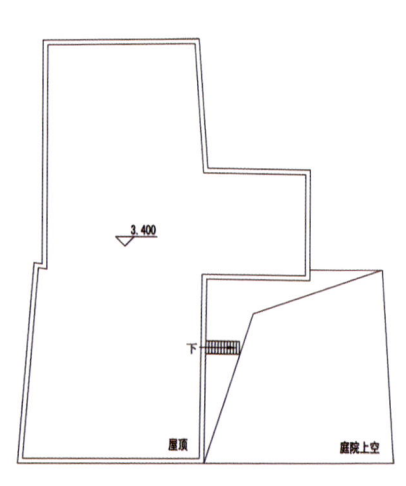

屋顶平面图

102号住宅

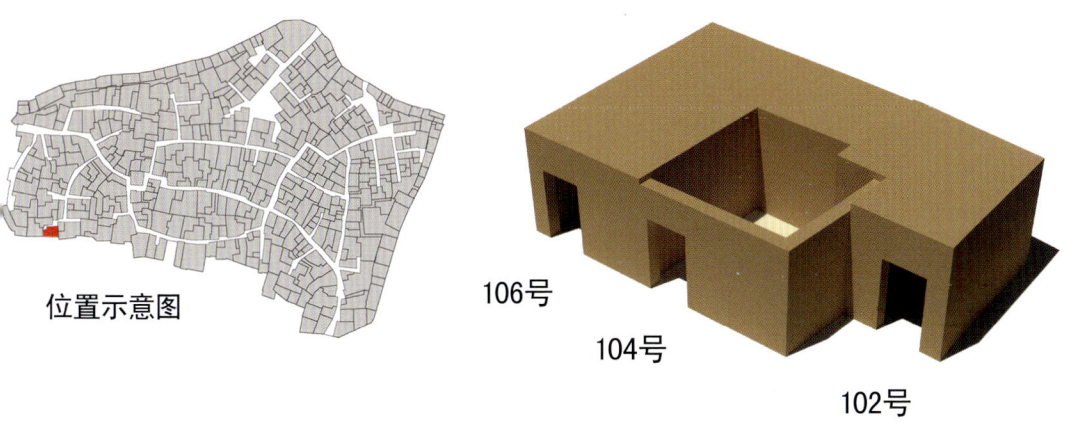

位置示意图

106号
104号
102号

用户编号	29	户主	阿布都热合马尼江	人口	3人
门牌号	0102	收入水平	￥600	职业分类	司机
搬迁意向	同意	是否重建	重建	建筑主体结构	土木
建筑密度	71.9%	庭院面积	7.48 m²	住宅基地面积	26.58 m²
总建筑面积		19.1 m²		一层建筑面积	19.1 m²

描述	住户搬进已两年，房屋破旧，一层，3间。

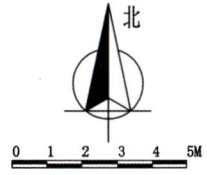

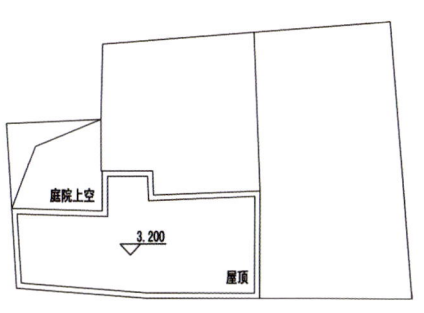

屋顶平面图

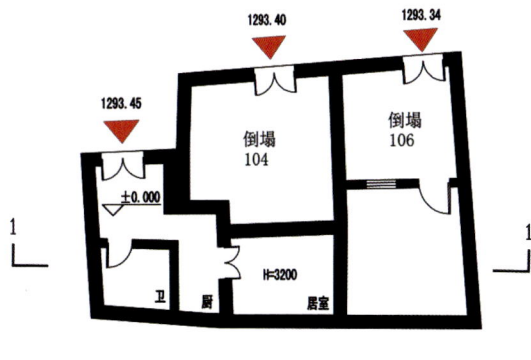

一层平面图

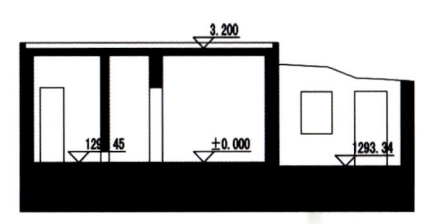

1-1剖面图

108号住宅

用户编号	30	户主	阿布都艾尼·喀孜	人口	5人
门牌号	0108	收入水平	￥300	职业分类	下岗
搬迁意向	不同意	是否重建	重建	建筑主体结构	土木
建筑密度	100.00%	庭院面积		住宅基地面积	31.35 m²
总建筑面积	67.27 m²		一层建筑面积	31.35 m²	
描述	房屋始建于1700年之前，于2006年修缮，花费6万元，两层，共5间。				

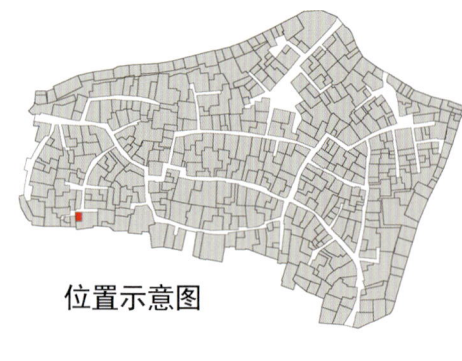

位置示意图

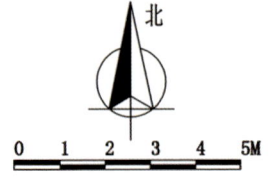

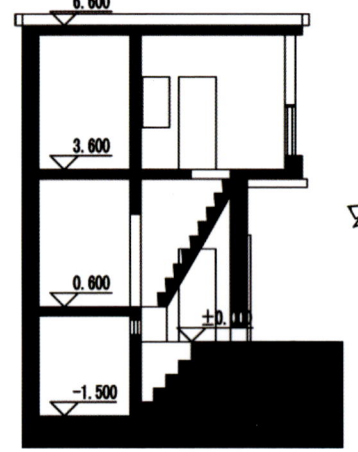

1-1剖面图

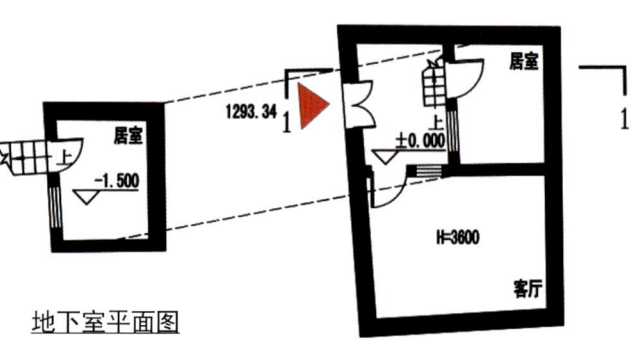

地下室平面图　　一层平面图

二层平面图

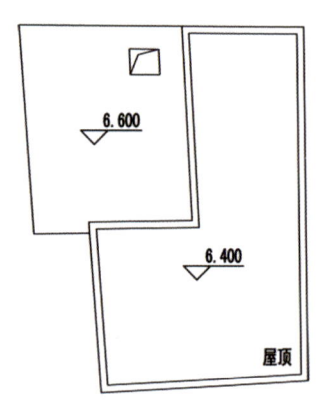

屋顶平面图

110号住宅

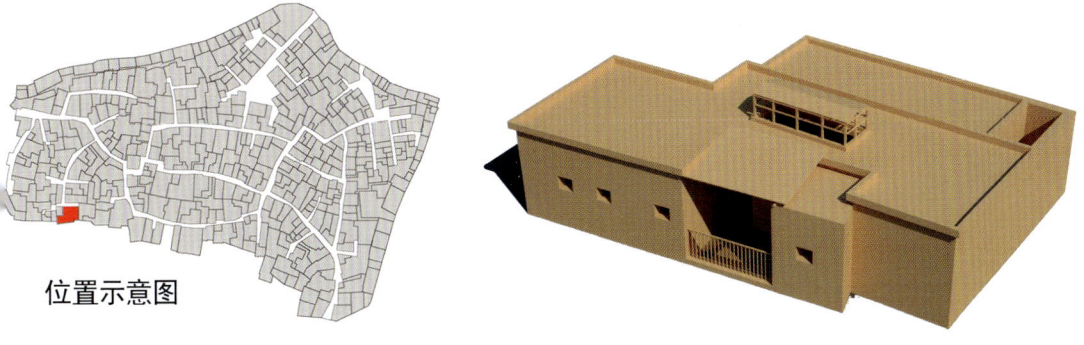

位置示意图

用户编号	31	户主	买买提艾力阿布都克热木	人口	4人
门牌号	0110	收入水平	￥300	职业分类	做生意
搬迁意向	不同意	是否重建	重建	建筑主体结构	土木
建筑密度	86.70%	庭院面积	20.27 m²	住宅基地面积	152.17 m²
总建筑面积		131.9 m²		一层建筑面积	131.9 m²

描述：房屋为住户1945年前购买，于1984年拆除并新建，一层，共9间，有庭院和苏帕。

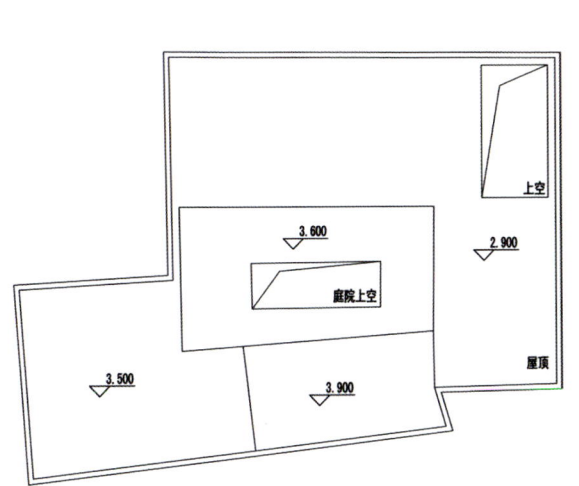

屋顶平面图

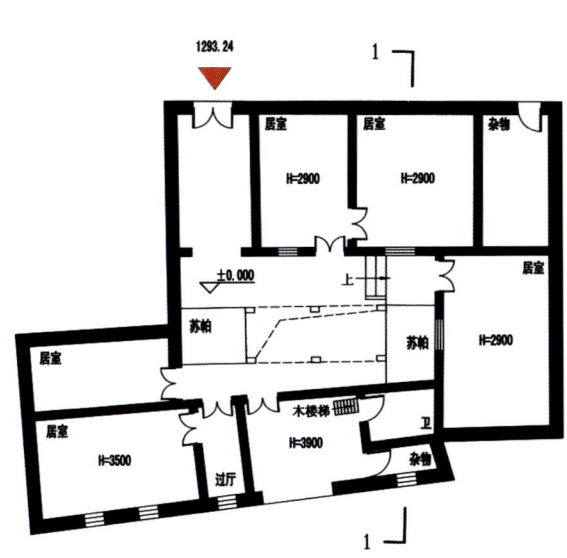

一层平面图

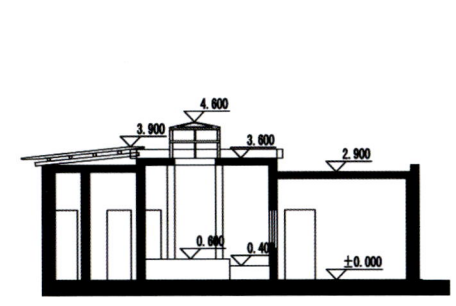

1-1剖面图

112a号住宅

用户编号	32	户主	努尔买买提·阿布都克热木	人口	4人
门牌号	0112a	收入水平	￥200	职业分类	待业
搬迁意向	不同意	是否重建	重建	建筑主体结构	土木
建筑密度	86.40%	庭院面积	12.88 m²	住宅基地面积	94.48 m²
总建筑面积		135.69 m²		一层建筑面积	81.6 m²

描述 房屋始建于1949年，于1984年修缮，1989年由于兄弟分家，变成两户。两层，共7间。

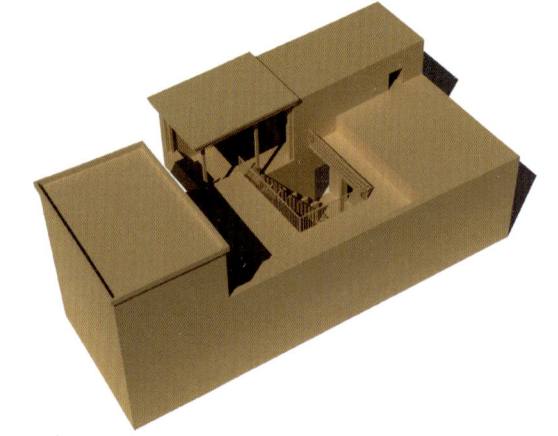

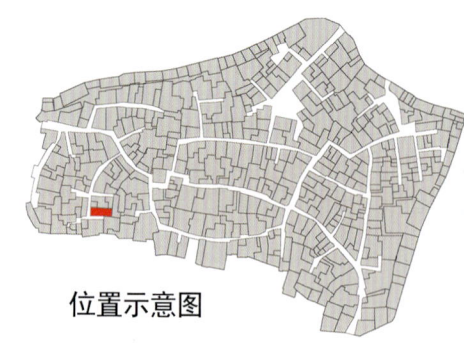

位置示意图

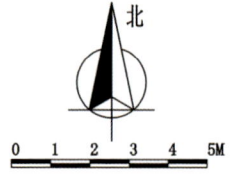

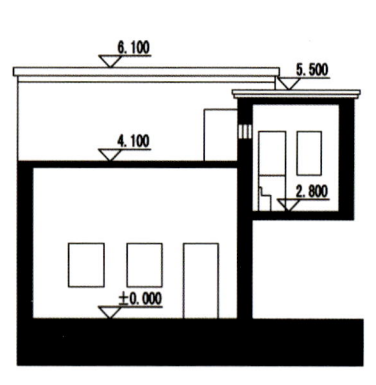

1-1剖面图

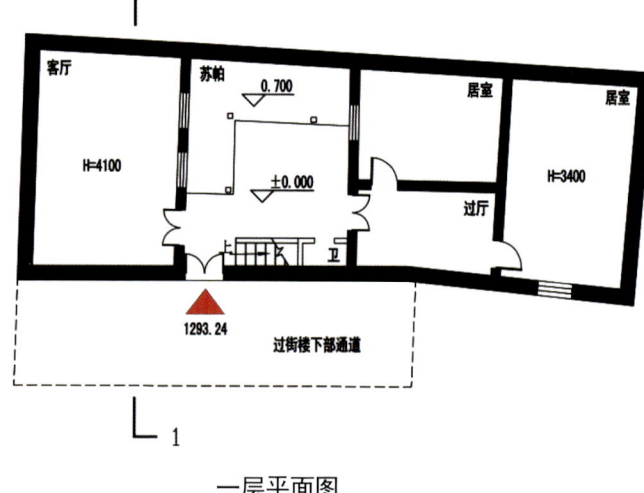

一层平面图

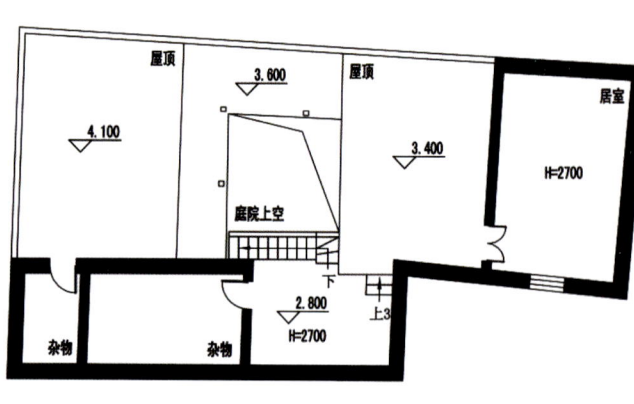

二层平面图

112b号住宅

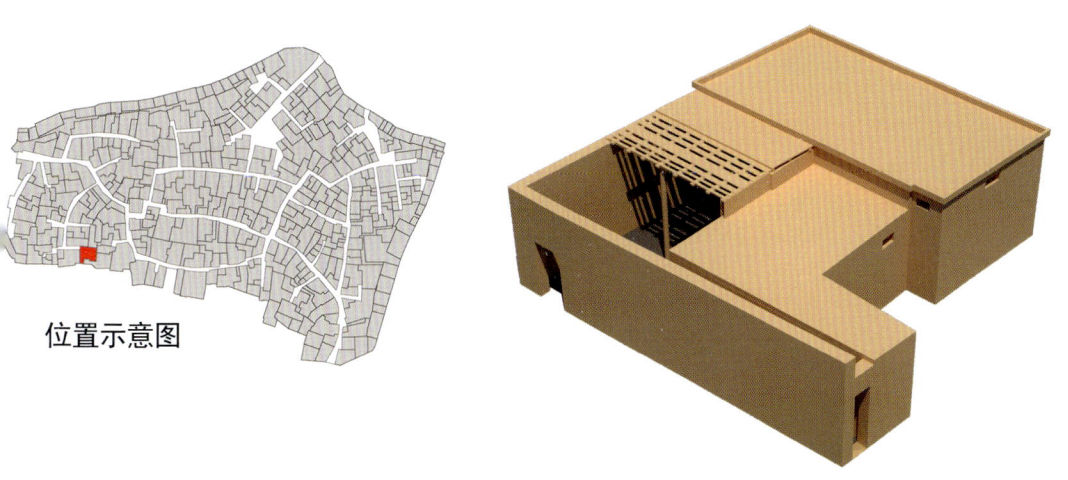

用户编号	33	户主		人口	
门牌号	0112b	收入水平	￥200	职业分类	待业
搬迁意向	不同意	是否重建	重建	建筑主体结构	土木
建筑密度	76.20%	庭院面积	28.7 m²	住宅基地面积	120.69 m²
总建筑面积		91.99 m²	一层建筑面积		91.99 m²

描述　房屋始建于1949年，于1984年修缮，1989年由于兄弟分家，变成两户。两层，7间。此为出租房。

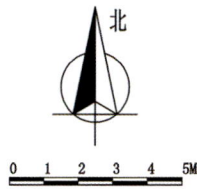

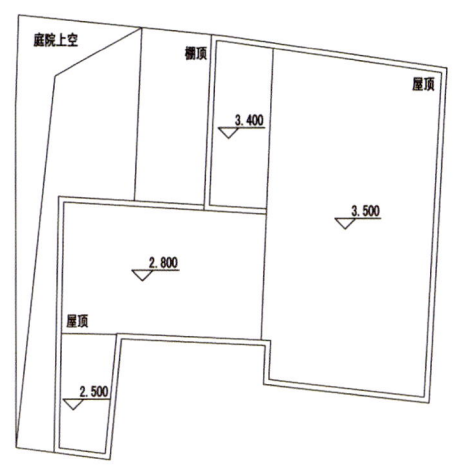

屋顶平面图

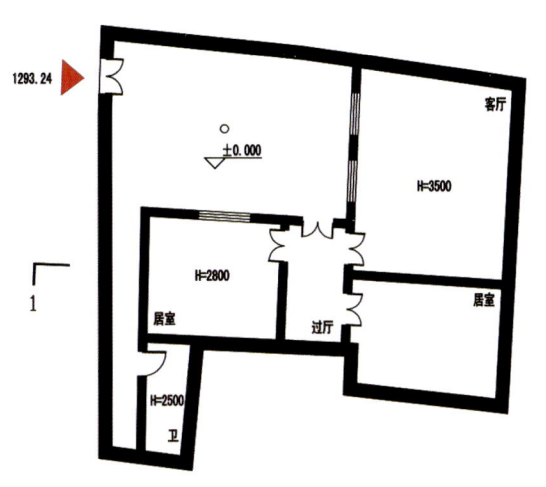

一层平面图

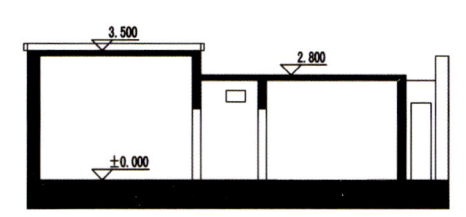

1-1剖面图

114号住宅

用户编号	34	户主	亚森·祖农	人口	2人
门牌号	0114	收入水平	￥1600	职业分类	铁匠
搬迁意向	同意	是否重建		建筑主体结构	土木
建筑密度	100.00%	庭院面积		住宅基地面积	20.19 m²
总建筑面积	22.8 m²			一层建筑面积	20.19 m²
描述	房屋是住户1999年花费4000元购买，一层，一间房。住户与94号住户为父子关系。				

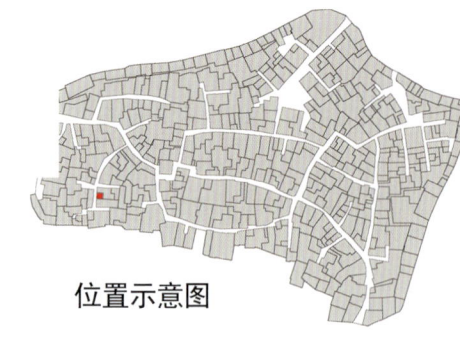

位置示意图

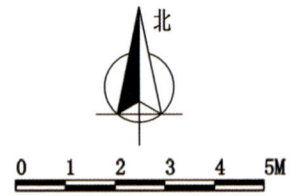

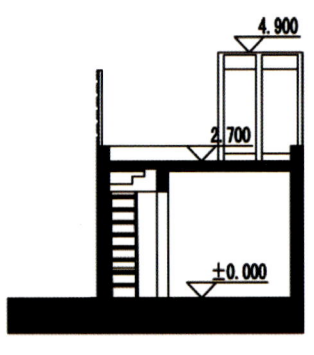

1-1剖面图

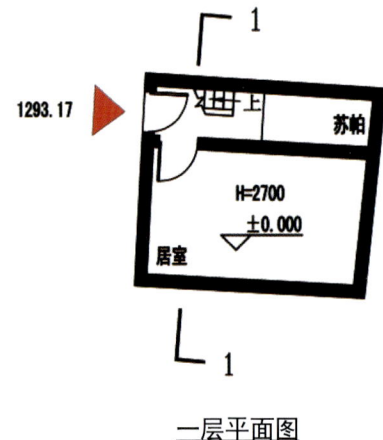

一层平面图

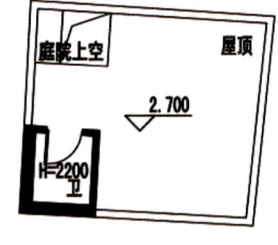

二层平面图

116号住宅

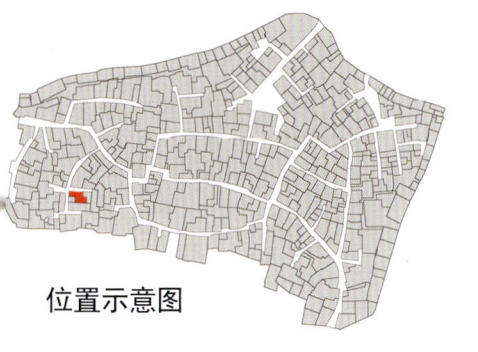

位置示意图

用户编号	35	户主	肉孜·克热木	人口	4人
门牌号	0116	收入水平	￥300	职业分类	做小生意
搬迁意向	不同意	是否重建		建筑主体结构	土木
建筑密度	80.30%	庭院面积	15.04 m²	住宅基地面积	76.52 m²
总建筑面积		95.21 m²	一层建筑面积		61.48 m²
描述	住户居于此已17年,于1990年修缮,两层,共4间。				

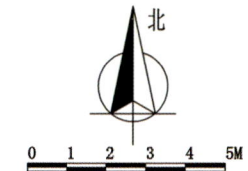

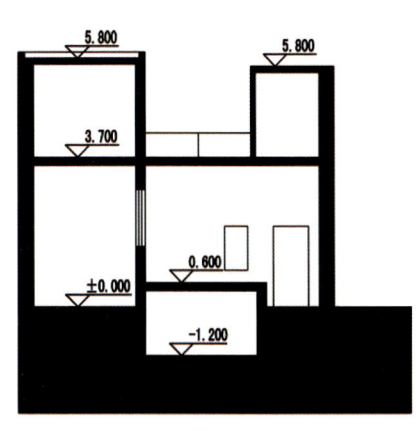

1-1剖面图

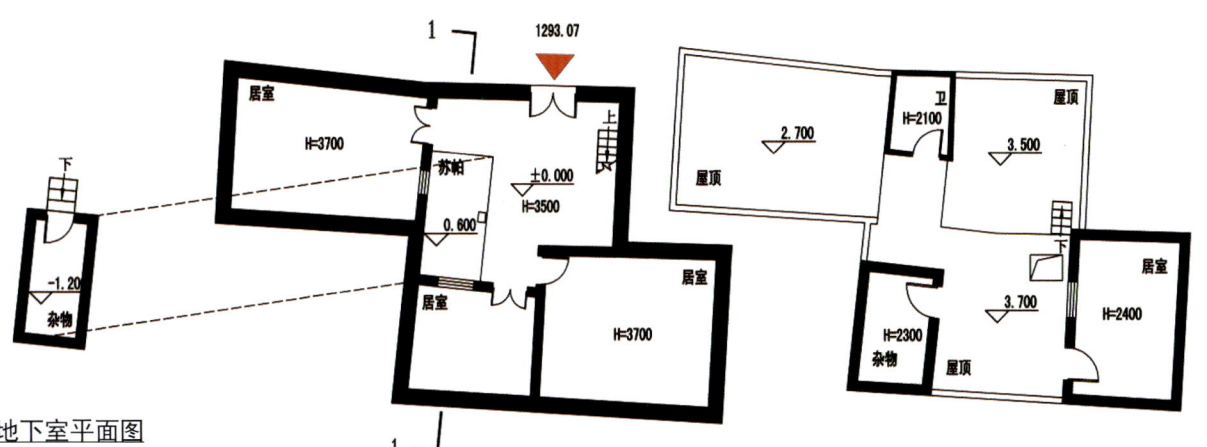

地下室平面图　　　　　　一层平面图　　　　　　二层平面图

120号住宅

用户编号	36	户主	艾力·阿吉	人口	2人
门牌号	0120	收入水平	¥200	职业分类	
搬迁意向	不同意	是否重建	重建	建筑主体结构	土木
建筑密度	79.70%	庭院面积	15.89 m²	住宅基地面积	78.43 m²
总建筑面积		65.95 m²	一层建筑面积		62.54 m²

描述：出租户，房屋两层，有地下室，共3间。房屋始建于1900年之前，从未修缮，住户有9个子女。

位置示意图

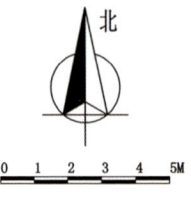

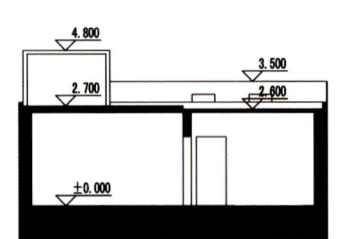

1-1剖面图

122号住宅

用户编号	37	户主	吐尼萨·吐尔呆	人口	4人
门牌号	0122	收入水平	¥300	职业分类	卖面粉
搬迁意向	同意	是否重建		建筑主体结构	土木
建筑密度	77.90%	庭院面积	18.86 m²	住宅基地面积	85.2 m²
总建筑面积		85.88 m²	一层建筑面积		66.34 m²

描述：房屋始建于1959年之前，住户于1989年搬入，从未修缮，与120号民居共用入户门和庭院，122号另又设院子，两户房屋相互穿插，一层3间。原与120号合为一套房子。

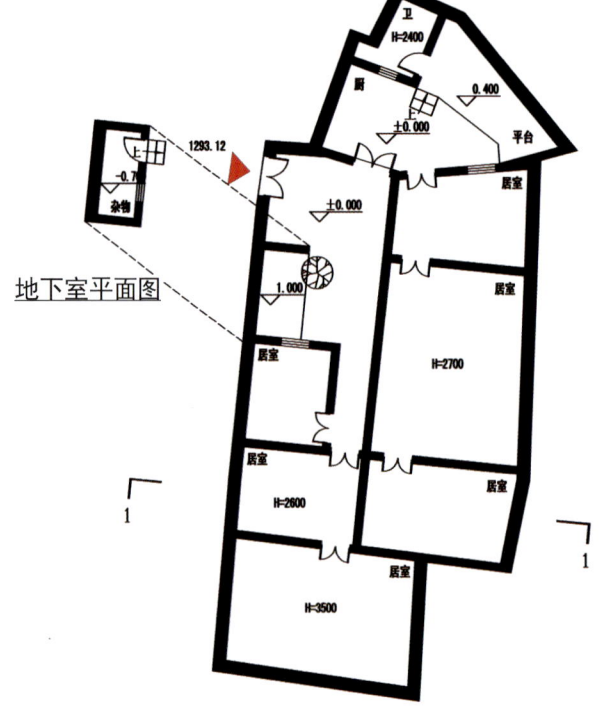

地下室平面图

一层平面图

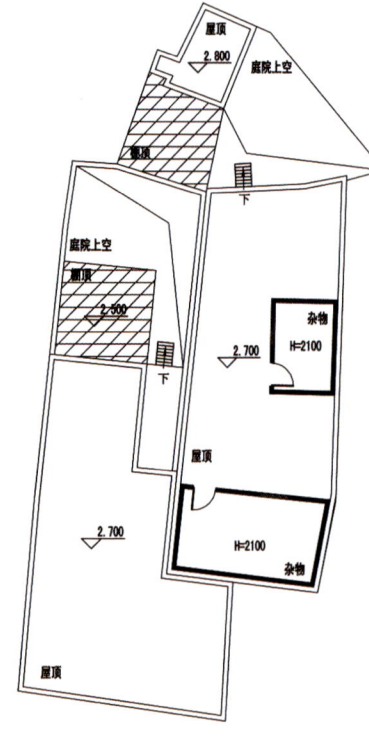

二层平面图

124号住宅

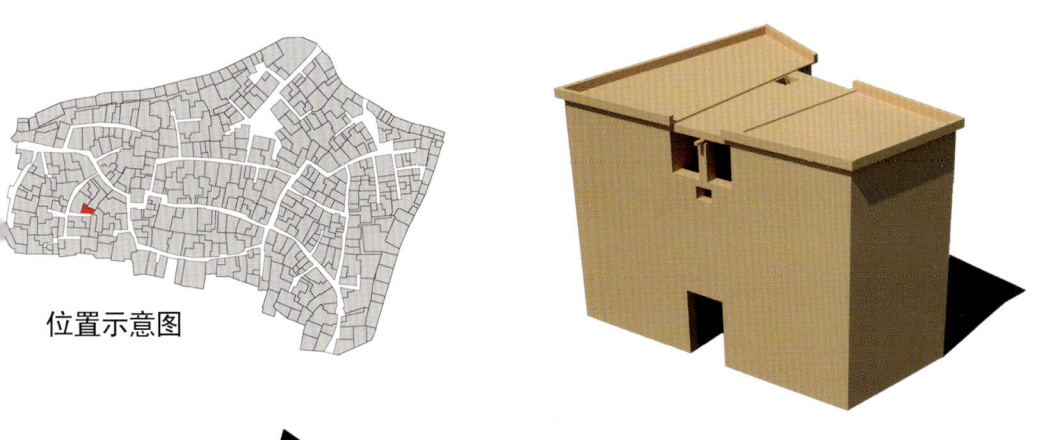

位置示意图

用户编号	38	户主	卡孜·艾力	人口	7人
门牌号	0124	收入水平	￥600	职业分类	退休
搬迁意向	不同意	是否重建	重建	建筑主体结构	土木
建筑密度	100.00%	庭院面积		住宅基地面积	47.4 m²
总建筑面积		84.6 m²		一层建筑面积	47.4 m²

描述：房屋始建于1900年之前，住户于1955年开始居住，2005年修缮。房屋为两层，5间。住户有8个子女。

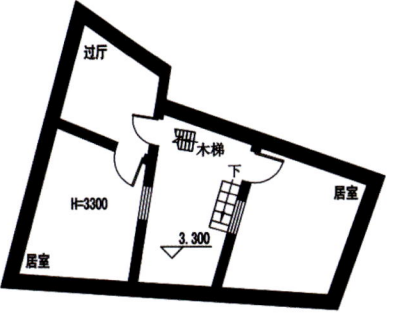

二层平面图

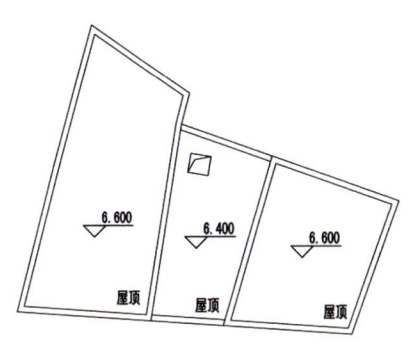

屋顶平面图

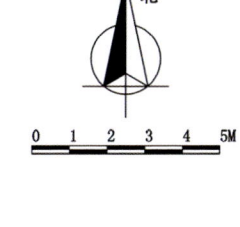

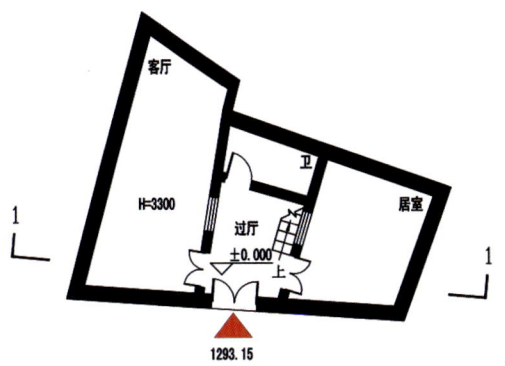

一层平面图

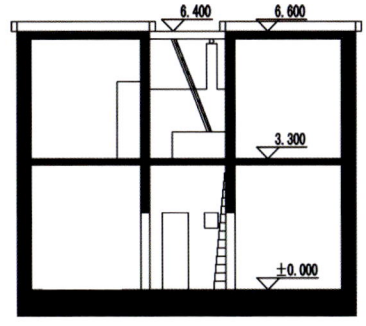

1-1剖面图

126号住宅

用户编号	39	户主	阿布都西库尔·阿布都	人口	5人
门牌号	0126	收入水平	￥1600	职业分类	司机
搬迁意向	不同意	是否重建	重建	建筑主体结构	砖混
建筑密度	80.60%	庭院面积	27.2 m²	住宅基地面积	140.19 m²
总建筑面积	162.75 m²		一层建筑面积	112.99 m²	
描述	住户1983年购地，1993年建房，花费10万元。房屋地上一层，地下一层，共5间。				

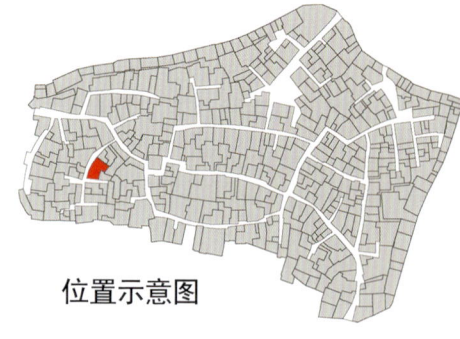

位置示意图

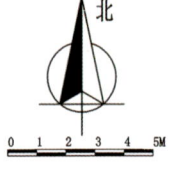

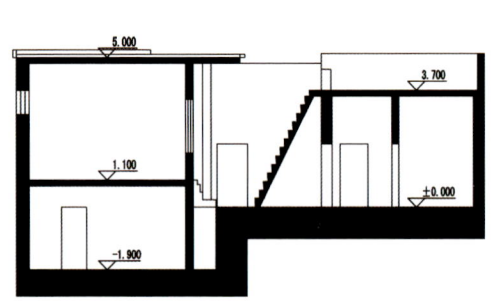

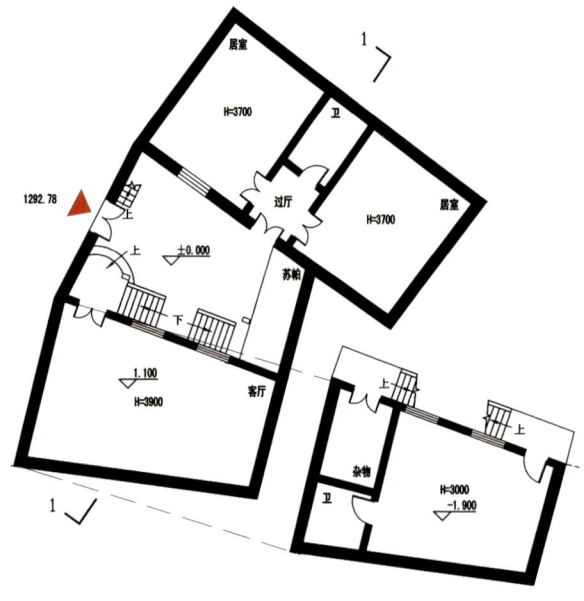

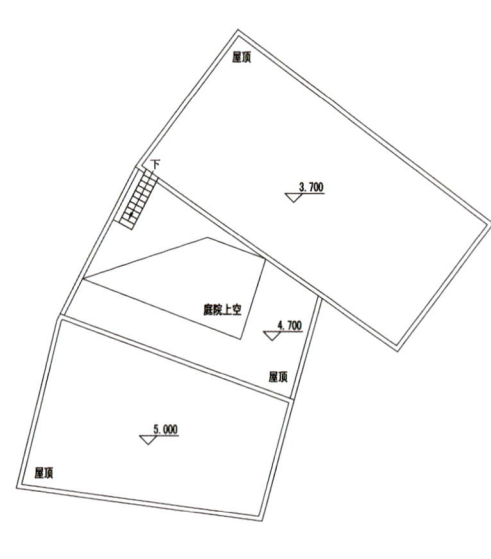

1-1剖面图　　一层平面图　　地下室平面图　　屋顶平面图

128号住宅

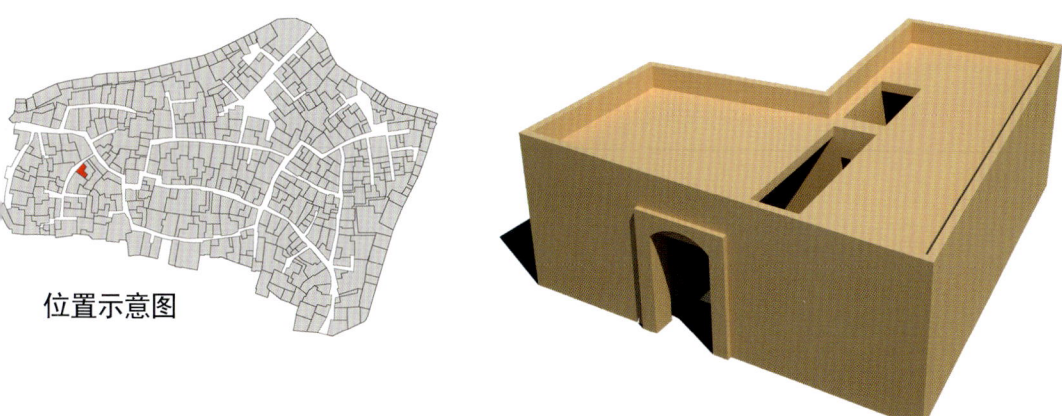

用户编号	40	户主	吐尔逊·吐拉克	人口	5人
门牌号	0128	收入水平	￥600	职业分类	卖干果
搬迁意向	同意	是否重建		建筑主体结构	土木
建筑密度	73.10%	庭院面积	11.68 m²	住宅基地面积	43.4 m²
总建筑面积		31.72 m²		一层建筑面积	31.72 m²

描述	出租户,一层,共4间,1975年修建,2008年重新装修。

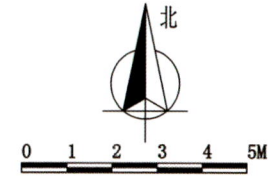

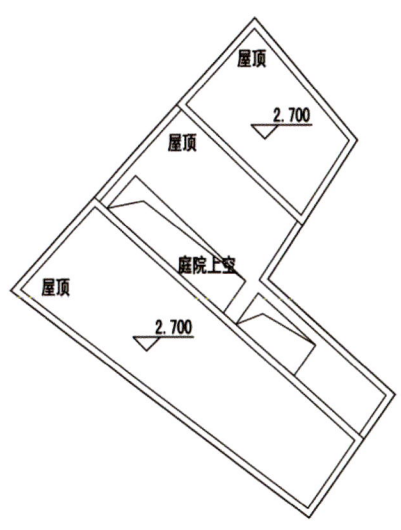

屋顶平面图

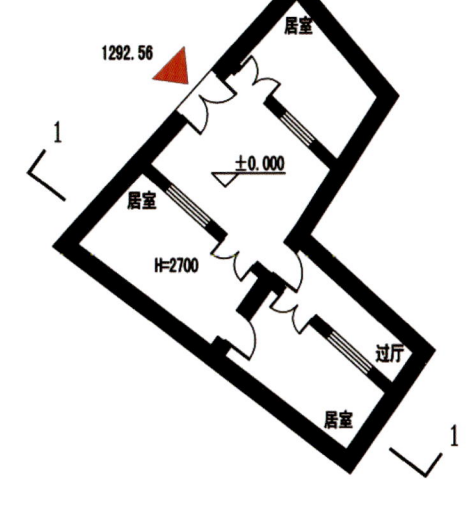

一层平面图

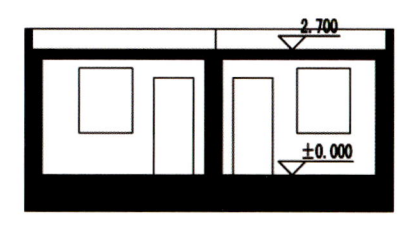

1-1剖面图

130号住宅

用户编号	41	户主	阿尼姑·达吾提	人口	6人
门牌号	0130	收入水平	￥1800	职业分类	退休
搬迁意向	不同意	是否重建	重建	建筑主体结构	土木&砖木&砖混
建筑密度	59.20%	庭院面积	26.35 m²	住宅基地面积	64.59 m²
总建筑面积		87.28 m²		一层建筑面积	38.24 m²

描述　房屋始建于1930年之前，住户于1984年修建，2004年购买邻居房屋，花费5.2万元，两层，共7间。

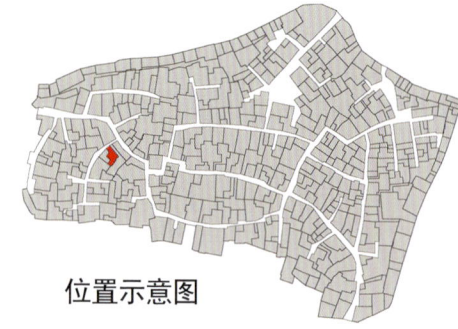

位置示意图

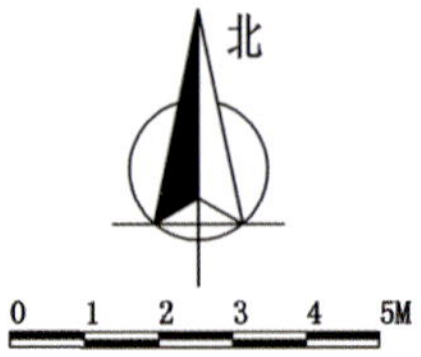

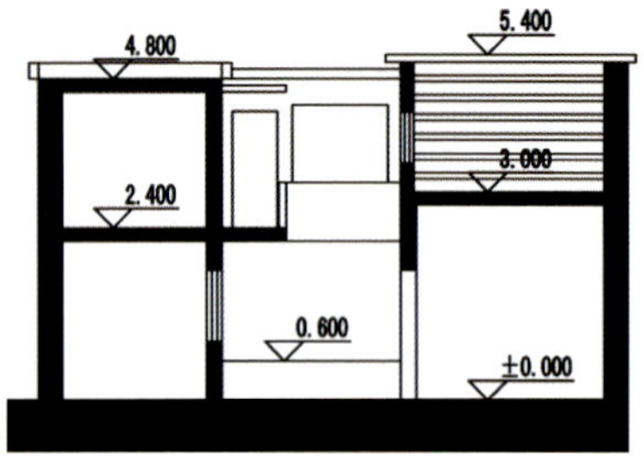

1-1剖面图 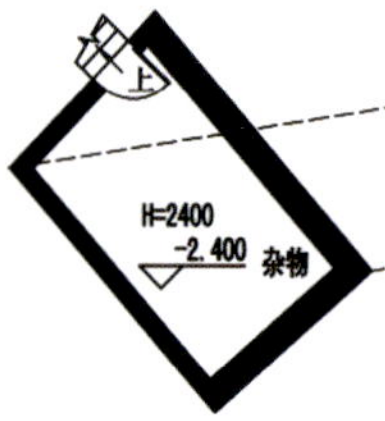　　　地下室平面图 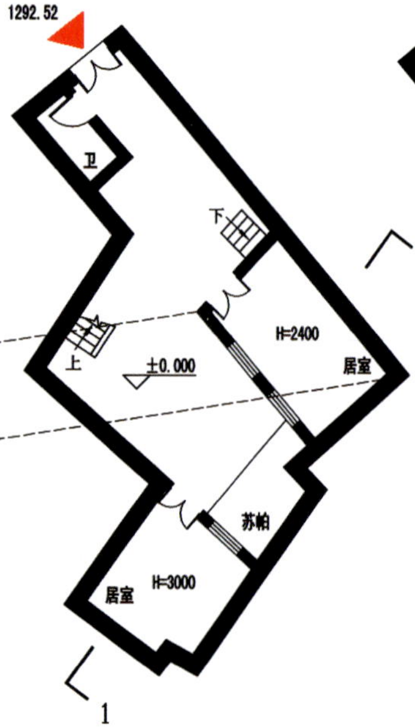　　　一层平面图 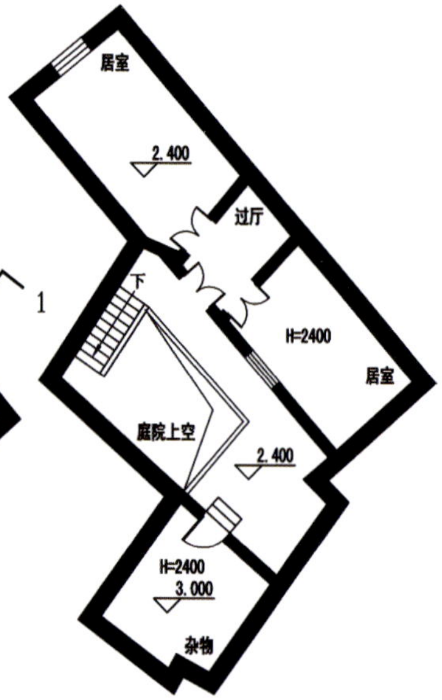　　　二层平面图 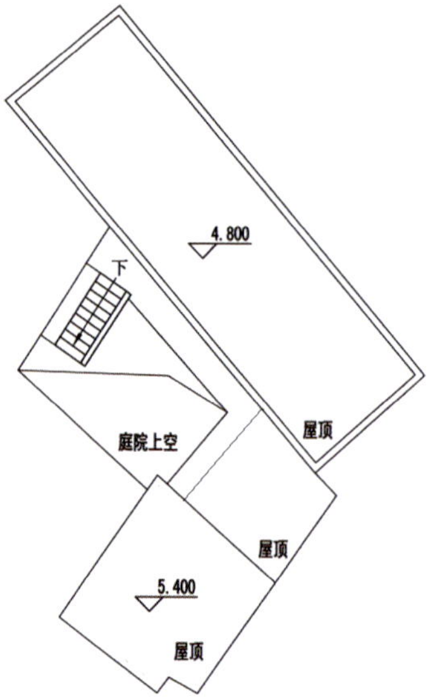　　　屋顶平面图

   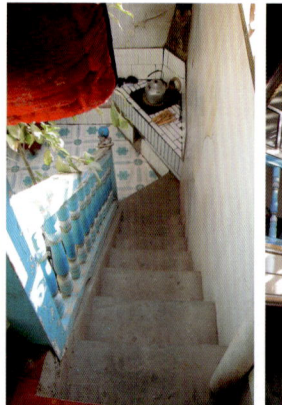 

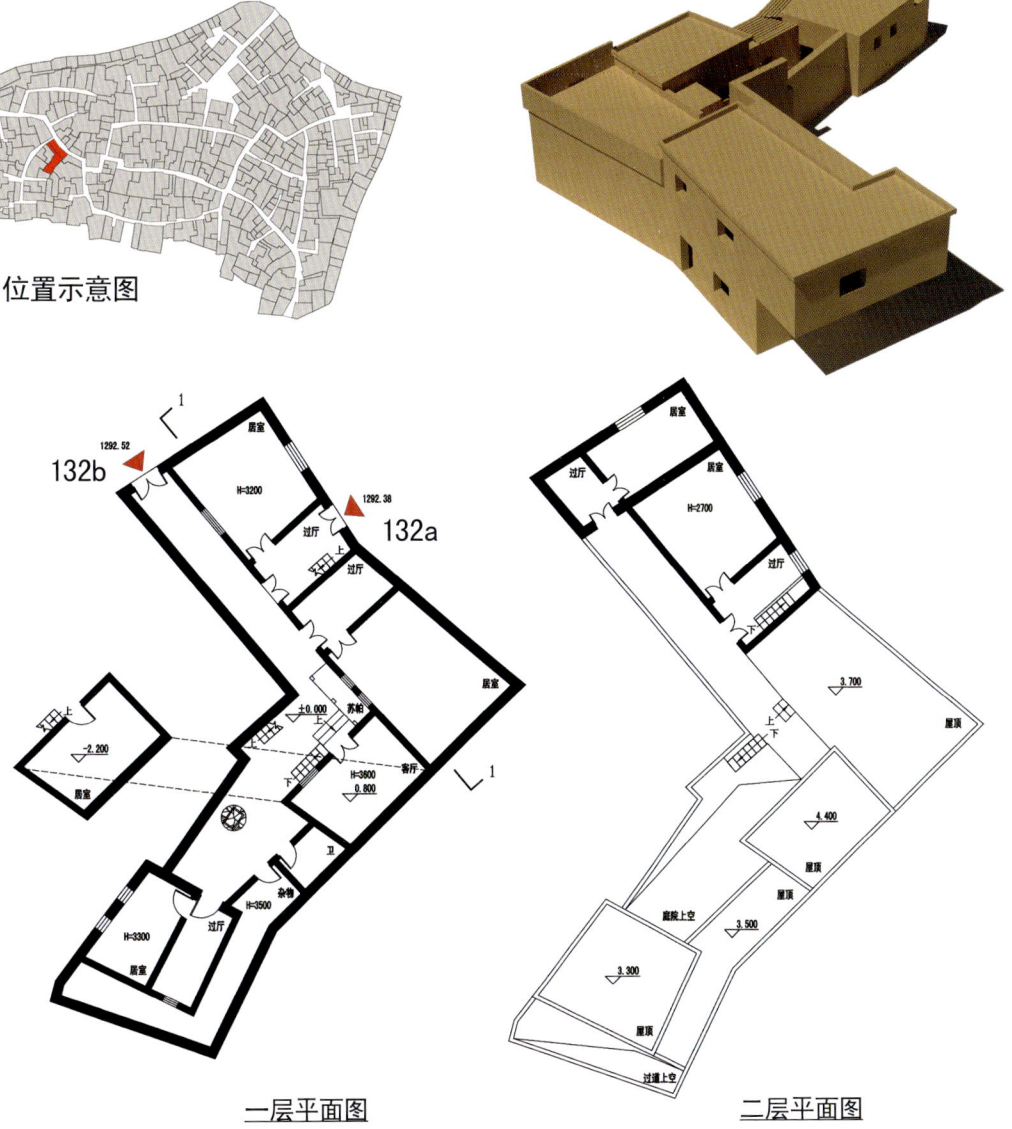

132b号住宅

用户编号	42	户主	艾合提·卡尔	人口	5人
门牌号	0132b	收入水平	￥200	职业分类	待业
搬迁意向	不同意	是否重建	重建	建筑主体结构	土木&砖木
建筑密度	75.60%	庭院面积	37.59 m²	住宅基地面积	153.8 m²
总建筑面积		151.37 m²		一层建筑面积	116.21 m²

描述：住户1997年继承母亲房产，其母分房给8个子女。1992年兄弟姐妹共同修缮房屋。2004年有3间房倒塌，一直未修建。房屋有两层，共8间，有院子。113a与113b住户为兄弟关系。

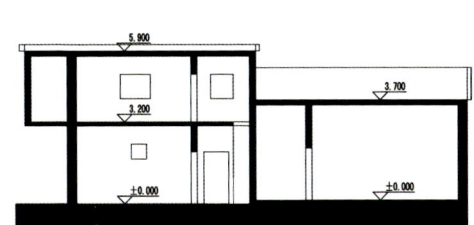

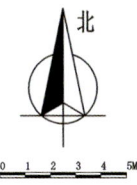

132a号住宅

用户编号	43	户主		人口	
门牌号	0132a	收入水平	￥600	职业分类	待业
搬迁意向	不同意	是否重建	重建	建筑主体结构	土木&砖木
建筑密度	100.00%	庭院面积		住宅基地面积	28.63 m²
总建筑面积		58.5 m²		一层建筑面积	28.63 m²

描述：住户1997年继承母亲房产，其母分房给8个子女。1992年兄弟姐妹共同修缮房屋。2004年有3间房倒塌，一直未修建。房屋有两层，共8间，有院子。113a与113b住户为兄弟关系。

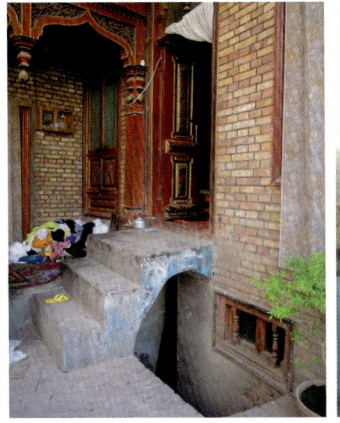

134号住宅

用户编号	44	户主	阿尼姑·达吾提	人口	1人
门牌号	0134	收入水平	¥100	职业分类	待业
搬迁意向	不同意	是否重建	重建	建筑主体结构	土木
建筑密度	82.00%	庭院面积	11.91 m²	住宅基地面积	66.85 m²
总建筑面积	54.94 m²		一层建筑面积	54.94 m²	

描述：住户2005年花费5万元购买并将房屋修缮。房屋为一层，共2间。130号和134号住户为一家人。

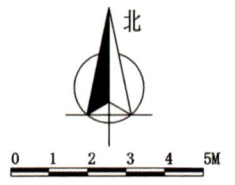

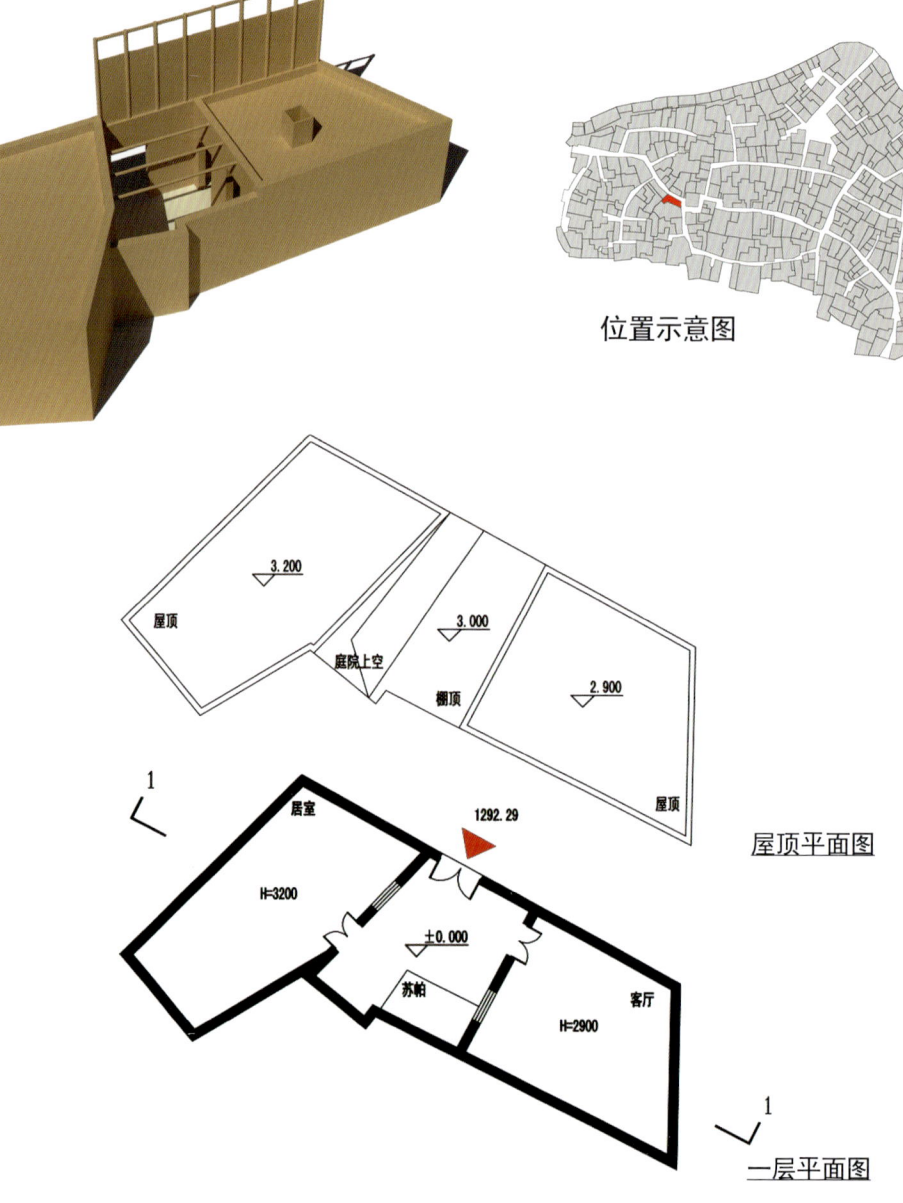

位置示意图

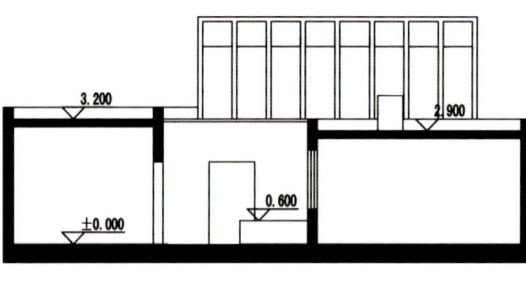

屋顶平面图

1-1剖面图

一层平面图

136号住宅

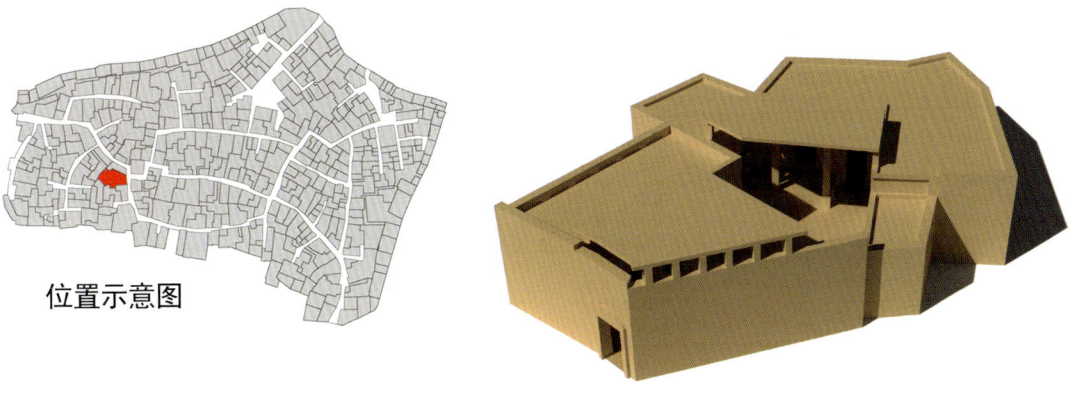

位置示意图

用户编号	45	户主	布孜热木·阿不都热合曼	人口	4人
门牌号	0136	收入水平	￥700	职业分类	退休
搬迁意向	不同意	是否重建	重建	建筑主体结构	土木
建筑密度	68.50%	庭院面积	64.07 m²	住宅基地面积	203.33 m²
总建筑面积		139.26 m²		一层建筑面积	139.26 m²
描述	住户居此已52年，2007年新建若干间房，进行修缮。房屋有一层，共7间。				

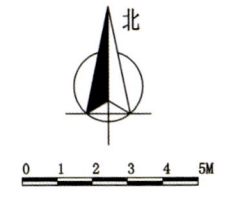

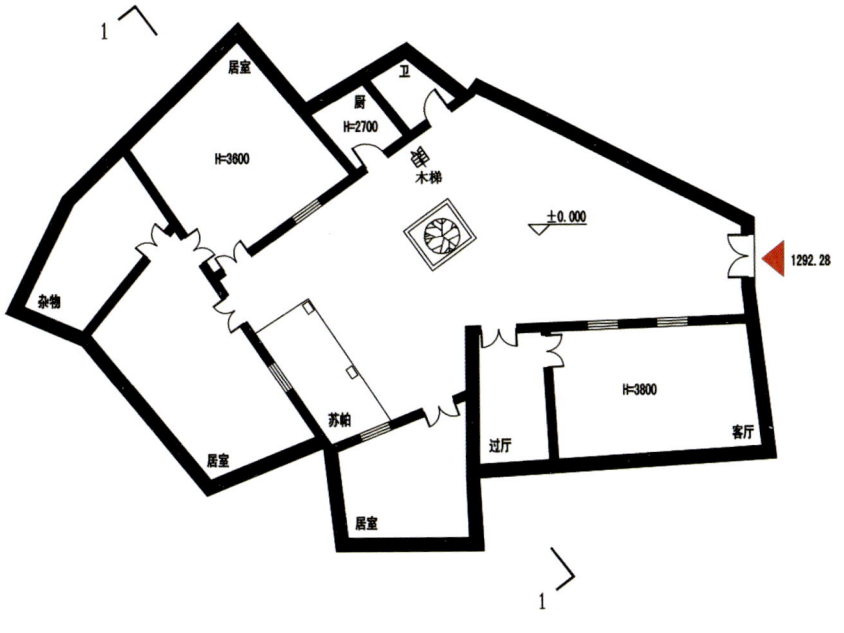

一层平面图

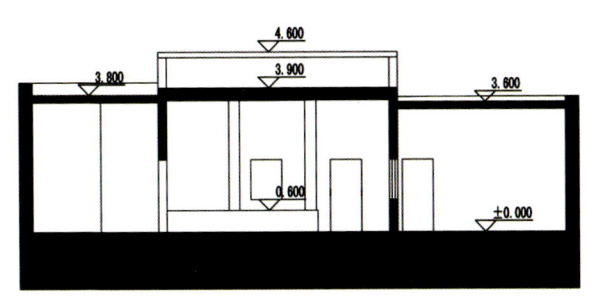

1-1剖面图

138号住宅

用户编号	46	户主	阿斯木·吾司曼	人口	4人
门牌号	0138	收入水平	￥300	职业分类	退休
搬迁意向	不同意	是否重建	重建	建筑主体结构	砖混
建筑密度	78.40%	庭院面积	15.2 m²	住宅基地面积	70.35 m²
总建筑面积	116.55 m²	一层建筑面积	55.15 m²		

描述：房屋始建于1850年之前，于1989年进行修缮，2006年再次修缮。房屋有两层，共8间。

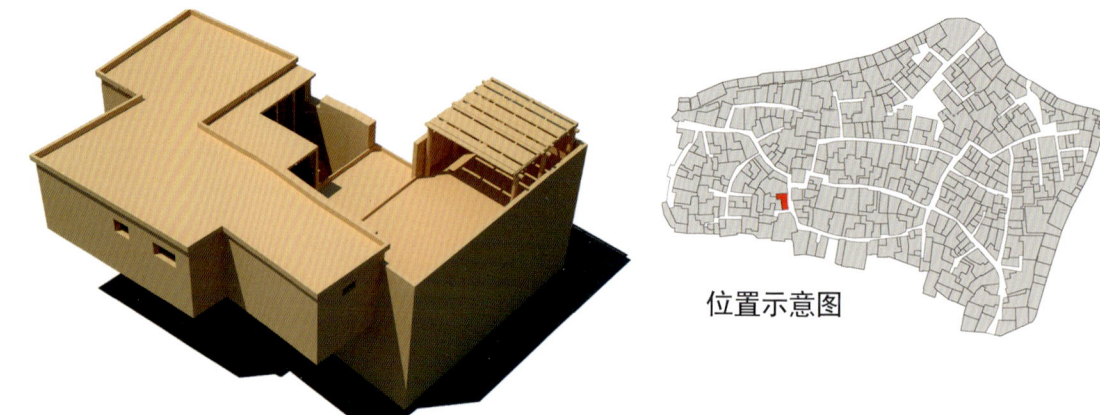

位置示意图

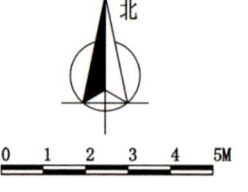

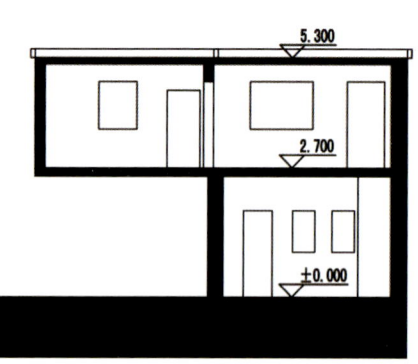

1-1剖面图　　一层平面图　　二层平面图

142号住宅

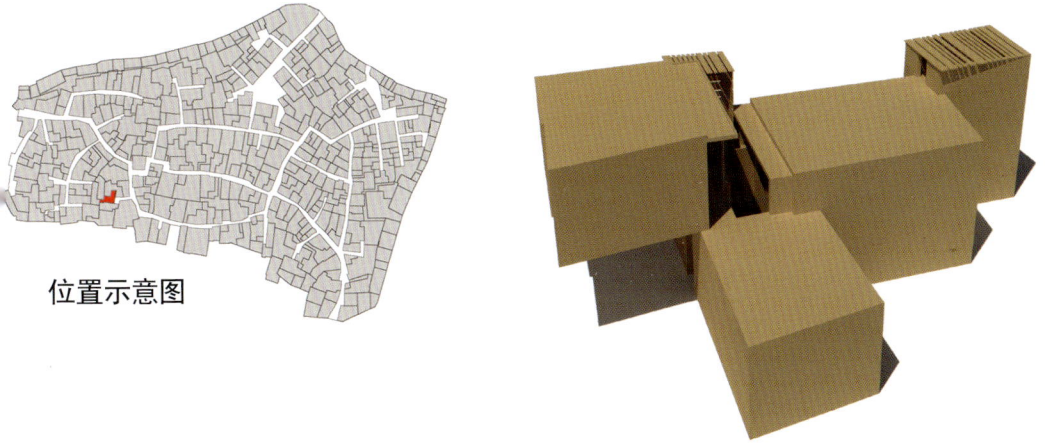

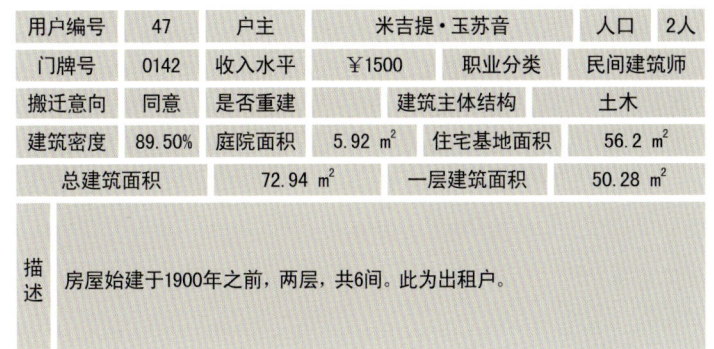

位置示意图

用户编号	47	户主	米吉提·玉苏音		人口	2人
门牌号	0142	收入水平	￥1500	职业分类	民间建筑师	
搬迁意向	同意	是否重建		建筑主体结构	土木	
建筑密度	89.50%	庭院面积	5.92 m²	住宅基地面积	56.2 m²	
总建筑面积	72.94 m²		一层建筑面积	50.28 m²		

描述：房屋始建于1900年之前，两层，共6间。此为出租户。

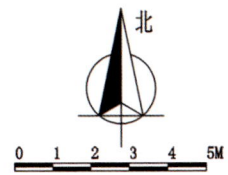

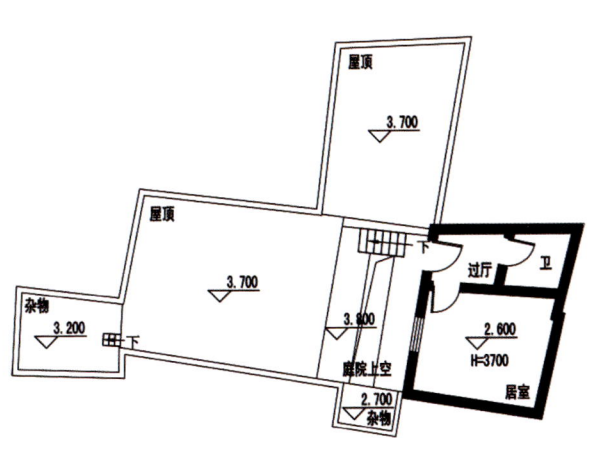

二层平面图

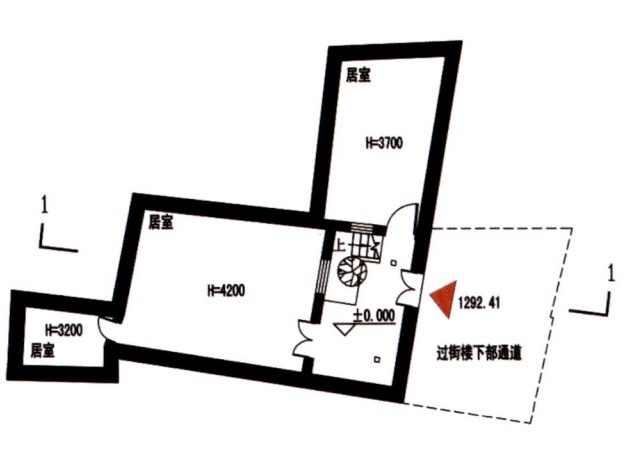

一层平面图

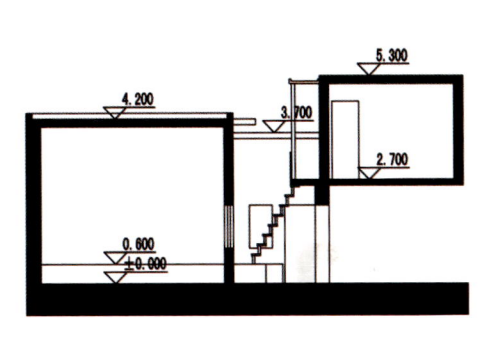

1-1剖面图

144a号住宅

用户编号	48	户主			人口	
门牌号	0144a	收入水平		职业分类		
搬迁意向	不同意	是否重建	重建	建筑主体结构	土木	
建筑密度	73.90%	庭院面积	18.07 m²	住宅基地面积	69.21 m²	
总建筑面积		78.13 m²		一层建筑面积	51.14 m²	

描述	房屋始建于1900年之前,两层,共10间。144a与144b住户为兄弟。此为出租房。

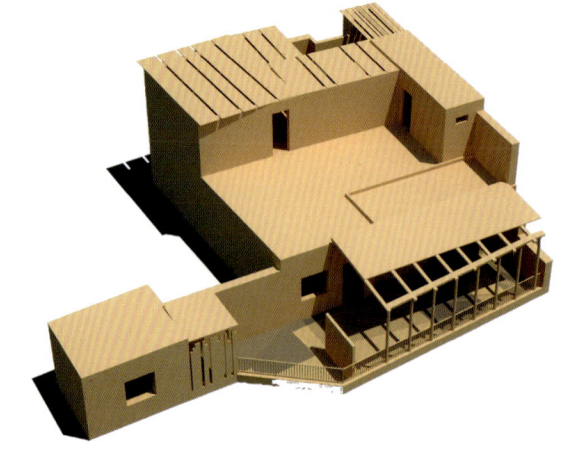

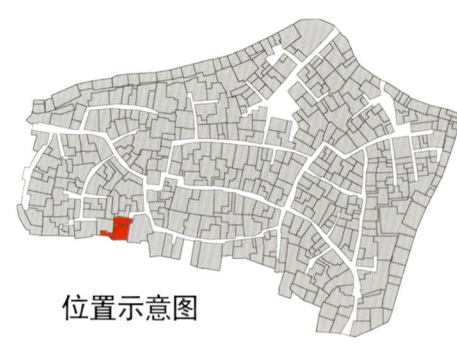

位置示意图

北

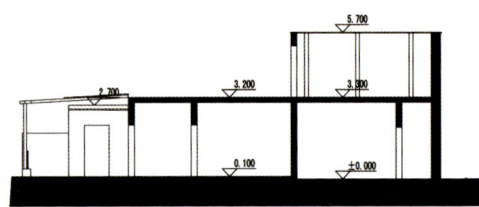

1-1剖面图

144b号住宅

用户编号	49	户主	海尼米汗·马木提	人口	2人
门牌号	0144b	收入水平	¥400	职业分类	做小生意
搬迁意向	不同意	是否重建	重建	建筑主体结构	土木
建筑密度	58.70%	庭院面积	60.68 m²	住宅基地面积	146.95 m²
总建筑面积		100.9 m²		一层建筑面积	86.27 m²

描述	房屋始建于1900年之前,两层,共10间。144a与144b住户为兄弟。此为出租房。

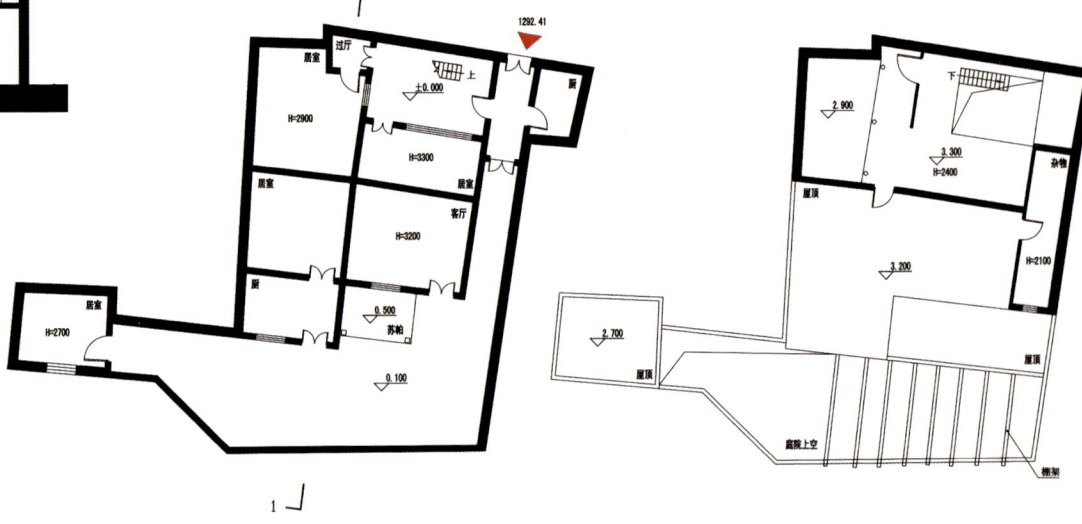

一层平面图　　二层平面图

146号住宅

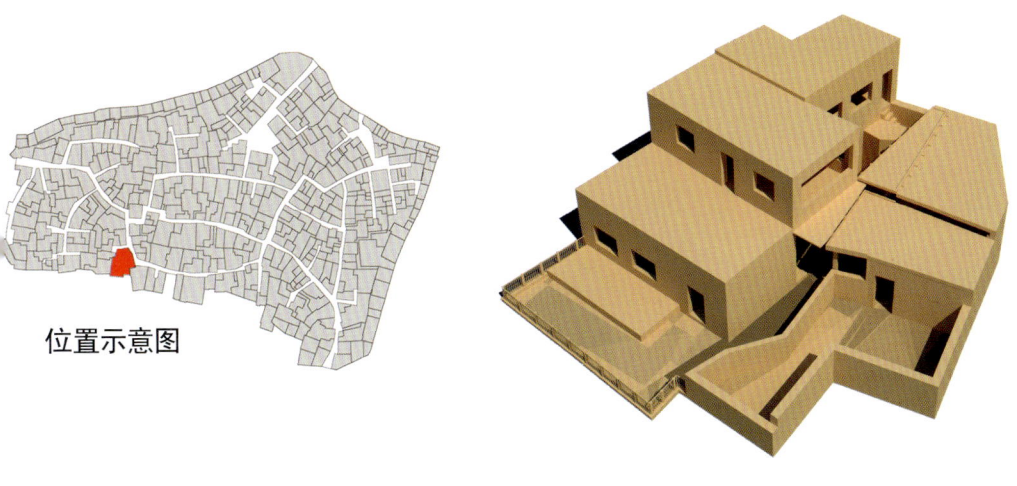

位置示意图

用户编号	50	户主	海热古丽·伊斯马依力	人口	5人
门牌号	0146	收入水平	￥400	职业分类	待业
搬迁意向	不同意	是否重建	重建	建筑主体结构	土木&砖木
建筑密度	58.70%	庭院面积	115.19 m²	住宅基地面积	278.99 m²
总建筑面积		296.57 m²		一层建筑面积	163.8 m²

描述	住户为居于此一家的第七代，该房于1985年新建，1990年再次新建。房屋为两层，共11间。住户是古老的手工艺品家庭，其从事绣帽已七代人。房屋供游客参观几年了，房屋面积的76平方米已换成楼房，由姐姐居住。

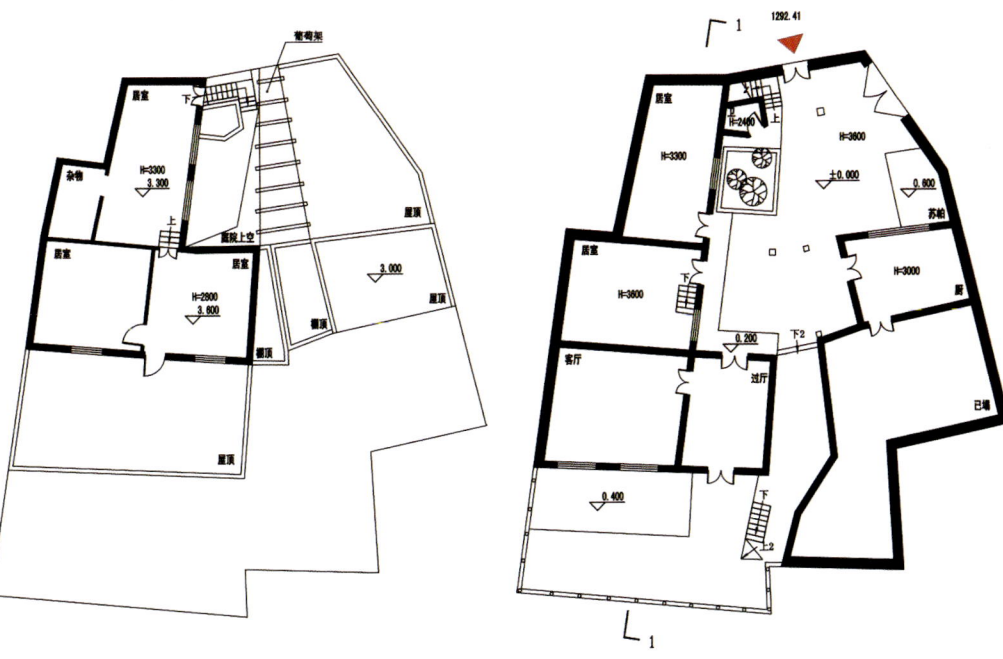

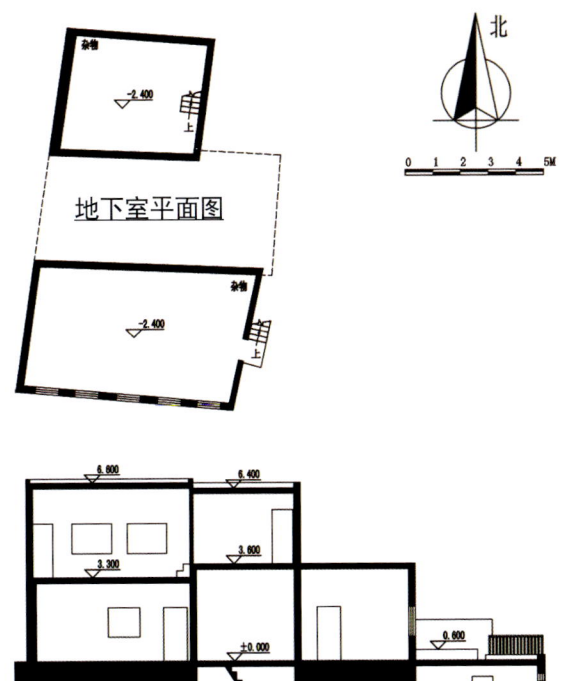

二层平面图　　一层平面图　　1-1剖面图

150号住宅

用户编号	51	户主	买买提艾力·卡斯木	人口	5人
门牌号	0150	收入水平	￥1800	职业分类	做生意
搬迁意向	不同意	是否重建	保留	建筑主体结构	砖木&砖混
建筑密度	100.00%	庭院面积		住宅基地面积	100.56 m²
总建筑面积	302.54 m²			一层建筑面积	100.56 m²

描述：房屋于1935年新建，花费40万元，1994年住户进行修缮，7层，共14间房间。房屋极具特色，充分利用地形建房，可供游客参观。

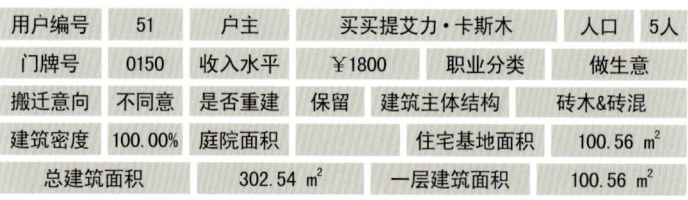

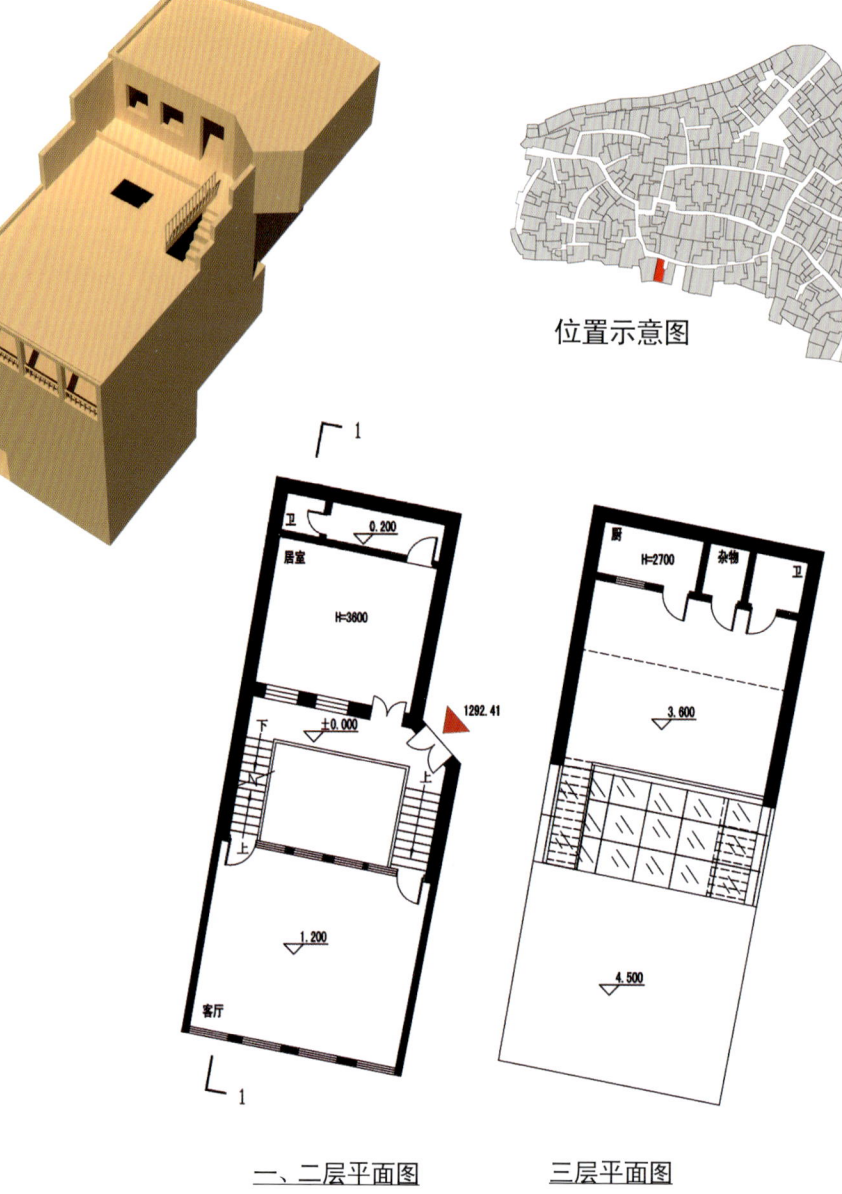

位置示意图

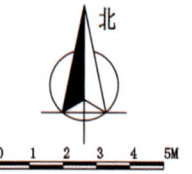

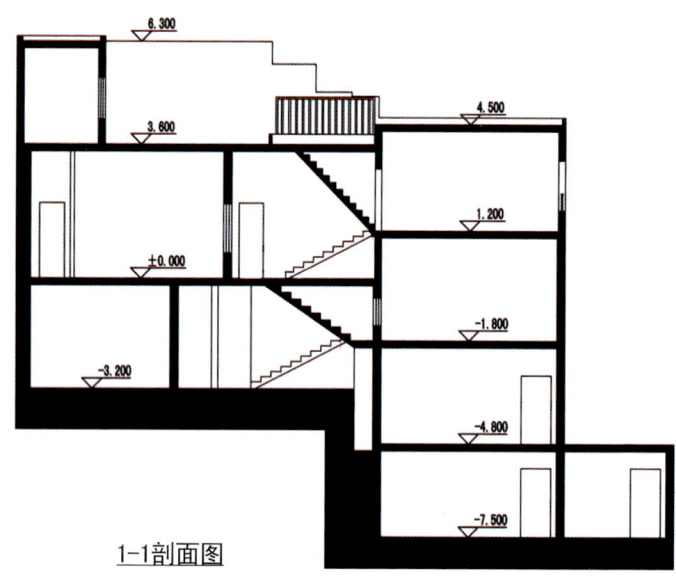

1-1剖面图

一、二层平面图　　三层平面图

150号住宅

北

| 屋顶平面图 | 地下一、二层平面图 | 地下二、三层平面图 | 地下四层平面图 |

152号住宅

用户编号	52	户主	古丽娜尔·吾守尔	人口	5人
门牌号	0152	收入水平	￥2700	职业分类	医生
搬迁意向	不同意	是否重建	保留	建筑主体结构	土木&砖木
建筑密度	72.50%	庭院面积	76.16 m²	住宅基地面积	222.99 m²
总建筑面积	352.85 m²	一层建筑面积	100.56 m²		

描述：房屋于1935年新建，有7层，共14间，150号和152号住户为兄弟，两户房间布置基本一致，但此民居下层有180平方米的地块，建有4间房屋。

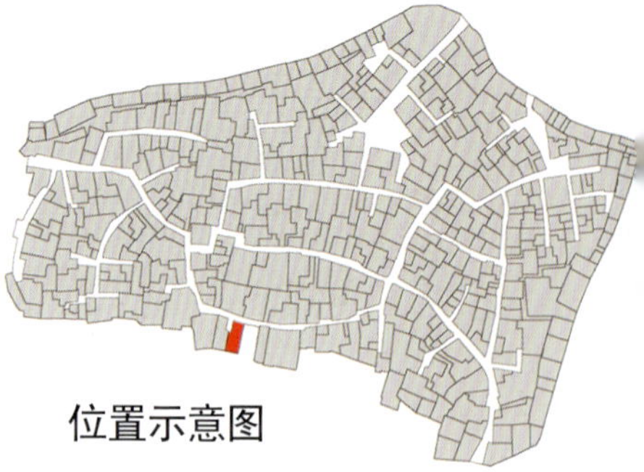

位置示意图

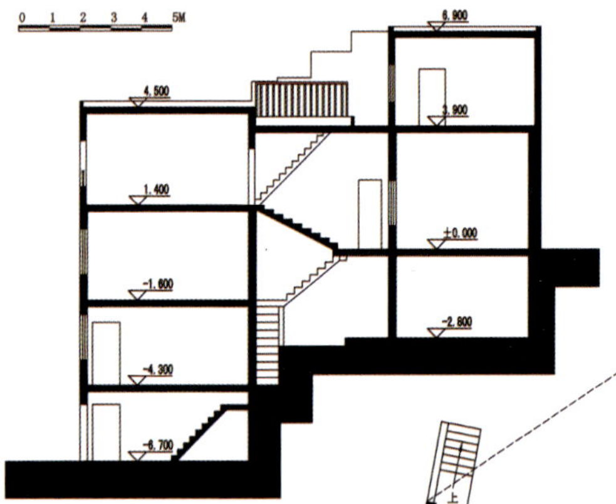

1-1剖面图

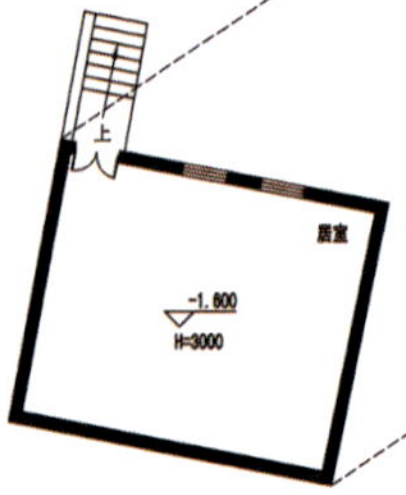

地下一层夹层平面图

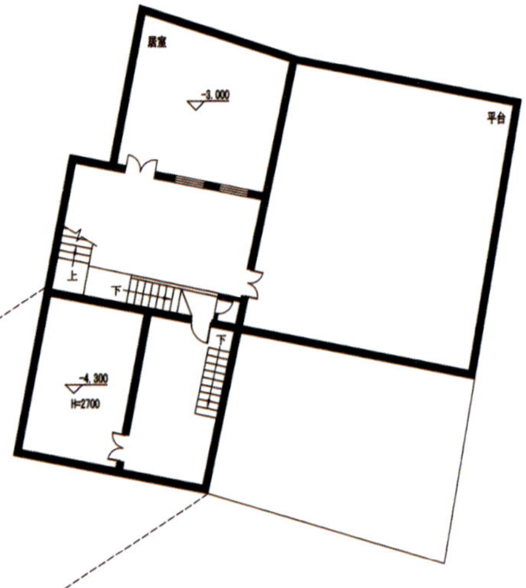

地下一层平面图

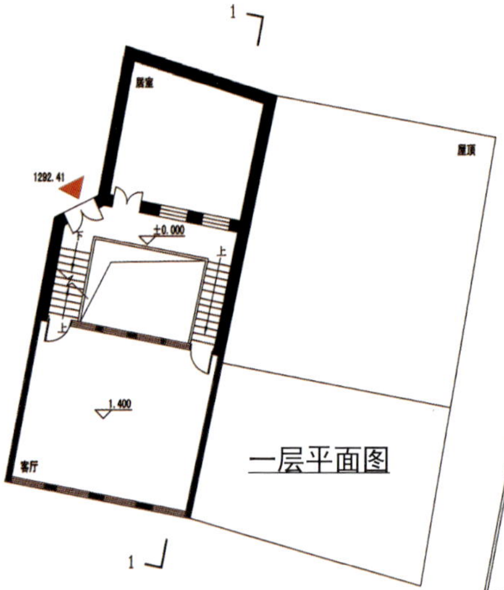

地下二层平面图

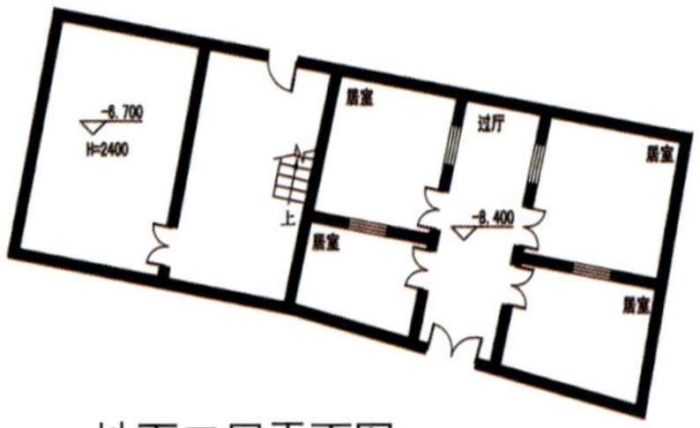

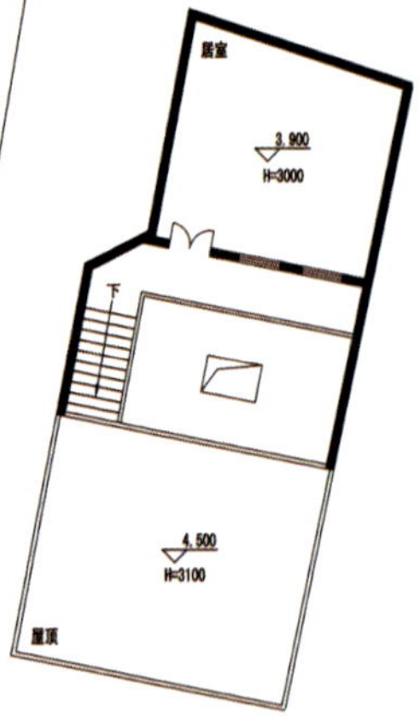

一层平面图

二层平面图

154号住宅

用户编号	53	户主	买买提·吐尔逊	人口	5人
门牌号	0154	收入水平	￥400	职业分类	做理发
搬迁意向	不同意	是否重建	重建	建筑主体结构	砖木
建筑密度	67.20%	庭院面积	29.15 m²	住宅基地面积	88.74 m²
总建筑面积		267.4 m²		一层建筑面积	59.59 m²

描述：房屋新建于1985年，房屋整体具有6层，共12间。

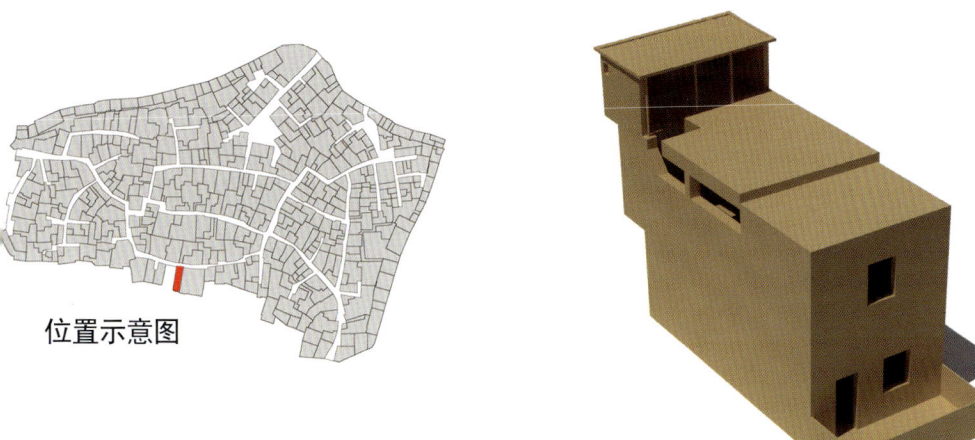

位置示意图

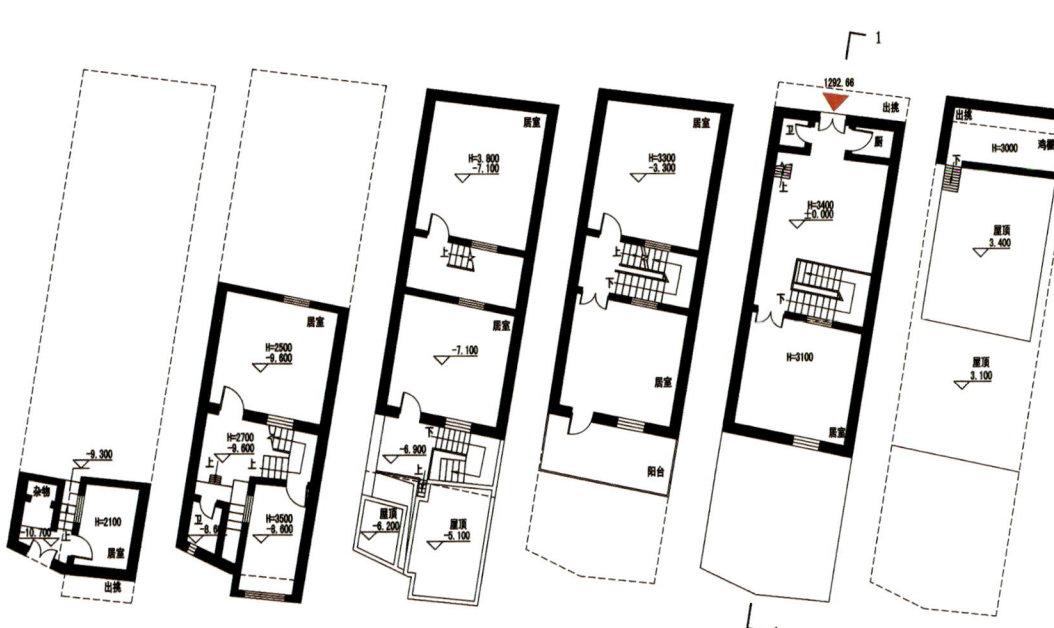

地下四层平面图　地下三层平面图　地下二层平面图　地下一层平面图　一层平面图　二层平面图

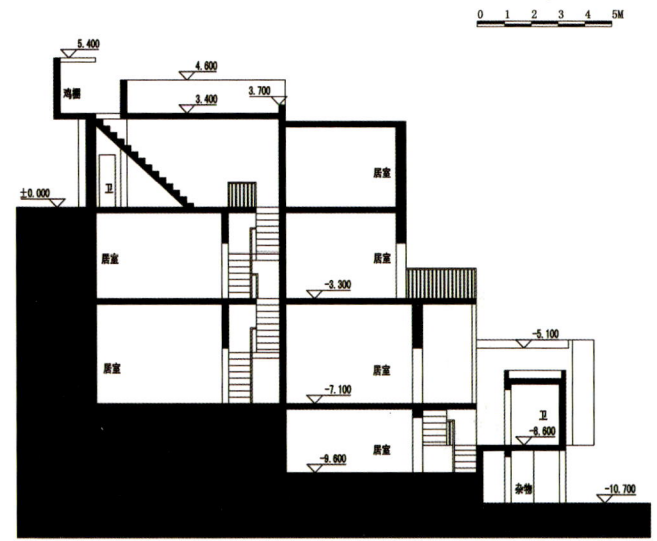

1-1剖面图

156号住宅

用户编号	54	户主	吐尼沙·吾斯曼	人口	5人
门牌号	0156	收入水平	￥400	职业分类	退休
搬迁意向	不同意	是否重建	重建	建筑主体结构	砖木
建筑密度	83.30%	庭院面积	30.79 m²	住宅基地面积	183.94 m²
总建筑面积	522.57 m²	一层建筑面积	153.15 m²		

描述：房屋始建于1940年，1986年新建了一部分，房屋整体共有5层，共25间，房屋很有层次感，从院子里可以看到东湖的全景。

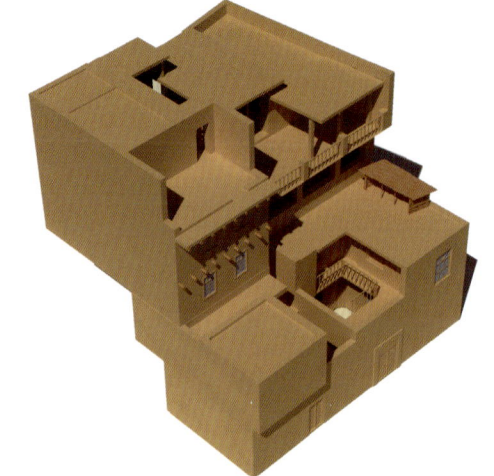

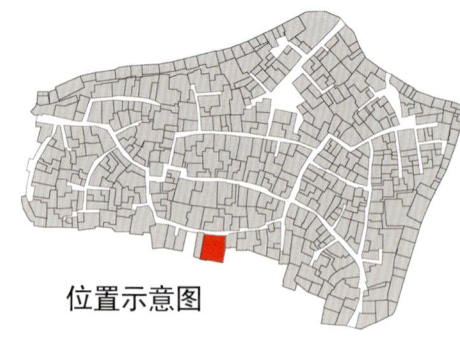

位置示意图

北

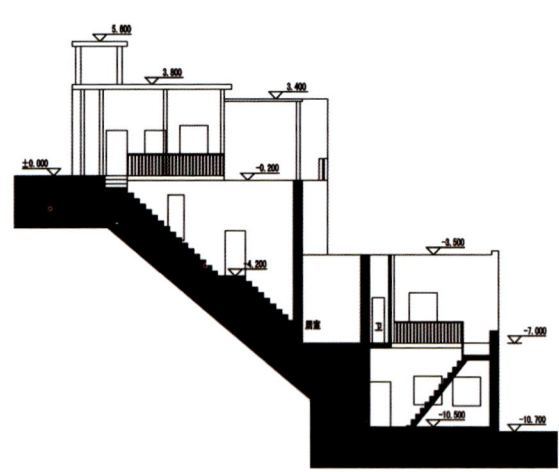

1-1剖面图

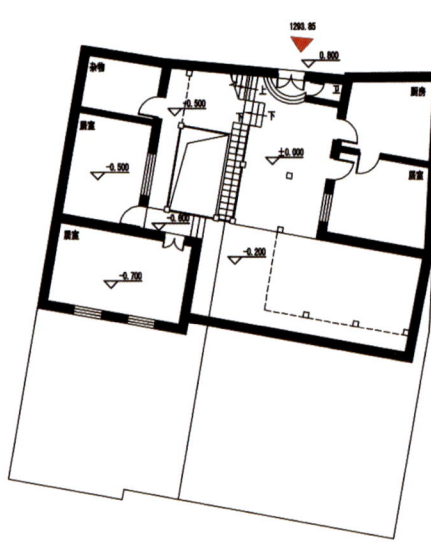

一层平面图

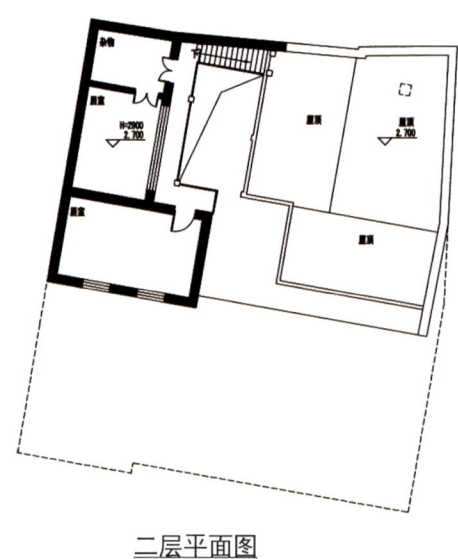

二层平面图

156号住宅

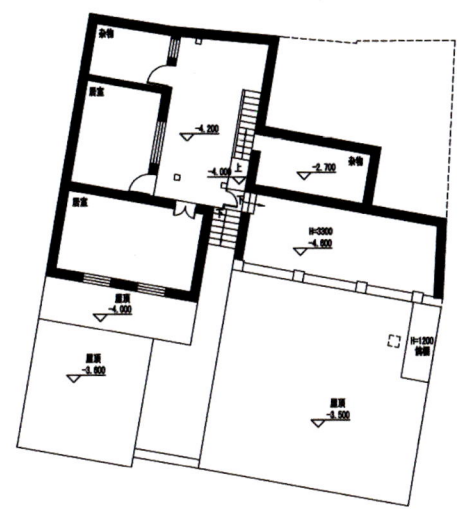
地下一层平面图

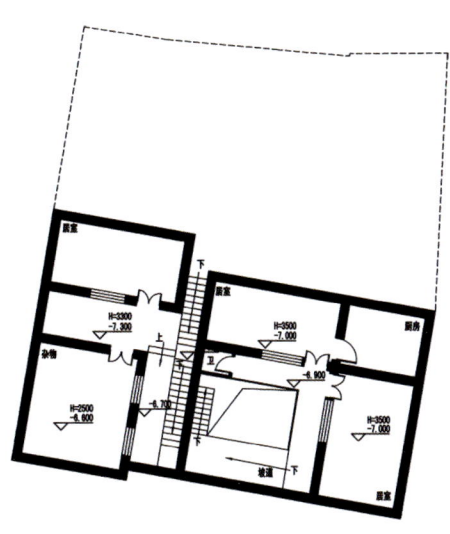
地下二层平面图

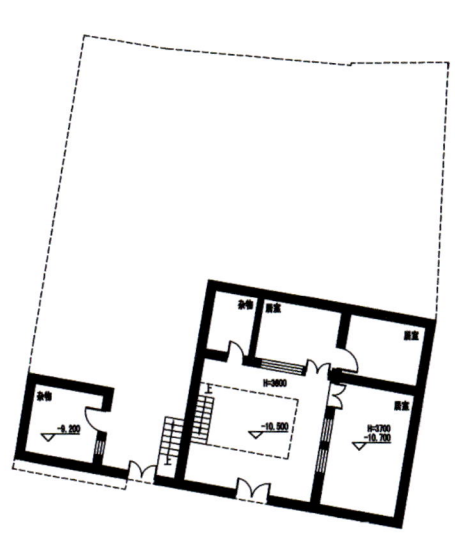
地下三层平面图

158号住宅

用户编号	55	户主	开赛尔·卡拉吉	人口	3人
门牌号	0158	收入水平	￥1000	职业分类	厨师
搬迁意向	不同意	是否重建	重建	建筑主体结构	砖木
建筑密度	64.00%	庭院面积	29.03 m²	住宅基地面积	80.63 m²
总建筑面积		51.6 m²		一层建筑面积	51.6 m²
描述	房屋新建于2006年，一层，共2间，从院子内可以看到东湖的全景。				

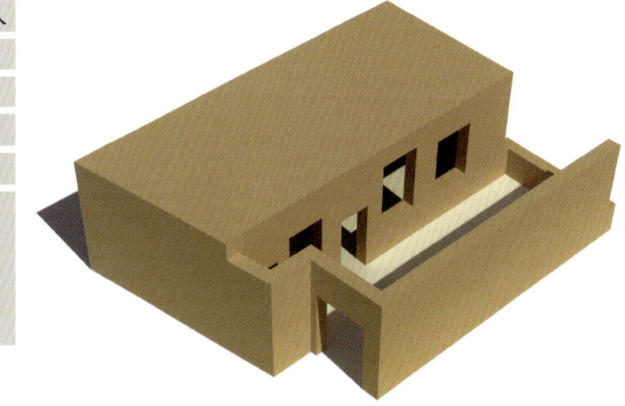

位置示意图

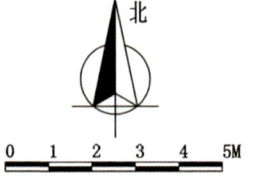

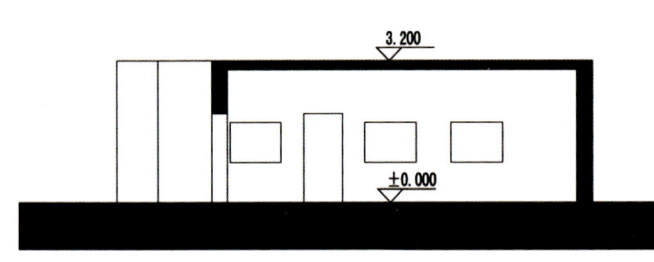

1-1剖面图

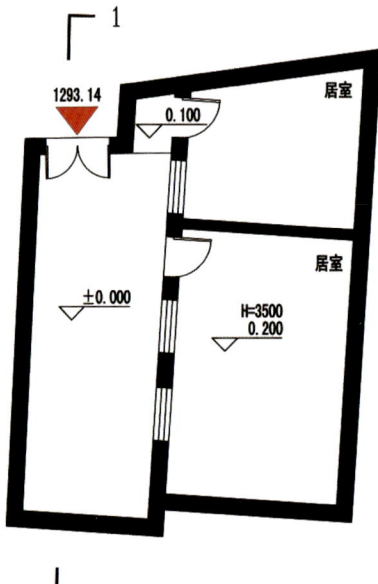

一层平面图

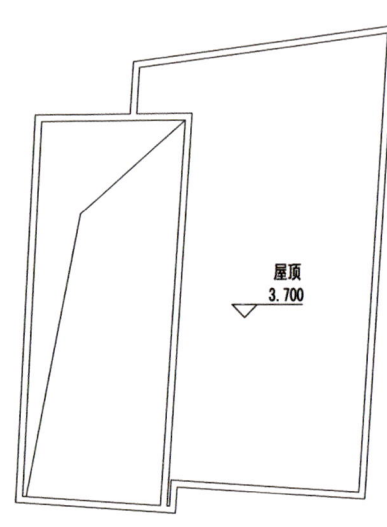

屋顶平面图

160号住宅

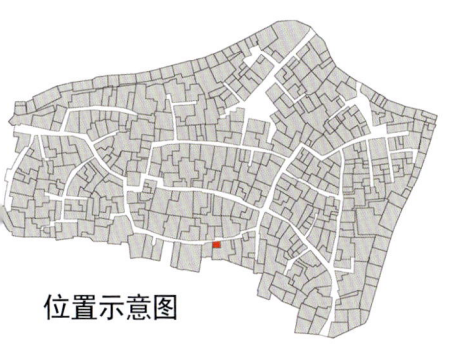

位置示意图

用户编号	56	户主	阿布都艾尼·艾合提	人口	5人
门牌号	0160	收入水平	￥900	职业分类	木匠
搬迁意向	不同意	是否重建	重建	建筑主体结构	砖木&砖混
建筑密度	58.60%	庭院面积	10.89 m²	住宅基地面积	26.32 m²
总建筑面积	59.7 m²			一层建筑面积	15.43 m²

描述：房屋1986年购买，2006年前重新建造。房屋有两层、一个地下室，共6间房间，没有院子。

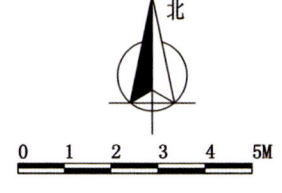

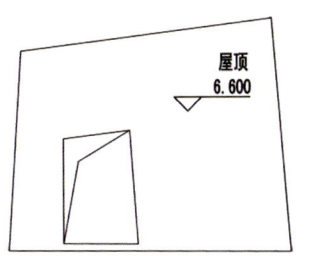

屋顶平面图

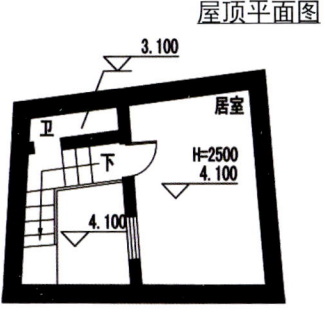

二层平面图

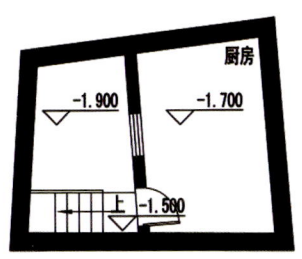

地下一层平面图

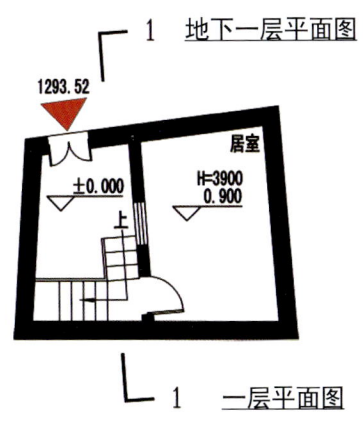

一层平面图

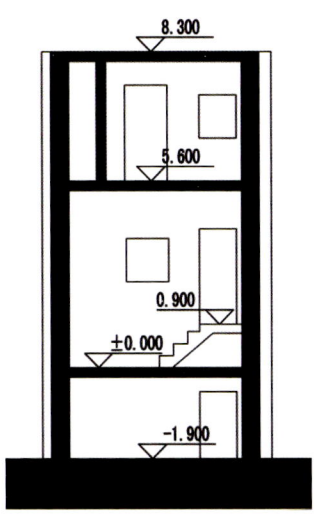

1-1剖面图

162号住宅

用户编号	57	户主	阿布都热依木·卡德	人口	12人
门牌号	0162	收入水平	￥1500	职业分类	做土陶
搬迁意向	不同意	是否重建	重建	建筑主体结构	砖木
建筑密度	91.52%	庭院面积	14.44 m²	住宅基地面积	170.26 m²
总建筑面积	311.64 m²	一层建筑面积	155.82 m²		

描述：居住着三家人，共用一个庭院。

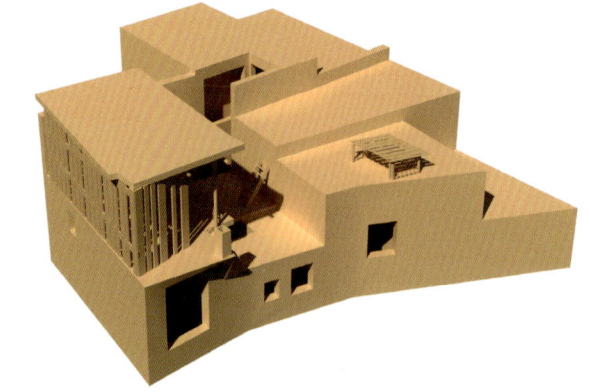

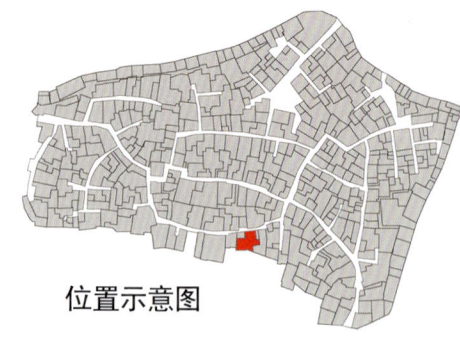

位置示意图

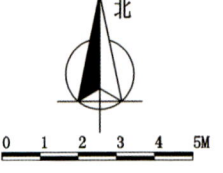

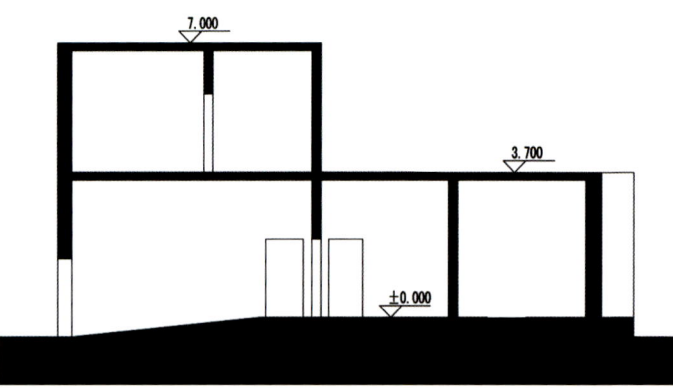

1-1剖面图

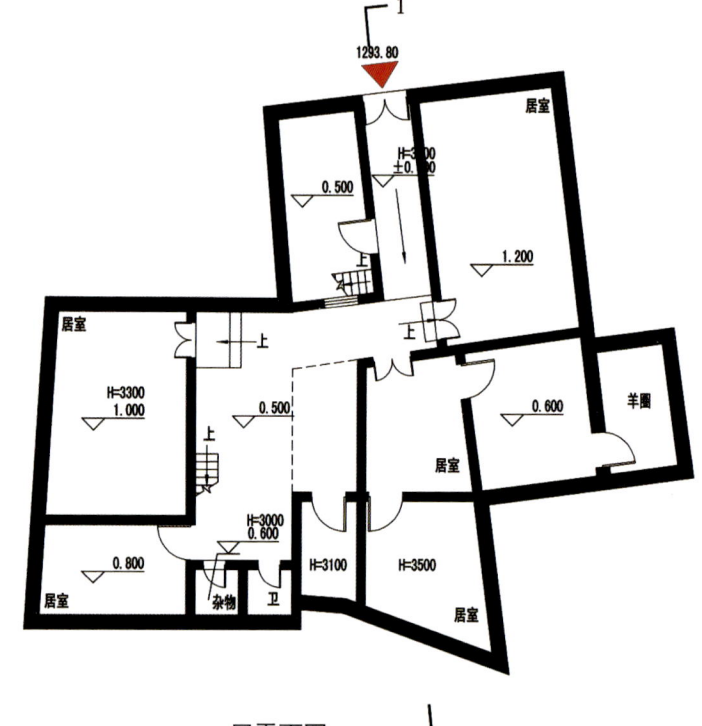

一层平面图

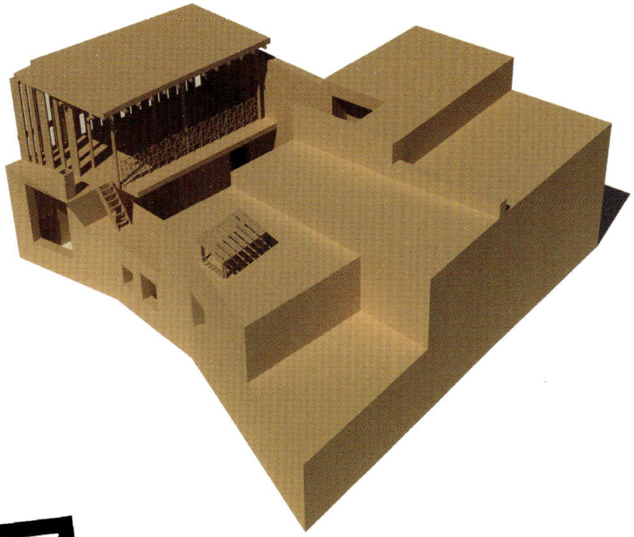

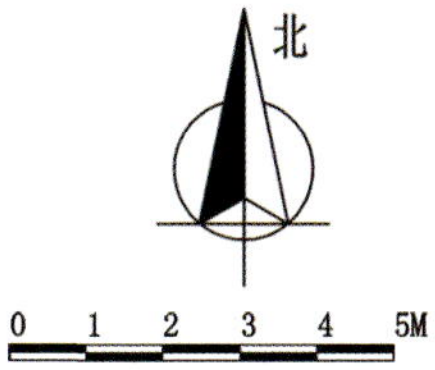

162号住宅

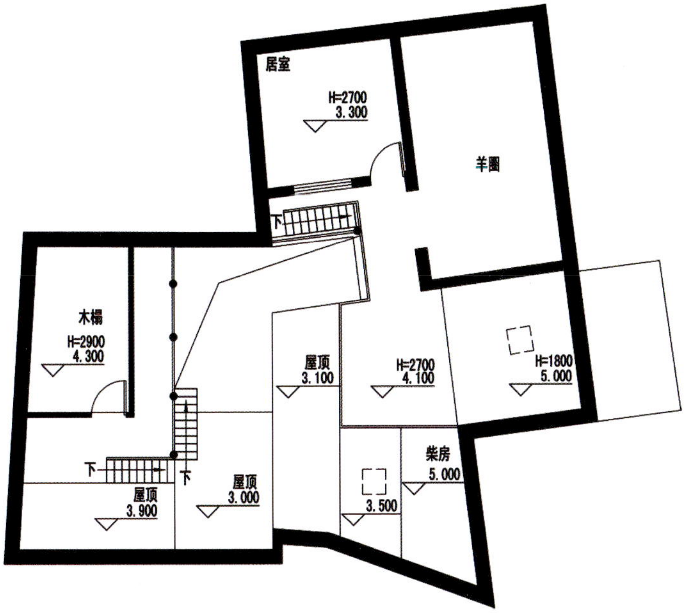

二层平面图

屋顶平面图

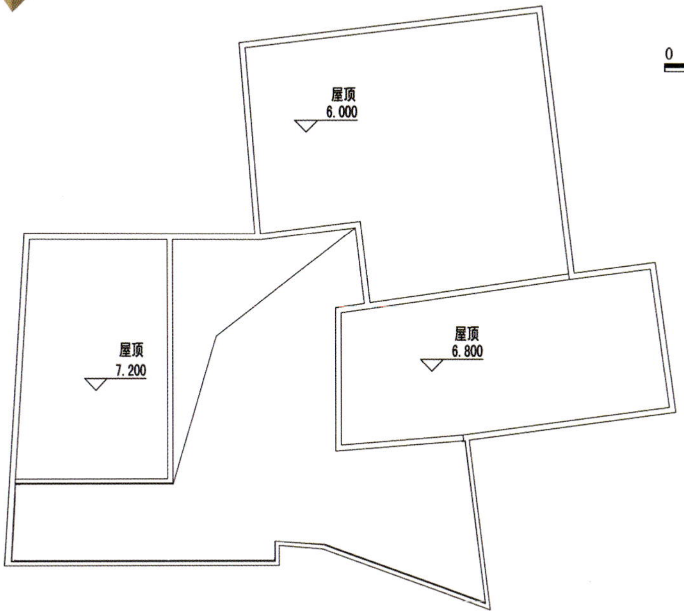

164a号住宅

用户编号	58	户主	阿克其·喀迪尔	人口	5人
门牌号	0164a	收入水平	￥1000	职业分类	退休
搬迁意向	同意	是否重建	重建	建筑主体结构	土木
建筑密度	100.00%	庭院面积		住宅基地面积	14.35 m²
总建筑面积	14.35 m²			一层建筑面积	14.35 m²
描述	房屋始建于1965年，从来没有翻新过，房屋有一层，4间房间。				

位置示意图

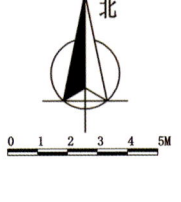

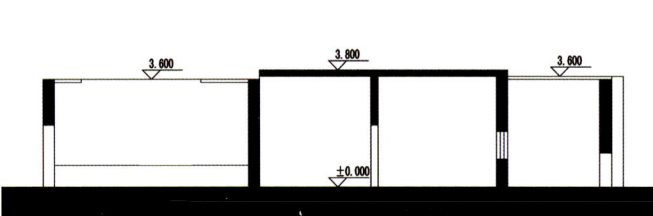

1-1剖面图

164b号住宅

用户编号	59	户主	阿克其·喀迪尔	人口	2人
门牌号	0164b	收入水平	￥300	职业分类	退休
搬迁意向	同意	是否重建	重建	建筑主体结构	土木
建筑密度	93.60%	庭院面积	7.86 m²	住宅基地面积	122.32 m²
总建筑面积	114.46 m²			一层建筑面积	114.46 m²
描述	房屋始建于1965年，从来没有翻新过，房屋具有一层，4间房间。				

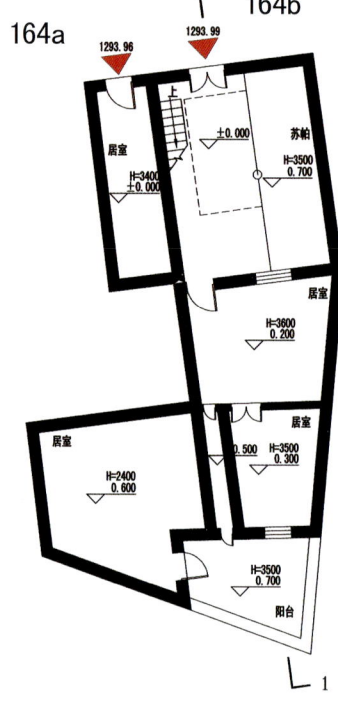

一层平面图

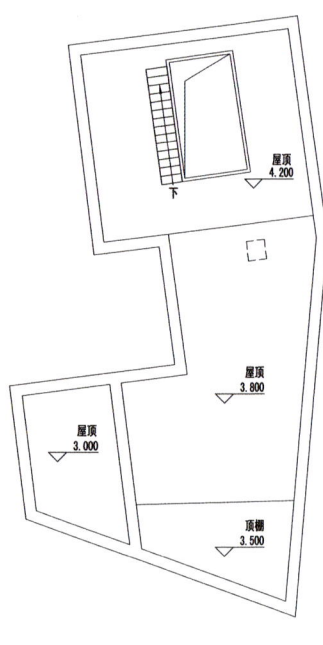

屋顶平面图

166号住宅

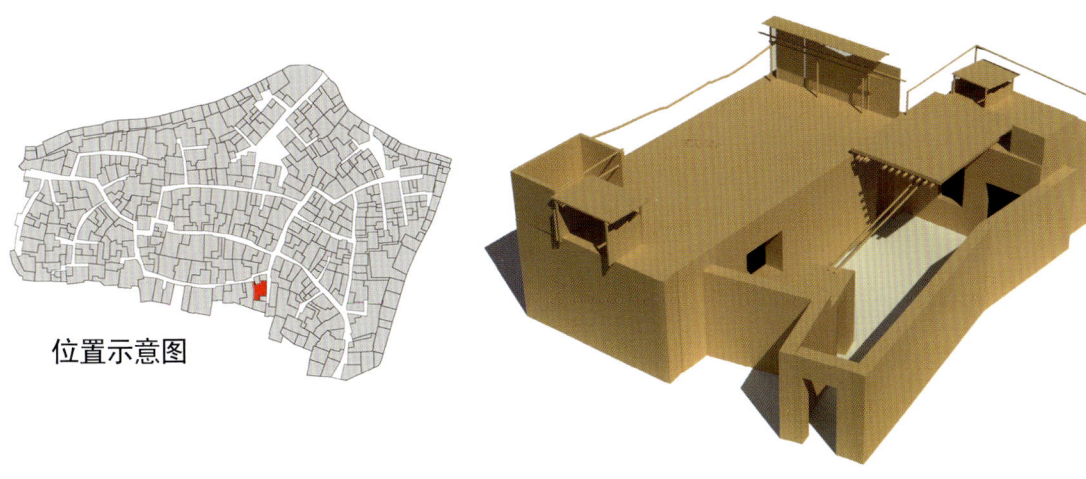

用户编号	60	户主	迪力巴尔·阿布都热西提	人口	5人
门牌号	0166	收入水平	￥1600	职业分类	
搬迁意向	不同意	是否重建	重建	建筑主体结构	土木&砖木
建筑密度	86.70%	庭院面积	14.86 m²	住宅基地面积	111.69 m²
总建筑面积		96.53 m²		一层建筑面积	96.83 m²

描述	房屋始建于1900年，2006年主人对房子进行了装修。

位置示意图

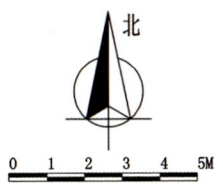

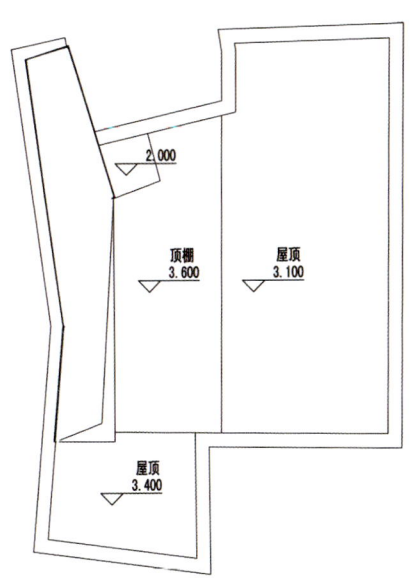

屋顶平面图

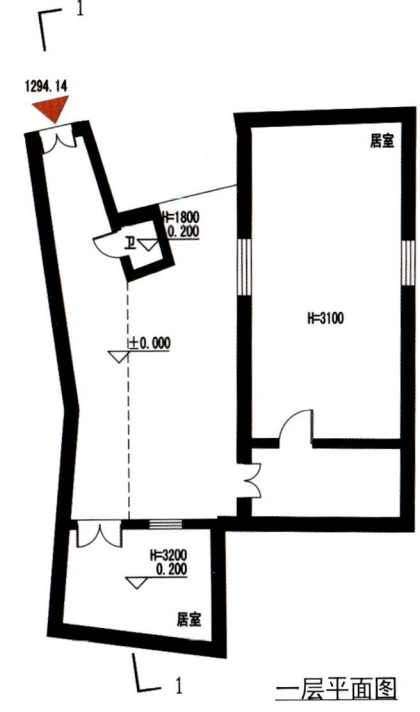

一层平面图

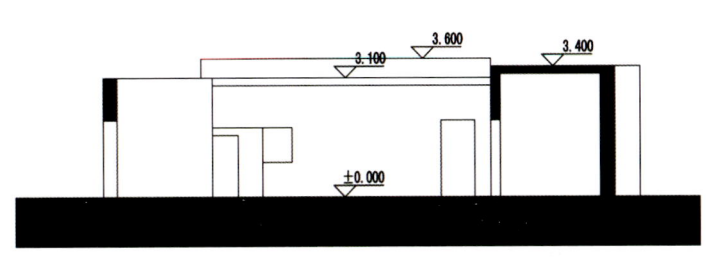

1-1剖面图

168号住宅

用户编号	61	户主	提瓦库里·阿布都热西提	人口	4人
门牌号	0168	收入水平	￥600	职业分类	司机
搬迁意向	不同意	是否重建	重建	建筑主体结构	砖木
建筑密度	57.40%	庭院面积	9.59 m²	住宅基地面积	22.52 m²
总建筑面积		12.93 m²	一层建筑面积		12.93 m²

描述	房屋购于2006年，花了3万元，2007年维修了一次，两层，4间房间。

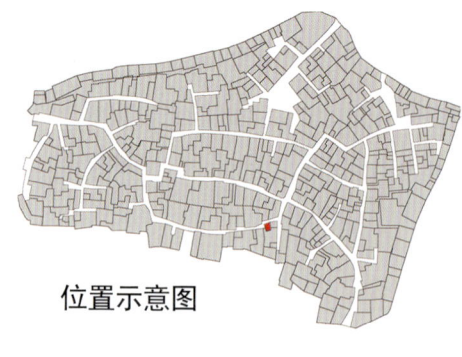

位置示意图

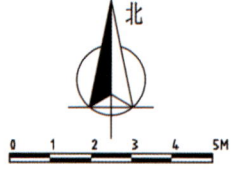

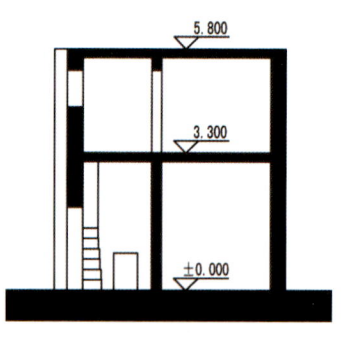

1-1剖面图

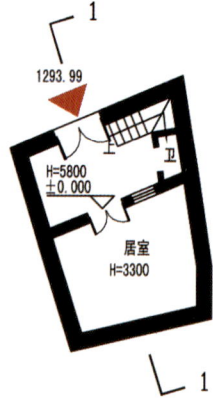

一层平面图

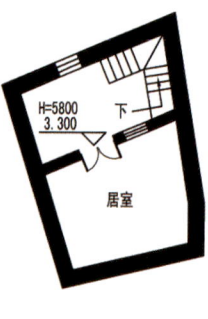

二层平面图

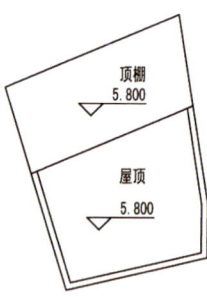

屋顶平面图

170号住宅

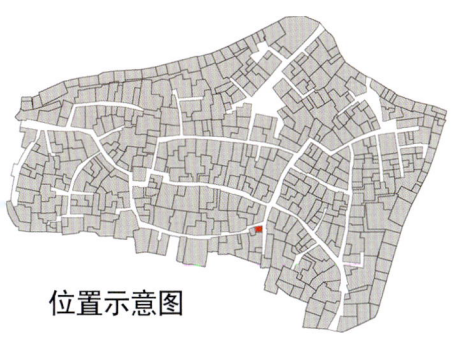

位置示意图

用户编号	62	户主	阿力木江·艾山	人口	2人
门牌号	0170	收入水平	￥1000	职业分类	卖肉
搬迁意向	同意	是否重建		建筑主体结构	土木
建筑密度	100.00%	庭院面积		住宅基地面积	22.68 m²
总建筑面积		22.68 m²	一层建筑面积		22.68 m²

描述：房屋始建于1900年之前，一层，2间房间，2004年主人对房屋进行了一次维修。

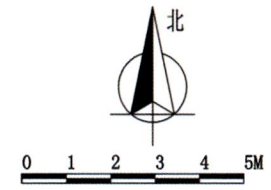

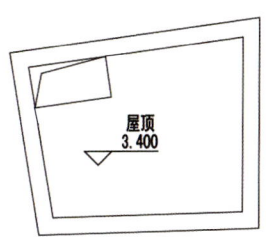

屋顶平面图

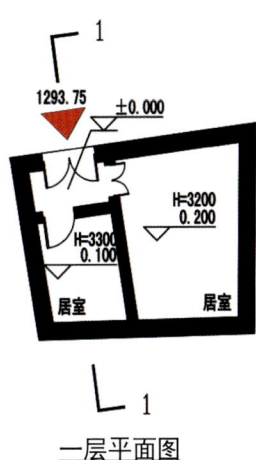

一层平面图

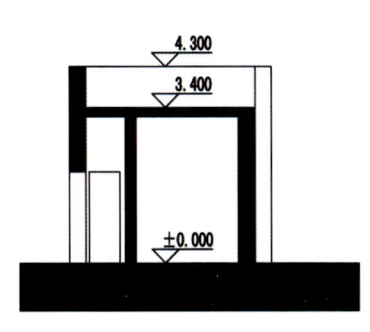

1-1剖面图

174号住宅

用户编号	63	户主	海热尼沙·吐尔逊	人口	1人
门牌号	0174	收入水平	￥1500	职业分类	退休
搬迁意向	不同意	是否重建	重建	建筑主体结构	土木
建筑密度	64.60%	庭院面积	24.78 m²	住宅基地面积	70.08 m²
总建筑面积		45.3 m²		一层建筑面积	45.3 m²

描述：房屋始建于1900年之前，一层，共3间房间。主人有6个孩子。

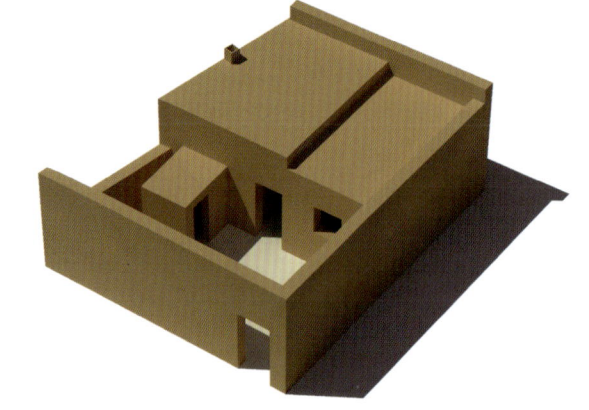

位置示意图

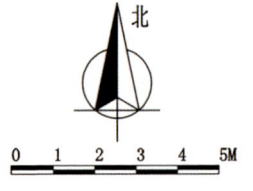

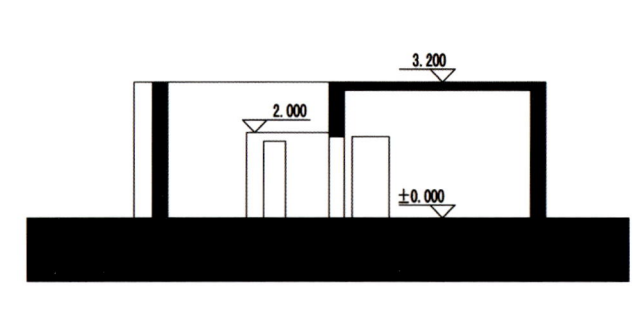

1-1剖面图

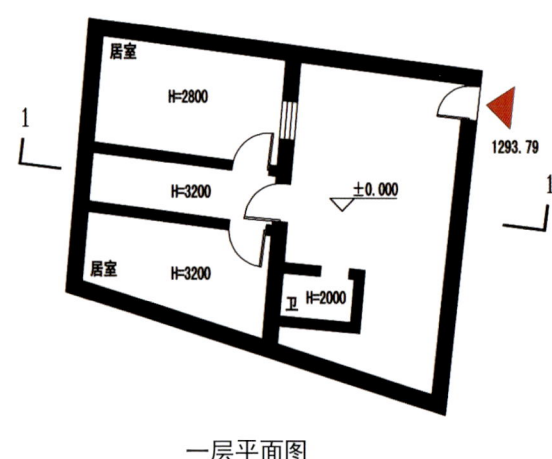

一层平面图

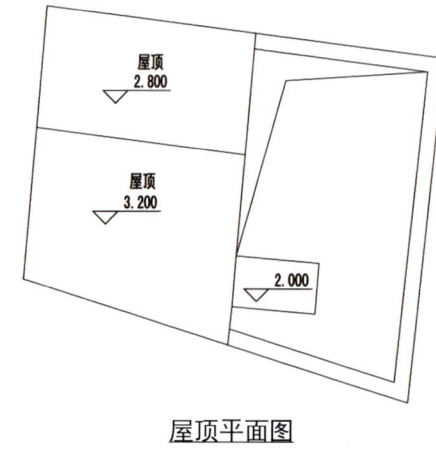

屋顶平面图

176号住宅

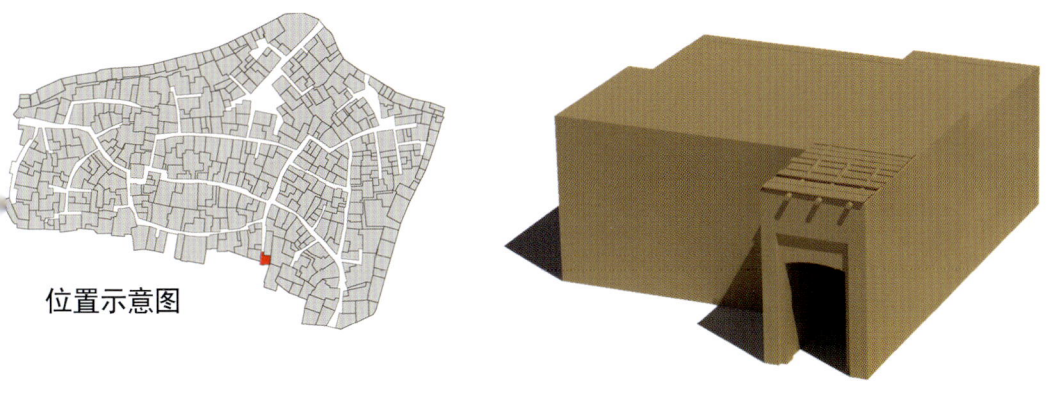

位置示意图

用户编号	64	户主	吐尼亚孜古丽·吐尔逊	人口	4人
门牌号	0176	收入水平	￥1000	职业分类	个体户
搬迁意向	同意	是否重建		建筑主体结构	土木&砖木
建筑密度	100.00%	庭院面积		住宅基地面积	55.26 m²
总建筑面积		55.26 m²	一层建筑面积		55.26 m²

描述	房屋始建于1900年之前，一层，共3间房间。主人有6个孩子。

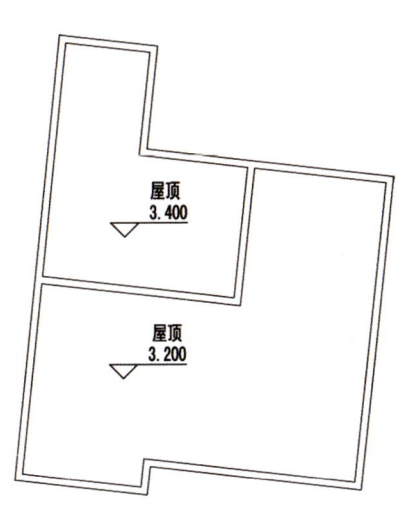

屋顶平面图

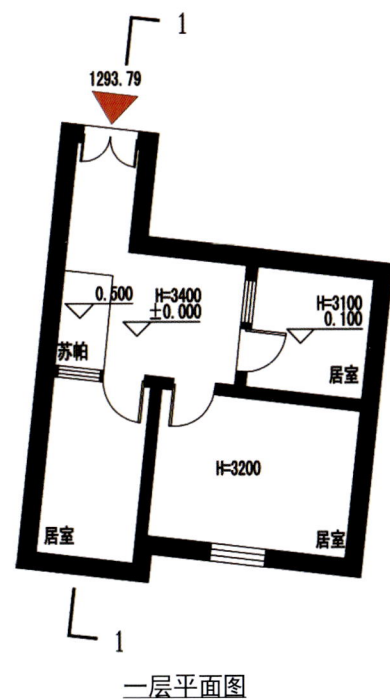

一层平面图

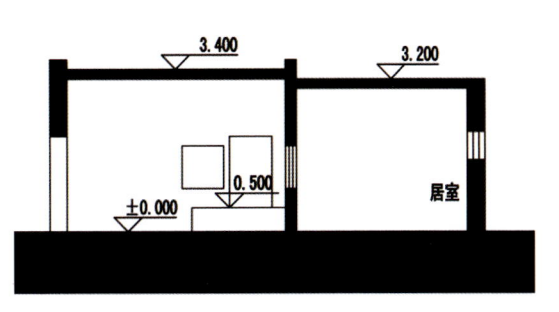

1-1剖面图

178号住宅

用户编号	65	户主	素拉音玛尼·吐尔逊	人口	4人
门牌号	0178	收入水平	￥600	职业分类	工人
搬迁意向	不同意	是否重建	重建	建筑主体结构	砖木
建筑密度	94.10%	庭院面积	5.5 m²	住宅基地面积	92.76 m²
总建筑面积	87.26 m²	一层建筑面积	87.26 m²		

描述	房屋建造于2007年，一层，4间房间，院子很小。

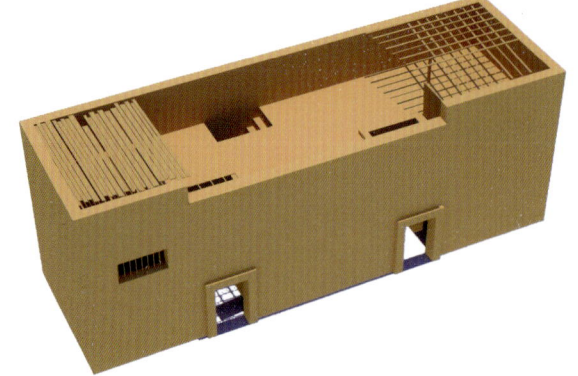

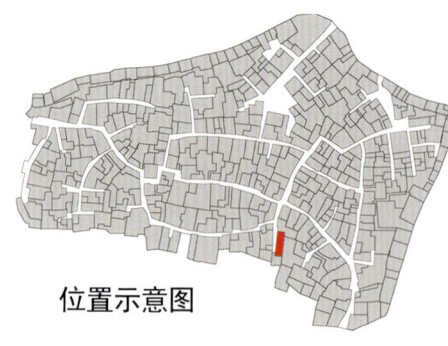

位置示意图

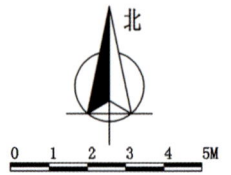

一层平面图

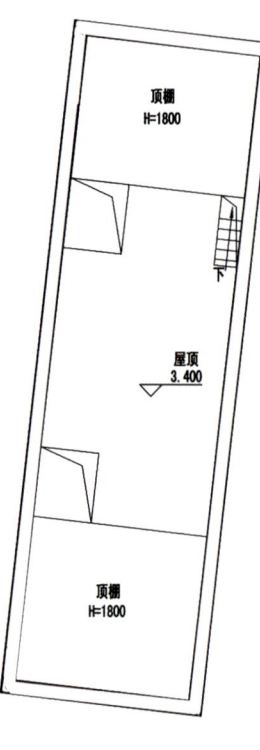

屋顶平面图

1-1剖面图

180号住宅

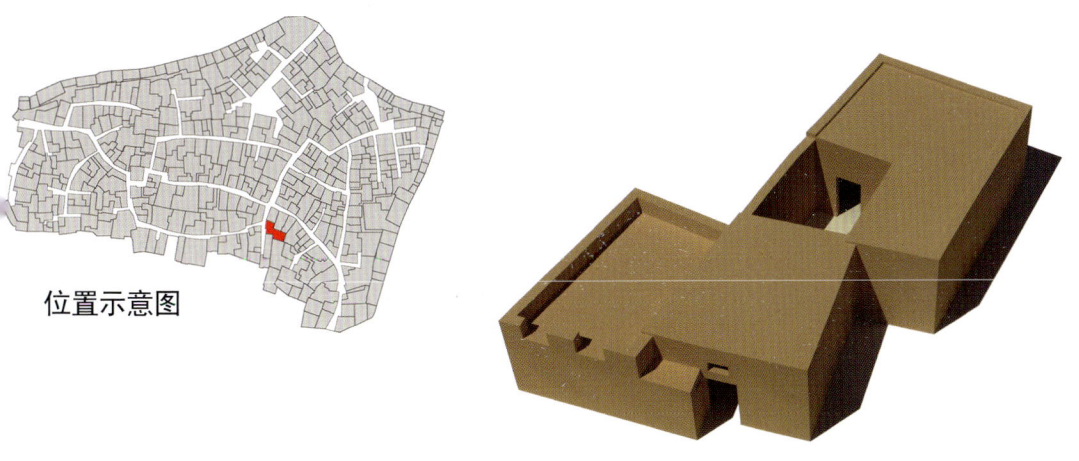

位置示意图

用户编号	66	户主	艾斯卡尔·艾合买提	人口	6人
门牌号	0180	收入水平	￥300	职业分类	退休
搬迁意向	不同意	是否重建	重建	建筑主体结构	土木
建筑密度	92.00%	庭院面积	9.09 m²	住宅基地面积	113.87 m²
总建筑面积				一层建筑面积	104.78 m²

描述：房屋始建于1930年，一层，7间房间。主人生活在这个房屋已经66年了，2002年主人对房屋进行维修，花了1万元。

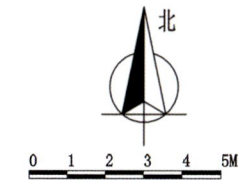

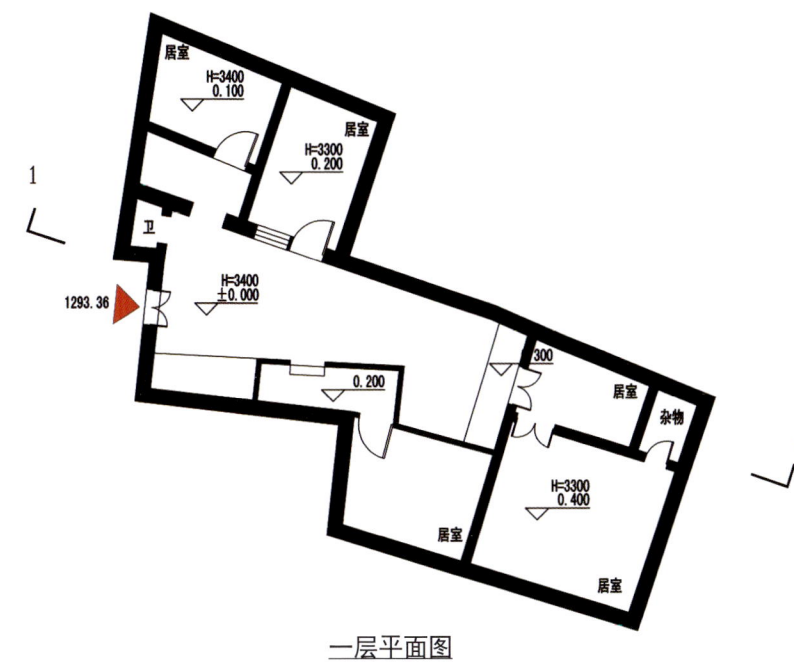

一层平面图

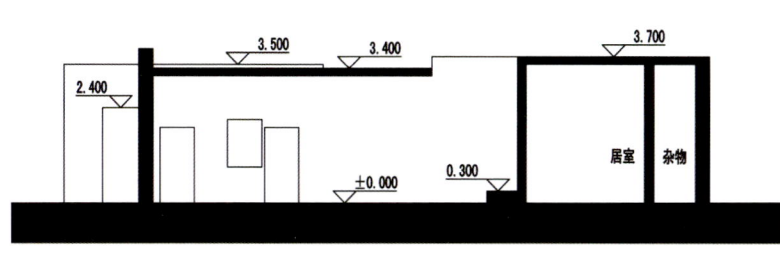

1-1剖面图

182号住宅

用户编号	67	户主	吐尼亚孜汗·依明	人口	5人
门牌号	0182	收入水平	￥800	职业分类	绣帽子
搬迁意向	不同意	是否重建	重建	建筑主体结构	砖木
建筑密度	79.20%	庭院面积	16.68 m²	住宅基地面积	80.04 m²
总建筑面积	116.79 m²	一层建筑面积	63.36 m²		

描述：房主1972年购买部分房屋，1995年又购买，现在房屋有两层，共6间。住户以制作帽子为生，已35年。房屋可供游客参观。

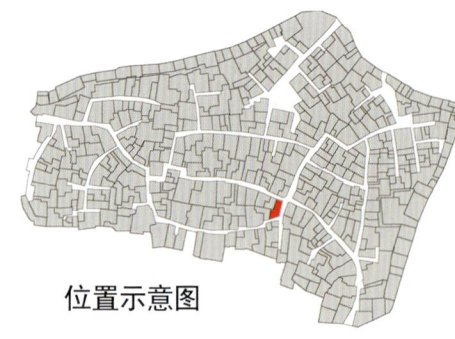

位置示意图

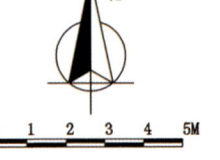

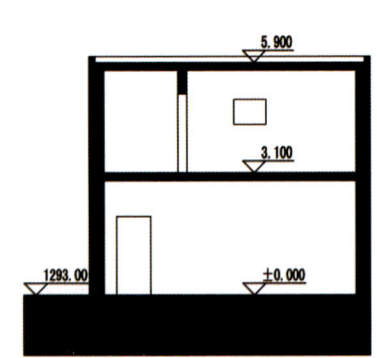

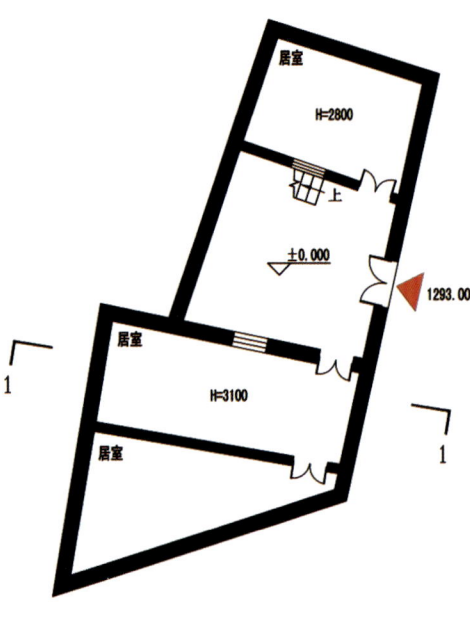

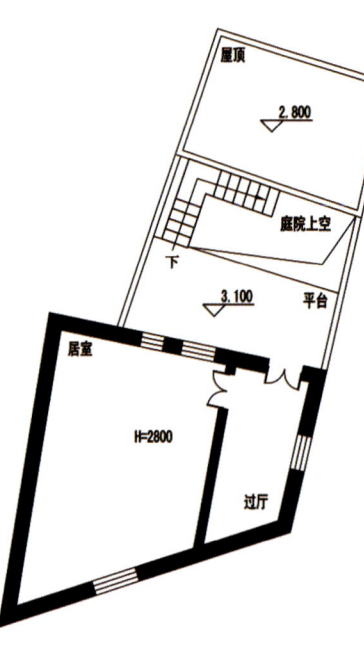

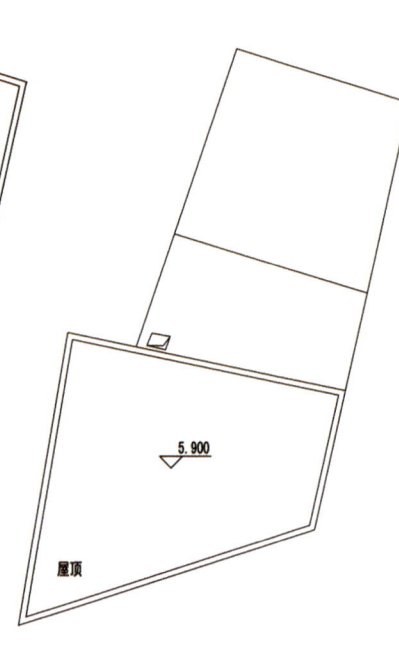

1-1剖面图　　　一层平面图　　　二层平面图　　　屋顶平面图

186号住宅

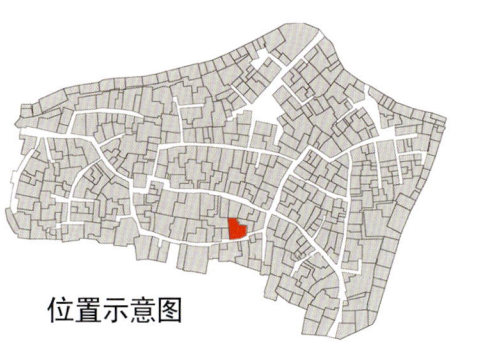

位置示意图

用户编号	68	户主	孜努阿吉·依木艾山	人口	2人
门牌号	0186	收入水平	￥300	职业分类	退休
搬迁意向	不同意	是否重建	重建	建筑主体结构	土木&砖木
建筑密度	77.00%	庭院面积	37.53 m²	住宅基地面积	162.91 m²
总建筑面积		256.61 m²		一层建筑面积	125.39 m²

描述	房屋始建于1980年，住户1994年新建了一部分，现有两层，共10间。住户有6个子女，都已成家。

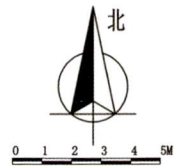

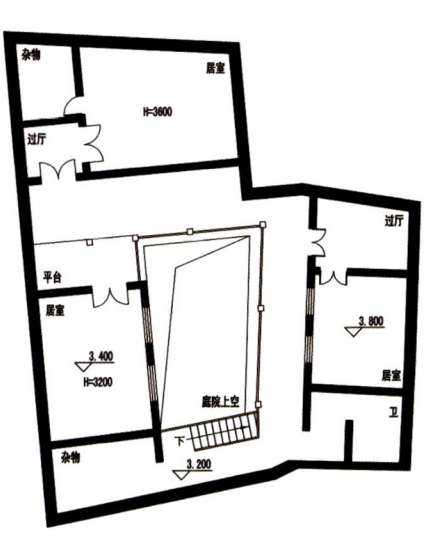

二层平面图

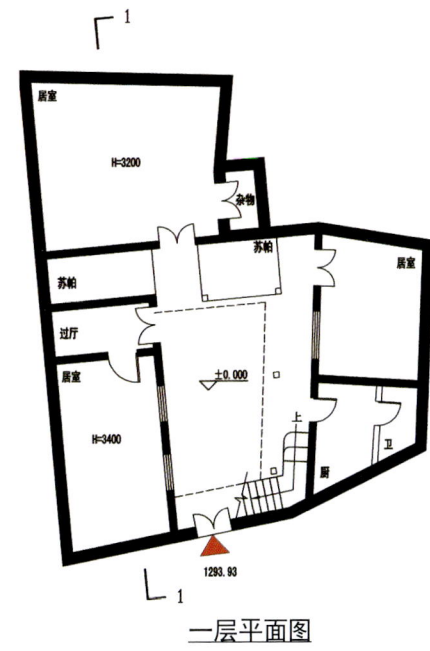

一层平面图

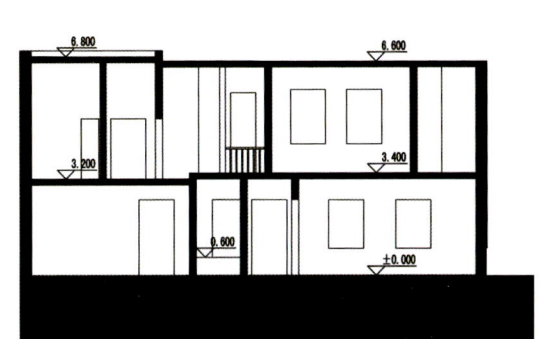

1-1剖面图

188号住宅

用户编号	69	户主	买买提·玉素甫	人口	7人
门牌号	0188	收入水平	￥600	职业分类	厨师
搬迁意向	同意	是否重建		建筑主体结构	土木
建筑密度	74.80%	庭院面积	11.27 m²	住宅基地面积	44.79 m²
总建筑面积		82.6 m²	一层建筑面积	33.52 m²	

描述：房屋始建于1900年之前，1984年新建若干房，现有两层，共3间，房屋已出现裂缝。

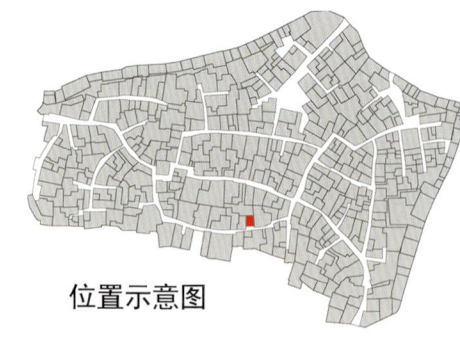

位置示意图

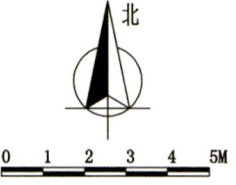
北
0 1 2 3 4 5M

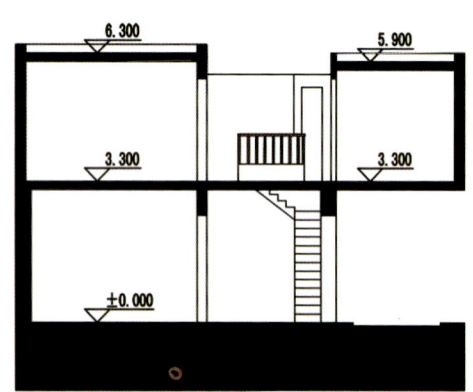
1-1剖面图

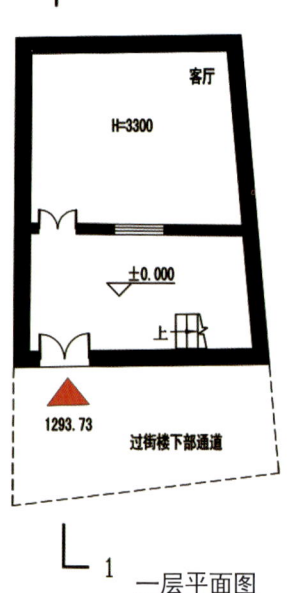
一层平面图

二层平面图

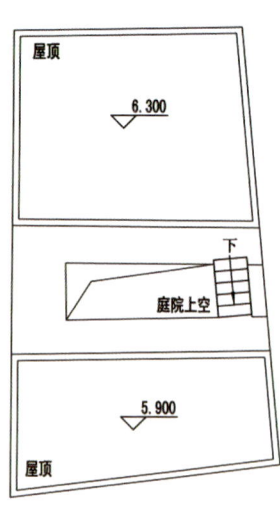
屋顶平面图

190号住宅

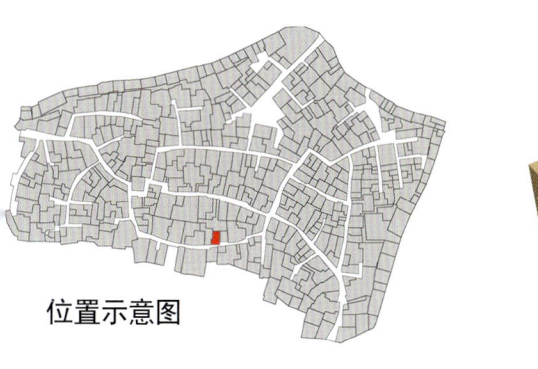

位置示意图

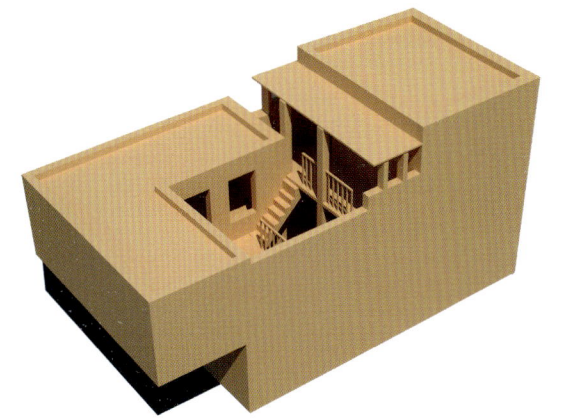

用户编号	70	户主	买买提艾力·祖农	人口	4人
门牌号	0190	收入水平	￥600	职业分类	厨师
搬迁意向	不同意	是否重建	重建	建筑主体结构	土木&砖木
建筑密度	78.40%	庭院面积	12.31 m²	住宅基地面积	57.03 m²
总建筑面积	103.1 m²		一层建筑面积	44.72 m²	

描述：房屋始建于1900年，住户居此已20年，1989年前修缮。房屋有两层，共6间。

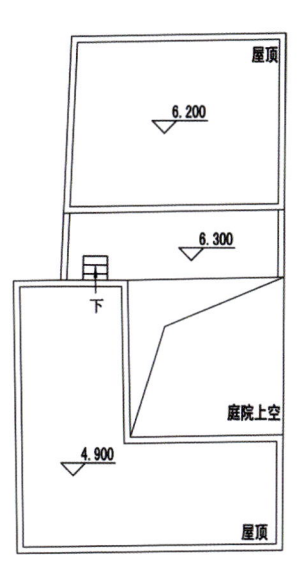

屋顶平面图

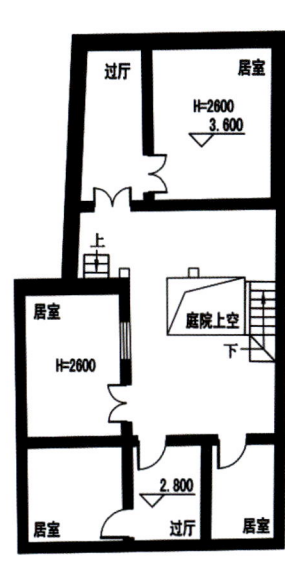

二层平面图

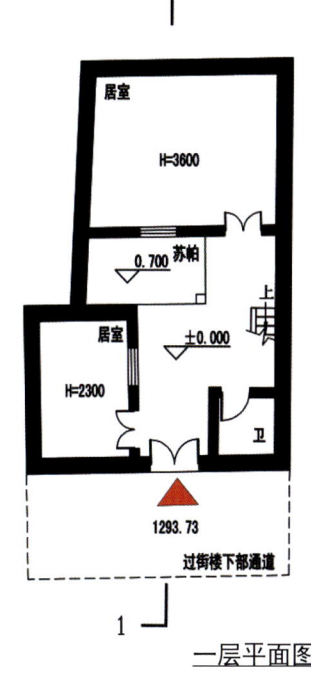

一层平面图

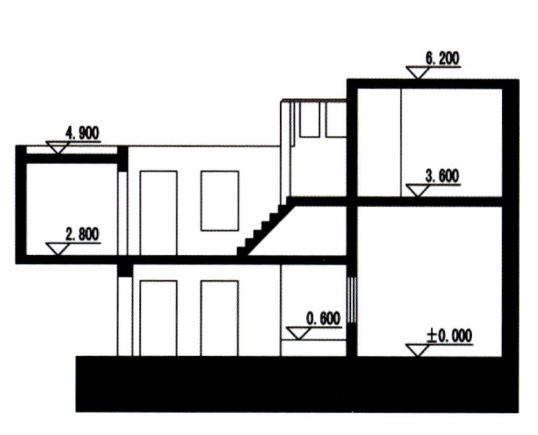

1-1剖面图

192号住宅

用户编号	71	户主	马木提·吐尔逊	人口	5人
门牌号	0192	收入水平	￥800	职业分类	铁匠
搬迁意向	不同意	是否重建	重建	建筑主体结构	砖木
建筑密度	72.20%	庭院面积	24.66 m²	住宅基地面积	88.64 m²
总建筑面积		101.45 m²	一层建筑面积		63.98 m²

描述：房屋始建于1920年之前，1990年新建部分房屋，共两层，5间，院子内有皮夏阿以旺。

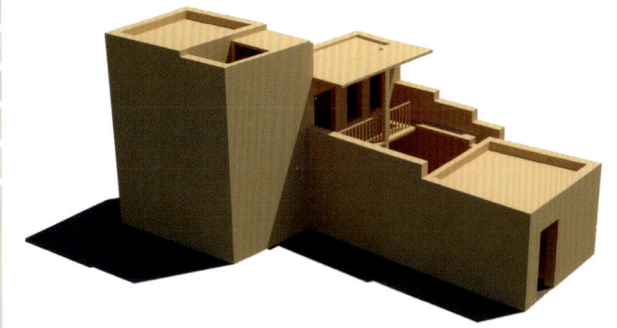

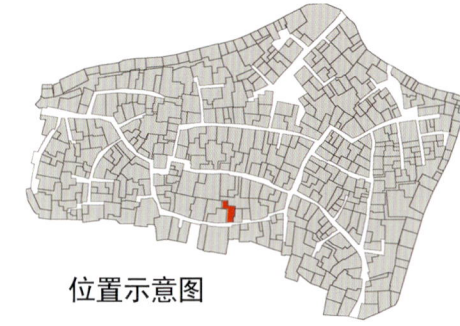

位置示意图

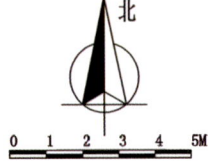

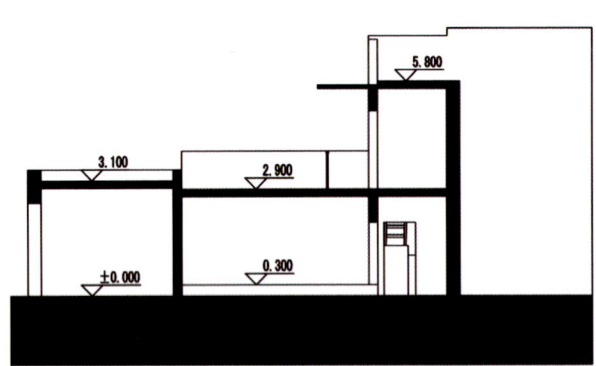

1-1剖面图

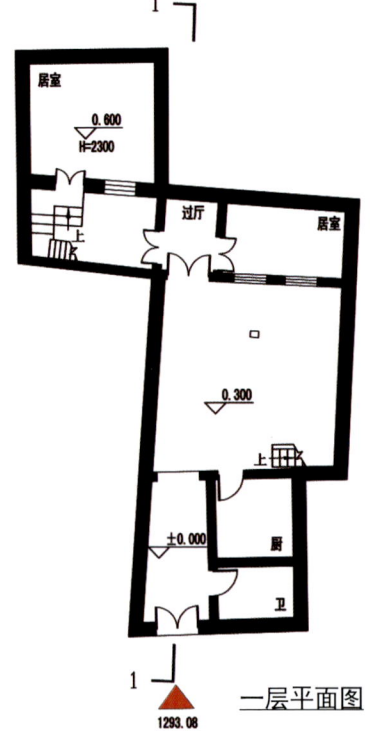

一层平面图

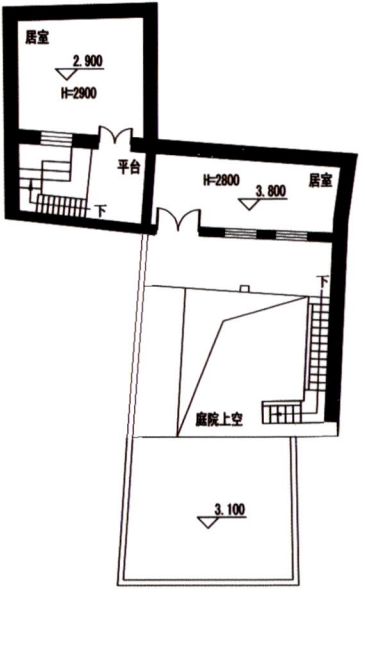

二层平面图

194号住宅

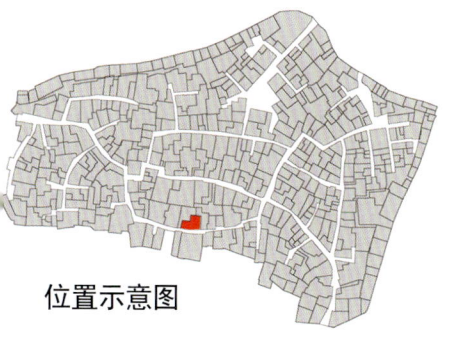

位置示意图

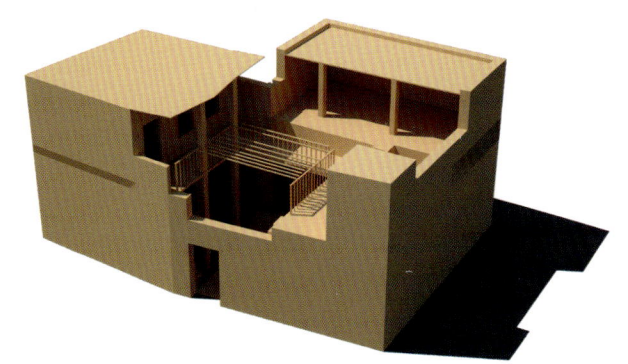

用户编号	72	户主	买买提孜努尼	人口	5人
门牌号	0194	收入水平	￥200	职业分类	待业
搬迁意向	不同意	是否重建	保留	建筑主体结构	砖木&砖混
建筑密度	81.70%	庭院面积	21.83 m²	住宅基地面积	118.99 m²
总建筑面积		212.1 m²		一层建筑面积	97.16 m²
描述	房屋为2002年前新建,地上有两层,设有一层地下室,共9间。					

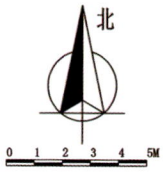

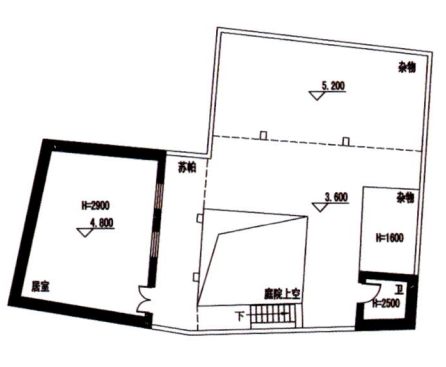

二层平面图

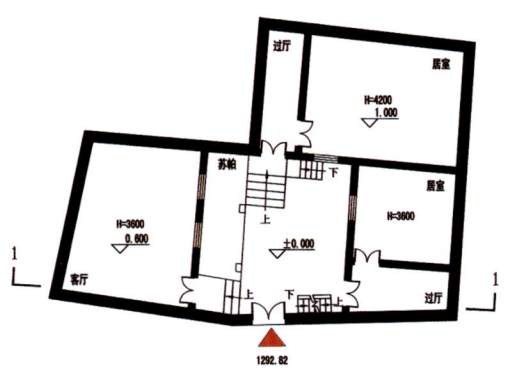

一层平面图

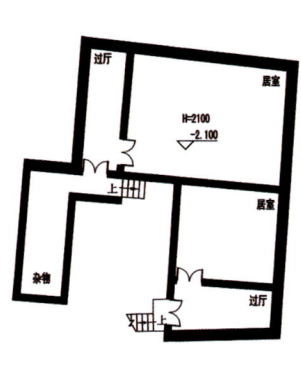

地下室平面图

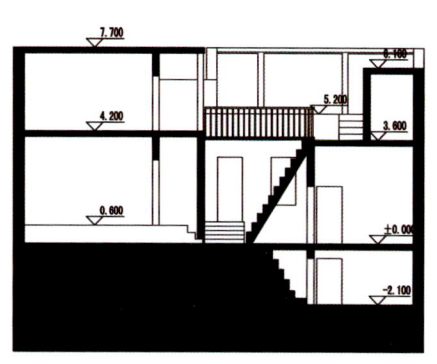

1-1剖面图

196号住宅

用户编号	73	户主	色提尼沙·麦麦提	人口	6人
门牌号	0196	收入水平	￥300	职业分类	待业
搬迁意向	不同意	是否重建	重建	建筑主体结构	砖混
建筑密度	69.60%	庭院面积	34.66 m²	住宅基地面积	114.14 m²
总建筑面积	109.81 m²			一层建筑面积	79.48 m²

描述	房屋是住户于2005年花费5万元购买的，有两层，共4间。

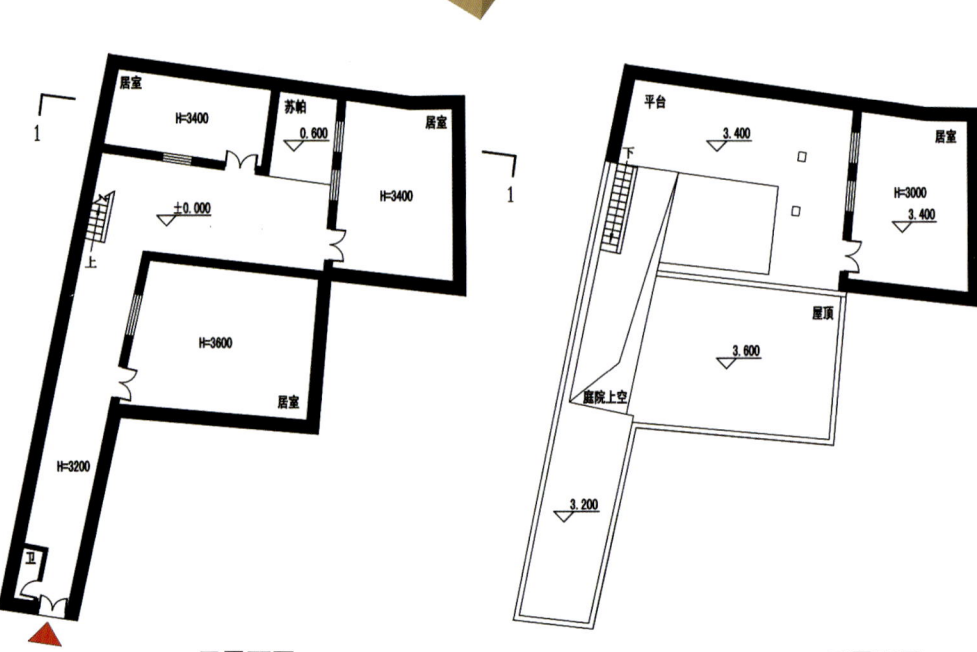

位置示意图

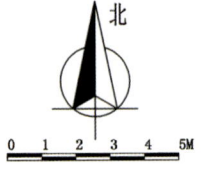

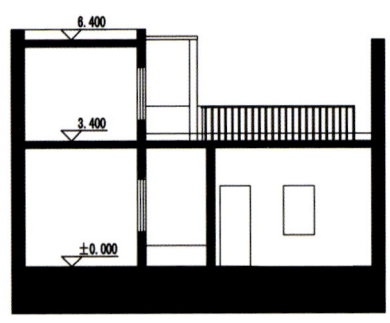

1-1剖面图　　　一层平面图　　　二层平面图

198号住宅

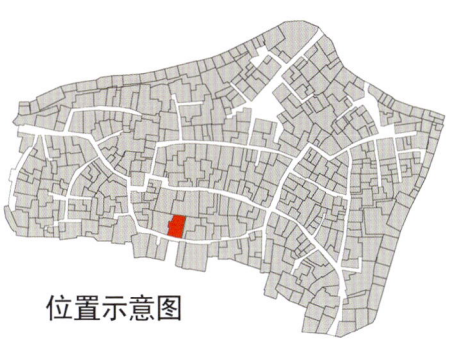

位置示意图

用户编号	74	户主	卡斯木江·吐合提	人口	5人
门牌号	0198	收入水平	¥1000	职业分类	退休
搬迁意向	不同意	是否重建	重建	建筑主体结构	土木&砖木
建筑密度	80.90%	庭院面积	30.98 m²	住宅基地面积	161.88 m²
总建筑面积		164.86 m²		一层建筑面积	130.9 m²

描述：房屋始建于1949年之前，1999年新建了二层，共10间。

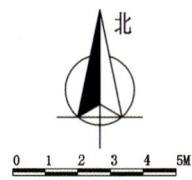

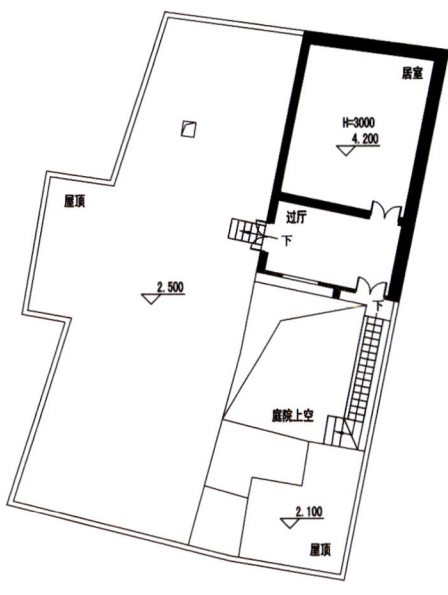

屋顶平面图

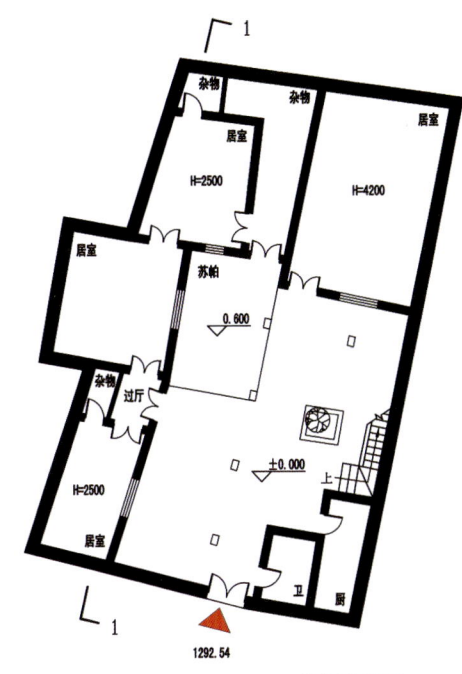

一层平面图

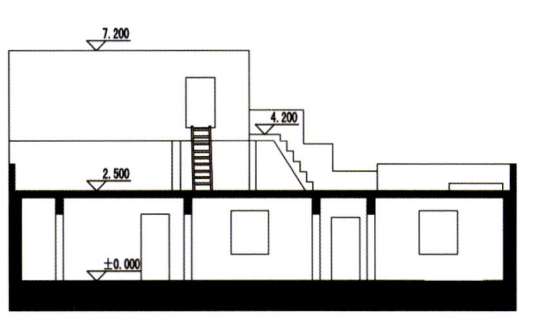

1-1剖面图

133

200号住宅

用户编号	75	户主	希斯曼古丽·牙生	人口	5人
门牌号	0200	收入水平	￥1500	职业分类	退休
搬迁意向	不同意	是否重建	重建	建筑主体结构	土木&砖木
建筑密度	75.90%	庭院面积	45.94 m²	住宅基地面积	190.36 m²
总建筑面积		192.17 m²		一层建筑面积	144.42 m²

描述：房屋始建于1900年之前，10年前新建部分，有两层，共8间。主人养育了11个孩子。

位置示意图

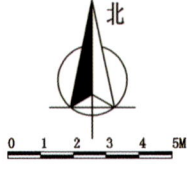

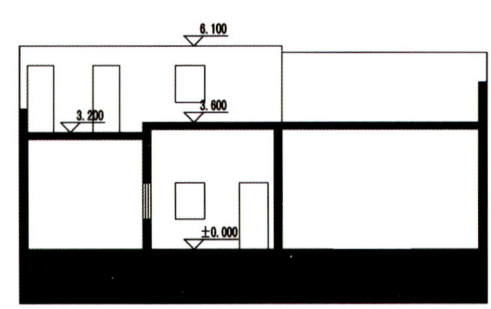

1-1剖面图

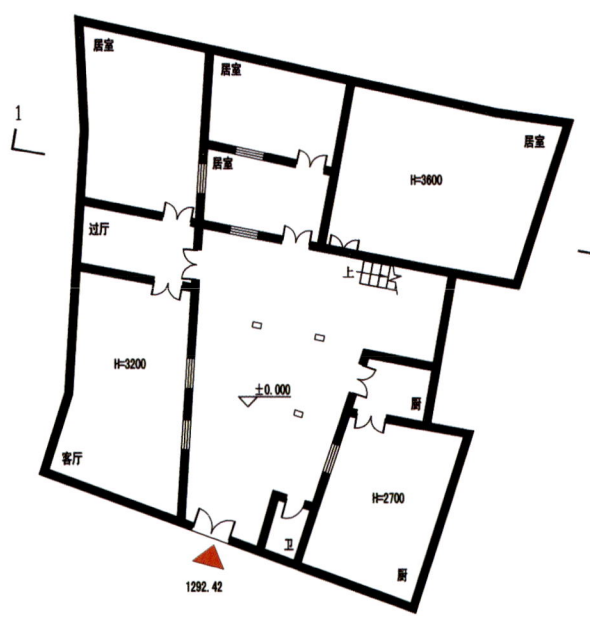

一层平面图

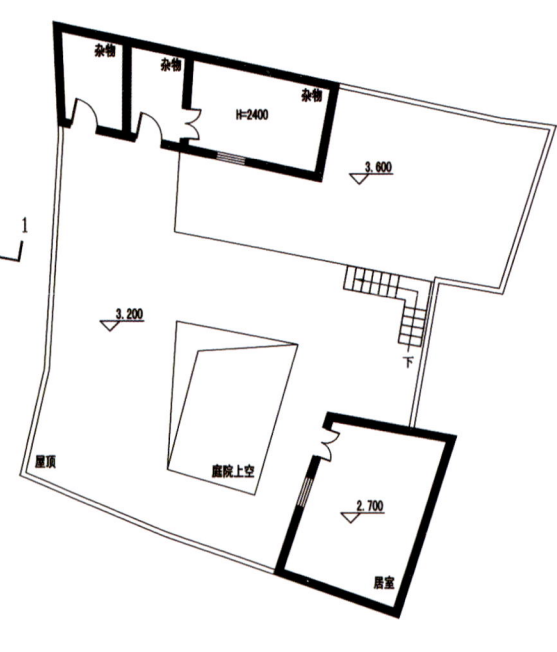

二层平面图

202号住宅

用户编号	76	户主	希斯曼古丽·牙生	人口	2人
门牌号	0202	收入水平	￥600	职业分类	做陶罐
搬迁意向	不同意	是否重建	重建	建筑主体结构	土木
建筑密度	77.00%	庭院面积	14.61 m²	住宅基地面积	63.47 m²
总建筑面积		65.24 m²		一层建筑面积	48.86 m²

描述：房屋始建于1900年之前，具有两层，共5间。

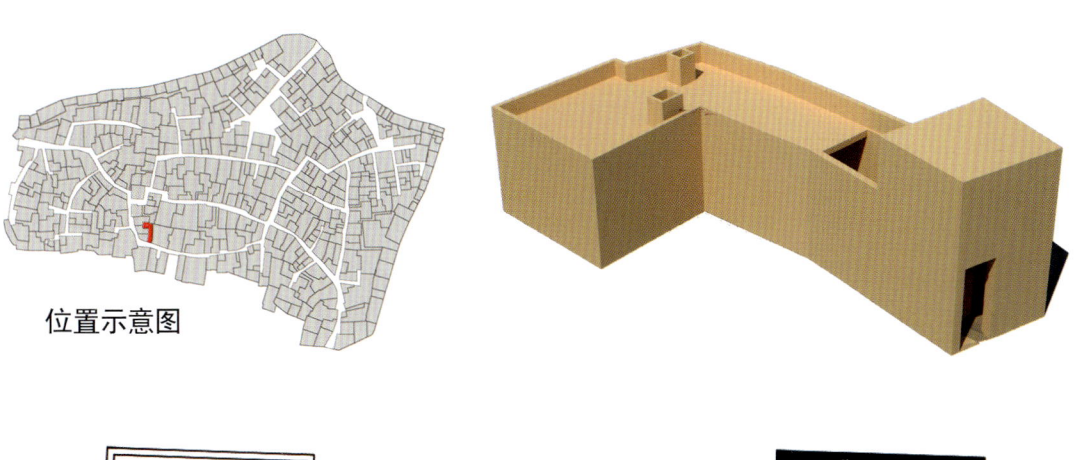

位置示意图

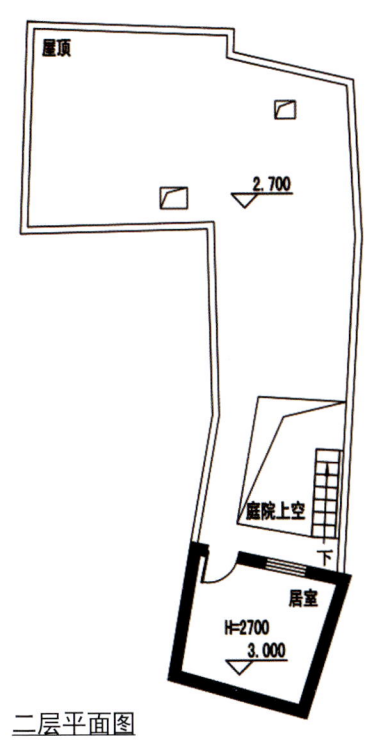

二层平面图

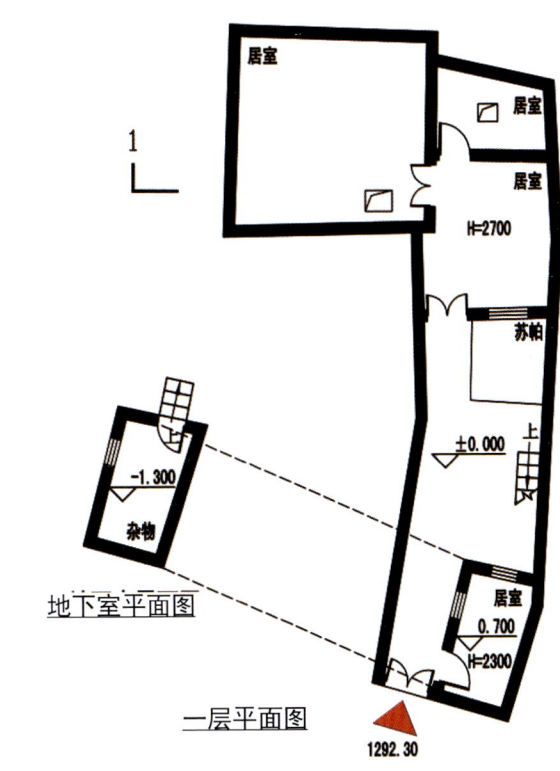

地下室平面图　一层平面图

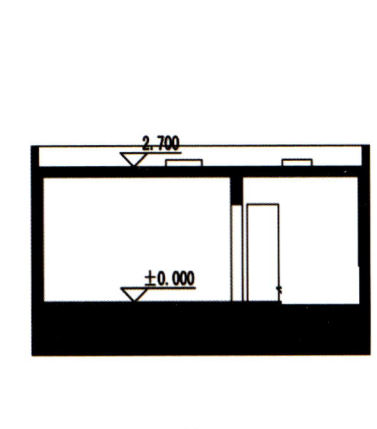

1-1剖面图

204号住宅

用户编号	77	户主	阿布都吾甫尔·吾布力	人口	4人
门牌号	0204	收入水平	￥300	职业分类	待业
搬迁意向	同意	是否重建		建筑主体结构	砖木
建筑密度	75.00%	庭院面积	8.19 m²	住宅基地面积	32.81 m²
总建筑面积	59.71 m²		一层建筑面积	24.62 m²	

描述	房屋于1996年新建,有两层,共3间房间(含二间地下室)。

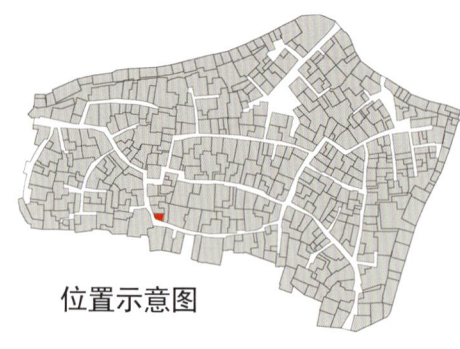

位置示意图

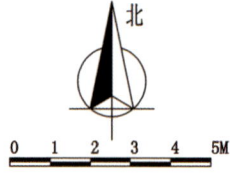

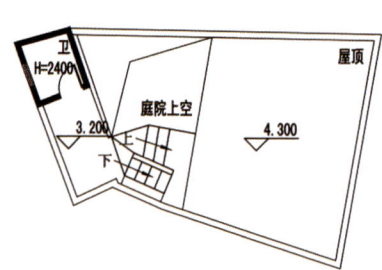

二层平面图

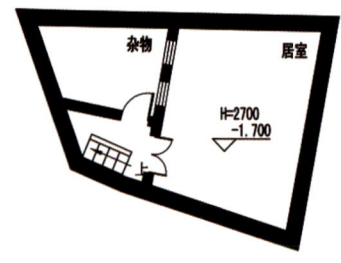

地下室平面图

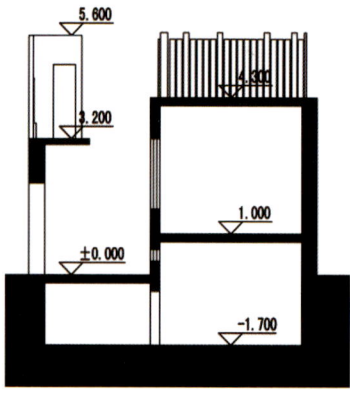

1-1剖面图

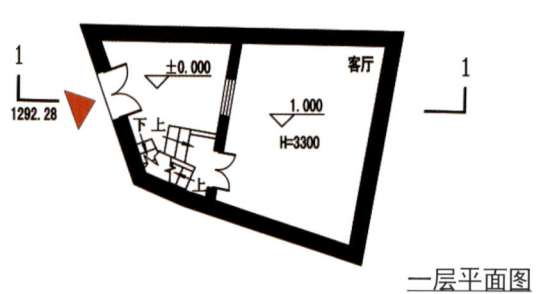

一层平面图

206号住宅

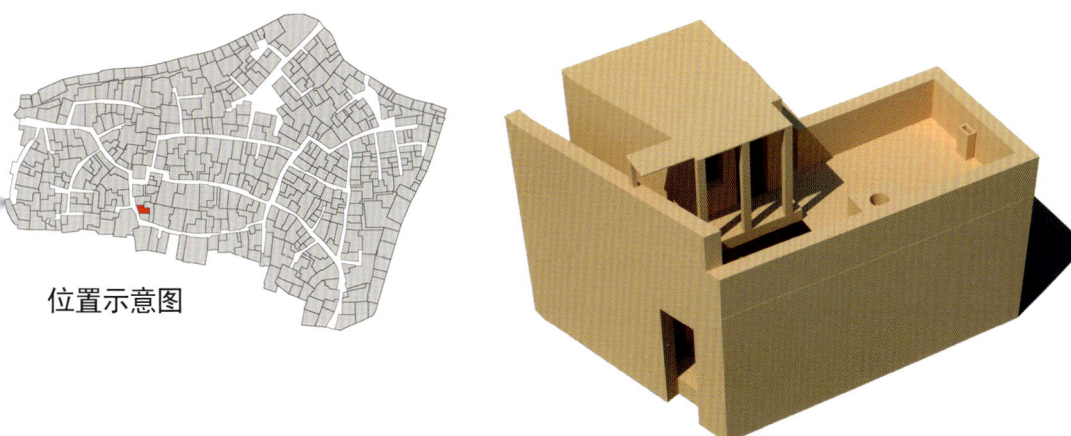

位置示意图

用户编号	78	户主	托合提汗·吾布力	人口	1人
门牌号	0206	收入水平	￥500	职业分类	待业
搬迁意向	不同意	是否重建	重建	建筑主体结构	土木&砖木
建筑密度	73.60%	庭院面积	11.97 m²	住宅基地面积	45.3 m²
总建筑面积		43.09 m²		一层建筑面积	33.33 m²

描述	房屋始建于1900年之前，2008年倒塌了一部分，现无人居住，两层，共3间。

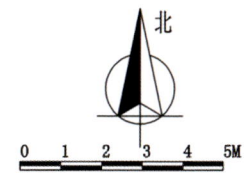

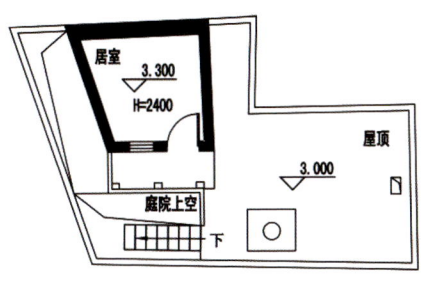

二层平面图

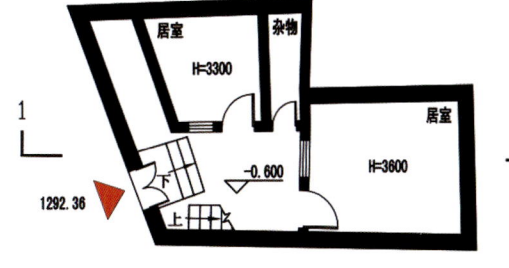

一层平面图

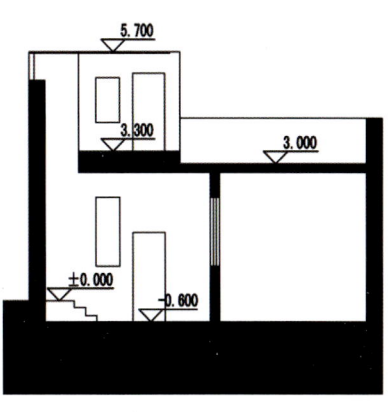

1-1剖面图

208号住宅

用户编号	79	户主	帕坦木汗尼·艾麦提	人口	2人
门牌号	0208	收入水平	￥500	职业分类	厨师
搬迁意向	不同意	是否重建	重建	建筑主体结构	土木
建筑密度	83.10%	庭院面积	10.63 m²	住宅基地面积	62.82 m²
总建筑面积		52.19 m²		一层建筑面积	52.19 m²
描述	房屋始建于1850年之前，2004年修缮，一层，共3间。				

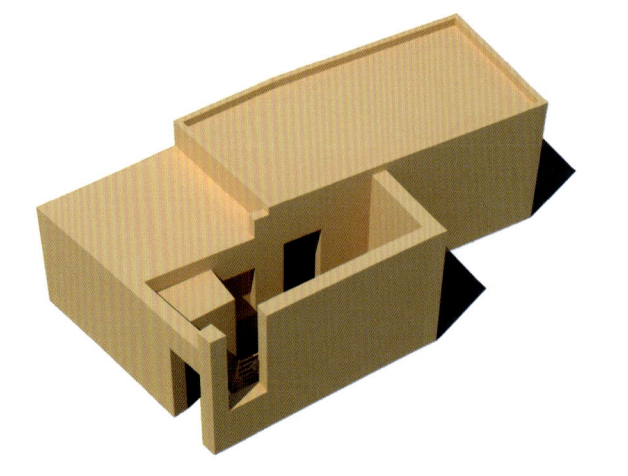

位置示意图

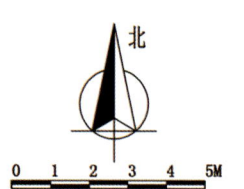

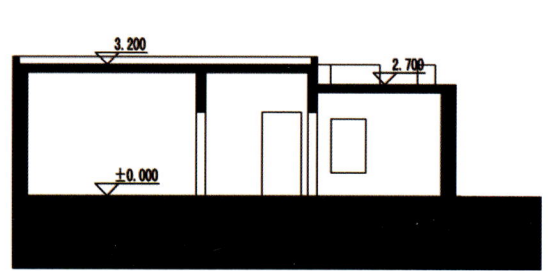

1-1剖面图

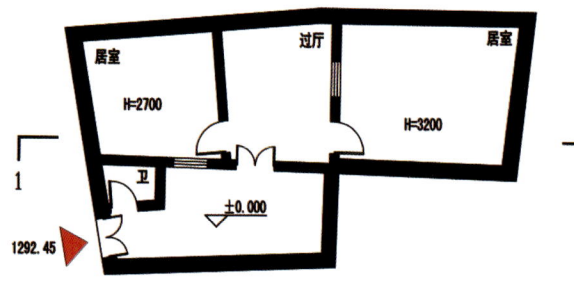

一层平面图

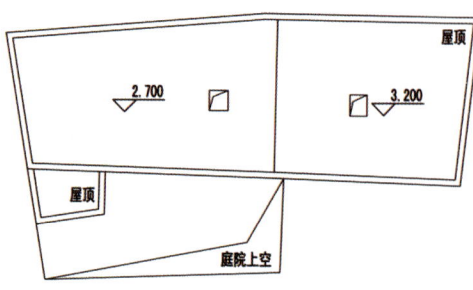

屋顶平面图

210号住宅

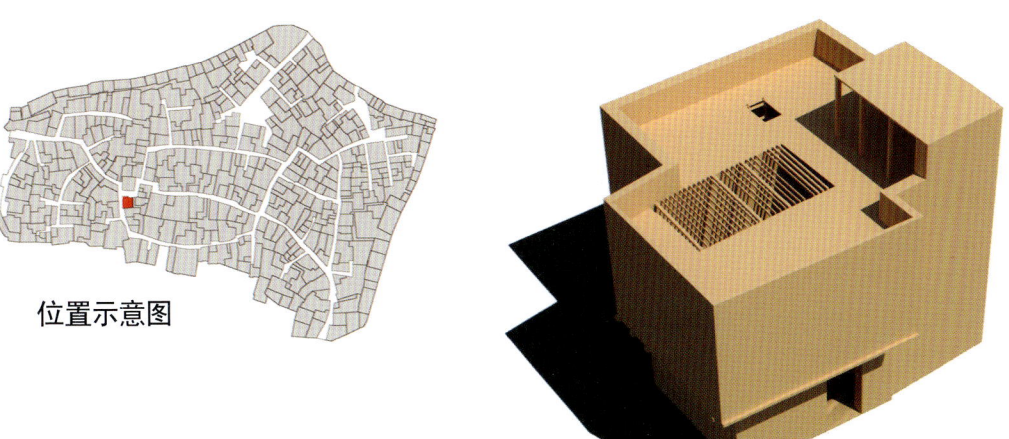

用户编号	80	户主	艾莎吐尔逊	人口	6人
门牌号	0210	收入水平	￥1600	职业分类	退休
搬迁意向	不同意	是否重建	重建	建筑主体结构	砖混
建筑密度	71.30%	庭院面积	19.25 m²	住宅基地面积	67.04 m²
总建筑面积		82.89 m²		一层建筑面积	47.79 m²

描述：房屋始建于1900年之前，1989年修缮，两层，共4间。

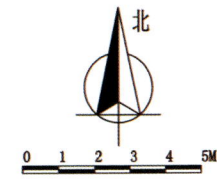

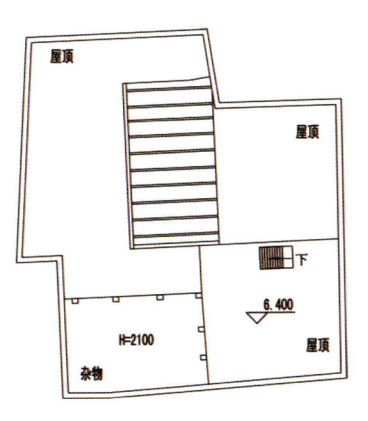
屋顶平面图

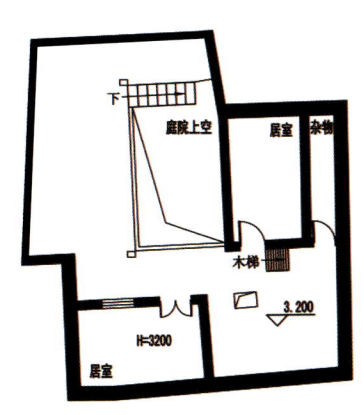
二层平面图

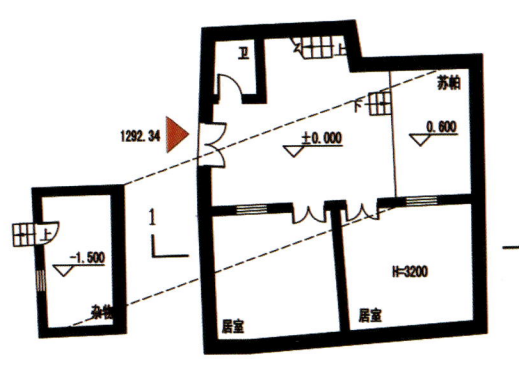
地下室平面图　　一层平面图

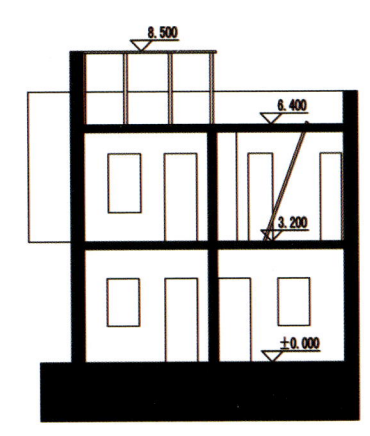
1-1剖面图

212a号住宅

用户编号	81	户主	亚库甫·喀生木	人口	8人
门牌号	0212a	收入水平	¥1500	职业分类	做馕
搬迁意向	不同意	是否重建	重建	建筑主体结构	土木
建筑密度	74.40%	庭院面积	13.13 m²	住宅基地面积	51.37 m²
总建筑面积	67.55 m²	一层建筑面积	38.24 m²		

描述：房屋始建于1900年之前，从未修缮，2006年分为两套住房（212a，212b），两层，共4间。

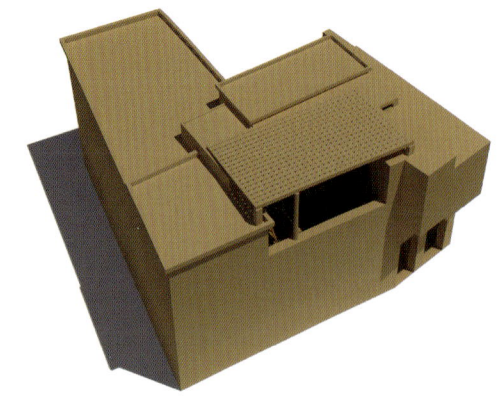

位置示意图

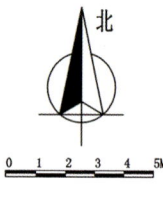

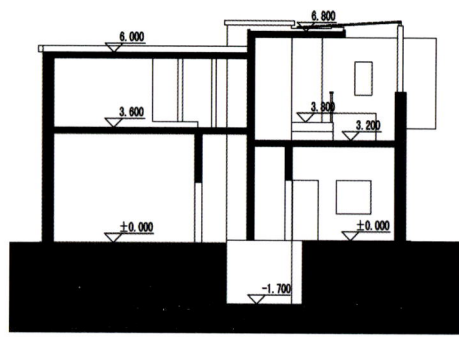

1-1剖面图

212b号住宅

用户编号	82	户主	亚生·喀森木	人口	5人
门牌号	0212b	收入水平	¥260	职业分类	退休
搬迁意向	不同意	是否重建	重建	建筑主体结构	砖木
建筑密度	67.80%	庭院面积	17.44 m²	住宅基地面积	54.18 m²
总建筑面积	79.82 m²	一层建筑面积	36.74 m²		

描述：房屋于2006年新建，有三层，共8间，两个地下室，2009年修缮。

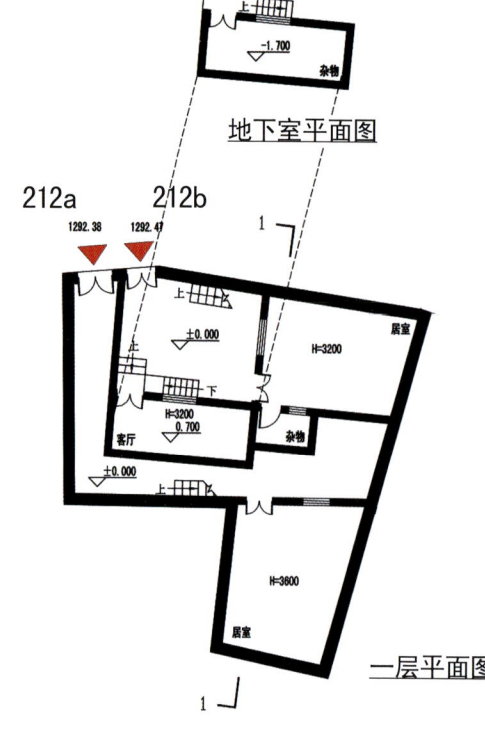

一层平面图

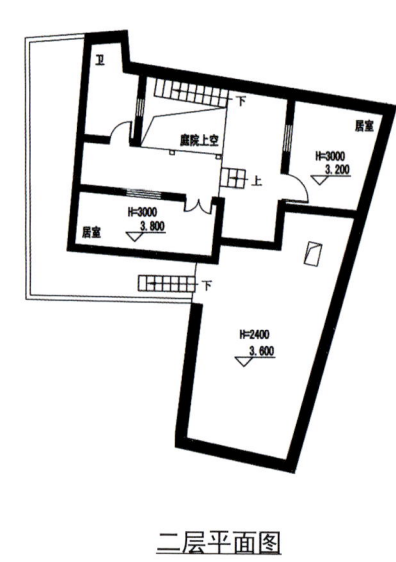

二层平面图

214b号住宅

用户编号	83	户主	尼扎米地·艾合买提	人口	1人
门牌号	0214b	收入水平	￥100	职业分类	待业
搬迁意向	不同意	是否重建	重建	建筑主体结构	土木
建筑密度	100.00%	庭院面积		住宅基地面积	8.37 m²
总建筑面积	8.37 m²			一层建筑面积	8.37 m²

描述：一层一间，无庭院。

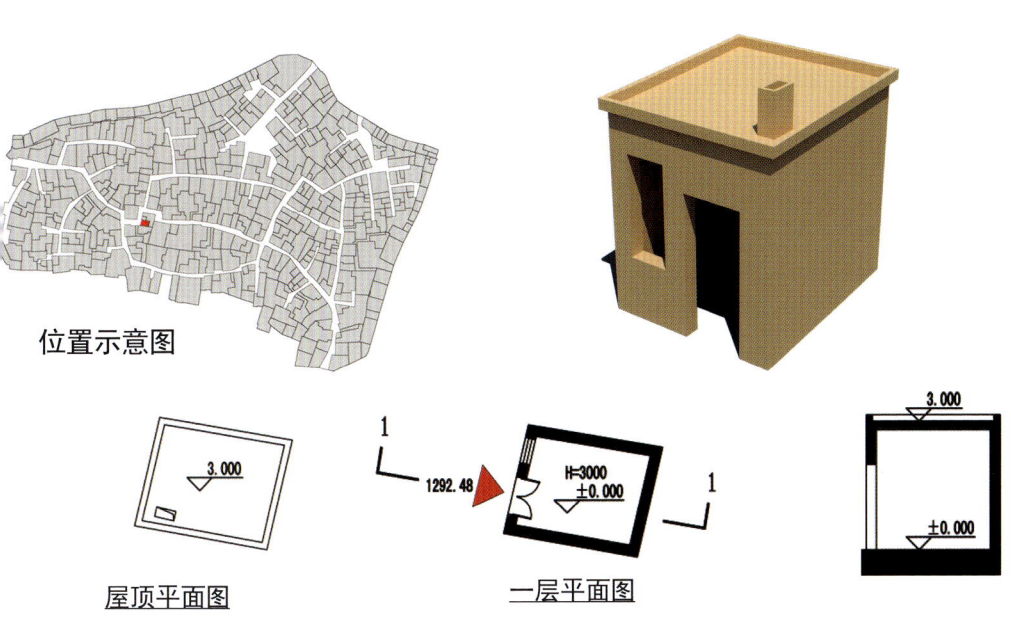

位置示意图　　屋顶平面图　　一层平面图　　1-1剖面图

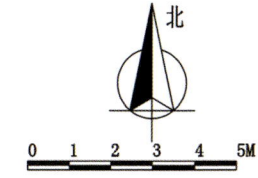

216号住宅

用户编号	84	户主	提来提·艾合拜	人口	4人
门牌号	0216	收入水平	￥300	职业分类	卖羊肉
搬迁意向	不同意	是否重建	重建	建筑主体结构	土木
建筑密度	83.80%	庭院面积	8.79 m²	住宅基地面积	54.26 m²
总建筑面积	45.47 m²			一层建筑面积	45.47 m²

描述：房屋始建于1900年之前，于1970年修缮，一层，共3间。

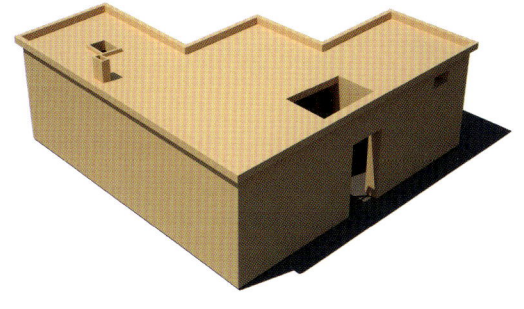

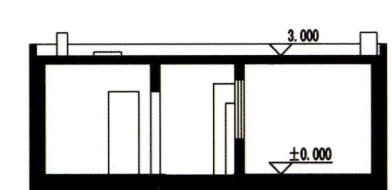

1-1剖面图

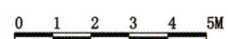

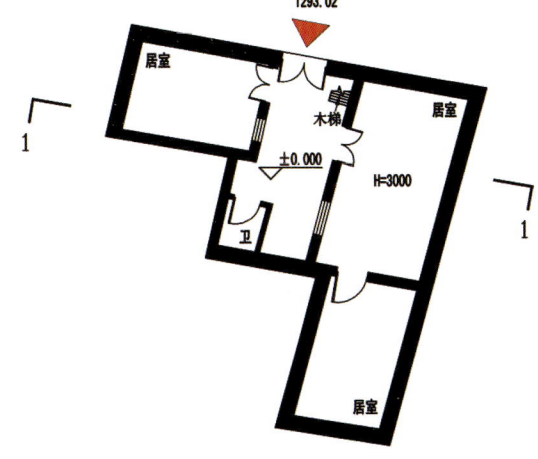

一层平面图

218号住宅

用户编号	85	户主	艾山江·艾则孜	人口	5人
门牌号	0218	收入水平	￥600	职业分类	做土陶
搬迁意向	不同意	是否重建	重建	建筑主体结构	土木
建筑密度	74.10%	庭院面积	55.36 m²	住宅基地面积	213.71 m²
总建筑面积		183.28 m²		一层建筑面积	158.35 m²

描述：房屋始建于1900年之前，1999年新建了部分，现在是两层，共9间。房屋极具特色，含有古老维吾尔族民居所有的特点。

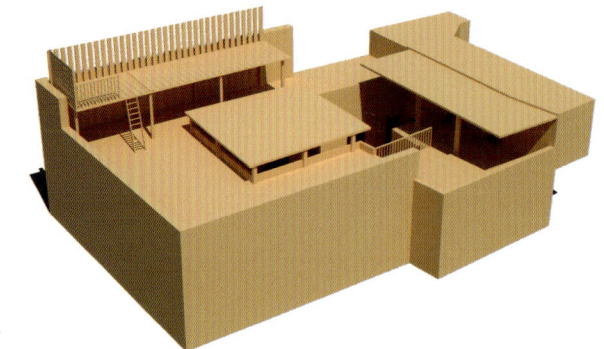

位置示意图

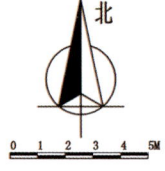

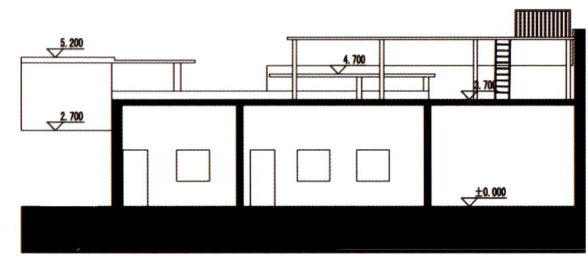

1-1剖面图

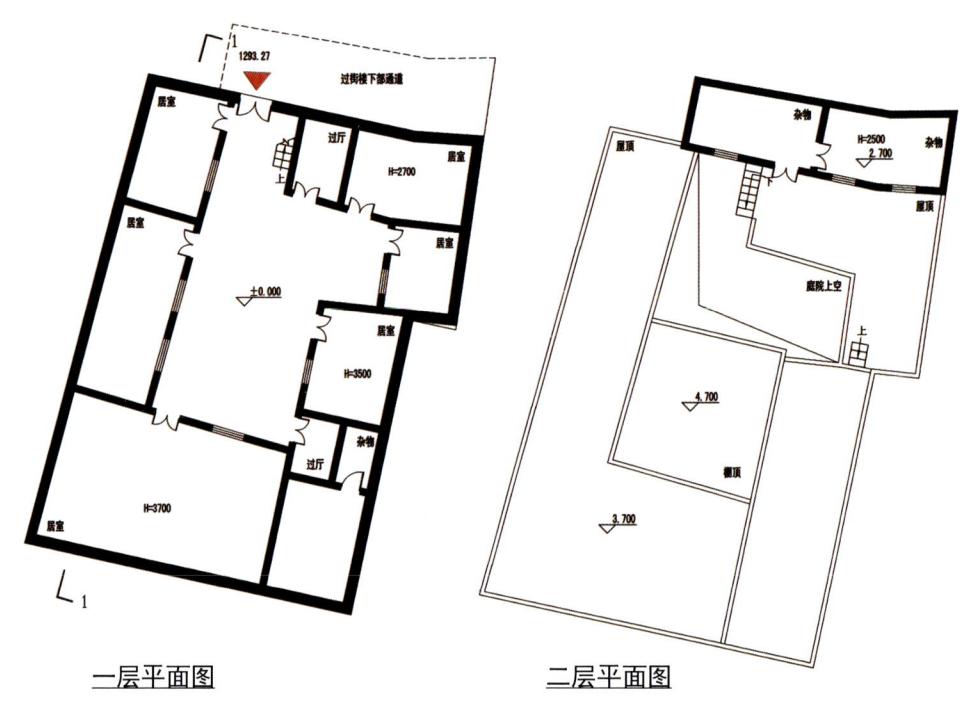

一层平面图　　二层平面图

220号住宅

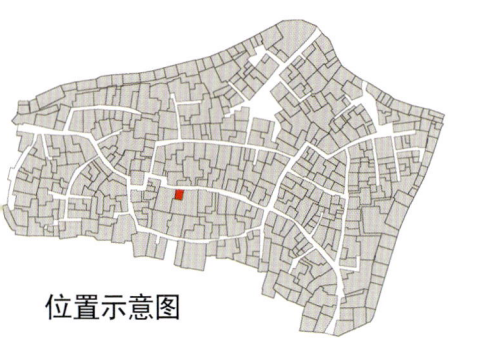

位置示意图

用户编号	86	户主	伊斯马依力·赛比提	人口	6人
门牌号	0220	收入水平	￥1400	职业分类	打工
搬迁意向	不同意	是否重建	重建	建筑主体结构	土木
建筑密度	79.80%	庭院面积	8.19 m²	住宅基地面积	40.51 m²
总建筑面积	48.09 m²		一层建筑面积	32.32 m²	
描述	房屋始建于1900年之前，于1970年修缮，一层，共3间。				

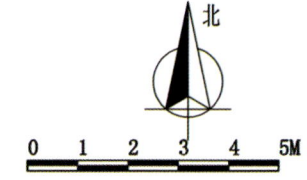

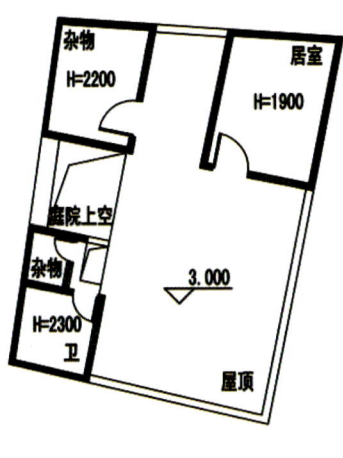

二层平面图

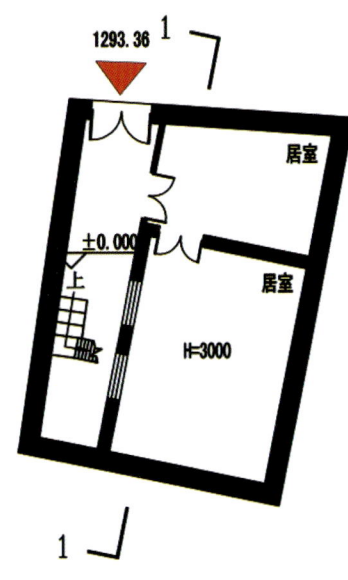

一层平面图

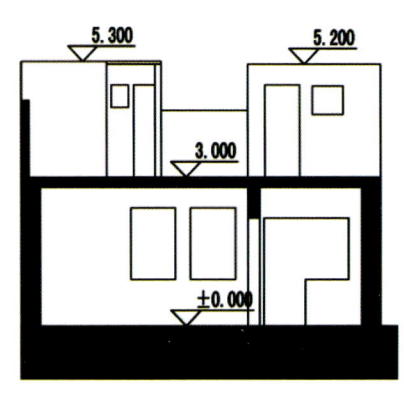

1-1剖面图

222号住宅

用户编号	87	户主	巴热提·拜塔吉	人口	5人
门牌号	0222	收入水平	¥400	职业分类	厨师
搬迁意向	不同意	是否重建	重建	建筑主体结构	土木&砖木
建筑密度	73.60%	庭院面积	76.39 m²	住宅基地面积	288.93 m²
总建筑面积	222.18 m²			一层建筑面积	212.54 m²

描述：房屋始建于1800年之前，1986年增建，房屋较大，设有三个院子，一层，共10间，院子内设有皮夏阿以旺。住户养有9个孩子，22个孙子，4个曾孙子。

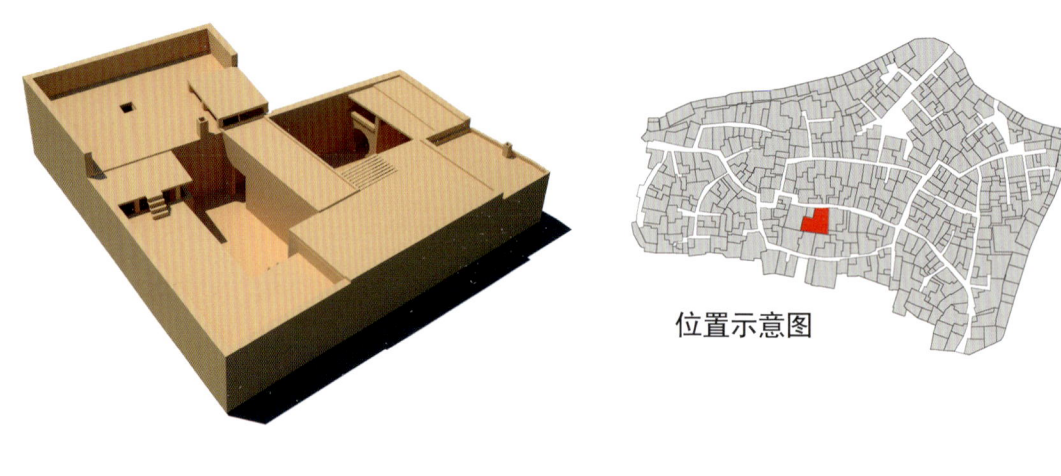

位置示意图

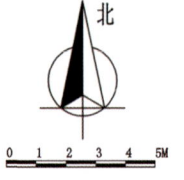

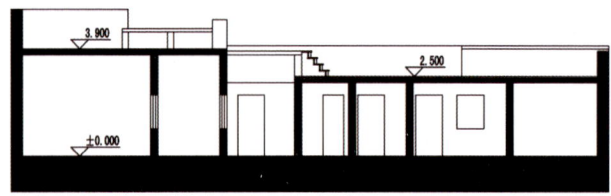

1-1剖面图

一层平面图

地下室平面图

224号住宅

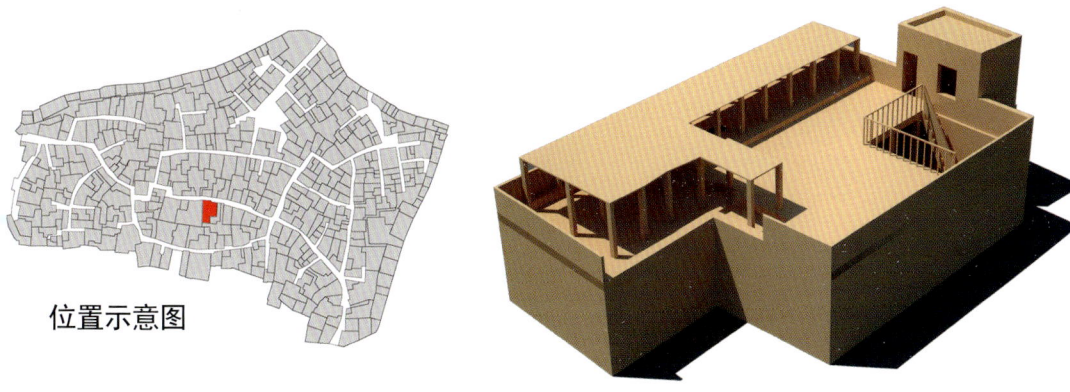

位置示意图

用户编号	88	户主	努尔买买提·阿吉木	人口	
门牌号	0224	收入水平		职业分类	个体户
搬迁意向	同意	是否重建		建筑主体结构	土木
建筑密度	88.70%	庭院面积	16.52 m²	住宅基地面积	146.05 m²
总建筑面积		145.32 m²		一层建筑面积	129.53 m²
描述	226号和224号住户为一家。现无人居住。				

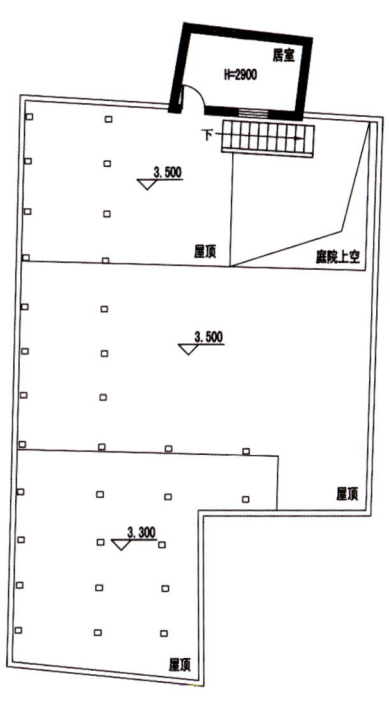

屋顶平面图

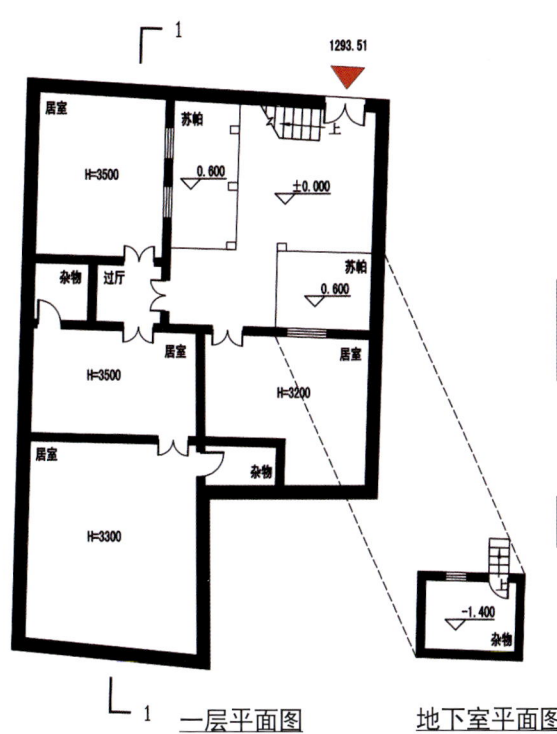

一层平面图　地下室平面图

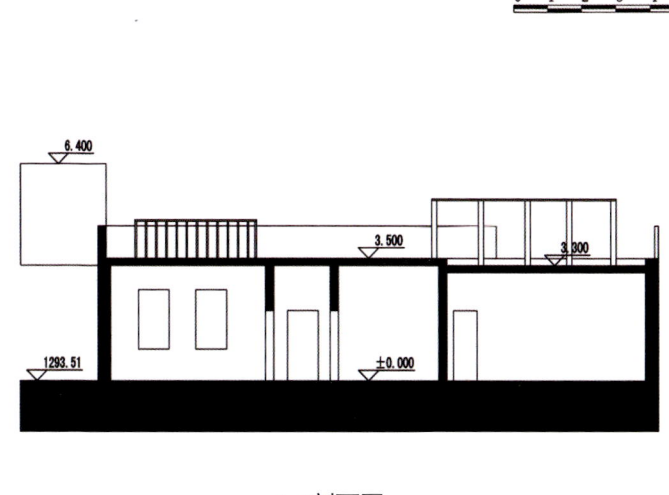

1-1剖面图

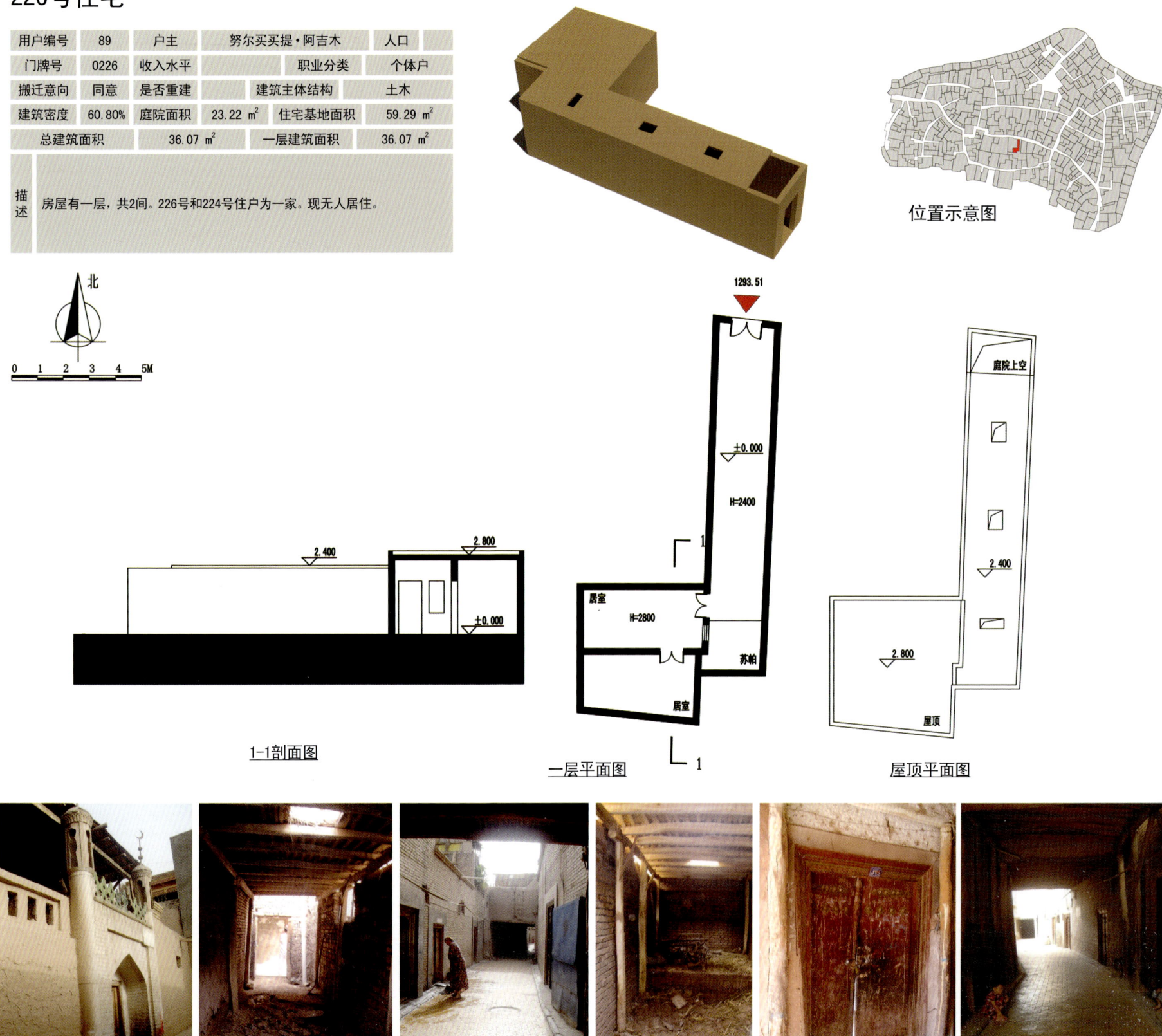

228号住宅

用户编号	90	户主	比丽克孜·阿吉	人口	4人
门牌号	0228	收入水平	￥200	职业分类	退休
搬迁意向	同意	是否重建		建筑主体结构	土木
建筑密度	72.20%	庭院面积	45.15 m²	住宅基地面积	162.53 m²
总建筑面积	125.8 m²			一层建筑面积	117.38 m²

描述：房屋修建于1970年，局部两层，共8间。

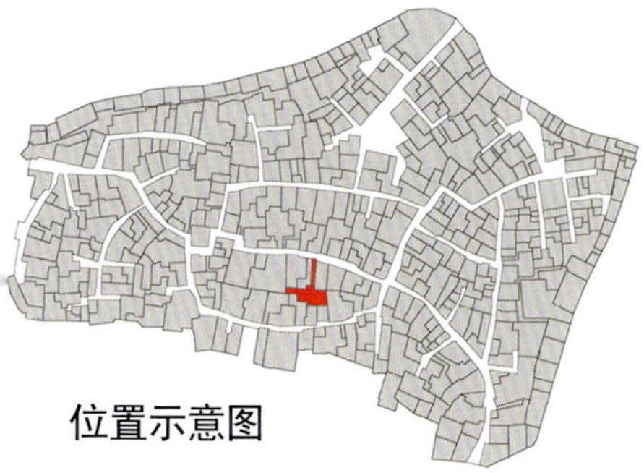

位置示意图

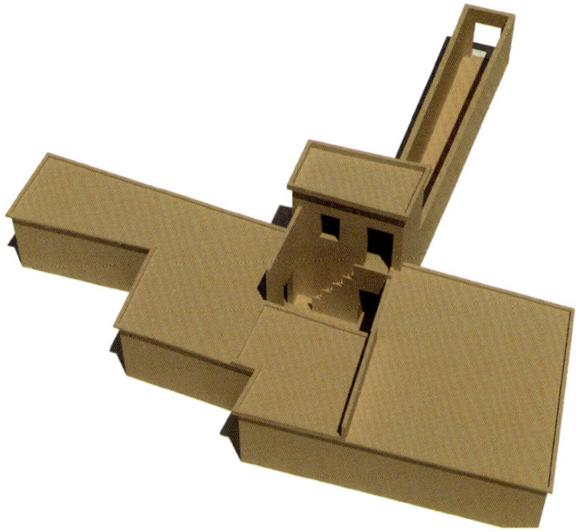

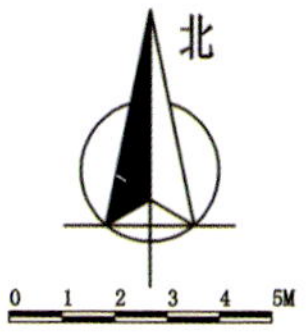

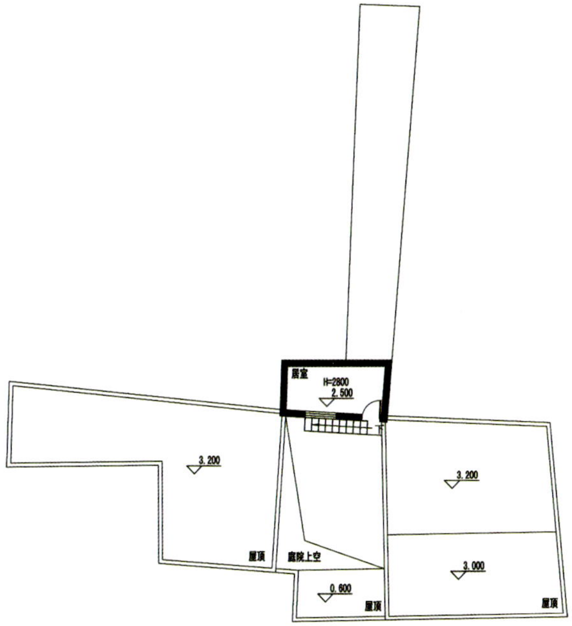

屋顶平面图

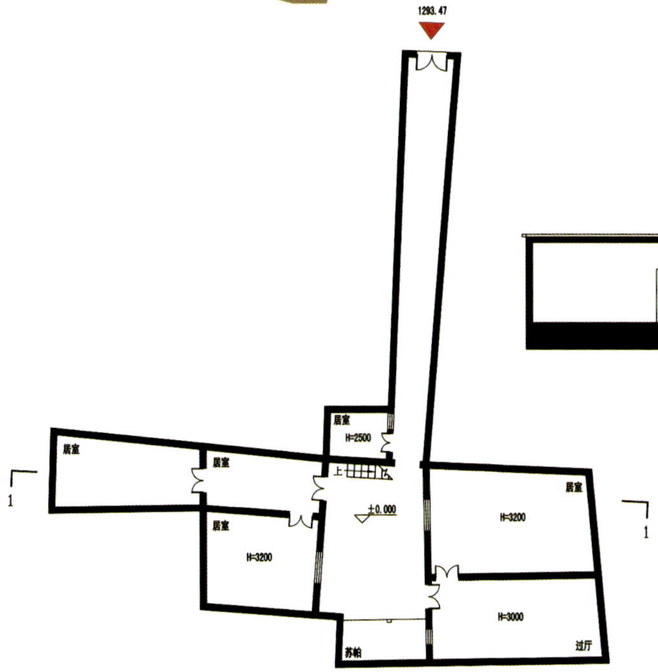

一层平面图

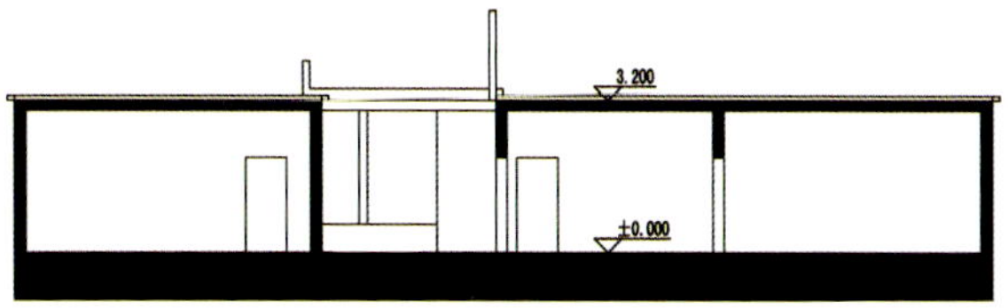

1-1剖面图

147

230号住宅

用户编号	91	户主	努力夏·艾买艾山	人口	4人
门牌号	0230	收入水平	￥600	职业分类	绣帽子
搬迁意向	不同意	是否重建	重建	建筑主体结构	砖混
建筑密度	75.60%	庭院面积	21.22 m²	住宅基地面积	86.97 m²
总建筑面积	124.46 m²	一层建筑面积	65.75 m²		

描述：房屋于1988年新建，有两层，共6间，有一个地下室。住户是著名的绣帽子师傅，已从业40余年。

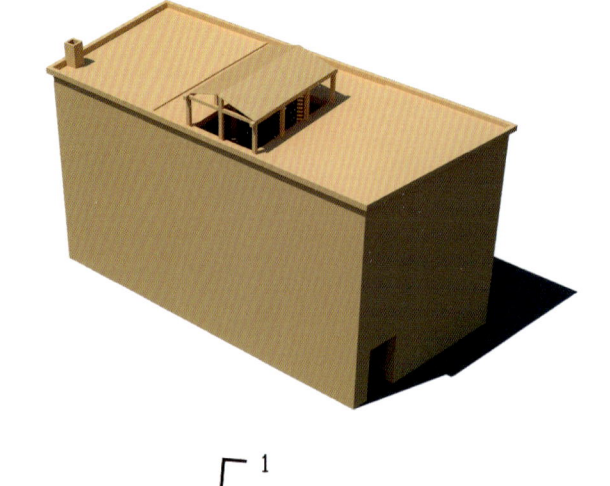

位置示意图

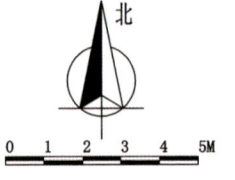

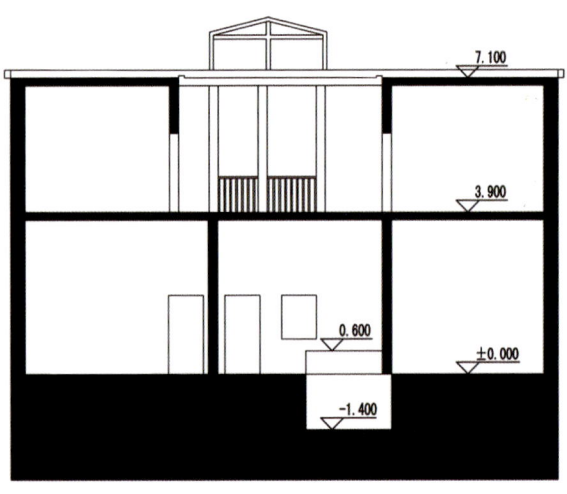

1-1剖面图

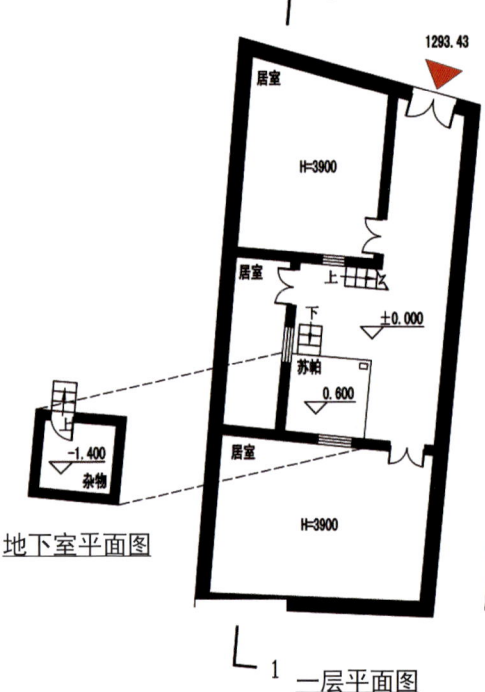

一层平面图　地下室平面图

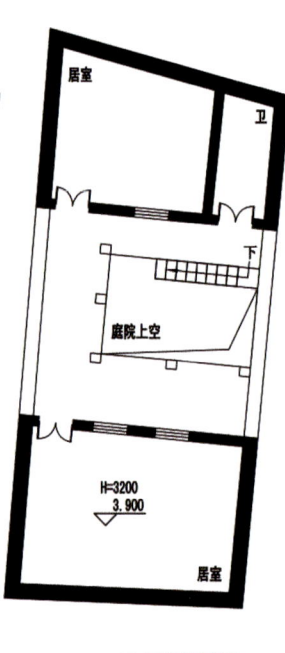

二层平面图

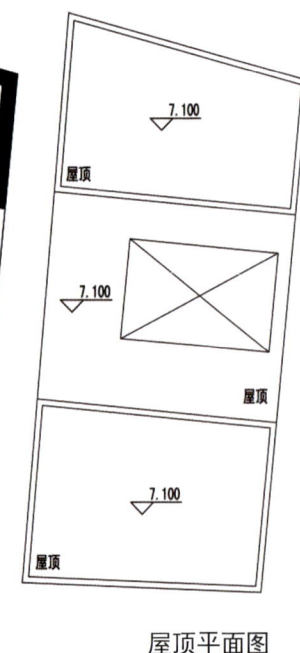

屋顶平面图

232号住宅

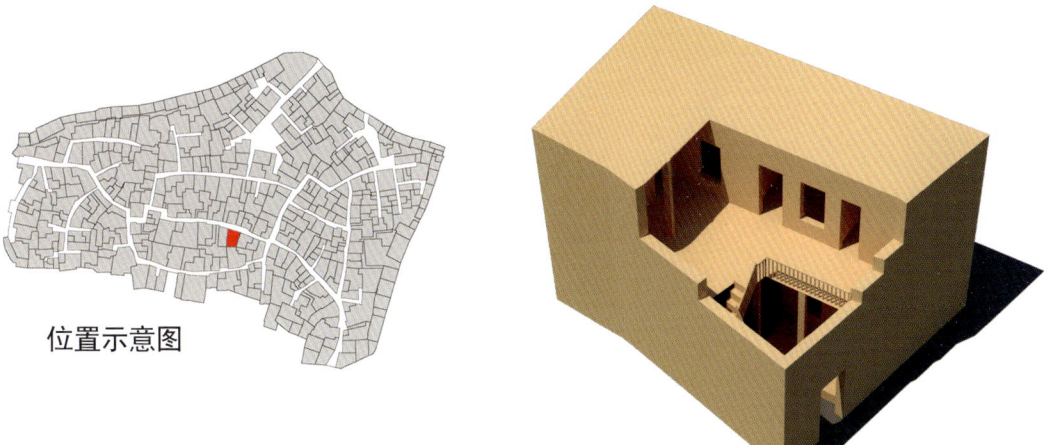

位置示意图

用户编号	92	户主	祖力热提·塔里甫	人口	4人
门牌号	0232	收入水平	￥800	职业分类	厨师
搬迁意向	不同意	是否重建	重建	建筑主体结构	砖木
建筑密度	78.20%	庭院面积	21.15 m²	住宅基地面积	96.95 m²
总建筑面积	143.47 m²		一层建筑面积		75.8 m²

描述：房屋于1988年新建，地下局部一层，地上二层，共10间。住户是乌兹别克的华侨，居此已40多年了。

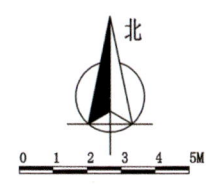

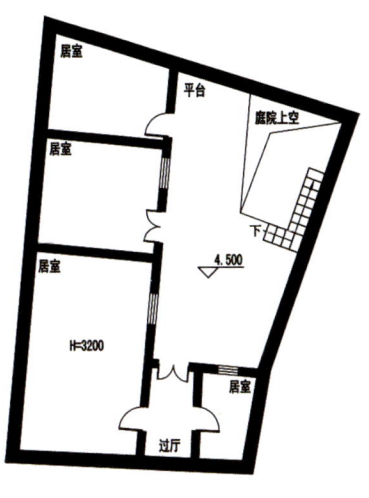

二层平面图

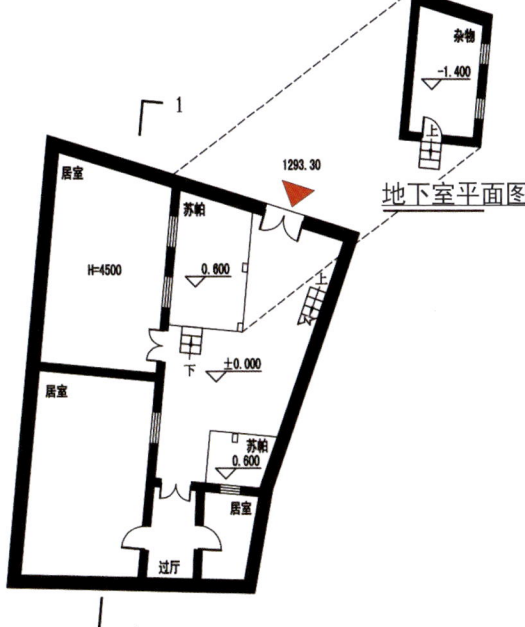

一层平面图

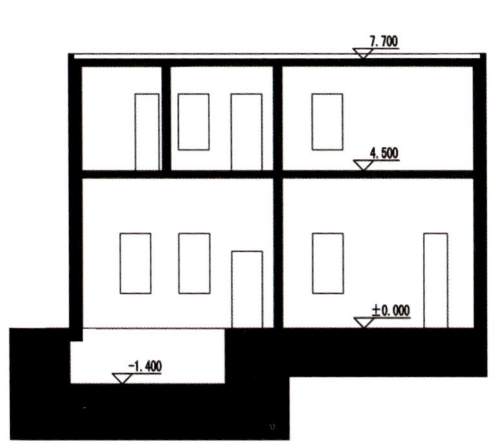

1-1剖面图

234号住宅

用户编号	93	户主	吾尼切木·艾麦提	人口	4人
门牌号	0234	收入水平	￥200	职业分类	下岗
搬迁意向	同意	是否重建		建筑主体结构	土木
建筑密度	74.20%	庭院面积	21.41 m²	住宅基地面积	82.97 m²
总建筑面积		85.07 m²	一层建筑面积		61.56 m²

描述：房屋于1990年购买，10年间不断修建，现有两层，共8间。

位置示意图

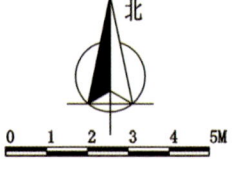

北
0 1 2 3 4 5M

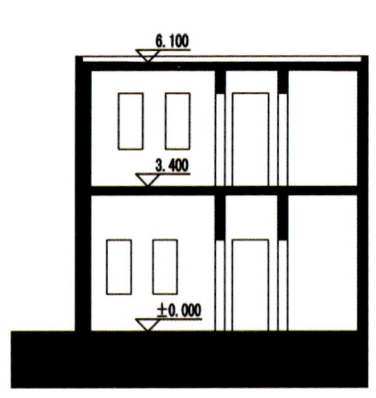

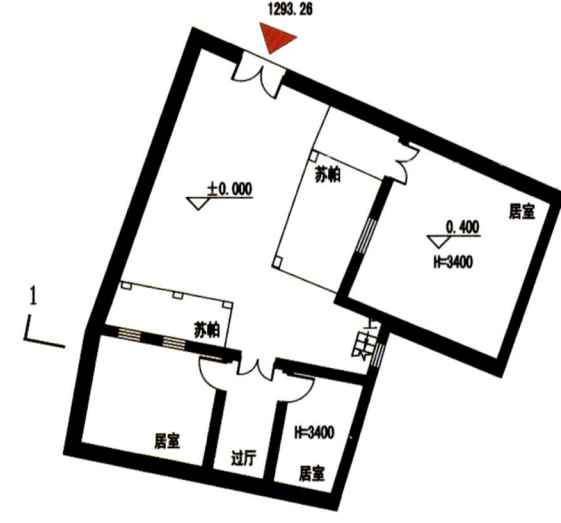

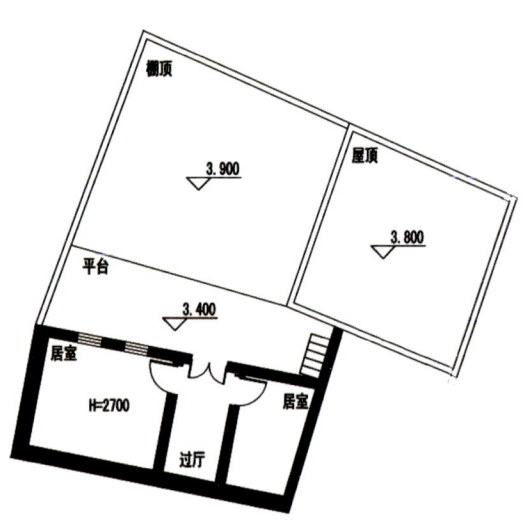

1-1剖面图　　　一层平面图　　　二层平面图

236号住宅

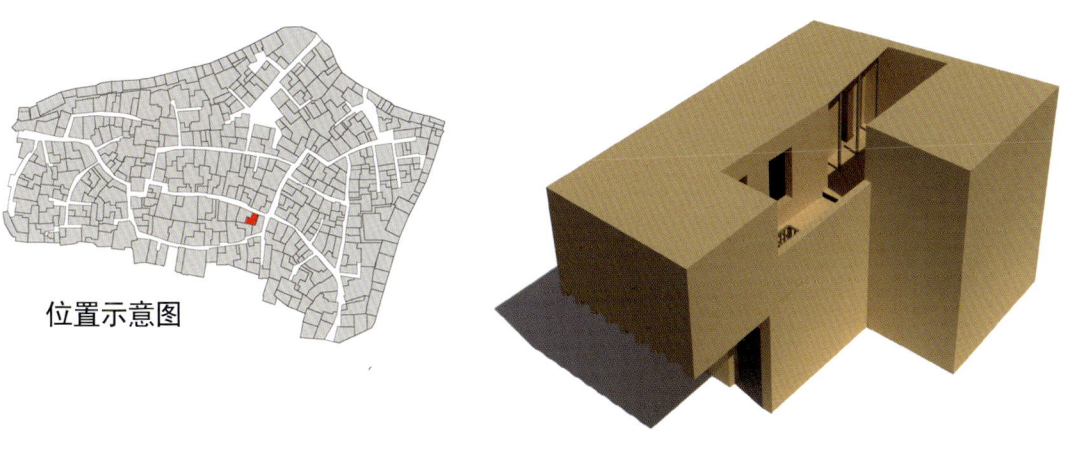

位置示意图

用户编号	94	户主	阿布都热合木·赛木塞克	人口	5人
门牌号	0236	收入水平	￥1050	职业分类	退休
搬迁意向	不同意	是否重建	重建	建筑主体结构	土木
建筑密度	87.40%	庭院面积	6.69 m²	住宅基地面积	53.3 m²
总建筑面积	105.86 m²		一层建筑面积	46.61 m²	

描述：房屋于1970年购买，1976年修缮，2006年进行装修，二层，共6间房间（含一地下室）。

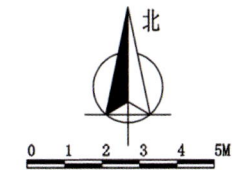

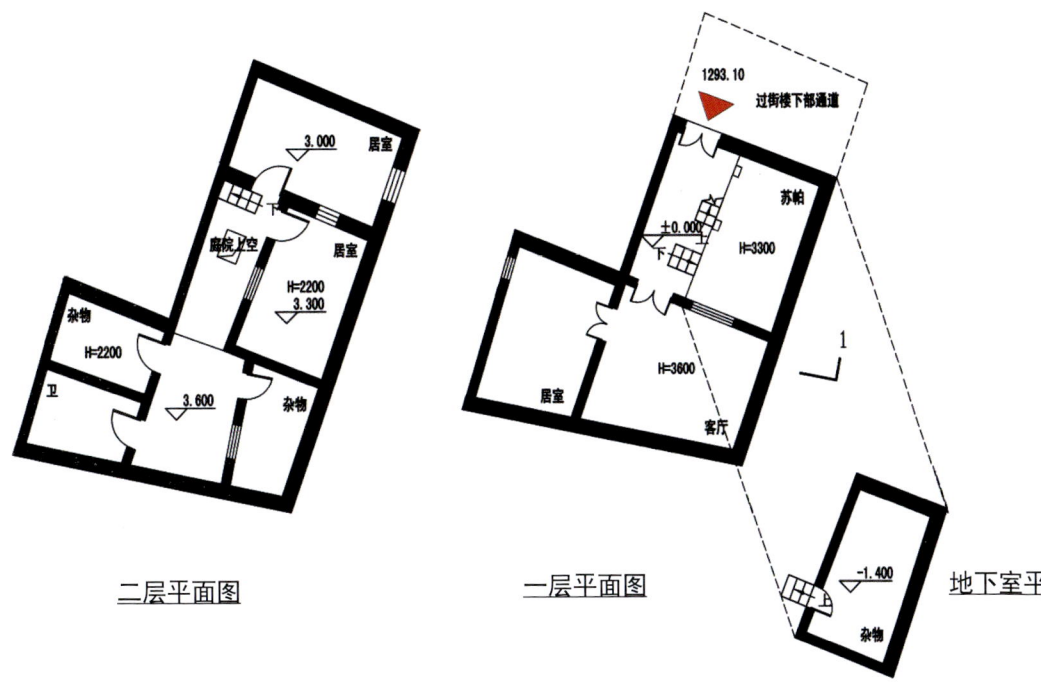

二层平面图　　一层平面图　　地下室平面图

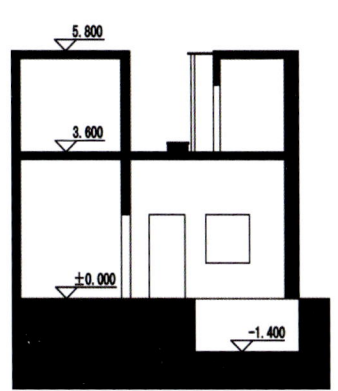

1-1剖面图

238号住宅

用户编号	95	户主	阿布力米提·尼亚孜	人口	4人
门牌号	0238	收入水平	￥1000	职业分类	个体户
搬迁意向	不同意	是否重建	保留	建筑主体结构	砖木&砖混
建筑密度	97.00%	庭院面积	1.96 m²	住宅基地面积	65.55 m²
总建筑面积	169.24 m²	一层建筑面积	63.59 m²		

描述：2007年买的房子，房屋具有两层，三、四层是鸽子棚，共8间房间，房子有一个地下室。房子装饰的很漂亮。

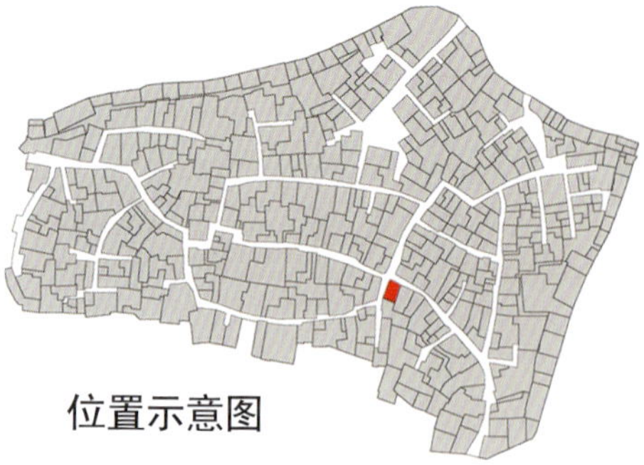

位置示意图

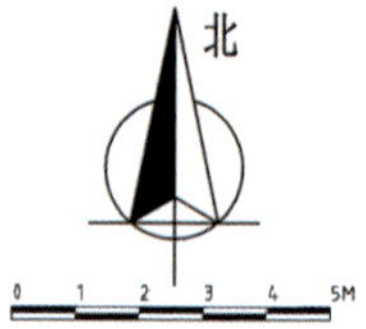

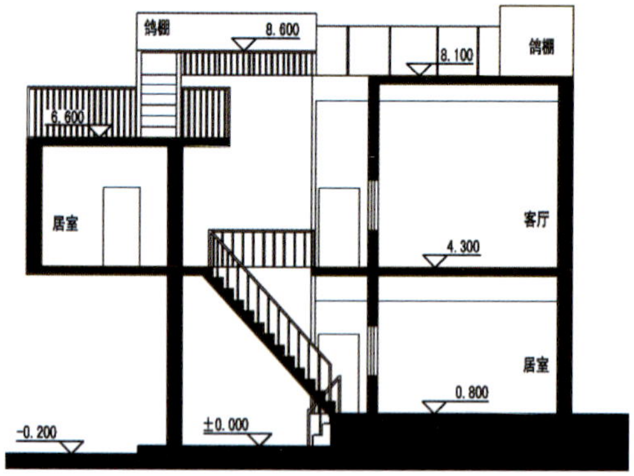

1-1剖面图 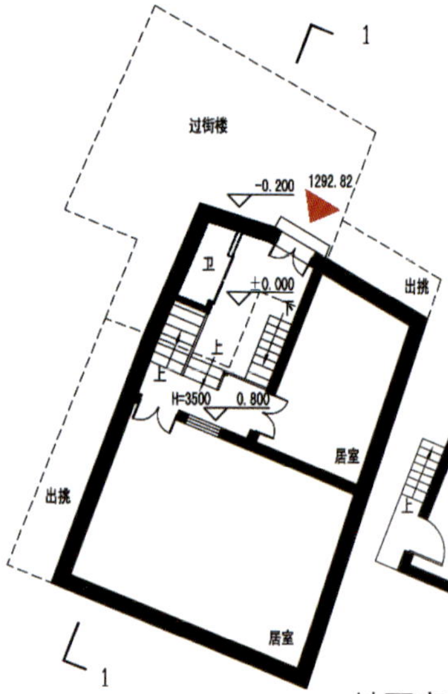　　一层平面图 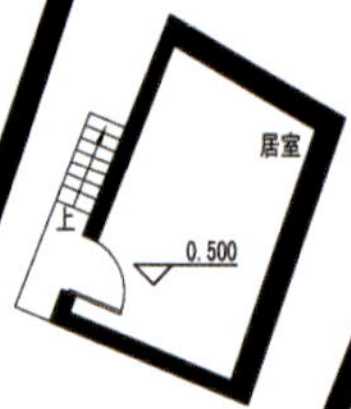　　地下室平面图 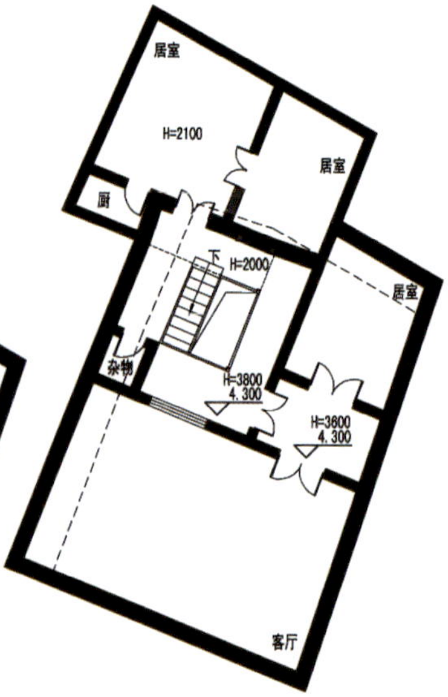　　二层平面图 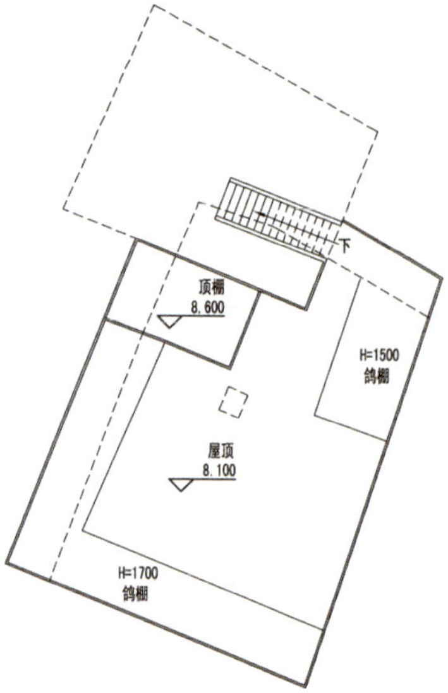　　屋顶平面图

242号住宅

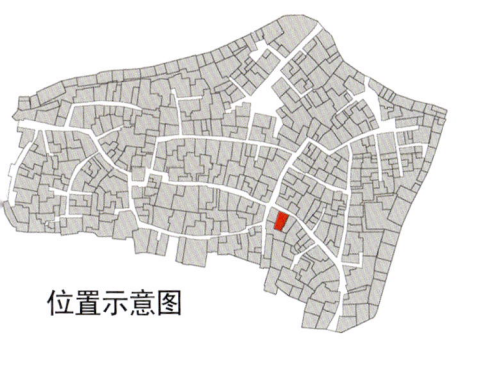

位置示意图

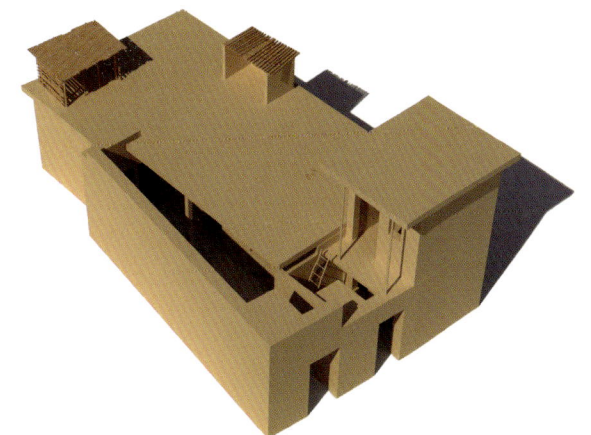

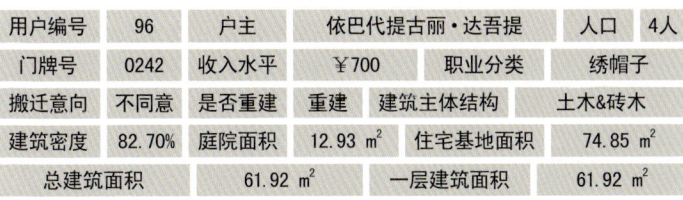

用户编号	96	户主	依巴代提古丽·达吾提	人口	4人
门牌号	0242	收入水平	￥700	职业分类	绣帽子
搬迁意向	不同意	是否重建	重建	建筑主体结构	土木&砖木
建筑密度	82.70%	庭院面积	12.93 m²	住宅基地面积	74.85 m²
总建筑面积	61.92 m²			一层建筑面积	61.92 m²

描述：房屋大部分为1989年新建，砖木结构。而之前是土木结构。房屋现有两层，共8间。

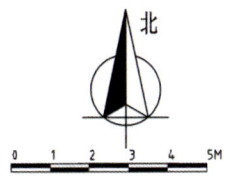

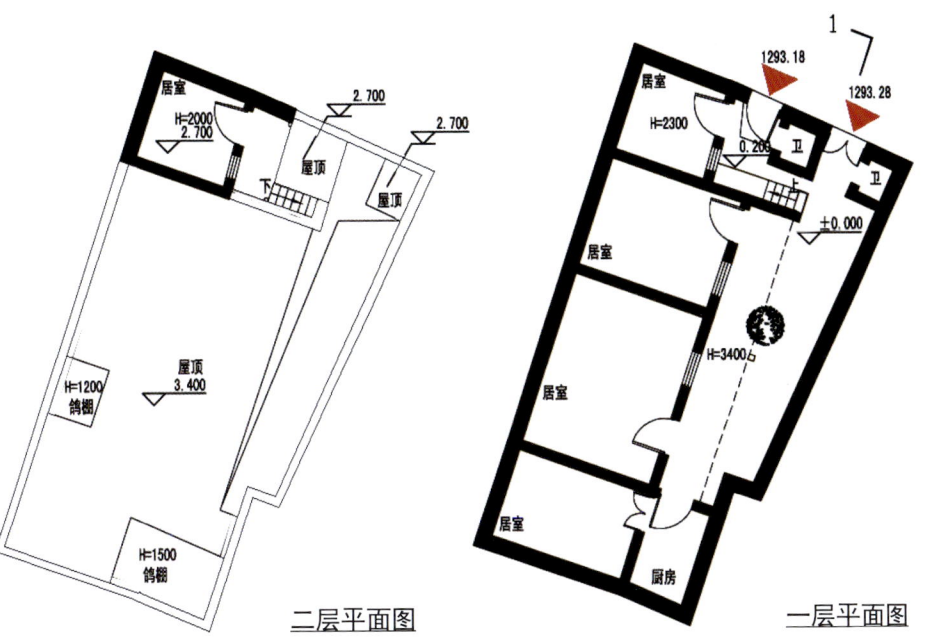

二层平面图　　　一层平面图

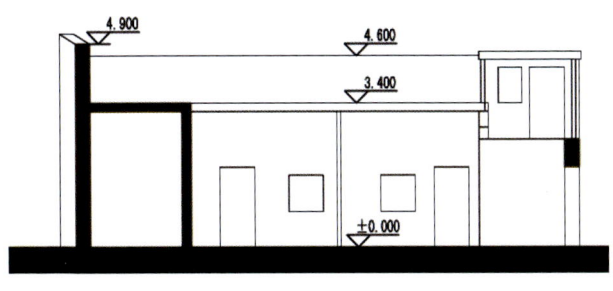

1-1剖面图

244号住宅

用户编号	97	户主	艾尼·达吾提		人口	4人
门牌号	0244	收入水平	￥2000	职业分类	民间建筑师	
搬迁意向	不同意	是否重建	重建	建筑主体结构	砖木	
建筑密度	92.10%	庭院面积	5.49 m²	住宅基地面积	69.08 m²	
总建筑面积	118.79 m²			一层建筑面积	63.59 m²	

描述：房屋是主人1992年花1500元买的，1992年主人重新建了房屋，现在具有两层。

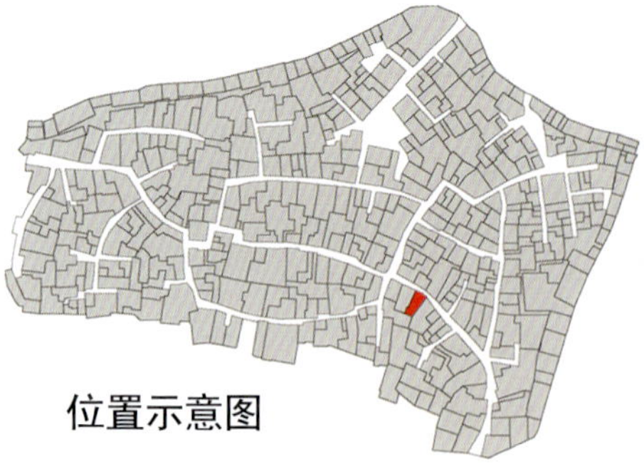

位置示意图

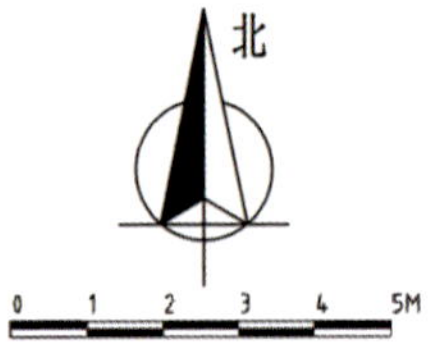

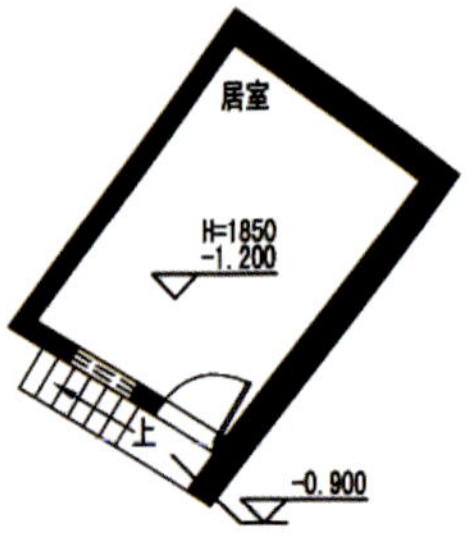

地下室平面图

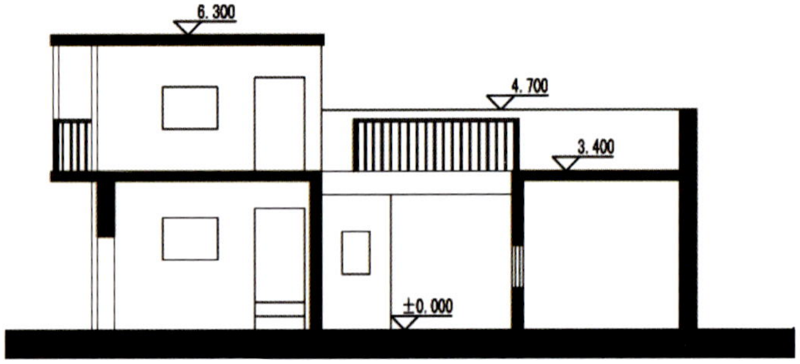

1-1剖面图 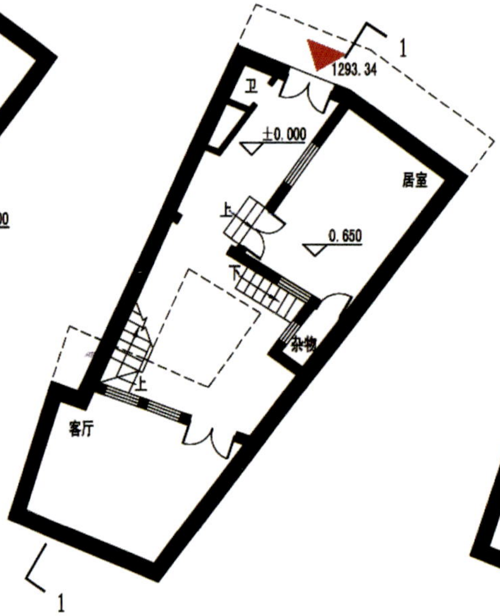　　一层平面图 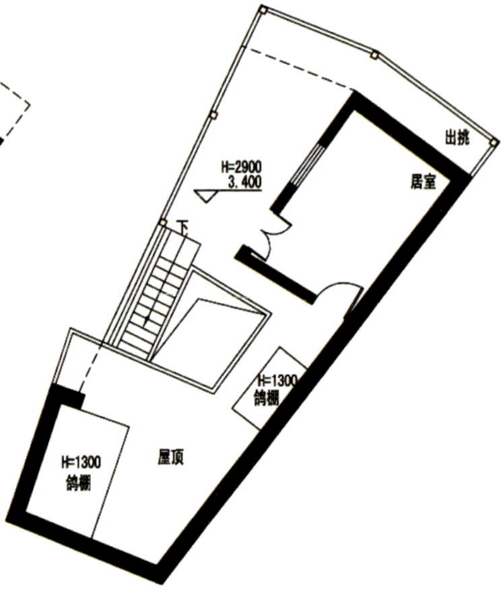　　二层平面图

246号住宅

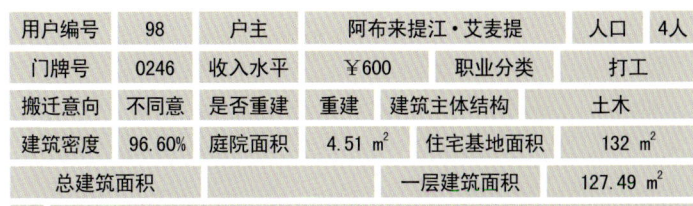

用户编号	98	户主	阿布来提江·艾麦提	人口	4人
门牌号	0246	收入水平	¥600	职业分类	打工
搬迁意向	不同意	是否重建	重建	建筑主体结构	土木
建筑密度	96.60%	庭院面积	4.51 m²	住宅基地面积	132 m²
总建筑面积			一层建筑面积	127.49 m²	

描述	房屋始建于1850年之前，主人1999年对房屋进行了一次维修，一层，共6间房间。

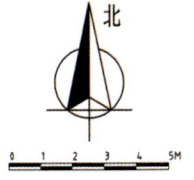

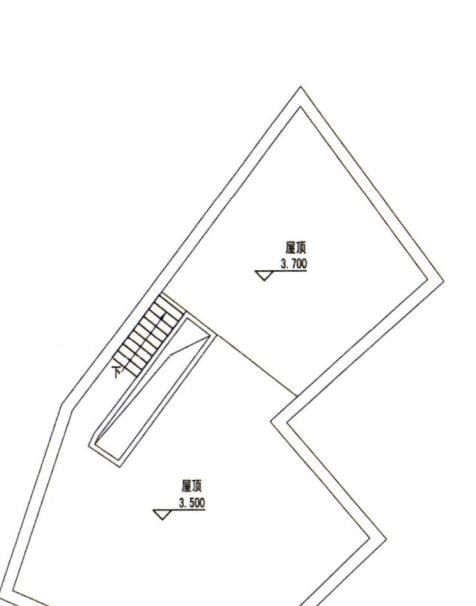

位置示意图

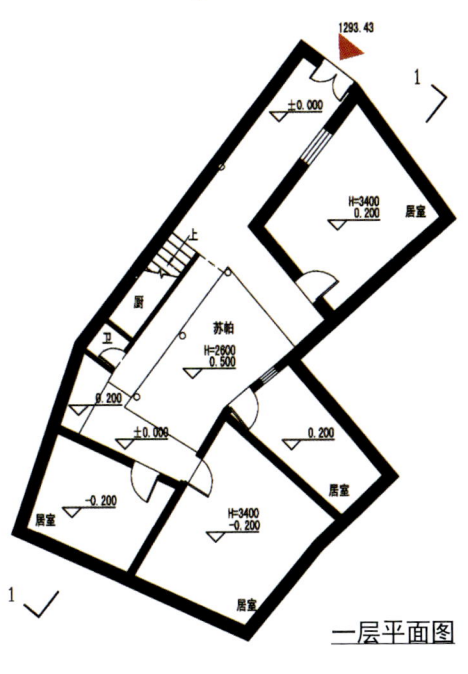

屋顶平面图

一层平面图

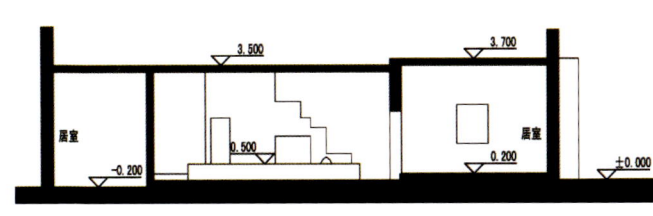

1-1剖面图

248号住宅

用户编号	99	户主	热合曼江·苏力坦	人口	3人
门牌号	0248	收入水平	￥500	职业分类	木匠
搬迁意向	不同意	是否重建	重建	建筑主体结构	砖木
建筑密度	100.00%	庭院面积		住宅基地面积	30.12 m²
总建筑面积	59.17 m²		一层建筑面积	30.12 m²	
描述	房屋新建于2007年，花费1500元，二层，共4间房间。				

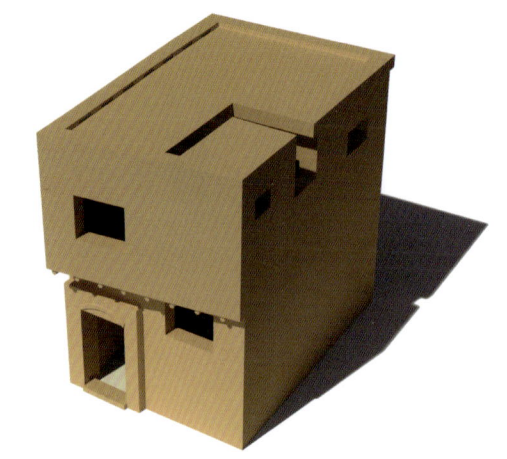

位置示意图

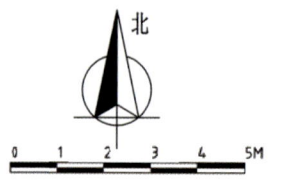

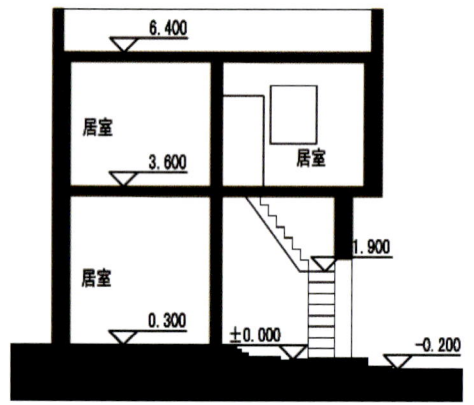

1-1剖面图

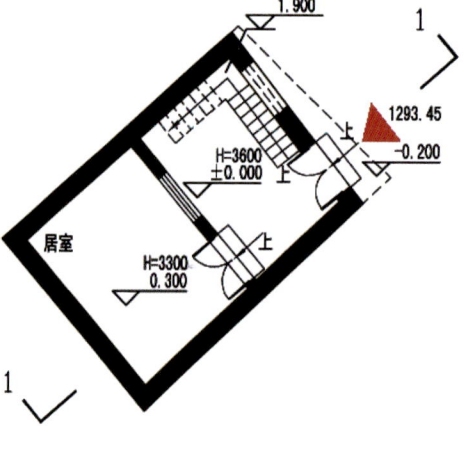

一层平面图

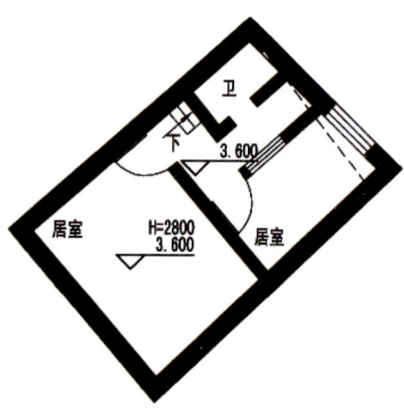

二层平面图

   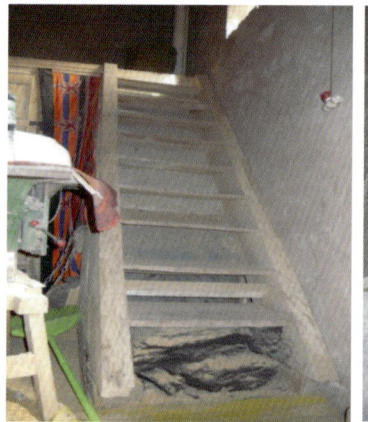 

250号住宅

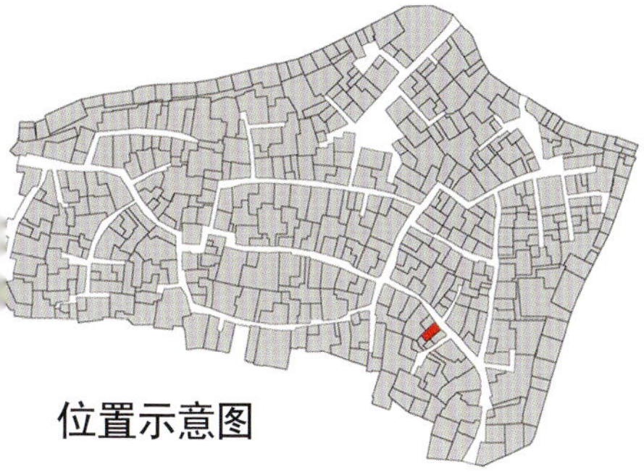

位置示意图

用户编号	100	户主	阿生木古丽·艾麦提	人口	5人
门牌号	0250	收入水平	￥600	职业分类	绣帽子
搬迁意向	不同意	是否重建	重建	建筑主体结构	砖木
建筑密度	78.20%	庭院面积	2 m²	住宅基地面积	42.39 m²
总建筑面积			一层建筑面积		40.39 m²

描述　房屋新建于2007年，花了2.5万元。房屋现在有两层，共6间房间，原先250号和248号是一家，2007年分家分成两个房子了。

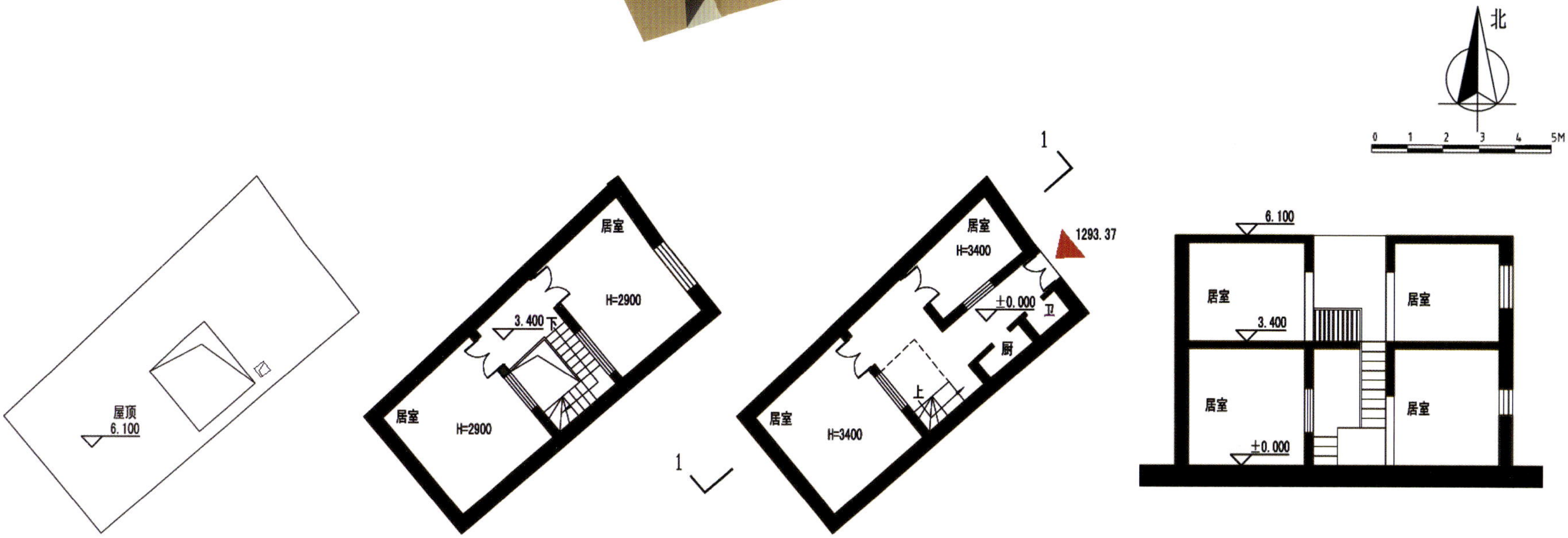

屋顶平面图　　二层平面图　　一层平面图　　1-1剖面图

254a号住宅

用户编号	101	户主	达吾提江·买来提阿吉	人口	4人
门牌号	0254a	收入水平	￥400	职业分类	绣帽子
搬迁意向	不同意	是否重建	重建	建筑主体结构	土木
建筑密度	100.00%	庭院面积		住宅基地面积	15.31 m²
总建筑面积	15.31 m²		一层建筑面积	15.31 m²	

描述	房屋有一个客厅和一间卧室。

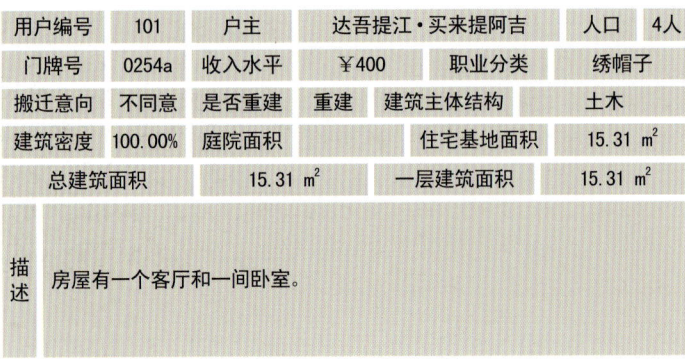

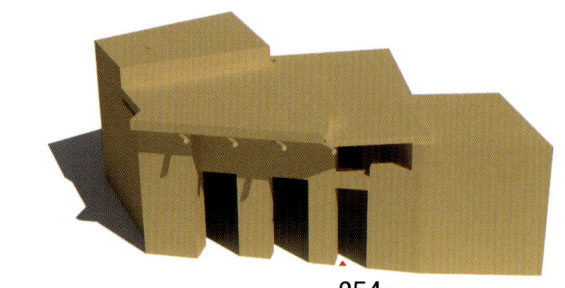

位置示意图

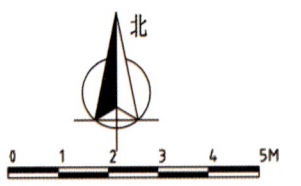

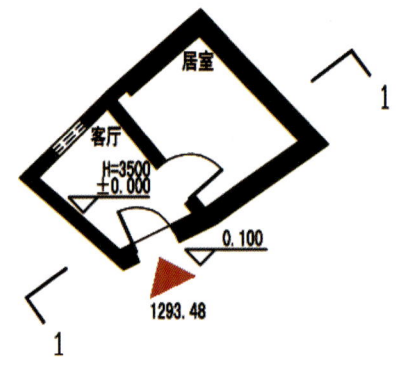

254a

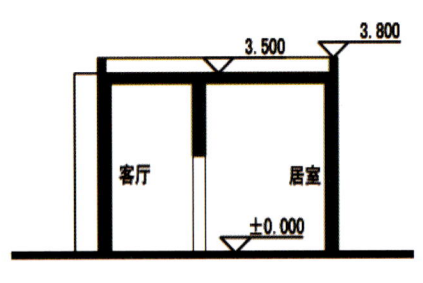

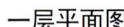

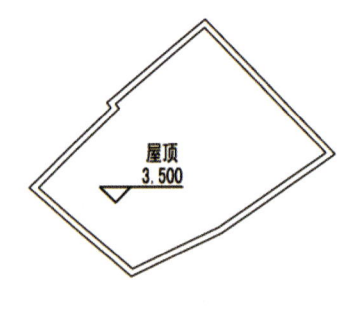

1-1剖面图　　　　一层平面图　　　　屋顶平面图

254b号住宅

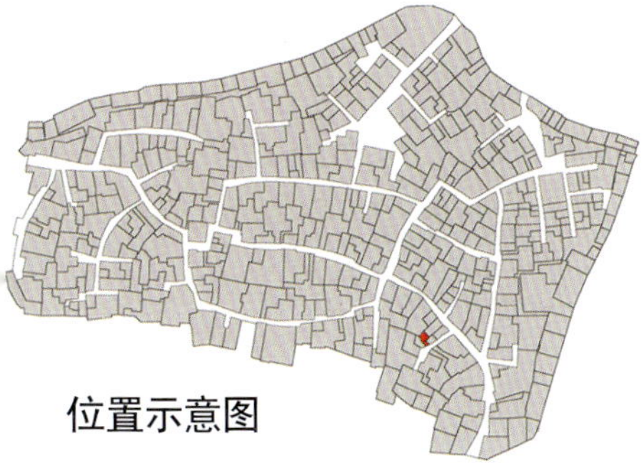

用户编号	102	户主				人口	3人
门牌号	0254b	收入水平	￥300	职业分类			待业
搬迁意向	不同意	是否重建		重建	建筑主体结构		土木
建筑密度	100.00%	庭院面积			住宅基地面积		19.71 ㎡
总建筑面积		19.71 ㎡		一层建筑面积			19.71 ㎡

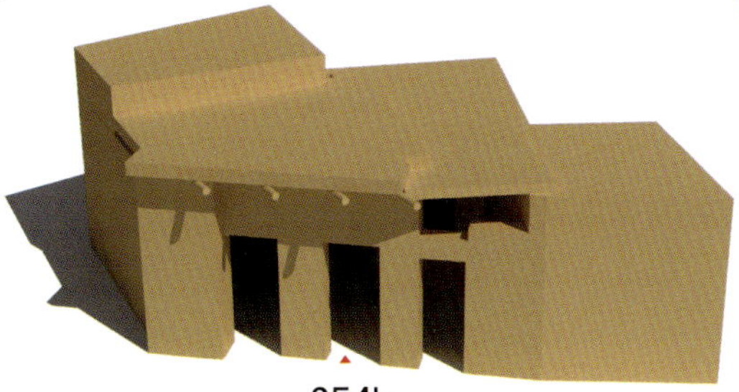

描述：主人在这个房屋里已生活了30多年，2005年将房子分成三户（254a号，254b号，256号）现在房屋具有一层，一间房间。

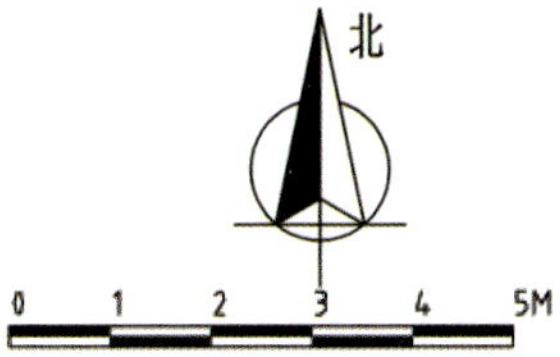

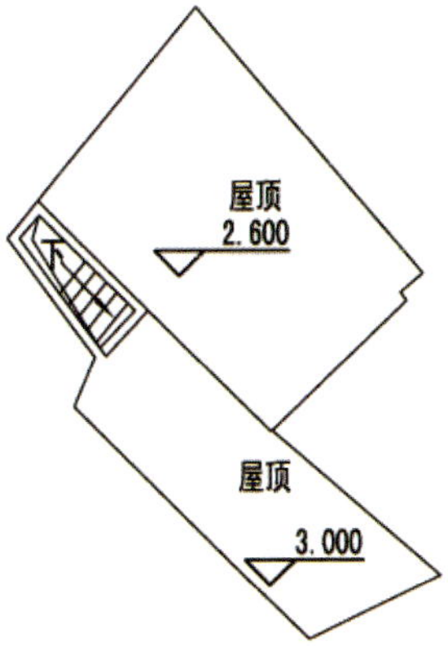

位置示意图

254b

屋顶平面图 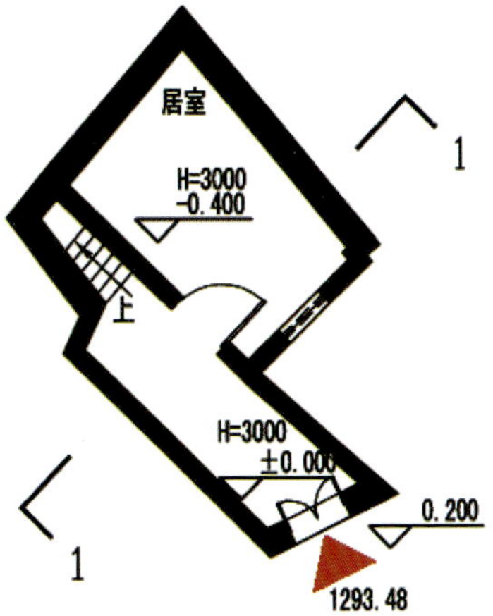　　　一层平面图 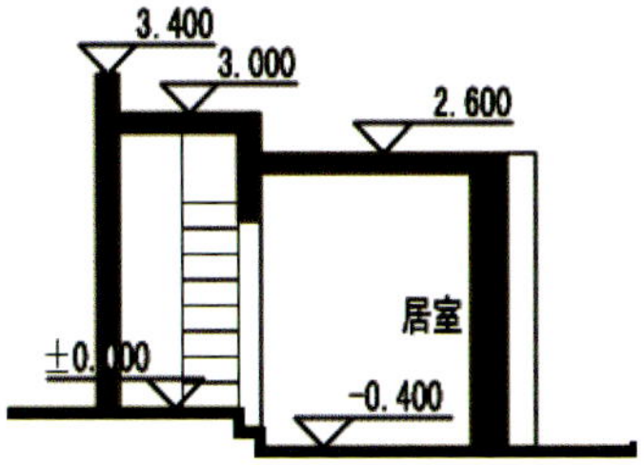　　　1-1剖面图

256号住宅

用户编号	103	户主	阿生木古丽·艾麦提	人口	5人
门牌号	0256	收入水平	￥300	职业分类	绣帽子
搬迁意向	同意	是否重建		建筑主体结构	土木
建筑密度	100.00%	庭院面积		住宅基地面积	21.26 m²
总建筑面积	34.84 m²	一层建筑面积	21.26 m²		

描述	房屋有两层，有一个地下室，共2间房间。256号和250号是一个人的房子。

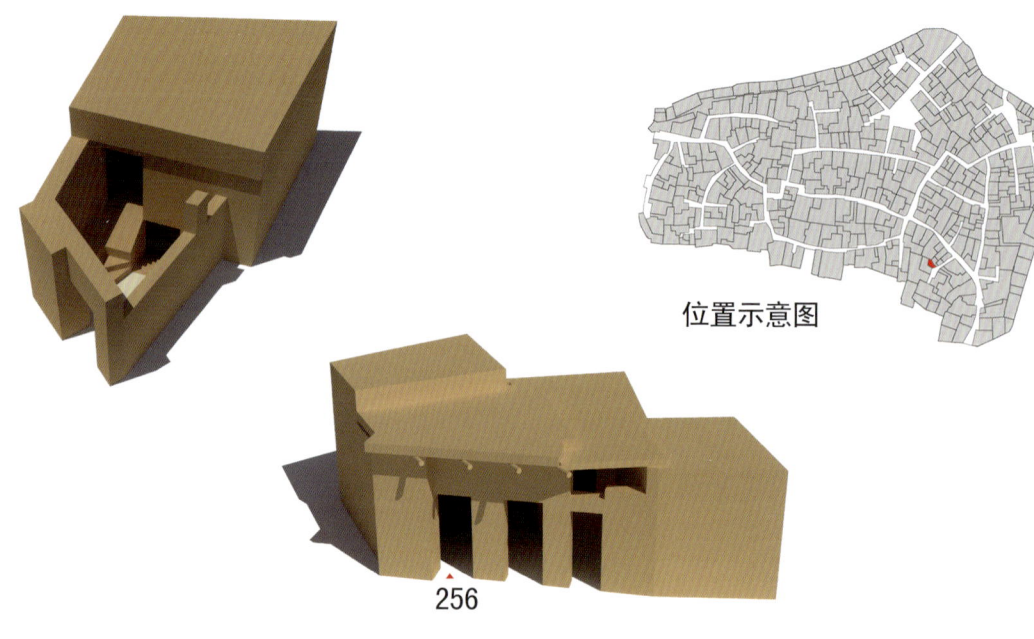

位置示意图

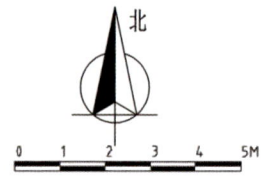

1-1剖面图　　　　　　　　　　一层平面图　　　　　　　　　地下一层平面图

258a号住宅

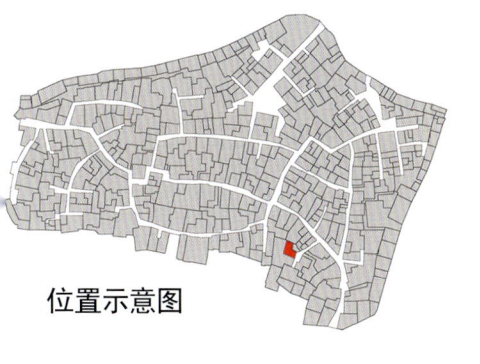

位置示意图

用户编号	104	户主	帕提古力·沙比尔江	人口	5人
门牌号	0258a	收入水平	￥200	职业分类	待业
搬迁意向	同意	是否重建		建筑主体结构	土木&砖木
建筑密度	97.70%	庭院面积	1.58 m²	住宅基地面积	69.91 m²
总建筑面积	135.79 m²			一层建筑面积	68.33 m²

描述：房屋新建于2006年，房屋有两层，共6间房间，房屋下面有地道，很不安全。

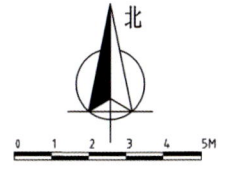

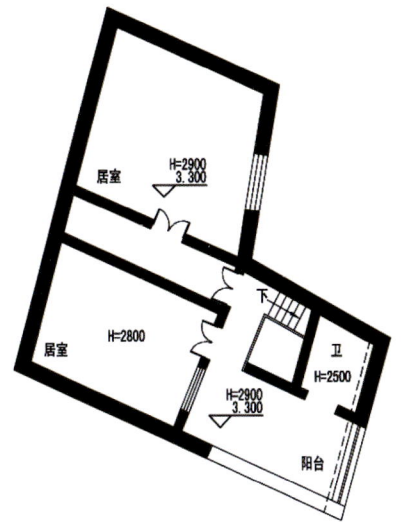

二层平面图

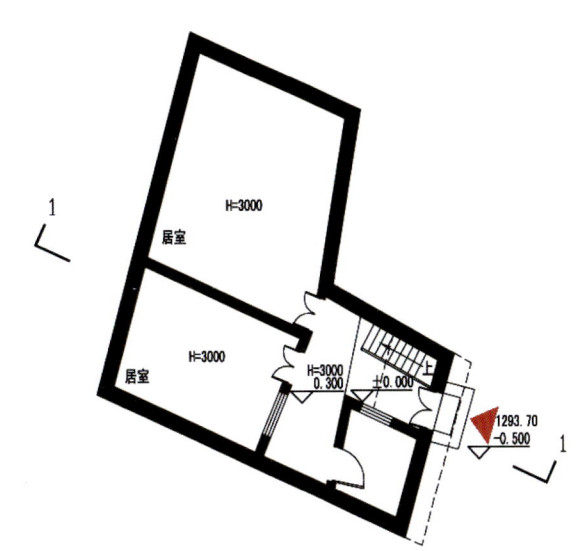

一层平面图

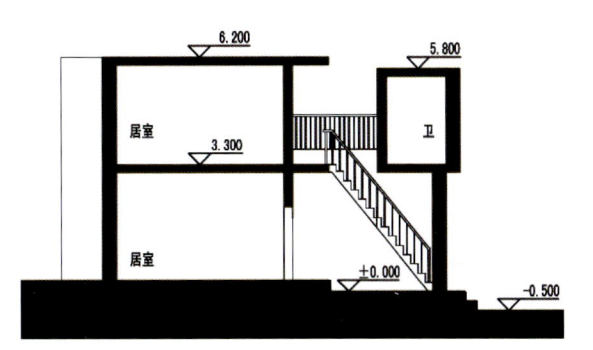

1-1剖面图

258b号住宅

用户编号	105	户主	阿依帕夏·沙比尔	人口	5人
门牌号	0258b	收入水平	￥2000	职业分类	保安
搬迁意向	同意	是否重建		建筑主体结构	砖木
建筑密度	54.60%	庭院面积	94.46 m²	住宅基地面积	208.14 m²
总建筑面积				一层建筑面积	113.68 m²

描述	房屋新建于2006年,一层,共两间房间,有个大院子。房屋下面有地道,很危险。

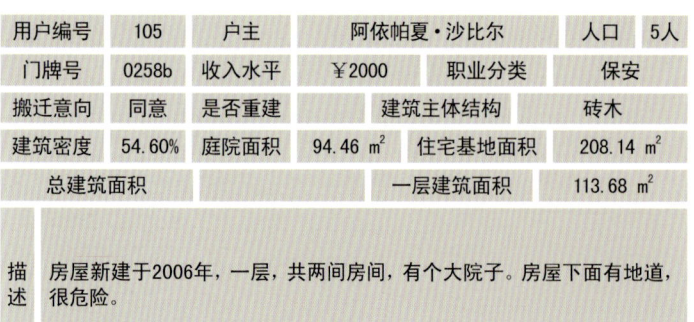

位置示意图

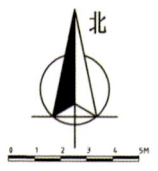

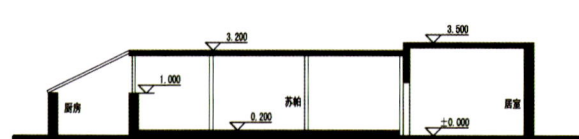

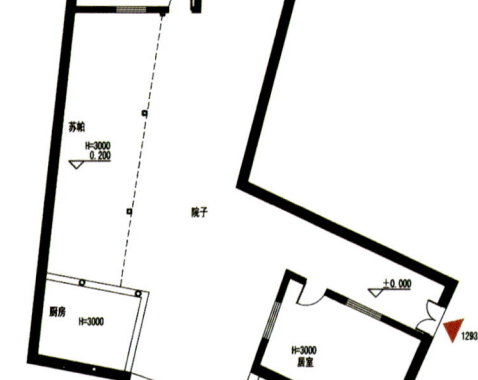

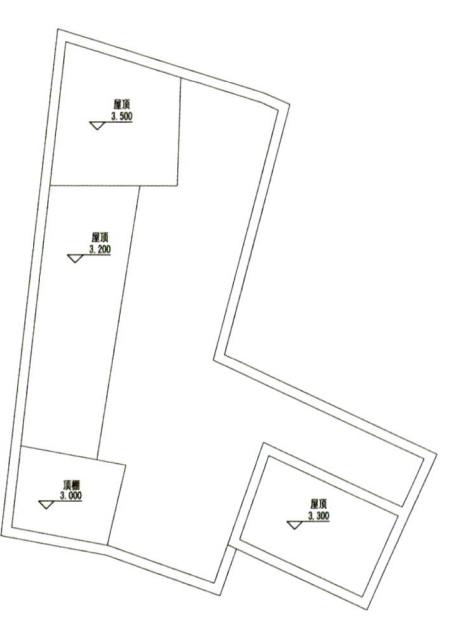

1-1剖面图　　　　一层平面图　　　　屋顶平面图

260号住宅

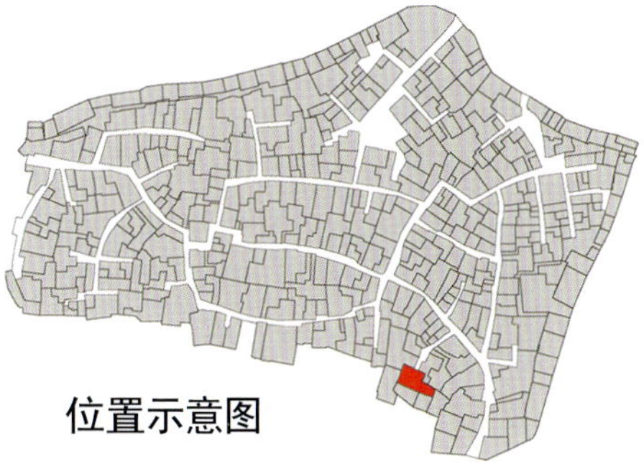

用户编号	106	户主	阿布都克力木·吾布力	人口	4人
门牌号	0260	收入水平	￥600	职业分类	退休
搬迁意向	不同意	是否重建	重建	建筑主体结构	土木
建筑密度	60.60%	庭院面积	60.53 m²	住宅基地面积	153.67 m²
总建筑面积		93.14 m²		一层建筑面积	93.14 m²

描述	房屋对外出租，一层，共4间房间。

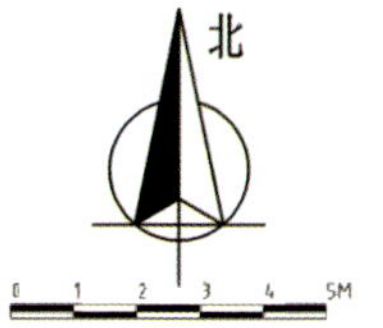

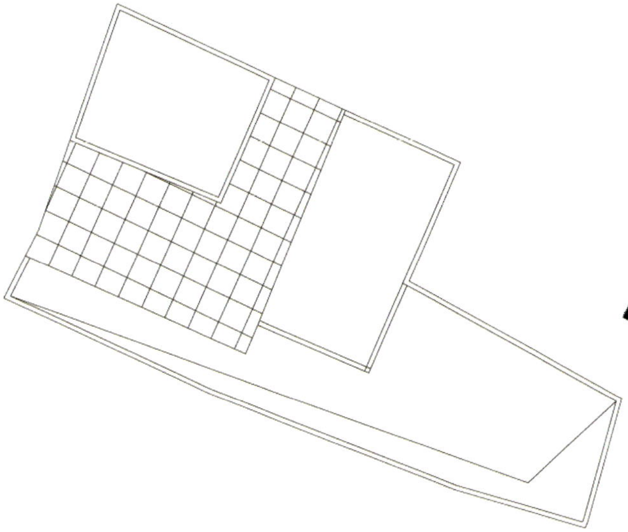

位置示意图

屋顶平面图 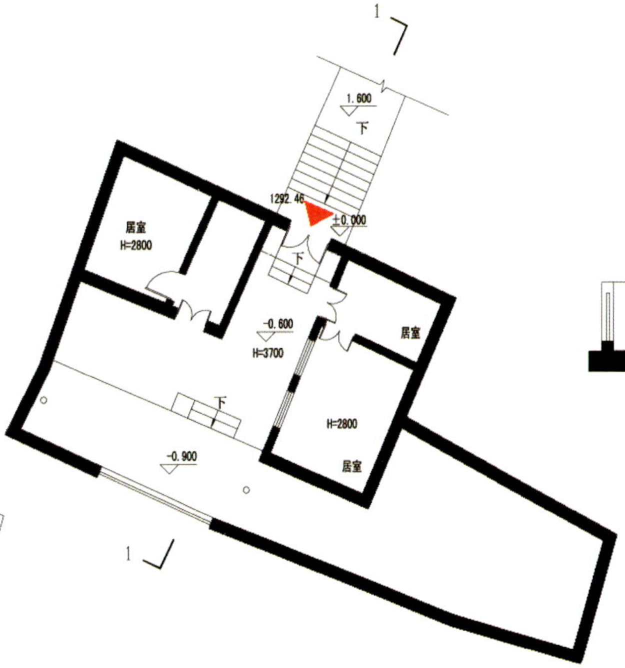　　一层平面图 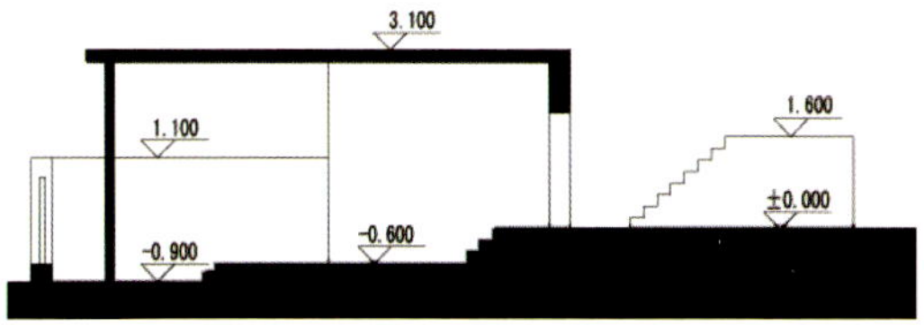　　1-1剖面图

262号住宅

用户编号	107	户主	阿布力孜·索皮	人口	5人
门牌号	0262	收入水平	￥600	职业分类	做花瓶
搬迁意向	不同意	是否重建	重建	建筑主体结构	砖混
建筑密度	100.00%	庭院面积		住宅基地面积	90.75 m²
总建筑面积	90.75 m²			一层建筑面积	90.75 m²
描述	房屋始建于1900年，主人在1979年对房子进行过维修，一层，共4间房间。				

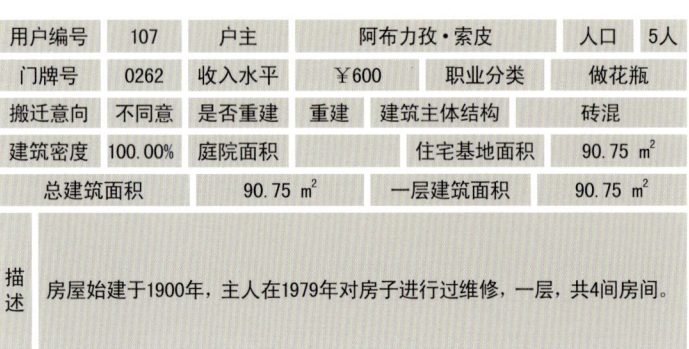

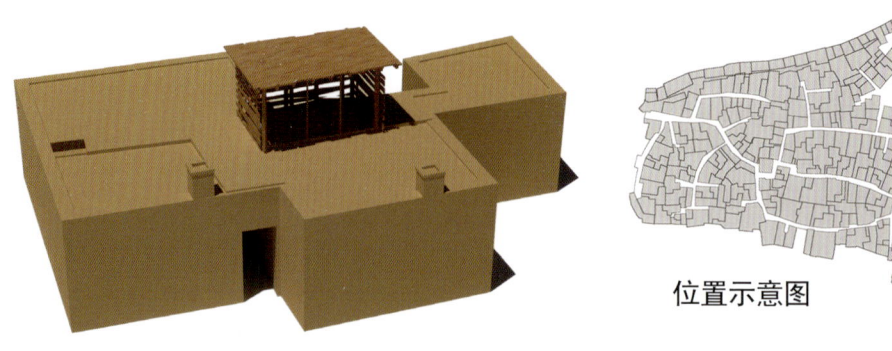

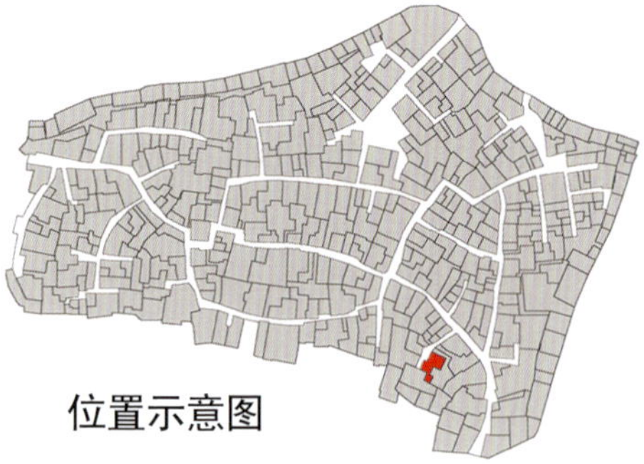

位置示意图

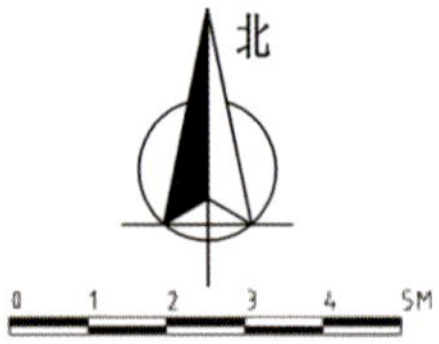

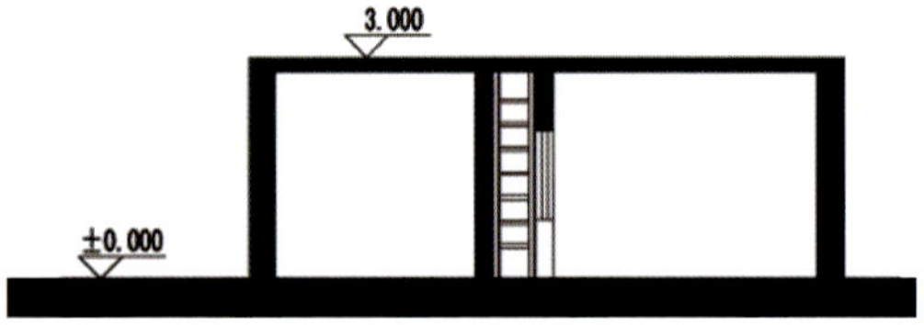

1-1剖面图 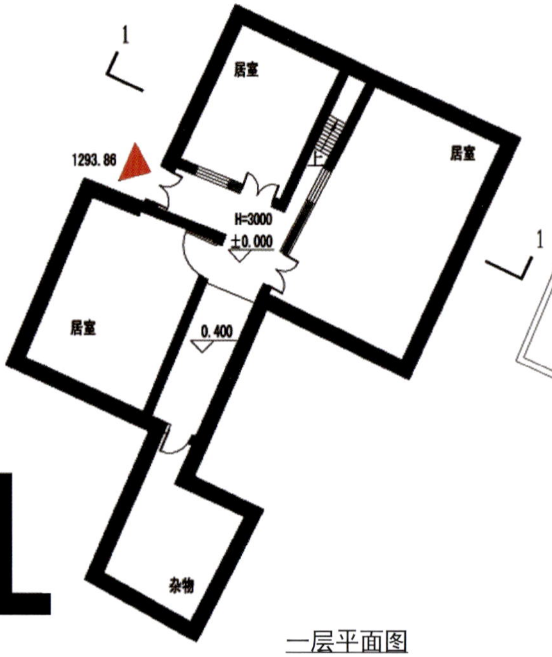　　一层平面图 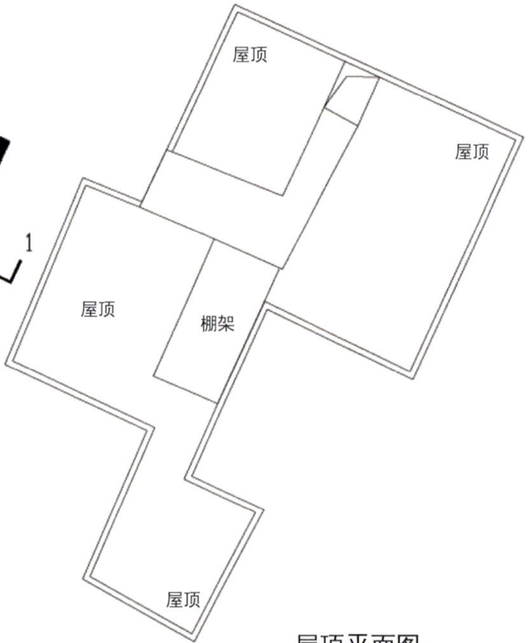　　屋顶平面图

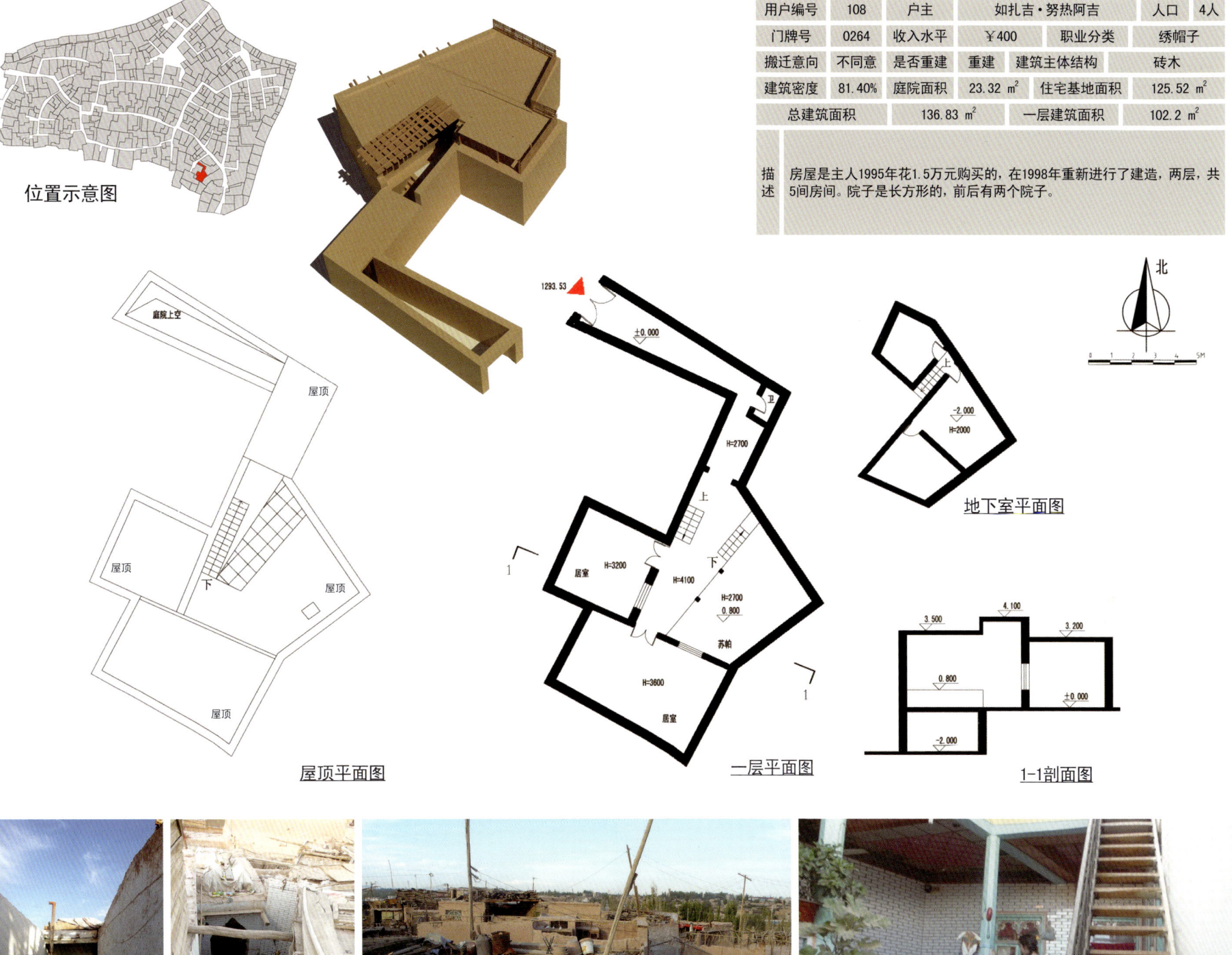

266号住宅

用户编号	109	户主	吐尔迪·阿米提	人口	5人
门牌号	0266	收入水平	￥700	职业分类	做花盆
搬迁意向	不同意	是否重建	重建	建筑主体结构	土木
建筑密度	63.90%	庭院面积	47.83 m²	住宅基地面积	132.44 m²
总建筑面积		84.61 m²		一层建筑面积	84.61 m²

描述：房屋始建于1800年之前，2002年主人维修了一间房间，其他没变。主人是做土陶的第三代人。房屋现在有一层，共3间房间，院子内有一间房间专门用来做土陶。

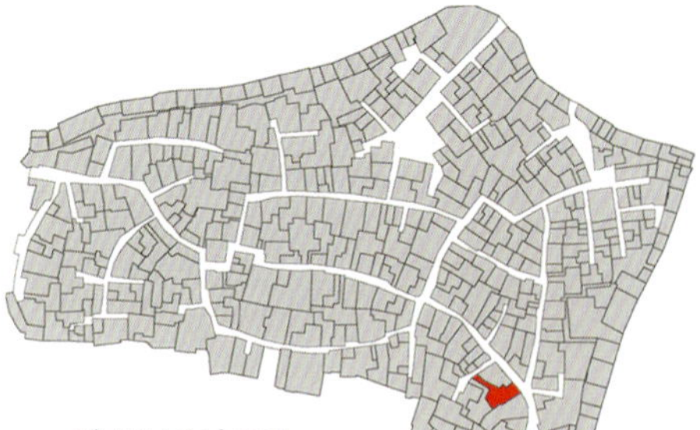

位置示意图

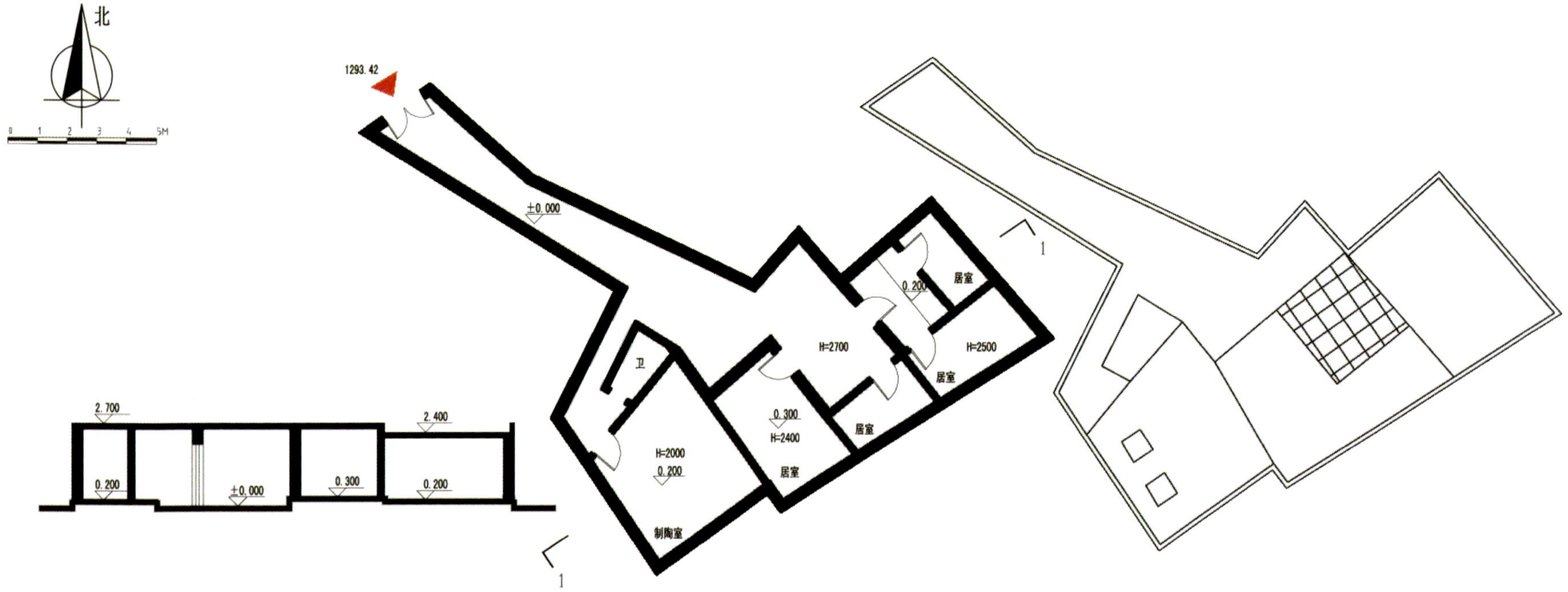

1-1剖面图　　　一层平面图　　　屋顶平面图

268号住宅

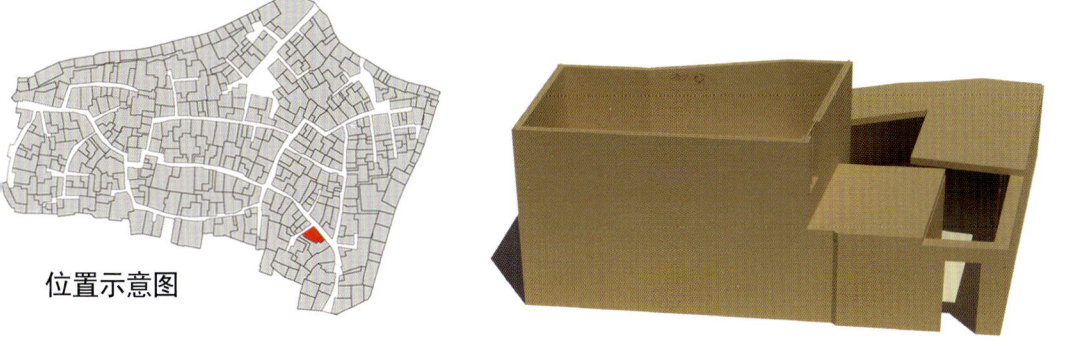

位置示意图

用户编号	110	户主	阿布都合甫尔·阿米提	人口	5人
门牌号	0268	收入水平	￥2300	职业分类	退休
搬迁意向	不同意	是否重建	重建	建筑主体结构	土木&砖木
建筑密度	77.50%	庭院面积	23.31 m²	住宅基地面积	103.57 m²
总建筑面积		106.26 m²		一层建筑面积	80.26 m²

描述：房屋始建于1800年之前，从来没有维修过，1989年分家（268号和266号）。房屋现在有两层，有一个地下室，共5间房间。房屋已经很旧了。

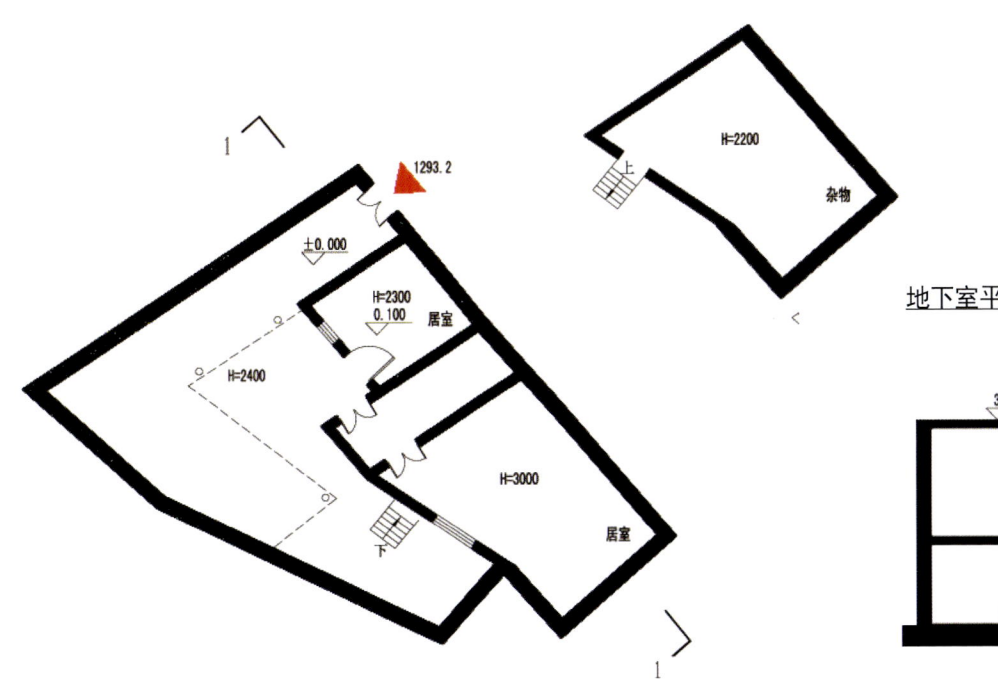

一层平面图

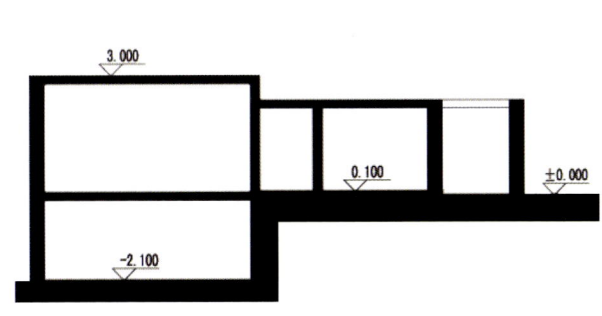

地下室平面图

1-1剖面图

270号住宅

用户编号	111	户主	布阿提开木·买买提	人口	5人
门牌号	0270	收入水平	￥700	职业分类	绣帽子
搬迁意向	不同意	是否重建	重建	建筑主体结构	砖木
建筑密度	100.00%	庭院面积		住宅基地面积	55.27 m²
总建筑面积		109.51 m²		一层建筑面积	55.27 m²

描述：房屋新建于2006年，两层，共5间房间。

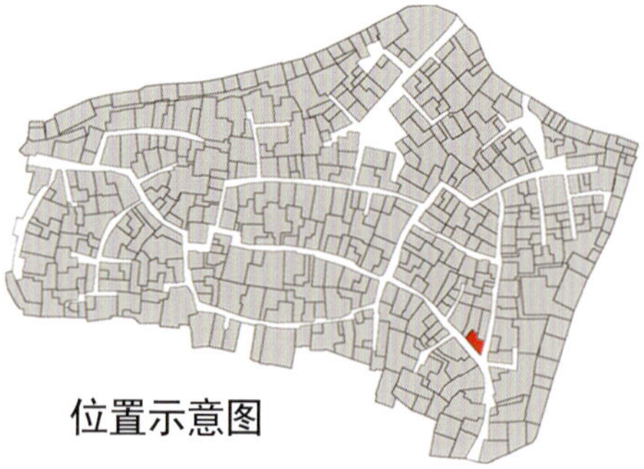

位置示意图

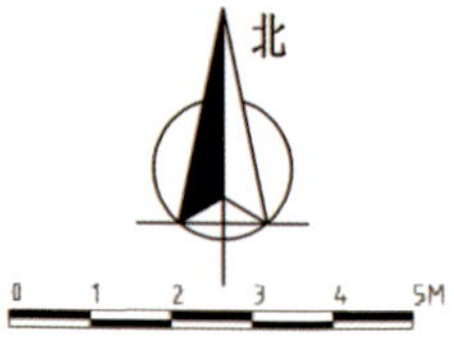

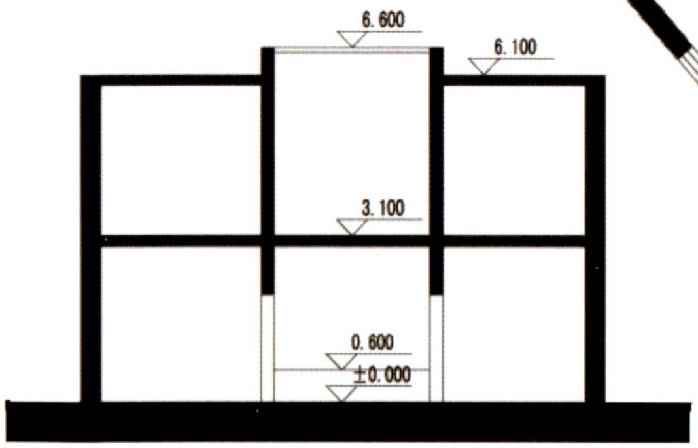

1-1剖面图 　　一层平面图 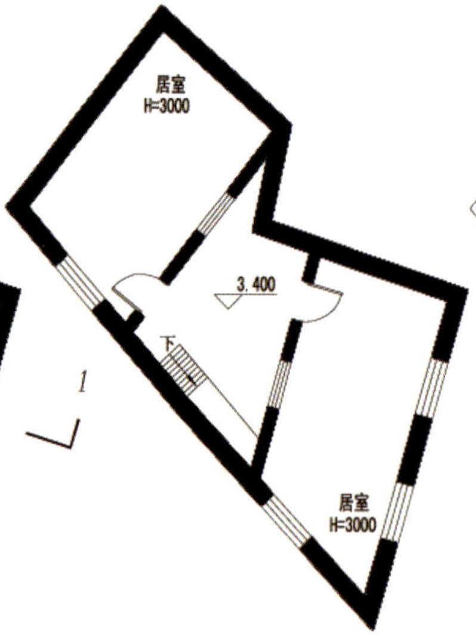　　二层平面图 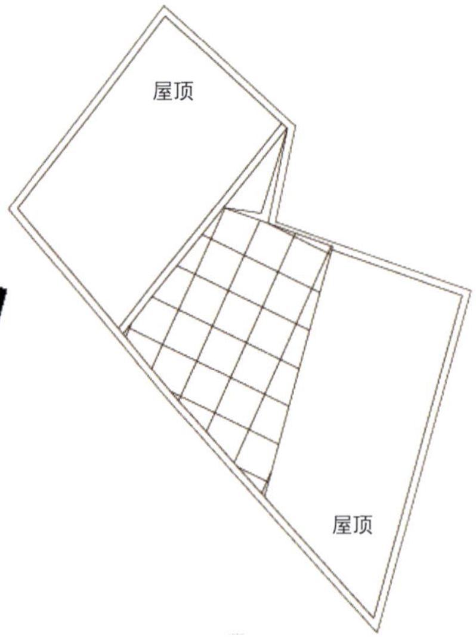　　屋顶平面图

272号住宅

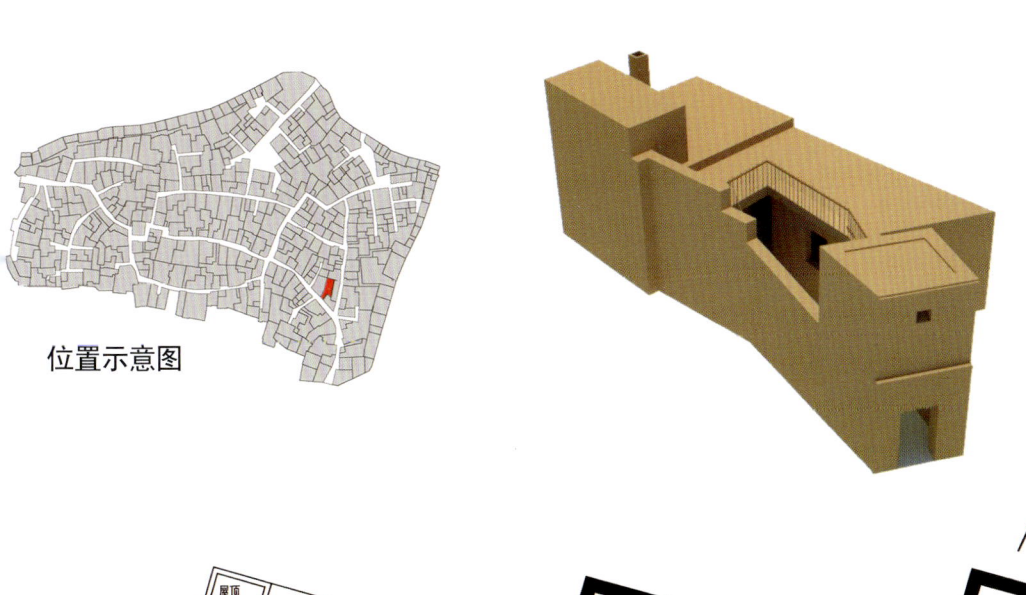

用户编号	112	户主	木太力甫·比拉特	人口	5人
门牌号	0272	收入水平	￥700	职业分类	做生意
搬迁意向	不同意	是否重建	重建	建筑主体结构	土木
建筑密度	86.20%	庭院面积	11.65 m²	住宅基地面积	84.47 m²
总建筑面积		88.42 m²		一层建筑面积	72.82 m²

描述　房屋是主人1989年买的，买后对房子进行了装修，两层，共4间房间，屋顶上有鸽子窝。

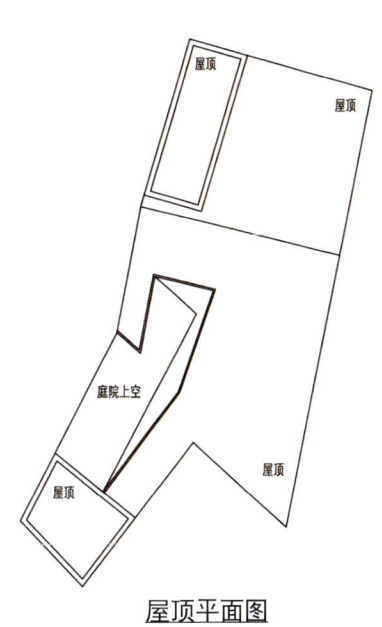

屋顶平面图

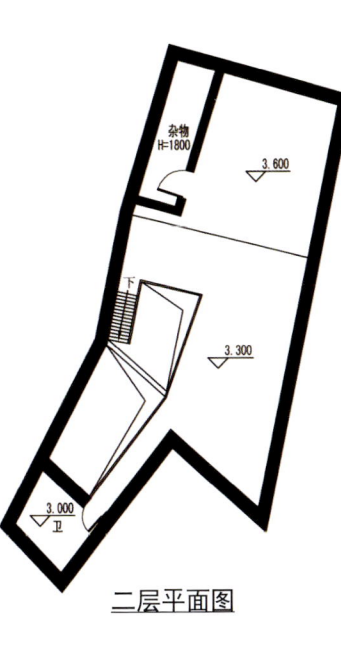

二层平面图

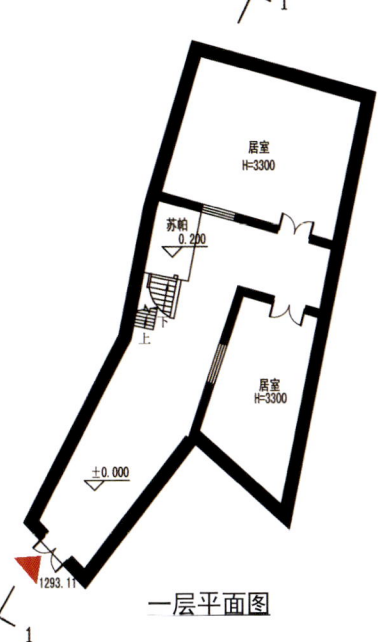

一层平面图

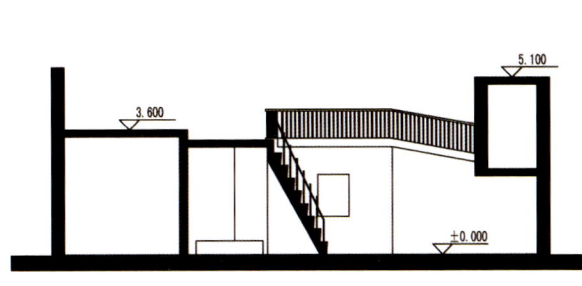

1-1剖面图

274号住宅

用户编号	113	户主	如先古丽·牙生	人口	4人
门牌号	0274	收入水平	￥700	职业分类	司机
搬迁意向	不同意	是否重建	重建	建筑主体结构	砖木
建筑密度	88.30%	庭院面积	12.65 m²	住宅基地面积	107.7 m²
总建筑面积	107.25 m²		一层建筑面积	95.05 m²	

描述：房屋修建于1996年，一层，有地下室，共4间房间，院子内有苏帕、皮夏阿以旺。

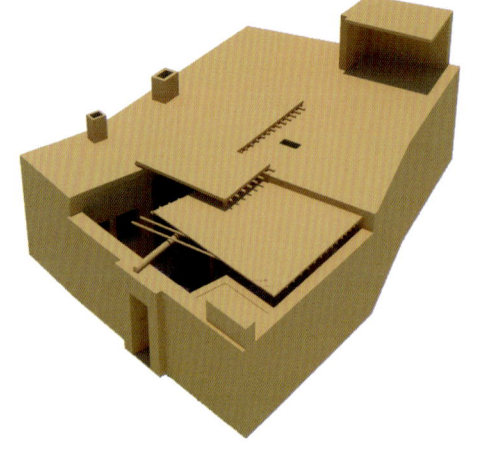

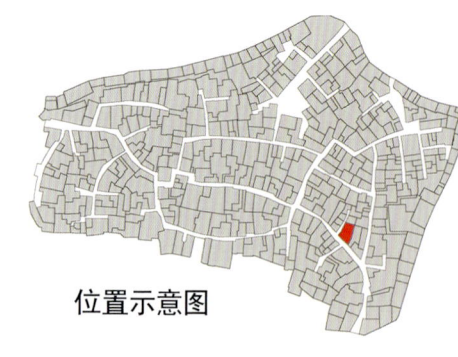

位置示意图

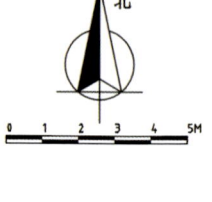

地下室平面图

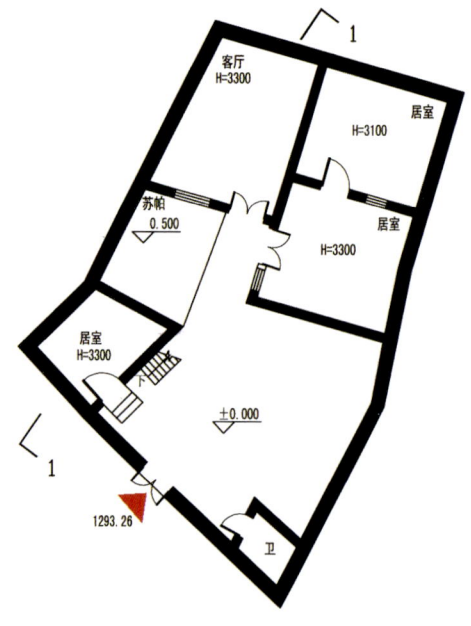

一层平面图

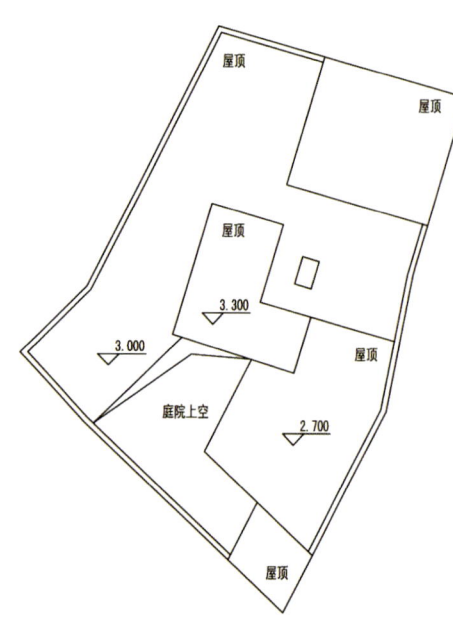

屋顶平面图

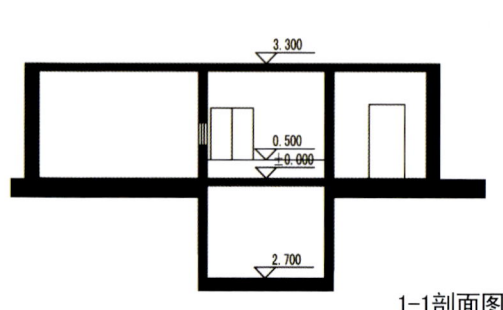

1-1剖面图

276号住宅

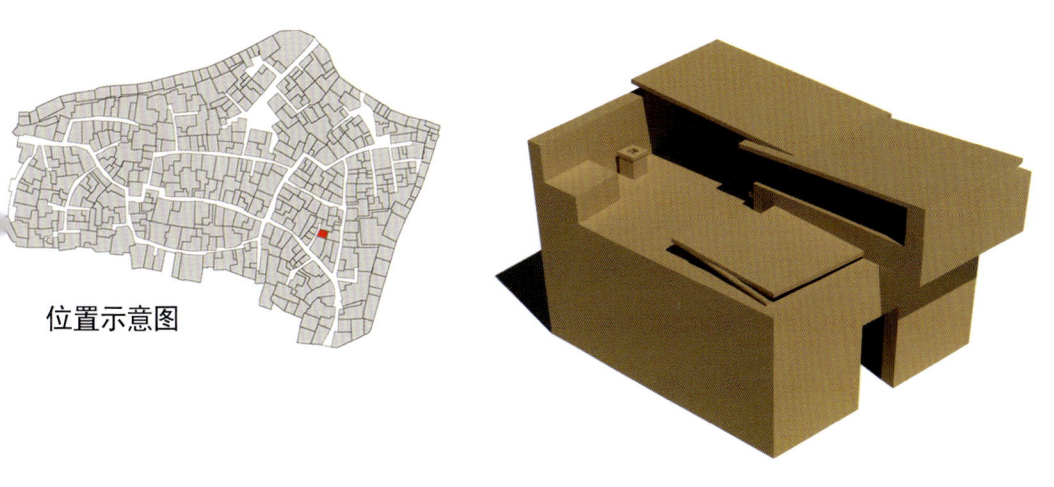

用户编号	114	户主	依提汗·依地热斯	人口	5人
门牌号	0276	收入水平	￥500	职业分类	待业
搬迁意向	不同意	是否重建	重建	建筑主体结构	土木&砖木
建筑密度	80.60%	庭院面积	7.17 m²	住宅基地面积	37.03 m²
总建筑面积	29.86 m²	一层建筑面积	29.86 m²		

描述：房屋是1999年建造的，一层，3间房间。

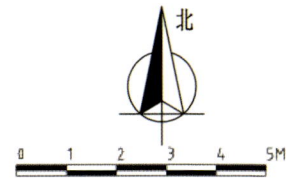

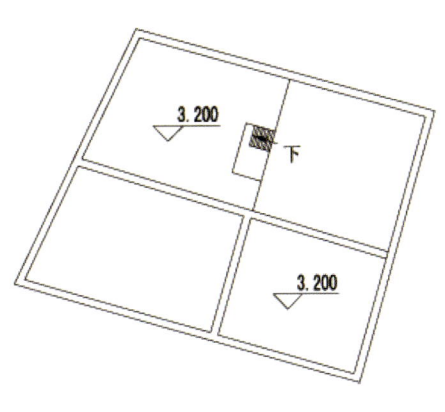

屋顶平面图

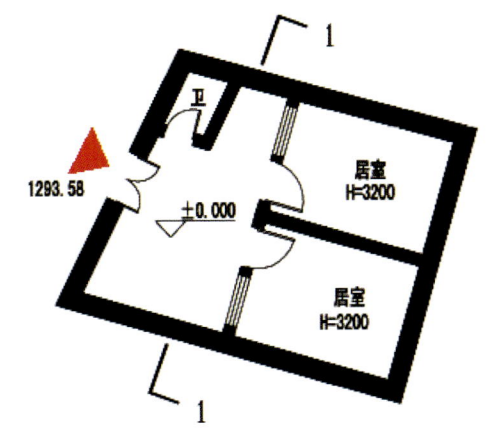

一层平面图

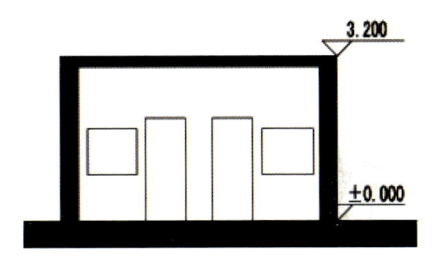

1-1剖面图

278号住宅

用户编号	115	户主	吐尔逊·莫明	人口	8人
门牌号	0278	收入水平	￥2550	职业分类	退休
搬迁意向	不同意	是否重建	重建	建筑主体结构	土木&砖木
建筑密度	94.70%	庭院面积	2.59 m²	住宅基地面积	48.44 m²
总建筑面积	96.23 m²	一层建筑面积	45.85 m²		

描述：房屋是主人在1983年买的，1990年维修了一次，两层，共5间房间。

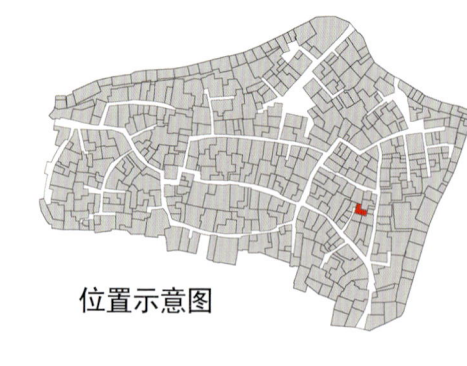

位置示意图

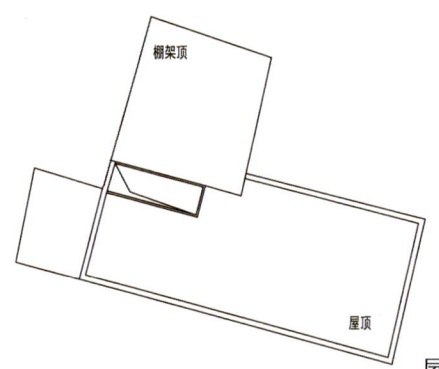
屋顶平面图

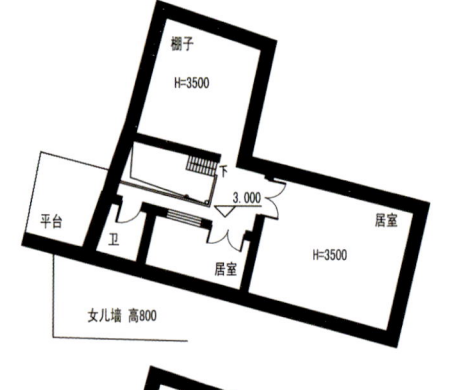
二层平面图

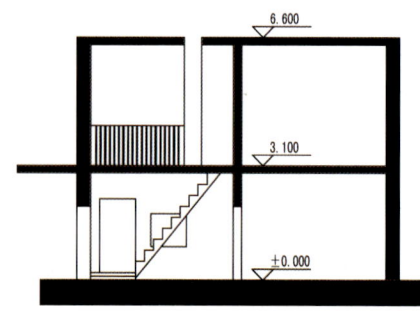
1-1剖面图

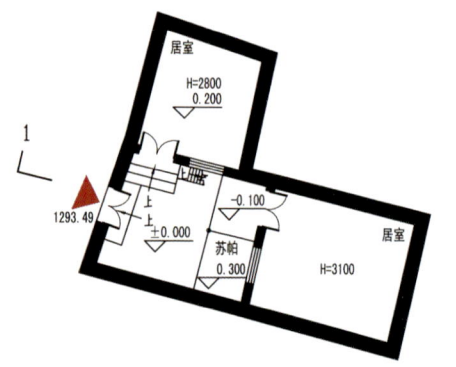
一层平面图

280号住宅

位置示意图

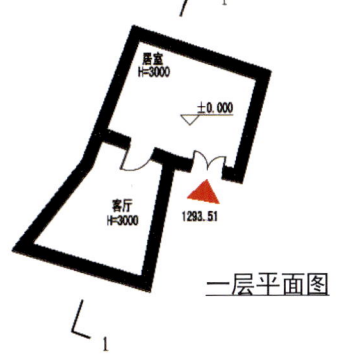
一层平面图

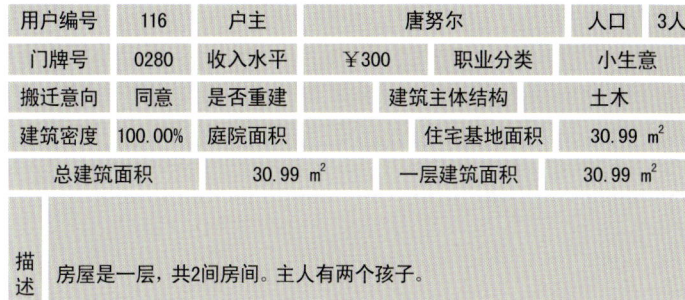

用户编号	116	户主	唐努尔	人口	3人
门牌号	0280	收入水平	¥300	职业分类	小生意
搬迁意向	同意	是否重建		建筑主体结构	土木
建筑密度	100.00%	庭院面积		住宅基地面积	30.99 m²
总建筑面积		30.99 m²	一层建筑面积		30.99 m²

描述：房屋是一层，共2间房间。主人有两个孩子。

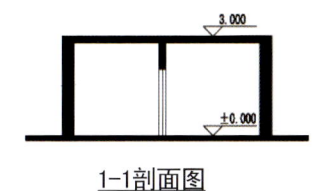
1-1剖面图

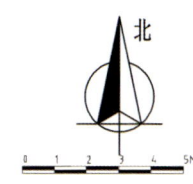
北

284号住宅

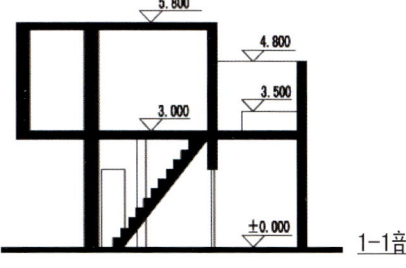
1-1剖面图

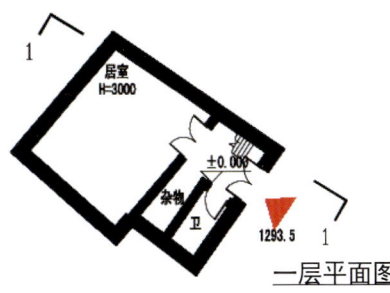
一层平面图

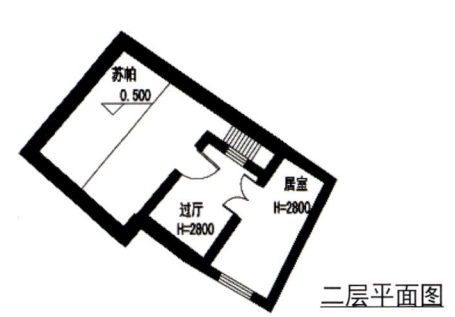
二层平面图

用户编号	117	户主	艾尔肯·赛丁	人口	4人
门牌号	0284	收入水平	¥1200	职业分类	退休
搬迁意向	同意	是否重建		建筑主体结构	土木
建筑密度	100.00%	庭院面积		住宅基地面积	23.99 m²
总建筑面积		47.98 m²	一层建筑面积		23.99 m²

描述：房屋购于1985年，两层，共5间房间，没有院子。

286a号住宅

用户编号	118	户主	买买提沙吾提·吾甫	人口	5人
门牌号	0286a	收入水平	￥4300	职业分类	教师
搬迁意向	不同意	是否重建	重建	建筑主体结构	土木
建筑密度	66.70%	庭院面积	26.62 m²	住宅基地面积	80 m²
总建筑面积				一层建筑面积	53.38 m²

描述：房屋始建于1800年之前，1994年维修了一次，一层，共2间房间。房屋现在对外出租。

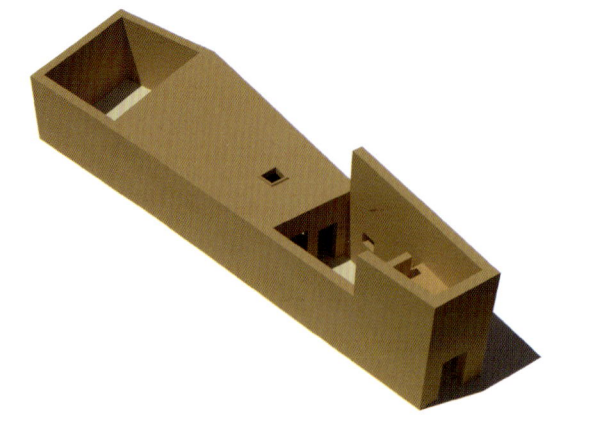

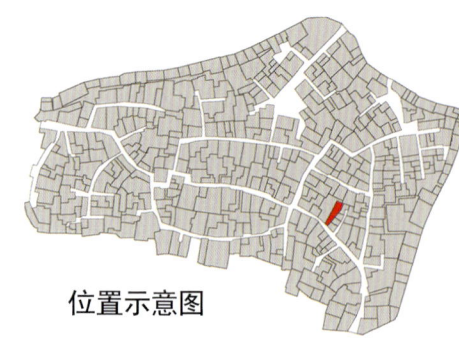

位置示意图

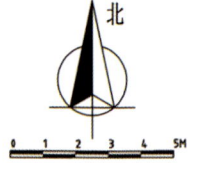

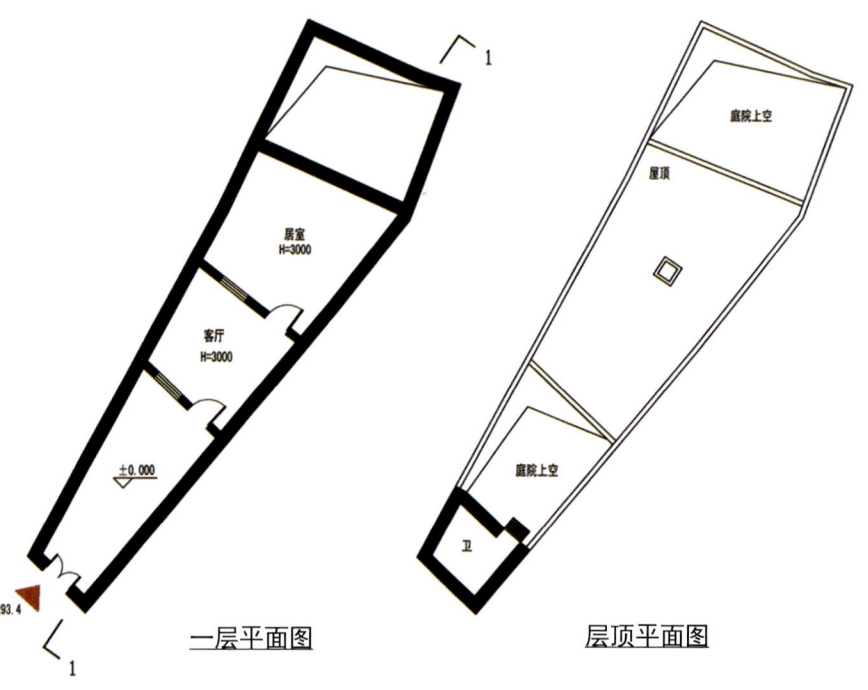

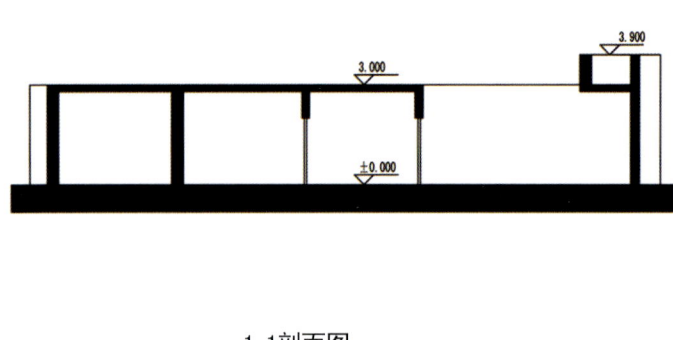

1-1剖面图　　一层平面图　　层顶平面图

286b号住宅

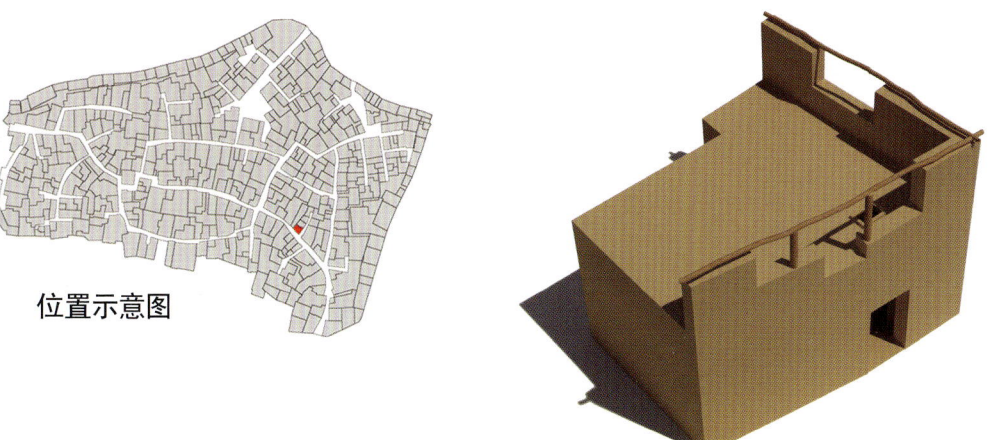

位置示意图

用户编号	119	户主	吐尔逊姑丽·买买提	人口	4人
门牌号	0286b	收入水平	￥600	职业分类	绣帽子
搬迁意向	不同意	是否重建	重建	建筑主体结构	土木
建筑密度	100.00%	庭院面积		住宅基地面积	28.3 m²
总建筑面积		35.15 m²	一层建筑面积		28.3 m²

描述：房屋是1998年买的，两层，共3间房间，没有庭院。

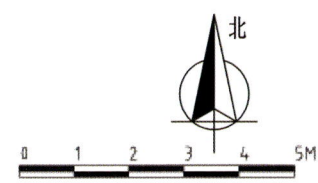

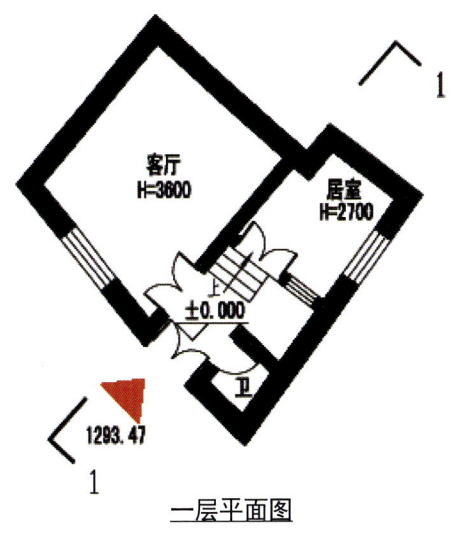

一层平面图

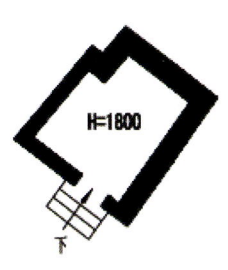

地下室平面图

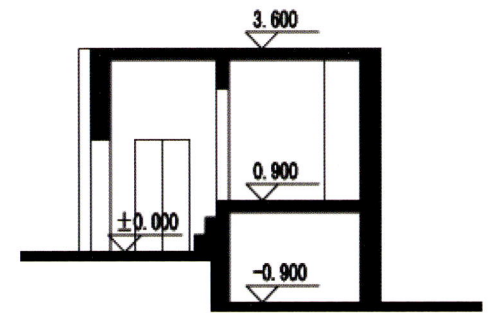

1-1剖面图

288号住宅

用户编号	120	户主	苏力坦·艾麦提	人口	4人
门牌号	0288	收入水平	￥1000	职业分类	做花盆
搬迁意向	不同意	是否重建	重建	建筑主体结构	土木
建筑密度	94.30%	庭院面积	9.36 m²	住宅基地面积	164.08 m²
总建筑面积		171.71 m²	一层建筑面积		154.72 m²

描述：房屋始建于1900年之前，1998年新建了几间房间。房屋现在有两层，共9间房间。有一个向外开的商铺。房屋比较旧了，有很多裂缝。主人是从事做花盆的第四代人，为了做这个行业必须回迁。

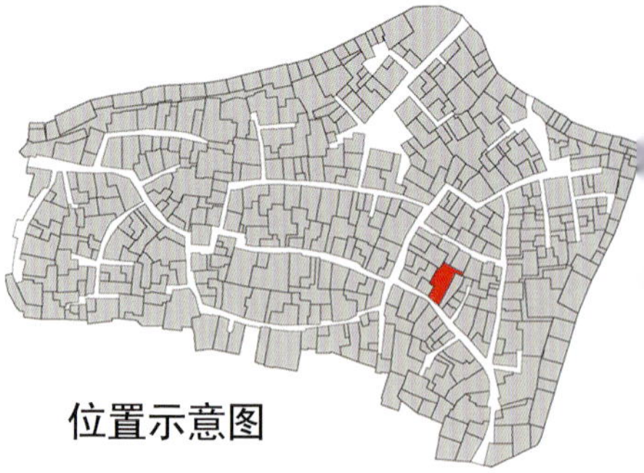

位置示意图

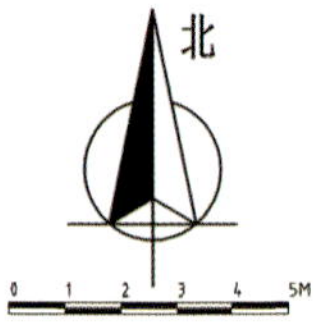

地下室平面图

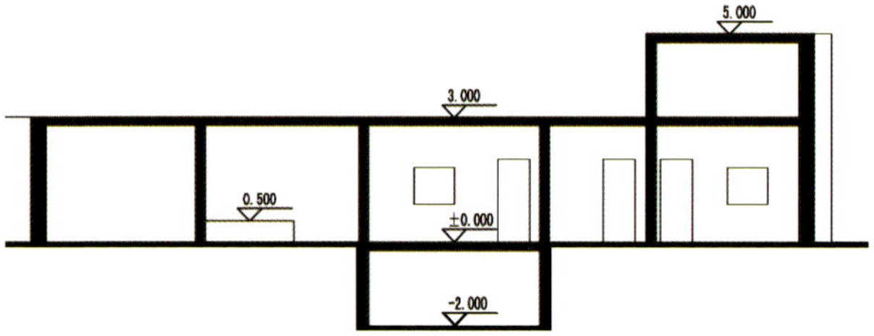

1-1剖面图

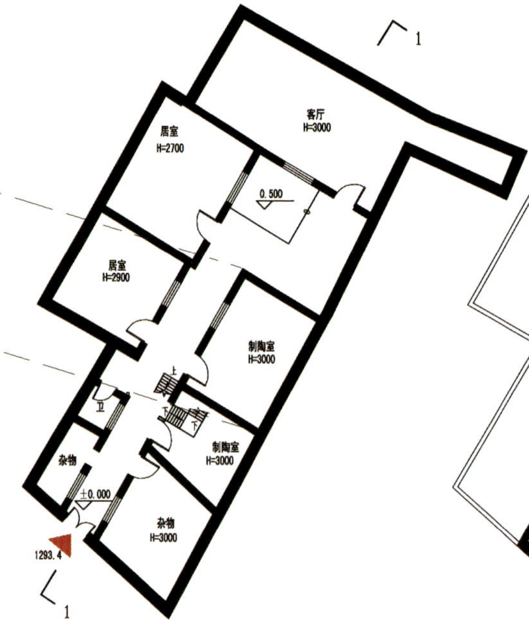

一层平面图

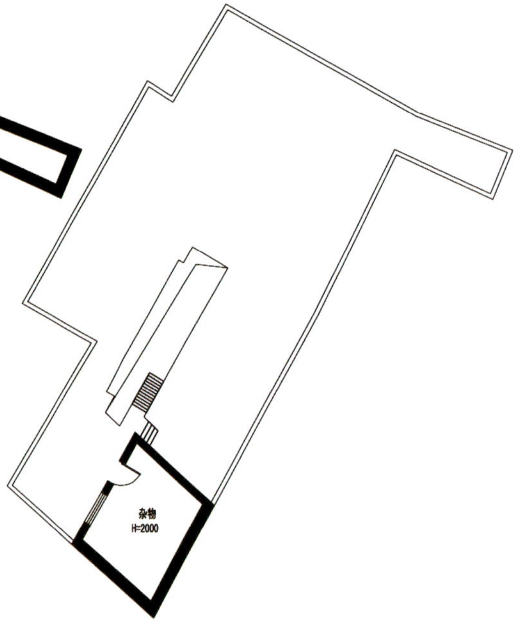

二层平面图

290号住宅

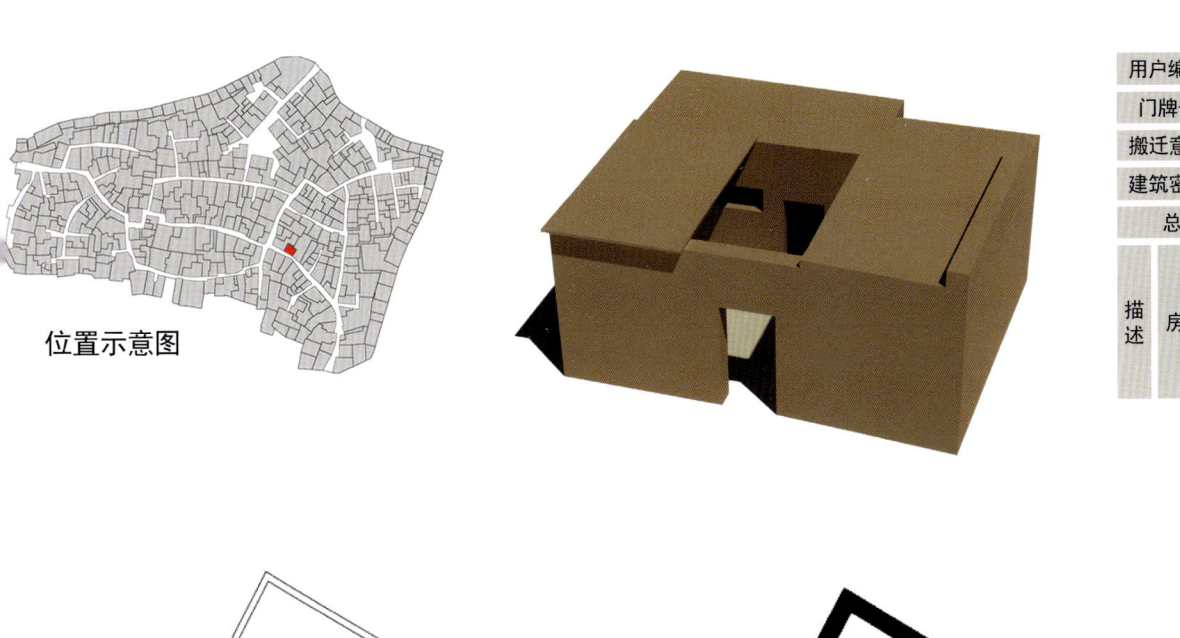

用户编号	121	户主	艾尼瓦尔·艾力	人口	4人
门牌号	0290	收入水平	￥800	职业分类	做花盆
搬迁意向	不同意	是否重建	重建	建筑主体结构	土木
建筑密度	82.70%	庭院面积	8.04 m²	住宅基地面积	46.54 m²
总建筑面积		38.5 m²		一层建筑面积	38.5 m²

描述	房屋是主人1999年买的，一直没维修，一层，共3间房间。

位置示意图

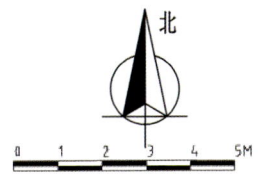

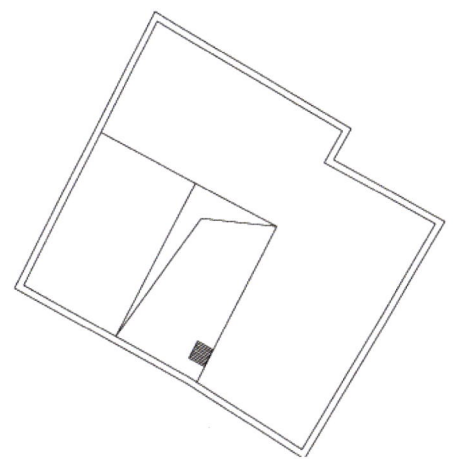

屋顶平面图

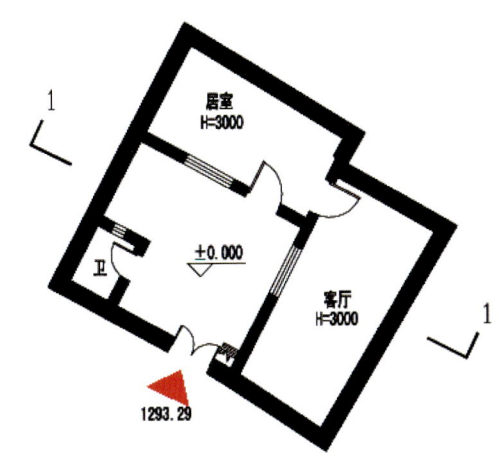

一层平面图

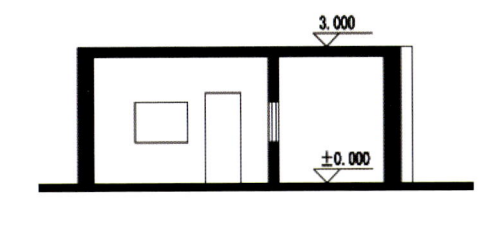

1-1剖面图

294号住宅

用户编号	122	户主	阿尼克孜·阿布都热依木	人口	4人
门牌号	0294	收入水平	￥300	职业分类	待业
搬迁意向	不同意	是否重建	重建	建筑主体结构	土木&砖木
建筑密度	97.80%	庭院面积	3.67 m²	住宅基地面积	164.08 m²
总建筑面积				一层建筑面积	160.41 m²

描述：房屋始建于1970年，2006年新建了一间房间。房屋现在有两层，共9间房间。房屋有两个单独的大门。女主人说，老公去世已经好几年了，家里的整个压力只能由她来承担，没有任何经济能力改造房子。

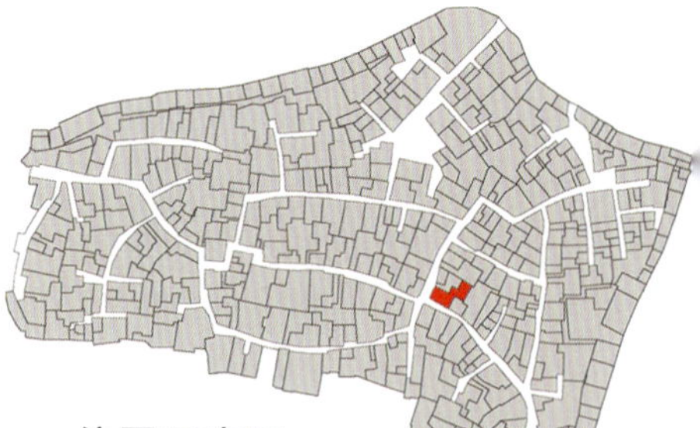

位置示意图

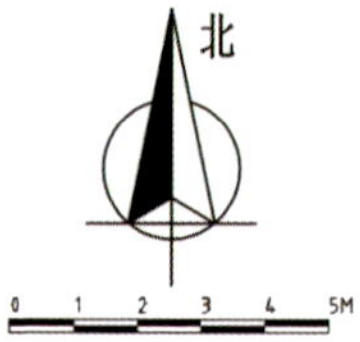

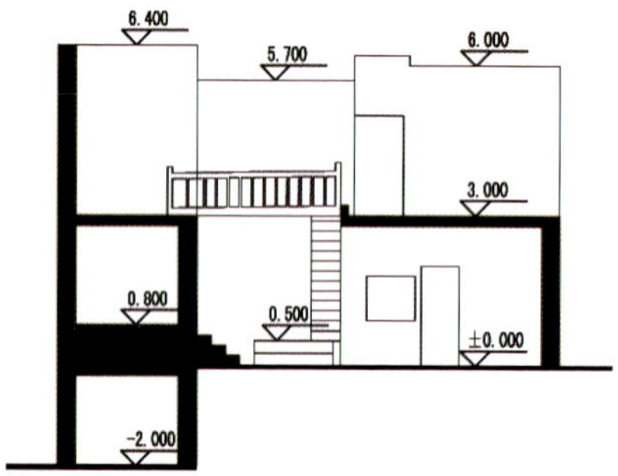

1-1剖面图 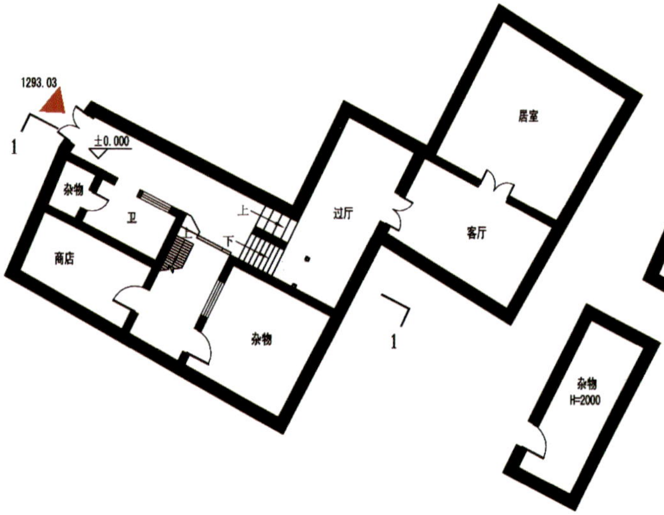　　一层平面图　　地下室平面图　　二层平面图

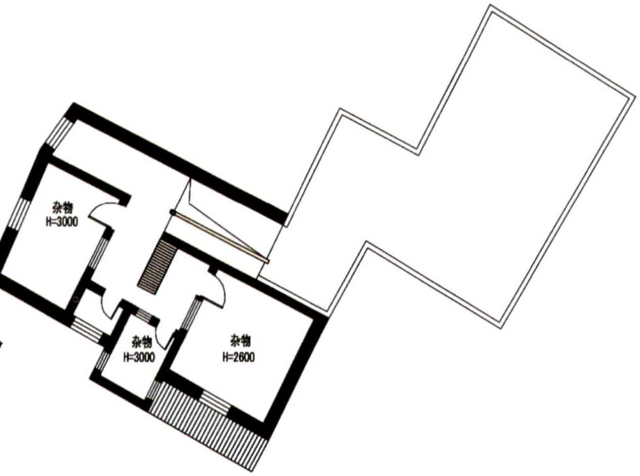

296a号住宅

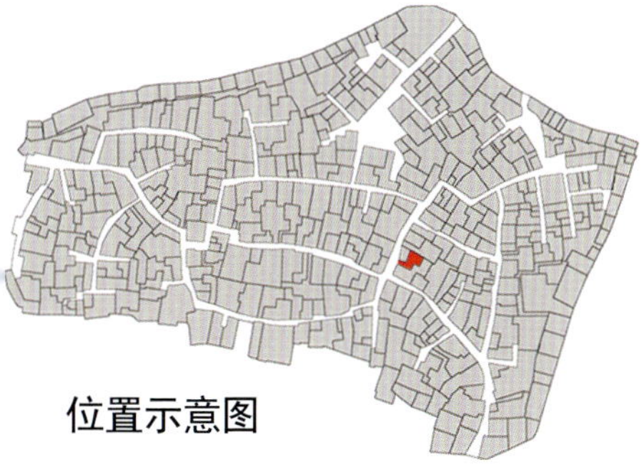

位置示意图

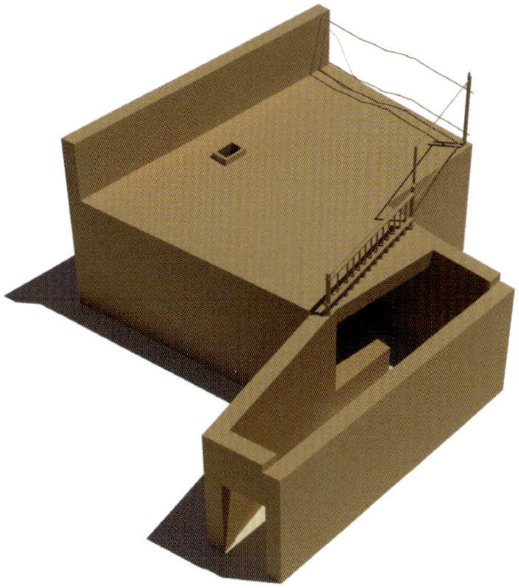

用户编号	123	户主	吐尔逊古丽·卡德	人口	8人
门牌号	0296a	收入水平	￥600	职业分类	绣帽子
搬迁意向	不同意	是否重建	重建	建筑主体结构	土木
建筑密度	73.90%	庭院面积	14.95 m²	住宅基地面积	57.29 m²
总建筑面积		42.34 m²		一层建筑面积	42.34 m²

描述：对外出租的房屋，一层，2间房间。

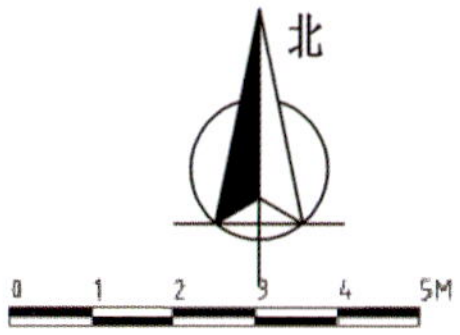

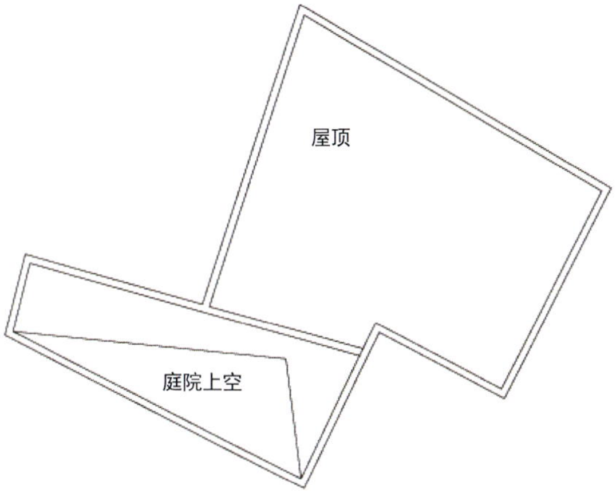

屋顶平面图 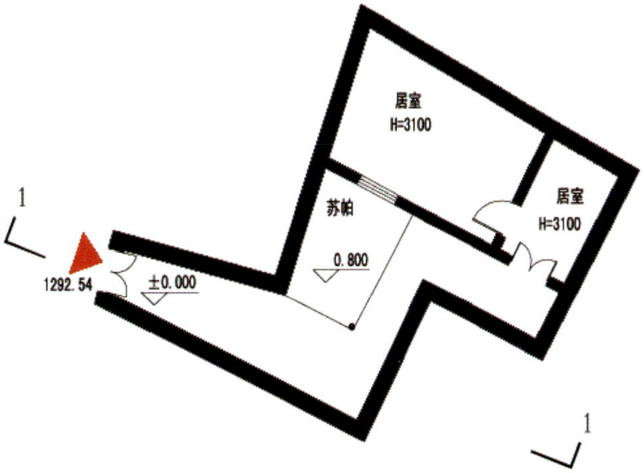　　一层平面图 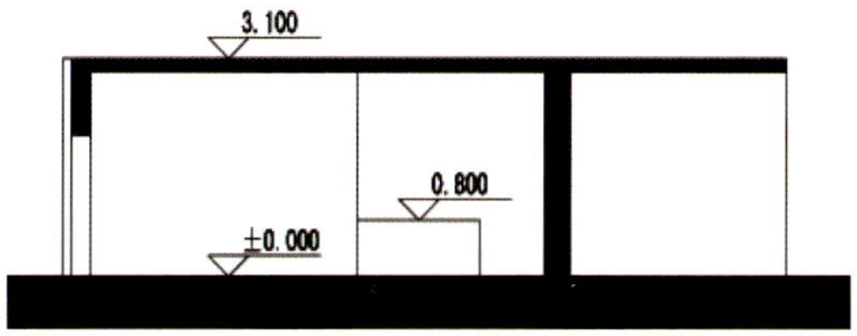　　1-1剖面图

296b号住宅

用户编号	124	户主	吐尔逊古丽·卡德	人口	4人
门牌号	0296b	收入水平	￥600	职业分类	绣帽子
搬迁意向	不同意	是否重建	重建	建筑主体结构	土木&砖木
建筑密度	95.20%	庭院面积	5.43 m²	住宅基地面积	112.46 m²
总建筑面积		159.99 m²	一层建筑面积		107.03 m²
描述	房屋是主人1999年买的，两层，共9间房间。				

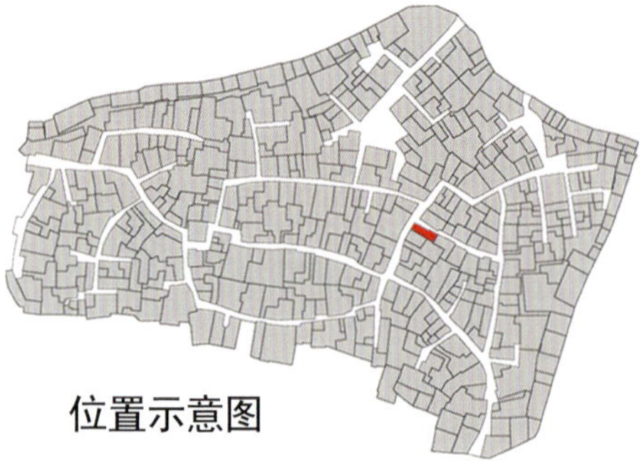

位置示意图

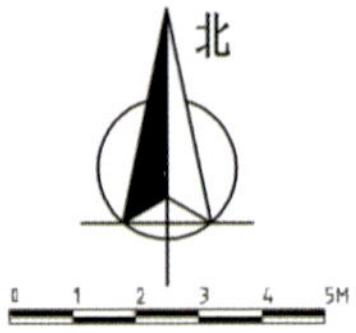

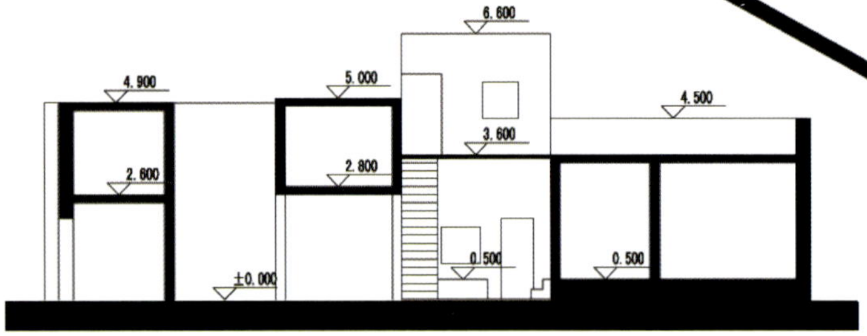

1-1剖面图 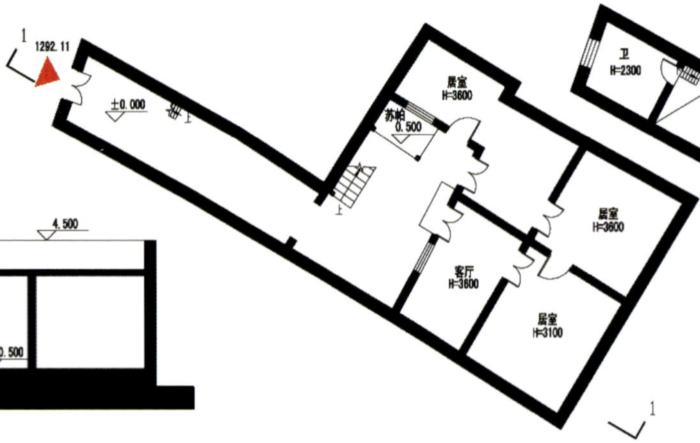　　　一层平面图 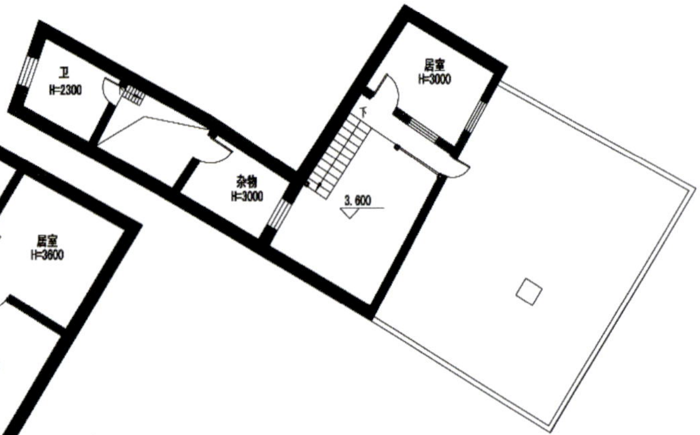　　　二层平面图

298a号住宅

用户编号	125	户主	依巴地提·吾甫尔	人口	2人
门牌号	0298a	收入水平	￥750	职业分类	退休
搬迁意向	不同意	是否重建	重建	建筑主体结构	框架
建筑密度	98.10%	庭院面积	0.58 m²	住宅基地面积	31.14 m²
总建筑面积		62.55 m²	一层建筑面积		30.56 m²

描述：房屋是2008年新建的，两层，共4间房间，主人还没搬进来。

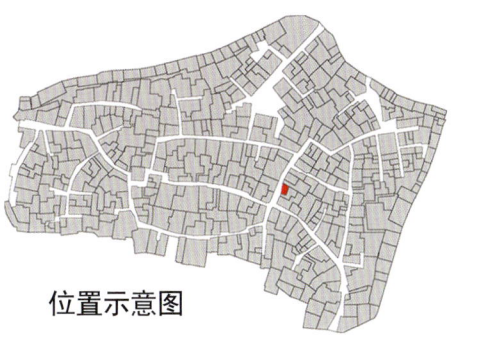

位置示意图

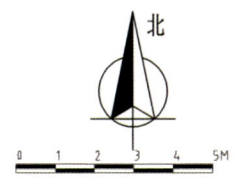

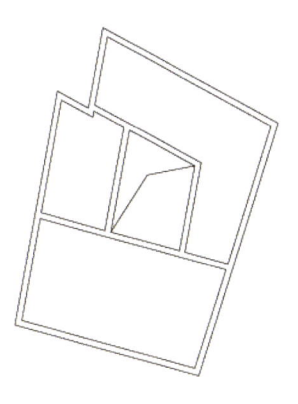

屋顶平面图

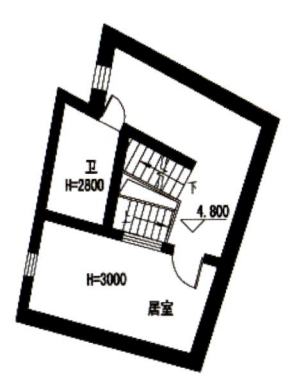

二层平面图

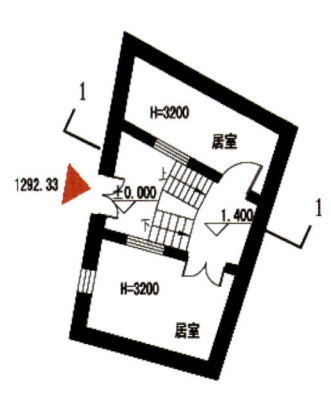

一层平面图

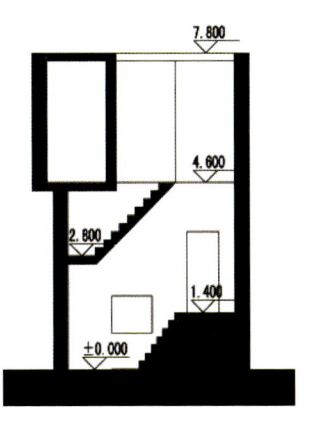

1-1剖面图

298b号住宅

用户编号	126	户主	依巴地提·吾甫尔	人口	2人
门牌号	0298b	收入水平	￥750	职业分类	退休
搬迁意向	不同意	是否重建	重建	建筑主体结构	框架
建筑密度	95.10%	庭院面积	2.56 m²	住宅基地面积	51.67 m²
总建筑面积		111.34 m²	一层建筑面积	49.11 m²	
描述	房屋是2008年新建的，三层，共5间房间。				

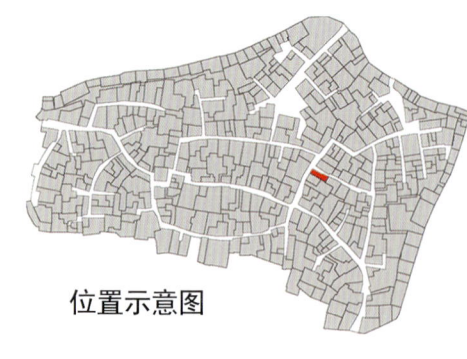

位置示意图

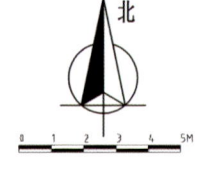

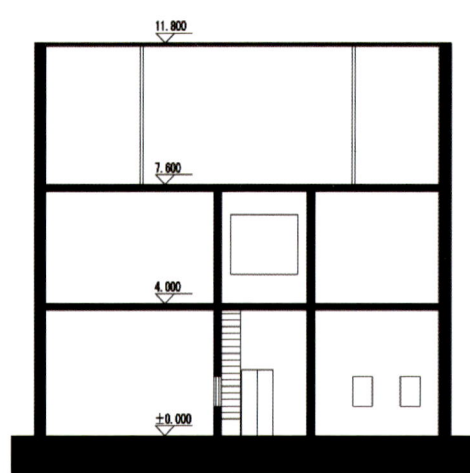

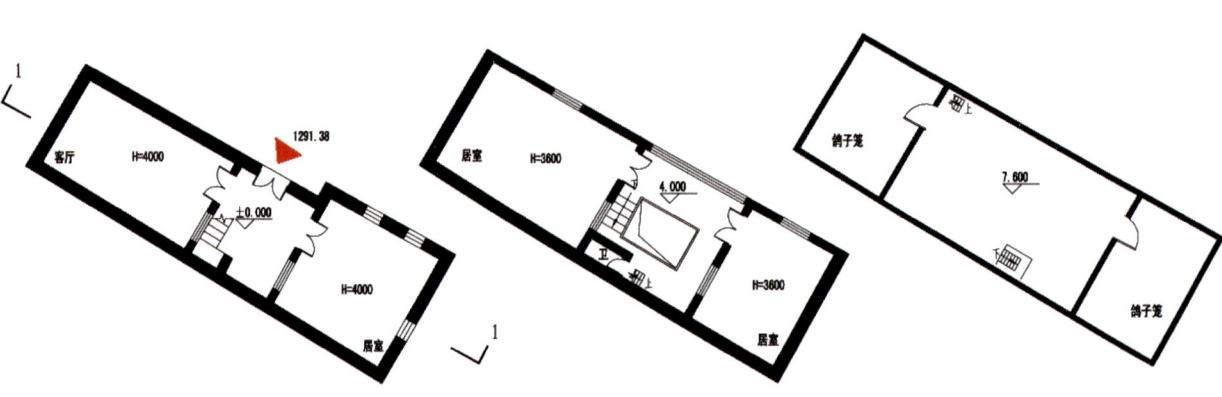

1-1剖面图　　　　一层平面图　　　　二层平面图　　　　三层平面图

300号住宅

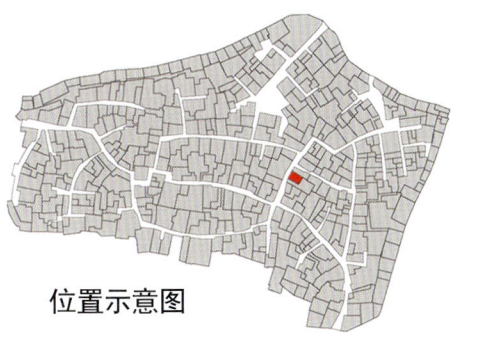

位置示意图

用户编号	127	户主	卡比尼沙·阿布拉	人口	3人
门牌号	0300	收入水平	￥300	职业分类	修理工
搬迁意向	不同意	是否重建	重建	建筑主体结构	砖木
建筑密度	96.70%	庭院面积	1.78 m²	住宅基地面积	54.67 m²
总建筑面积	52.89 m²			一层建筑面积	52.89 m²
描述	房屋是2003年建造的，一层，共3间房间。				

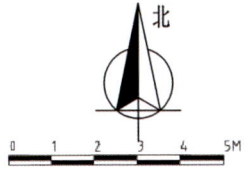

北

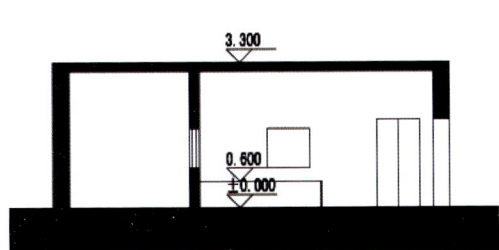

1-1剖面图

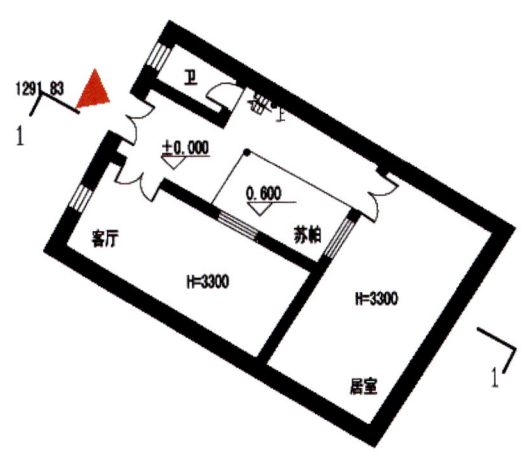

一层平面图

302号住宅

用户编号	128	户主	依明江·艾山	人口	4人
门牌号	0302	收入水平	¥1000	职业分类	司机
搬迁意向	不同意	是否重建	重建	建筑主体结构	砖混
建筑密度	96.00%	庭院面积	2.79 m²	住宅基地面积	70.27 m²
总建筑面积	67.48 m²		一层建筑面积	67.48 m²	

描述	房屋始建于1949年,2006年大门倒塌,维修了一次,一层,4间房间。

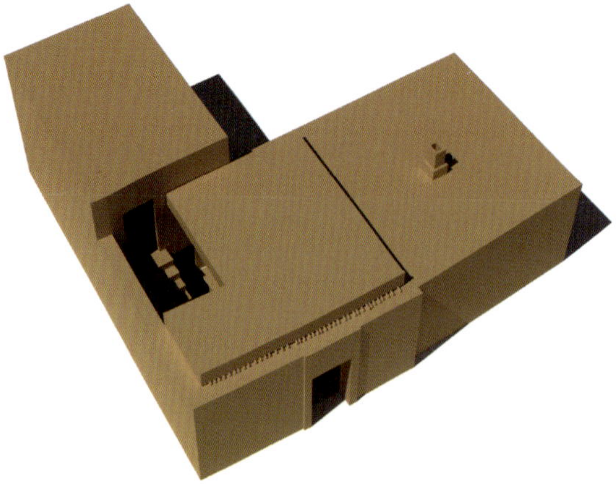

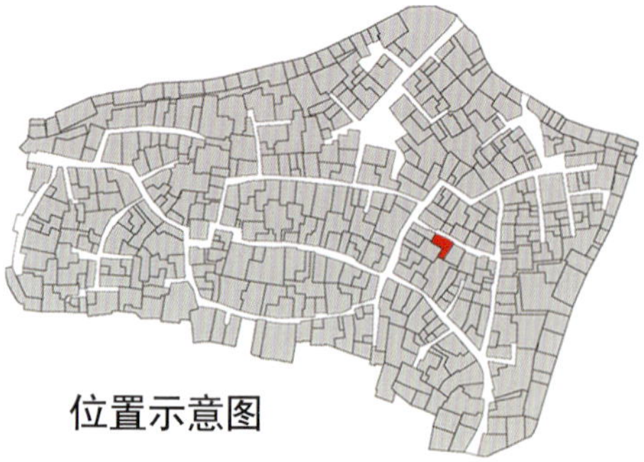

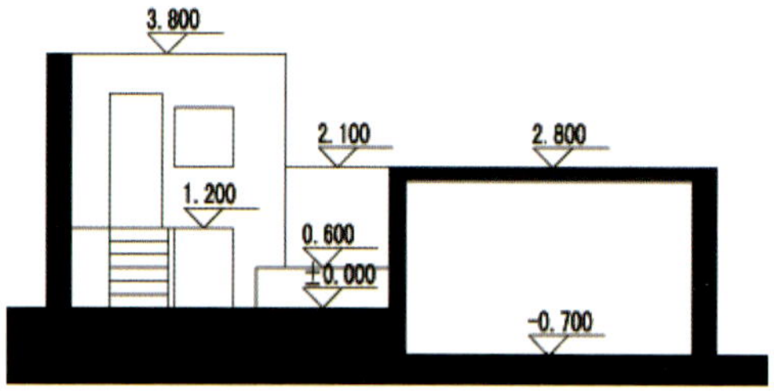

位置示意图

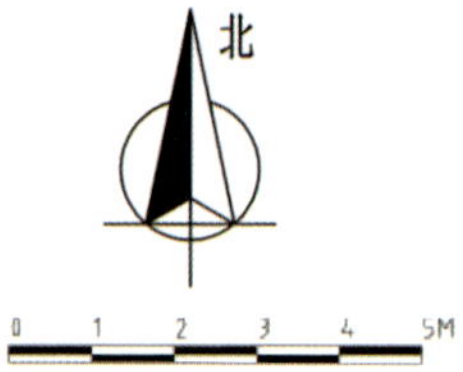

1-1剖面图 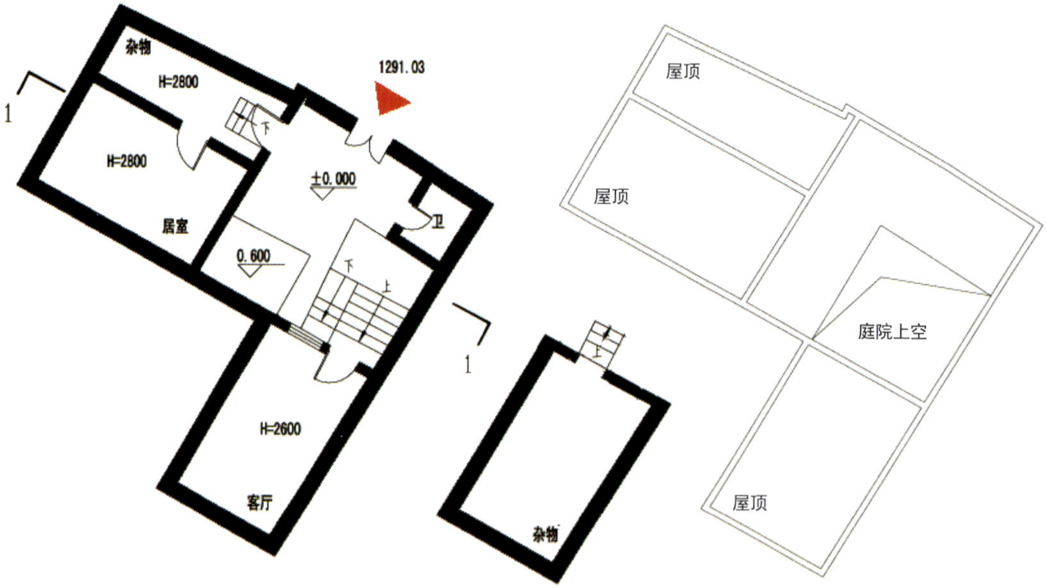　　一层平面图　　地下室平面图　　屋顶平面图

304号住宅

用户编号	129	户主	库尔班尼萨马木提	人口	5人
门牌号	0304	收入水平	￥300	职业分类	待业
搬迁意向	不同意	是否重建	重建	建筑主体结构	砖木
建筑密度	90.30%	庭院面积	6.76 m²	住宅基地面积	69.95 m²
总建筑面积		82.19 m²		一层建筑面积	63.19 m²
描述	房屋始建于1949年之前，1999年新建了第二层。				

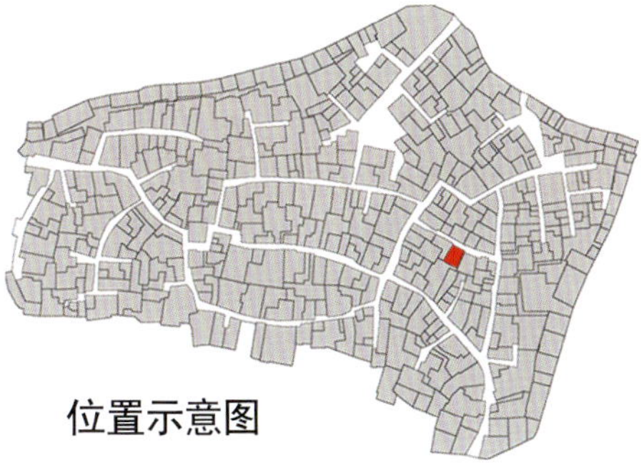

位置示意图

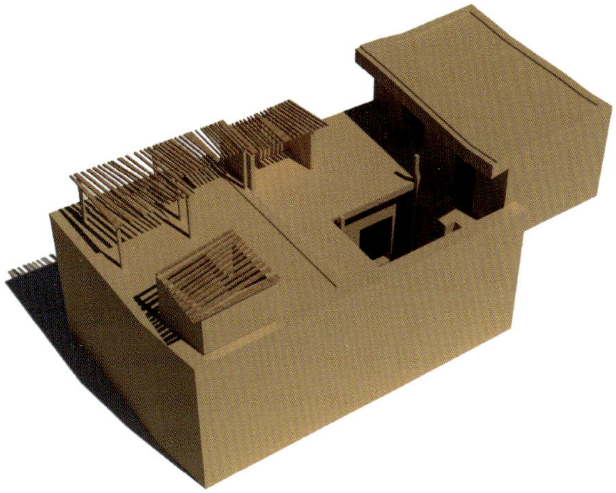

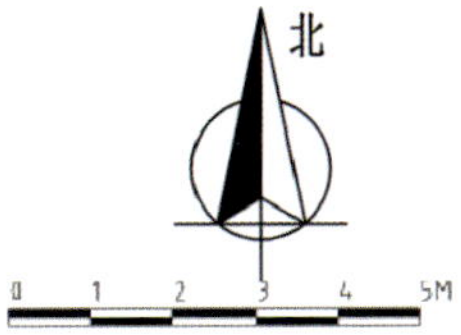

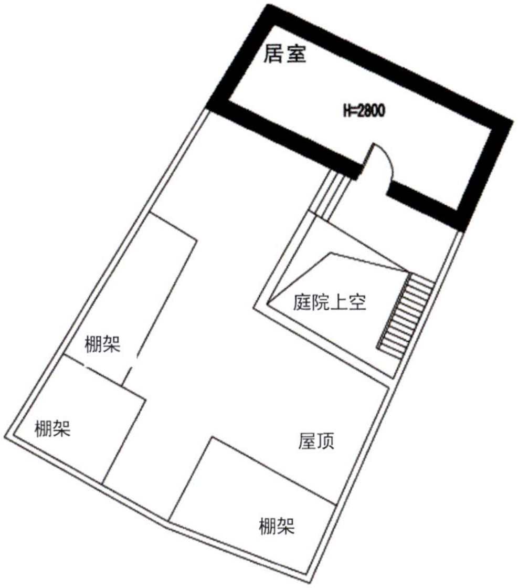

二层平面图 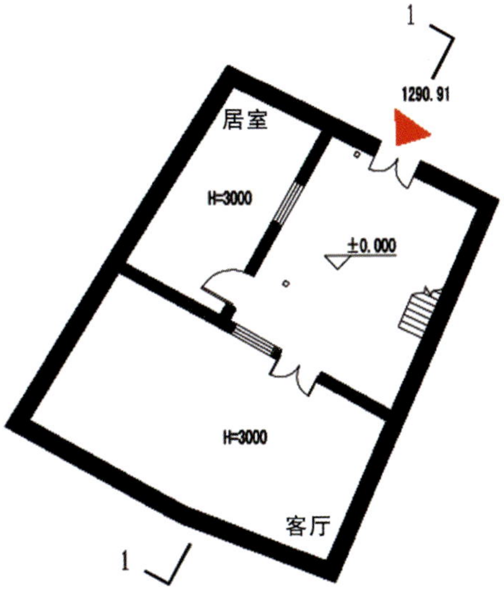　　　　一层平面图 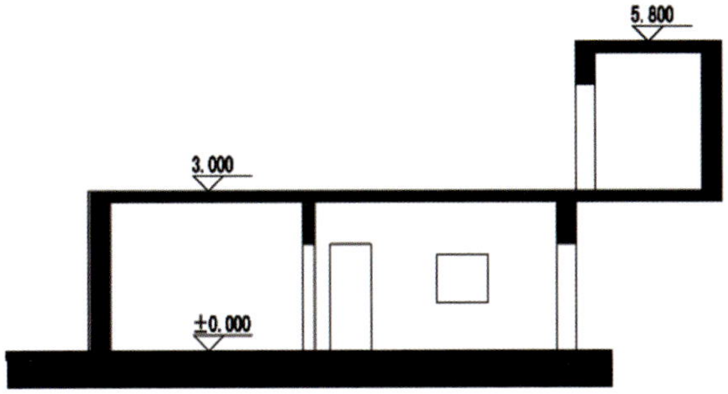　　　　1-1剖面图

306号住宅

用户编号	130	户主	阿合提古丽·提瓦库力	人口	4人
门牌号	0306	收入水平	￥500	职业分类	个体户
搬迁意向	不同意	是否重建	重建	建筑主体结构	土木
建筑密度	96.90%	庭院面积	2.51 m²	住宅基地面积	80.48 m²
总建筑面积	77.97 m²	一层建筑面积	77.97 m²		

描述：房屋始建于1800年之前，1993年新盖了一间，一层，3间房，院内有苏帕。308户的屋顶空间归本户使用，由爬梯连接。

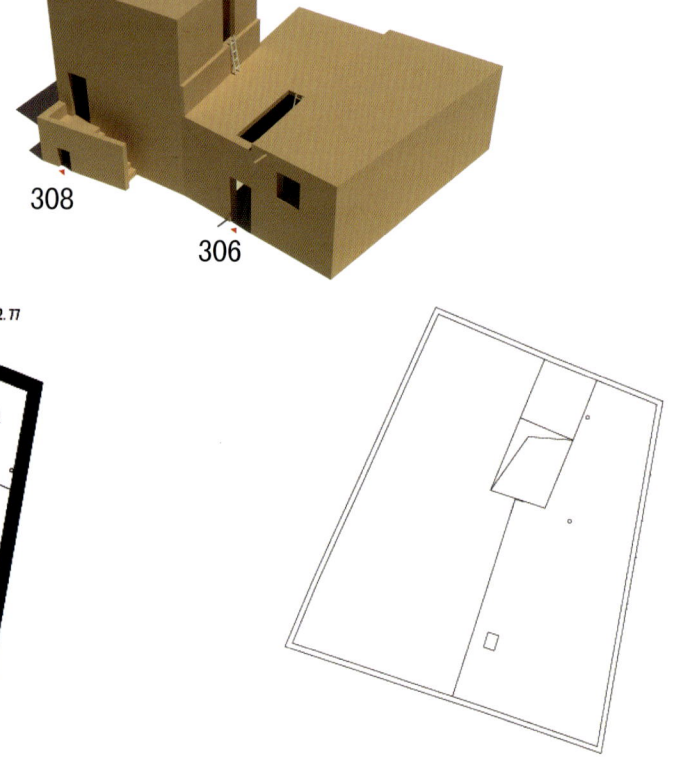

位置示意图

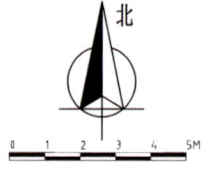

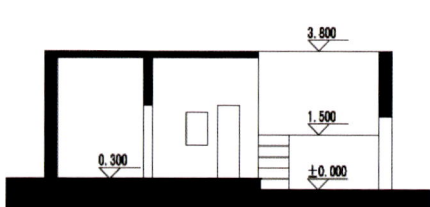

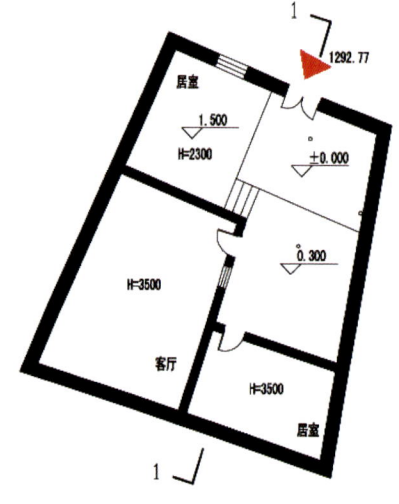

1-1剖面图

一层平面图

屋顶平面图

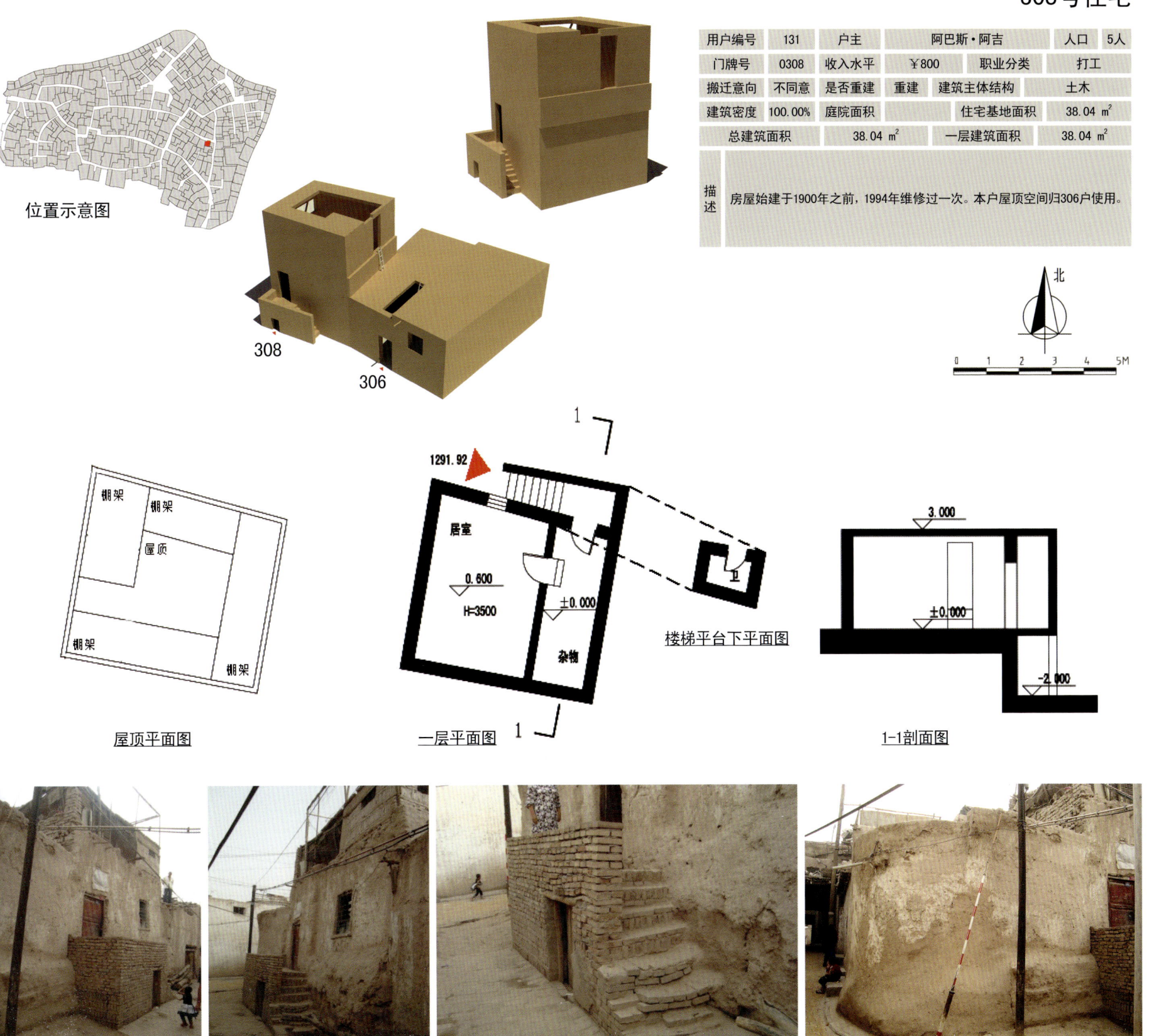

310号住宅

用户编号	132	户主	肉扎吉·吐尔逊	人口	4人
门牌号	0310	收入水平	¥600	职业分类	牧民（骆驼）
搬迁意向	不同意	是否重建	重建	建筑主体结构	砖混
建筑密度	83.10%	庭院面积	10.23 m²	住宅基地面积	60.41 m²
总建筑面积	52.97 m²	一层建筑面积	50.18 m²		

描述	2006年新盖的房屋，两层4间房。该户与312户连通，并且卫生间在312户的屋顶。

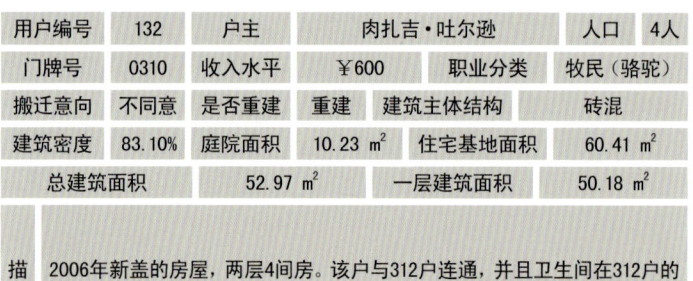

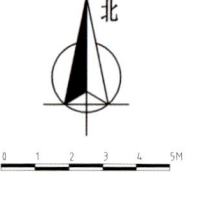

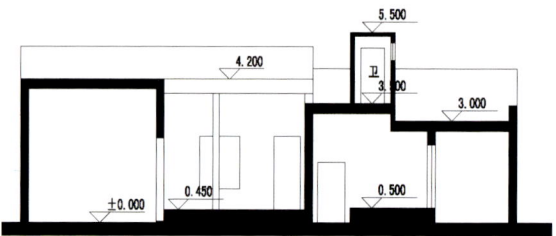
1-1剖面图

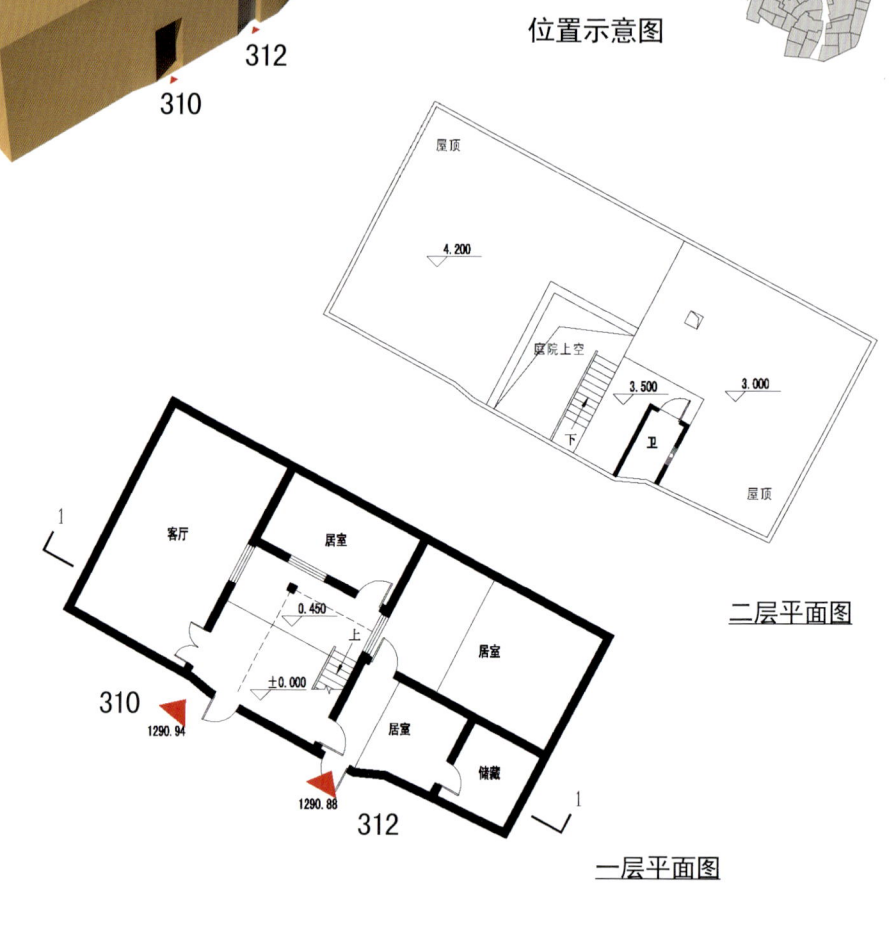

位置示意图

二层平面图

一层平面图

312号住宅

用户编号	133	户主	阿依吐尔逊·马木提	人口	9人
门牌号	0312	收入水平	¥400	职业分类	
搬迁意向	不同意	是否重建	重建	建筑主体结构	砖木
建筑密度	100.00%	庭院面积		住宅基地面积	42.85 m²
总建筑面积	42.85 m²	一层建筑面积	42.85 m²		

描述	房屋始建于1900年之前，现在房子一层，总计2间房间。与310户连通。

318号住宅

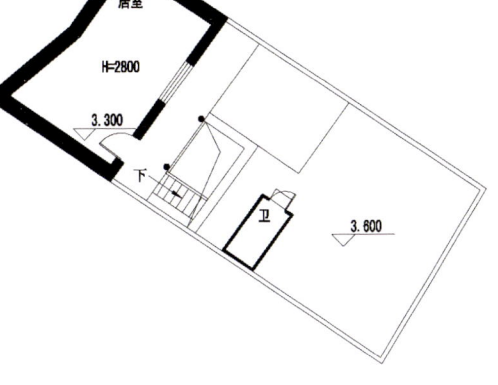

位置示意图

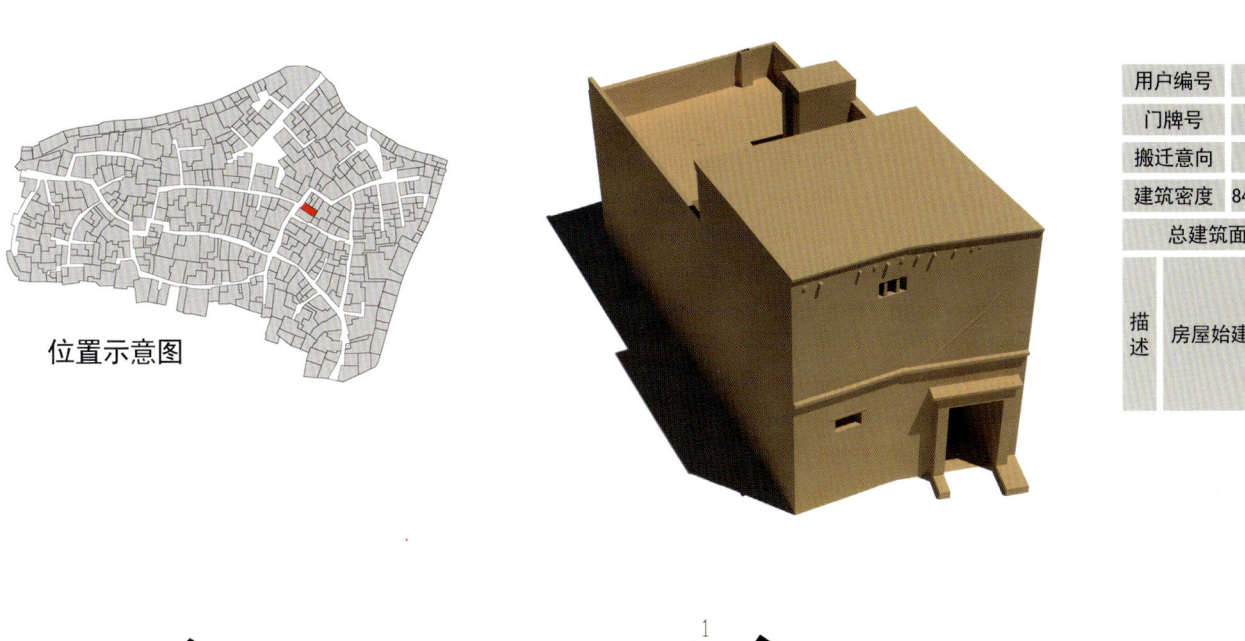

用户编号	134	户主	吐提古丽·买买提	人口	5人
门牌号	0318	收入水平	￥600	职业分类	绣帽子
搬迁意向	同意	是否重建		建筑主体结构	土木&砖木
建筑密度	84.80%	庭院面积	9.06 m²	住宅基地面积	59.55 m²
总建筑面积		75.46 m²	一层建筑面积		50.49 m²
描述	房屋始建于1900年之前。				

北

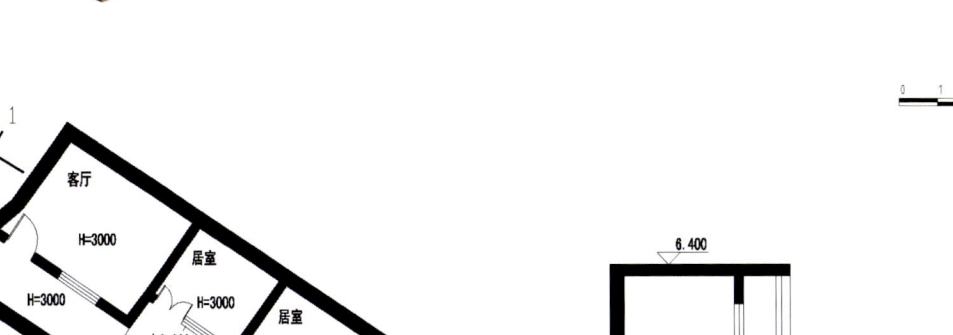

二层平面图　　　　　一层平面图　　　　　1-1剖面图

324号住宅

用户编号	135	户主	库尔班江·艾依提	人口	2人
门牌号	0324	收入水平	￥500	职业分类	个体户
搬迁意向	不同意	是否重建	重建	建筑主体结构	土木
建筑密度	75.60%	庭院面积	8.39 m²	住宅基地面积	34.44 m²
总建筑面积		31.76 m²		一层建筑面积	26.05 m²

描述：房屋始建于1885年之前，于2005年在原址对房屋进行了重建，现房屋仅有一层，一间地下室（1.2米层高），总计4间房间。

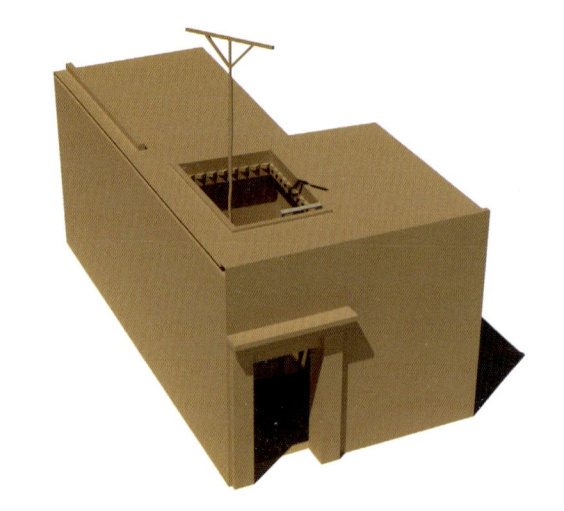

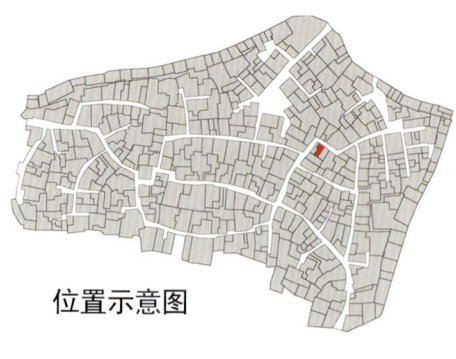

位置示意图

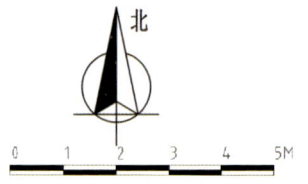

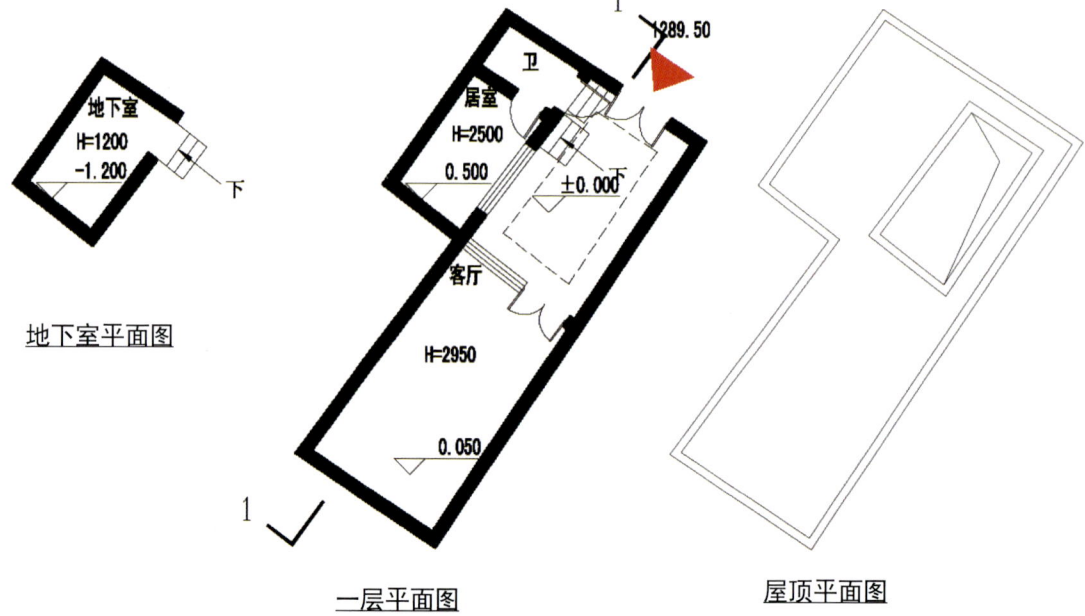

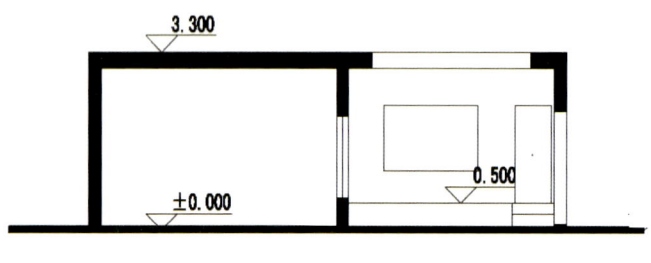

1-1剖面图   地下室平面图   一层平面图   屋顶平面图

326号住宅

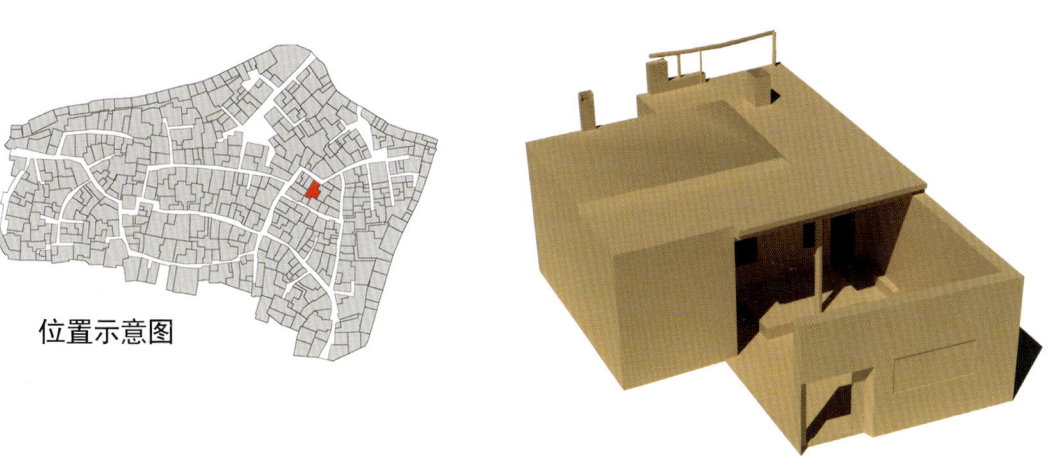

用户编号	136	户主	艾山江	人口	3人
门牌号	0326	收入水平	￥1700	职业分类	司机
搬迁意向	不同意	是否重建	重建	建筑主体结构	土木
建筑密度	74.80%	庭院面积	24.06 m²	住宅基地面积	95.28 m²
总建筑面积		71.22 m²		一层建筑面积	71.22 m²
描述	房屋始建于1800年之前，一层，共4个房间，具有比较典型的民族特征。					

位置示意图

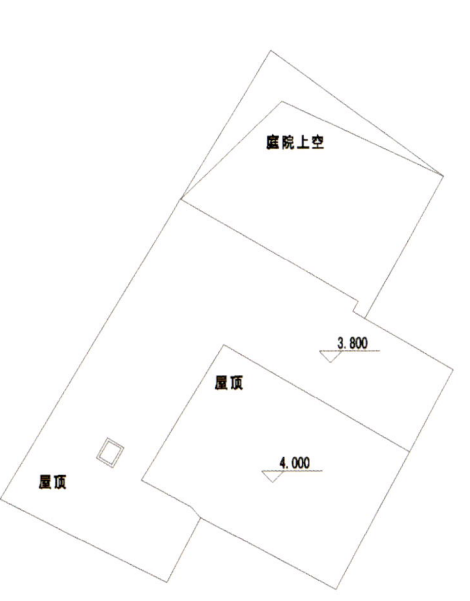

屋顶平面图

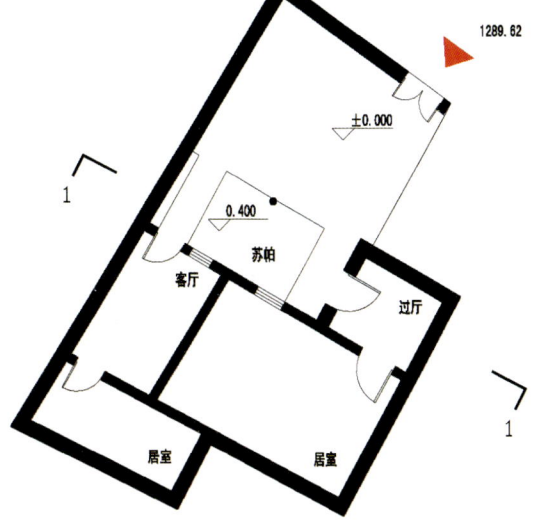

一层平面图

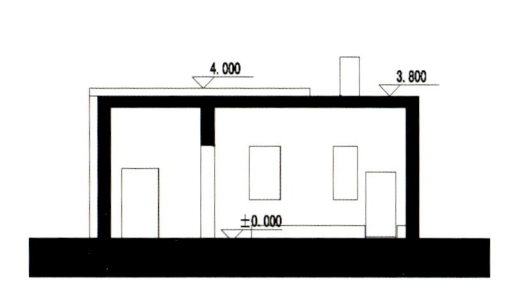

1-1剖面图

328号住宅

用户编号	137	户主	吐尔逊·西木西德	人口	5人
门牌号	0328	收入水平	￥500	职业分类	退休
搬迁意向	不同意	是否重建	重建	建筑主体结构	土木
建筑密度	95.70%	庭院面积	3.32 m²	住宅基地面积	76.45 m²
总建筑面积	86.29 m²	一层建筑面积	73.13 m²		

描述：房主于1996年花2.8万元购买，房屋两层共3间房间，主人有7个孩子，12个孙子，2个曾孙。

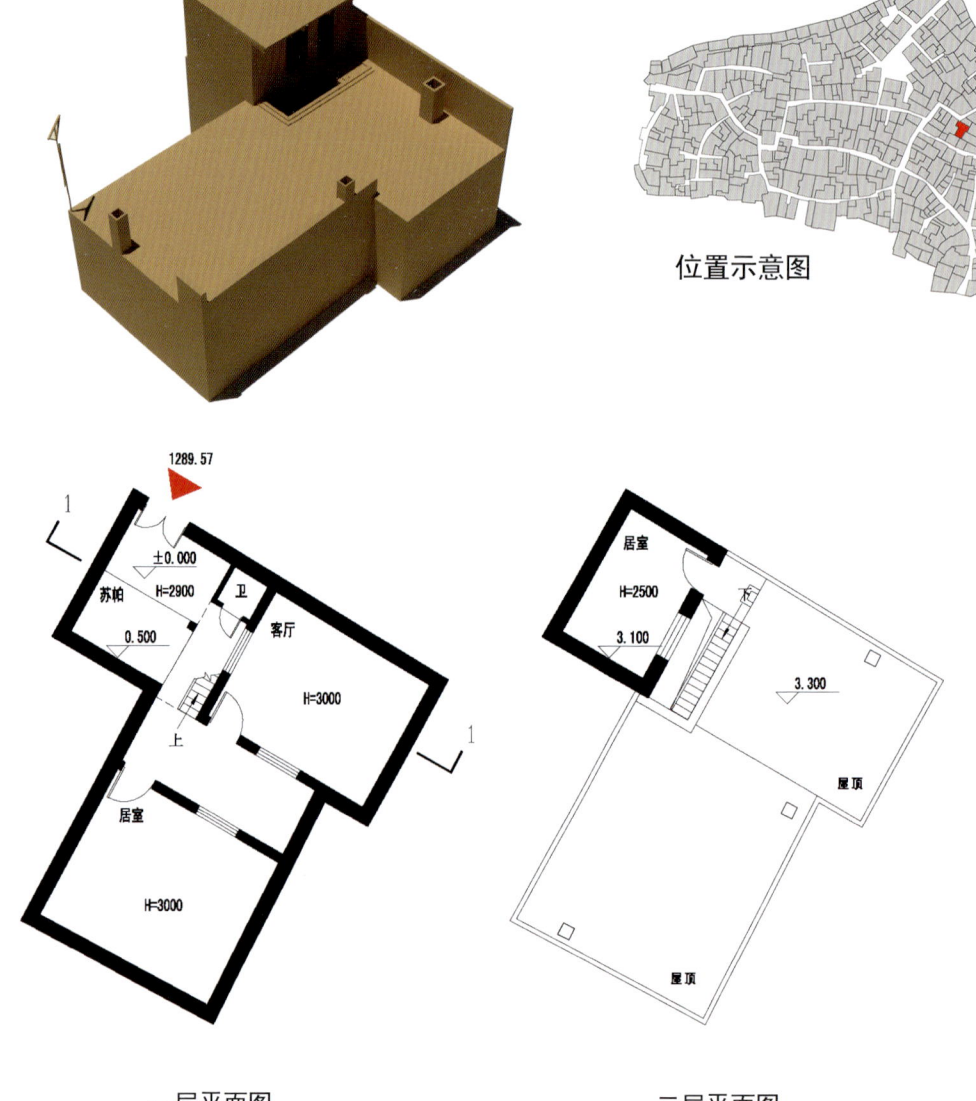

位置示意图

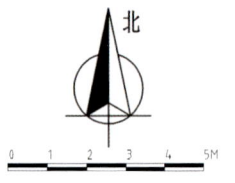

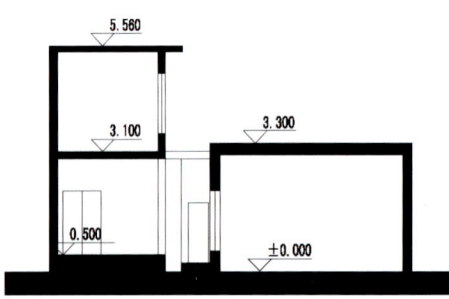

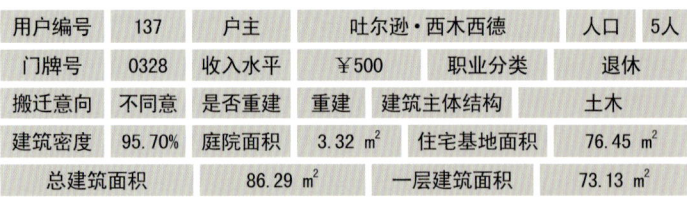

1-1剖面图　　一层平面图　　二层平面图

330号住宅

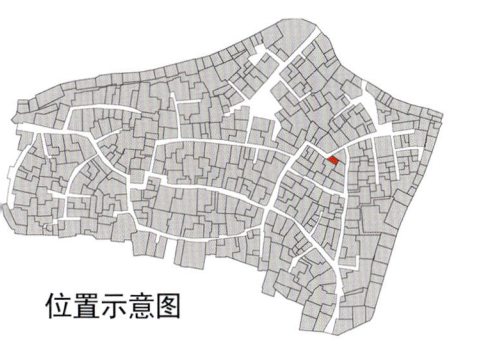

位置示意图

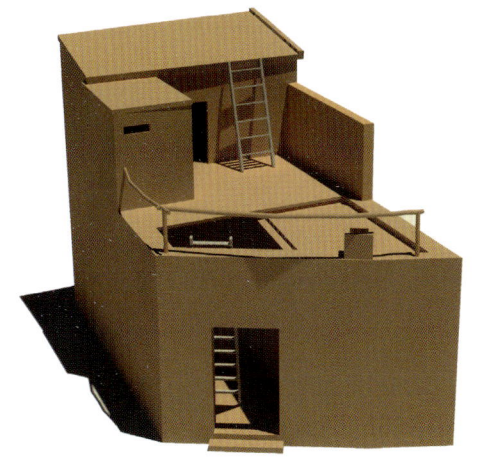

用户编号	138	户主	阿布力克木·亚生	人口	2人
门牌号	0330	收入水平	￥250	职业分类	个体户
搬迁意向	不同意	是否重建	重建	建筑主体结构	土木
建筑密度	91.30%	庭院面积	2.6 m²	住宅基地面积	29.96 m²
总建筑面积		38.17 m²		一层建筑面积	27.36 m²
描述	房屋是1985年建造的，一层共两个房间，屋顶上搭有两个棚子。				

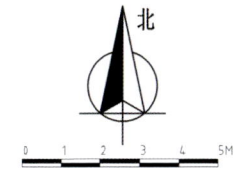

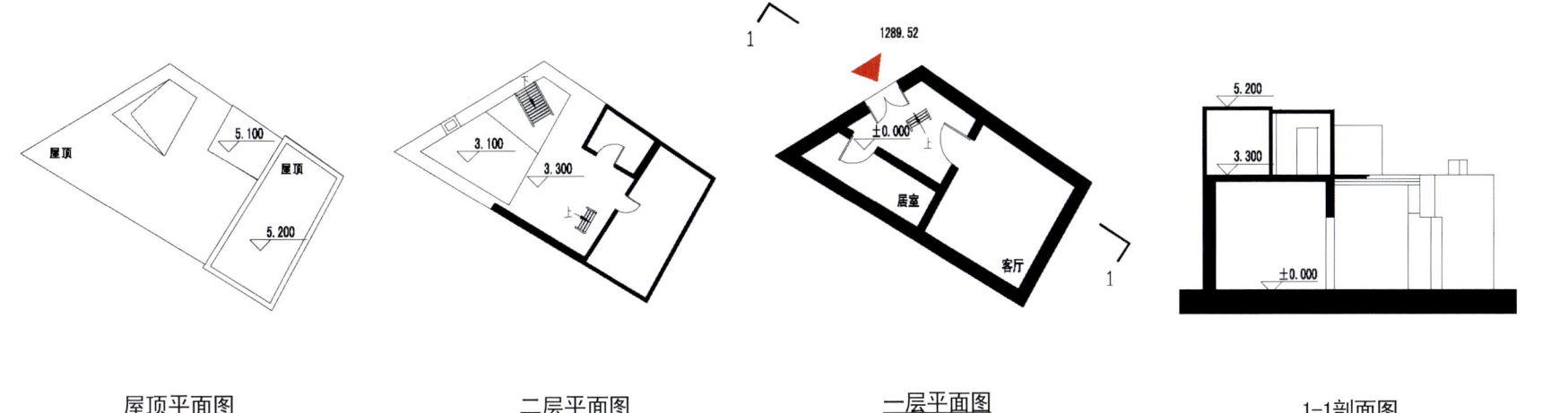

屋顶平面图　　　　二层平面图　　　　一层平面图　　　　1-1剖面图

332号住宅

用户编号	139	户主	吐尔洪江·托乎提	人口	5人
门牌号	0332	收入水平	￥500	职业分类	个体户
搬迁意向	不同意	是否重建	重建	建筑主体结构	土木
建筑密度	100.00%	庭院面积		住宅基地面积	61.46 m²
总建筑面积	92.75 m²			一层建筑面积	61.46 m²
描述	主人在2002年开始在这个房子里生活，房屋历经两次翻修，2层，共5个房间。				

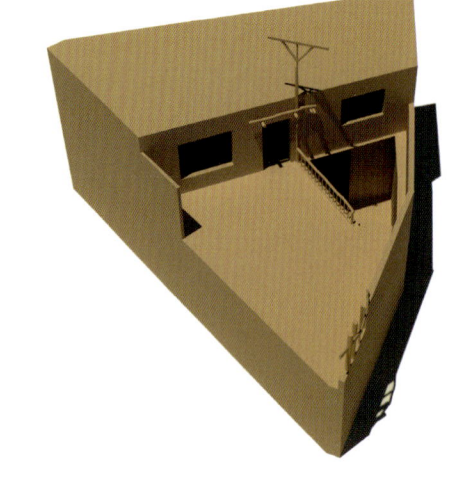

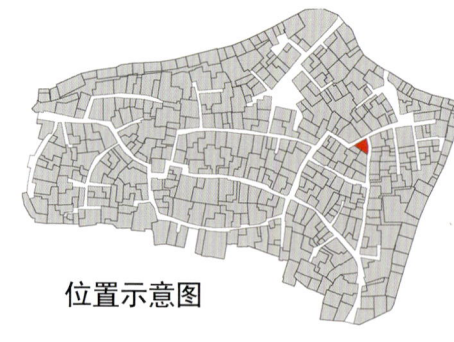

位置示意图

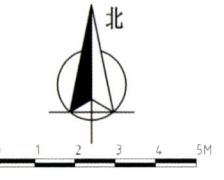

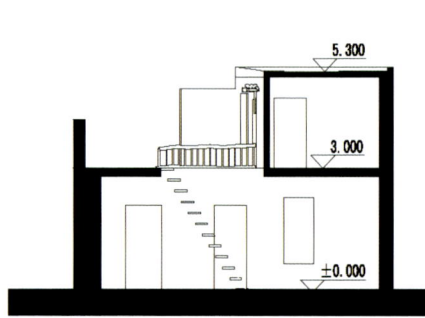

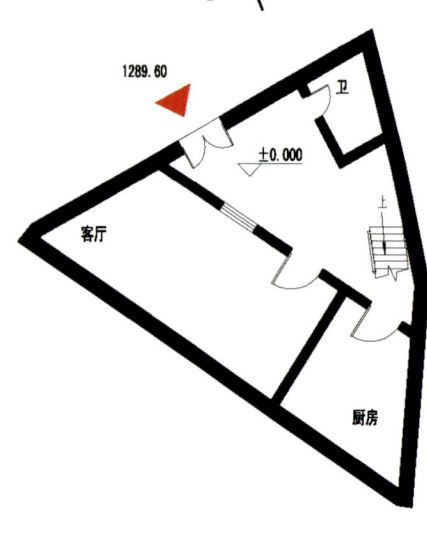

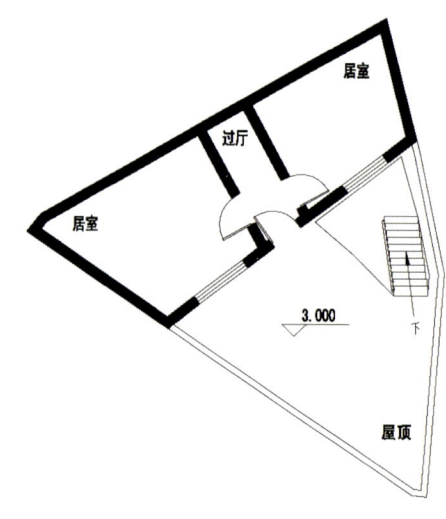

1-1剖面图　　一层平面图　　二层平面图

336号住宅

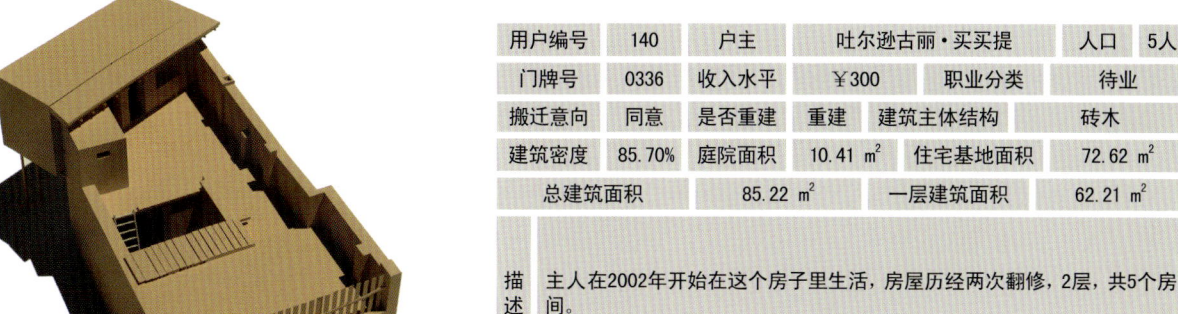

用户编号	140	户主	吐尔逊古丽·买买提	人口	5人
门牌号	0336	收入水平	￥300	职业分类	待业
搬迁意向	同意	是否重建	重建	建筑主体结构	砖木
建筑密度	85.70%	庭院面积	10.41 m²	住宅基地面积	72.62 m²
总建筑面积		85.22 m²		一层建筑面积	62.21 m²

描述：主人在2002年开始在这个房子里生活，房屋历经两次翻修，2层，共5个房间。

位置示意图

二层平面图

一层平面图

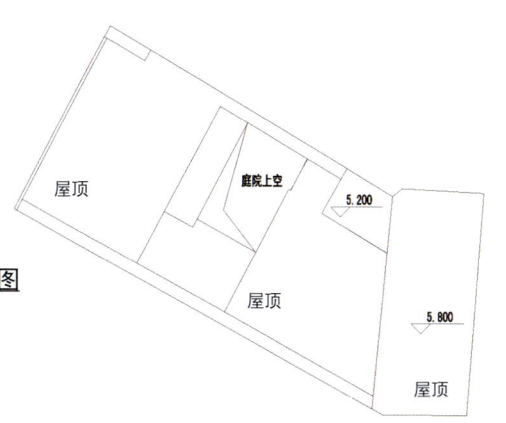

屋顶平面图

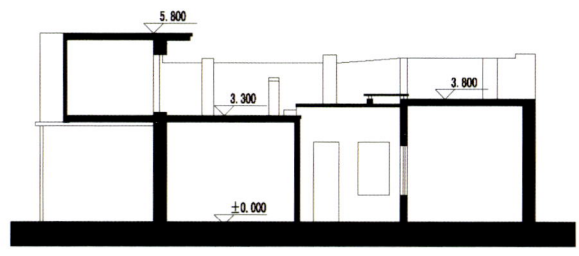

1-1剖面图

338号住宅

用户编号	141	户主	努仁尼萨·艾山	人口	9人
门牌号	0338	收入水平	￥600	职业分类	在家
搬迁意向	不同意	是否重建		建筑主体结构	土木
建筑密度	100.00%	庭院面积		住宅基地面积	52.73 m²
总建筑面积	52.73 m²		一层建筑面积	52.73 m²	
描述	房屋始建于1900年之前，一层，共4个房间。				

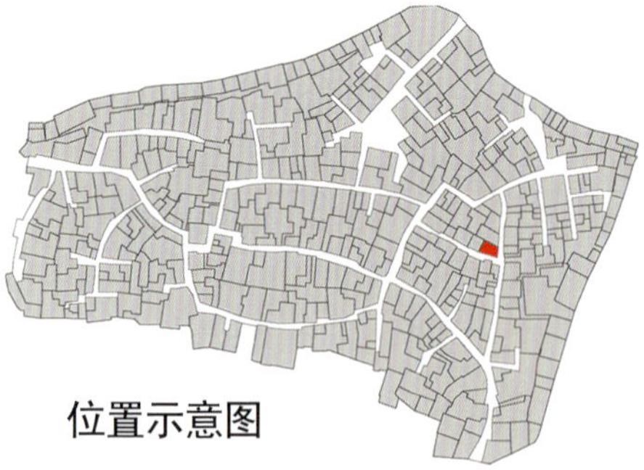

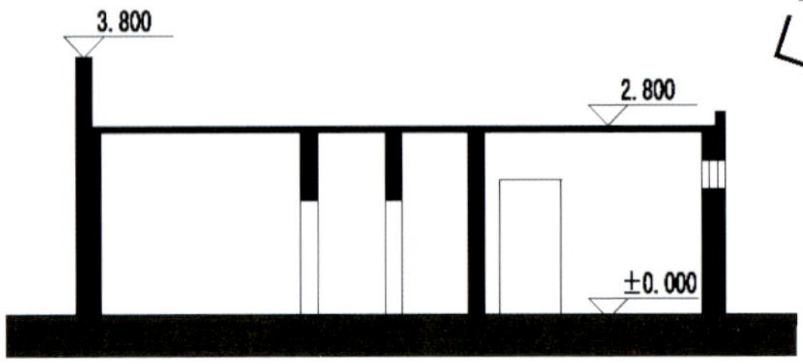

位置示意图

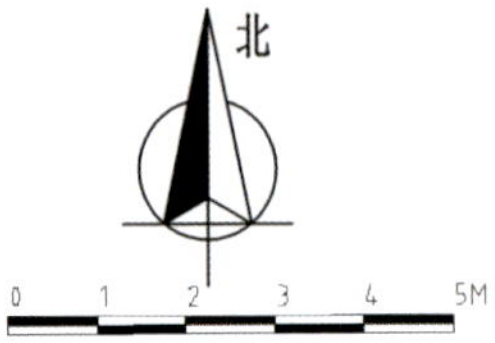

1-1剖面图 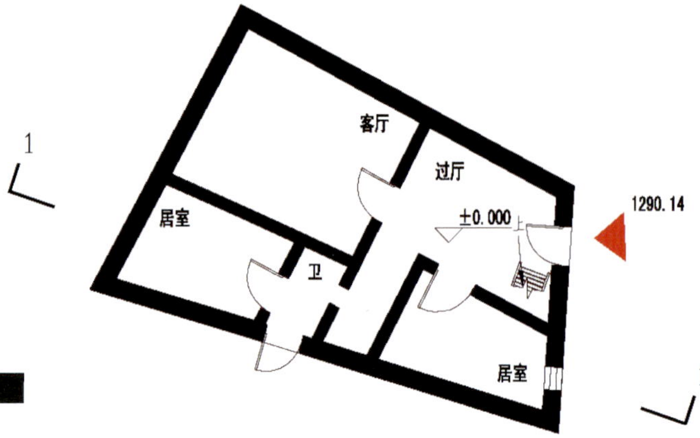　　一层平面图 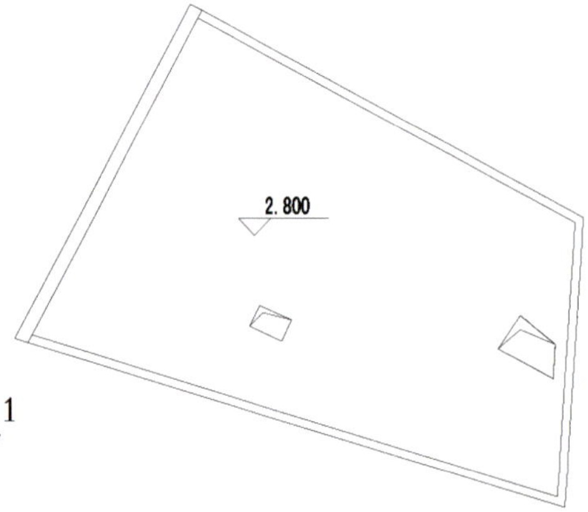　　屋顶平面图

340号住宅

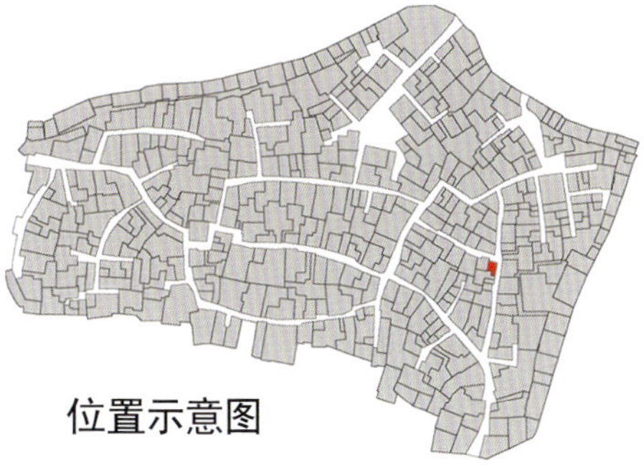

用户编号	142	户主			人口	
门牌号	0340	收入水平		职业分类		
搬迁意向	不同意	是否重建	重建	建筑主体结构	土木	
建筑密度		庭院面积		住宅基地面积	25.81 m²	
总建筑面积			一层建筑面积			

描述：一层，无庭院。

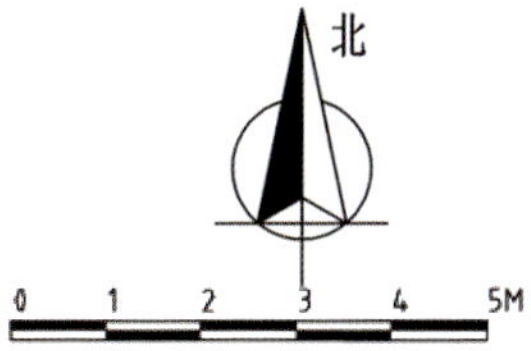

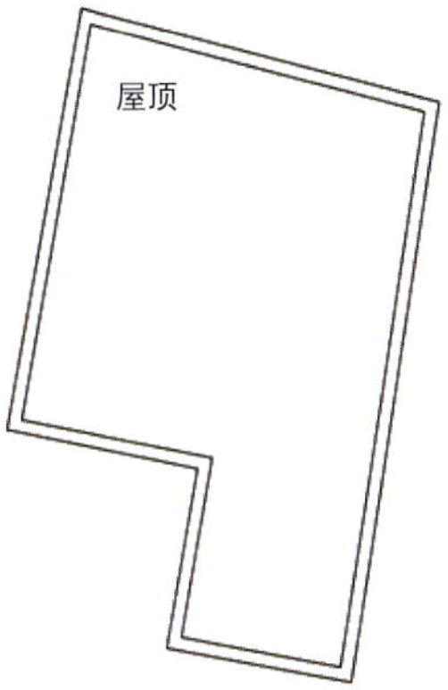

位置示意图

屋顶平面图 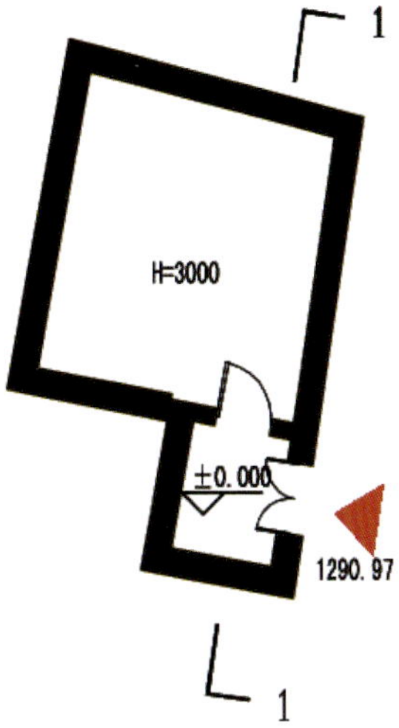　　一层平面图 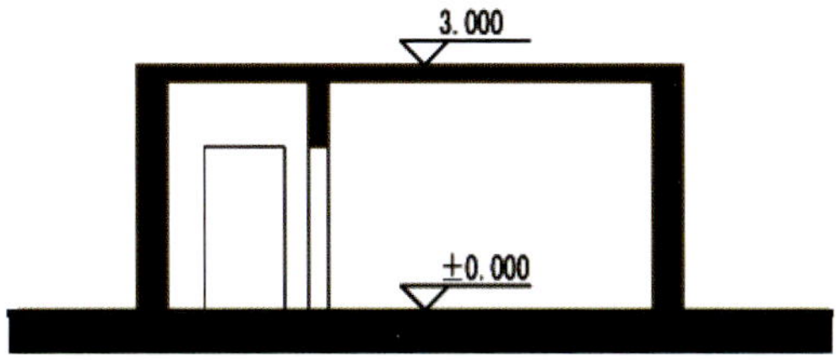　　1-1剖面图

342号住宅

用户编号	143	户主	吾布力喀斯木·阿吉	人口	6人
门牌号	0342	收入水平	￥200	职业分类	退休
搬迁意向	不同意	是否重建	重建	建筑主体结构	土木
建筑密度	94.90%	庭院面积	2.78 m²	住宅基地面积	54.63 m²
总建筑面积	67.52 m²	一层建筑面积	51.85 m²		

描述	房屋始建于1900年之前，有两层，共4个房间。

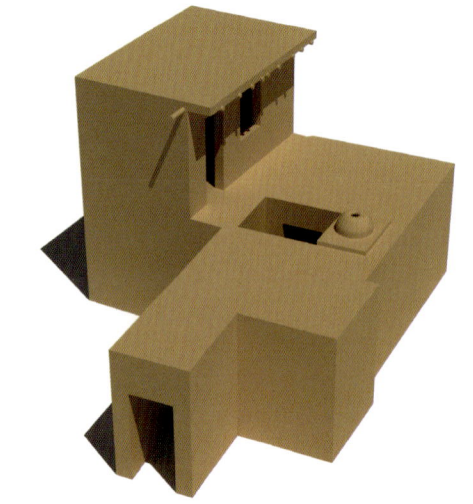

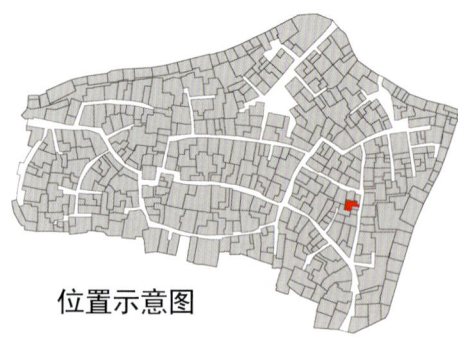

位置示意图

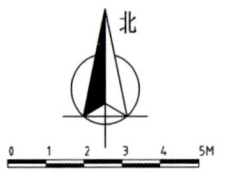

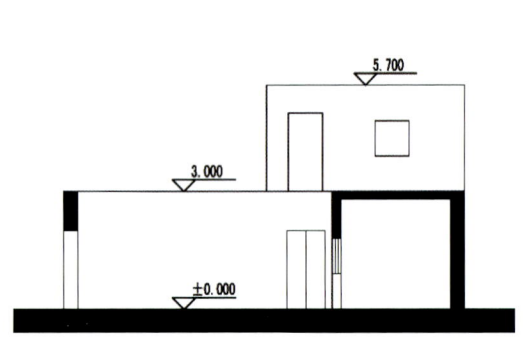

1-1剖面图

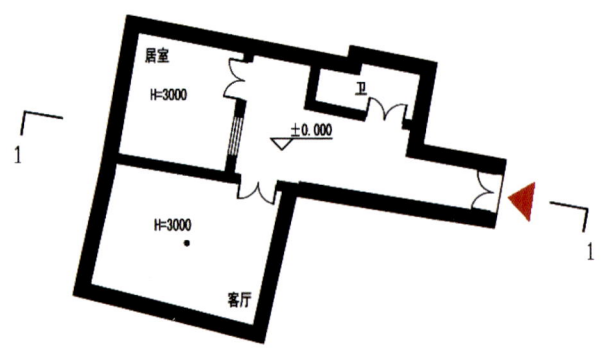

一层平面图

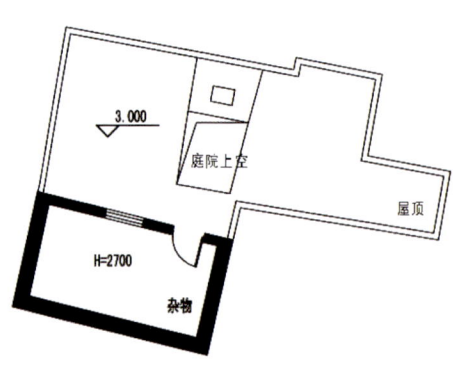

二层平面图

344号住宅

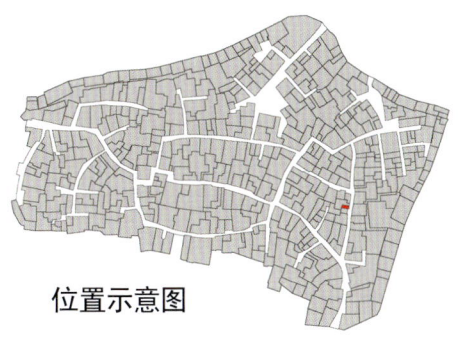

位置示意图

用户编号	144	户主	吾斯曼江·吾	人口	2人
门牌号	0344	收入水平	￥200	职业分类	待业
搬迁意向	同意	是否重建		建筑主体结构	土木
建筑密度	100.00%	庭院面积		住宅基地面积	11.72 m²
总建筑面积		11.72 m²	一层建筑面积		11.72 m²
描述	主人在2007年分家（342号和344号），房屋现在有一层，2间房间。				

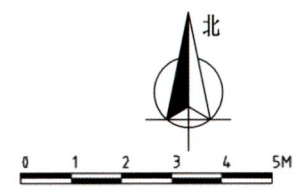

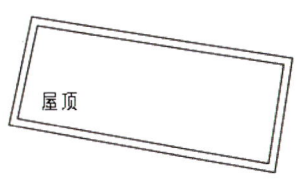

屋顶平面图

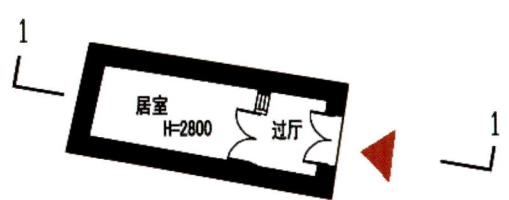

一层平面图

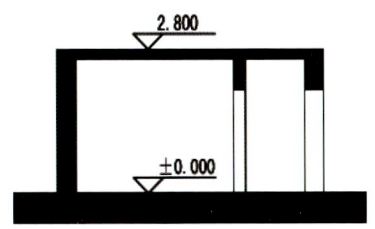

1-1剖面图

346号住宅

用户编号	145	户主	司马依·库尔班	人口	4人
门牌号	0346	收入水平	￥300	职业分类	绣帽子
搬迁意向	不同意	是否重建	重建	建筑主体结构	砖混
建筑密度	89.10%	庭院面积	1.89 m²	住宅基地面积	17.36 m²
总建筑面积	30.94 m²	一层建筑面积	15.47 m²		

描述：房屋建于1989年，1998年主人对房屋进行了维修，房屋有两层，共2间房间。

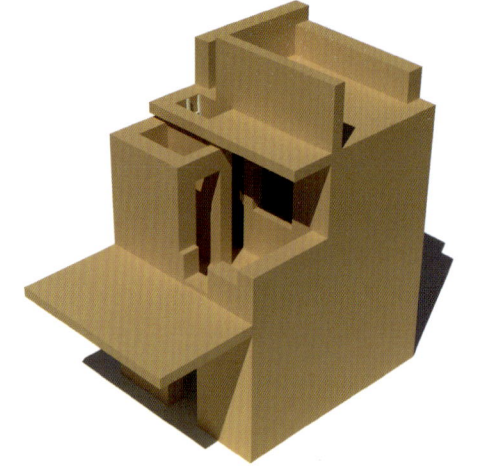

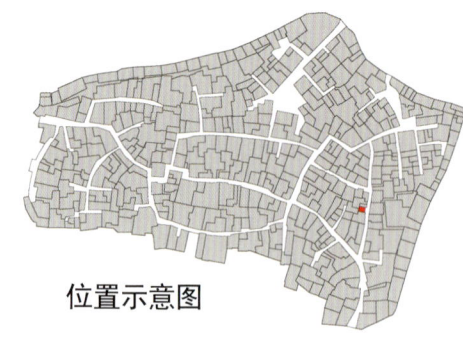

位置示意图

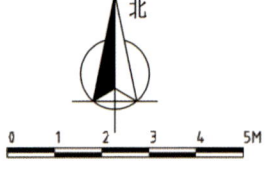

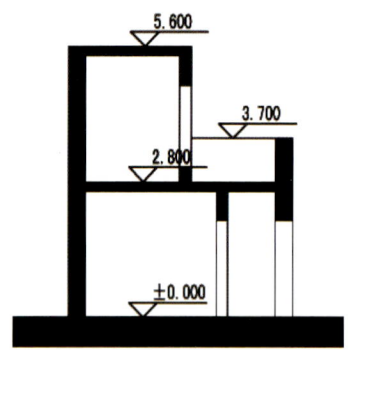

1-1剖面图

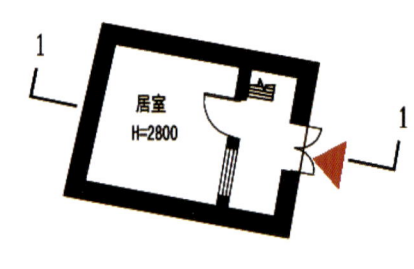

一层平面图

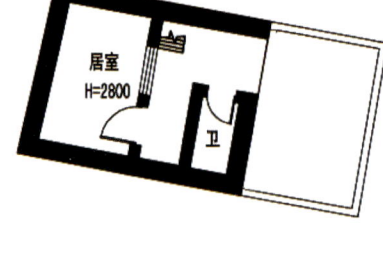

二层平面图

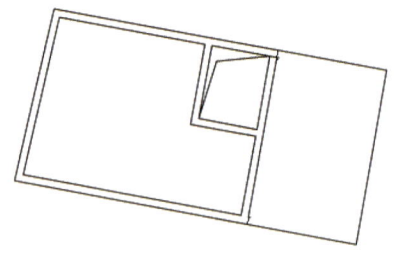

屋顶平面图

348号住宅

用户编号	146	户主	帕提古丽·伊迪热斯	人口	8人
门牌号	0348	收入水平	￥1000	职业分类	社区工作员
搬迁意向	不同意	是否重建	重建	建筑主体结构	土木&砖木
建筑密度	92.60%	庭院面积	4.87 m²	住宅基地面积	65.8 m²
总建筑面积		138.21 m²		一层建筑面积	60.93 m²

描述：房屋是1984年新建的，两层，共6间房间，主人有14个孩子，40个孙子，7个曾孙，是一个大家庭。

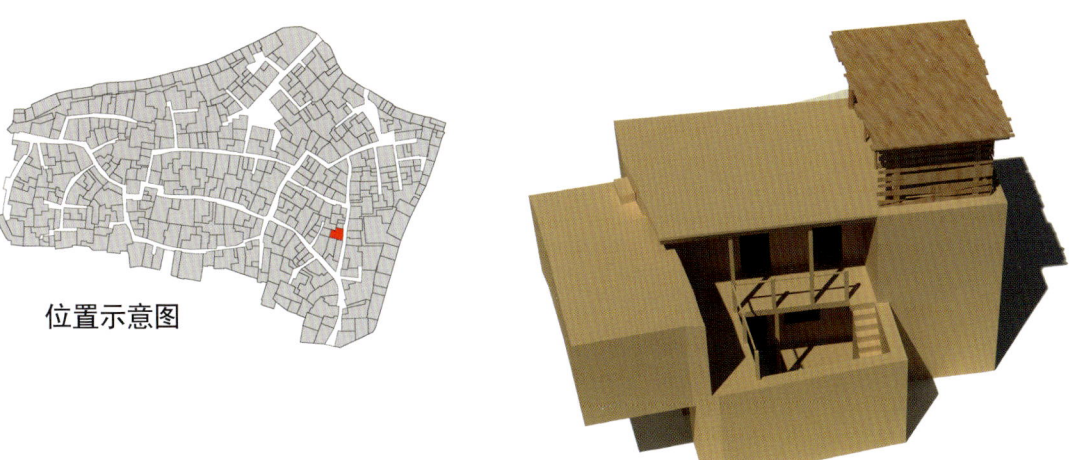

位置示意图

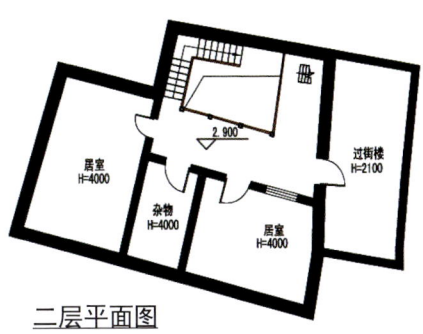

二层平面图

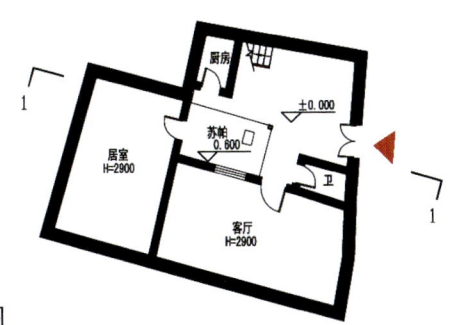

一层平面图

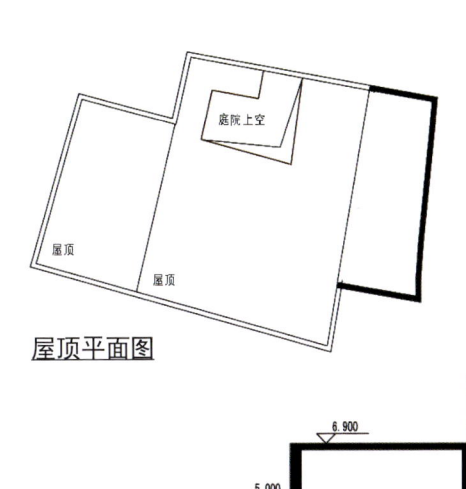

屋顶平面图

1-1剖面图

350号住宅

用户编号	147	户主	木合太尔江·巴拉提	人口	7人
门牌号	0350	收入水平	￥400	职业分类	做生意
搬迁意向	不同意	是否重建	重建	建筑主体结构	土木
建筑密度	89.00%	庭院面积	7.3 m²	住宅基地面积	66.45 m²
总建筑面积	243.57 m²	一层建筑面积	59.15 m²		

描述　房屋始建于1900年之前，主人在1969—1979年间对房屋进行了一次维修。房屋为三层，共10间房间，院子是长方形的，房间布置得很吸引人。

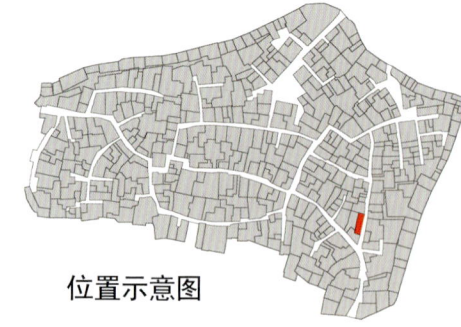

位置示意图

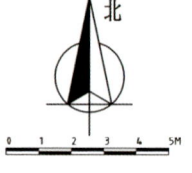

屋顶透视图

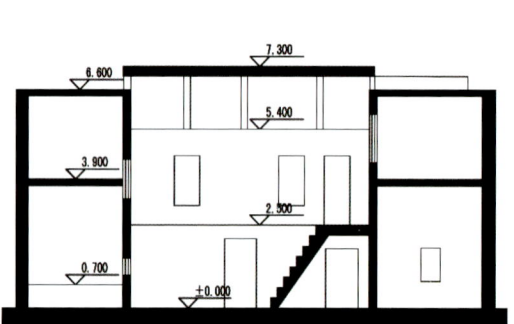

1-1剖面图

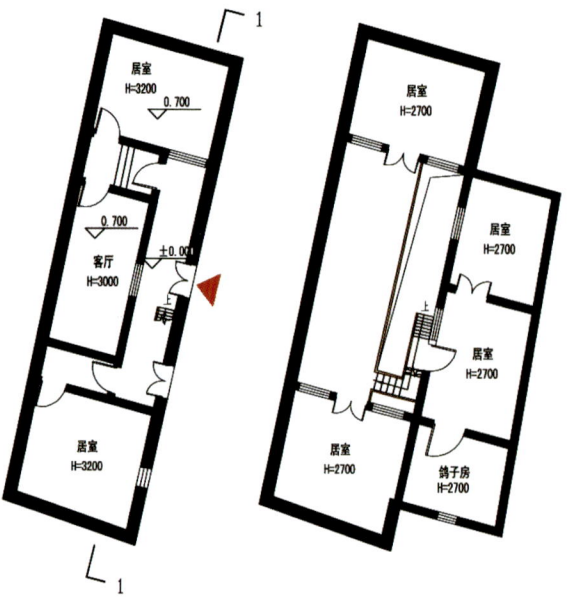

一层平面图　　二层平面图　　三层平面图

352号住宅

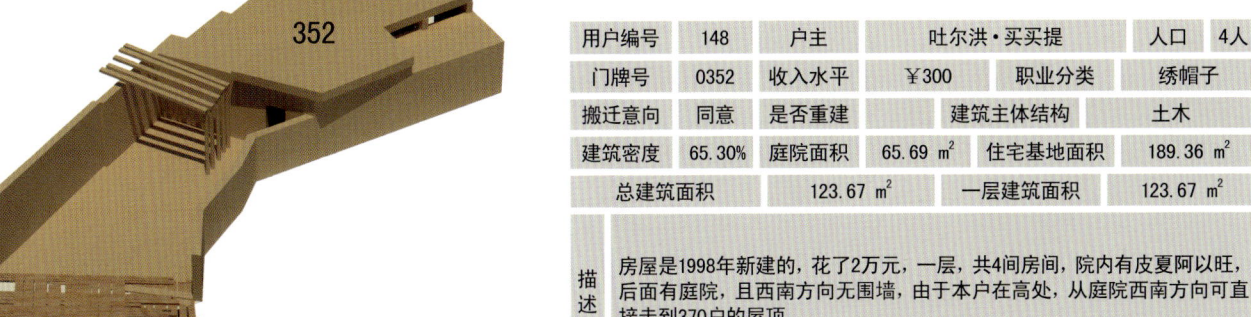

用户编号	148	户主	吐尔洪·买买提	人口	4人
门牌号	0352	收入水平	￥300	职业分类	绣帽子
搬迁意向	同意	是否重建		建筑主体结构	土木
建筑密度	65.30%	庭院面积	65.69 m²	住宅基地面积	189.36 m²
总建筑面积		123.67 m²	一层建筑面积		123.67 m²

描述	房屋是1998年新建的，花了2万元，一层，共4间房间，院内有皮夏阿以旺，后面有庭院，且西南方向无围墙，由于本户在高处，从庭院西南方向可直接走到370户的屋顶。

位置示意图

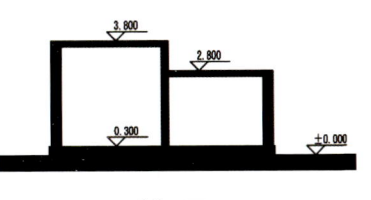

1-1剖面图

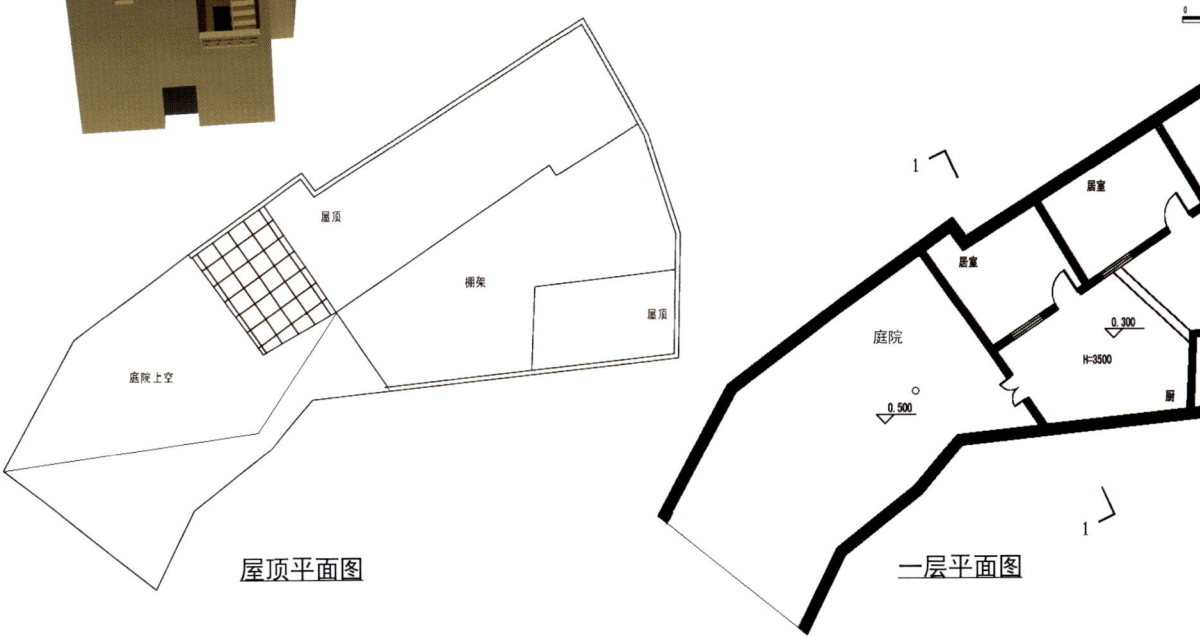

屋顶平面图

一层平面图

354号住宅

用户编号	149	户主	赛买提·阿布都热扎克	人口	5人
门牌号	0354	收入水平	￥500	职业分类	绣帽子
搬迁意向	不同意	是否重建	重建	建筑主体结构	土木&砖木
建筑密度	75.60%	庭院面积	15.49 m²	住宅基地面积	63.46 m²
总建筑面积		47.97 m²		一层建筑面积	47.97 m²

描述：房屋是1989年新建造的，1992年维修了一次，一层，3间房间。

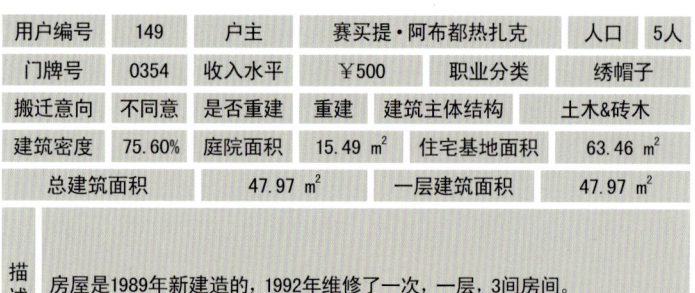
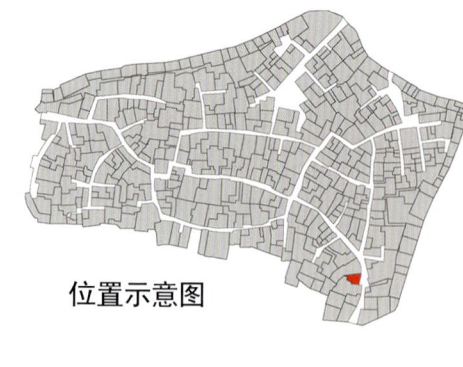

位置示意图

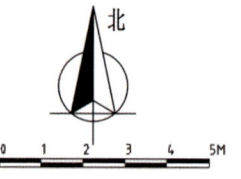

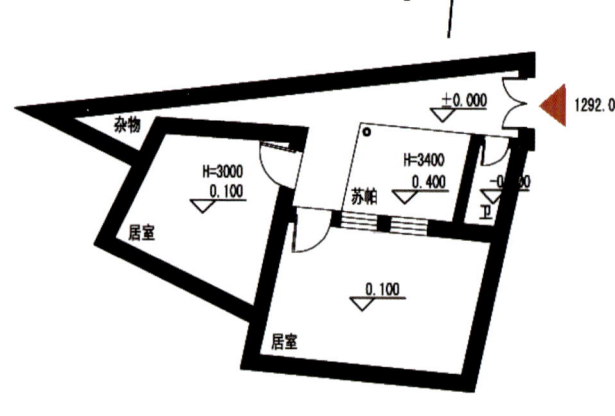
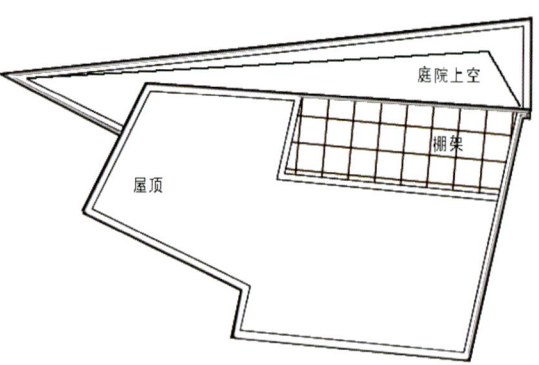

1-1剖面图　　　　一层平面图　　　　屋顶平面图

358号住宅

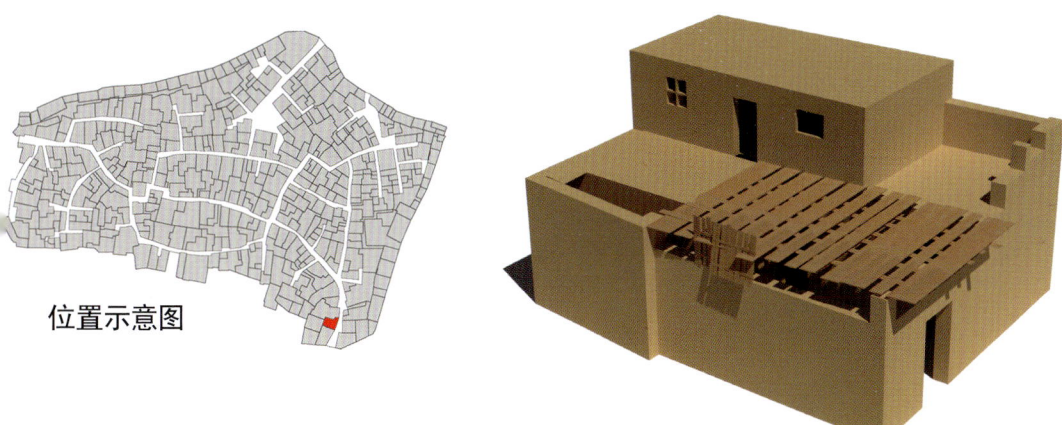

位置示意图

用户编号	150	户主	布合力其·木沙	人口	5人
门牌号	0358	收入水平	￥500	职业分类	个体户
搬迁意向	不同意	是否重建	重建	建筑主体结构	土木
建筑密度	96.60%	庭院面积	2.65 m²	住宅基地面积	78.89 m²
总建筑面积	109.96 m²			一层建筑面积	76.24 m²

描述：房屋是1959年新建的，两层，4间房间。

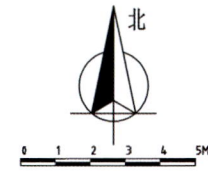

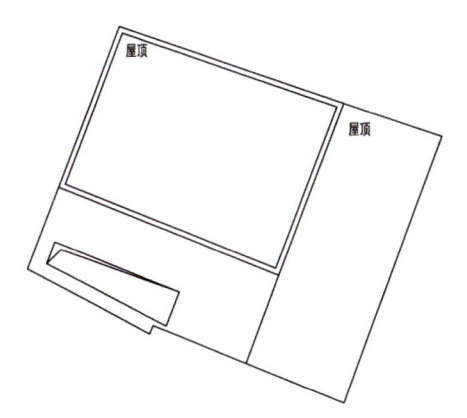
屋顶平面图

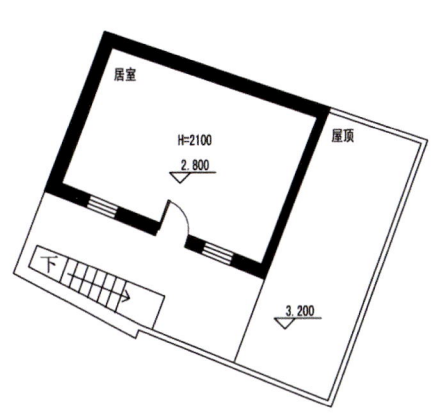
二层平面图

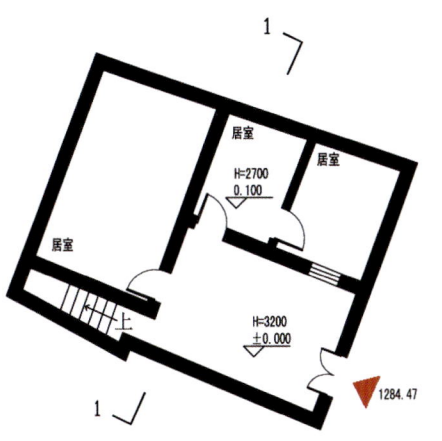
一层平面图

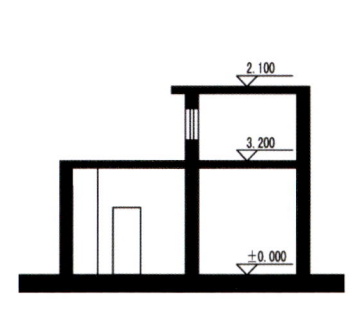
1-1剖面图

356号住宅

用户编号	151	户主	马热汗·萨比提	人口	6人
门牌号	0356	收入水平	￥400	职业分类	做土陶
搬迁意向	不同意	是否重建	重建	建筑主体结构	土木
建筑密度	95.20%	庭院面积	10.65 m²	住宅基地面积	192.06 m²
总建筑面积	254.76 m²	一层建筑面积	182.78 m²		

描述	房屋始建于1900年之前，主人1979年开始生活在这里，二层，9间房，主人是第六代做土陶的人，希望改造后的房子有做土陶的工作室。

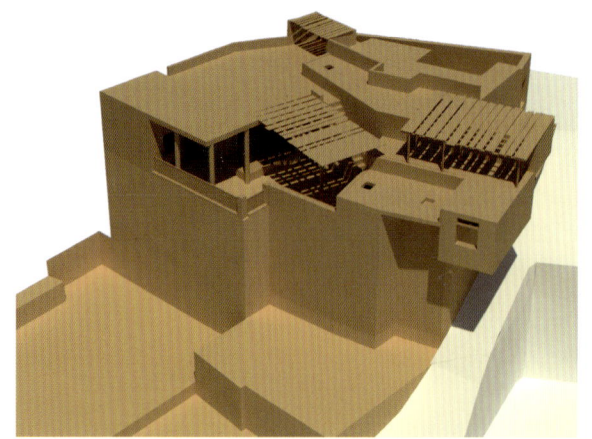

位置示意图

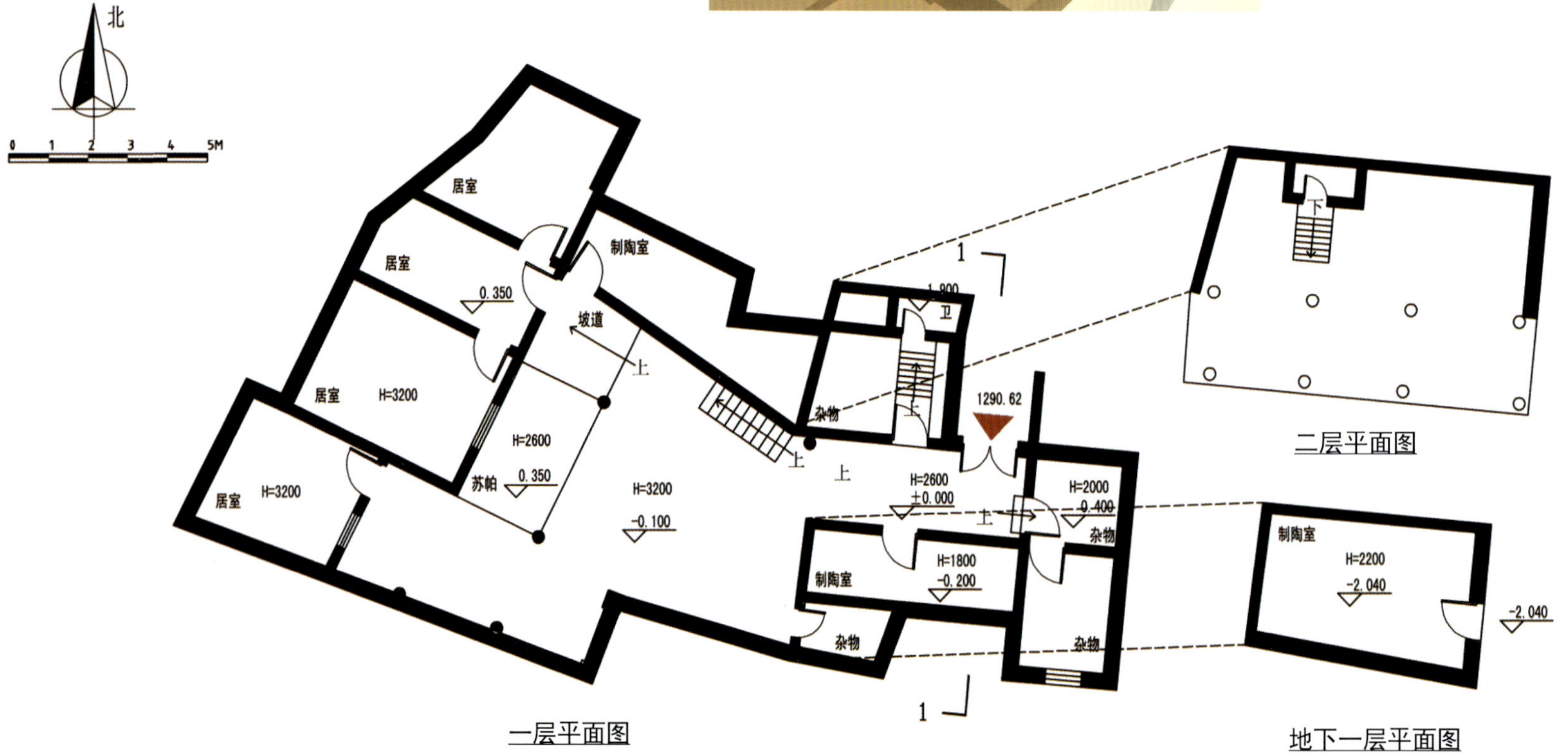

一层平面图　　　　　二层平面图　　　地下一层平面图

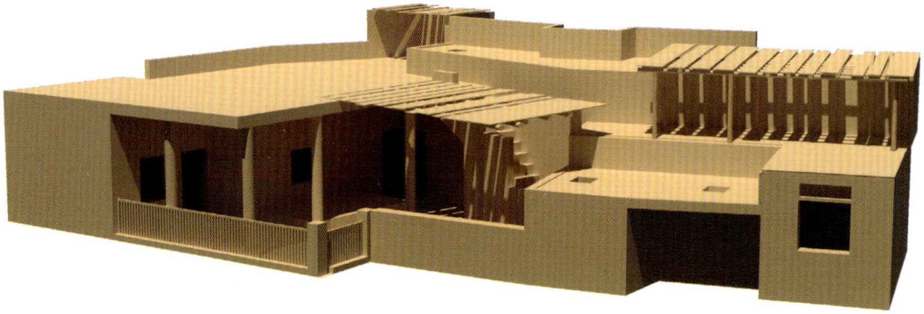

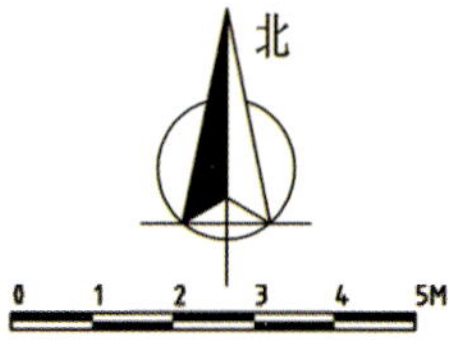

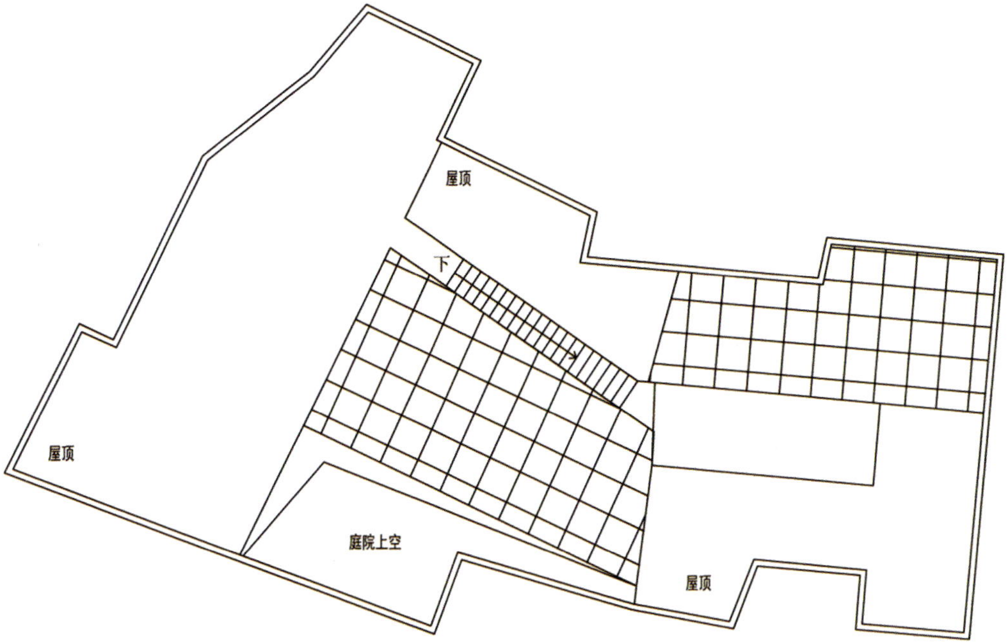

356号住宅

屋顶平面图

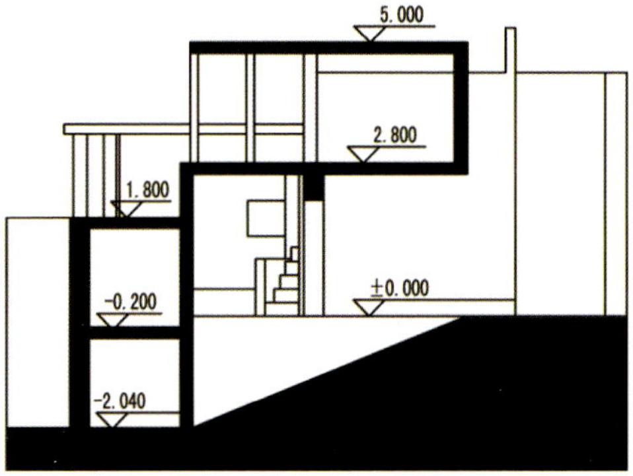

1-1剖面图

360号住宅

用户编号	152	户主	买买提吐尔洪·阿巴斯	人口	4人
门牌号	0360	收入水平	￥600	职业分类	做土陶
搬迁意向	不同意	是否重建	重建	建筑主体结构	砖木
建筑密度	100.00%	庭院面积		住宅基地面积	120.42 m²
总建筑面积	182.65 m²		一层建筑面积	120.42 m²	

描述：房屋主体是1984年建造的，2008年又新建了一部分，两层，共9间房，没有庭院，有三个独立的出入口。

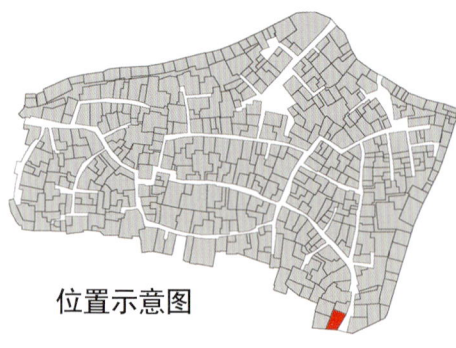

位置示意图

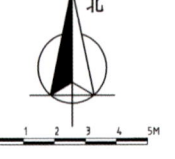

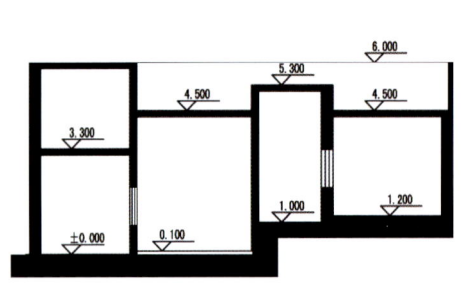

1-1剖面图

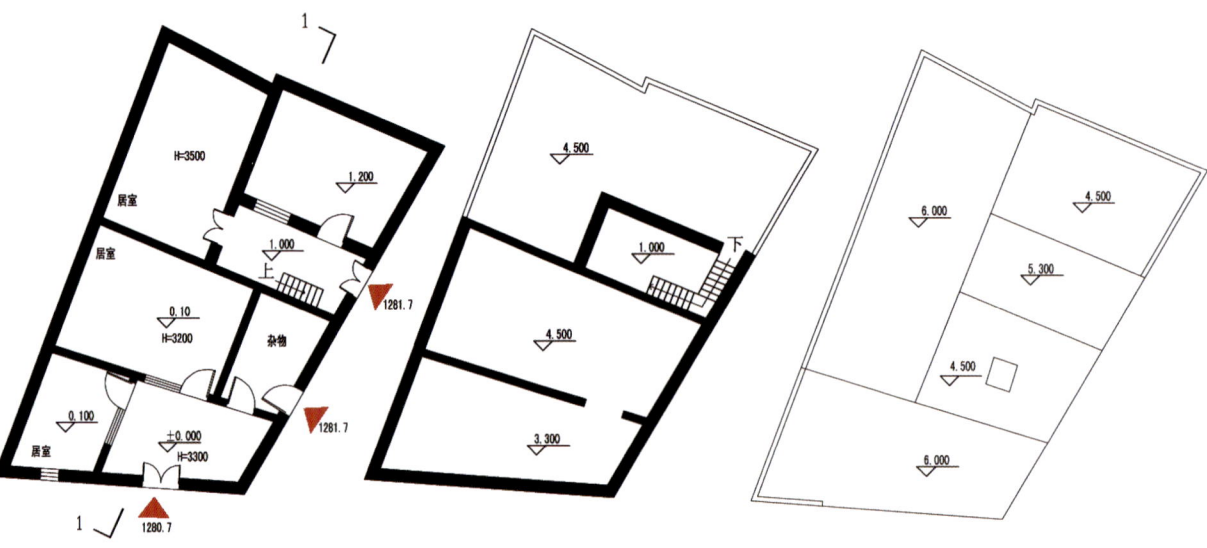

一层平面图　　二层平面图　　屋顶平面图

370号住宅

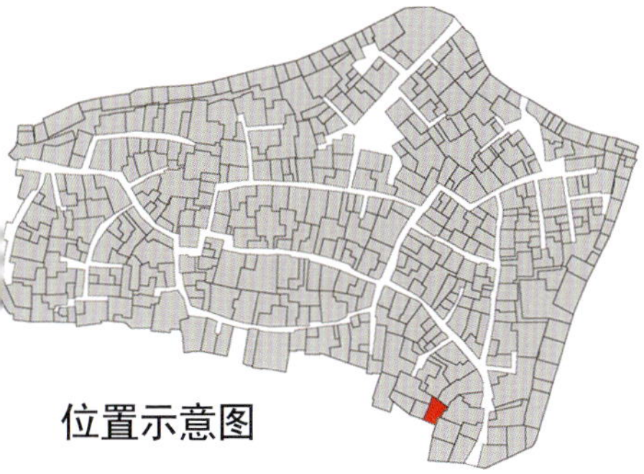

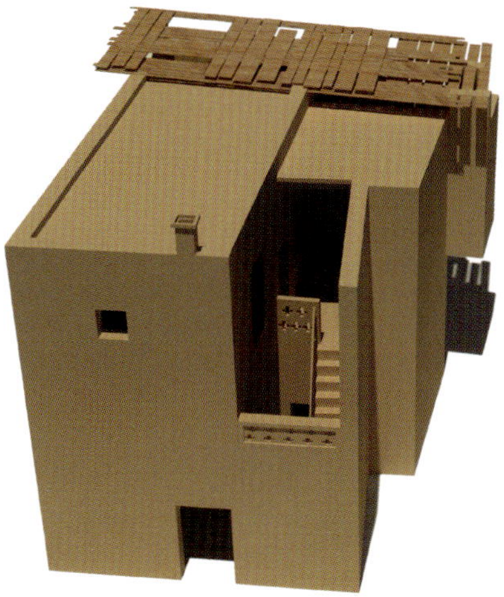

用户编号	153	户主	巴吐·吾甫尔	人口	4人
门牌号	0370	收入水平	￥500	职业分类	司机
搬迁意向	不同意	是否重建	重建	建筑主体结构	砖木
建筑密度	74.20%	庭院面积	16.1 m²	住宅基地面积	62.45 m²
总建筑面积	110.43 m²			一层建筑面积	46.35 m²

描述	房屋是1995年建造的，花了6万元，两层，5间房。

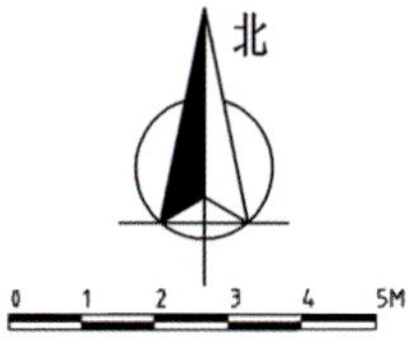

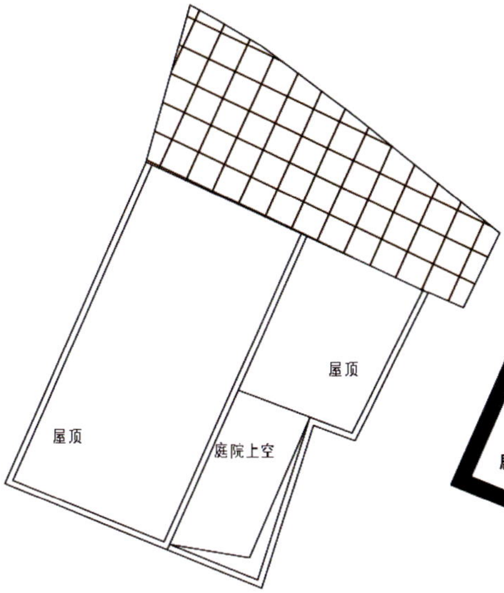

位置示意图

屋顶平面图 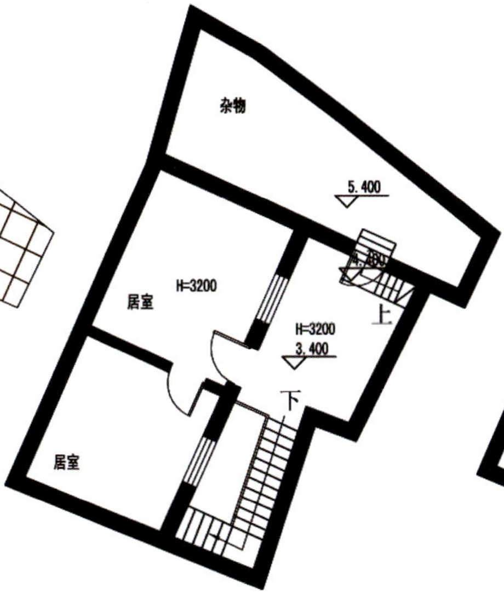　　二层平面图 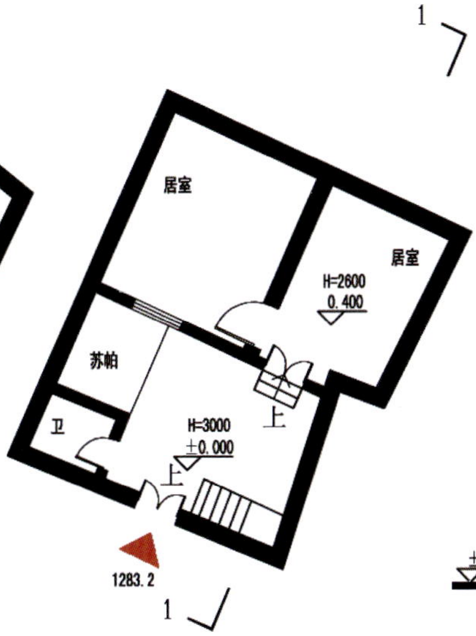　　一层平面图 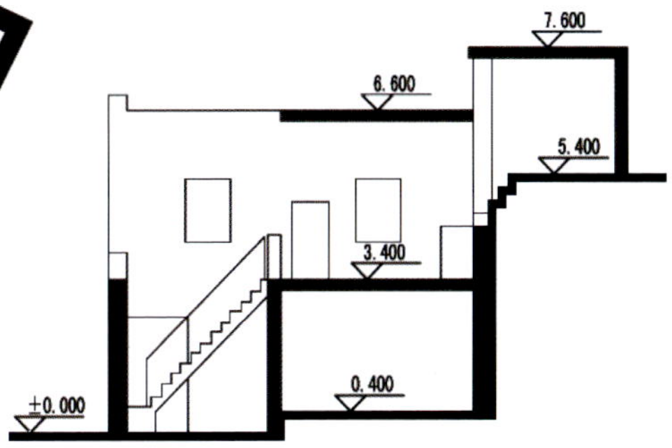　　1-1剖面图

364号住宅

用户编号	154	户主	阿布力米提·阿吉	人口	5人
门牌号	0364	收入水平	￥700	职业分类	个体户
搬迁意向	不同意	是否重建	重建	建筑主体结构	土木
建筑密度	100.00%	庭院面积		住宅基地面积	174.7 m²
总建筑面积	174.7 m²		一层建筑面积	174.7 m²	

描述：房屋是1982年买的，1990年新建造了一部分，366号的部分房间建在364号的一层上。

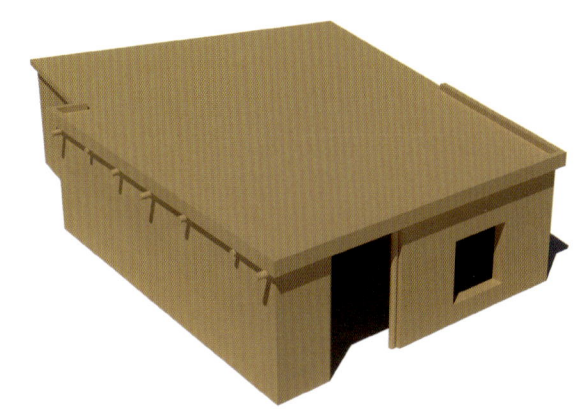

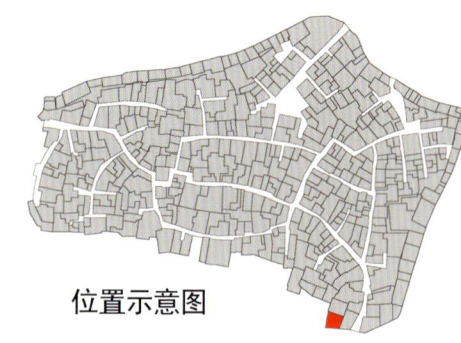

位置示意图

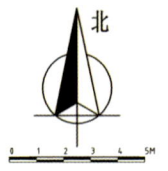
北

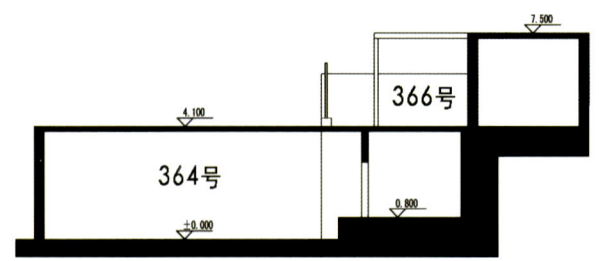

1-1剖面图

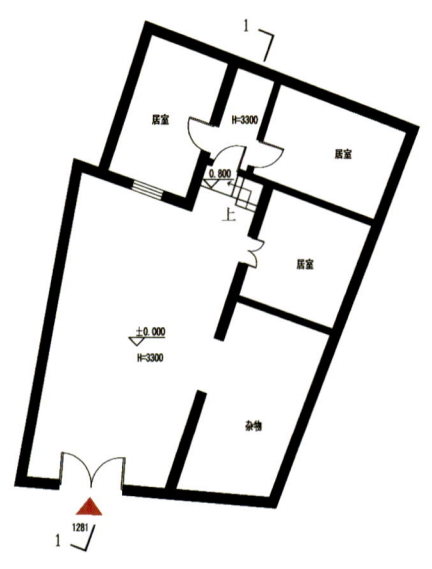

一层平面图

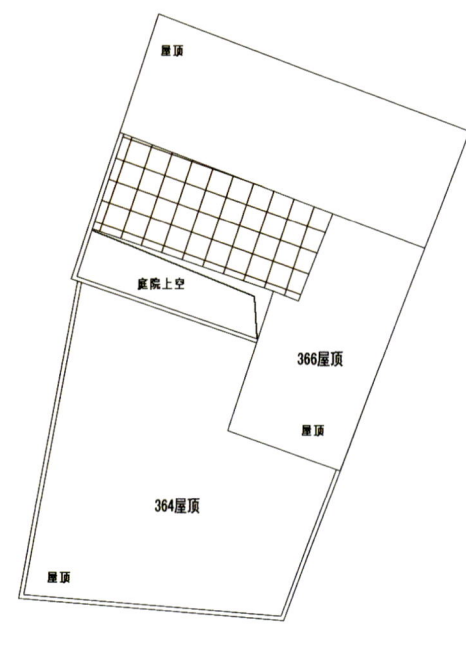

屋顶平面图

366号住宅

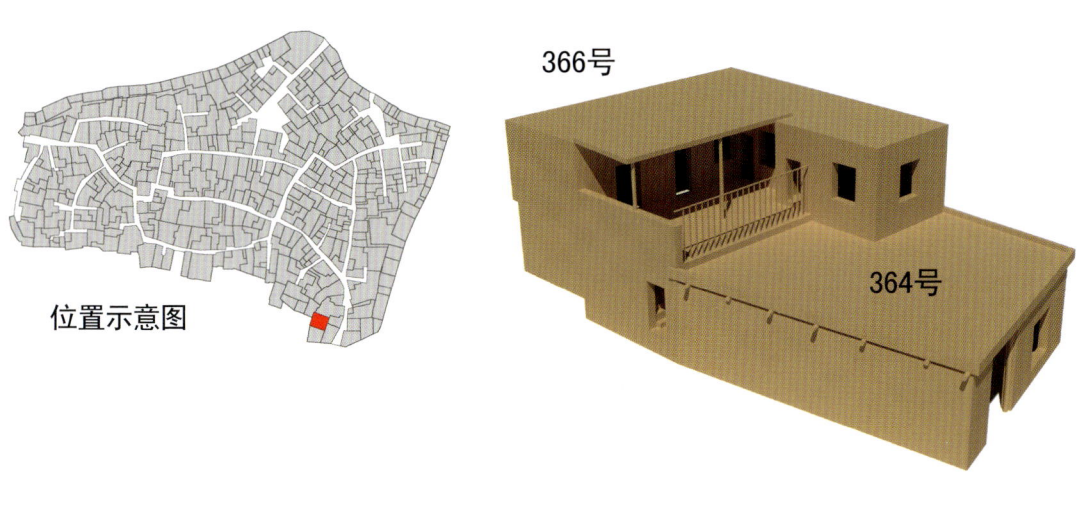

位置示意图

用户编号	155	户主	阿布力米提·阿吉	人口	5人
门牌号	0366	收入水平	￥700	职业分类	个体户
搬迁意向	不同意	是否重建	重建	建筑主体结构	土木
建筑密度	76.10%	庭院面积	39.06 m²	住宅基地面积	163.63 m²
总建筑面积		124.57 m²		一层建筑面积	124.57 m²

描述：房屋是1982年买的，1990年新建造了一部分，366号的部分房间建在364号的一层上。

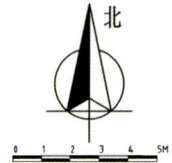

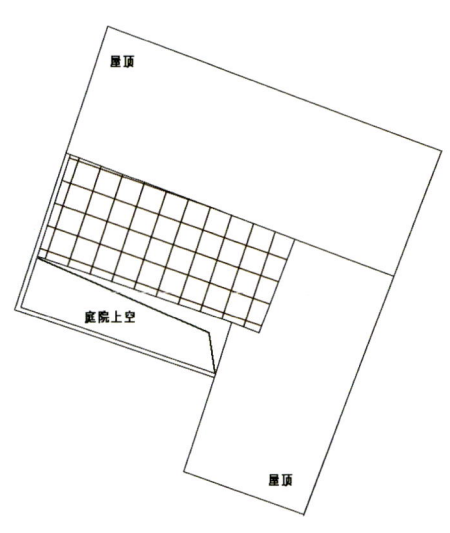

屋顶平面图

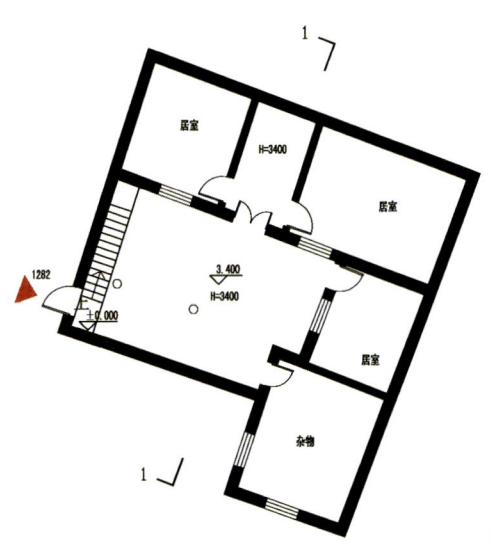

一层平面图

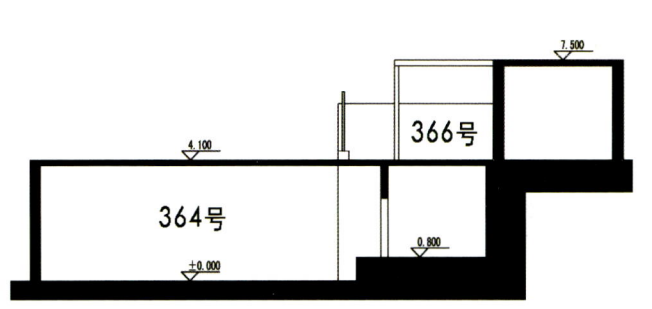

1-1剖面图

372号住宅

用户编号	156	户主	艾买提·斯依德	人口	5人
门牌号	0372	收入水平	￥1500	职业分类	教师
搬迁意向	同意	是否重建	重建	建筑主体结构	土木
建筑密度	100.00%	庭院面积		住宅基地面积	59.52 m²
总建筑面积		85.72 m²	一层建筑面积		59.52 m²
描述	房屋是1996年建造的，花了2.5万元，两层，5间房间。					

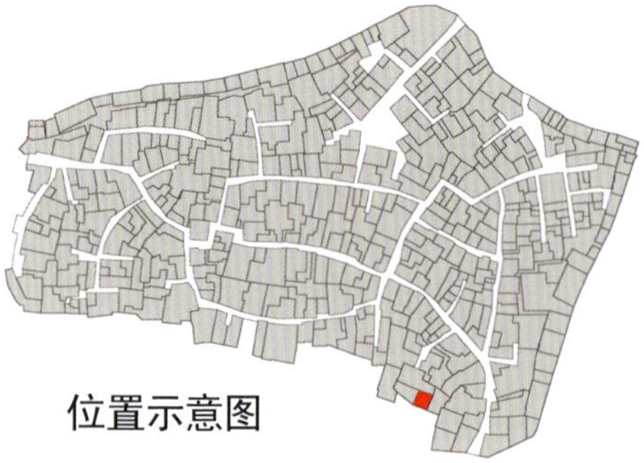

位置示意图

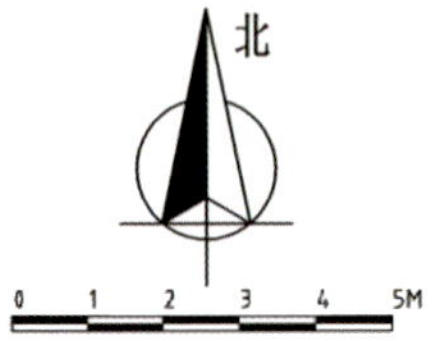

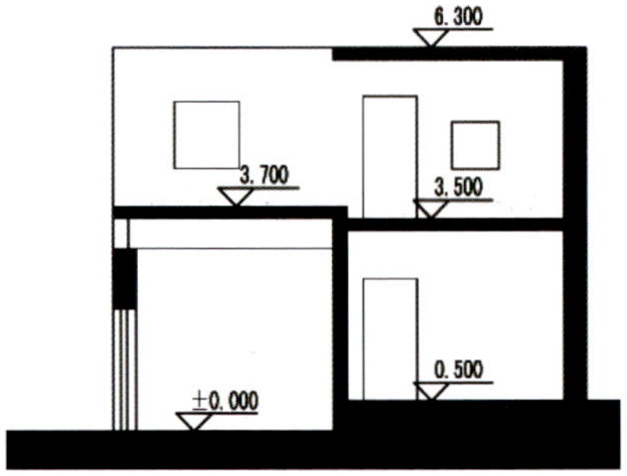

1-1剖面图 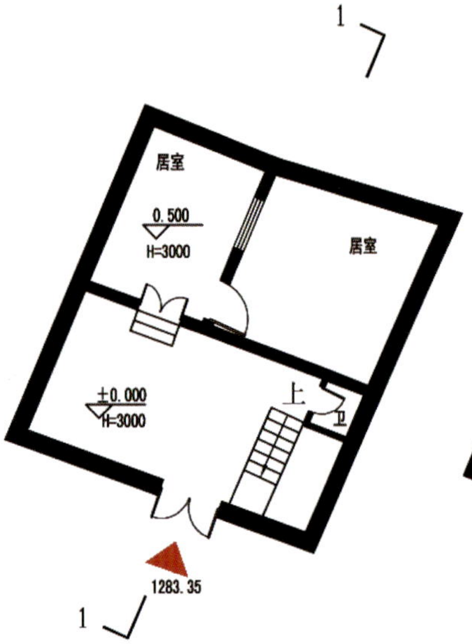　　一层平面图 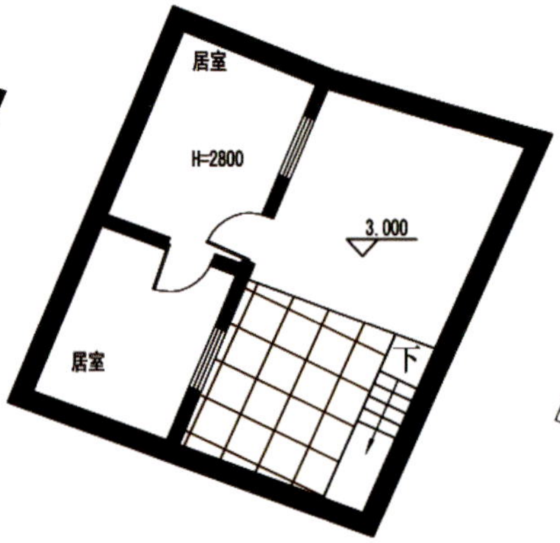　　二层平面图 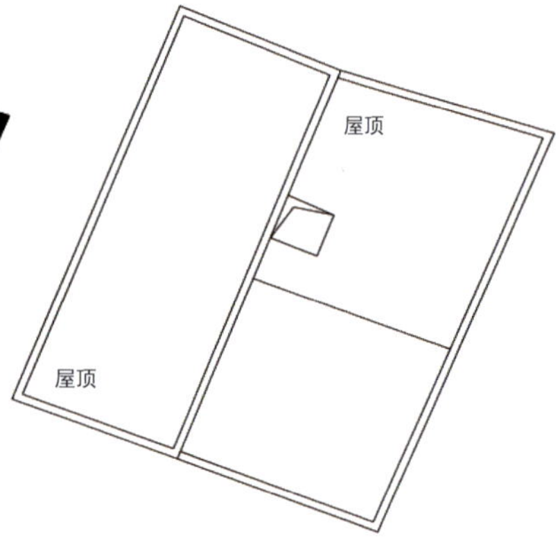　　屋顶平面图

376号住宅

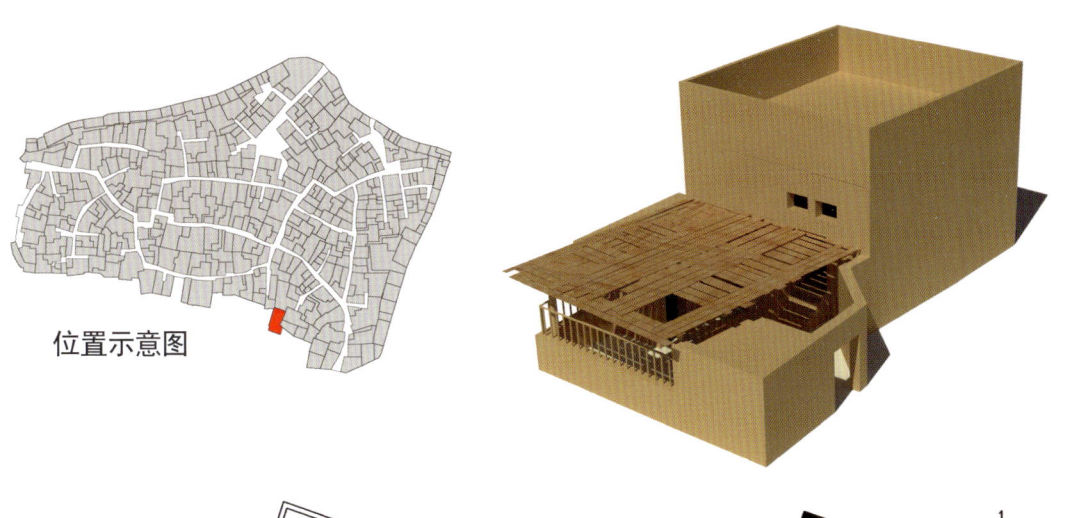

用户编号	157	户主	艾尔肯·沙比尔	人口	3人
门牌号	0376	收入水平	￥300	职业分类	绣帽子
搬迁意向	不同意	是否重建	重建	建筑主体结构	砖木
建筑密度	94.60%	庭院面积	8.13 m²	住宅基地面积	151.6 m²
总建筑面积		143.47 m²		一层建筑面积	143.47 m²
描述	房屋是2005年新建的，花了15万元，两层，7间房间，一个地下室。				

位置示意图

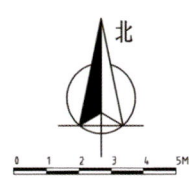

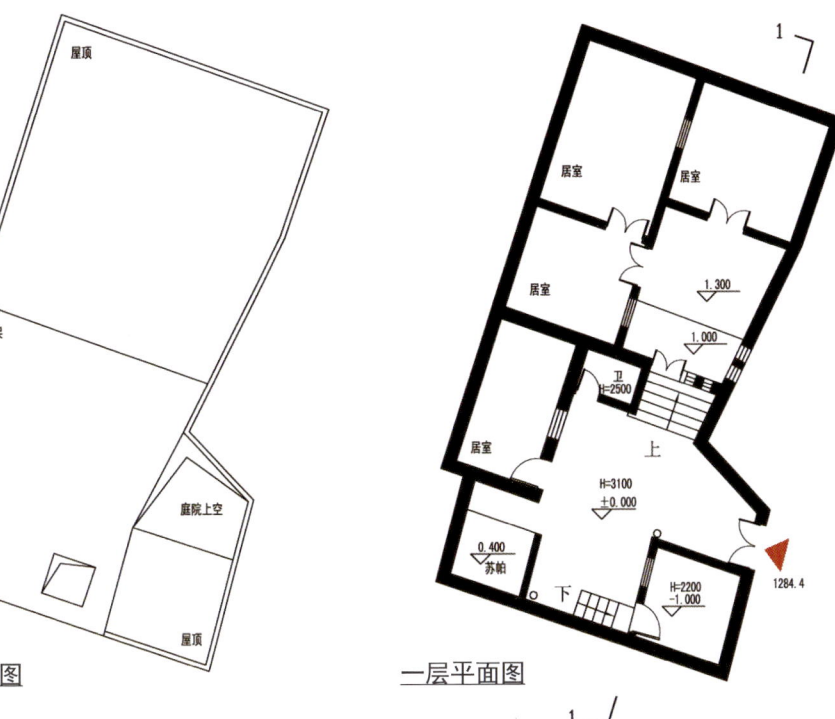

屋顶平面图　　一层平面图

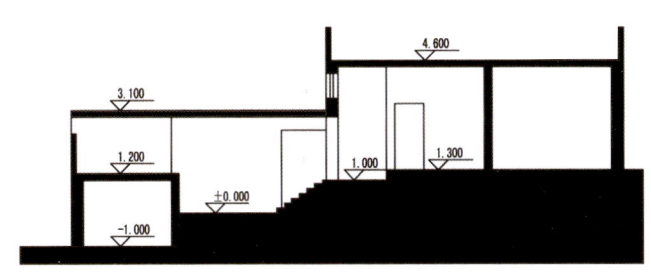

1-1剖面图

45号住宅

用户编号	158	户主	阿布都热西提·买买提	人口	1人
门牌号	0045	收入水平	￥300	职业分类	做土陶
搬迁意向	不同意	是否重建	重建	建筑主体结构	砖木
建筑密度	88.78%	庭院面积	8.44 m²	住宅基地面积	75.2 m²
总建筑面积	131.38 m²		一层建筑面积	66.76 m²	

描述: 2007年新建的，共两层8间。45号和145号属于同一主人。

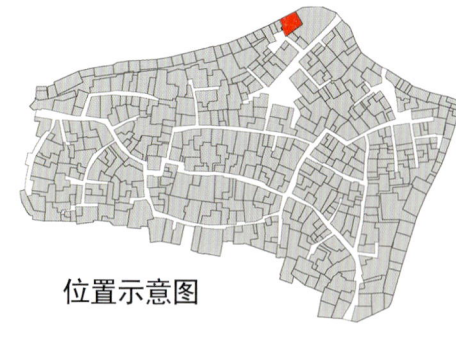

位置示意图

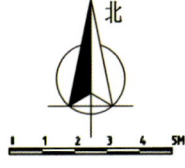

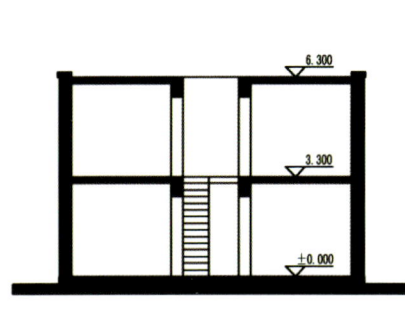

1-1剖面图

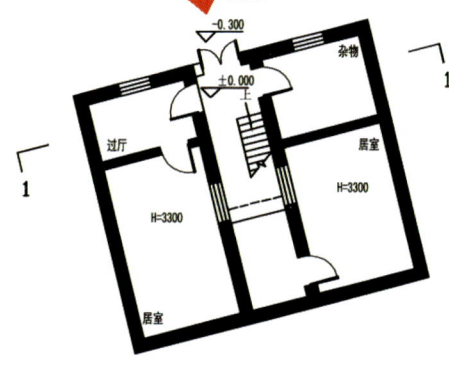

一层平面图

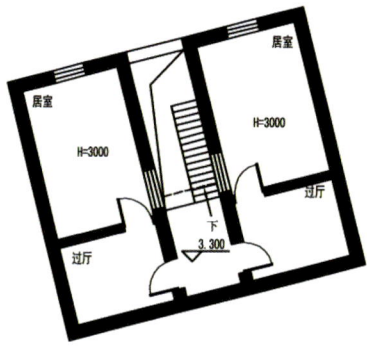

二层平面图

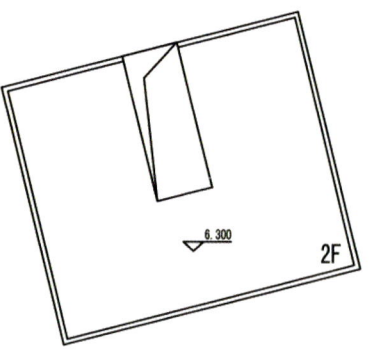

屋顶平面图

47号住宅

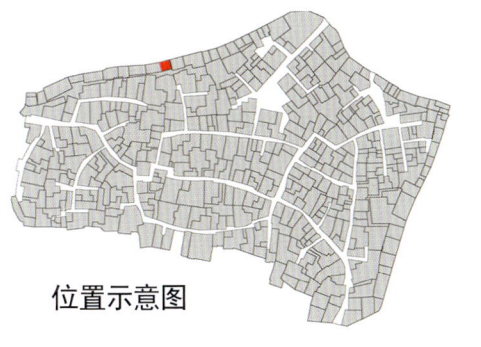

位置示意图

用户编号	159	户主	艾尔肯江	人口	5人
门牌号	0047	收入水平	￥800	职业分类	厨师
搬迁意向	不同意	是否重建	重建	建筑主体结构	砖木
建筑密度	100.00%	庭院面积		住宅基地面积	54.4 m²
总建筑面积		108.8 m²		一层建筑面积	54.4 m²

描述：房屋是2005年新建造的，共有两层，5间房间，有一个商铺。主人在外有店面，白天一般不在家。

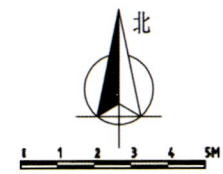

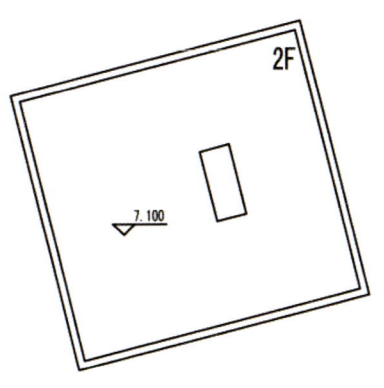
屋顶平面图

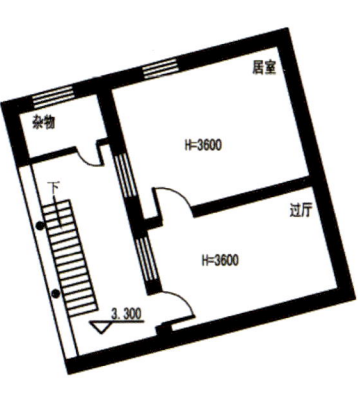
一层平面图

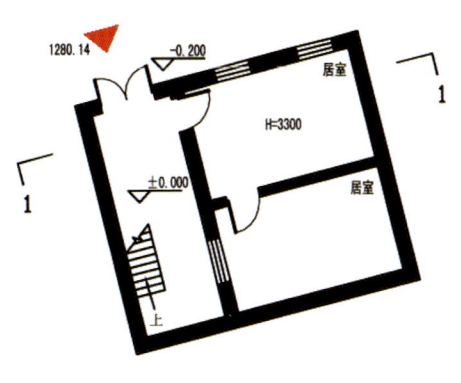
二层平面图

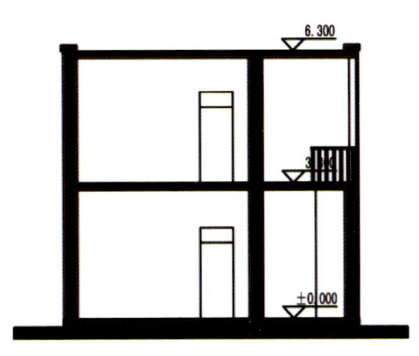
1-1剖面图

49号住宅

用户编号	160	户主	依明买买提	人口	4人
门牌号	0049	收入水平		职业分类	
搬迁意向	未定	是否重建		建筑主体结构	土木
建筑密度	48.80%	庭院面积	38.74 m²	住宅基地面积	75.6 m²
总建筑面积		36.86 m²		一层建筑面积	36.86 m²
描述	一层,一间房,并有一个庭院。				

位置示意图

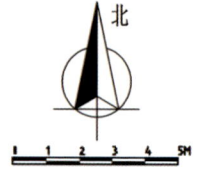

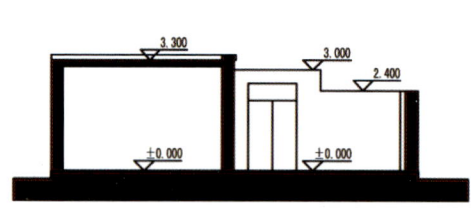

1-1剖面图

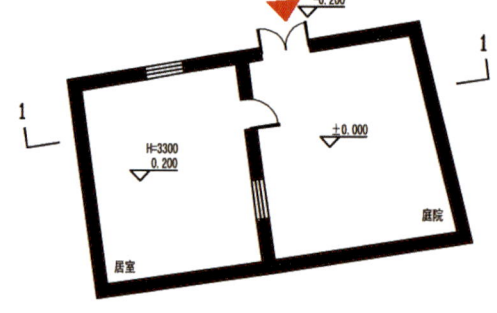

一层平面图

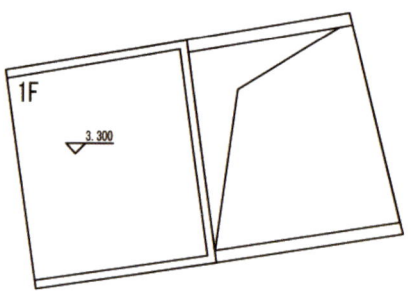

屋顶平面图

55号住宅

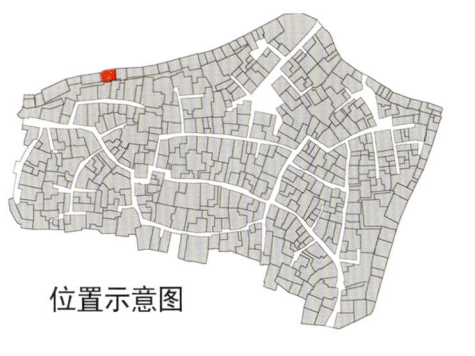

位置示意图

用户编号	161	户主	买买提依明·肉孜	人口	5人
门牌号	0055	收入水平	￥1600	职业分类	职员
搬迁意向	不同意	是否重建	重建	建筑主体结构	砖混
建筑密度	83.80%	庭院面积	14.67 m²	住宅基地面积	90.77 m²
总建筑面积	165.66 m²			一层建筑面积	76.1 m²

描述：房屋共两层，9间房子。据主人说该房屋是2005年新建的，当时花了8万元。

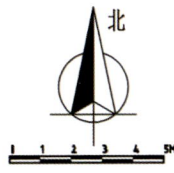

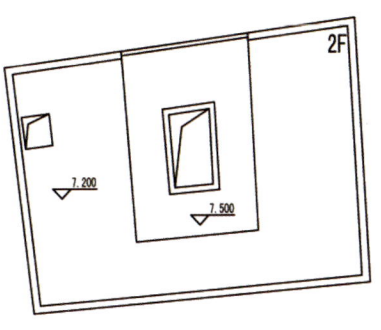

屋顶平面图

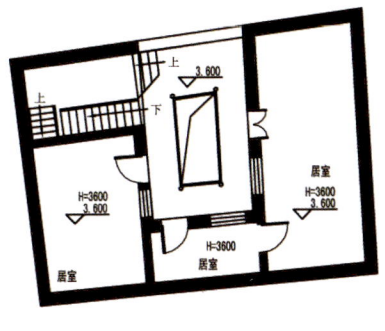

一层平面图

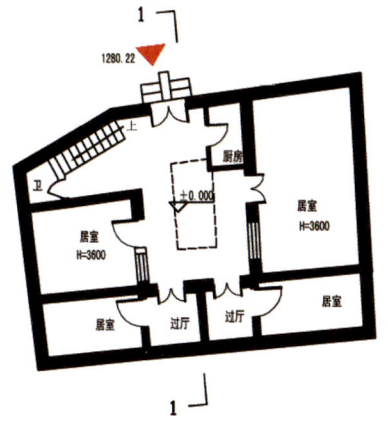

二层平面图

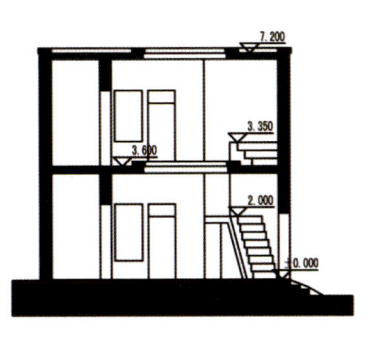

1-1剖面图

53号住宅

用户编号	162	户主	沙比尔阿不都卡德尔	人口	5人
门牌号	0053	收入水平	￥300	职业分类	待业
搬迁意向	同意	是否重建		建筑主体结构	土木
建筑密度	100.00%	庭院面积		住宅基地面积	68.19 m²
总建筑面积	249.85 m²			一层建筑面积	68.19 m²

描述：三层，外悬挑活动平台，并结合楼梯组织。

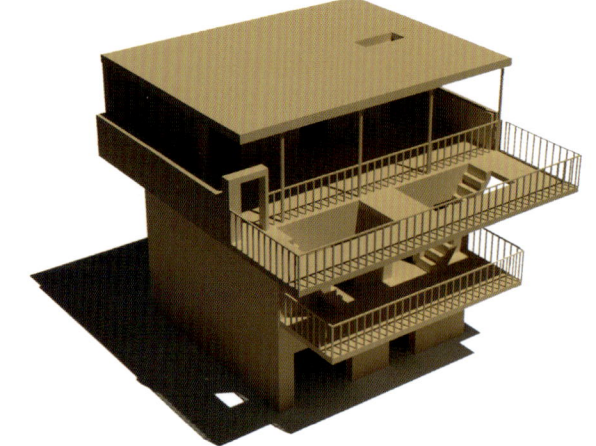
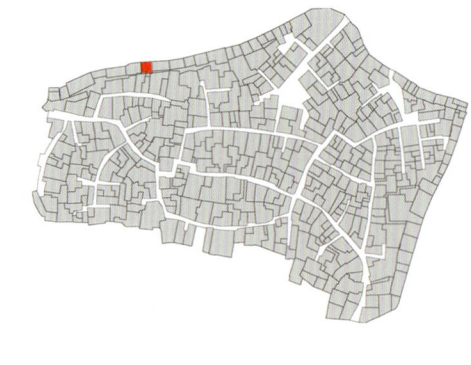
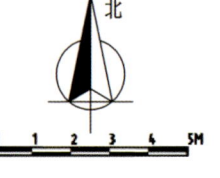
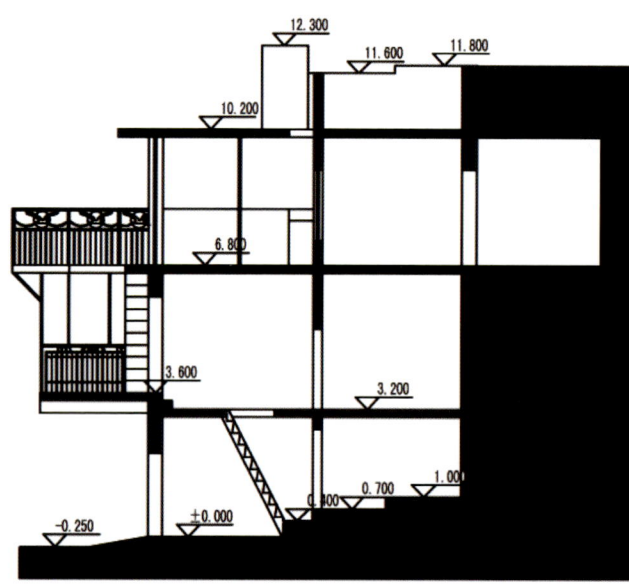
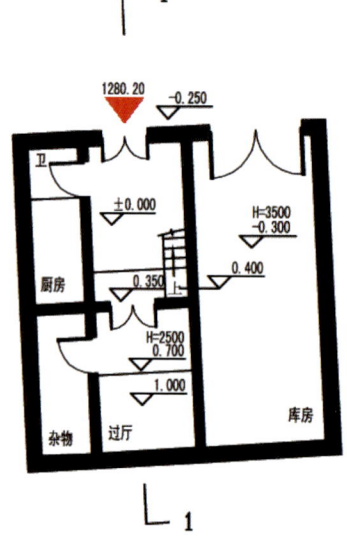

1-1剖面图　　　　　一层平面图

53号住宅

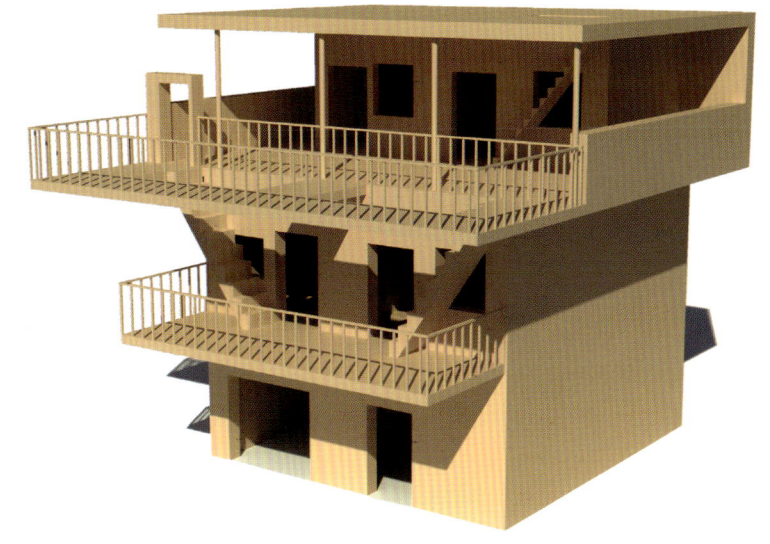

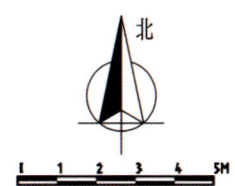

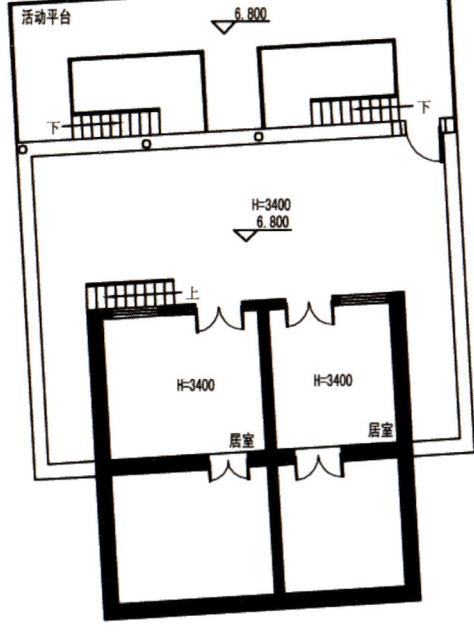

三层平面图

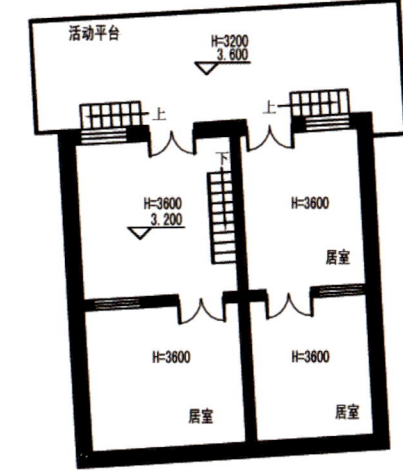

二层平面图

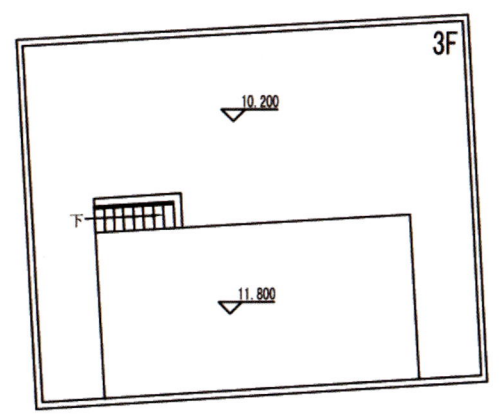

屋顶平面图

57a号住宅

用户编号	163	户主	吾热尼沙汗·希热甫	人口	3人
门牌号	0057a	收入水平	￥400	职业分类	做馕
搬迁意向	不同意	是否重建	重建	建筑主体结构	砖混
建筑密度	78.40%	庭院面积	20.62 m²	住宅基地面积	95.55 m²
总建筑面积	176.86 m²			一层建筑面积	74.93 m²

描述：据主人讲，房屋是2006年花6.5万元买的，共有两层，8间房子，房间布置很灵活，充分利用了空间，院子中间有木梯可以上二楼。

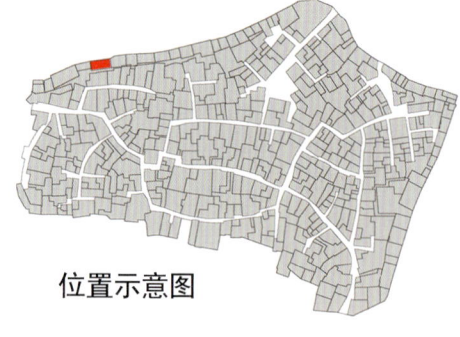

位置示意图

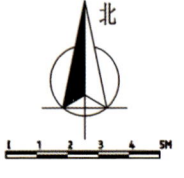

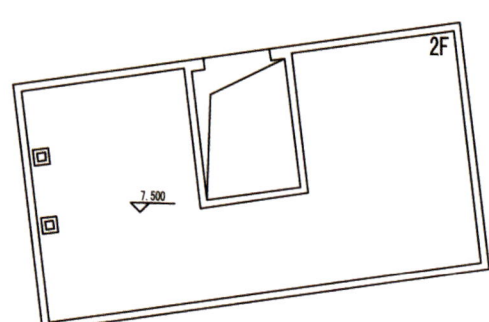

屋顶平面图

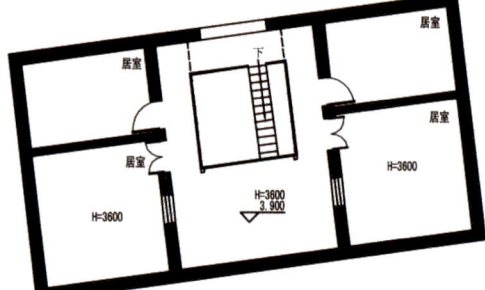

二层平面图

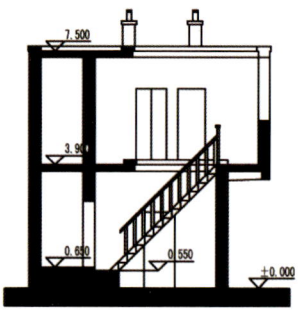

1-1剖面图

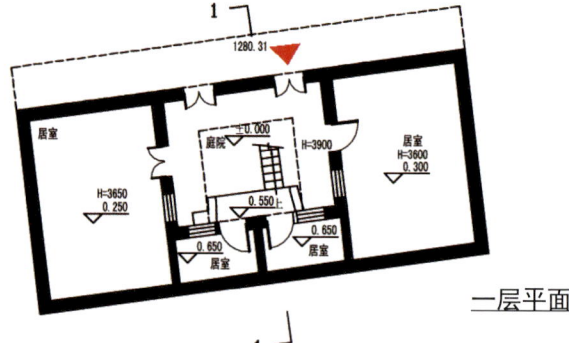

一层平面图

57b号住宅

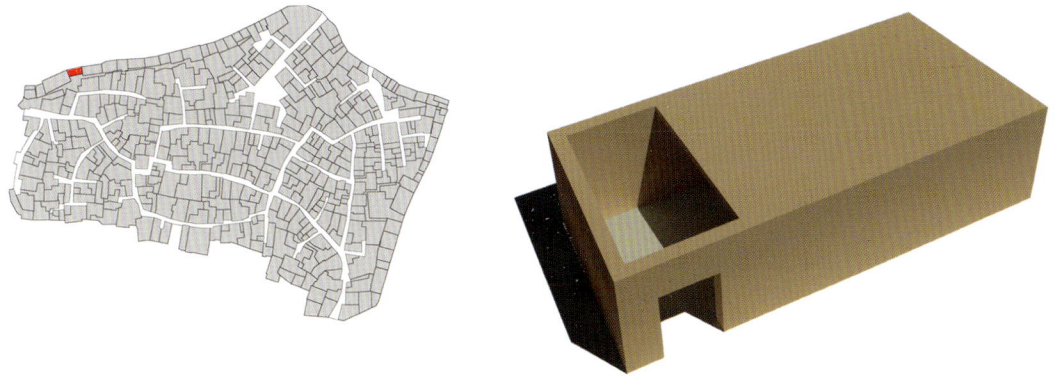

用户编号	164	户主	阿布来提·阿布都拉	人口	
门牌号	0057b	收入水平		职业分类	
搬迁意向	不同意	是否重建	重建	建筑主体结构	土木
建筑密度	69.50%	庭院面积	15.95 m²	住宅基地面积	52.24 m²
总建筑面积		36.3 m²	一层建筑面积		36.3 m²

描述	现存一层1间房,没人住。据主人讲,房屋是1999年盖的,大部分都倒塌了。57b和73是一个人的房子。

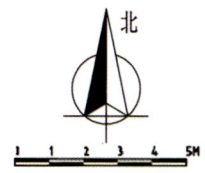

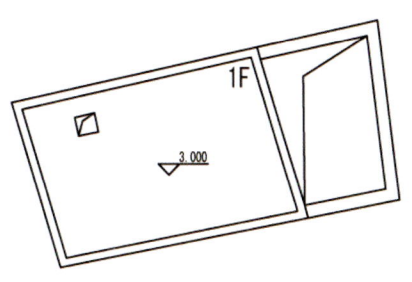

屋顶平面图

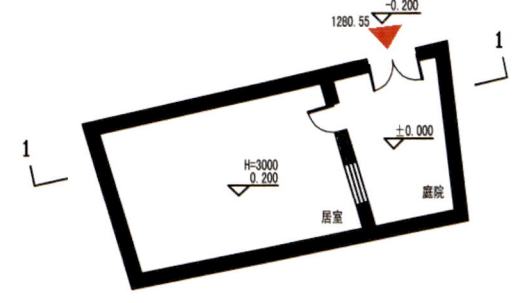

一层平面图

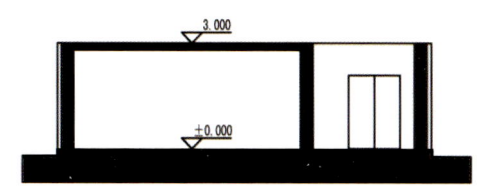

1-1剖面图

59号住宅

用户编号	165	户主	艾力江·米吉提	人口	4人
门牌号	0059	收入水平	￥500	职业分类	
搬迁意向	不同意	是否重建	重建	建筑主体结构	砖混
建筑密度	81.70%	庭院面积	33.07 m²	住宅基地面积	180.33 m²
总建筑面积	147.26 m²		一层建筑面积	147.26 m²	

描述：据主人说，房屋是2006年花了7万元买的，修缮房子又花了2万元。房屋现有一层，6间房，院子内有两个苏帕，主人设计了一个商铺，但是到现在为止还没开始做生意。主人说该房屋使用中最大的问题是没有下水道。

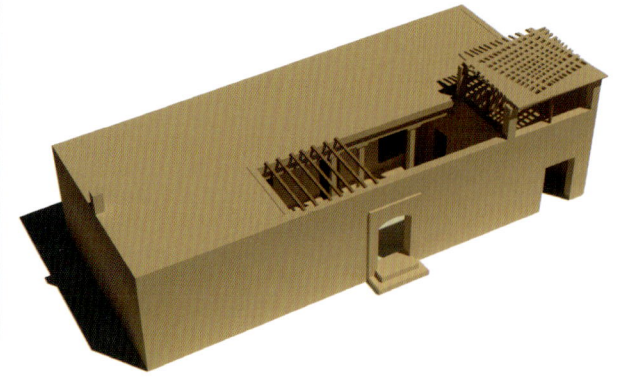

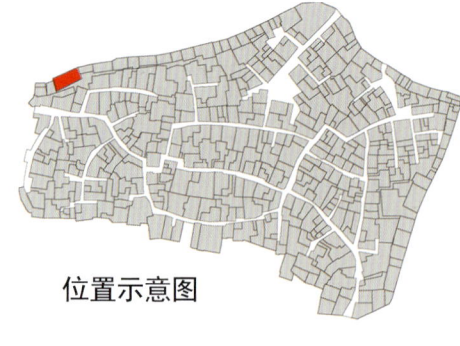

位置示意图

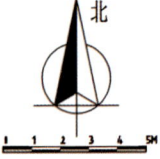

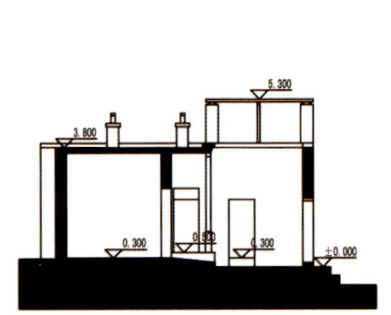

1-1剖面图

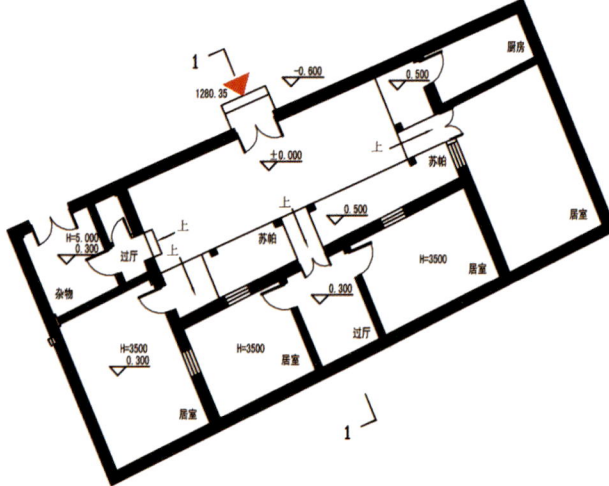

一层平面图

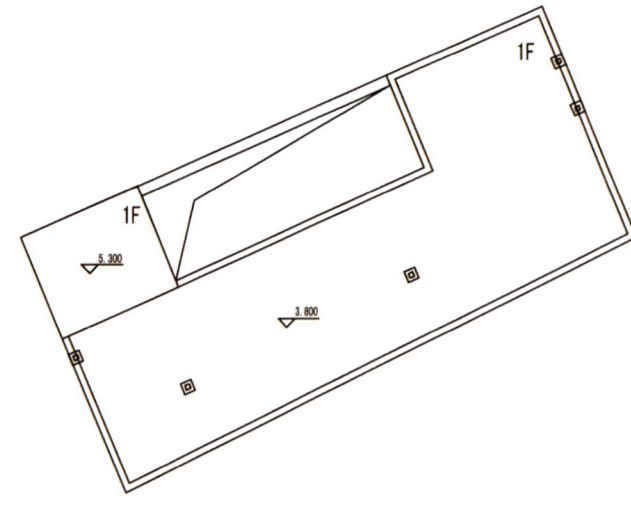

屋顶平面图

61号住宅

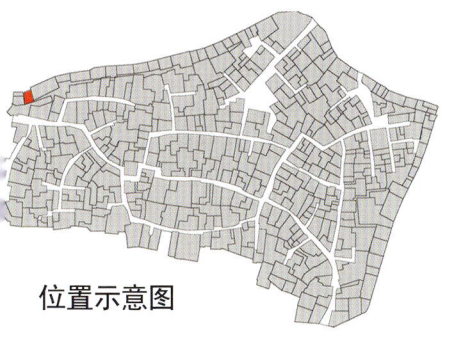

位置示意图

用户编号	166	户主	麦买提吐尔达吉木·斯迪克	人口	
门牌号	0061	收入水平		职业分类	司机
搬迁意向	不同意	是否重建	重建	建筑主体结构	土木
建筑密度	100.00%	庭院面积		住宅基地面积	54.58 m²
总建筑面积		54.58 m²		一层建筑面积	54.58 m²

描述	对外出租的房子，放置烧制好的陶器。共一层4间。61、63、65是一个房主。

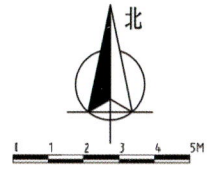

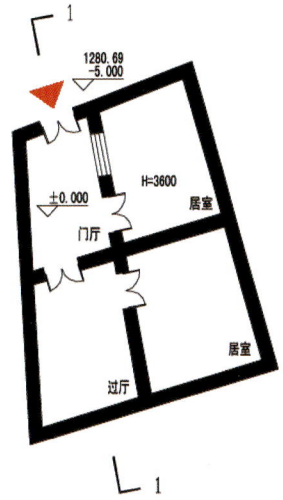

一层平面图

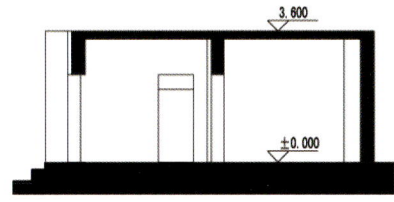

1-1剖面图

65号住宅

用户编号	167	户主	麦买提吐尔达吉木·斯迪克	人口	
门牌号	0065	收入水平		职业分类	司机
搬迁意向	不同意	是否重建	重建	建筑主体结构	砖混
建筑密度	55.70%	庭院面积	42.11 m²	住宅基地面积	27.58 m²
总建筑面积		341.12 m²	一层建筑面积	154.68 m²	
描述	主人说，房屋是2004年新建和装修，2007年又新建了几间房间，含61、63号房屋共有四层，该户有12间房子，有3个商铺。现为游客服务，房子装修精美。该房主和67号房主是兄弟。				

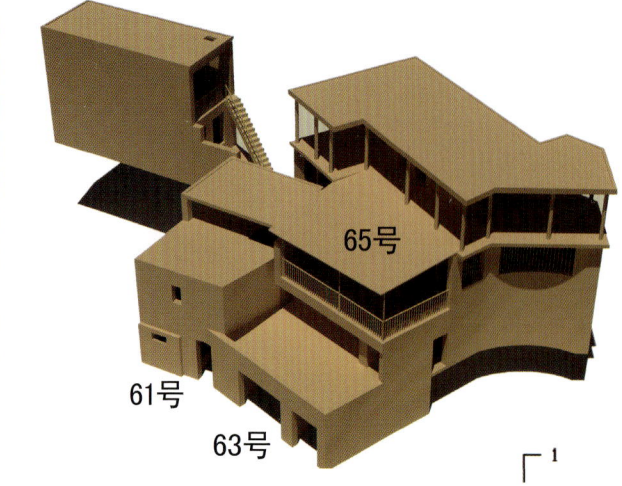

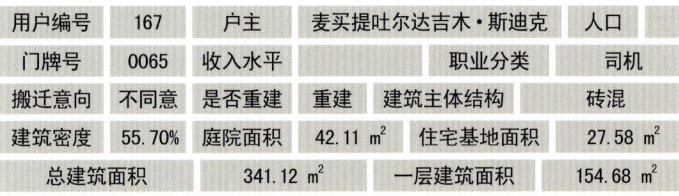

位置示意图

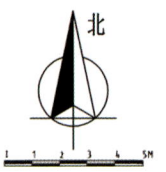

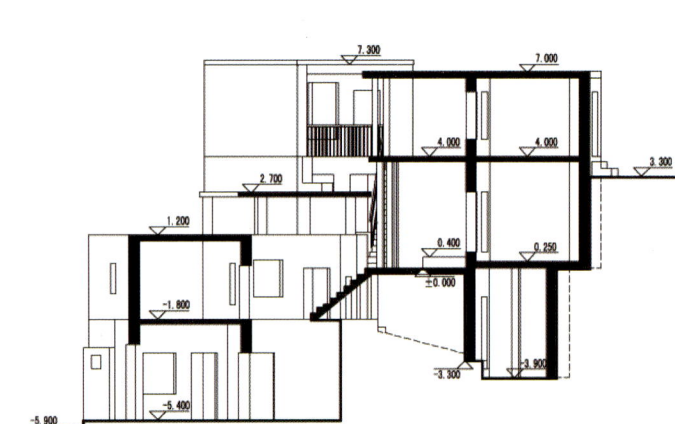

1-1剖面图

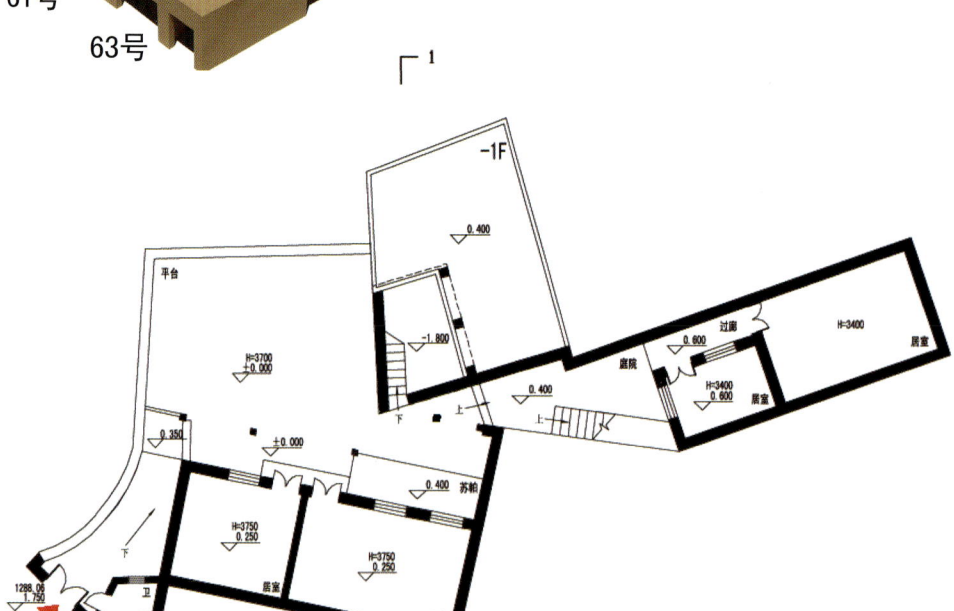

一层平面图

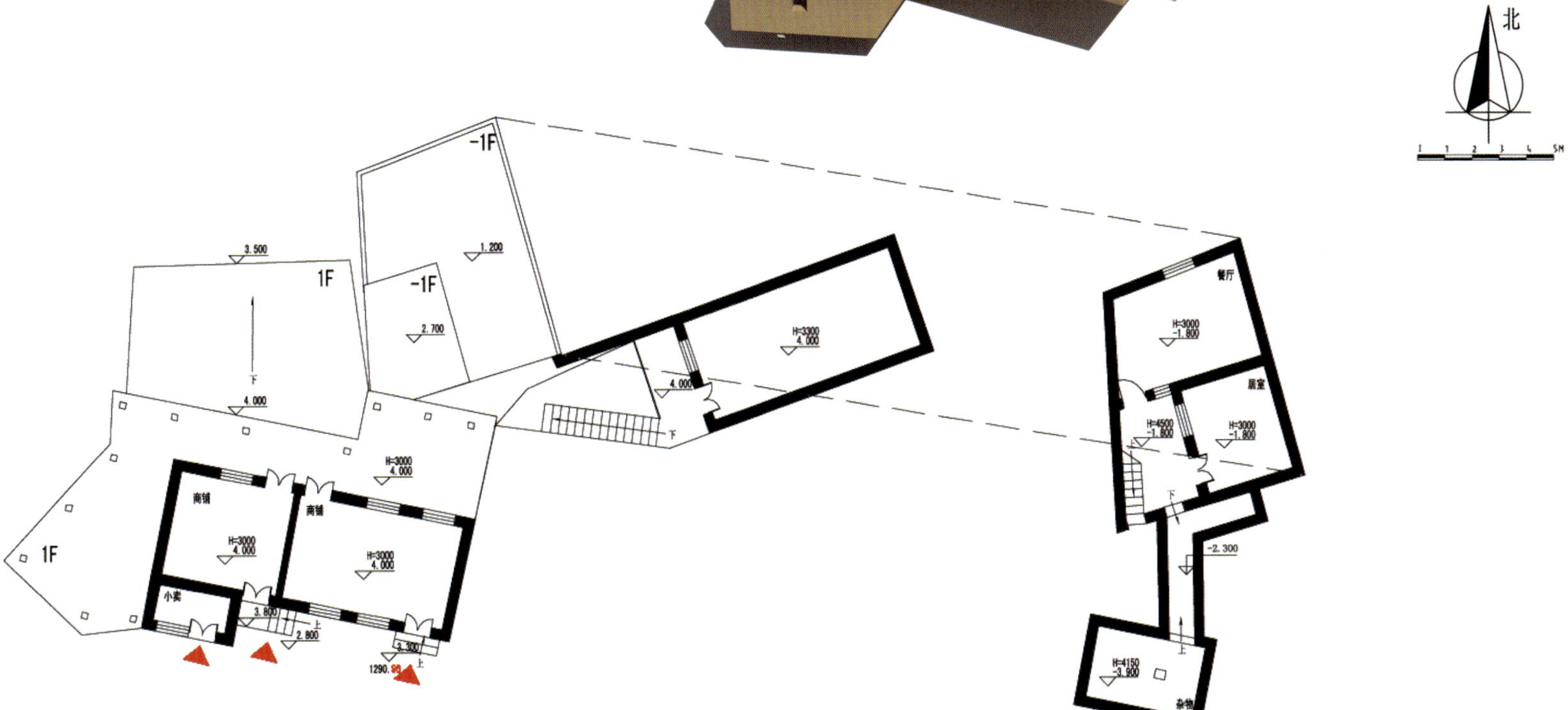

65号住宅

北

二层平面图　　　　　地下室平面图

63号住宅

用户编号	168	户主	麦买提吐尔达吉木·斯迪克	人口	
门牌号	0063	收入水平		职业分类	司机
搬迁意向	不同意	是否重建	重建	建筑主体结构	土木
建筑密度	100.00%	庭院面积		住宅基地面积	75.62 m²
总建筑面积	92.05 m²		一层建筑面积	53.57 m²	
描述	该房对外出租。63号房子的屋顶是65号房子的院子。63号是65号的仓库和车库，房屋为退台布局，含两间车库，三间仓库。				

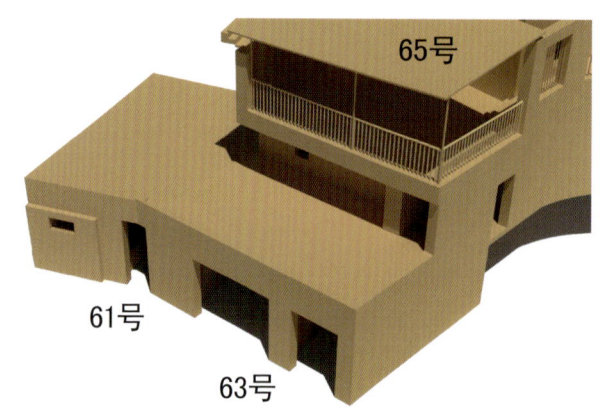

位置示意图

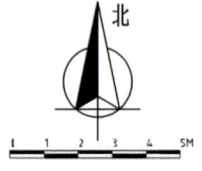

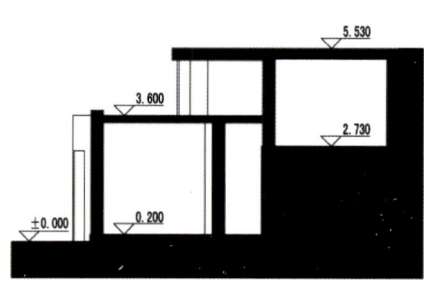

1-1剖面图

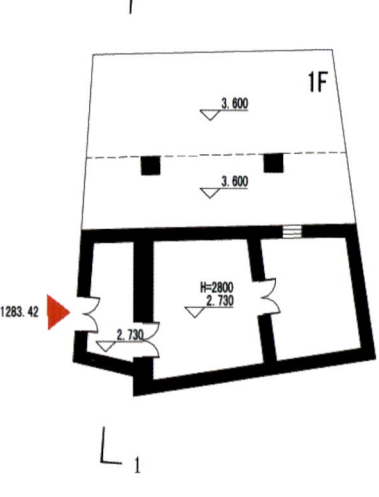

一层平面图

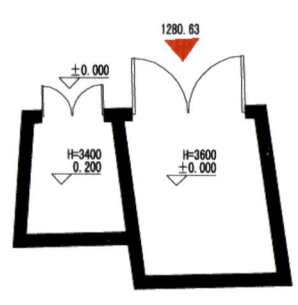

地下一层平面图

67号住宅

位置示意图

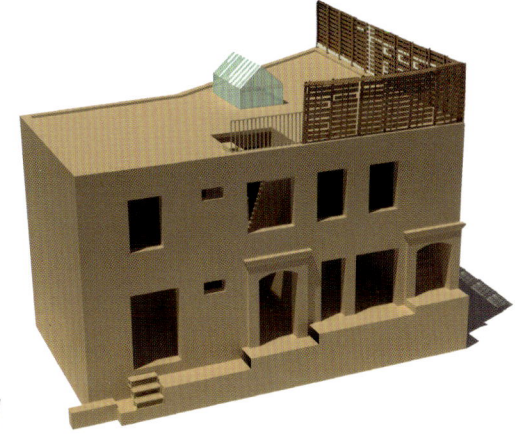

用户编号	169	户主	买买提祖弄·斯迪克	人口	5人
门牌号	0067	收入水平	￥1000	职业分类	做生意
搬迁意向	不同意	是否重建	保留	建筑主体结构	框架
建筑密度	96.60%	庭院面积	5 m²	住宅基地面积	148.1 m²
总建筑面积	343.77 m²		一层建筑面积		143.1 m²
描述	房屋共两层，三个入口，房屋紧密环绕庭院布置，以获得良好采光。				

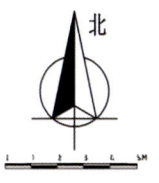
北

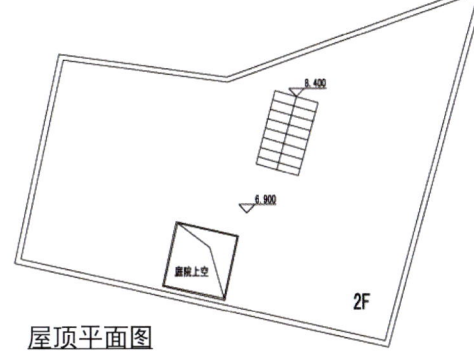

屋顶平面图

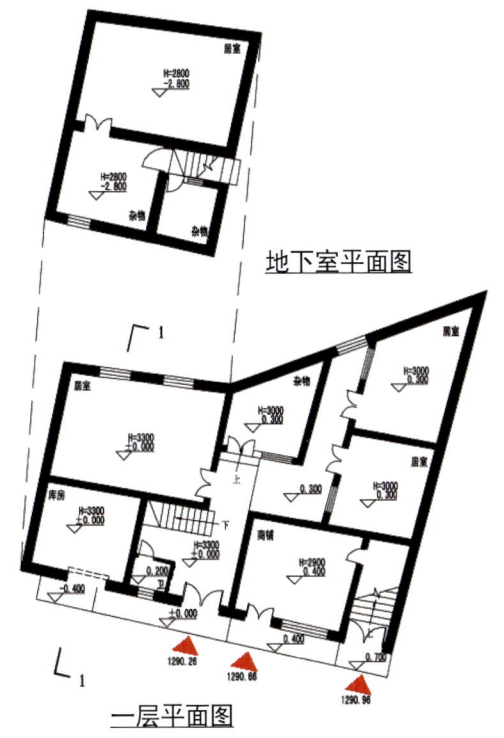

地下室平面图

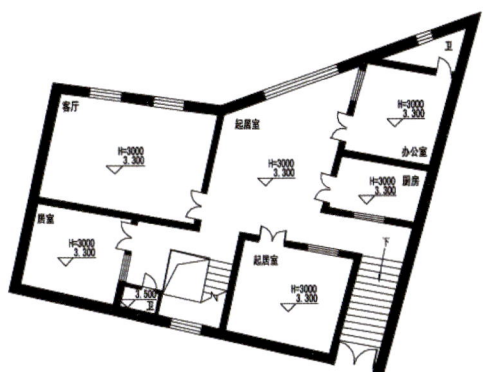

二层平面图

一层平面图

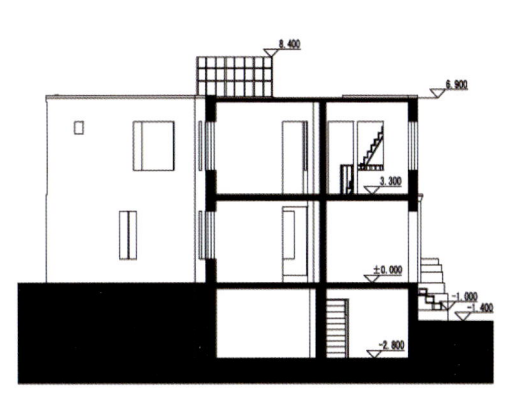

1-1剖面图

69号住宅

用户编号	170	户主	吐尼萨·吾斯曼	人口	1人
门牌号	0069	收入水平	￥300	职业分类	退休
搬迁意向	不同意	是否重建	重建	建筑主体结构	土木
建筑密度	58.80%	庭院面积	18.34 m²	住宅基地面积	44.51 m²
总建筑面积		46.53 m²	一层建筑面积		26.17 m²

描述：是71号房主的房子，现对外出租。房屋有两层，3间房间。

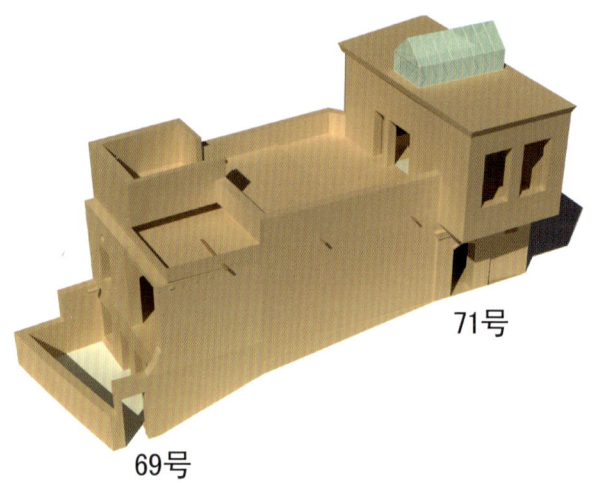

71号
69号

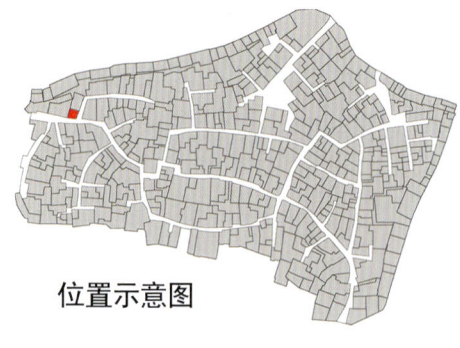

位置示意图

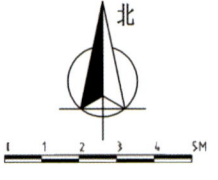

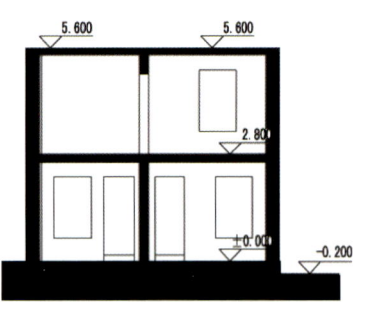

1-1剖面图

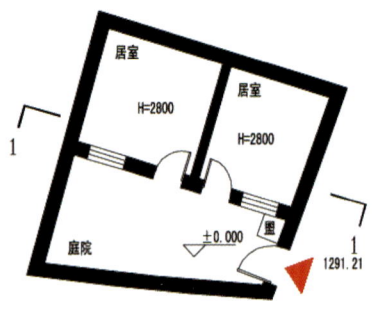

一层平面图

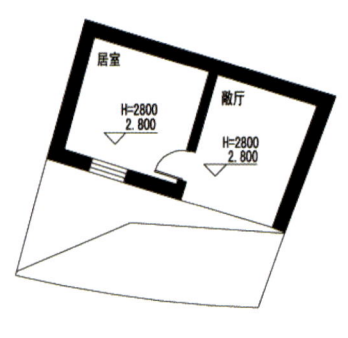

二层平面图

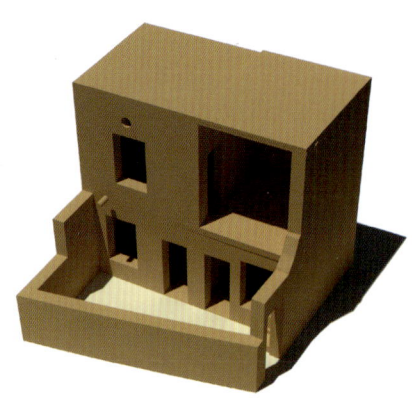

228

71号住宅

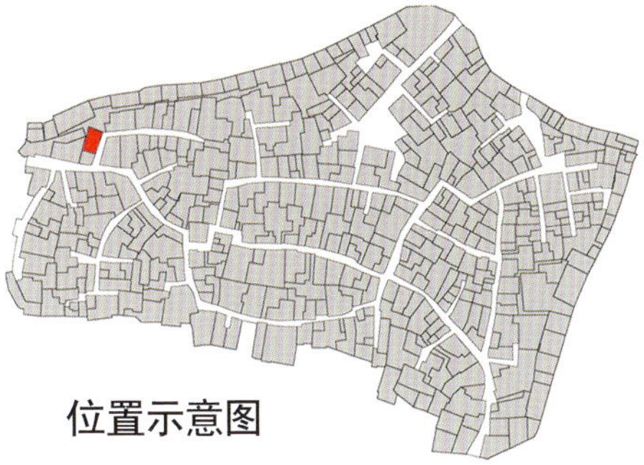

用户编号	171	户主	阿布都如苏里台外库里	人口	5人
门牌号	0071	收入水平	￥1600	职业分类	司机
搬迁意向	不同意	是否重建	重建	建筑主体结构	土木
建筑密度	80.60%	庭院面积	29.82 m²	住宅基地面积	153.74 m²
总建筑面积		197.33 m²		一层建筑面积	123.92 m²

描述：房屋始建于1800年之前，1992年曾分遗产，分成两个房子，2007年新建和维修花了7.6万元，房屋有地上两层和地下一层，共8间房子，现在房子后面有15平方米的地是空的，准备新建房子。房屋地下室有裂缝，主人担心地震时他们房屋的安全问题。

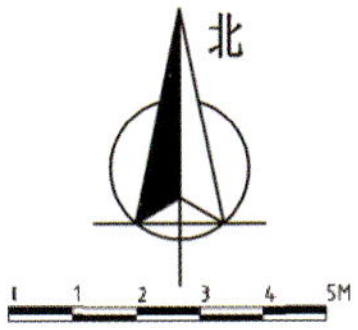

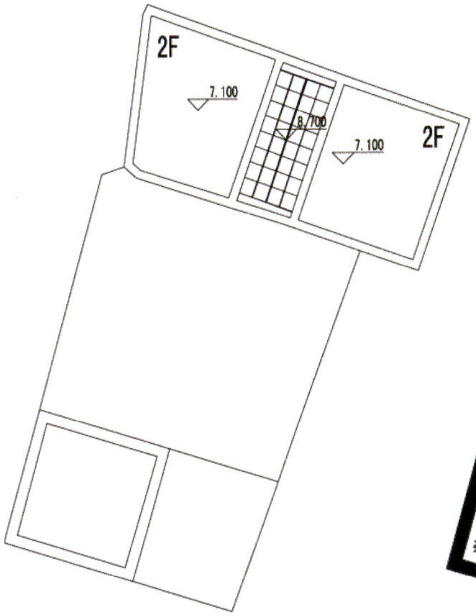

位置示意图

屋顶平面图 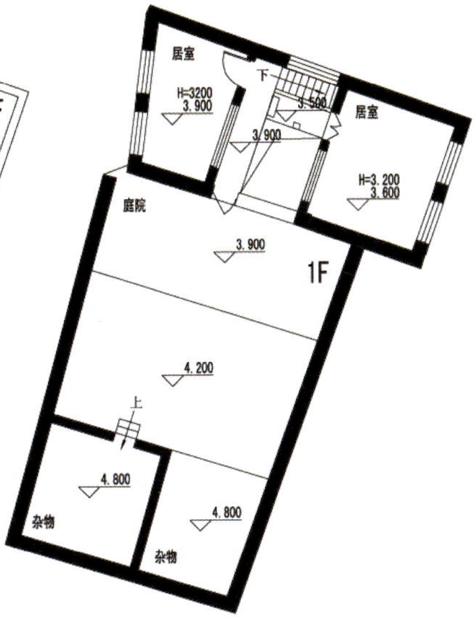　二层平面图 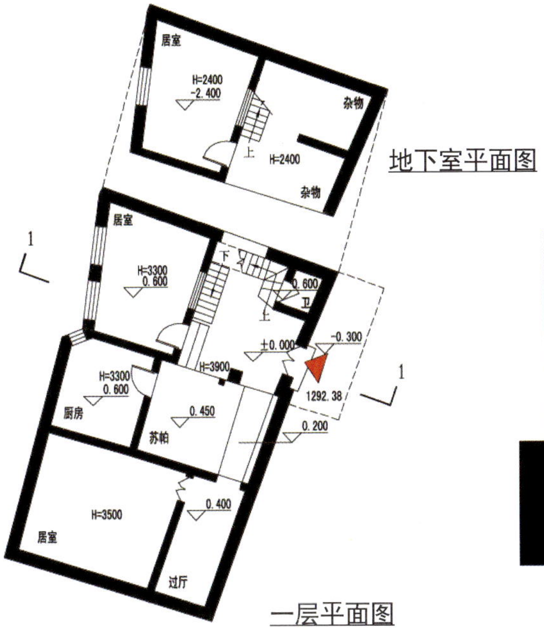　一层平面图　地下室平面图　1-1剖面图

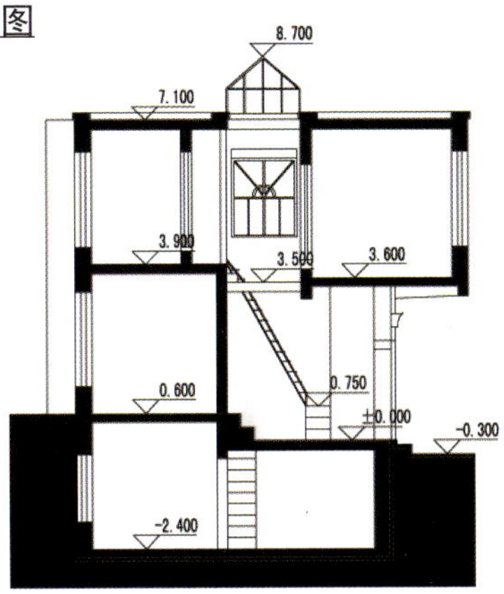

73号住宅

用户编号	172	户主	阿不来提·阿不都拉	人口	5人
门牌号	0073	收入水平	￥600	职业分类	做生意
搬迁意向	不同意	是否重建	重建	建筑主体结构	土木
建筑密度	74.10%	庭院面积	23.63 m²	住宅基地面积	152.14 m²
总建筑面积	212.03 m²	一层建筑面积	112.71 m²		

描述：1956年主人把房子给了儿子（现在的主人），从来没有装修和维修过。主人说房屋1984年开始裂缝倒塌，因为没有经济能力修建，所以主人在外面租房居住，这里成为一座空房。房屋有两层和地下一层，共15间房，有15米长的过街楼，空间丰富且景观及朝向良好。

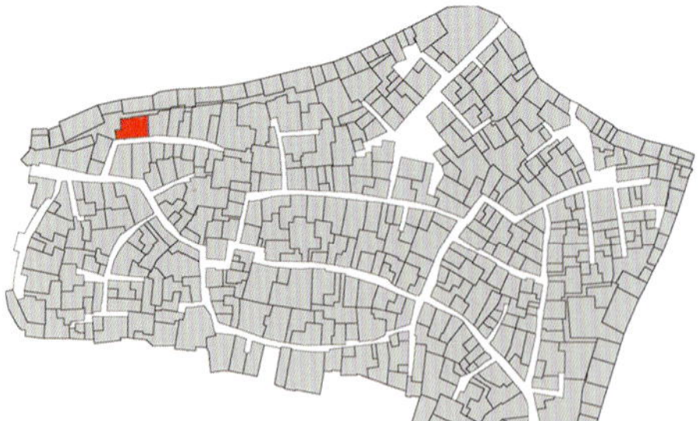

位置示意图

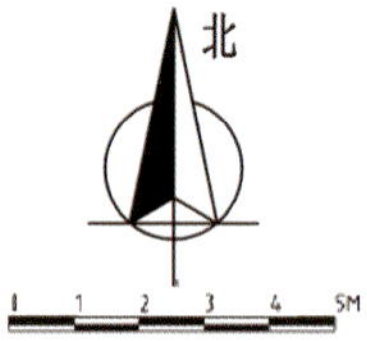

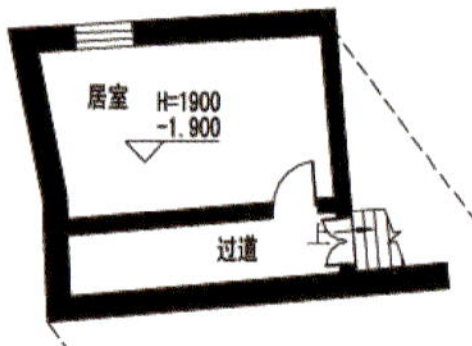

1-1剖面图　　　地下室平面图 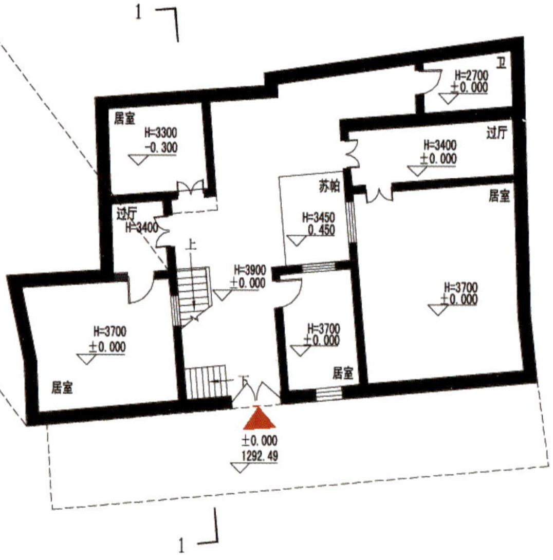　　　一层平面图 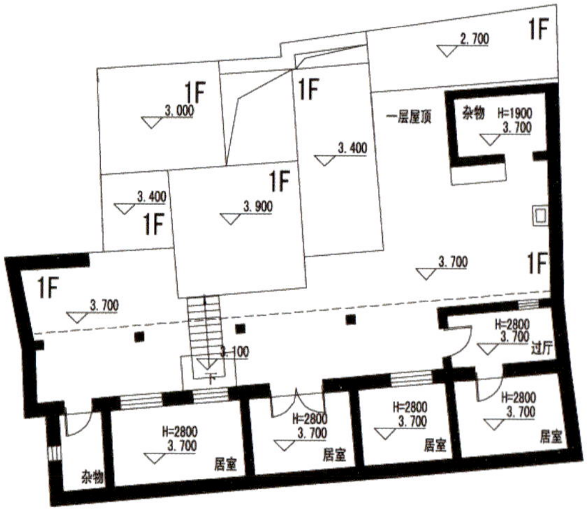　　　二层平面图

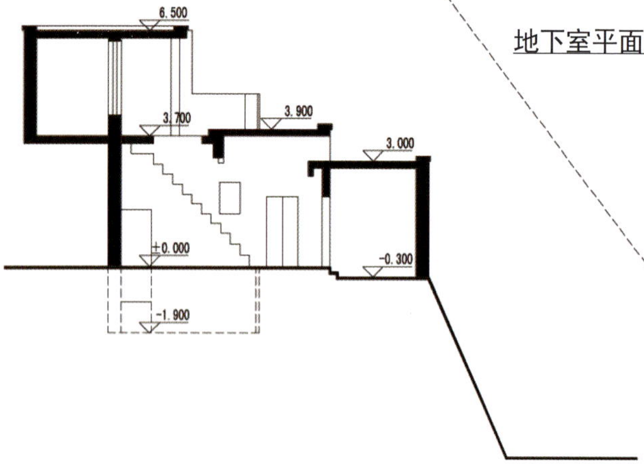

75号住宅

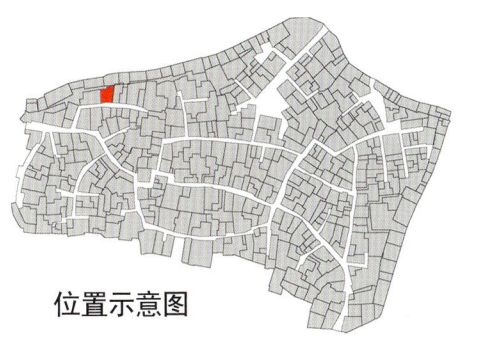

位置示意图

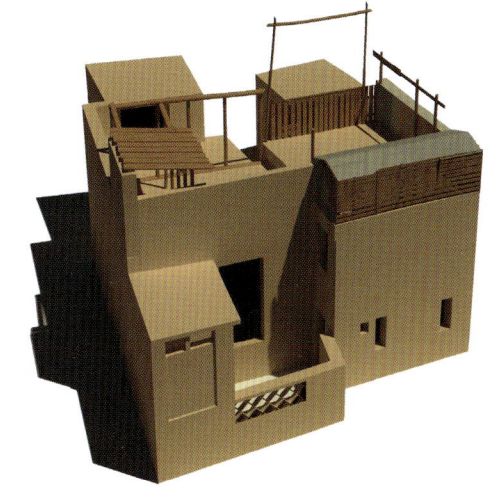

用户编号	173	户主	肉孜阿吉·阿布拉	人口	4人
门牌号	0075	收入水平	￥600	职业分类	司机
搬迁意向	不同意	是否重建	重建	建筑主体结构	土木
建筑密度	76.40%	庭院面积	2.25 m²	住宅基地面积	101.78 m²
总建筑面积	109.58 m²		一层建筑面积	77.76 m²	

描述	主人说这个房子兄弟姐妹共10个人一起生活居住过,他们是个大家庭。房屋始建于1700年之前,主人修建过几次。房屋共两层,6间。

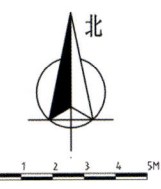

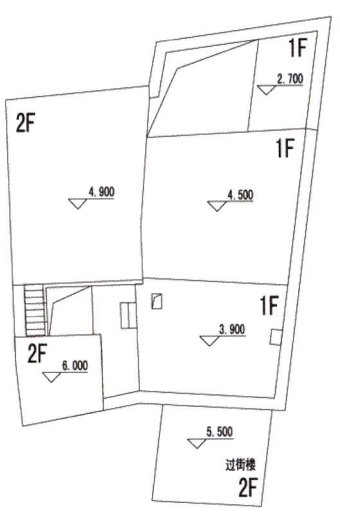

屋顶平面图

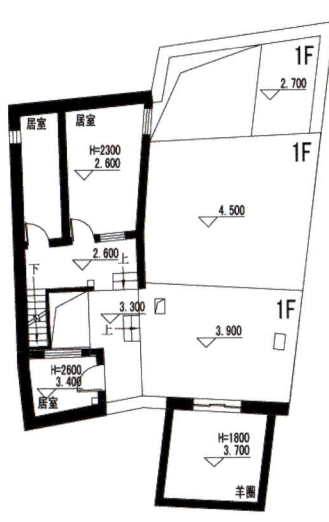

二层平面图

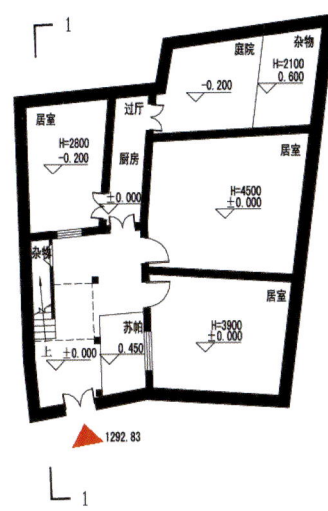

一层平面图

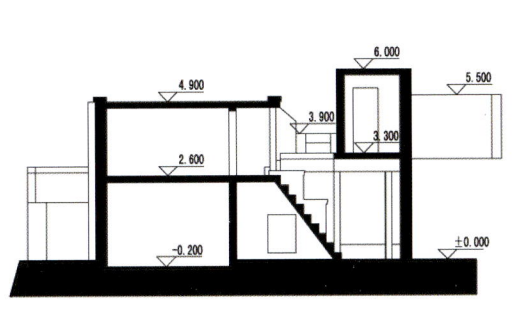

1-1剖面图

77号住宅

用户编号	174	户主	布力卡斯木·阿不都卡德	人口	5人
门牌号	0077	收入水平	￥600	职业分类	做鞋子
搬迁意向	不同意	是否重建	重建	建筑主体结构	土木
建筑密度	100.00%	庭院面积		住宅基地面积	80.81 m²
总建筑面积	168.04 m²			一层建筑面积	80.81 m²

描述：房屋建于1930年，1979年主人的父亲留给了现在的主人，1970年新建和修建了几间房子，花了15万元，房屋具有三层和地下一层，总共9间。具有特色的是二层院子栽有一颗大树。主人有五个孩子，三个在上学，经济比较紧张。

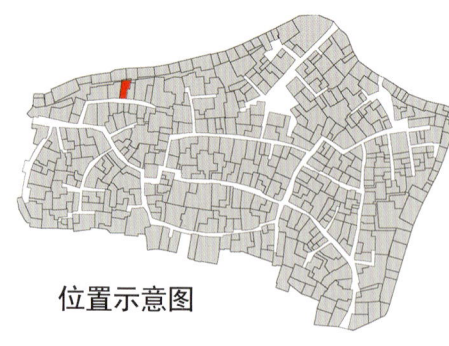

位置示意图

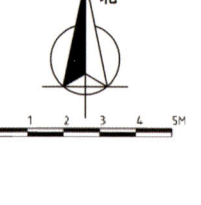

北

1-1剖面图

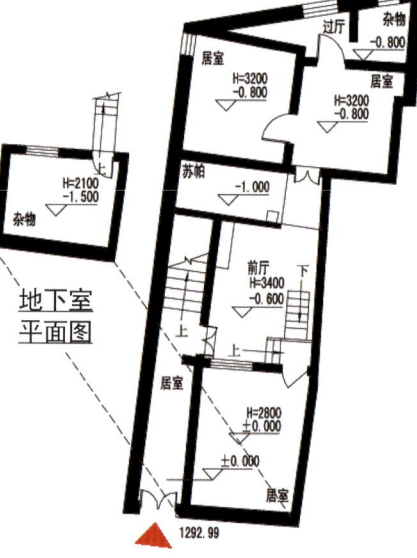

一层平面图

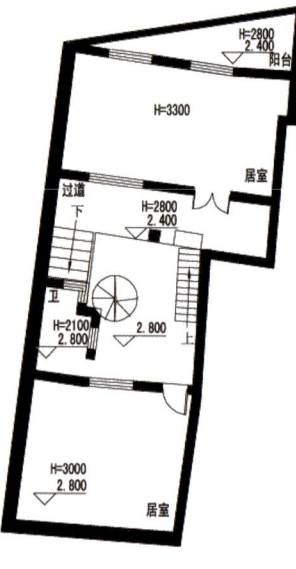

二层平面图

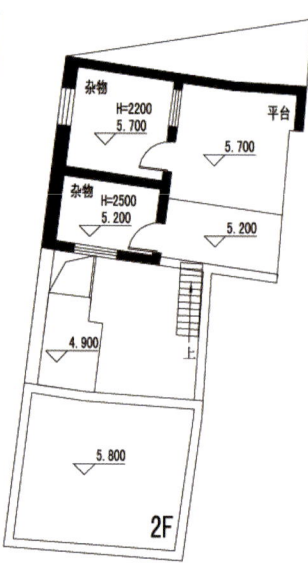

三层平面图

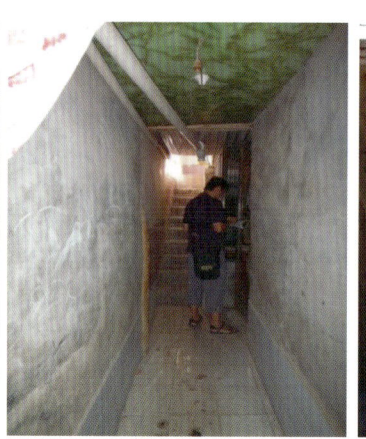

79号住宅

位置示意图

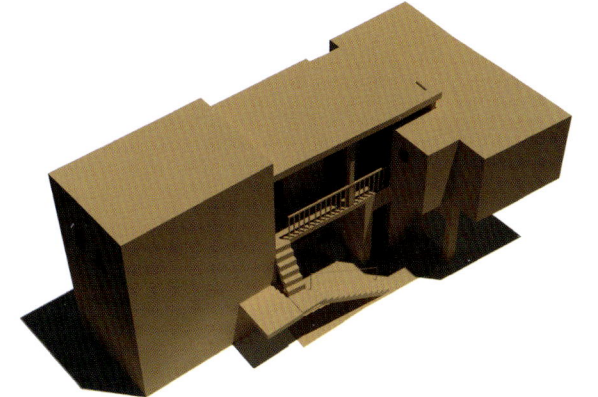

用户编号	175	户主	布力卡斯木·阿不都卡德	人口	5人
门牌号	0079	收入水平	￥300	职业分类	个体户
搬迁意向	不同意	是否重建	重建	建筑主体结构	砖混
建筑密度	81.80%	庭院面积	8.14 m²	住宅基地面积	57.06 m²
总建筑面积		103.19 m²		一层建筑面积	46.65 m²

描述：主人说1992年搬进这房子，2006年花2.8万元修建，房屋有两层和地下一层，共10间房子。77号房子和79号房子以前是一个房子后来分成两家。

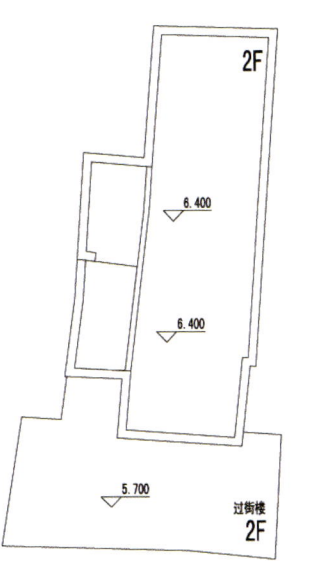

屋顶平面图

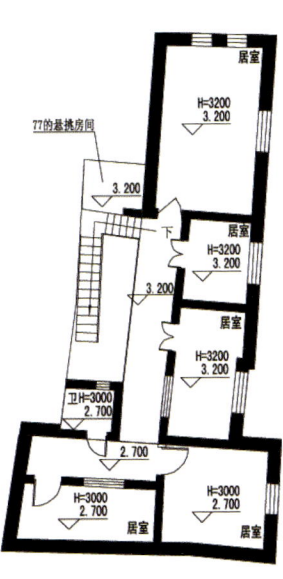

二层平面图

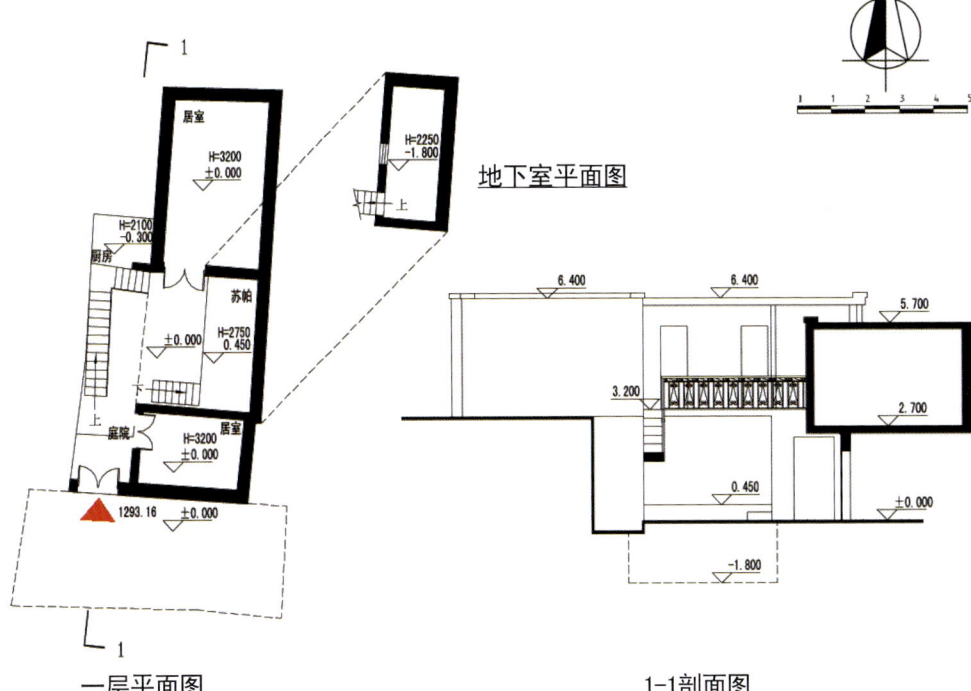

一层平面图　　　　　　　　　1-1剖面图

81号住宅

用户编号	176	户主	吐尼萨·克热木	人口	8人
门牌号	0081	收入水平	￥300	职业分类	做帽子
搬迁意向	不同意	是否重建	重建	建筑主体结构	土木
建筑密度	72.30%	庭院面积	46.57 m²	住宅基地面积	168.24 m²
总建筑面积		134.91 m²	一层建筑面积		121.67 m²

描述：房屋始建于1963年，于2003年重修，有一个地下室，共5间房，庭院一侧紧贴83号外墙，院子内可以看到美丽的外景。

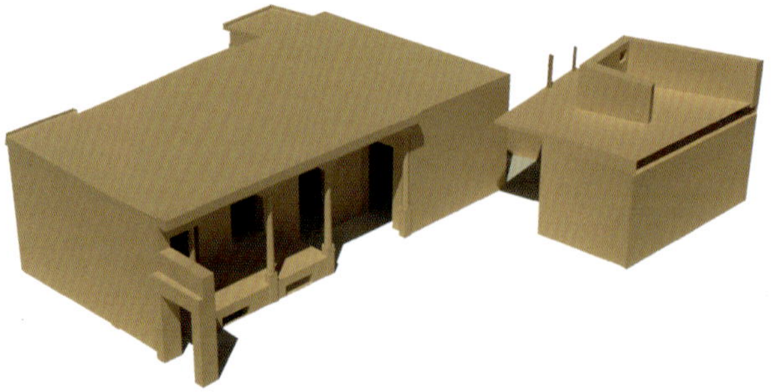

位置示意图

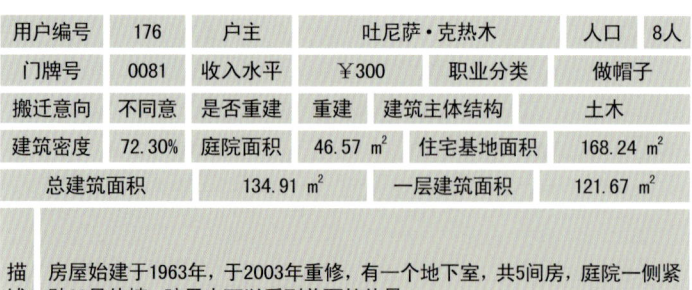

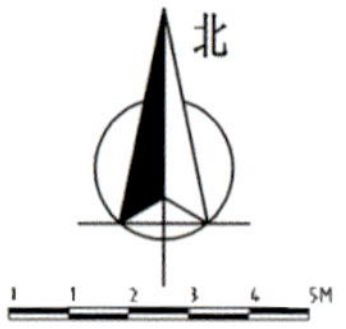

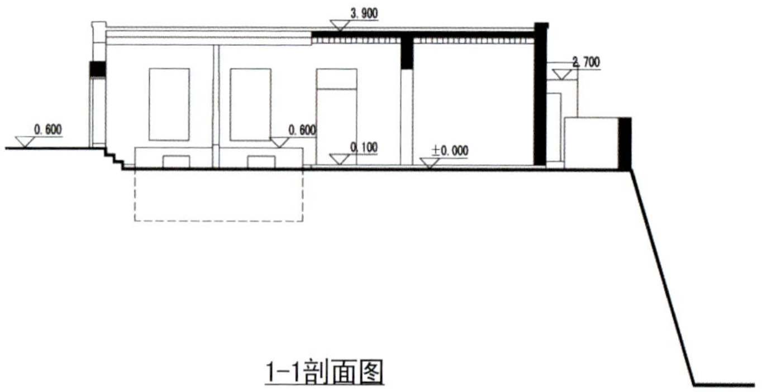

1-1剖面图　　　一层平面图　　地下室平面图　　屋顶平面图

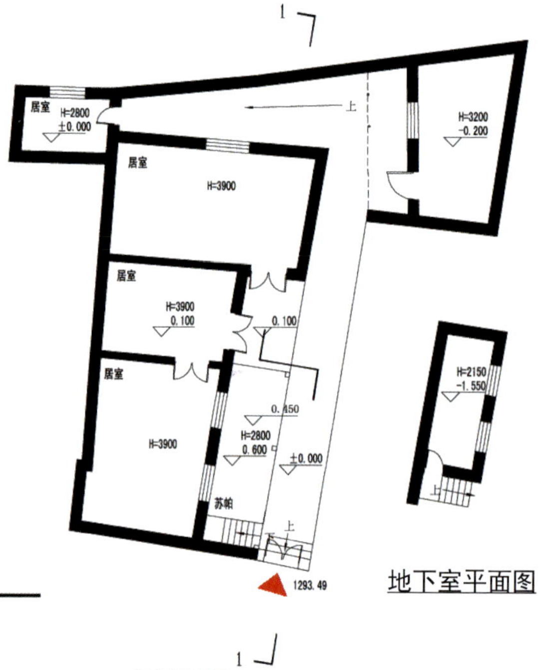

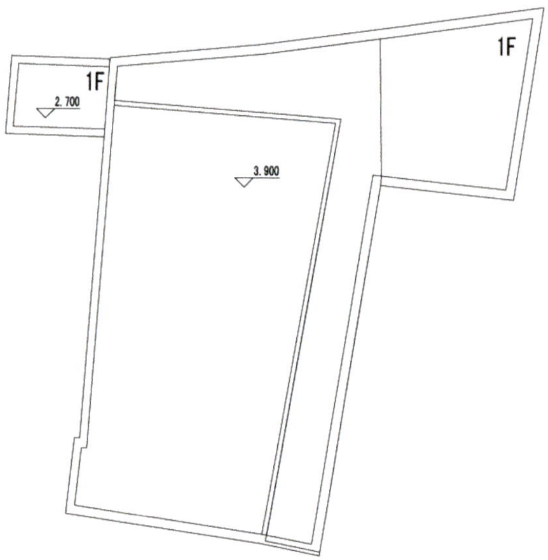

83号住宅

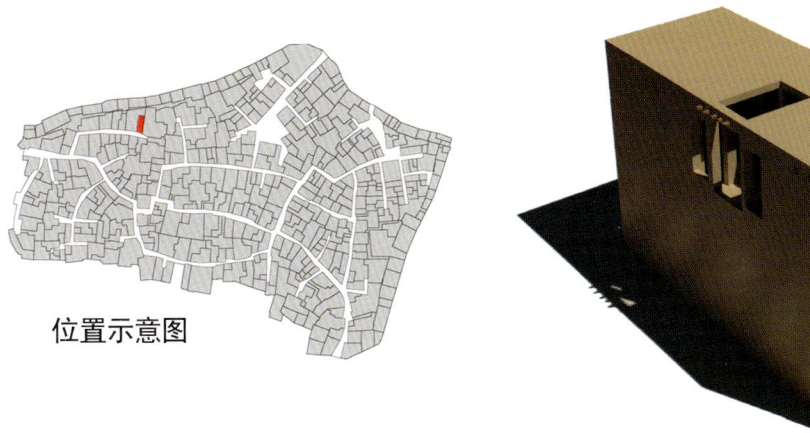

位置示意图

用户编号	177	户主		阿布都热西提	人口	1人
门牌号	0083	收入水平	￥800	职业分类		民间建筑师
搬迁意向	不同意	是否重建	重建	建筑主体结构		砖木
建筑密度	94.90%	庭院面积	2.8 m²	住宅基地面积		55.1 m²
总建筑面积		99.4 m²		一层建筑面积		52.3 m²

描述：房屋是1990年建造的，到现在为止一直在修建改善，房屋有两层和一个地下室，共4间房。83号和103号是同一主人的房子。

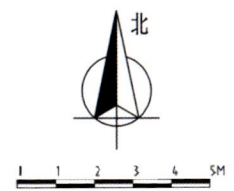

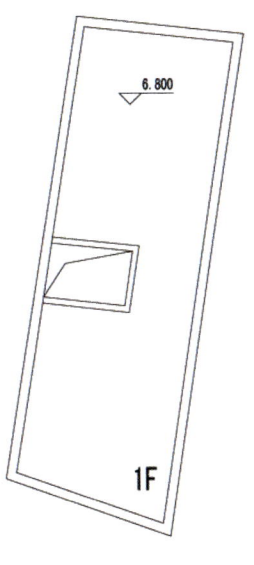
屋顶平面图

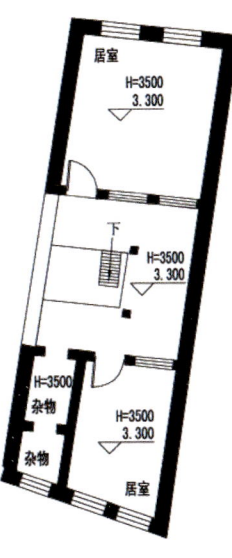
二层平面图

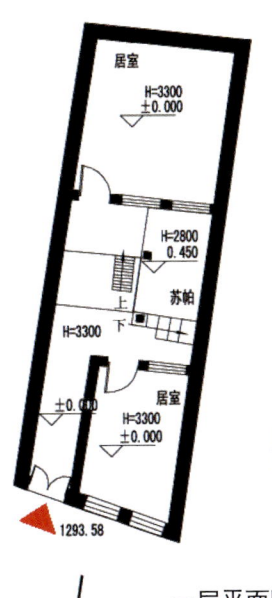
一层平面图

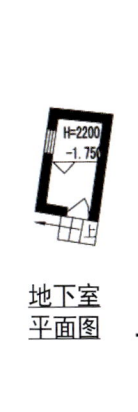
地下室平面图

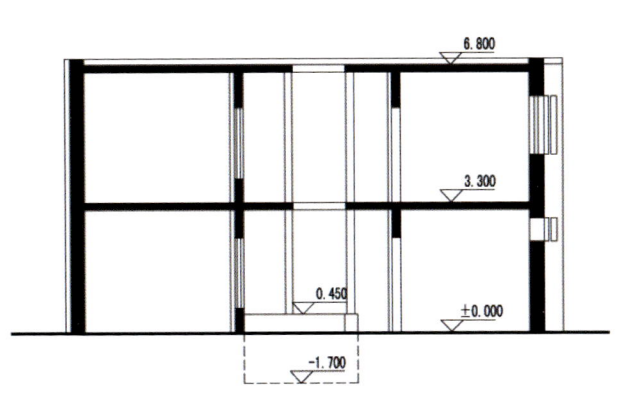
1-1剖面图

235

85a号住宅

用户编号	178	户主	阿布都吾甫尔阿布拉	人口	5人
门牌号	0085a	收入水平	￥700	职业分类	铁匠
搬迁意向	不同意	是否重建	重建	建筑主体结构	砖木
建筑密度	82.70%	庭院面积	45.85 m²	住宅基地面积	264.84 m²
总建筑面积		368.4 m²	一层建筑面积	218.99 m²	

描述	房屋是1974年建的，1990年新建了几间房子，房屋有3层和地下一层，共13间房间，庭院很大，装饰精美，在一层和负一层的观景阳台上可以看到美丽的外景。

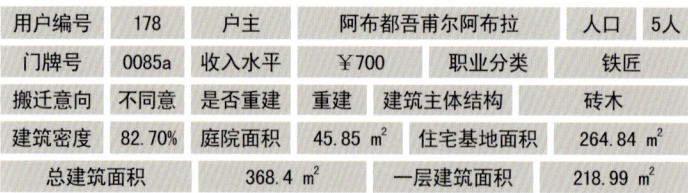

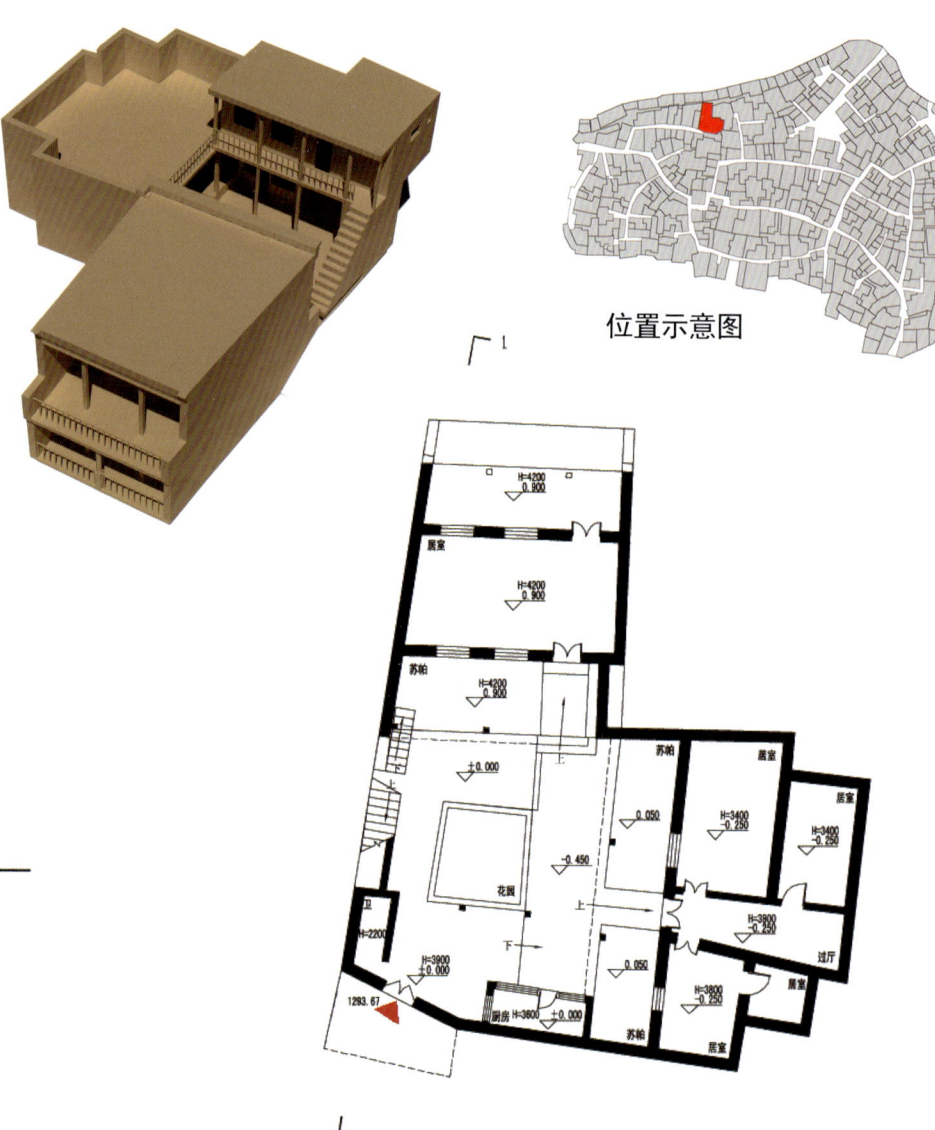

位置示意图

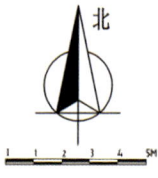

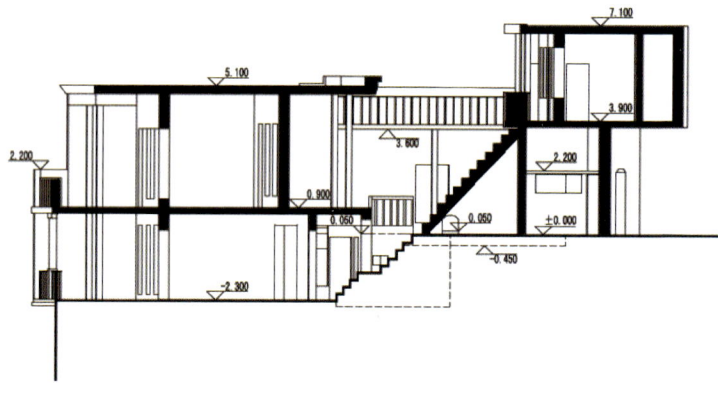

1-1剖面图

一层平面图

85a号住宅

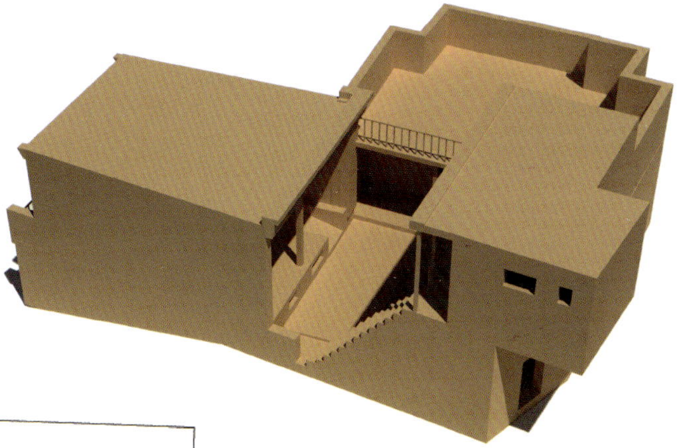

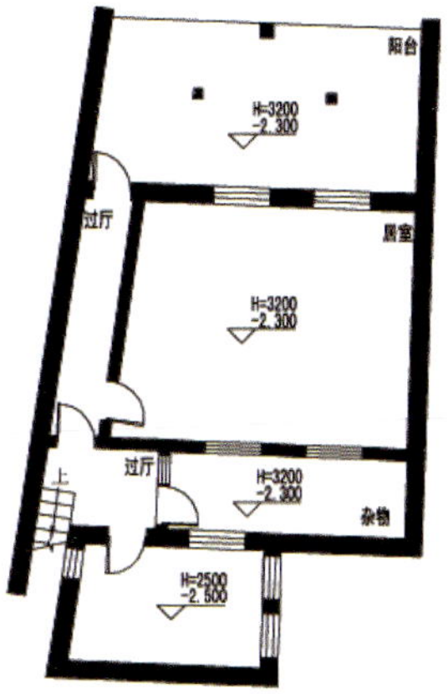

北

地下室平面图 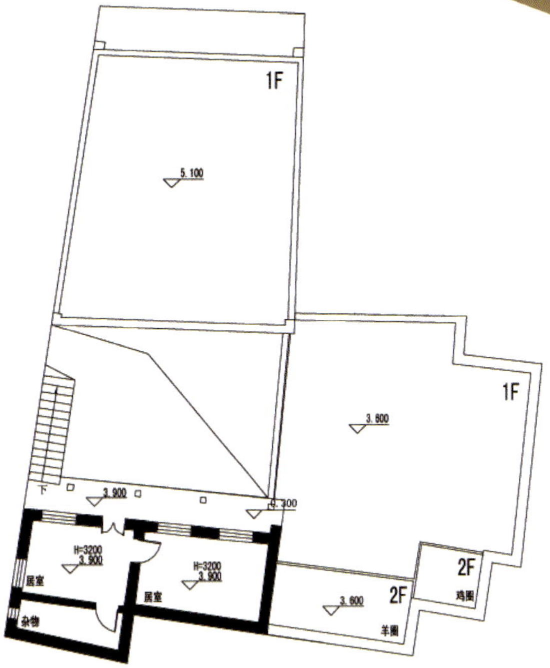　　　　　二层平面图 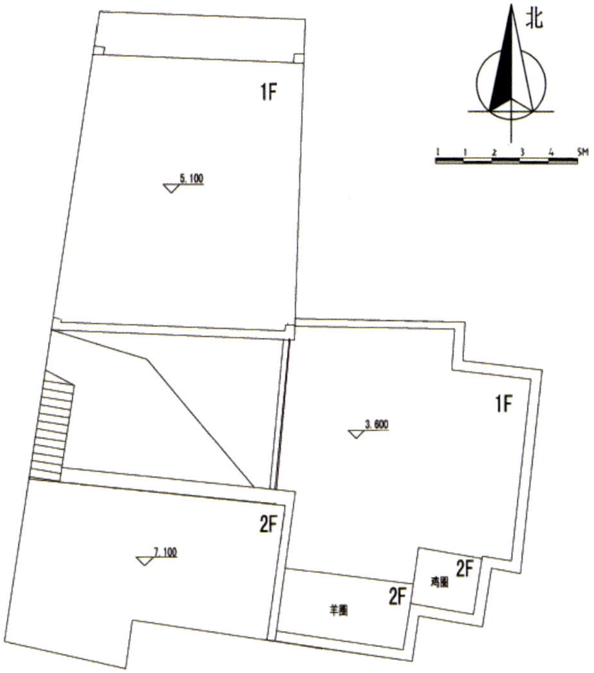　　　　　屋顶平面图

85b号住宅

用户编号	179	户主	阿布都热合曼·阿	人口	4人
门牌号	0085b	收入水平	¥200	职业分类	做小生意
搬迁意向	不同意	是否重建	重建	建筑主体结构	砖木
建筑密度	81.30%	庭院面积	7 m²	住宅基地面积	37.53 m²
总建筑面积	68.62 m²	一层建筑面积	30.53 m²		

描述	房屋是2006年新建的，房屋有两层，4间房。

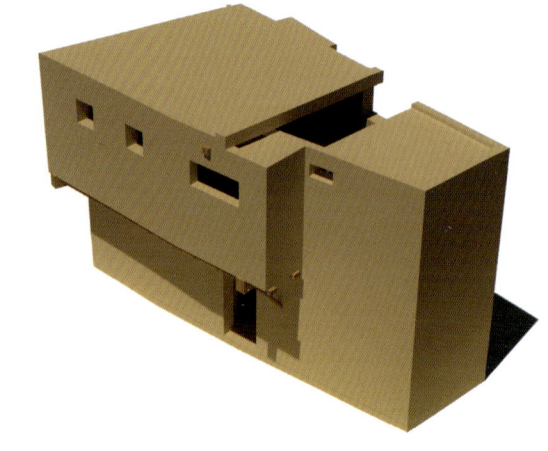

位置示意图

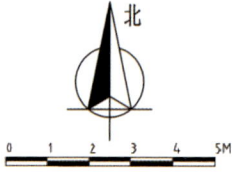

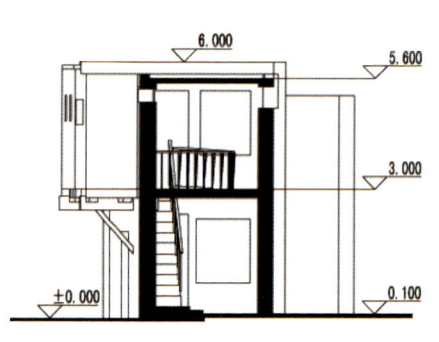

1-1剖面图

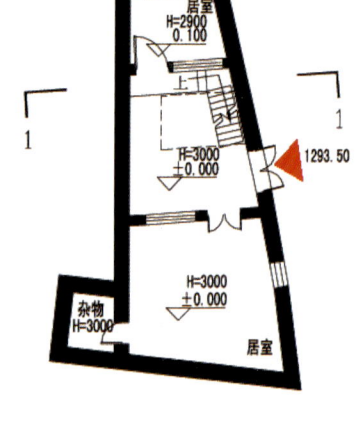

一层平面图

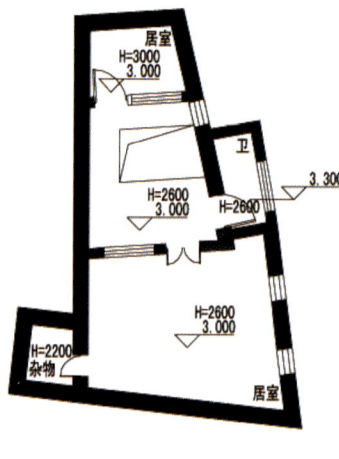

二层平面图

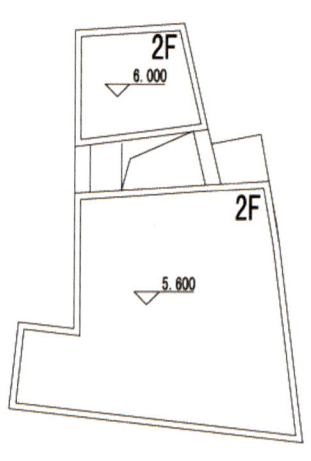

屋顶平面图

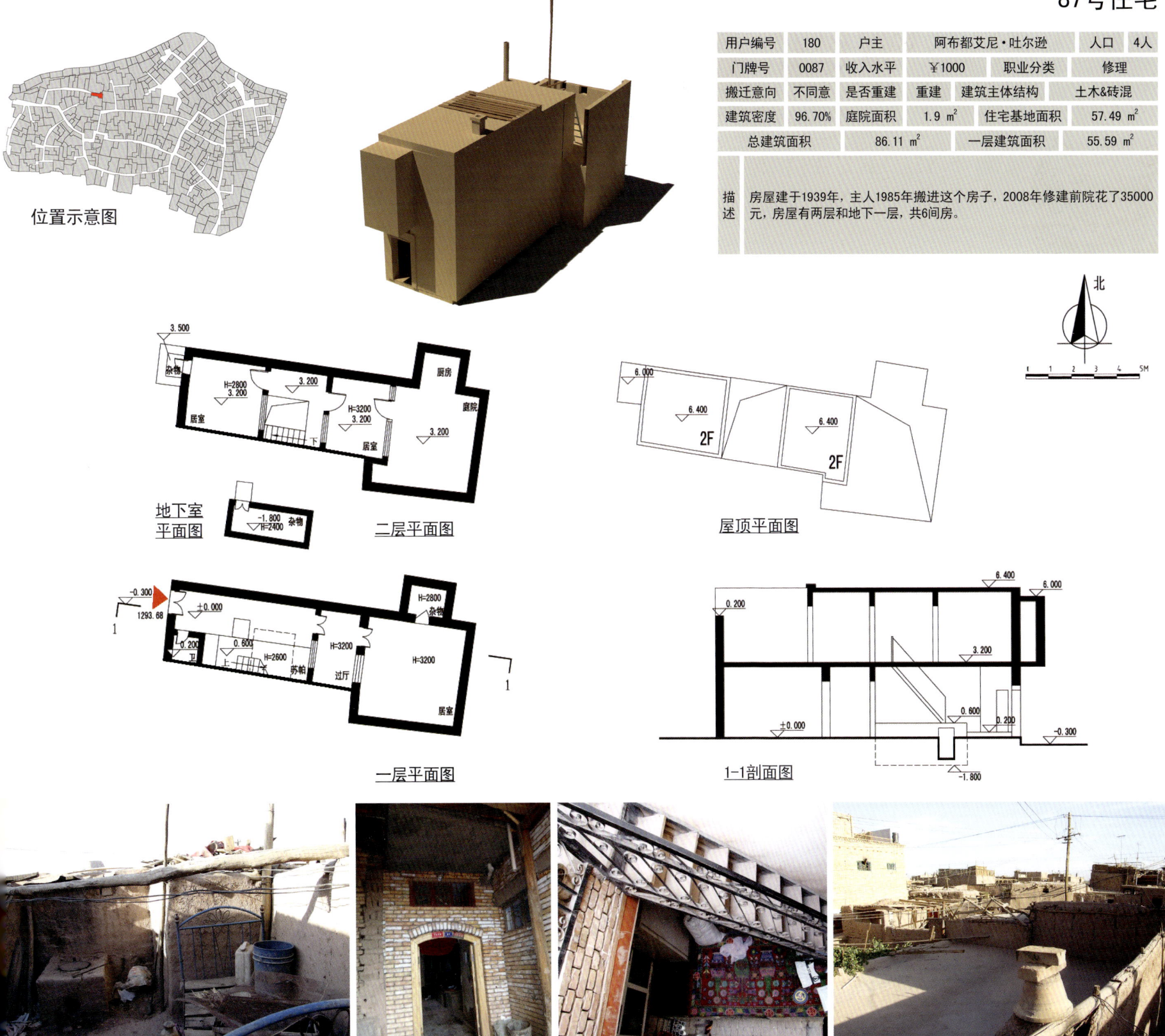

89号住宅

用户编号	181	户主	吐尔逊·牙库		人口	2人
门牌号	0089	收入水平	￥1500	职业分类	税务局工作	
搬迁意向	不同意	是否重建	重建	建筑主体结构	土木	
建筑密度	84.50%	庭院面积	6.4 m²	住宅基地面积	41.35 m²	
总建筑面积	34.95 m²		一层建筑面积	34.95 m²		
描述	出租房。房屋有一层，共3间。庭院一侧无围合，紧贴105c的外墙。					

位置示意图

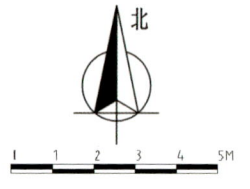

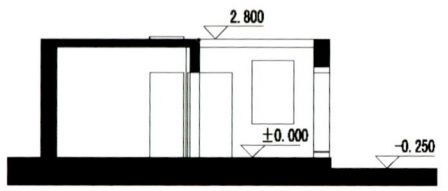

1-1剖面图

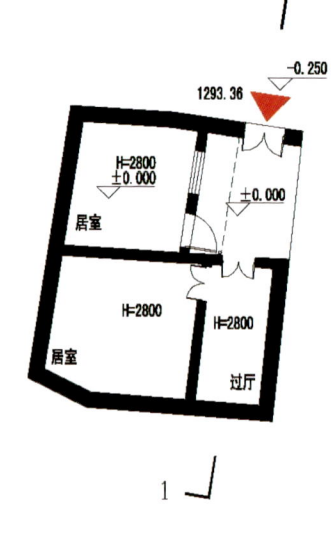

一层平面图

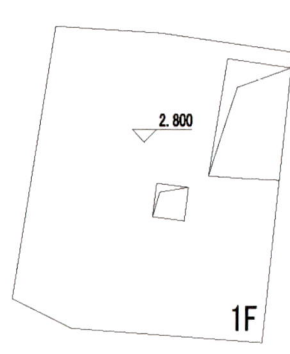

屋顶平面图

91号住宅

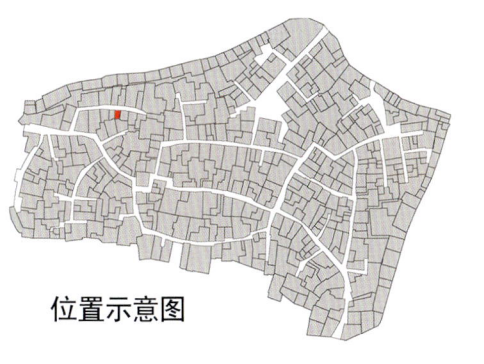

位置示意图

用户编号	182	户主	买买提依明·沙比	人口	4人
门牌号	0091	收入水平	￥400	职业分类	打工
搬迁意向	不同意	是否重建	重建	建筑主体结构	土木
建筑密度	100.00%	庭院面积		住宅基地面积	24.17 m²
总建筑面积	24.17 m²			一层建筑面积	24.17 m²

描述　房屋始建于1900年之前，主人2003年搬入。房子没有庭院，很黑暗，采光不好，房屋有两层，5间房。

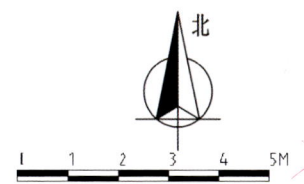

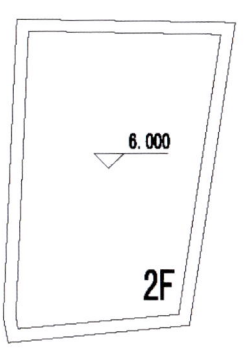

屋顶平面图

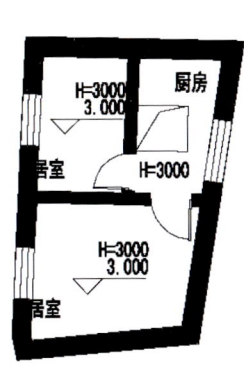

二层平面图

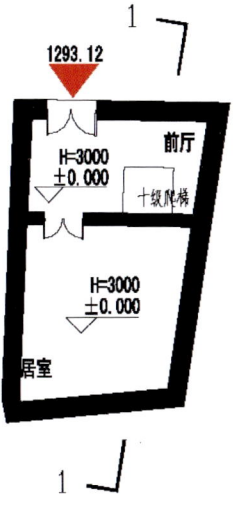

一层平面图

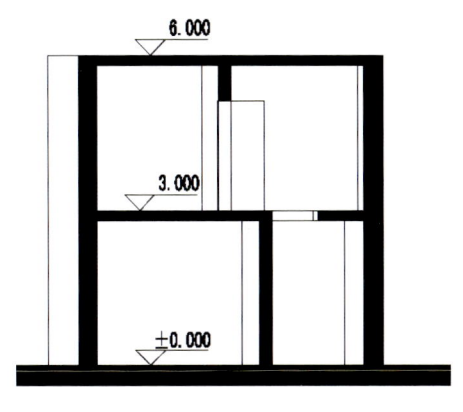

1-1剖面图

93号住宅

用户编号	183	户主	胡达尔拜迪·阿布都拉	人口	5人
门牌号	0093	收入水平	￥300	职业分类	做鞋垫子
搬迁意向	不同意	是否重建	重建	建筑主体结构	土木
建筑密度	76.20%	庭院面积	6.79 m²	住宅基地面积	28.52 m²
总建筑面积	51.47 m²	一层建筑面积	21.73 m²		

描述：房屋始建于1900年之前，主人1985年开始在这个房子里生活。房屋有两层，共3间。据主人说91号和93号房子以前是一个房子，1994年分成两个房子。

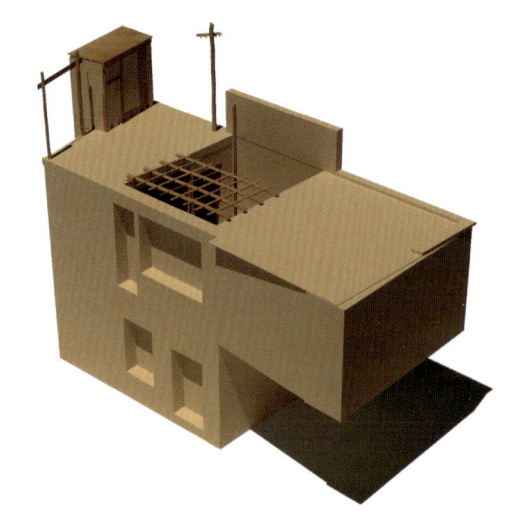

位置示意图

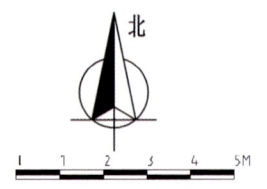

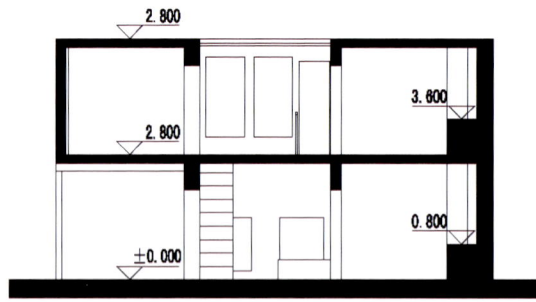

1-1剖面图

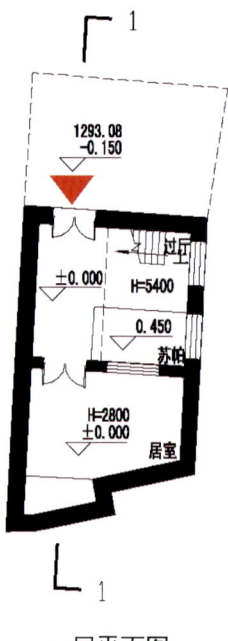

一层平面图

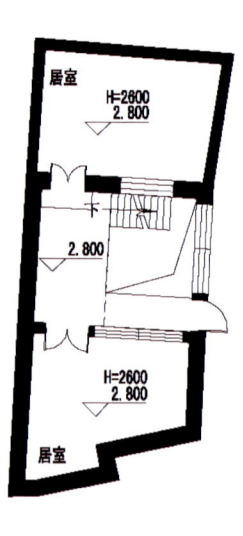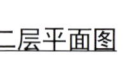

二层平面图

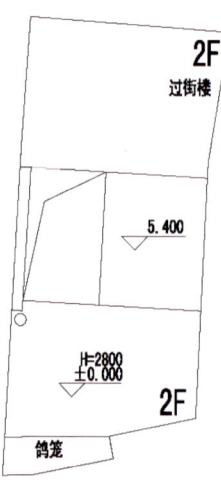

屋顶平面图

95号住宅

位置示意图

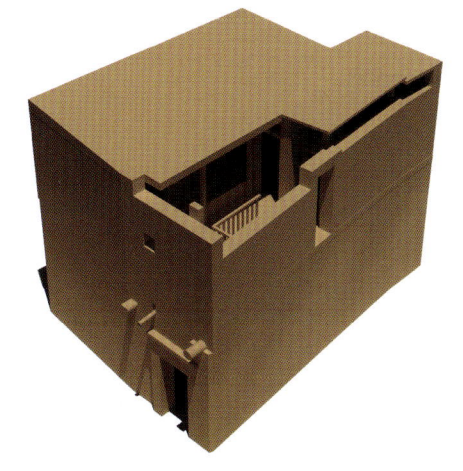

用户编号	184	户主	阿达来提·玉素甫	人口	3人
门牌号	0095	收入水平	￥300	职业分类	待业
搬迁意向	不同意	是否重建	重建	建筑主体结构	土木
建筑密度	86.30%	庭院面积	7.17 m²	住宅基地面积	52.47 m²
总建筑面积	96.47 m²	一层建筑面积	45.3 m²		

描述：房屋是1997年新建的，房屋有三层，一个地下室，共5间房。

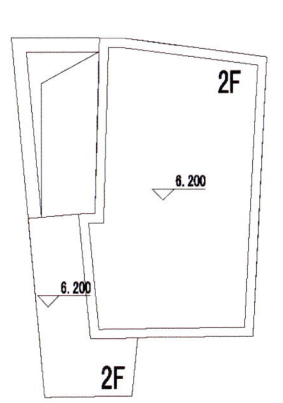
屋顶平面图

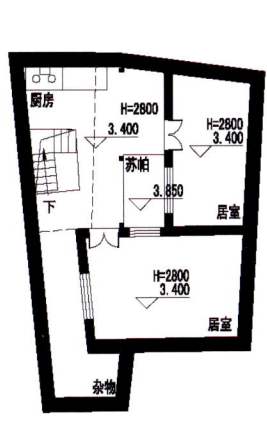
二层平面图

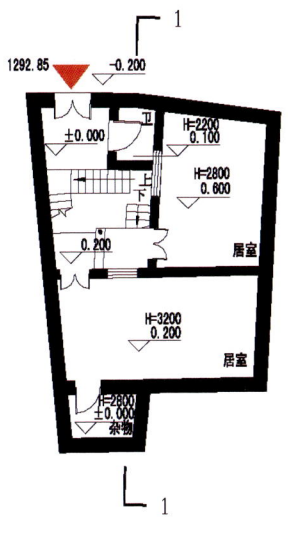
一层平面图

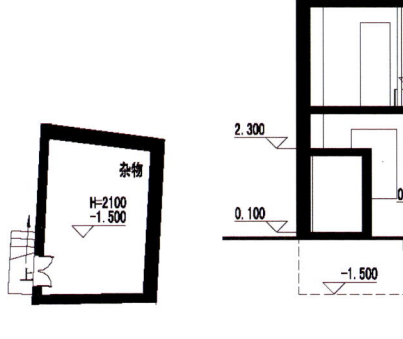
地下室平面图

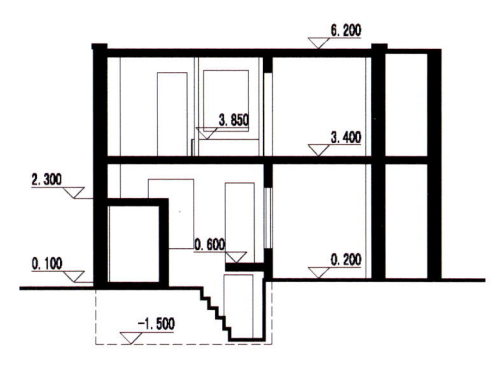
1-1剖面图

101号住宅

用户编号	185	户主	米丽克扎提·阿布都拉	人口	3人
门牌号	0101	收入水平	￥300	职业分类	待业
搬迁意向	不同意	是否重建	重建	建筑主体结构	土木
建筑密度	83.80%	庭院面积	11.94 m²	住宅基地面积	71.84 m²
总建筑面积		140.02 m²	一层建筑面积		59.9 m²

描述：房屋是1997年新建的，房屋有二层，一个地下室，共5间。

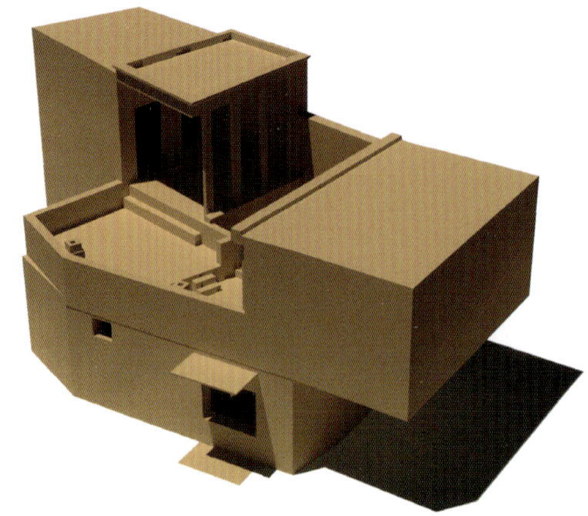

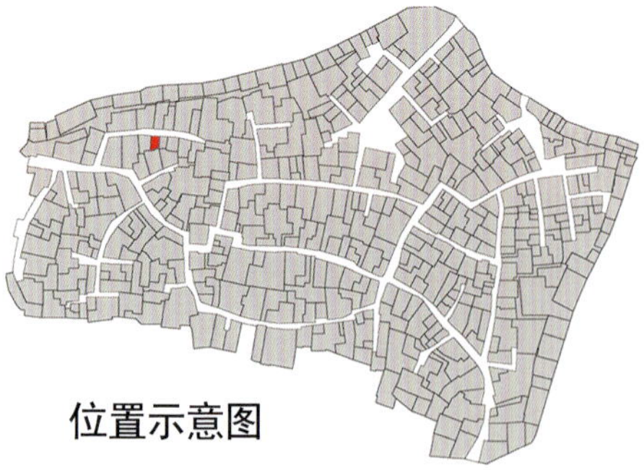

位置示意图

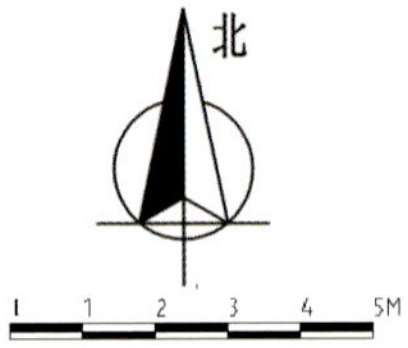

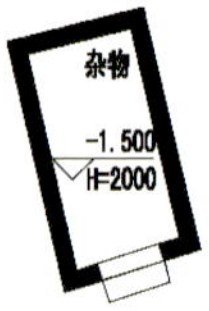

地下室平面图 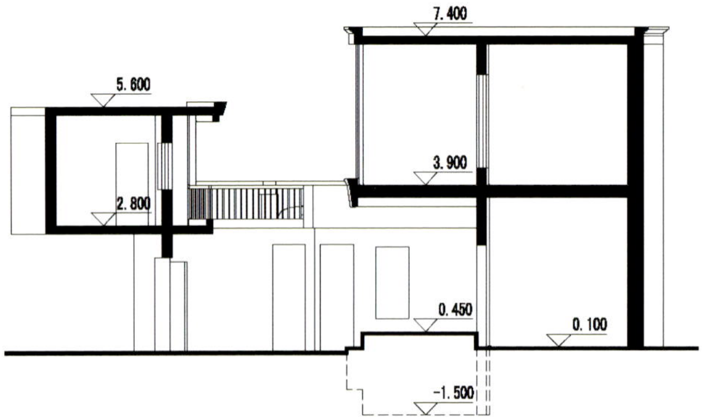　　1-1剖面图 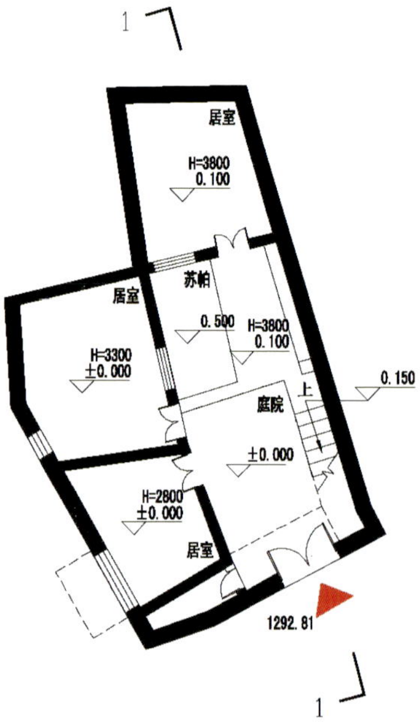　　一层平面图 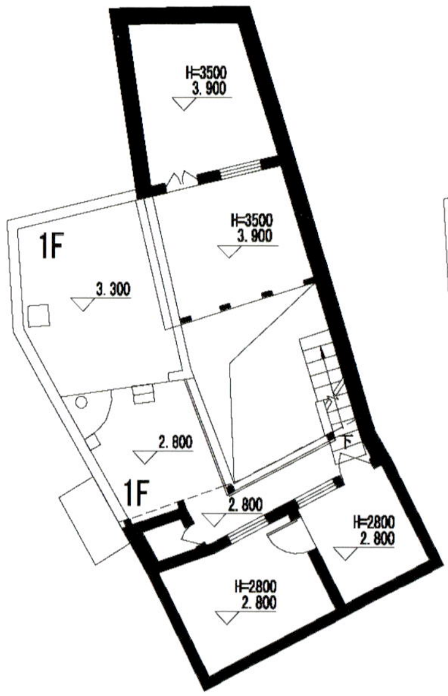　　二层平面图 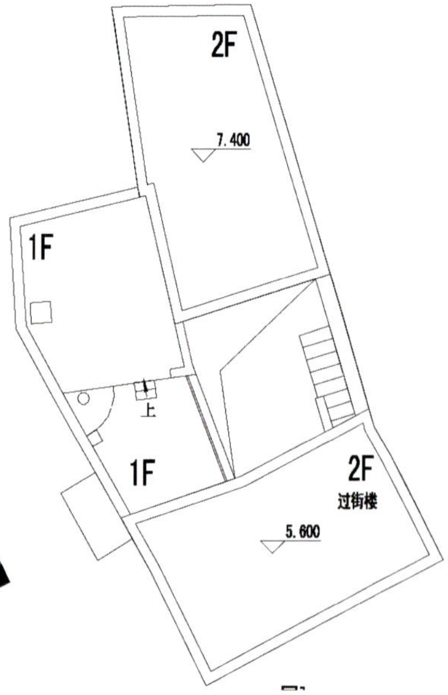　　屋顶平面图

103a号住宅

位置示意图

用户编号	186	户主	阿布都热西提	人口	5人
门牌号	0103a	收入水平	￥800	职业分类	民间建筑师
搬迁意向	不同意	是否重建	重建	建筑主体结构	土木
建筑密度	69.30%	庭院面积	21.74 m²	住宅基地面积	70.86 m²
总建筑面积		71.49 m²		一层建筑面积	49.12 m²

描述：房屋始建于1800年之前，2004将房子分成两户（103a和103b），主人2006年新建了几间房。房屋有两层，共有6间房，从二层可以直接上屋顶。

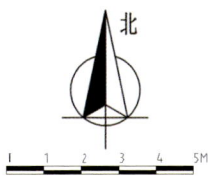

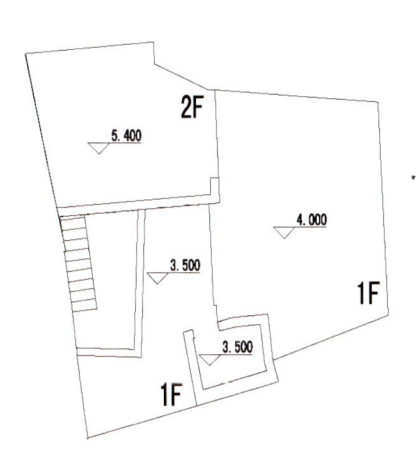

屋顶平面图

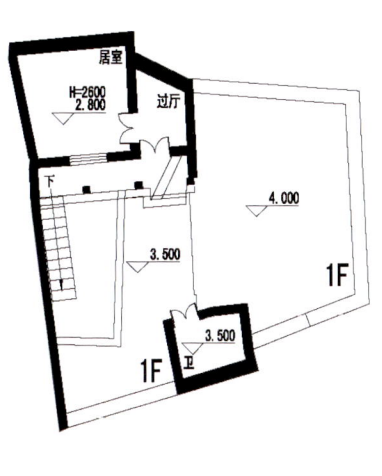

二层平面图

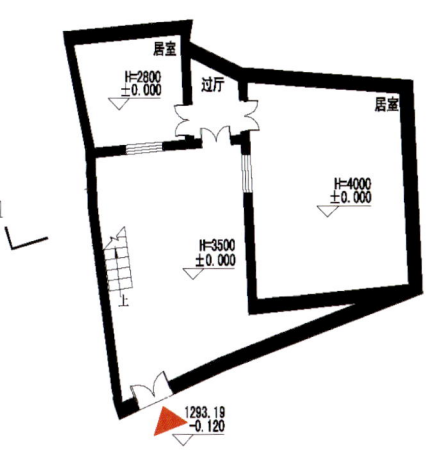

一层平面图

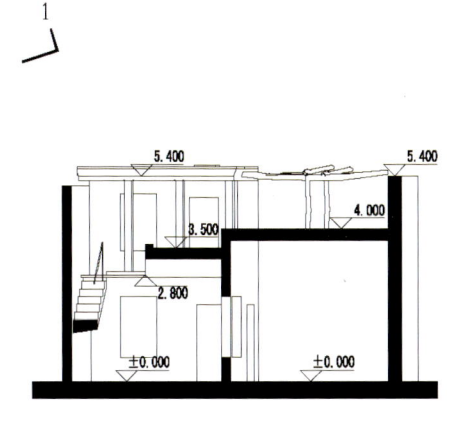

1-1剖面图

245

103b号住宅

用户编号	187	户主	阿布地瓦力·阿	人口	1人
门牌号	0103b	收入水平	￥300	职业分类	公务员
搬迁意向	不同意	是否重建	重建	建筑主体结构	土木
建筑密度	91.70%	庭院面积	6.89 m²	住宅基地面积	83.1 m²
总建筑面积		117.13 m²		一层建筑面积	76.21 m²

描述　房屋始建于1800年之前，2004年将房子分成两户（103a和103b），主人2006年新建了几间房。房屋有两层，共有7间房。

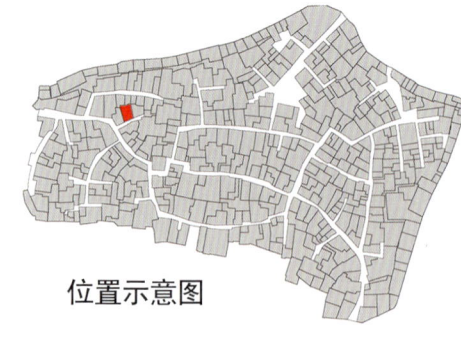

位置示意图

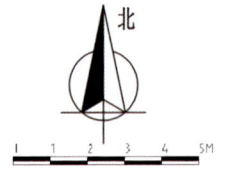

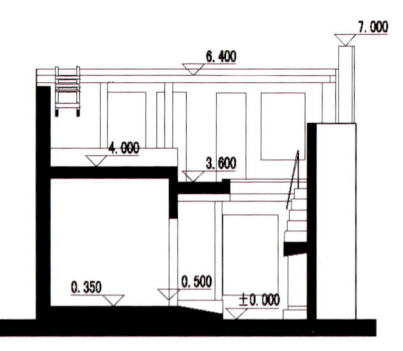
1-1剖面图

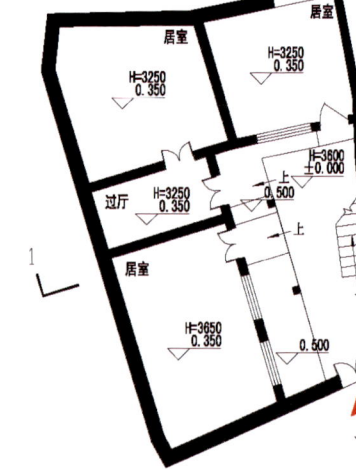
一层平面图

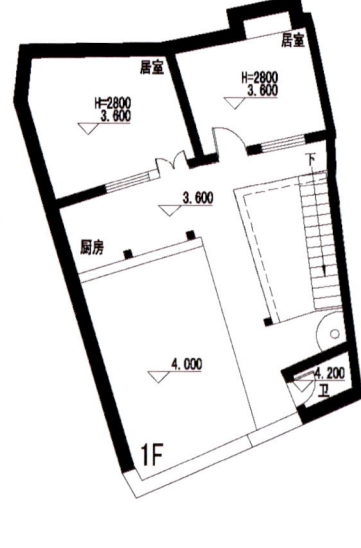
二层平面图

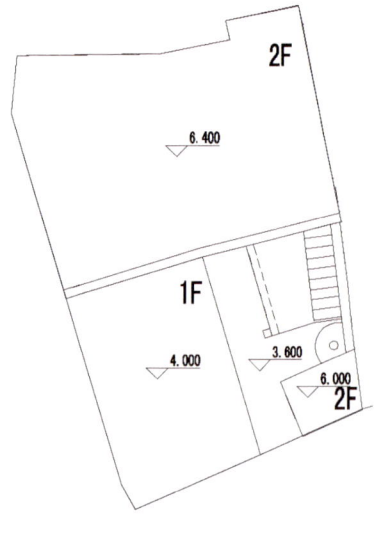
屋顶平面图

105c号住宅

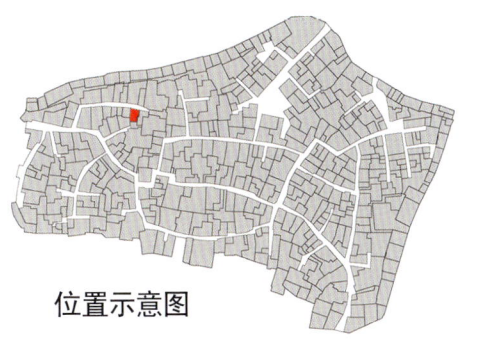

位置示意图

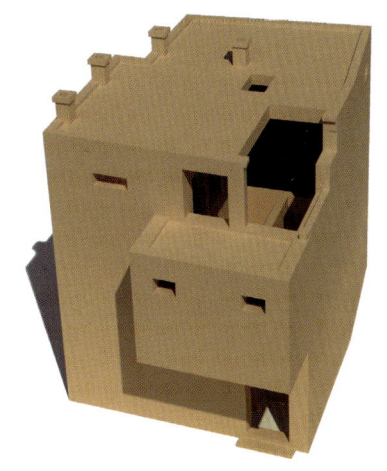

用户编号	188	户主	肉孜·吾拉依木	人口	3人
门牌号	0105c	收入水平	￥500	职业分类	做生意
搬迁意向	不同意	是否重建	保留	建筑主体结构	土木&砖木
建筑密度	93.10%	庭院面积	3.84 m²	住宅基地面积	55.65 m²
总建筑面积		141.98 m²		一层建筑面积	51.81 m²
描述	105a、105b、105c 70是一家。房屋共两层和地下一层，有8间房。				

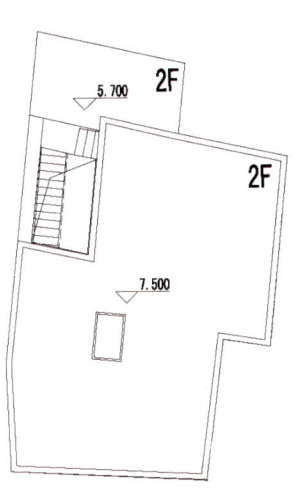

屋顶平面图

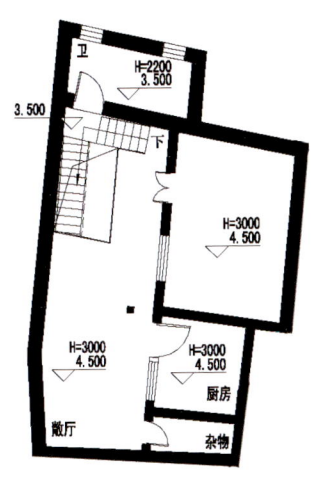

二层平面图

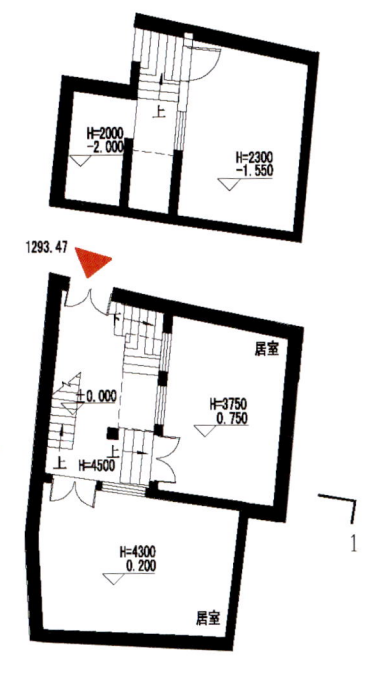

一层平面图

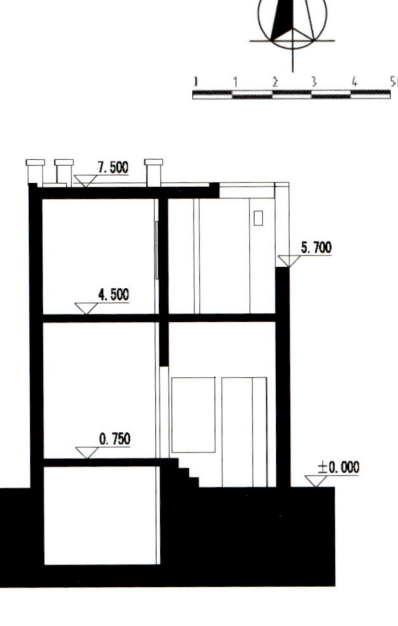

1-1剖面图

105a号住宅

用户编号	189	户主	肉孜·吾拉依木	人口	5人
门牌号	0105a	收入水平	￥1000	职业分类	做生意
搬迁意向	不同意	是否重建	保留	建筑主体结构	土木&砖木
建筑密度	83.40%	庭院面积	39.13 m²	住宅基地面积	235.38 m²
总建筑面积	295.75 m²			一层建筑面积	196.25 m²

描述：房屋始建于1900年之前，1999年新建了一部分，2008年又新建了一部分，房屋现在有两层，共10间。105a、105b、105c、70是一家。

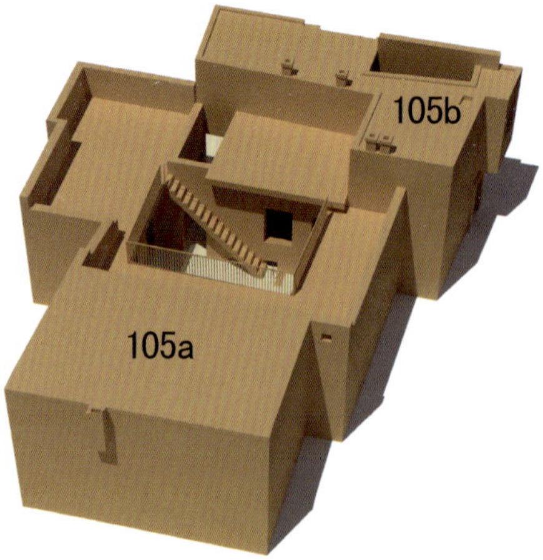

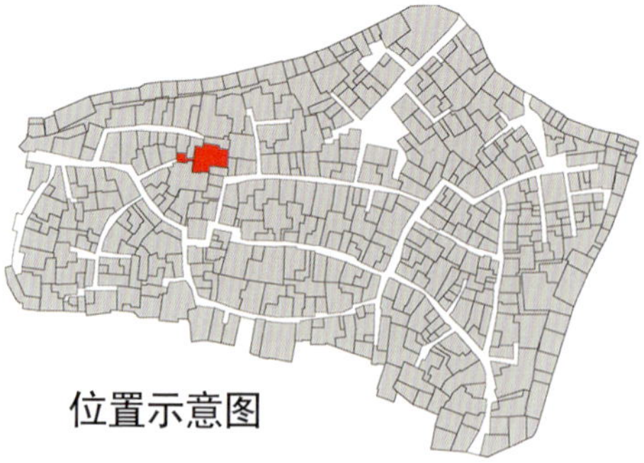

位置示意图

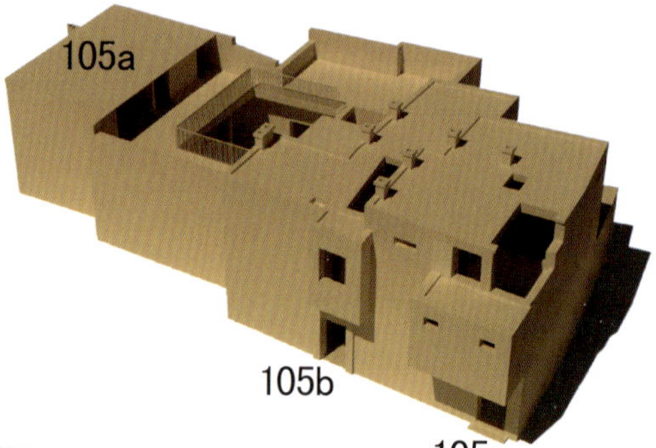

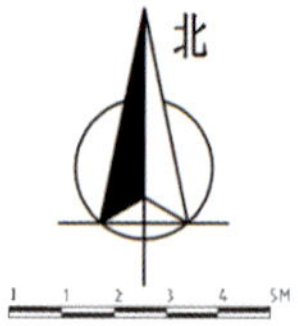

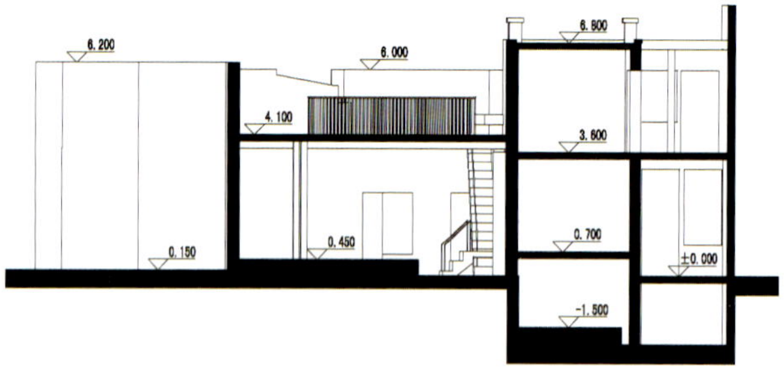

1-1剖面图 　　一层平面图 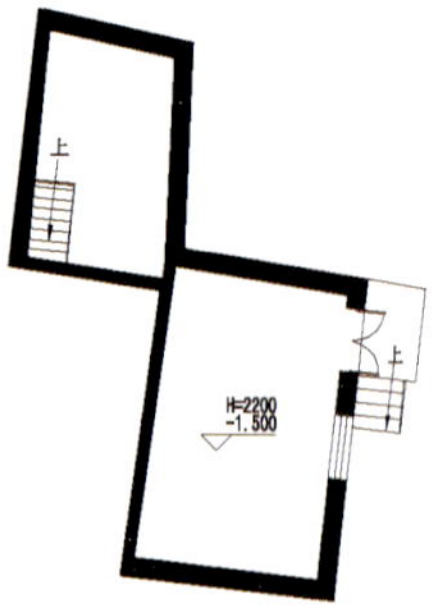　　地下室平面图

105b号住宅

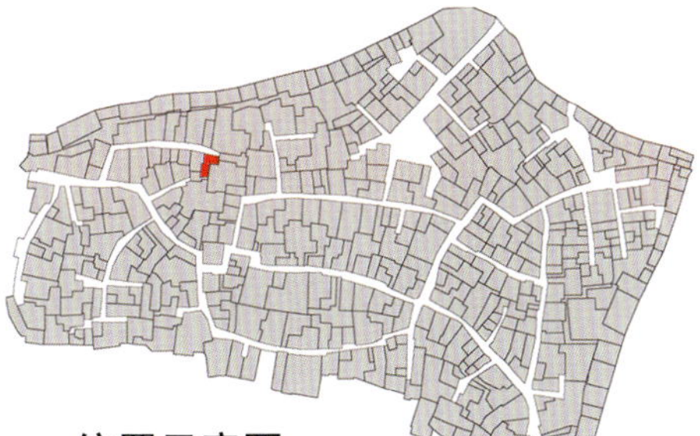

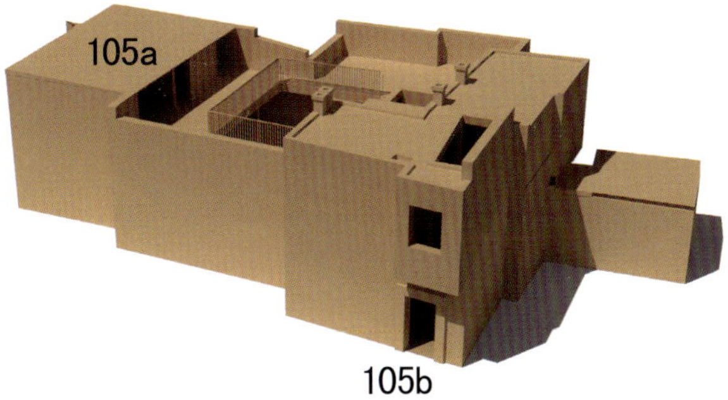

用户编号	190	户主	肉孜·吾拉依木	人口	3人
门牌号	0105b	收入水平	￥500	职业分类	做生意
搬迁意向	不同意	是否重建	保留	建筑主体结构	土木&砖木
建筑密度	90.30%	庭院面积	5.12 m²	住宅基地面积	52.99 m²
总建筑面积		112.97 m²		一层建筑面积	47.87 m²

描述：105a、105b、105c、70是一家。房屋共两层和地下一层，有5间房。

位置示意图

屋顶平面图

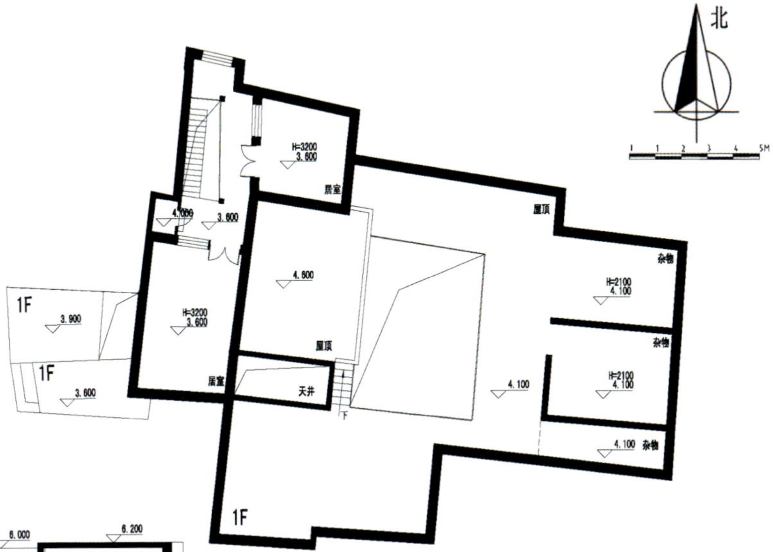

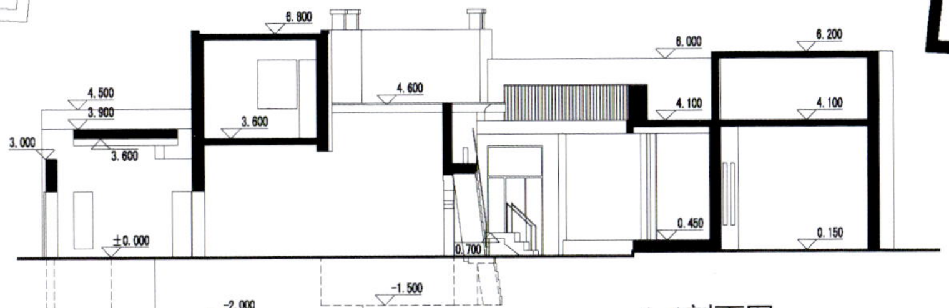

1-1剖面图

二层平面图

107号住宅

用户编号	191	户主	买买提祖尔·喀迪尔	人口	5人
门牌号	0107	收入水平	￥3000	职业分类	卖烤肉
搬迁意向	不同意	是否重建	重建	建筑主体结构	砖木
建筑密度	83.70%	庭院面积	41.19 m²	住宅基地面积	252.4 m²
总建筑面积		311.1 m²		一层建筑面积	211.21 m²

描述：房屋始建于1900年之前，1991年开始新建和修缮，2000年又花了2万元新建了几间房子，房子总共二层和一个地下室，共12间房间，房子有前后两个庭院。

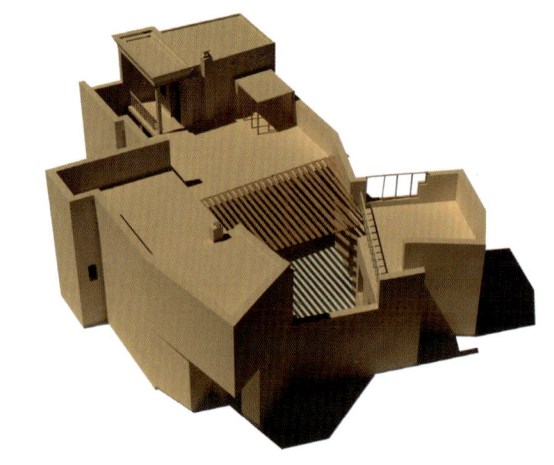

位置示意图

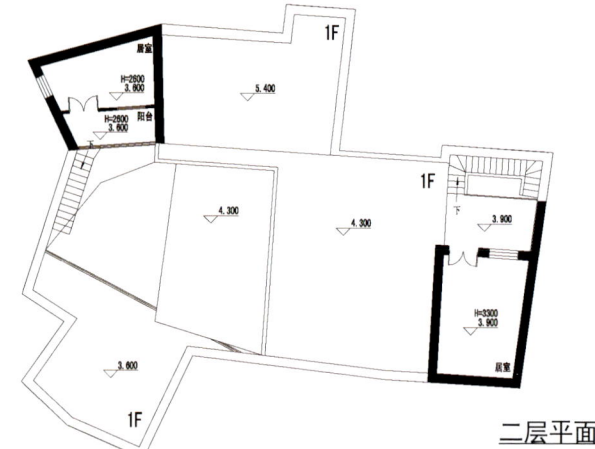

二层平面图

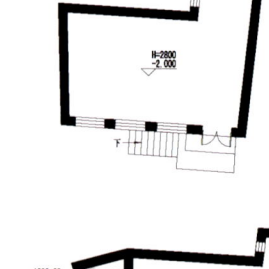

地下室平面图

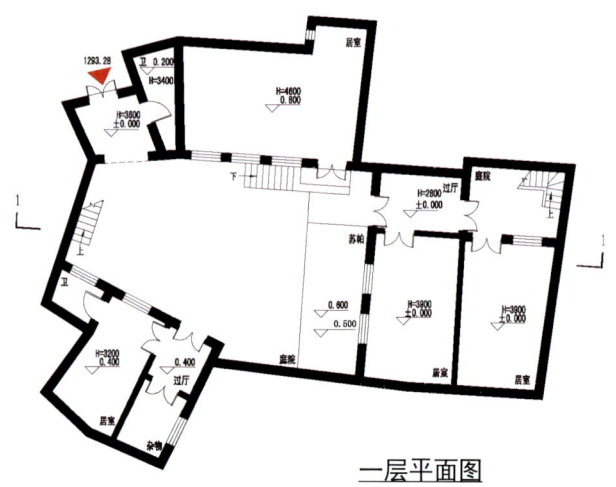

一层平面图

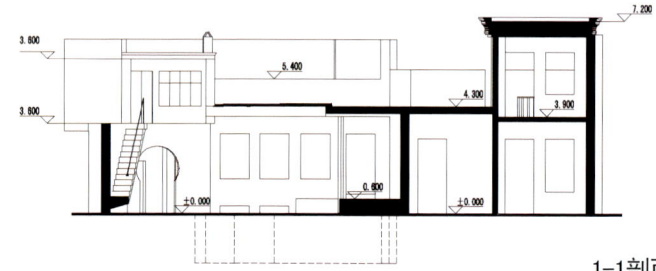

1-1剖面图

109号住宅

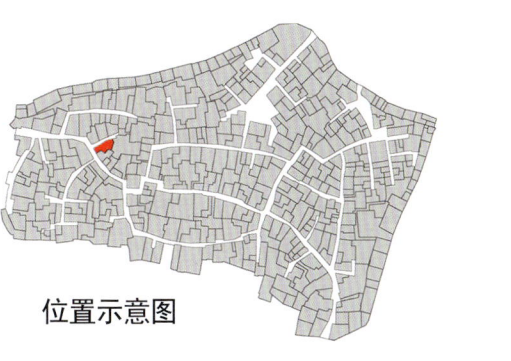

位置示意图

用户编号	192	户主	买买提明·肉孜	人口	4人
门牌号	0109	收入水平	￥500	职业分类	木匠
搬迁意向	不同意	是否重建	重建	建筑主体结构	砖木
建筑密度	93.30%	庭院面积	5.77 m²	住宅基地面积	86.01 m²
总建筑面积	179.7 m²	一层建筑面积	80.24 m²		

描述：房屋是1999年新建的。房子有两层，9间房，有两个过街楼。

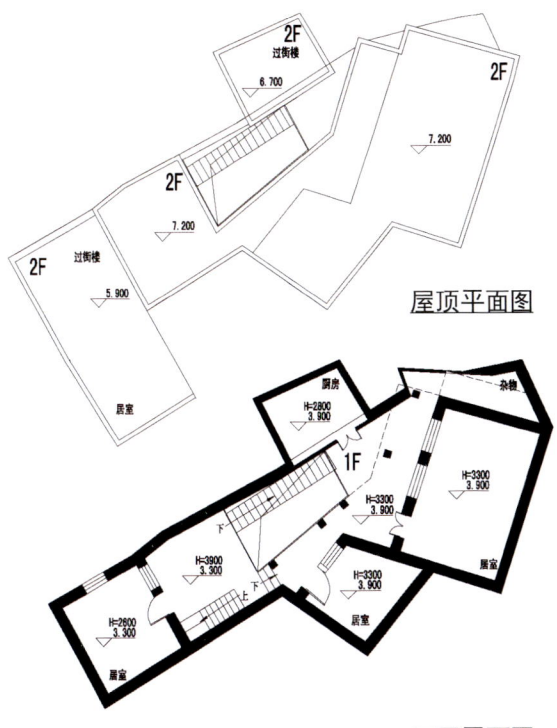

屋顶平面图

二层平面图

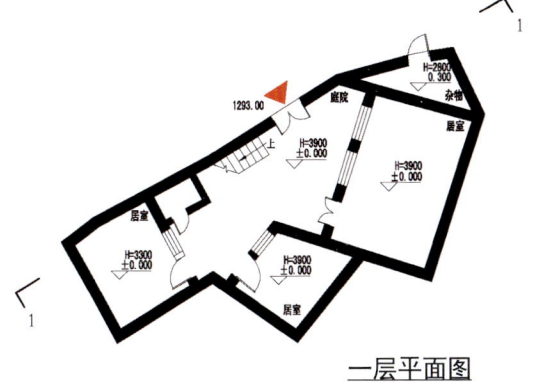

一层平面图

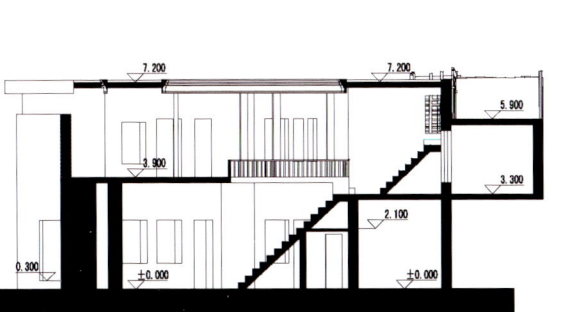

1-1剖面图

111号住宅

用户编号	193	户主	吾布力卡斯木	人口	2人
门牌号	0111	收入水平	￥900	职业分类	木匠
搬迁意向	不同意	是否重建	重建	建筑主体结构	土木
建筑密度	78.20%	庭院面积	13.23 m²	住宅基地面积	60.63 m²
总建筑面积		62.32 m²	一层建筑面积		47.4 m²

描述：房屋始建于1900年之前，现在向外出租，入口处有小庭院，局部二层，有过街楼。

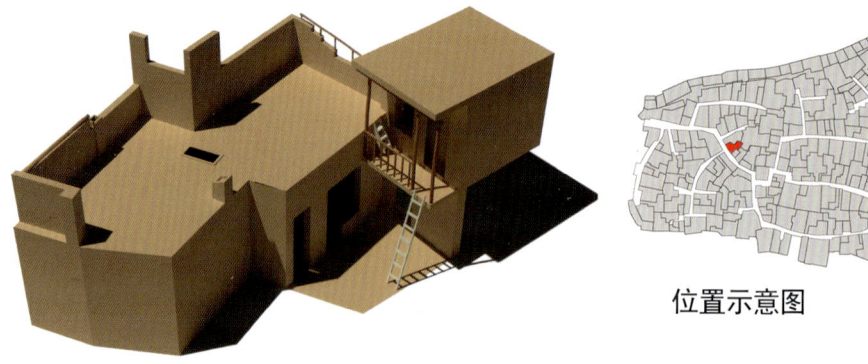

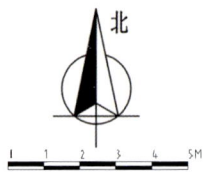

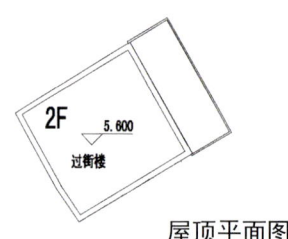

屋顶平面图

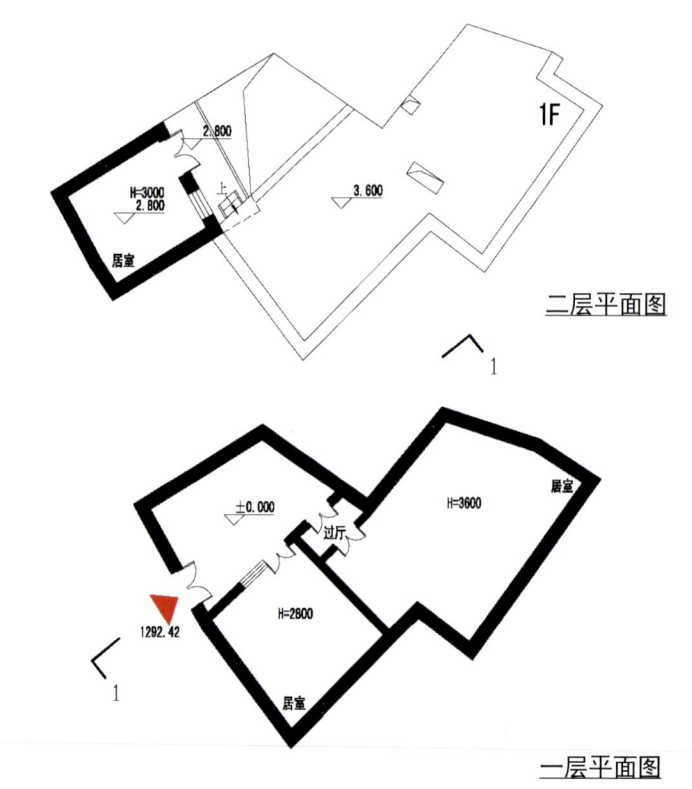

二层平面图

一层平面图

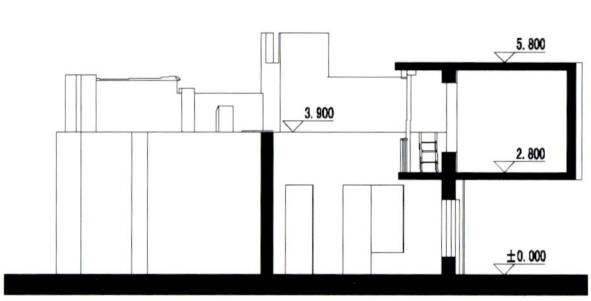

1-1剖面图

113号住宅

位置示意图

用户编号	194	户主	买买提·萨吾提·阿布	人口	4人
门牌号	0113	收入水平	￥1450	职业分类	民间建筑师
搬迁意向	不同意	是否重建	重建	建筑主体结构	土木
建筑密度	100.00%	庭院面积		住宅基地面积	21.34 m²
总建筑面积	38.61 m²			一层建筑面积	21.34 m²
描述	房屋边界相对完整,四周有厚墙高窗,内部使用庭院采光。				

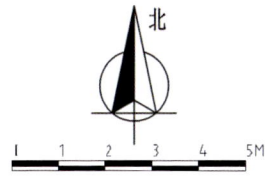

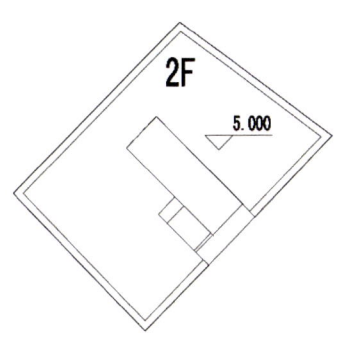

屋顶平面图

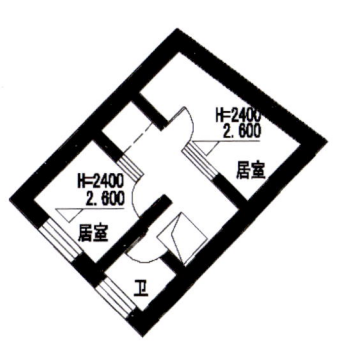

二层平面图

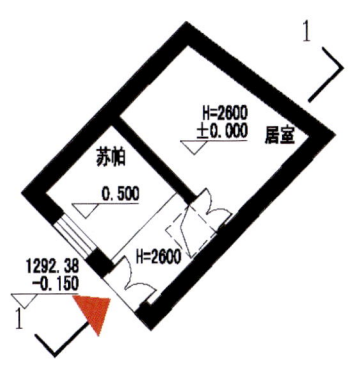

一层平面图

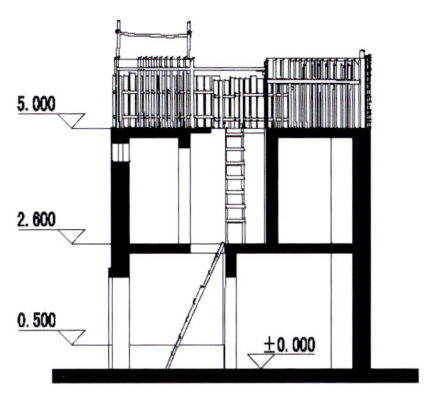

1-1剖面图

115号住宅

用户编号	195	户主	阿不都艾尼·库尔班	人口	5人
门牌号	0115	收入水平	￥900	职业分类	开商铺
搬迁意向	不同意	是否重建	重建	建筑主体结构	土木
建筑密度	100.00%	庭院面积		住宅基地面积	47.49 m²
总建筑面积	50.72 m²			一层建筑面积	47.49 m²
描述	房屋由房主于2006年购买，花了4.5万元。房屋有两层，共5间，有个对外开的商铺。				

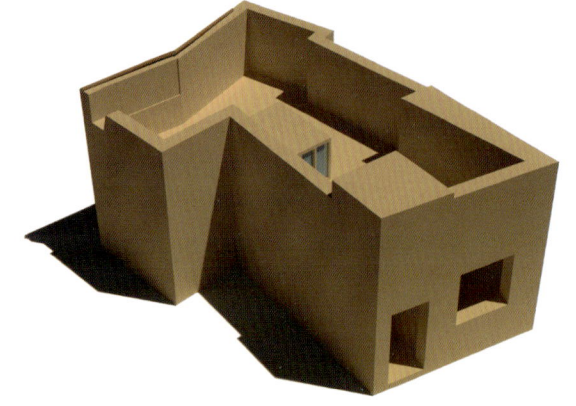

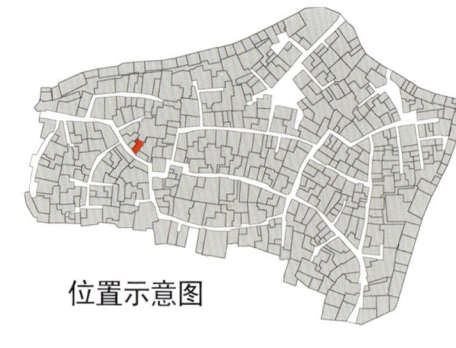

位置示意图

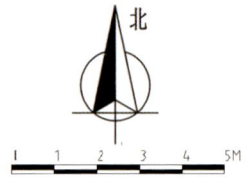

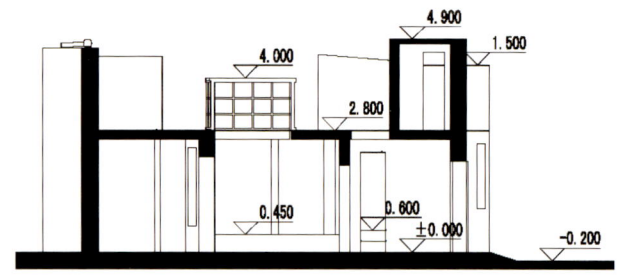

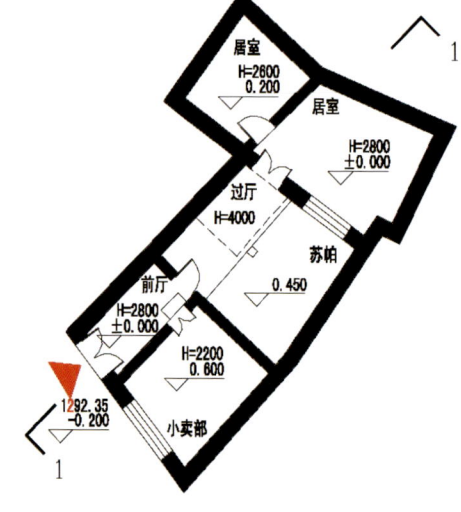

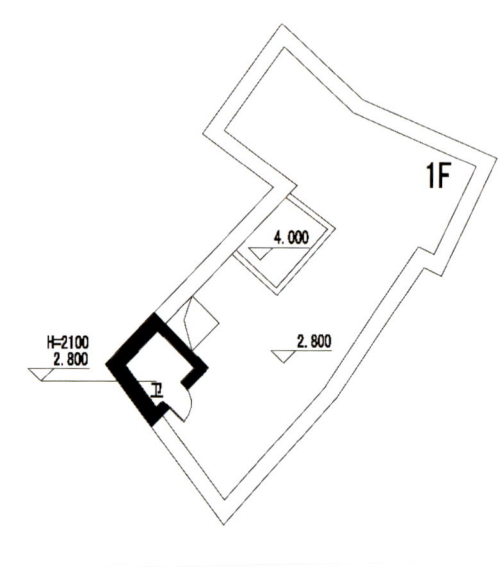

1-1剖面图　　　　　一层平面图　　　　　二层平面图

117号住宅

位置示意图

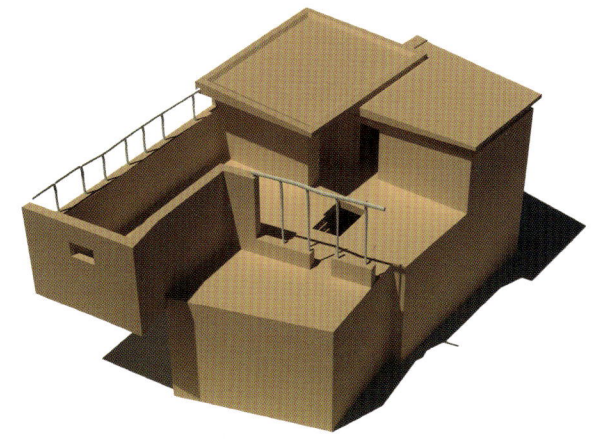

用户编号	196	户主	吾买尔江·依沙克	人口	5人
门牌号	0117	收入水平	￥200	职业分类	修理工
搬迁意向	不同意	是否重建	重建	建筑主体结构	土木
建筑密度	82.10%	庭院面积	6.45 m²	住宅基地面积	36.1 m²
总建筑面积		56.67 m²		一层建筑面积	29.65 m²

描述	房屋始建于1900年之前，主要是一层，局部二层，有过街楼，共4间，没有庭院。

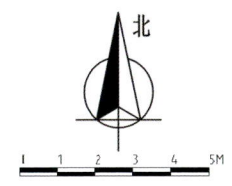

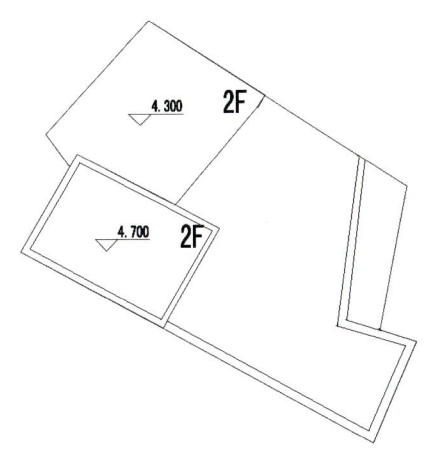

屋顶平面图

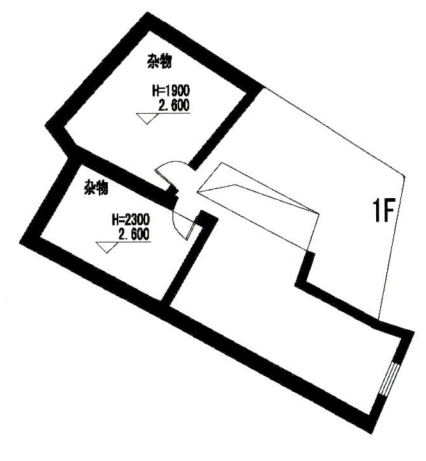

二层平面图

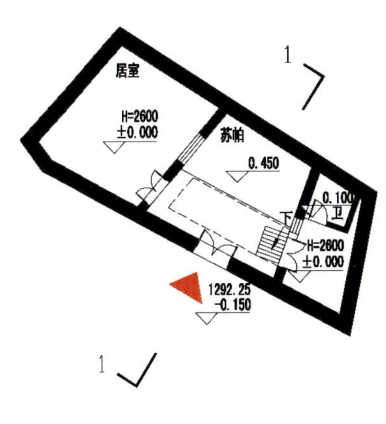

一层平面图

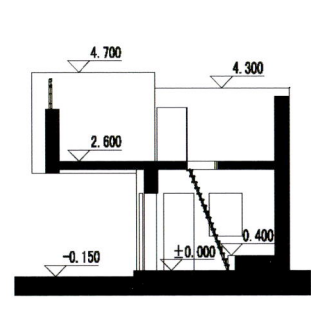

1-1剖面图

119a号住宅

用户编号	197	户主	帕提曼·阿布都拉	人口	2人
门牌号	0119a	收入水平	¥3000	职业分类	做生意
搬迁意向	不同意	是否重建	重建	建筑主体结构	土木
建筑密度	74.30%	庭院面积	30.68 m²	住宅基地面积	119.47 m²
总建筑面积	197.16 m²	一层建筑面积	88.79 m²		

描述　房子有两层，共9间房。主人说119a和119b于1999年修建了4间，房屋是2006年花了16.5万元新建的，119a与119b的主人为兄弟，2006年分成两家。

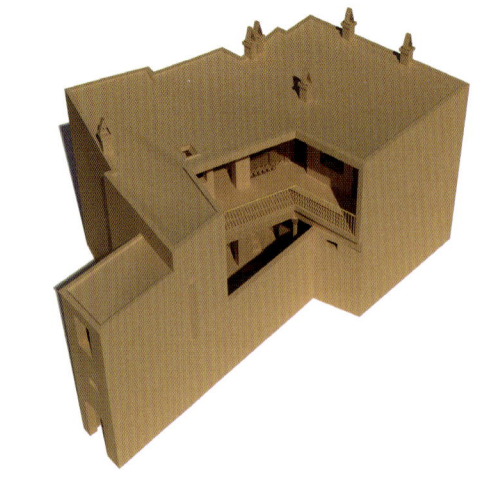

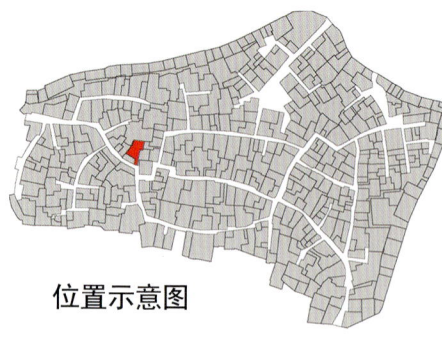

位置示意图

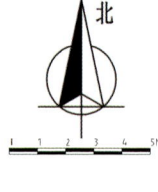
北

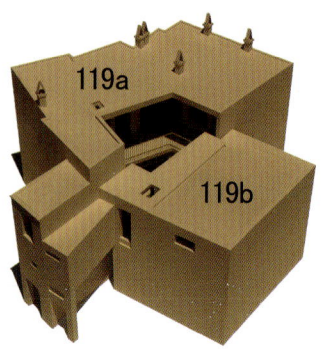

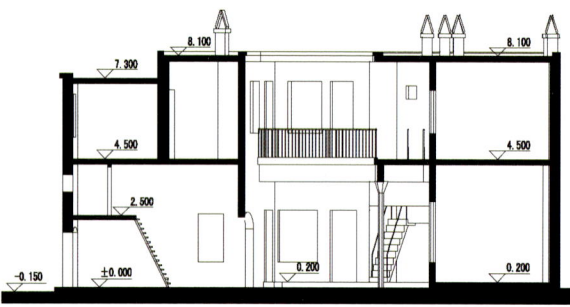

1-1剖面图

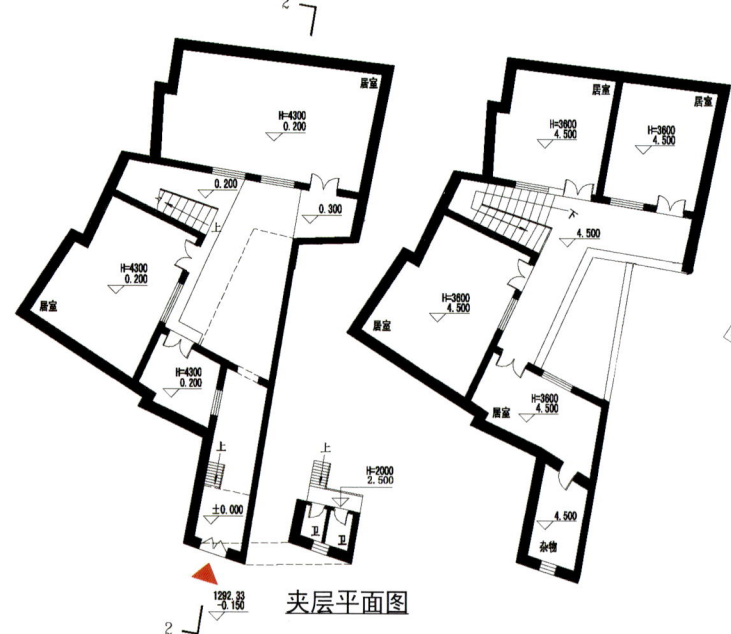

一层平面图　　夹层平面图　　二层平面图　　屋顶平面图

119b号住宅

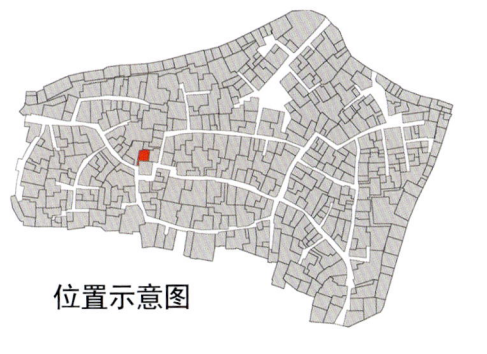

位置示意图

用户编号	198	户主	肉孜卡热	人口	3人
门牌号	0119b	收入水平	￥1000	职业分类	做陶罐
搬迁意向	不同意	是否重建	重建	建筑主体结构	土木
建筑密度	87.60%	庭院面积	8.07 m²	住宅基地面积	64.9 m²
总建筑面积		126.16 m²	一层建筑面积		56.83 m²

描述	房子有两层，共5间。主人说119a和119b于1999年修建了4间，房屋是2006年花了16.5万元新建的，119a与119b的主人为兄弟，2006年分成两家。

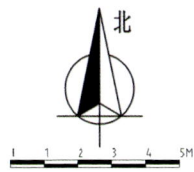

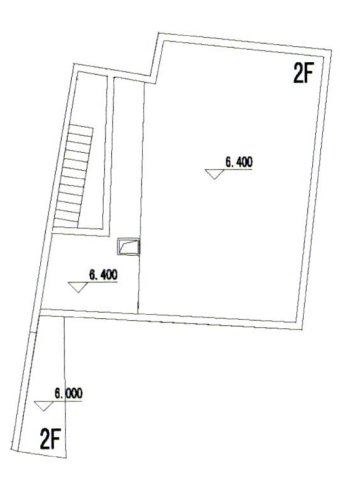
屋顶平面图

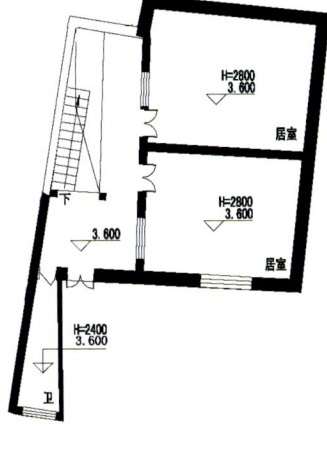
二层平面图

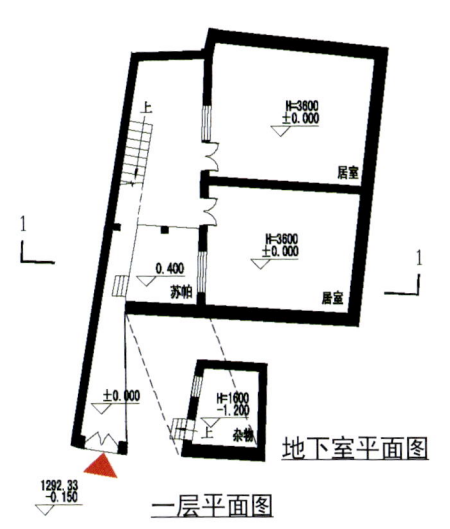
一层平面图　地下室平面图

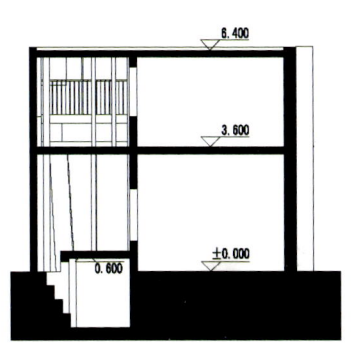
1-1剖面图

123号住宅

用户编号	199	户主	买买提祖尔·卡迪尔	人口	1人
门牌号	0123	收入水平	￥3000	职业分类	卖肉
搬迁意向	不同意	是否重建	重建	建筑主体结构	砖混
建筑密度	77.10%	庭院面积	15.36 m²	住宅基地面积	66.99 m²
总建筑面积		154.33 m²		一层建筑面积	51.63 m²

描述	房屋为两层,地下室一层,有悬挑出来的半空楼。

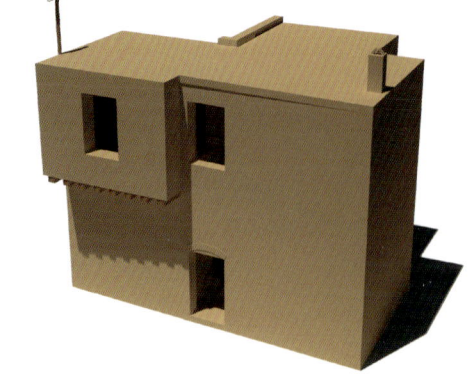

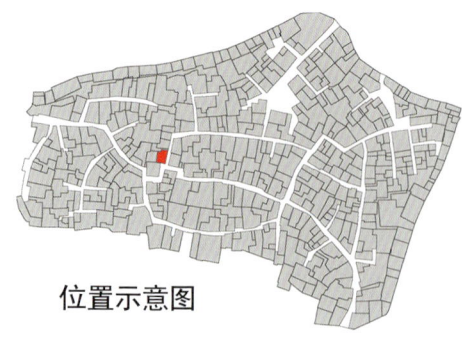

位置示意图

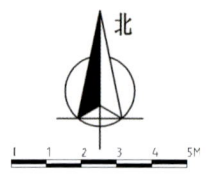

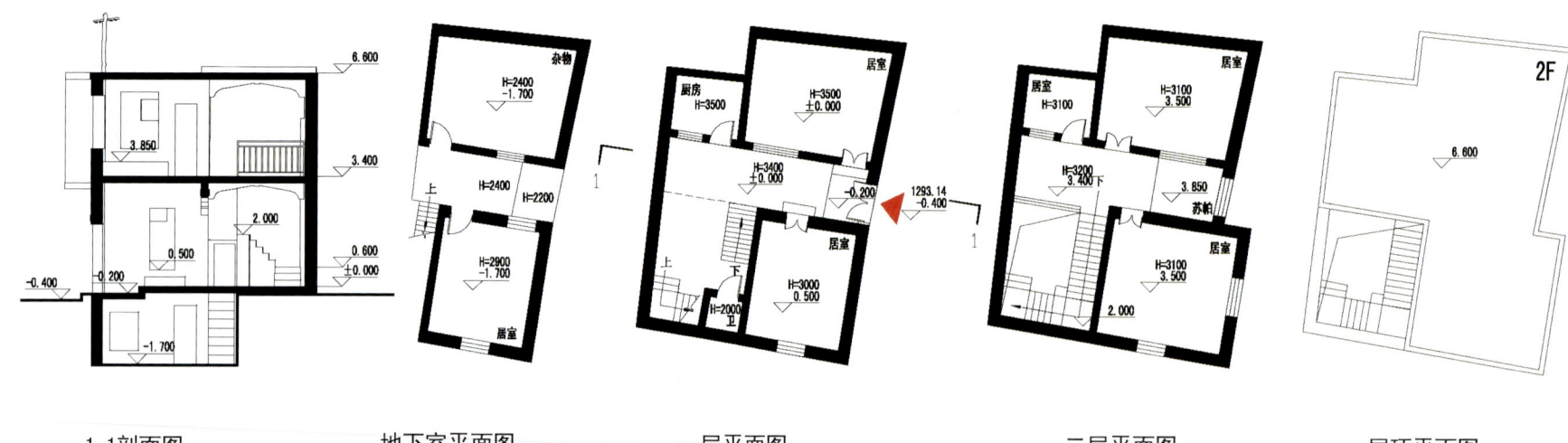

1-1剖面图　　地下室平面图　　一层平面图　　二层平面图　　屋顶平面图

125号住宅

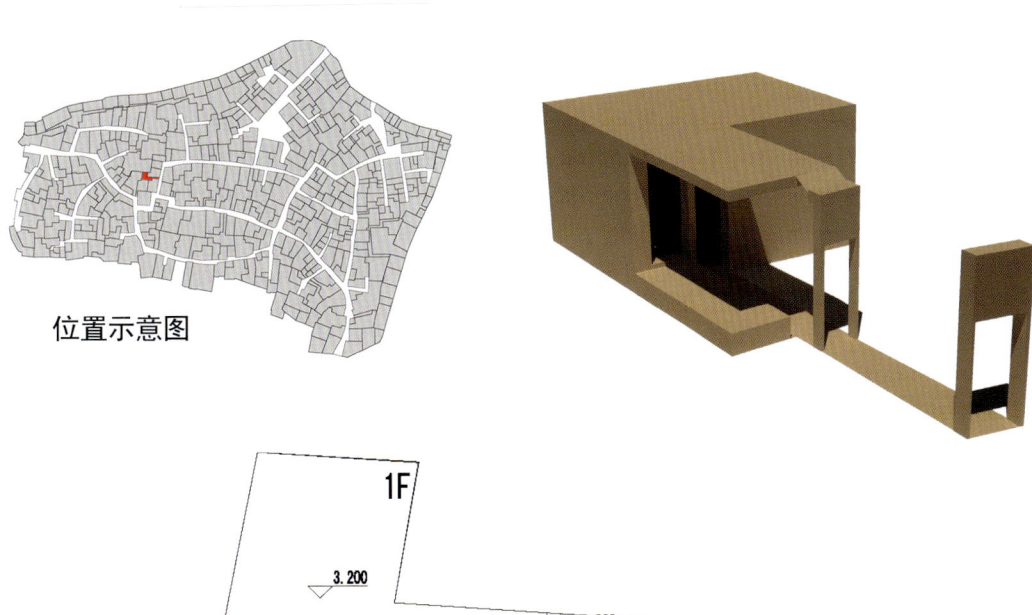

位置示意图

用户编号	200	户主	海尼沙热依木	人口	1人
门牌号	0125	收入水平	￥200	职业分类	退休
搬迁意向	同意	是否重建		建筑主体结构	土木
建筑密度	87.30%	庭院面积	4.52 m²	住宅基地面积	35.57 m²
总建筑面积	31.05 m²			一层建筑面积	31.05 m²

描述：出租房。一层2间，本户夹在123号与127号之间，入户门到居室的通道两侧没有围墙。房主有10个孩子，都有自己的家庭。

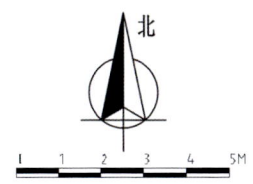

屋顶平面图

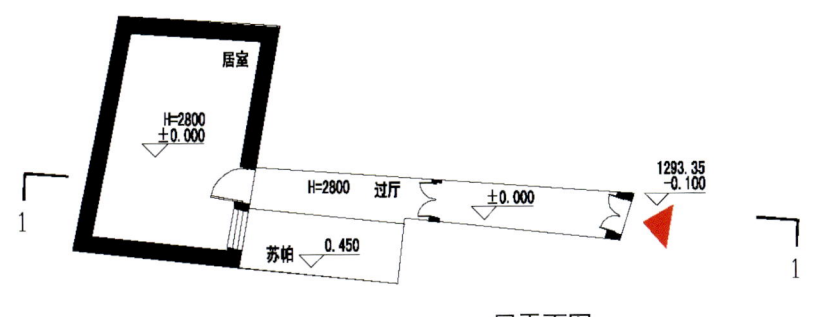

一层平面图

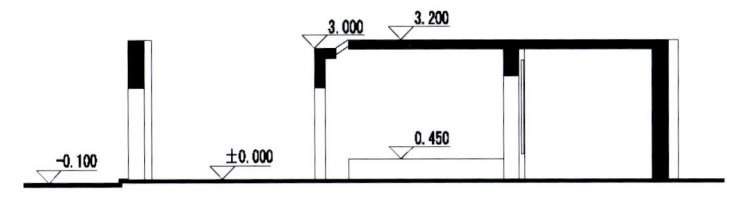

1-1剖面图

127号住宅

用户编号	201	户主	萨比尔江·吾守	人口	2人
门牌号	0127	收入水平	￥200	职业分类	待业
搬迁意向	不同意	是否重建	重建	建筑主体结构	土木
建筑密度	82.50%	庭院面积	9.33 m²	住宅基地面积	53.37 m²
总建筑面积	49.08 m²	一层建筑面积	44.04 m²		

描述：房屋一层，共有4间。因为地面比较潮湿，主人每年拿出一定的金额维修房子。

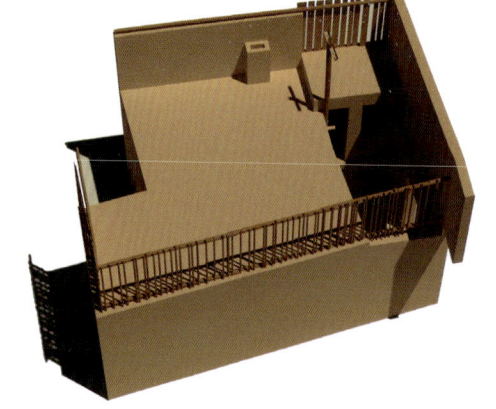

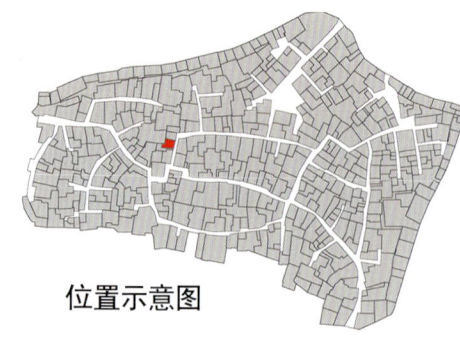

位置示意图

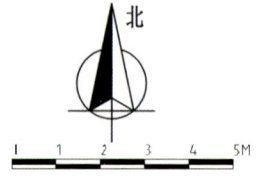
北

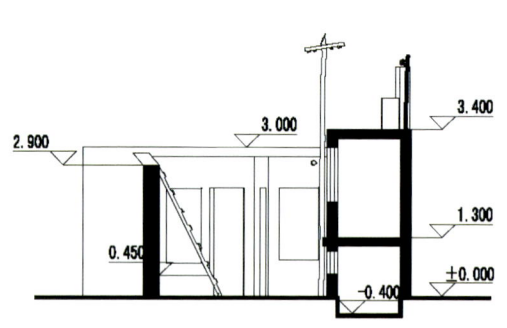

1-1剖面图

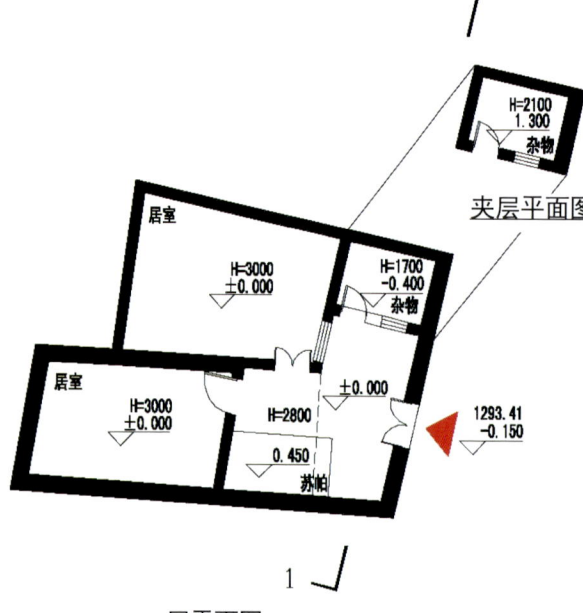

夹层平面图

一层平面图

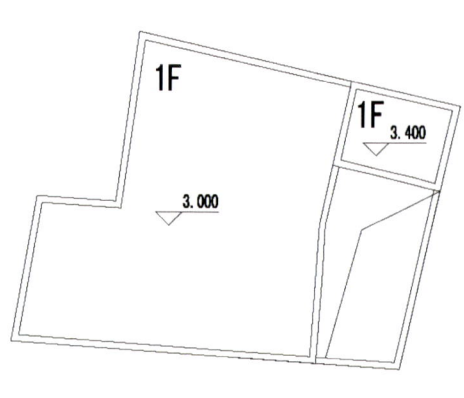

屋顶平面图

129号住宅

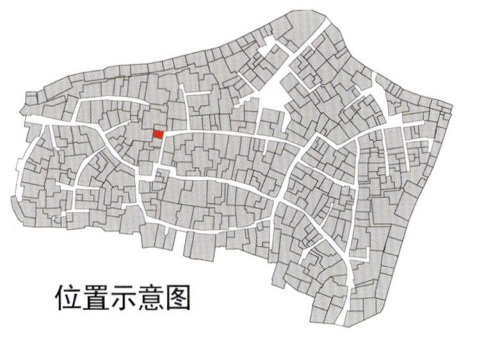

位置示意图

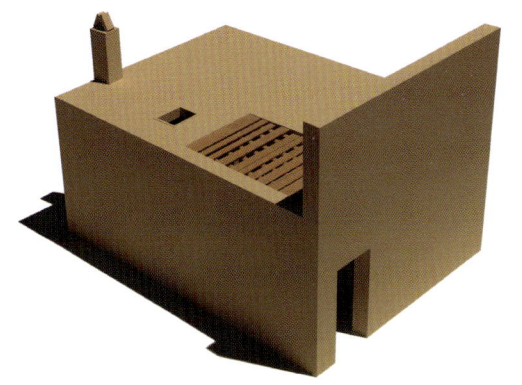

用户编号	202	户主	肉孜·阿拜克力	人口	2人
门牌号	0129	收入水平	￥1500	职业分类	退休
搬迁意向	不同意	是否重建	重建	建筑主体结构	土木
建筑密度	100.00%	庭院面积		住宅基地面积	40.92 m²
总建筑面积		40.92 m²	一层建筑面积		40.92 m²

描述：主人从1929年开始一直在这个房子里生活，房屋从未修建过。房屋有一层，共2间。主人很支持我们的工作，他说希望在改造后的高台里，有个公共的活动场所，主要用于举行婚礼和葬礼活动。

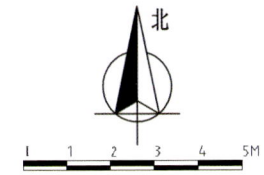

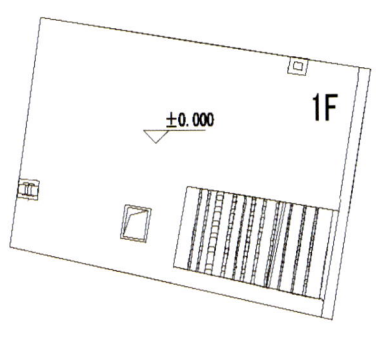

屋顶平面图

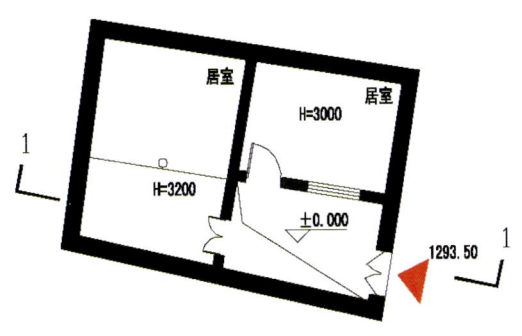

一层平面图

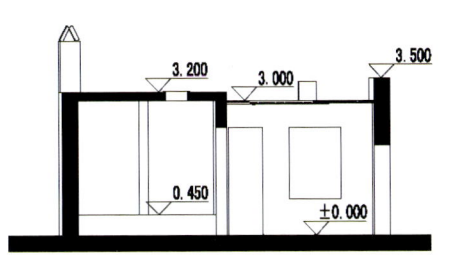

1-1剖面图

131号住宅

用户编号	203	户主	吐尼沙买买提艾力	人口	2人
门牌号	0131	收入水平	￥300	职业分类	
搬迁意向	不同意	是否重建	重建	建筑主体结构	土木
建筑密度	88.10%	庭院面积	4.76 m²	住宅基地面积	40.1 m²
总建筑面积	35.34 m²	一层建筑面积	35.34 m²		

描述	房屋始建于1900年之前。房子有一层，2间。房屋历史悠久，有很多大的裂缝。

位置示意图

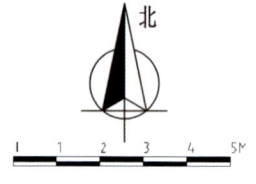

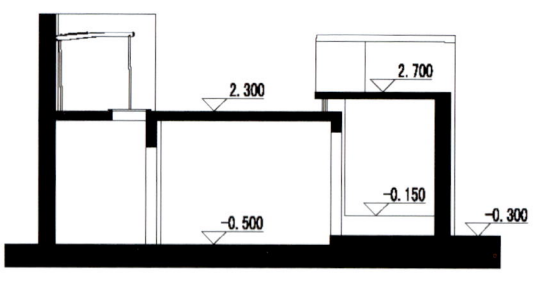

1-1剖面图

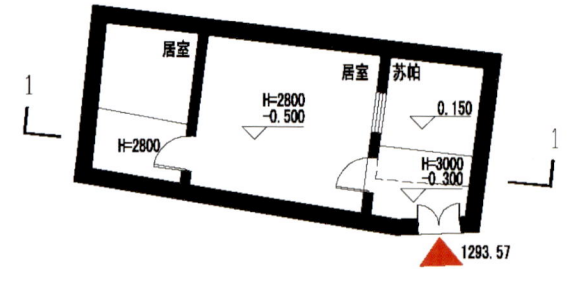

一层平面图

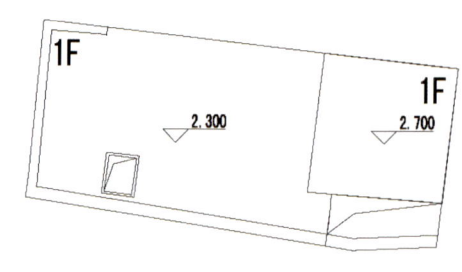

屋顶平面图

133号住宅

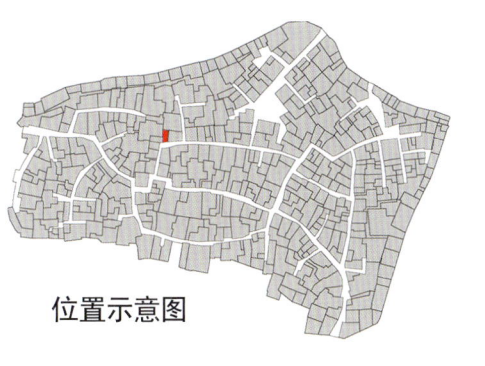

位置示意图

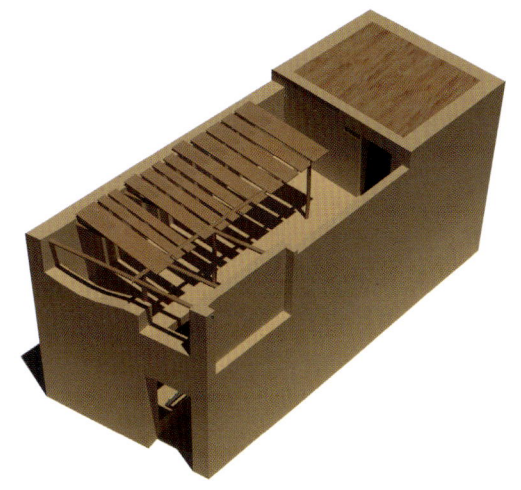

用户编号	204	户主	肉孜·阿拜克力	人口	2人
门牌号	0133	收入水平	￥1500	职业分类	退休
搬迁意向	不同意	是否重建	重建	建筑主体结构	土木
建筑密度	100.00%	庭院面积		住宅基地面积	36.89 m²
总建筑面积		51.14 m²		一层建筑面积	36.89 m²
描述	133号和129是一个人的房子。房屋有二层，2间房。				

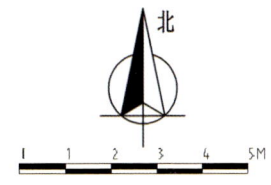

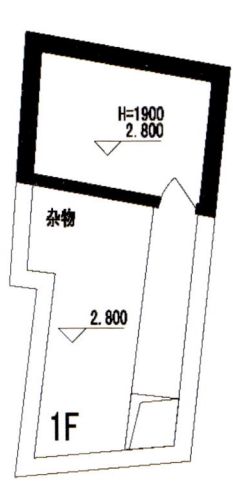

二层平面图

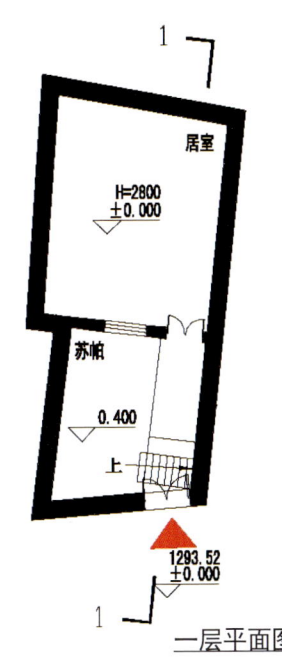

一层平面图

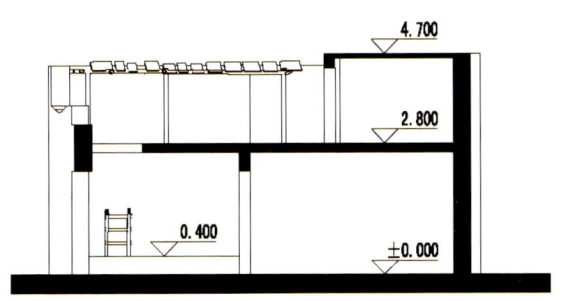

1-1剖面图

135号住宅

用户编号	205	户主	帕提古丽·吐	人口	4人
门牌号	0135	收入水平	￥1000	职业分类	绣帽子
搬迁意向	同意	是否重建		建筑主体结构	土木
建筑密度	83.10%	庭院面积	13.08 m²	住宅基地面积	77.47 m²
总建筑面积	92.84 m²	一层建筑面积	64.39 m²		

描述：房主于1974年就居住在此，到现在为止一次都没维修过，房屋有两层，8间房。

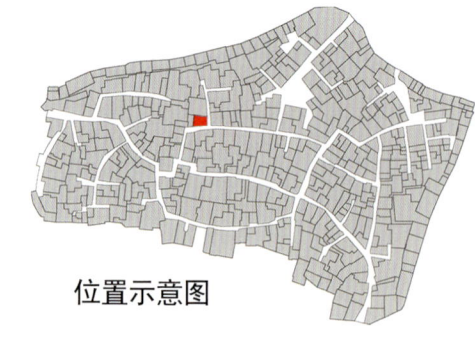

位置示意图

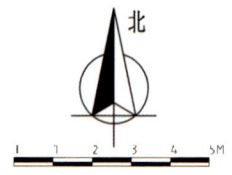

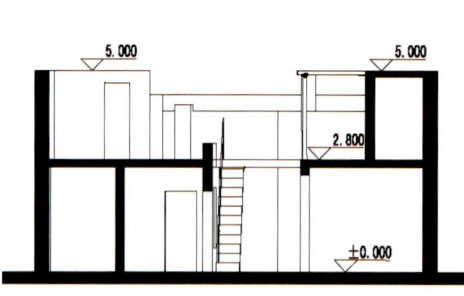

1-1剖面图

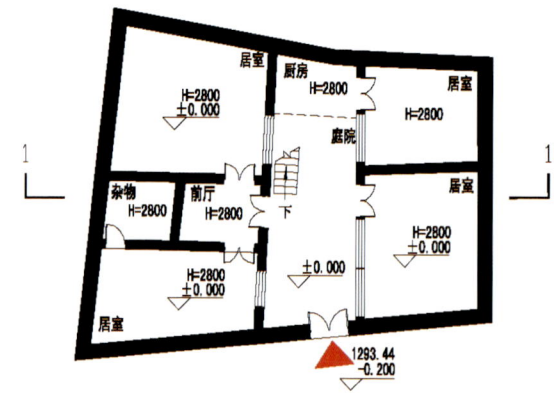

一层平面图

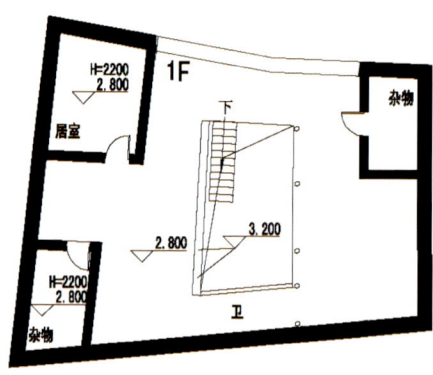

二层平面图

137号住宅

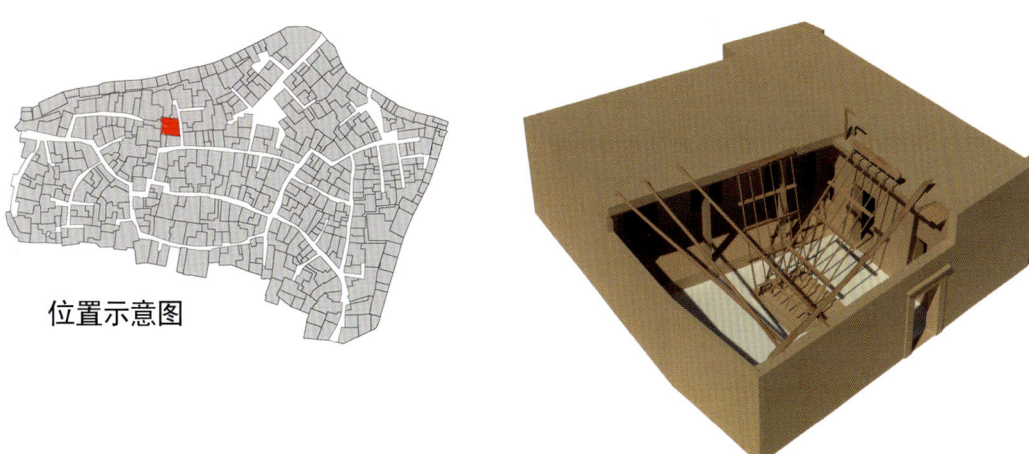

位置示意图

用户编号	206	户主	孜比尼萨·库都勒克	人口	4人
门牌号	0137	收入水平	￥900	职业分类	待业
搬迁意向	同意	是否重建		建筑主体结构	土木
建筑密度	65.20%	庭院面积	57.43 m²	住宅基地面积	164.84 m²
总建筑面积	107.41 m²			一层建筑面积	107.41 m²

描述：房屋始建于1900年之前，1969年主人新盖了房子，2004年又新建了几间房间。房屋现在有一层，6间房。

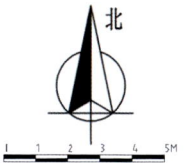

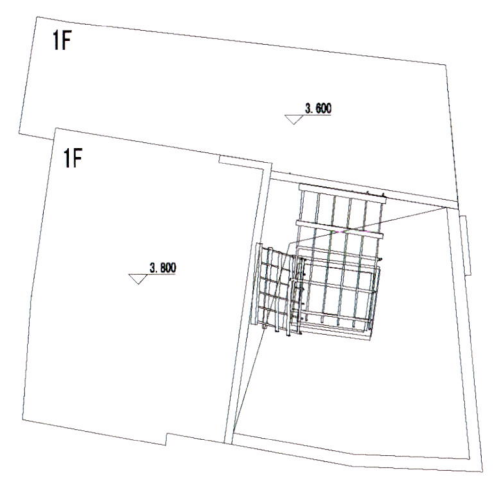

屋顶平面图

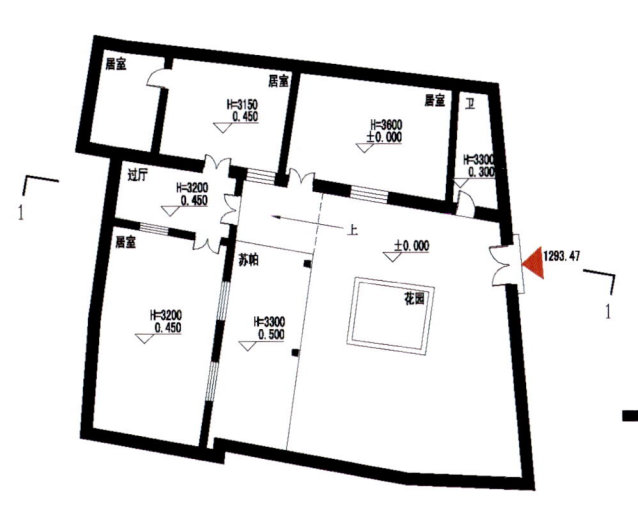

一层平面图

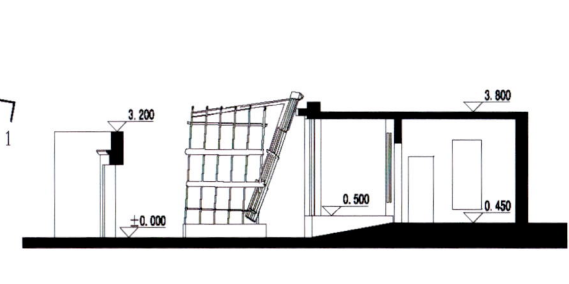

1-1剖面图

143号住宅

用户编号	208	户主	买买提依明米吉提	人口	6人
门牌号	0143	收入水平	￥2000	职业分类	做生意
搬迁意向	同意	是否重建		建筑主体结构	砖混
建筑密度	85.80%	庭院面积	17.1 m²	住宅基地面积	120.69 m²
总建筑面积		291.76 m²		一层建筑面积	103.59 m²

描述　房屋是1996年新建的，当时花了40万元，房屋有两层和地下一层，10间房间。房子装修得很考究。

位置示意图

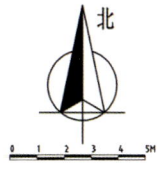
北

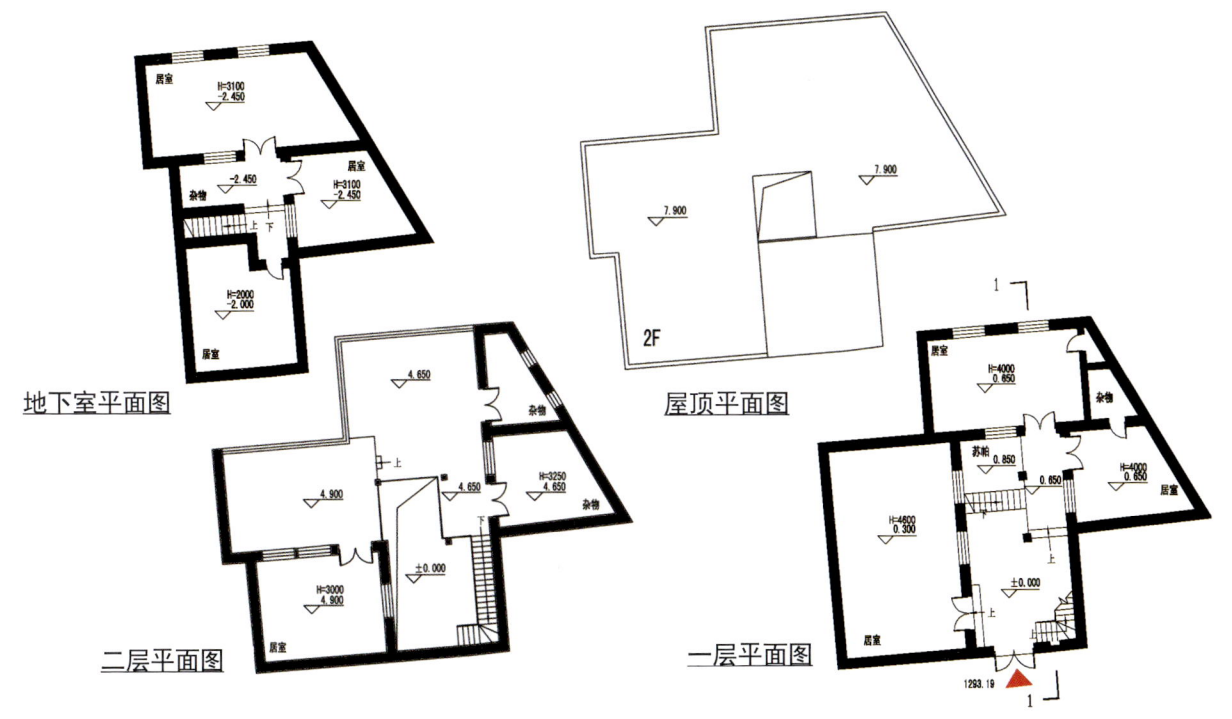

地下室平面图　　二层平面图　　屋顶平面图　　一层平面图

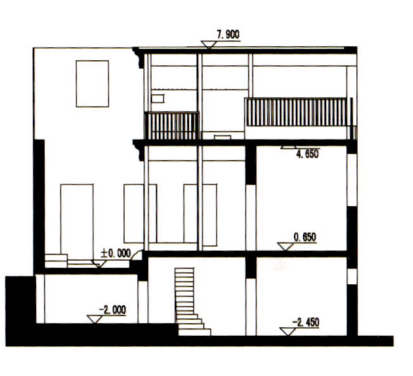

1-1剖面图

141号住宅

用户编号	209	户主	依明提·买买提	人口	3人
门牌号	0141	收入水平	￥1000	职业分类	做土陶
搬迁意向	不同意	是否重建	重建	建筑主体结构	土木&砖木
建筑密度	72.60%	庭院面积	53.83 m²	住宅基地面积	196.46 m²
总建筑面积	236.46 m²			一层建筑面积	142.63 m²

描述：房屋始建于1900年之前，主人1991年前又新建了一间房，房屋是两层加局部的三层，共10间，很有层次感，具有明显的维吾尔民居的房间布置特点。楼梯很有特色。

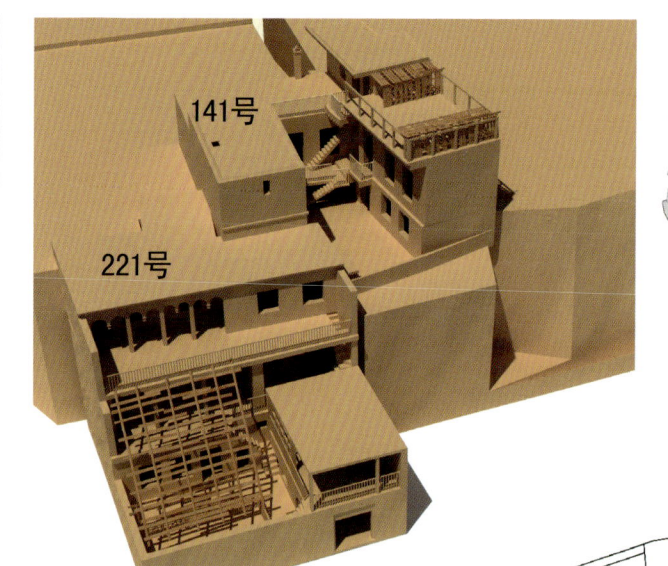

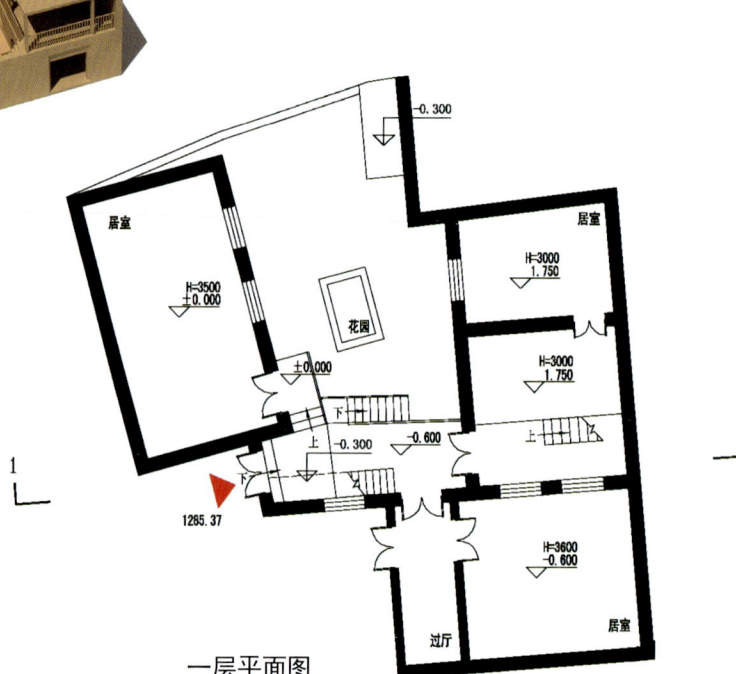

位置示意图

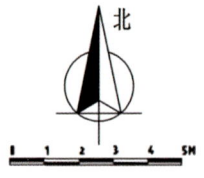

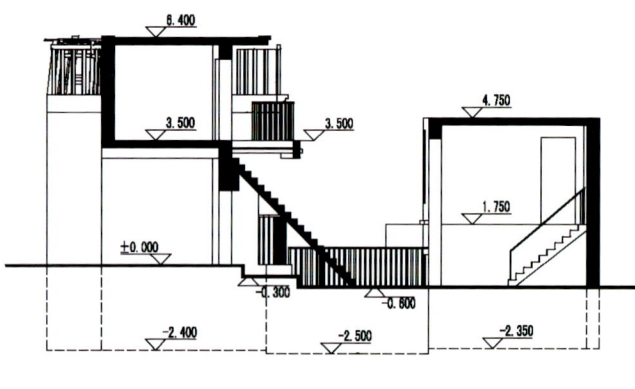

1-1剖面图　　　一层平面图

141号住宅

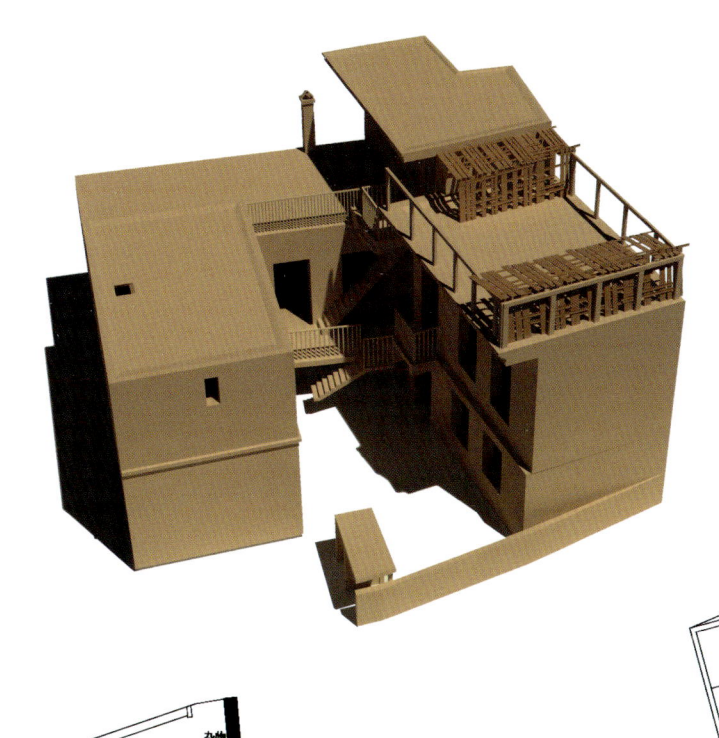

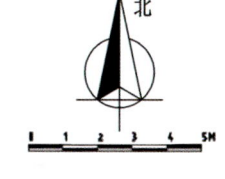
北

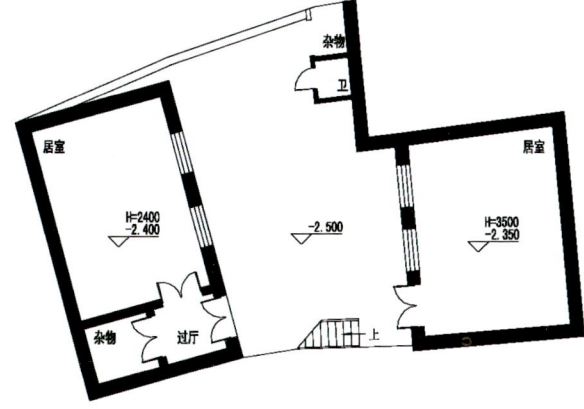

地下一层平面图

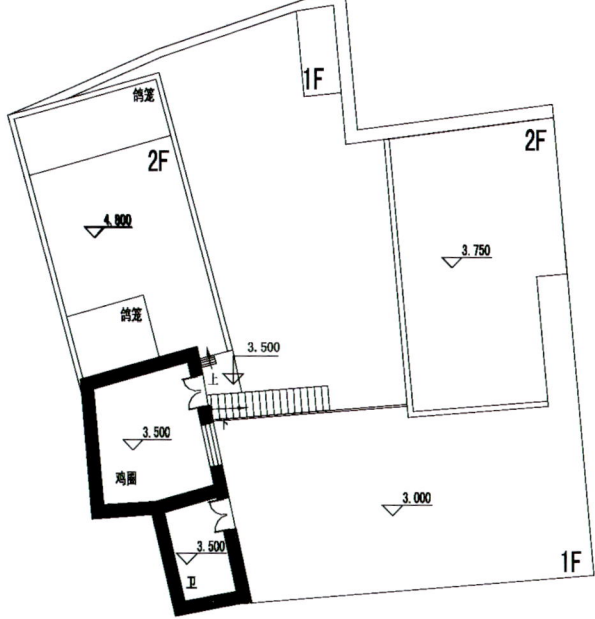

三层平面图

145号住宅

用户编号	210	户主	阿布都热西提·买买提	人口	7人
门牌号	0145	收入水平	￥1000	职业分类	卖陶瓷
搬迁意向	不同意	是否重建	重建	建筑主体结构	土木
建筑密度	75.80%	庭院面积	55.51 m²	住宅基地面积	229.58 m²
总建筑面积	298.77 m²		一层建筑面积	174.07 m²	

描述：房屋始建于1800年之前，1994年主人新建了房屋，现在有一层和地下一层，12间。

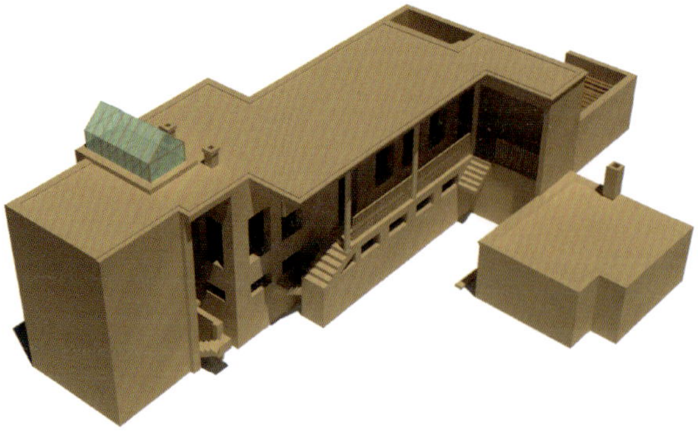

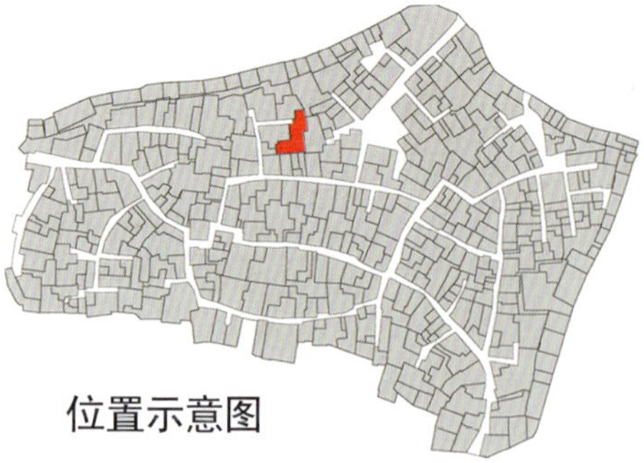

位置示意图

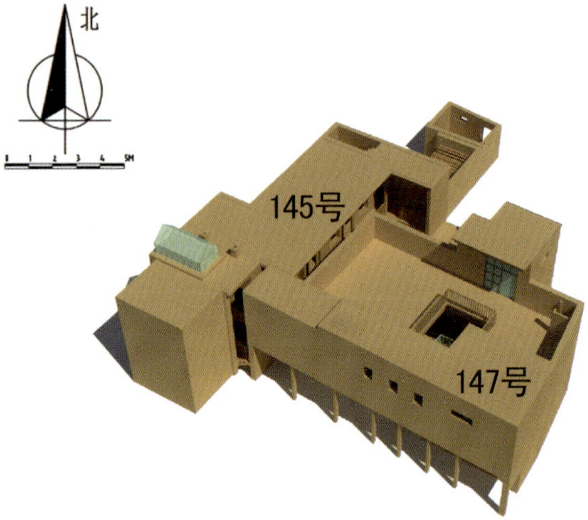

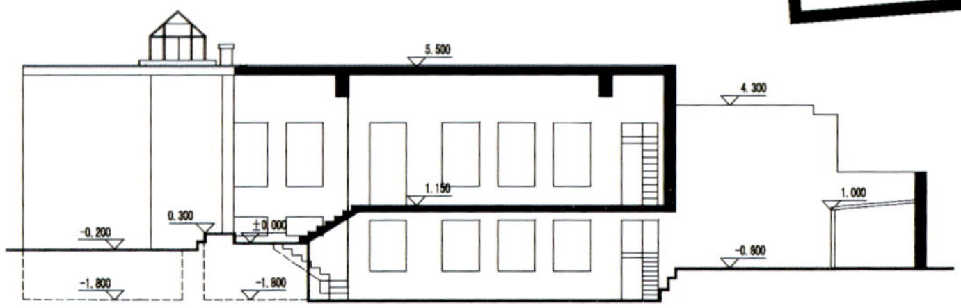

1-1剖面图 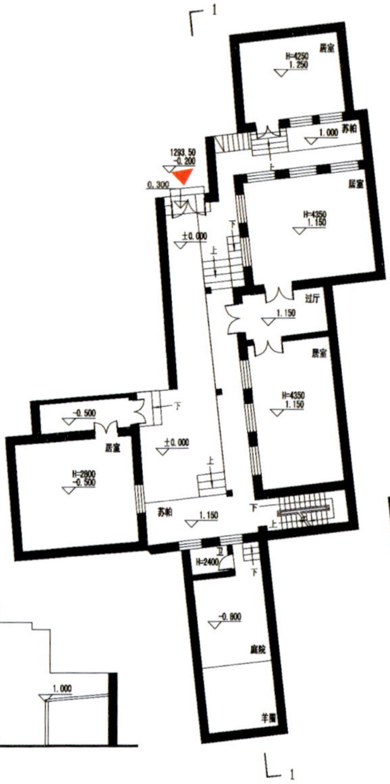　　一层平面图 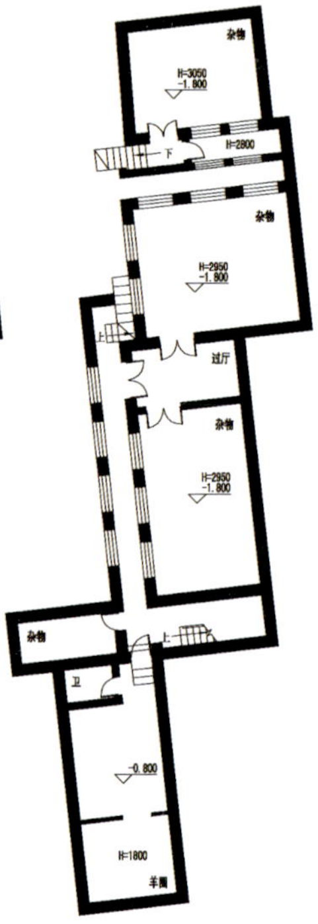　　地下一层平面图 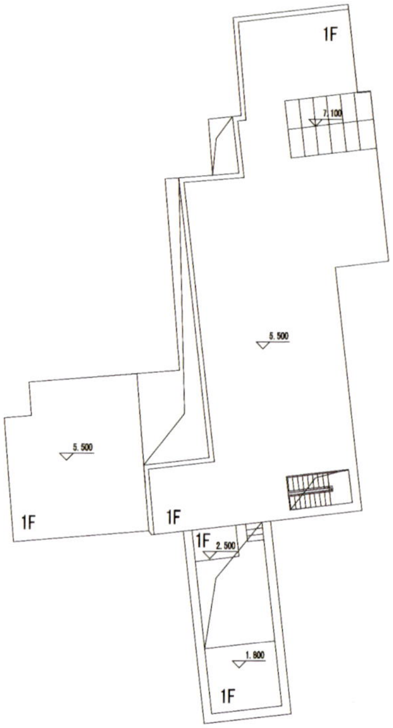　　屋顶平面图

147号住宅

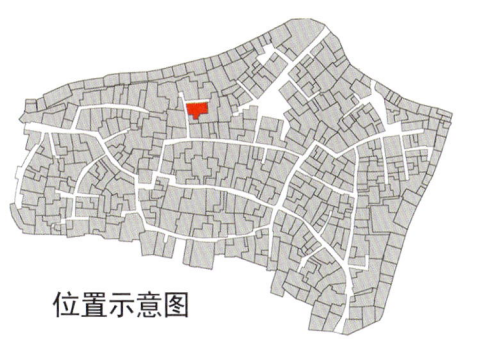

位置示意图

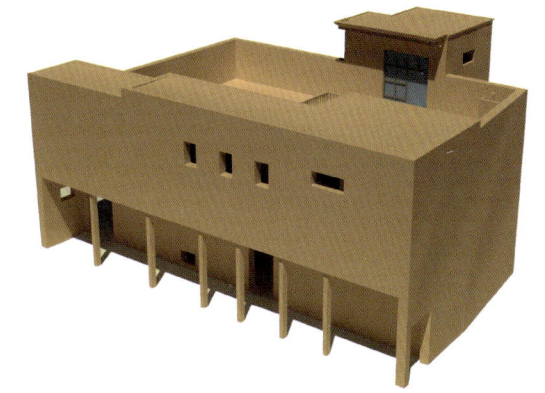

用户编号	211	户主	拖合塔吉·买买提	人口	6人
门牌号	0147	收入水平	￥2000	职业分类	做生意
搬迁意向	不同意	是否重建	重建	建筑主体结构	框架
建筑密度	90.90%	庭院面积	12.68 m²	住宅基地面积	138.94 m²
总建筑面积	325.81 m²			一层建筑面积	126.26 m²

描述	房屋是1997年新建的，房屋有两层和地下一层，共12间，是框架结构的房子，房子很漂亮，有很长的过街楼。147号、145号、143号都是亲戚，从事生产石膏行业。

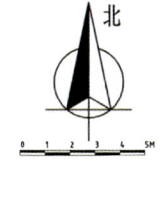

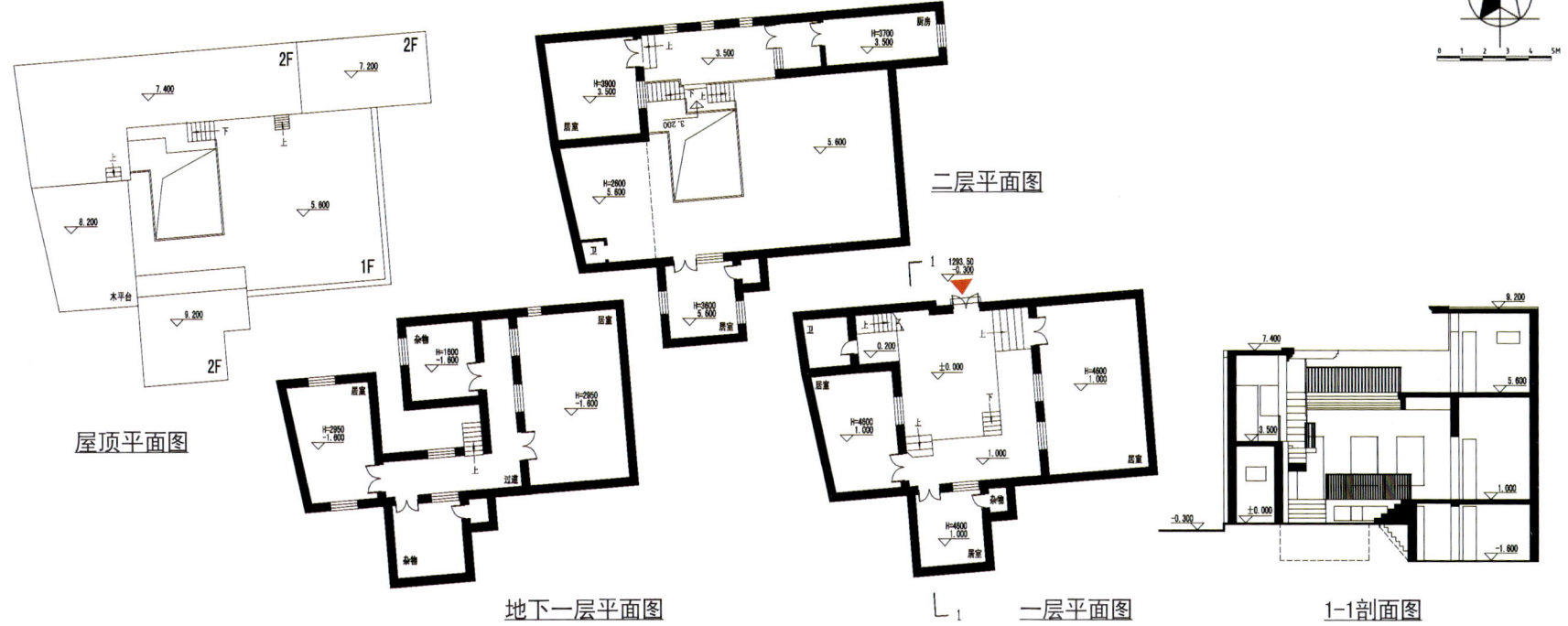

屋顶平面图　　地下一层平面图　　一层平面图　　二层平面图　　1-1剖面图

149号住宅

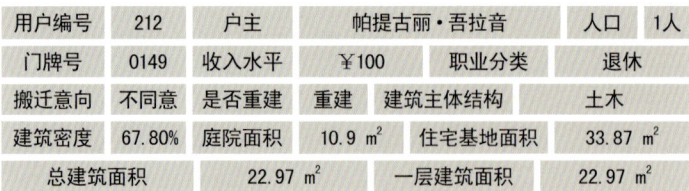

用户编号	212	户主	帕提古丽·吾拉音	人口	1人
门牌号	0149	收入水平	￥100	职业分类	退休
搬迁意向	不同意	是否重建	重建	建筑主体结构	土木
建筑密度	67.80%	庭院面积	10.9 m²	住宅基地面积	33.87 m²
总建筑面积		22.97 m²		一层建筑面积	22.97 m²
描述	房屋建于1979年。一层，1间房。与147号外墙围合形成庭院。				

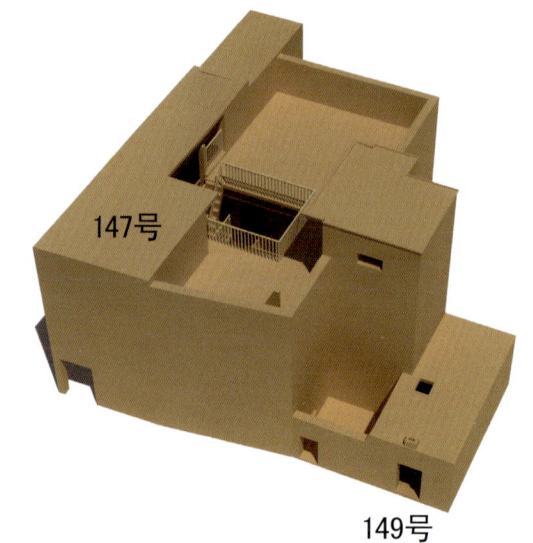

位置示意图

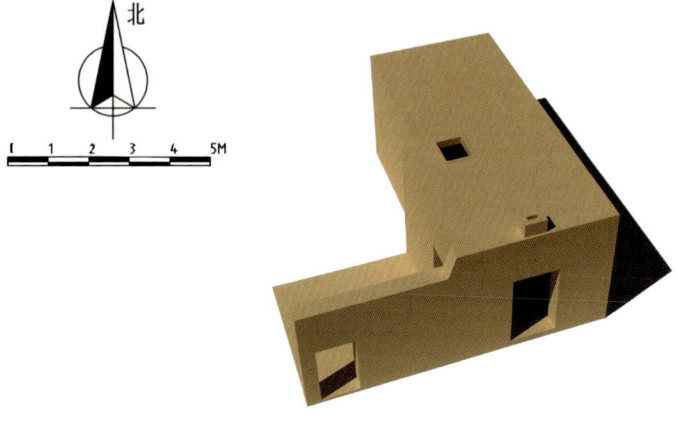

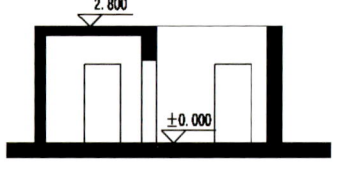

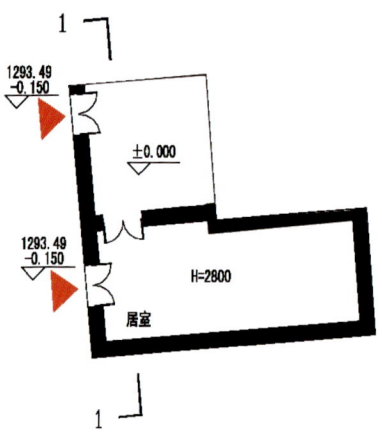

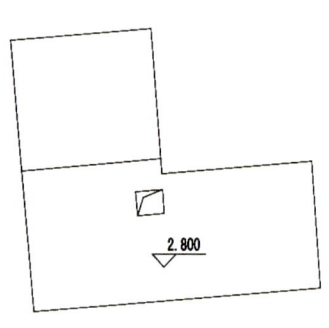

1-1剖面图　　　　　　　　　一层平面图　　　　　　　　　屋顶平面图

151号住宅

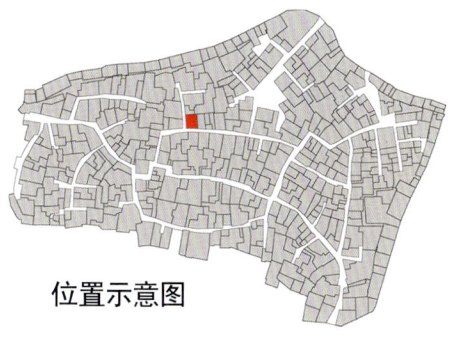

位置示意图

用户编号	213	户主	亚力昆·艾克拜尔	人口	7人
门牌号	0151	收入水平	￥800	职业分类	做生意
搬迁意向	不同意	是否重建	保留	建筑主体结构	框架
建筑密度	76.30%	庭院面积	21.22 m²	住宅基地面积	89.51 m²
总建筑面积		185.52 m²		一层建筑面积	68.29 m²

描述：房屋是2008年新建的，主人花了20万元。房屋有两层和地下一层，共12间，在整个片区中作为商铺，对外出售工艺品（房屋以前有151号和153号两个门，后来改成151号了）。

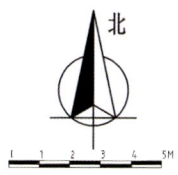
北

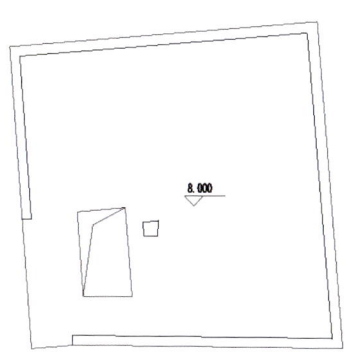
屋顶平面图

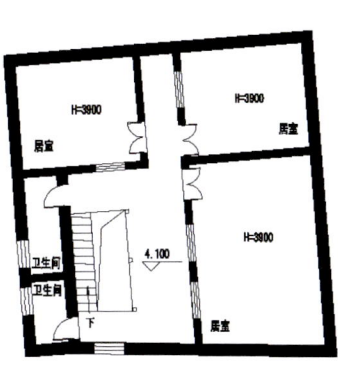
二层平面图

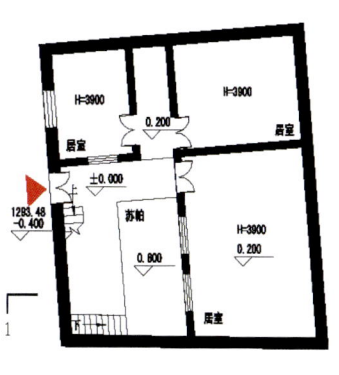
一层平面图

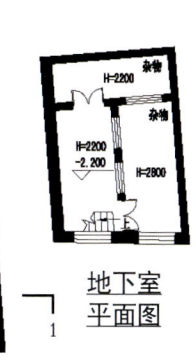
地下室平面图

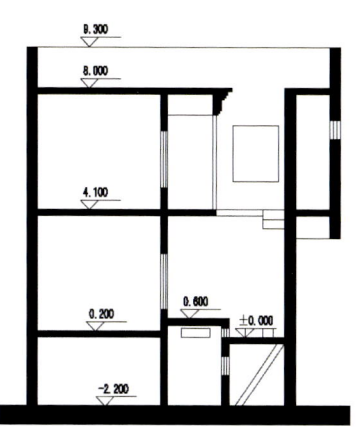
1-1剖面图

155a号住宅

用户编号	214	户主	帕提古丽力·阿布都热合曼	人口	6人
门牌号	0155a	收入水平	￥900	职业分类	司机
搬迁意向	不同意	是否重建	重建	建筑主体结构	土木
建筑密度	90.60%	庭院面积	5.9 m²	住宅基地面积	62.49 m²
总建筑面积	56.59 m²		一层建筑面积	56.59 m²	

描述：主人1979年开始在这个房子里生活，到现在为止没修缮和新建过，以前共有4间，2005年一间房间倒塌了，现在房子的情况也很危险。

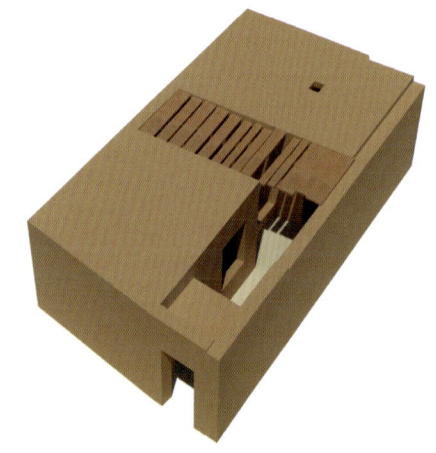

位置示意图

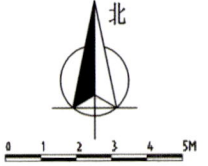

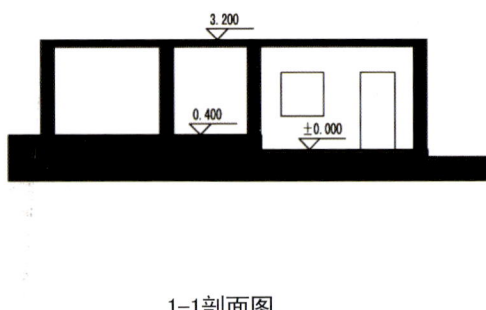

1-1剖面图

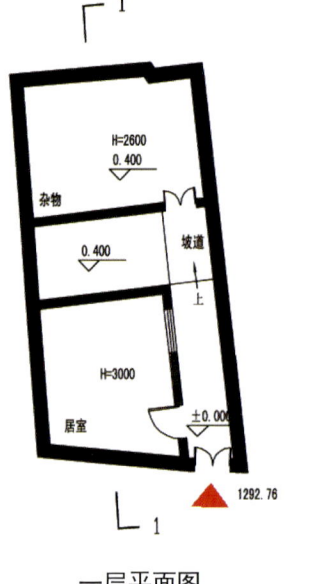

一层平面图

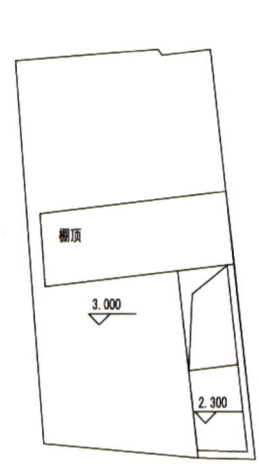

屋顶平面图

157号住宅

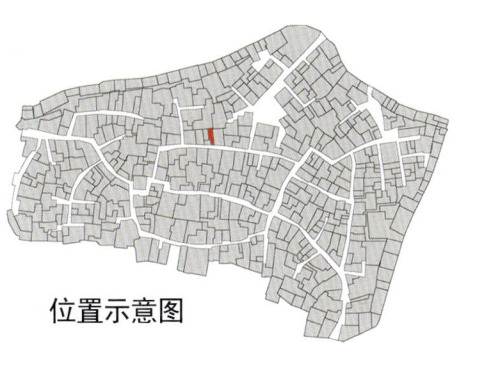

位置示意图

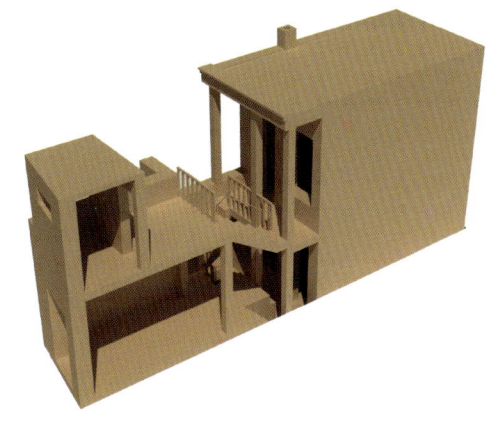

用户编号	215	户主	依马木艾山·阿布都热合曼	人口	4人
门牌号	0157	收入水平	￥600	职业分类	司机
搬迁意向	同意	是否重建		建筑主体结构	砖木
建筑密度	67.30%	庭院面积	11.47 m²	住宅基地面积	35.09 m²
总建筑面积		46.87 m²		一层建筑面积	23.62 m²

描述：主人1979年开始在这个房子里生活。两层，共4间。庭院东侧无围合，与159号西侧外墙紧贴。

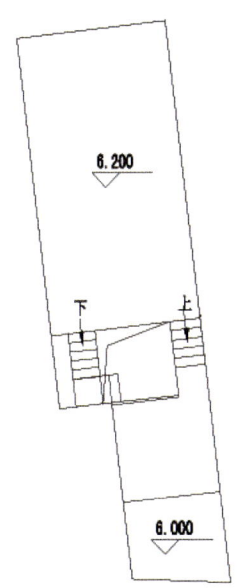

屋顶平面图

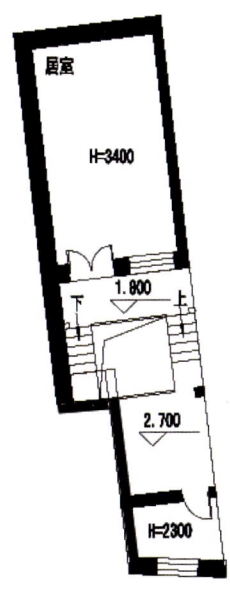

二层平面图

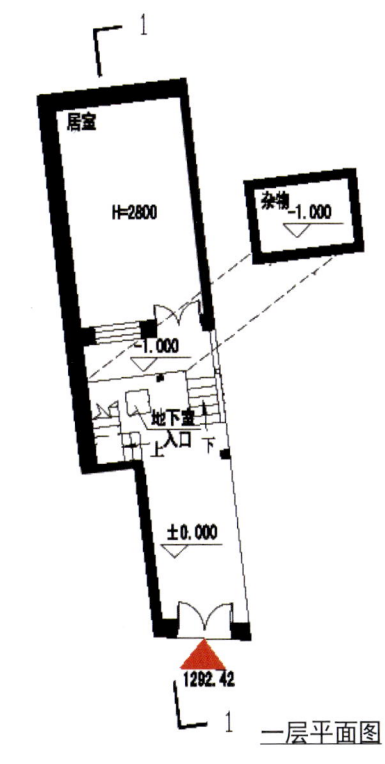

一层平面图

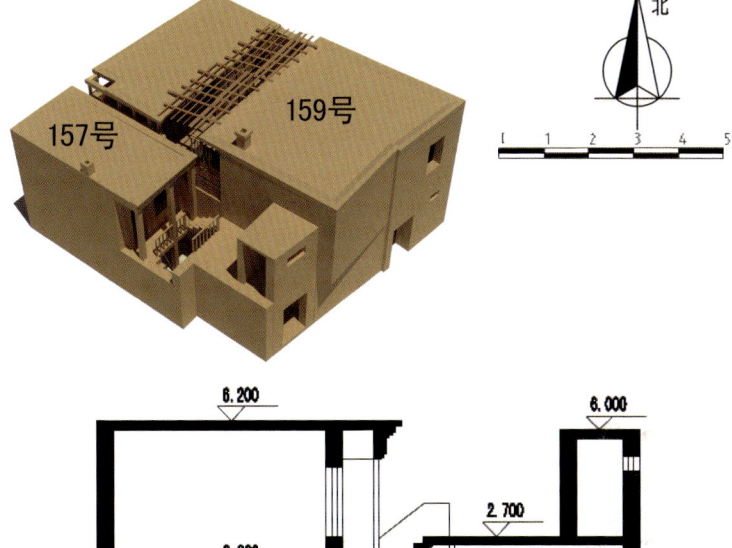

1-1剖面图

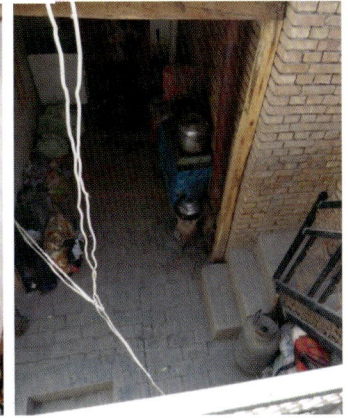

159号住宅

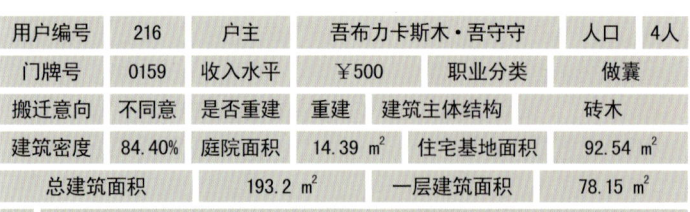

用户编号	216	户主	吾布力卡斯木·吾守守	人口	4人
门牌号	0159	收入水平	￥500	职业分类	做囊
搬迁意向	不同意	是否重建	重建	建筑主体结构	砖木
建筑密度	84.40%	庭院面积	14.39 m²	住宅基地面积	92.54 m²
总建筑面积		193.2 m²		一层建筑面积	78.15 m²

描述	房屋是主人2004年购买的，于2008年修建了一次，房屋有两层和地下一层，8间房。中庭上部搭有遮阳草席，室内光线十分柔和。

位置示意图

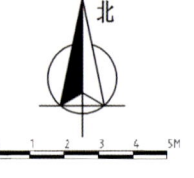

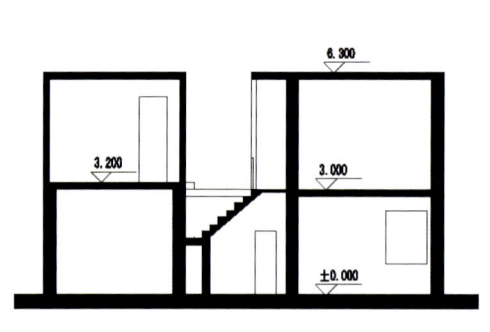
1-1剖面图

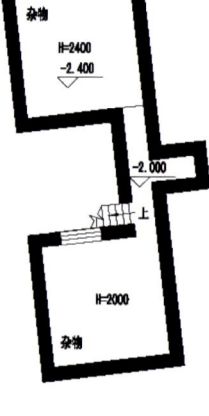
地下一层平面图

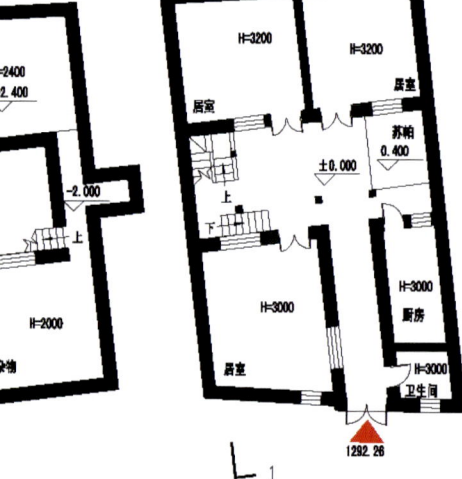
一层平面图

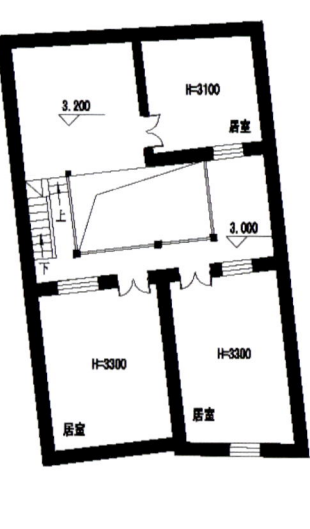
二层平面图

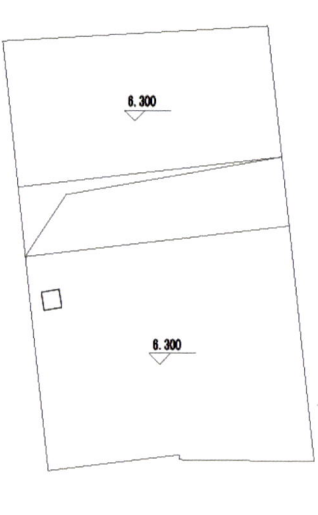
屋顶平面图

276

161号住宅

用户编号	217	户主	库瓦尼江·所安	人口	5人
门牌号	0161	收入水平	￥1200	职业分类	退休
搬迁意向	不同意	是否重建	重建	建筑主体结构	土木
建筑密度	32.40%	庭院面积	48 m²	住宅基地面积	70.96 m²
总建筑面积	22.96 m²			一层建筑面积	22.96 m²

描述：与169号连通，属于一家。房屋共一层3间房，有一个庭院。庭院北侧无围墙，与169号外墙紧贴。庭院西侧无围墙，与159号外墙紧贴。

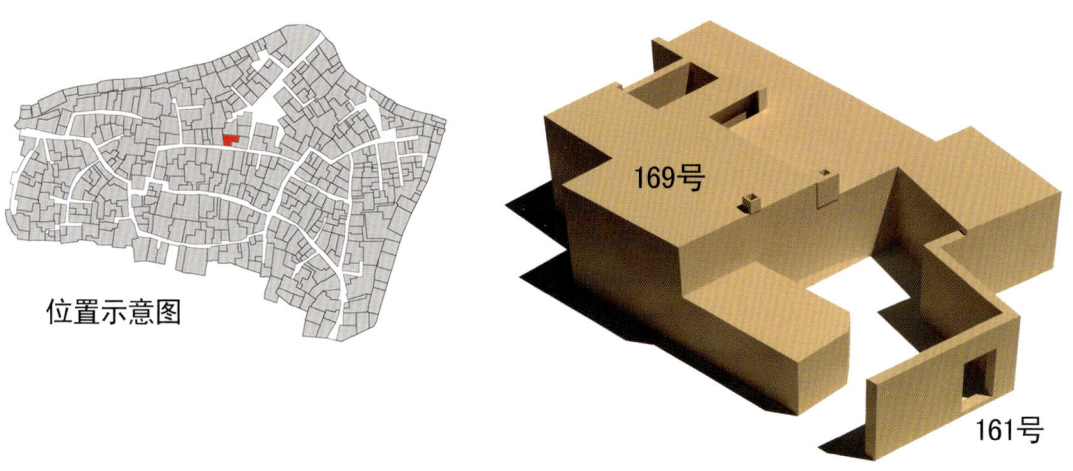

位置示意图

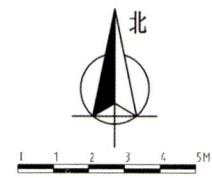

北

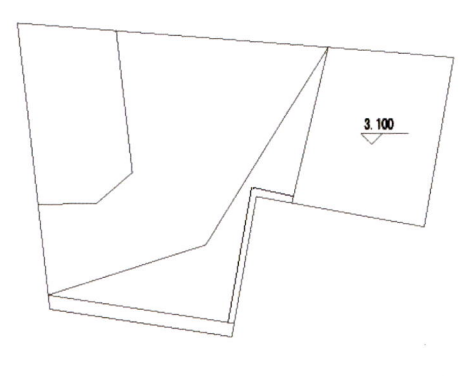

1-1剖面图

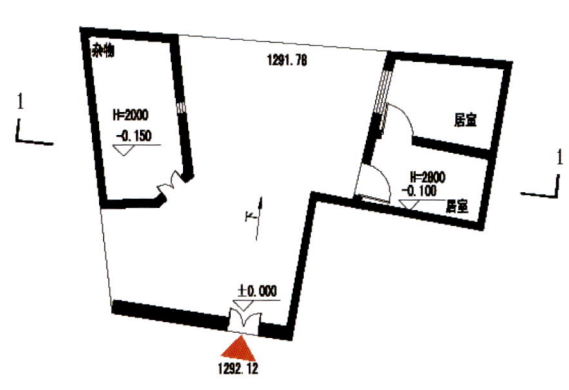

一层平面图

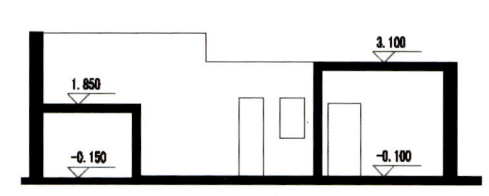

屋顶平面图

277

163号住宅

用户编号	218	户主	买买提依明·瓦力斯	人口	5人
门牌号	0163	收入水平	￥2200	职业分类	做陶瓷
搬迁意向	不同意	是否重建	重建	建筑主体结构	框架
建筑密度	64.40%	庭院面积	28.08 m²	住宅基地面积	78.92 m²
总建筑面积	153.16 m²		一层建筑面积	50.84 m²	

描述：房屋是1993年新建的，花了20万元。房屋有两层和地下一层，共6间。楼梯扶手层层叠落很有特色。163和339号的房子是一个主人的。

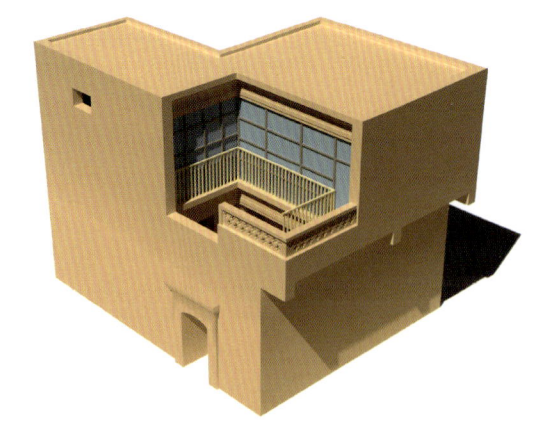

位置示意图

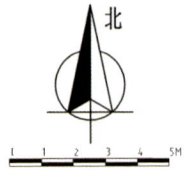

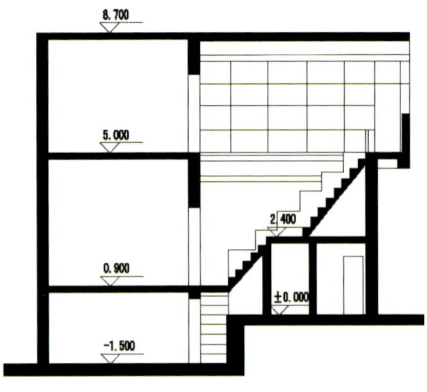

1-1剖面图

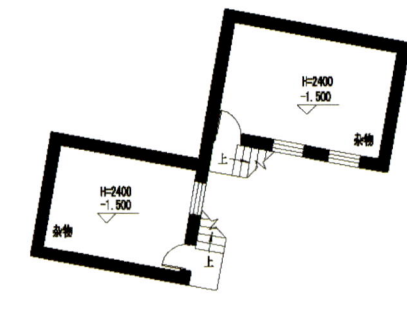

地下一层平面图

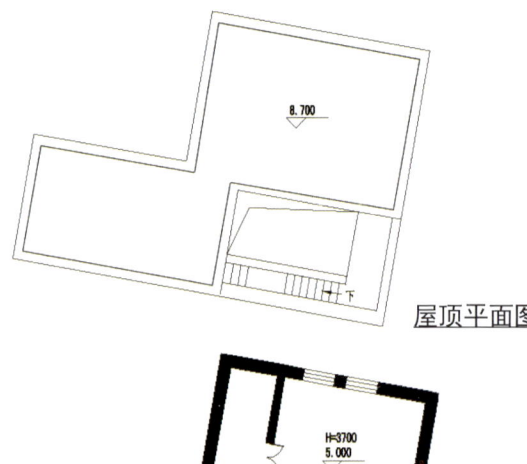

屋顶平面图

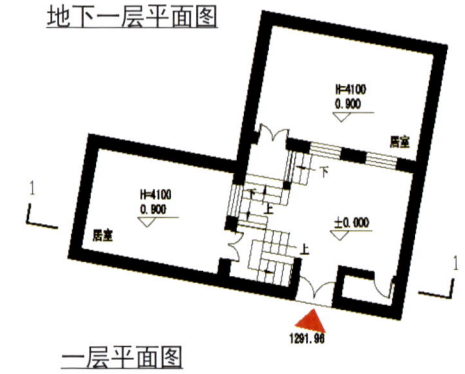

一层平面图

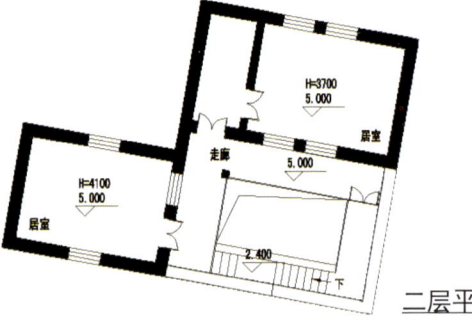

二层平面图

165号住宅

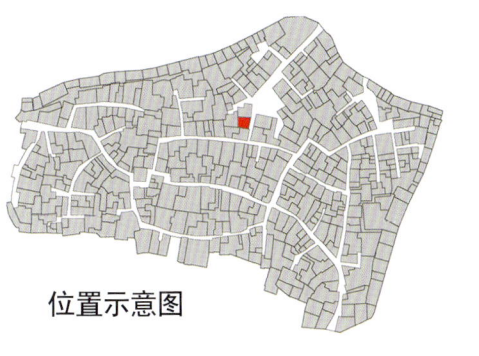

位置示意图

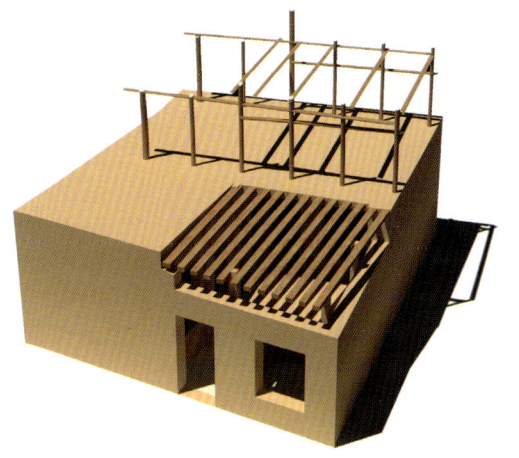

用户编号	219	户主	阿布力米提·斯拉木	人口	人
门牌号	0165	收入水平	￥2000	职业分类	民间建筑师
搬迁意向	同意	是否重建		建筑主体结构	土木
建筑密度	88.40%	庭院面积	7.84 m²	住宅基地面积	67.54 m²
总建筑面积		59.7 m²		一层建筑面积	59.7 m²

描述：房屋始建于1955年，一次都没重建和维修过。房屋有一层，4间，有一个用来对外销售的窗口。

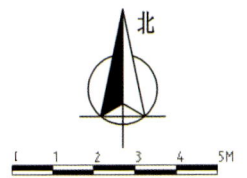

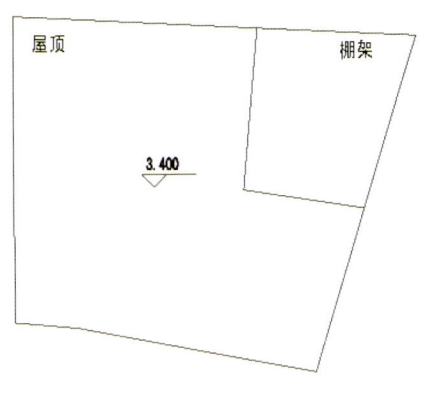

屋顶平面图

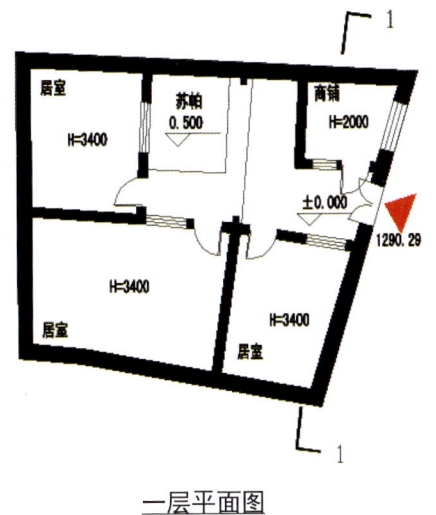

一层平面图

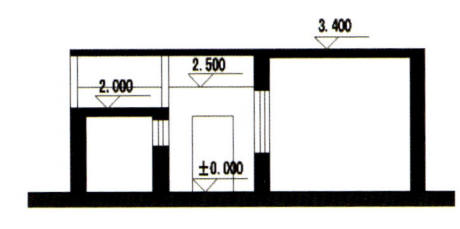

1-1剖面图

167号住宅

用户编号	220	户主	阿孜提古丽·买买提	人口	3人
门牌号	0167	收入水平	￥300	职业分类	待业
搬迁意向	同意	是否重建		建筑主体结构	土木
建筑密度	90.50%	庭院面积	8.53 m²	住宅基地面积	89.39 m²
总建筑面积	114.7 m²			一层建筑面积	80.86 m²

描述	与政府协商同意后，房屋一半已经置换。现状为二层，共6间房。

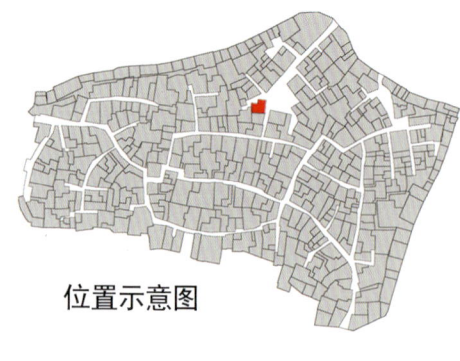

位置示意图

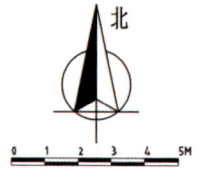

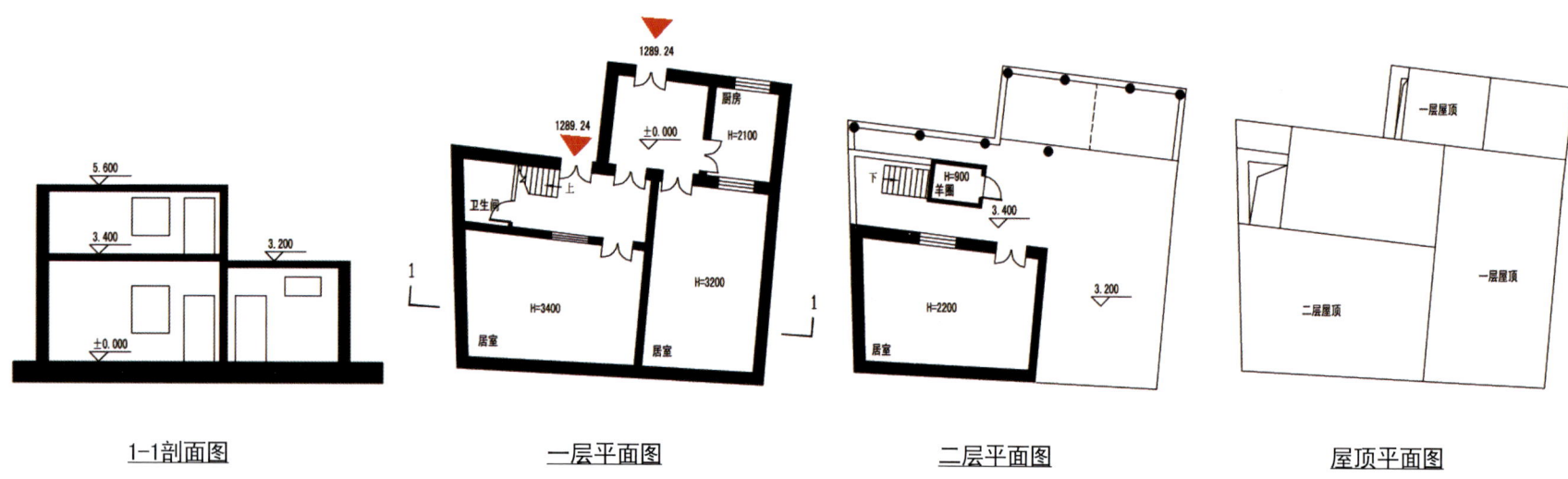

1-1剖面图　　　一层平面图　　　二层平面图　　　屋顶平面图

169号住宅

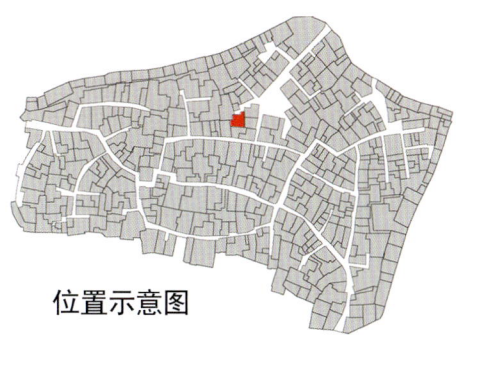

位置示意图

用户编号	221	户主	库瓦尼江·所皮	人口	1人
门牌号	0169	收入水平	￥100	职业分类	
搬迁意向	不同意	是否重建	重建	建筑主体结构	土木
建筑密度	86.50%	庭院面积	12.99 m²	住宅基地面积	95.96 m²
总建筑面积	82.97 m²			一层建筑面积	82.97 m²

描述：出租房，一层，共4间。161号和169号连通，属于一家。现一层共4间房，有一个庭院。

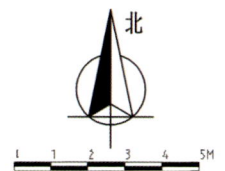

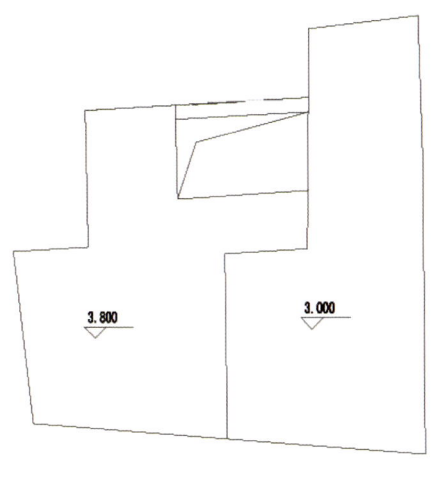

屋顶平面图

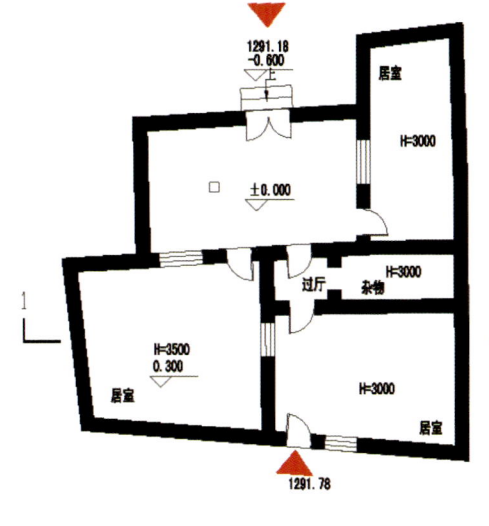

一层平面图

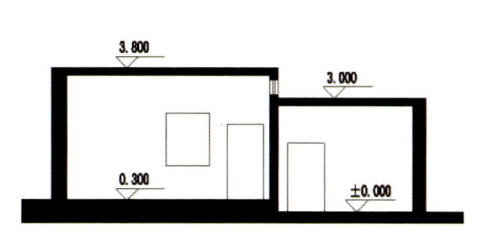

1-1剖面图

171号住宅

用户编号	222	户主	阿提克木·库尔班	人口	7人
门牌号	0171	收入水平	￥2300	职业分类	做生意
搬迁意向	不同意	是否重建	重建	建筑主体结构	砖木
建筑密度	80.10%	庭院面积	32 m²	住宅基地面积	160.82 m²
总建筑面积	231.31 m²	一层建筑面积	128.82 m²		

描述：房屋有两层和一个地下室，共12间房。庭院东侧无围墙，紧贴173号与175号外墙。

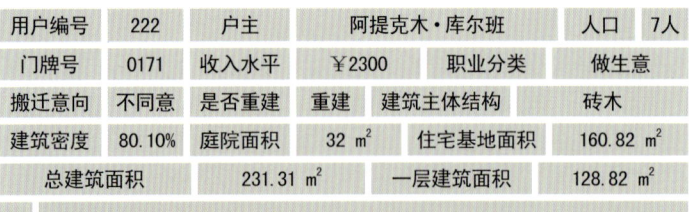

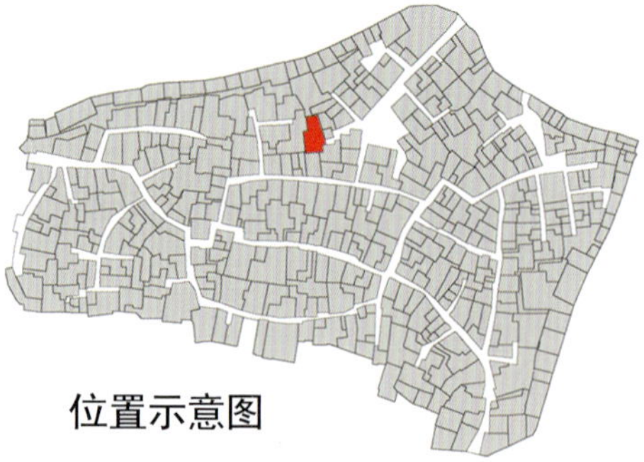

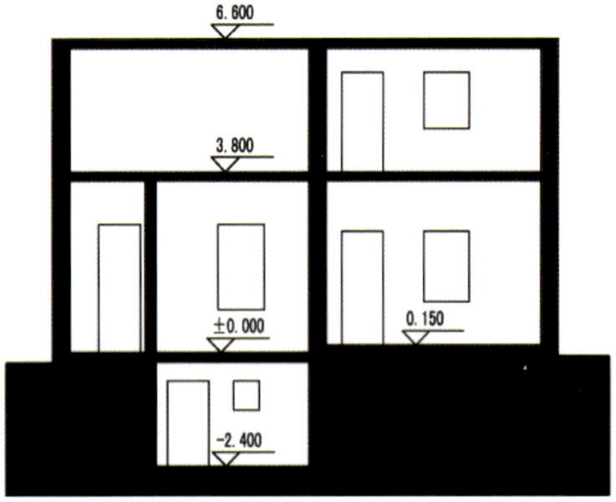

位置示意图

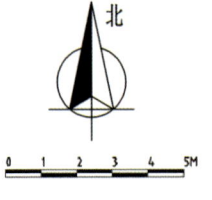

1-1剖面图

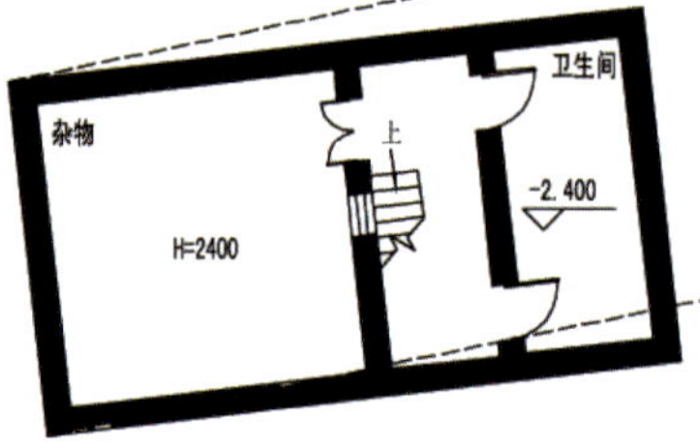

地下室平面图

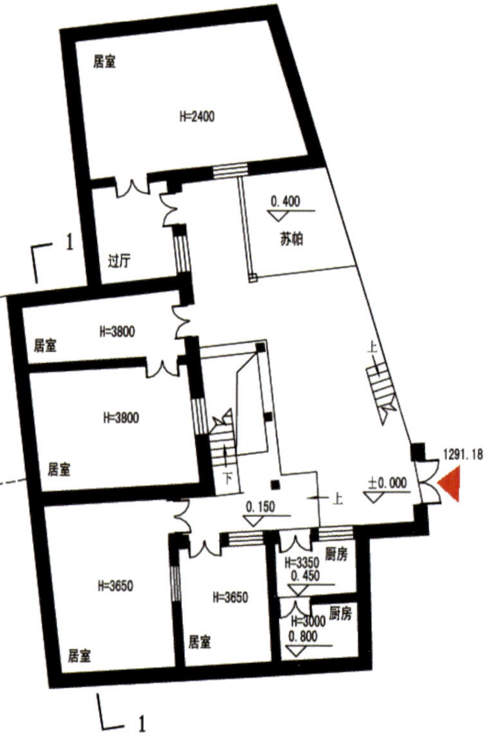

一层平面图

171号住宅

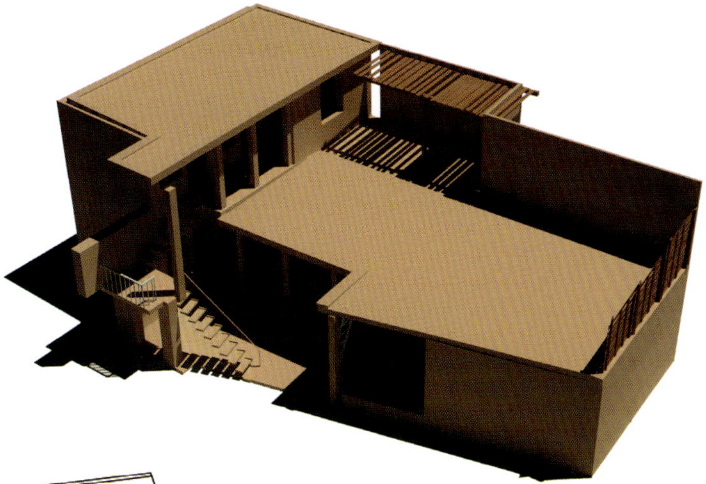

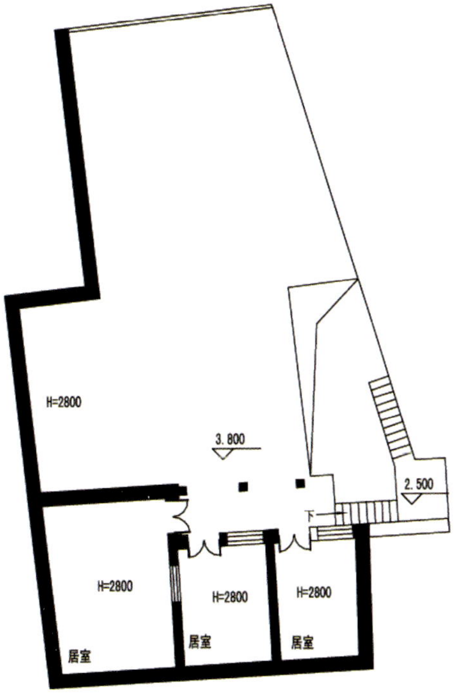

二层平面图

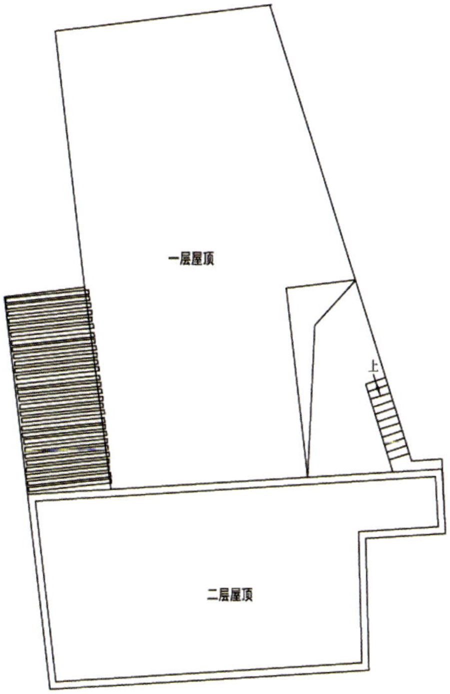

屋顶平面图

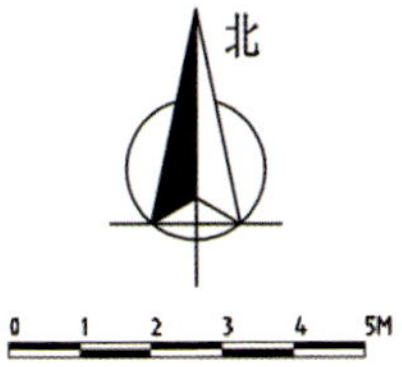

北

173号住宅

用户编号	223	户主		人口	
门牌号	0173	收入水平		职业分类	
搬迁意向	不同意	是否重建	重建	建筑主体结构	砖木
建筑密度	100.00%	庭院面积		住宅基地面积	23.27 m²
总建筑面积	49.39 m²		一层建筑面积	23.27 m²	

描述：已经与政府土地置换，两层，2间房。

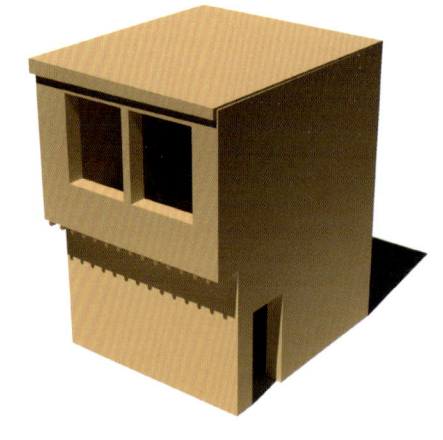

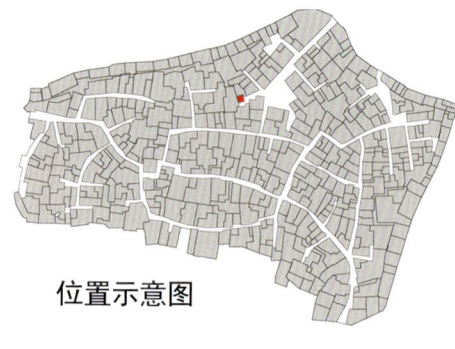

位置示意图

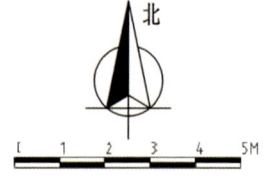

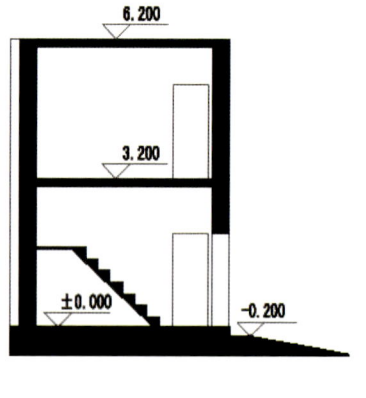
1-1剖面图

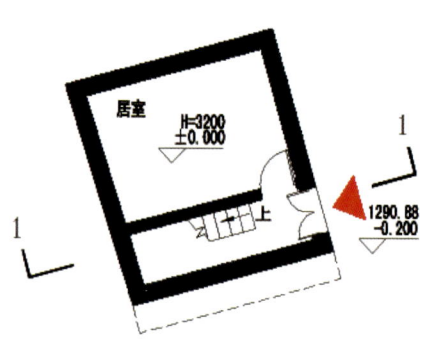
一层平面图

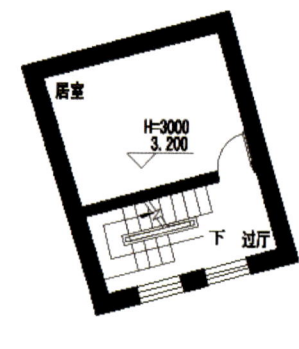
二层平面图

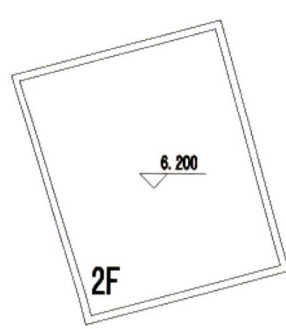
屋顶平面图

175号住宅

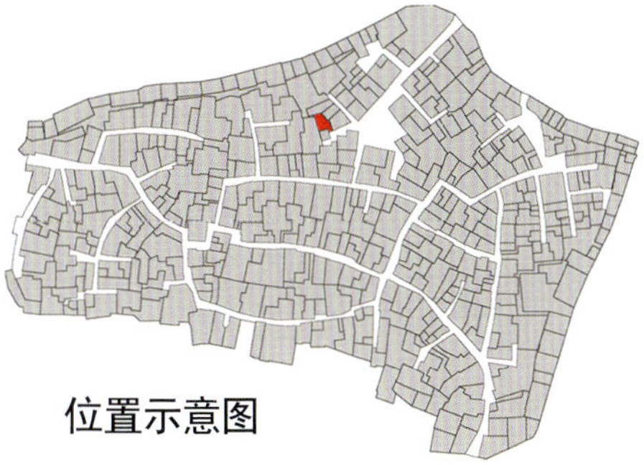

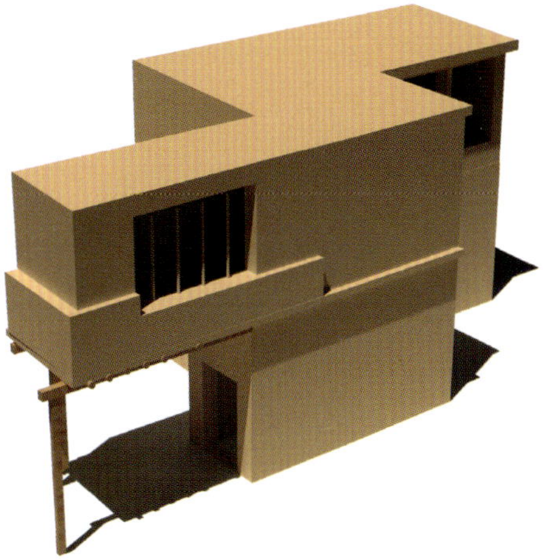

用户编号	224	户主		人口	
门牌号	0175	收入水平		职业分类	
搬迁意向	不同意	是否重建	重建	建筑主体结构	砖木
建筑密度	87.80%	庭院面积	6.44 m²	住宅基地面积	52.88 m²
总建筑面积	101.18 m²		一层建筑面积	46.44 m²	

描述	已经与政府土地置换，二层。

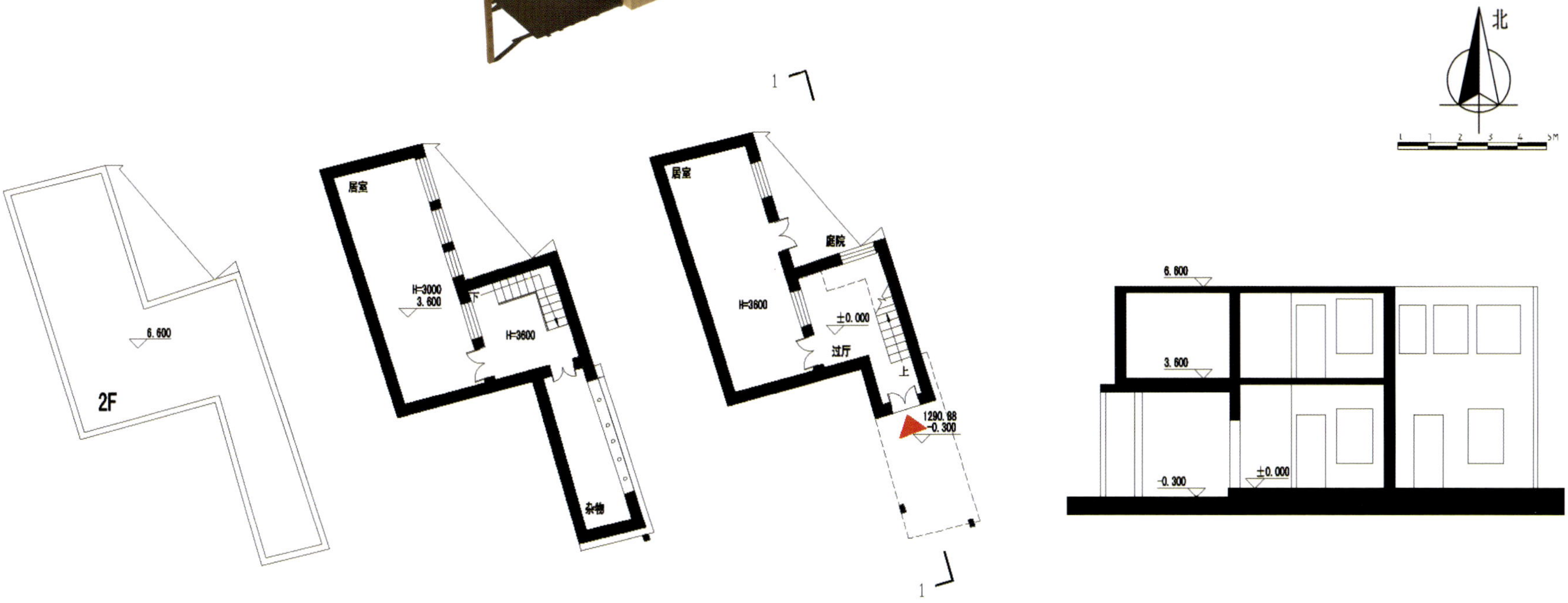

位置示意图

屋顶平面图　　二层平面图　　一层平面图　　1-1剖面图

177号住宅

用户编号	225	户主	努尔买买提·阿吉木	人口	4人
门牌号	0177	收入水平	￥500	职业分类	做生意
搬迁意向	不同意	是否重建	保留	建筑主体结构	框架
建筑密度	86.00%	庭院面积	8.9 m²	住宅基地面积	63.41 m²
总建筑面积	180.63 m²			一层建筑面积	54.51 m²

描述：房屋是2006年建的砖混结构，缺圈梁和构造柱。房屋有3层，11间房，有一个地下室。房子内部装饰色彩以深红色为主，雕刻很精致，现代别墅一样的房子，有玻璃顶中庭。建筑总共花了30万元。

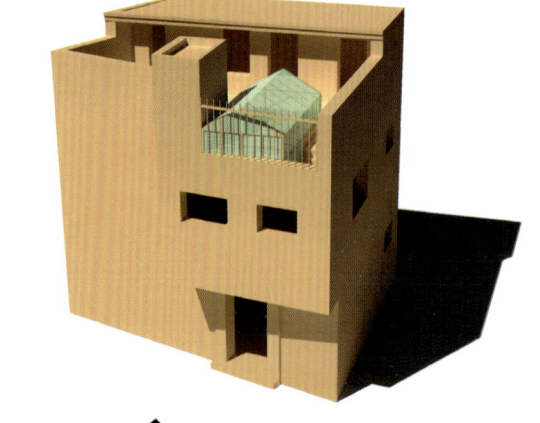

位置示意图

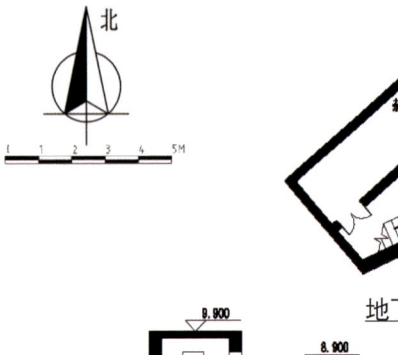
地下室平面图

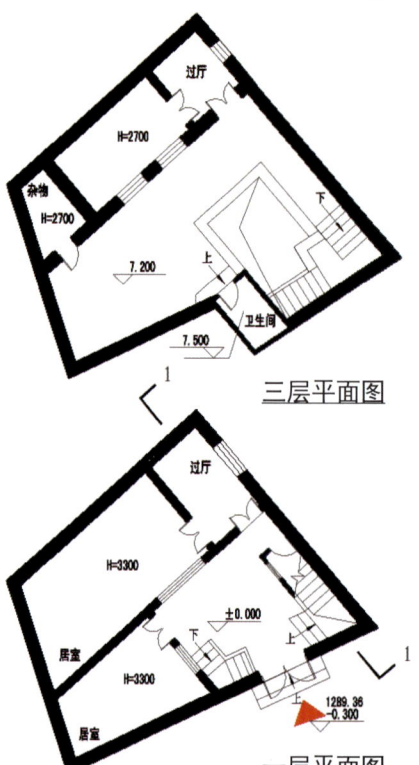
三层平面图

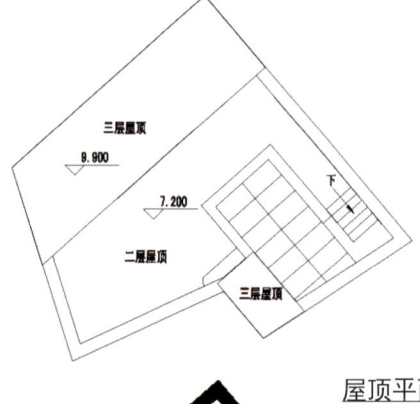
屋顶平面图

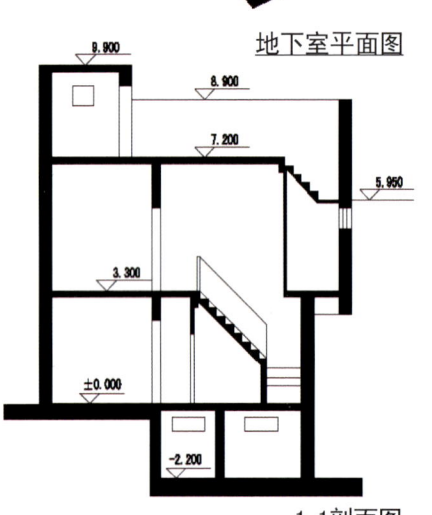
1-1剖面图

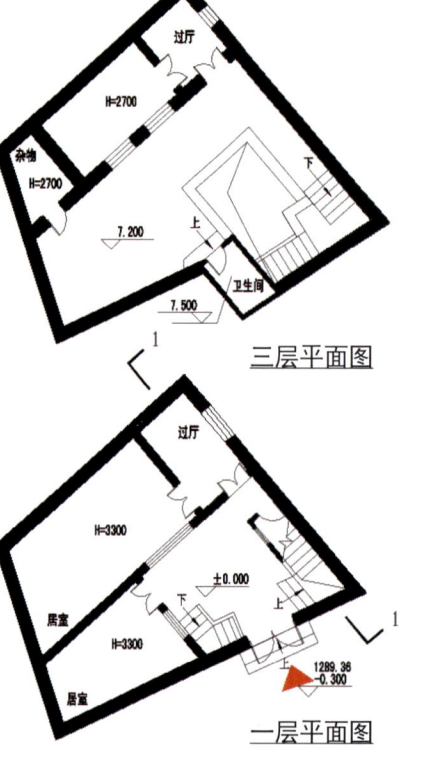
一层平面图

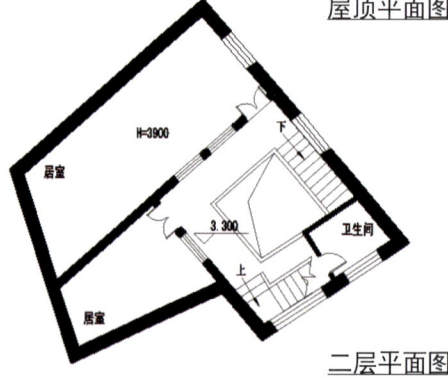
二层平面图

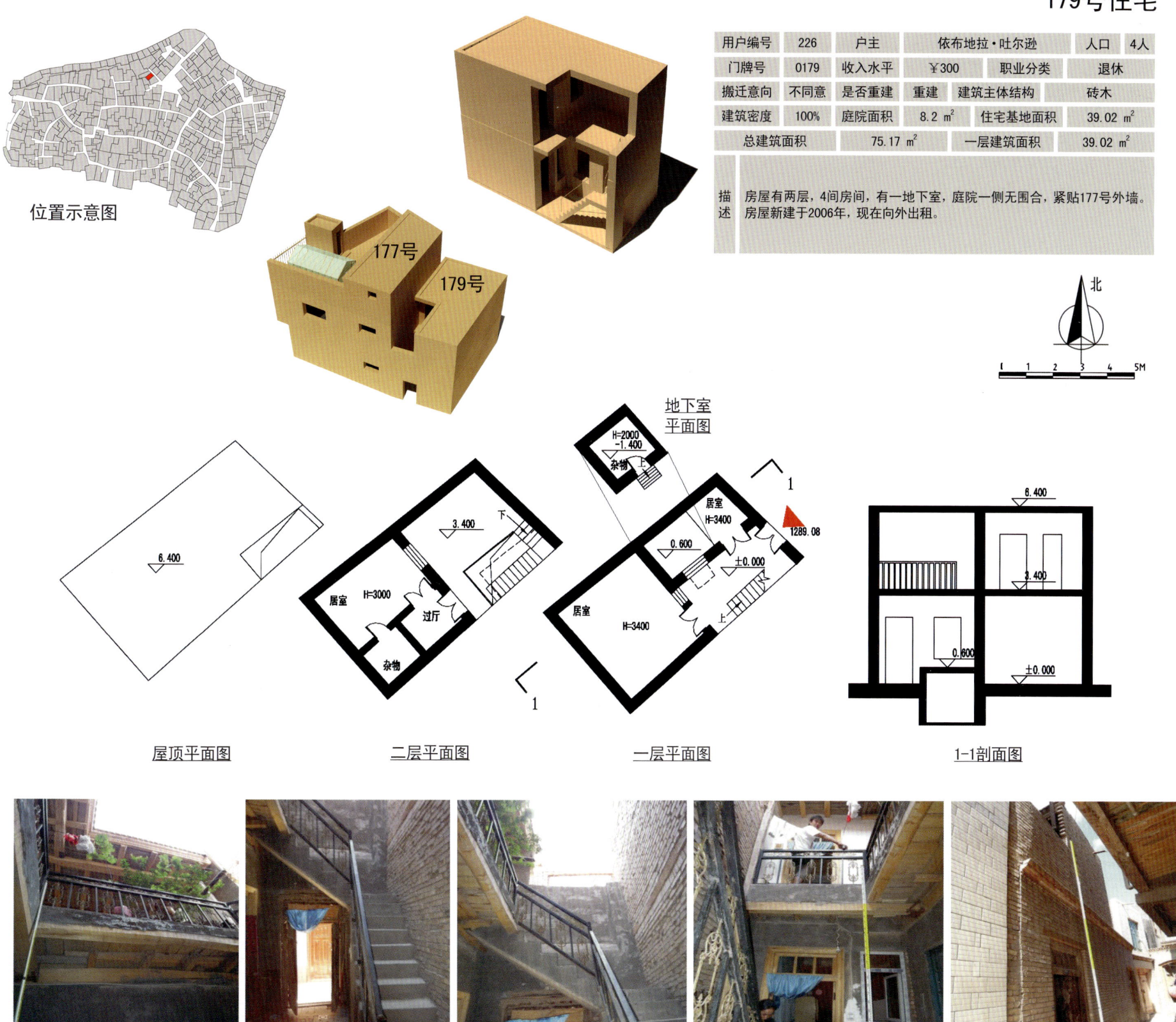

181号住宅

用户编号	227	户主	依马木买买提	人口	4人
门牌号	0181	收入水平	￥300	职业分类	打工
搬迁意向	不同意	是否重建	重建	建筑主体结构	土木
建筑密度	64.60%	庭院面积	20.41 m²	住宅基地面积	57.66 m²
总建筑面积		58.41 m²	一层建筑面积		37.25 m²

描述	房屋是两层，共3间房子，庭院无围合，庭院两侧分别是179号和183号，并且这三户是亲戚。

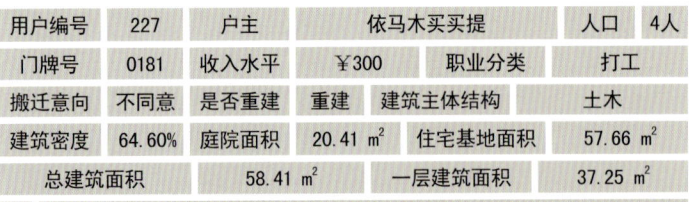

位置示意图

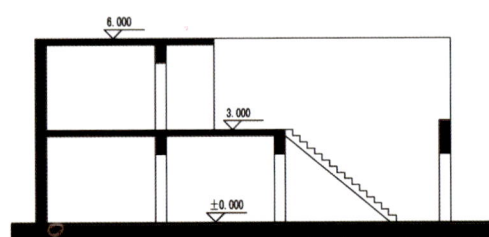

1-1剖面图

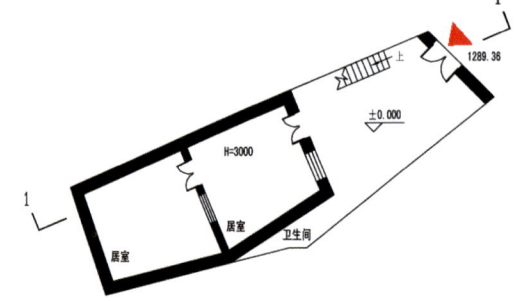

一层平面图

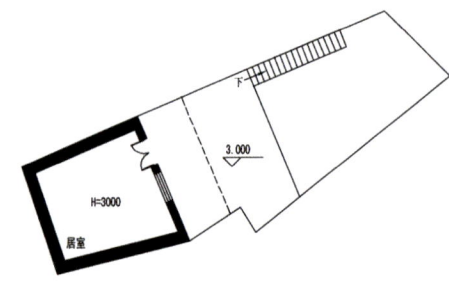

二层平面图

183号住宅

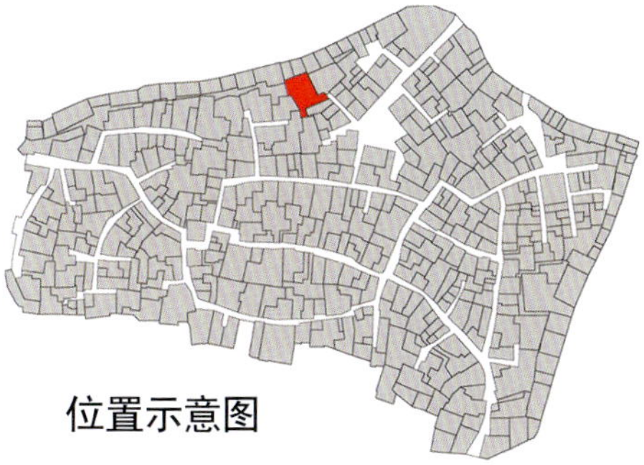

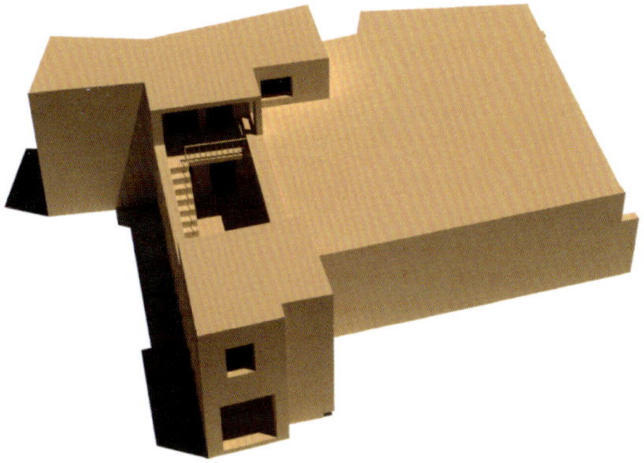

用户编号	228	户主	热夏提·吐尔逊	人口	2人
门牌号	0183	收入水平	￥500	职业分类	生产石膏
搬迁意向	不同意	是否重建	重建	建筑主体结构	砖木&砖混
建筑密度	81.10%	庭院面积	44.99 m²	住宅基地面积	237.81 m²
总建筑面积		323.3 m²		一层建筑面积	192.82 m²

描述：房屋始建于1880年，20年前修建过几间房间，花了10万元，有二层和地下一层，地下一层连接下部主人儿子219户房子的屋顶，退台式布局。该户共有13间房，室内装修很漂亮，很独特，用很少见的多彩木雕装饰。

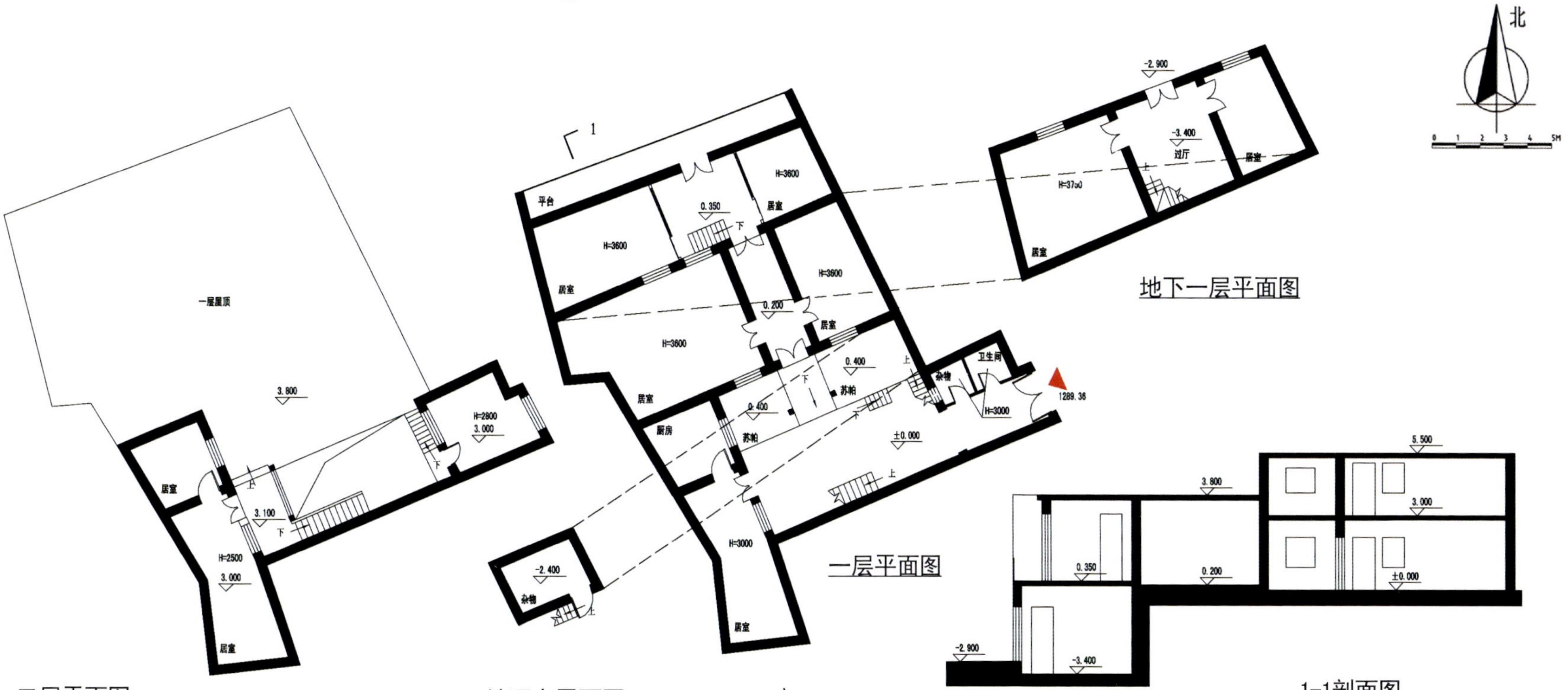

位置示意图

二层平面图　　地下室平面图　　一层平面图　　地下一层平面图　　1-1剖面图

185a号住宅

用户编号	229	户主	麦麦提·吐尔逊	人口	4人
门牌号	0185a	收入水平	￥1000	职业分类	司机
搬迁意向	不同意	是否重建	重建	建筑主体结构	砖混
建筑密度	79.80%	庭院面积	35.73 m²	住宅基地面积	176.72 m²
总建筑面积	150.38 m²		一层建筑面积	140.99 m²	

描述	房屋新建于2006年，有两层，共8间。庭院围墙是185b号的外墙。北向有大面积的玻璃开窗使其独具特色。

位置示意图

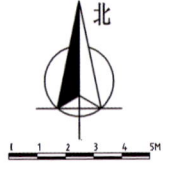

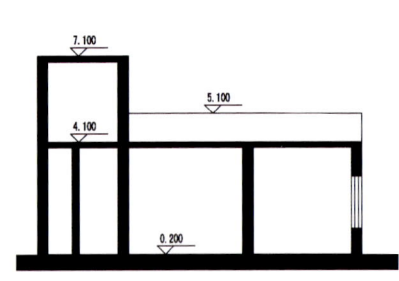

1-1剖面图

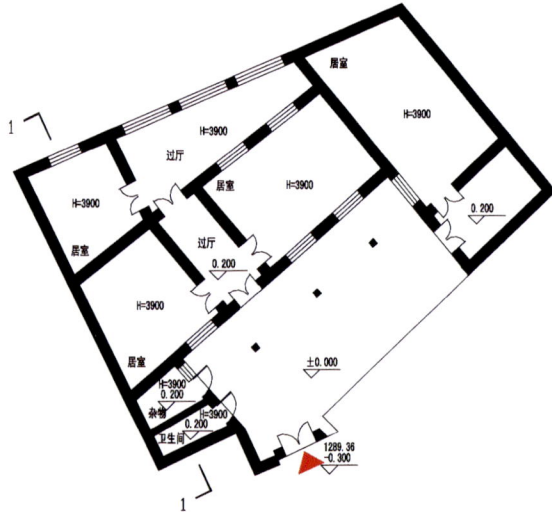

一层平面图

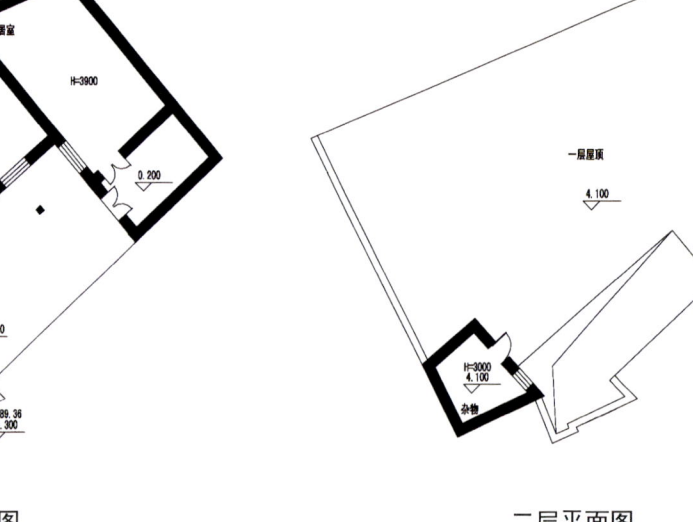

二层平面图

185b号住宅

位置示意图

用户编号	230	户主	麦麦提艾力·居拉吉	人口	3人
门牌号	0185b	收入水平	￥300	职业分类	退休
搬迁意向	不同意	是否重建	重建	建筑主体结构	砖混
建筑密度	92.00%	庭院面积	2.78 m²	住宅基地面积	34.85 m²
总建筑面积	53.05 m²	一层建筑面积	32.07 m²		

描述：以前185号是个大房子，2006年分成185a和185b号。房屋有两层，共4间，房屋庭院很小。

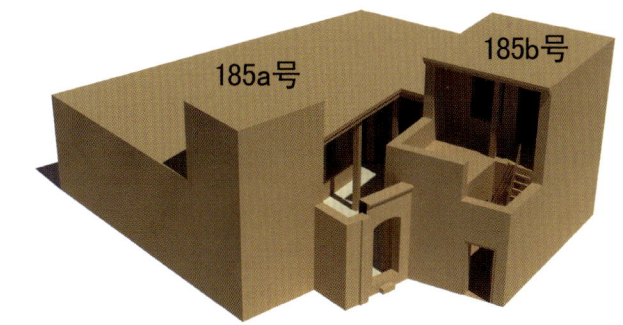

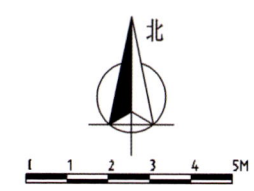

北

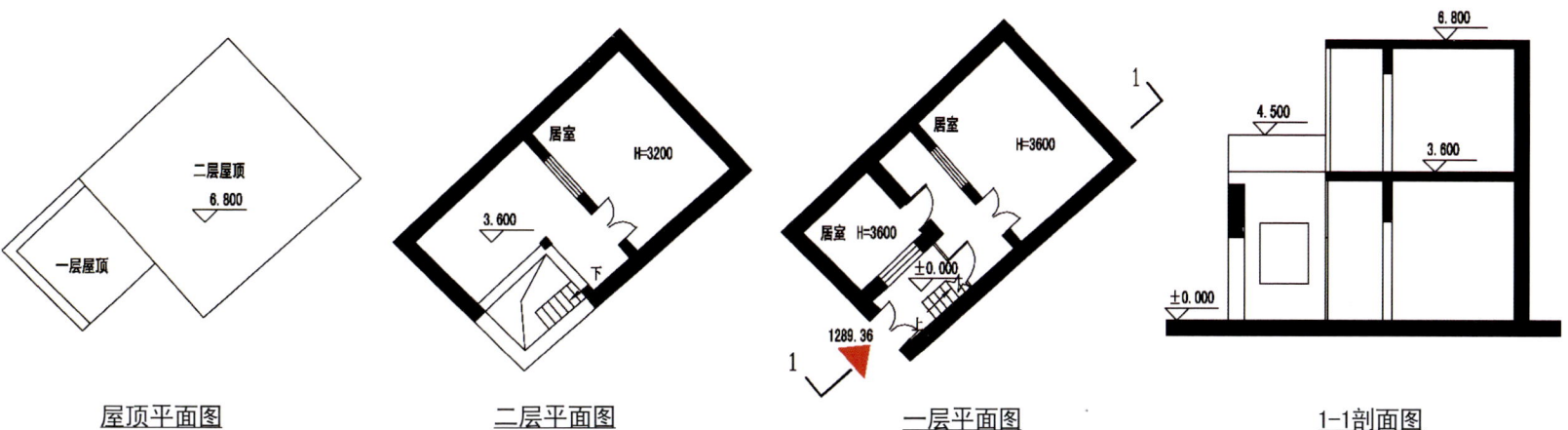

屋顶平面图　　二层平面图　　一层平面图　　1-1剖面图

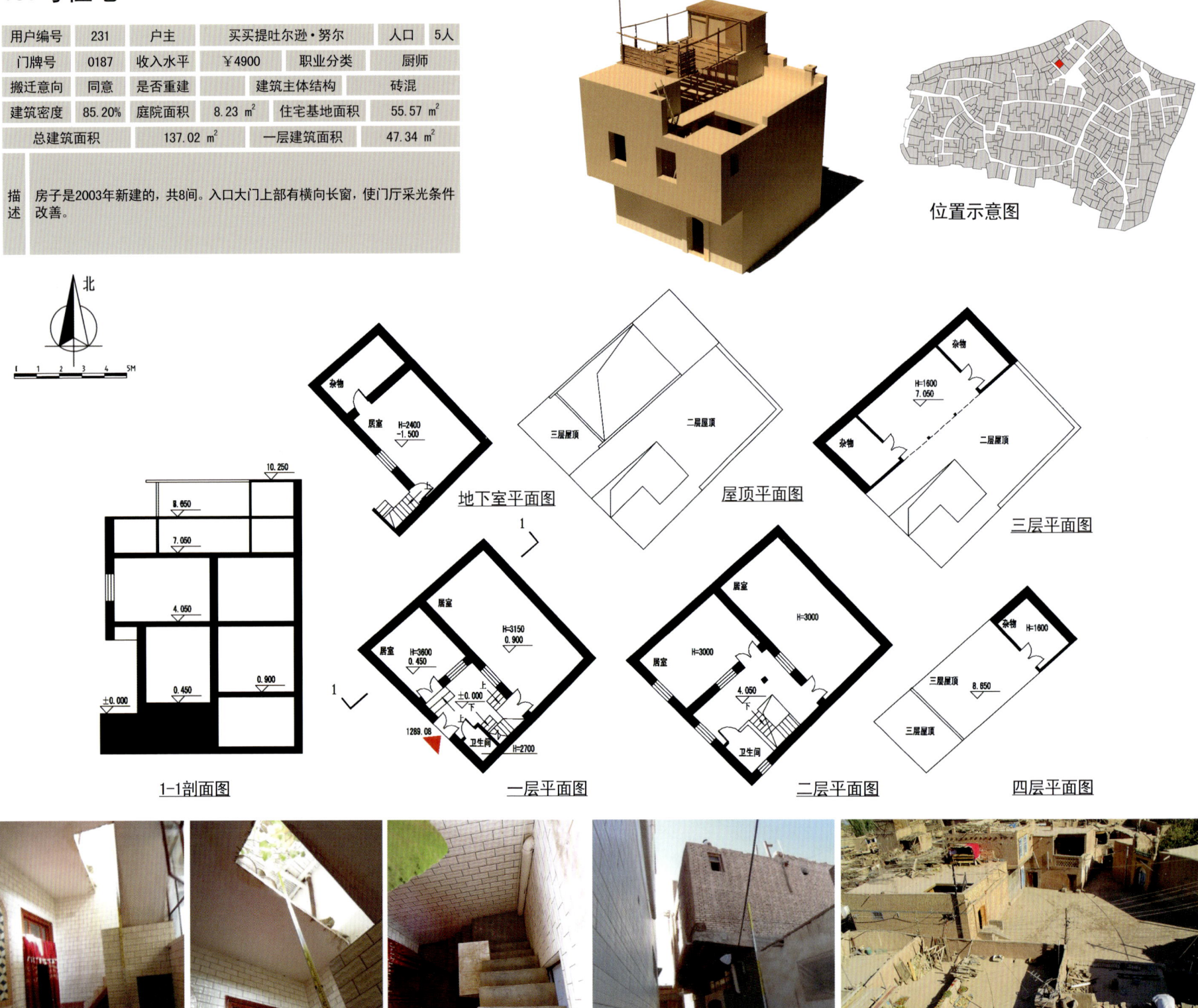

189号住宅

位置示意图

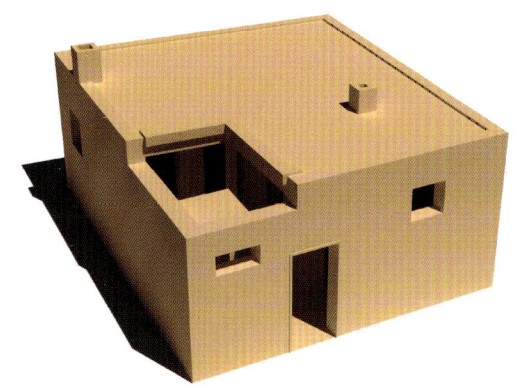

用户编号	232	户主	阿布都瓦日斯·麦	人口	4人
门牌号	0189	收入水平	￥800	职业分类	
搬迁意向	不同意	是否重建	重建	建筑主体结构	土木
建筑密度	88.90%	庭院面积	6.71 m²	住宅基地面积	60.41 m²
总建筑面积	53.7 m²			一层建筑面积	53.7 m²

描述	房屋新建于1992年，一层，有4间。

北

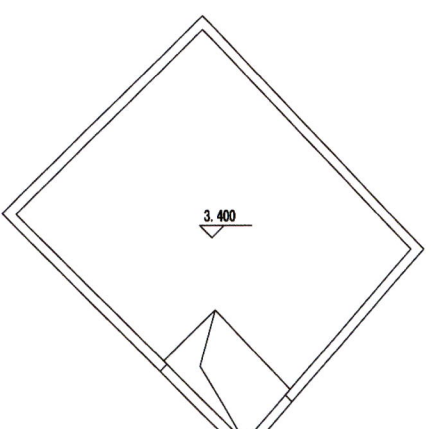

屋顶平面图

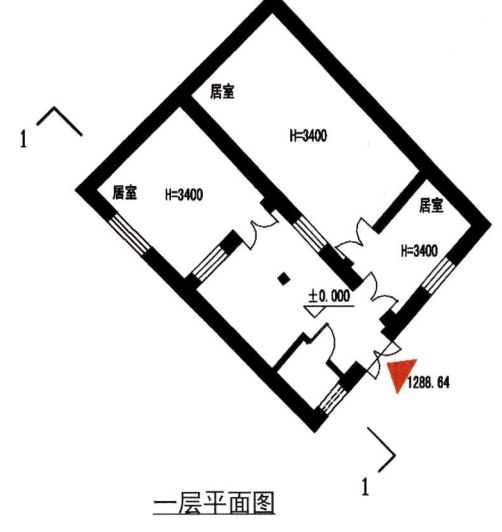

一层平面图

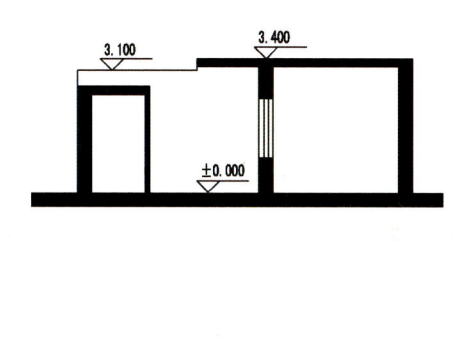

1-1剖面图

191号住宅

用户编号	233	户主	古丽巴哈尔·沙地克	人口	4人
门牌号	0191	收入水平	￥1500	职业分类	民间建筑师
搬迁意向	不同意	是否重建	重建	建筑主体结构	土木
建筑密度	80.80%	庭院面积	19.23 m²	住宅基地面积	100.06 m²
总建筑面积	80.83 m²		一层建筑面积	80.83 m²	

描述：房屋是主人母亲留给她的房子，他们2006年开始在这个房子里生活到现在。房屋一层，共3间。庭院无围合，与189号外墙紧贴。

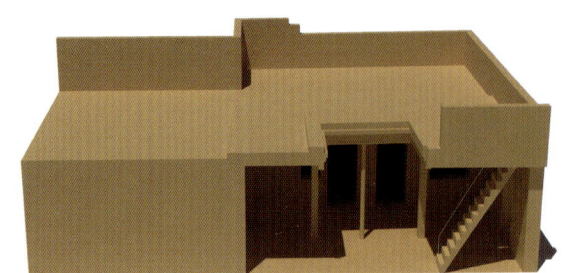

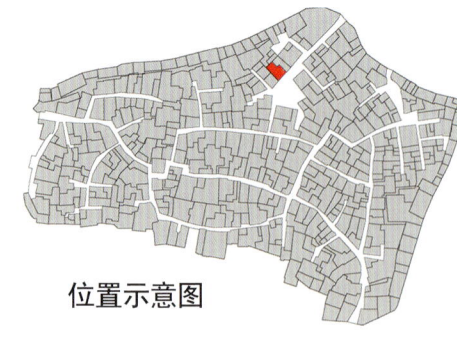

位置示意图

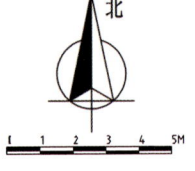

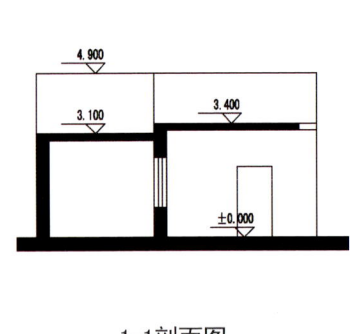

1-1剖面图

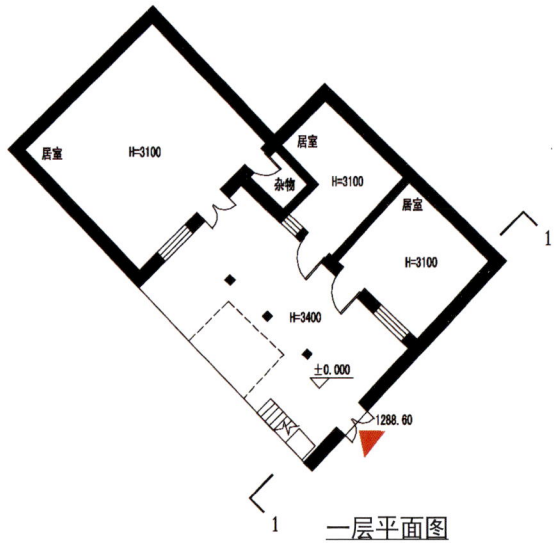

一层平面图

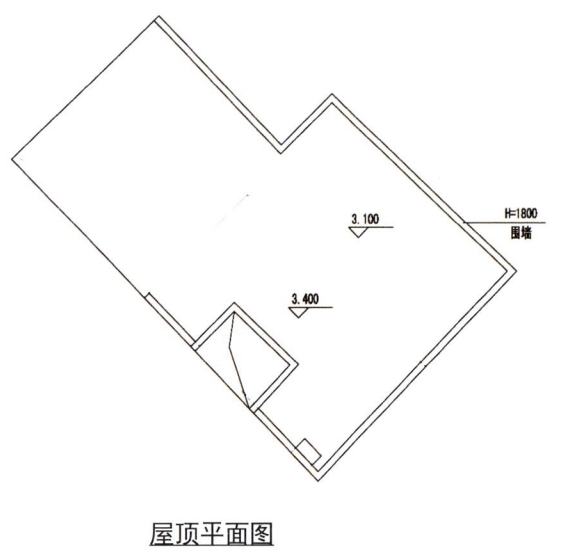

屋顶平面图

193号住宅

用户编号	234	户主	吐尔逊古丽·吐尔迪	人口	2人
门牌号	0193	收入水平	￥1100	职业分类	职员
搬迁意向	不同意	是否重建	重建	建筑主体结构	土木
建筑密度	82.00%	庭院面积	11.94 m²	住宅基地面积	66.24 m²
总建筑面积		68.61 m²		一层建筑面积	54.3 m²

描述：房屋是1987年购买的，1993年和2005年各修建了一次，花费1.5万元，一层，共3间。庭院无围合，与191号外墙紧贴。

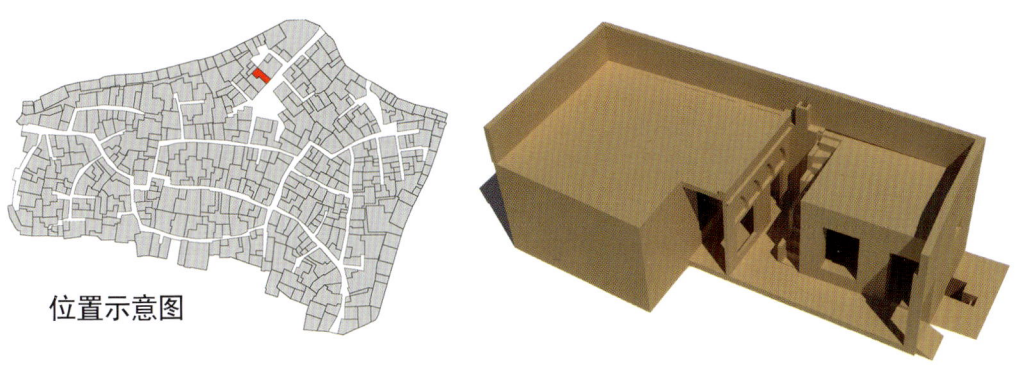

位置示意图

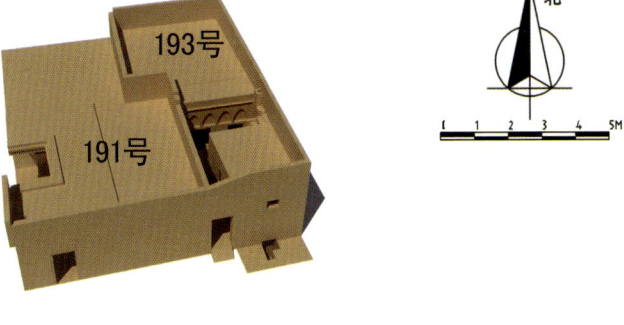

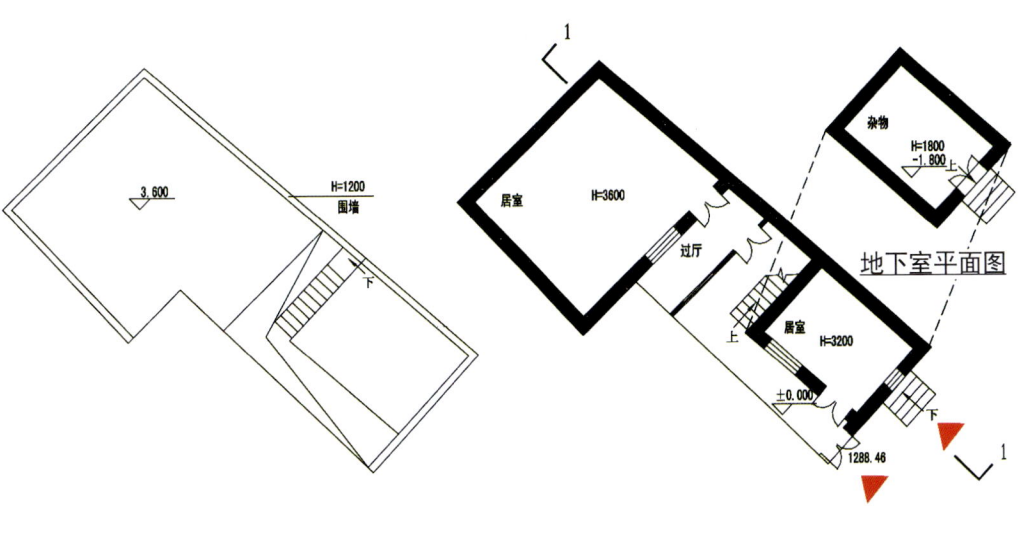

屋顶平面图　　一层平面图　　　　　地下室平面图　　　1-1剖面图

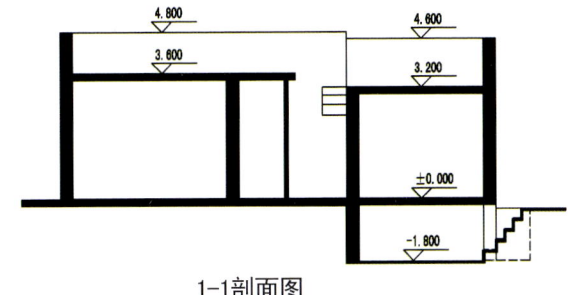

195号住宅

用户编号	235	户主	努尔曼古丽	人口	3人
门牌号	0195	收入水平	￥1000	职业分类	个体户
搬迁意向	同意	是否重建		建筑主体结构	土木
建筑密度	80.40%	庭院面积	19.01 m²	住宅基地面积	148.28 m²
总建筑面积		119.27 m²	一层建筑面积		119.27 m²

描述：出租房，房屋陈旧，一层，共5间。

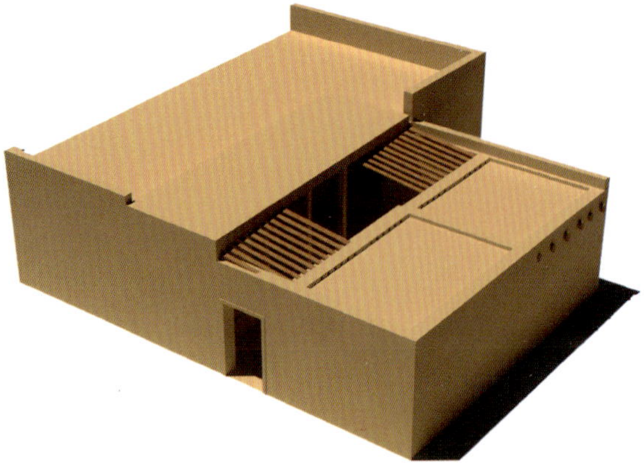

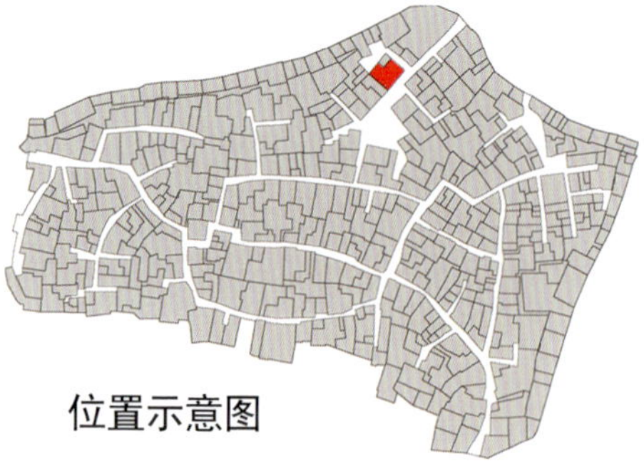

位置示意图

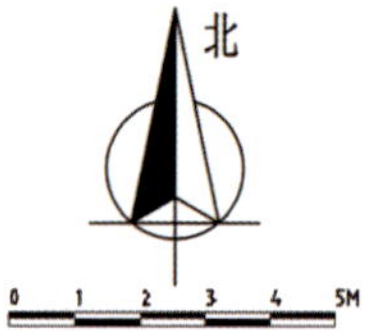

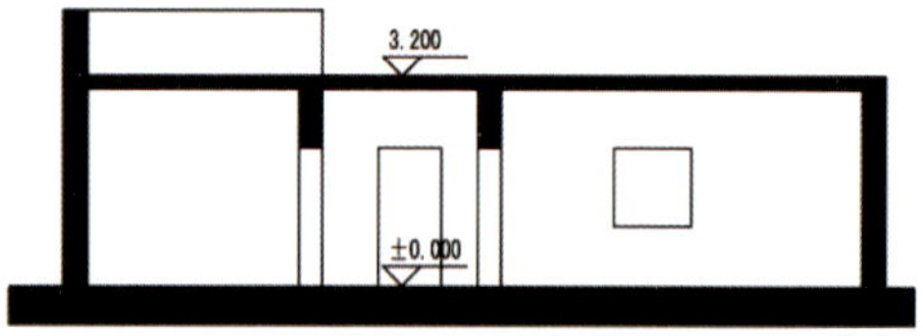

1-1剖面图 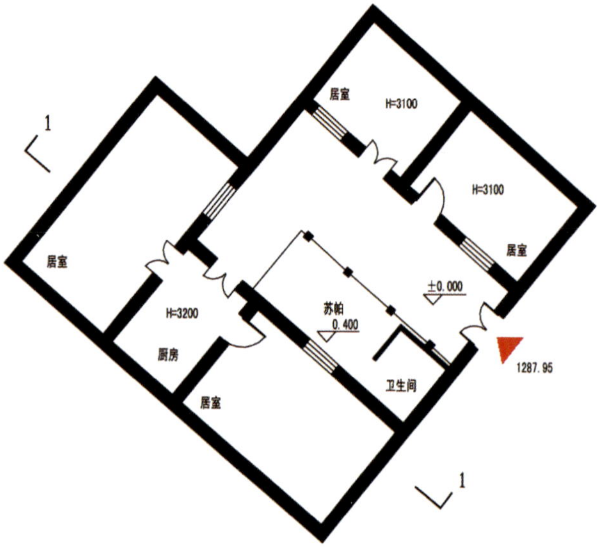　　一层平面图 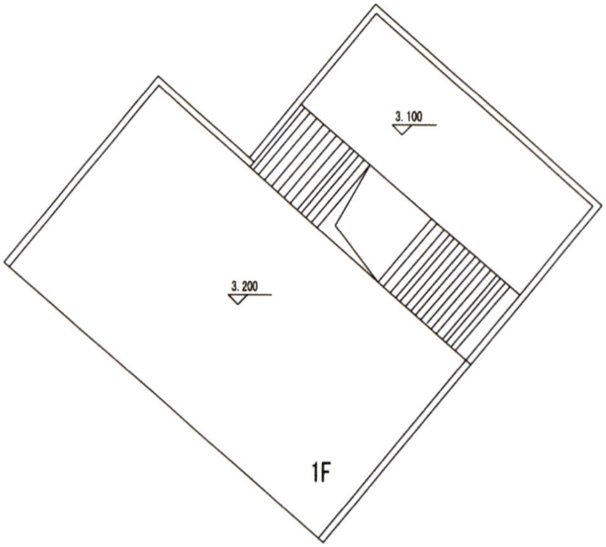　　屋顶平面图

197号住宅

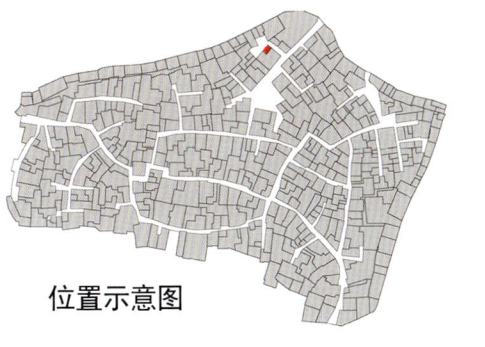

位置示意图

用户编号	236	户主	库尔班·依明	人口	3人
门牌号	0197	收入水平	￥200	职业分类	下岗
搬迁意向	不同意	是否重建	重建	建筑主体结构	土木
建筑密度	100.00%	庭院面积		住宅基地面积	22.65 m²
总建筑面积		22.65 m²	一层建筑面积		22.65 m²

描述：以前197号包含197号、199-1号、199-2号、201号，后来分成上述四个了，分给了三个孩子，并且共用一个庭院和出入口。一层，1间。

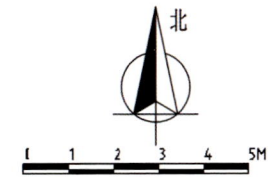

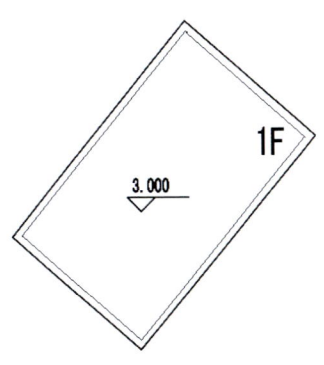

屋顶平面图

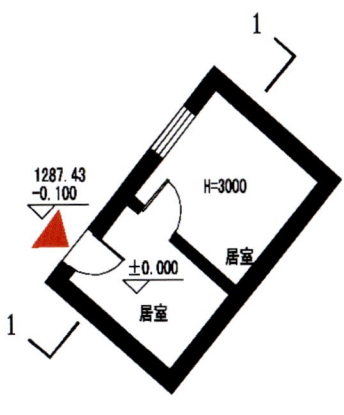

一层平面图

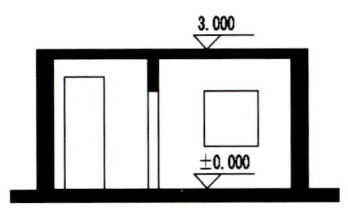

1-1剖面图

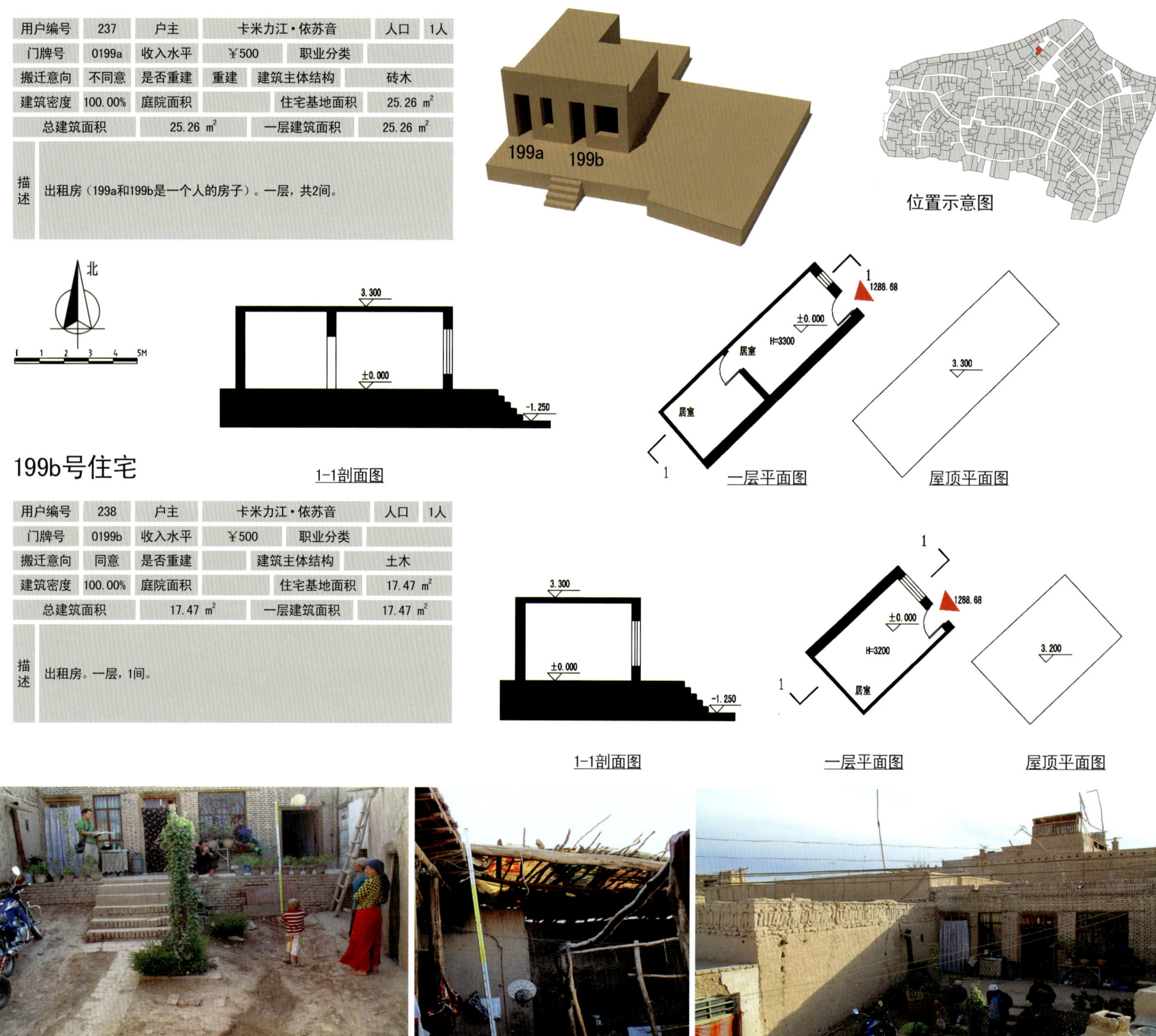

201号住宅

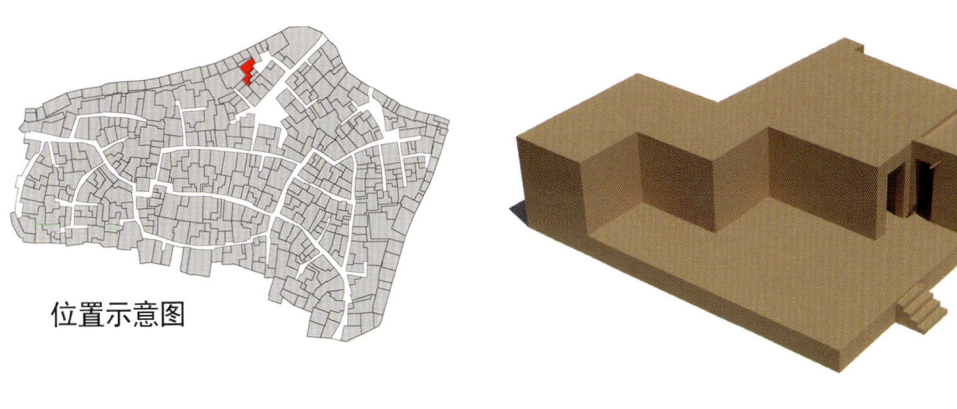

位置示意图

用户编号	239	户主	热亚尼古丽·依明	人口	3人
门牌号	0201	收入水平	￥390	职业分类	打工
搬迁意向	同意	是否重建		建筑主体结构	土木
建筑密度	100.00%	庭院面积		住宅基地面积	102.79 m²
总建筑面积	102.79 m²			一层建筑面积	102.79 m²

描述：房屋建于1959年，主人1997年搬入。房屋有一层，共5间，交通流线较长，空间组织有特色。

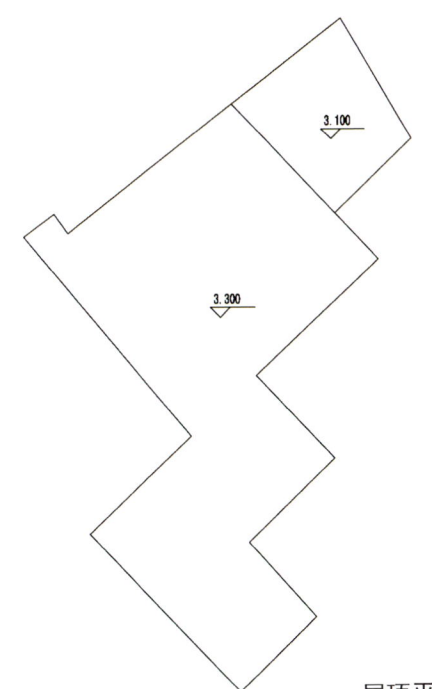

屋顶平面图

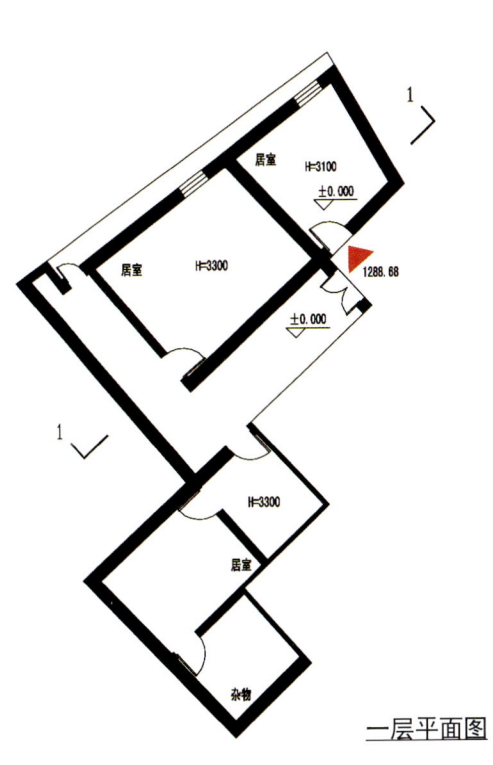

一层平面图

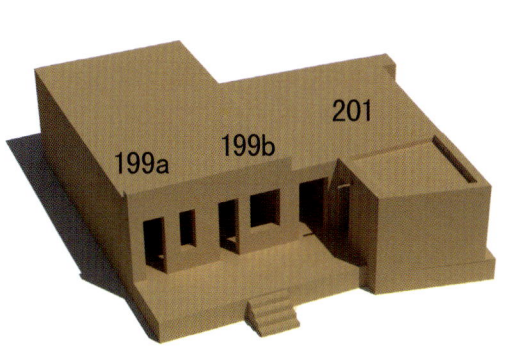

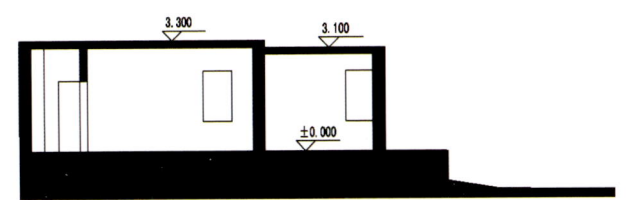

1-1剖面图

203a号住宅

用户编号	240	户主	吐尔逊古丽·亚森	人口	3人
门牌号	0203a	收入水平	￥200	职业分类	待业
搬迁意向	同意	是否重建		建筑主体结构	土木
建筑密度	100.00%	庭院面积		住宅基地面积	29.41 m²
总建筑面积	29.41 m²			一层建筑面积	29.41 m²
描述	房屋有一层，203a和203b原为一家。房子很旧，现为出租房。				

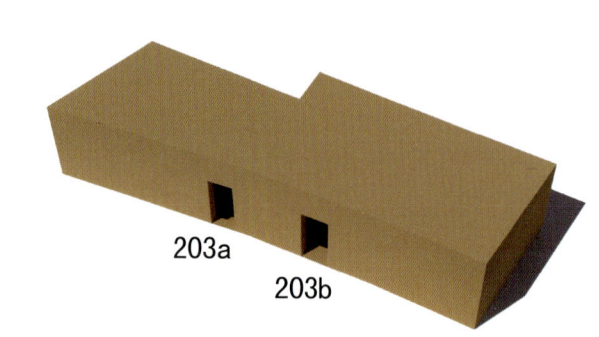
203a
203b

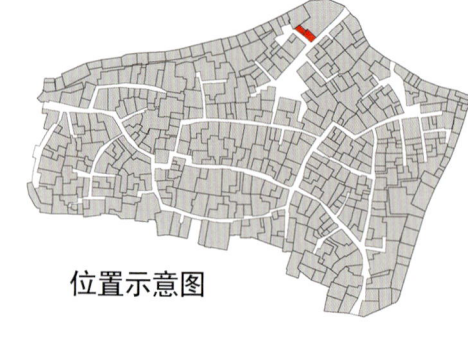
位置示意图

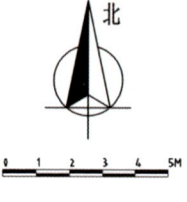

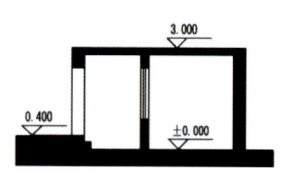
1-1剖面图

203b号住宅

用户编号	241	户主	吐尔逊古丽·亚森	人口	3人
门牌号	0203b	收入水平	￥200	职业分类	待业
搬迁意向	同意	是否重建		建筑主体结构	土木
建筑密度	100.00%	庭院面积		住宅基地面积	44.09 m²
总建筑面积	44.09 m²			一层建筑面积	44.09 m²
描述	与203a原为一家。				

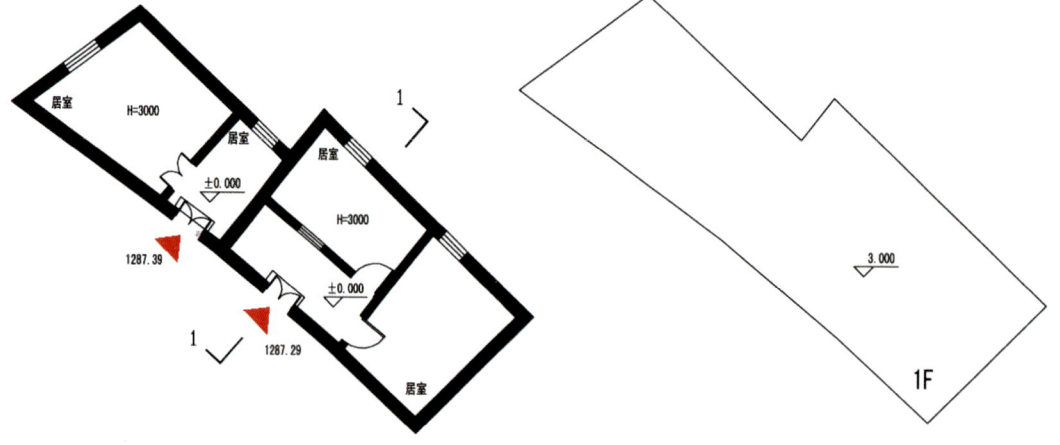
一层平面图　　屋顶平面图

209号住宅

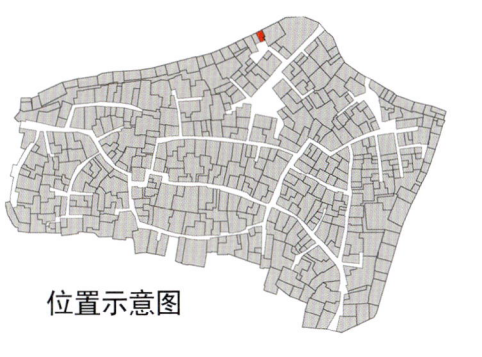

位置示意图

用户编号	242	户主	吐尔逊·依米提	人口	5人
门牌号	0209	收入水平	￥1000	职业分类	
搬迁意向	不同意	是否重建	重建	建筑主体结构	砖木
建筑密度	94.60%	庭院面积	1.8 m²	住宅基地面积	33.57 m²
总建筑面积		52.61 m²		一层建筑面积	31.77 m²

描述	房屋是2001年买的。房屋有两层，共4间。

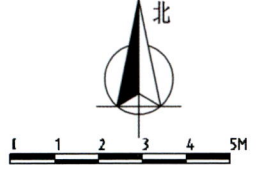

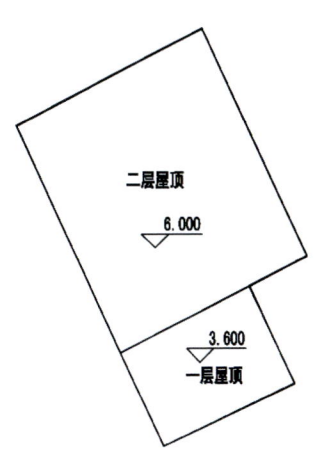
屋顶平面图

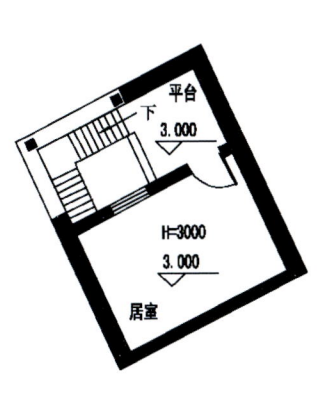
二层平面图

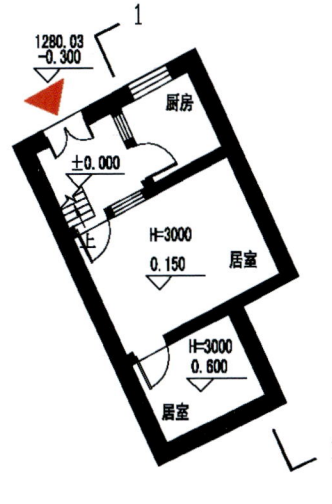
一层平面图

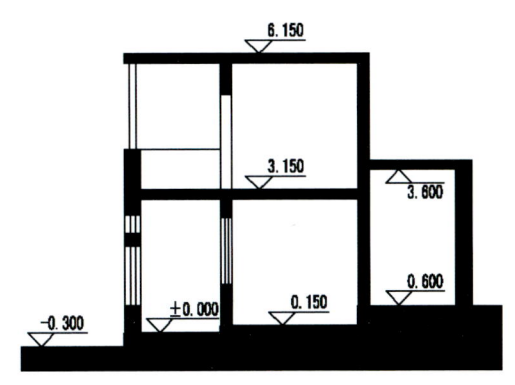
1-1剖面图

205号住宅

用户编号	243	户主	阿里木江·吐尔逊		人口	4人
门牌号	0205	收入水平	￥900	职业分类		司机
搬迁意向	不同意	是否重建	重建	建筑主体结构		砖混
建筑密度	78.20%	庭院面积	90.15 m²	住宅基地面积		412.98 m²
总建筑面积		622.07 m²		一层建筑面积		322.83 m²

描述：房屋始建于1929年，房主2004年购买。房屋有两层，共20间，9间已向外出租。96号和205号房子属于一家。

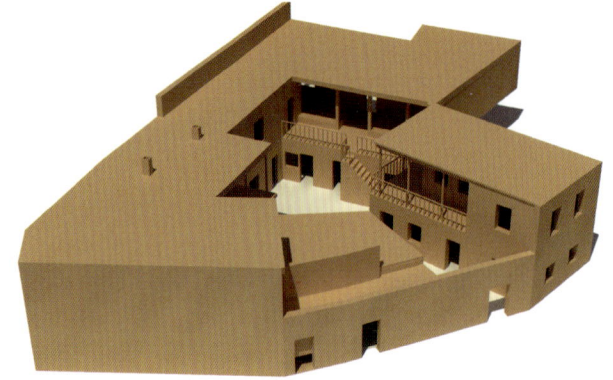

位置示意图

北

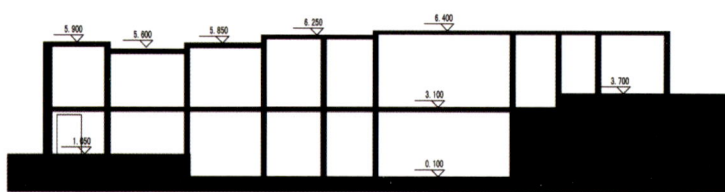

1-1剖面图

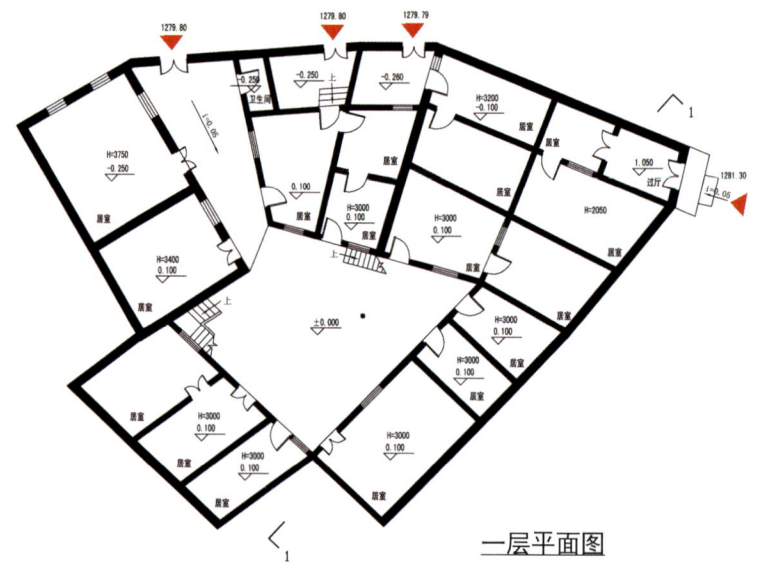

一层平面图

205号住宅

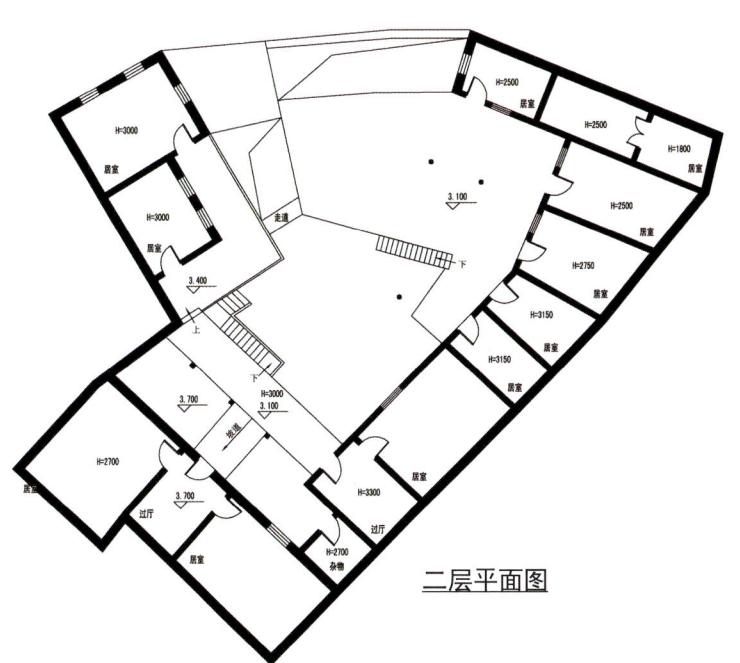

二层平面图

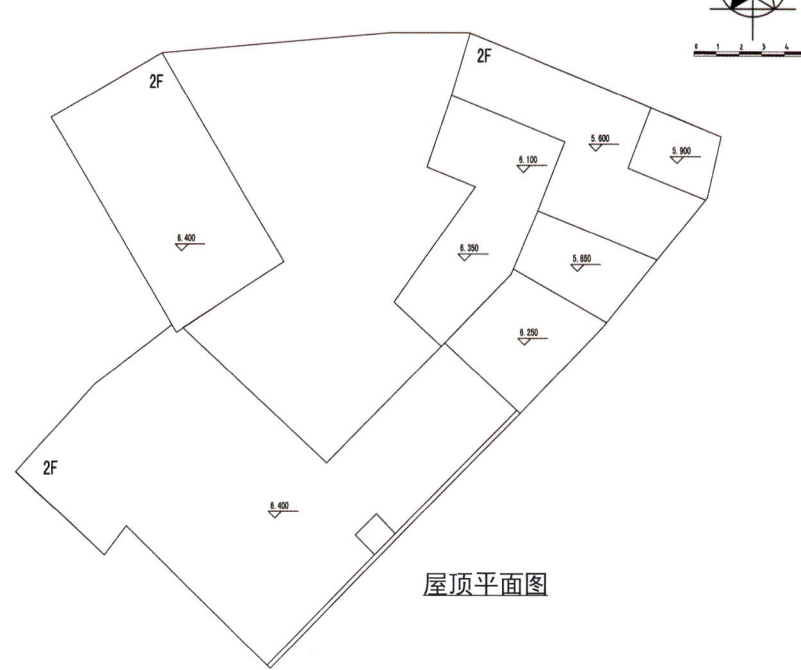

屋顶平面图

207号住宅

用户编号	244	户主	艾合提热合曼	人口	8人
门牌号	0207	收入水平	￥2000	职业分类	卖羊皮
搬迁意向	不同意	是否重建	重建	建筑主体结构	砖木
建筑密度	72.30%	庭院面积	45.42 m²	住宅基地面积	163.84 m²
总建筑面积	305.42 m²	一层建筑面积	118.42 m²		

描述：房屋建于1989年，房屋有二层，地下一层包括3个地下室，共12间。

位置示意图

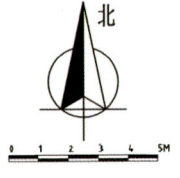

1-1剖面图

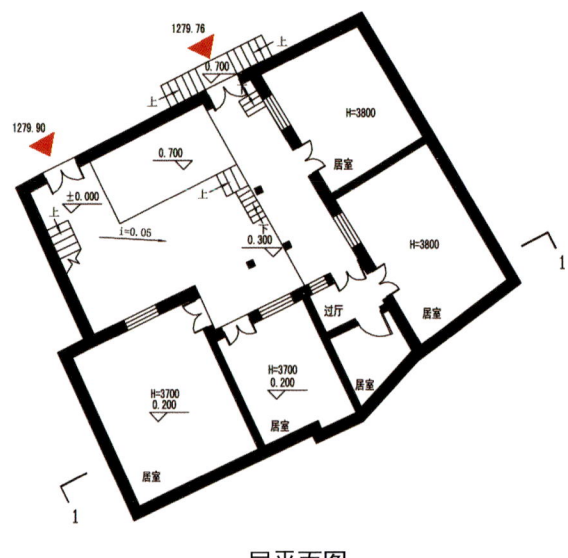

一层平面图

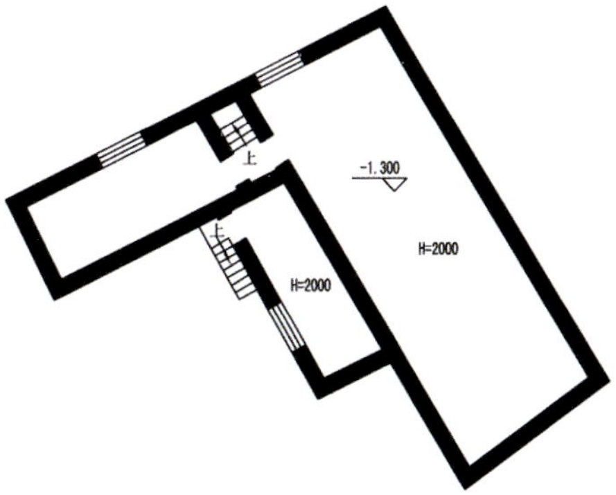

207号住宅

地下室平面图 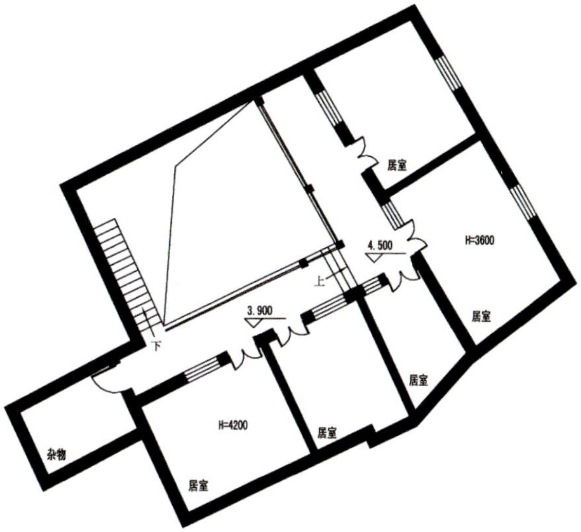　　　二层平面图 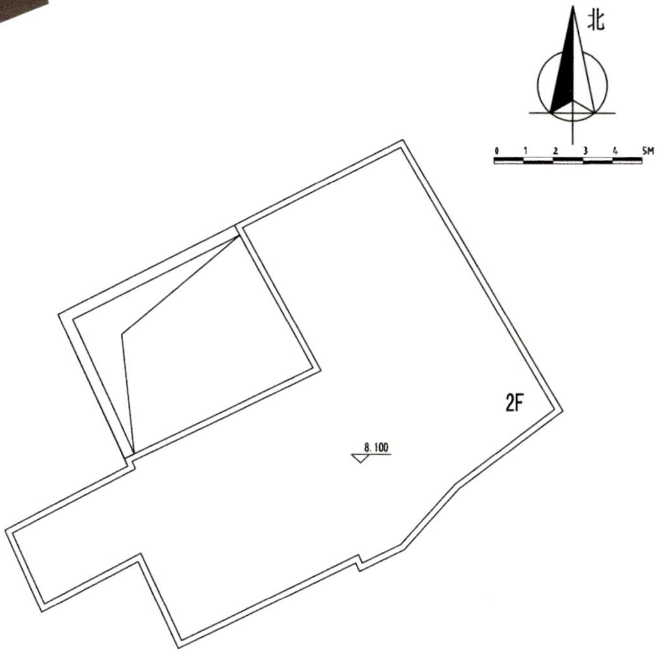　　　屋顶平面图

211号住宅

用户编号	245	户主	买买提明·如斯坦	人口	4人
门牌号	0211	收入水平	￥600	职业分类	司机
搬迁意向	不同意	是否重建	重建	建筑主体结构	土木&砖木
建筑密度	57.30%	庭院面积	12.56 m²	住宅基地面积	29.4 m²
总建筑面积		59.96 m²	一层建筑面积		16.84 m²

描述：主人1993年开始在这个房屋里生活。房屋有两层，共3间。房间沿土台升高布置。

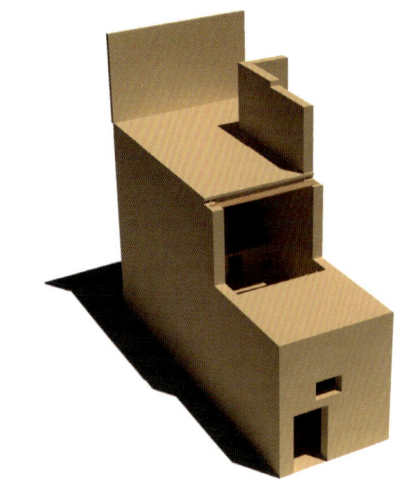

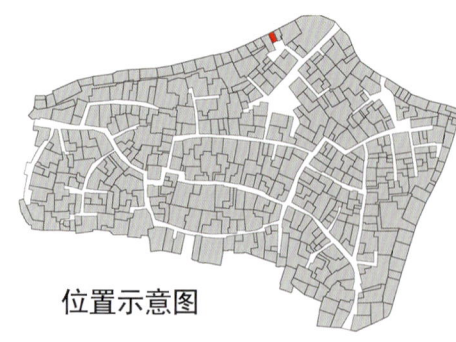

位置示意图

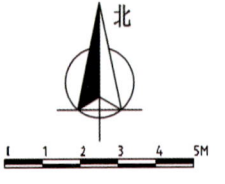

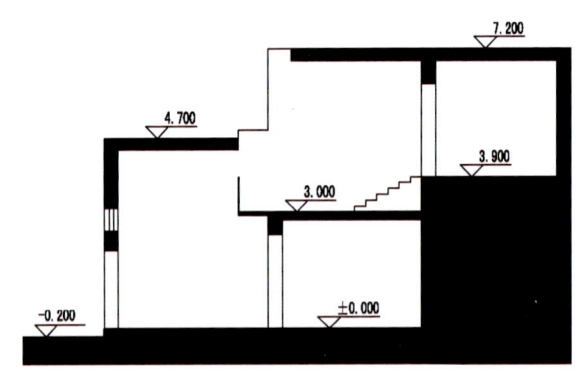

1-1剖面图　　　　一层平面图　　　　二层平面图　　　　屋顶平面图

213号住宅

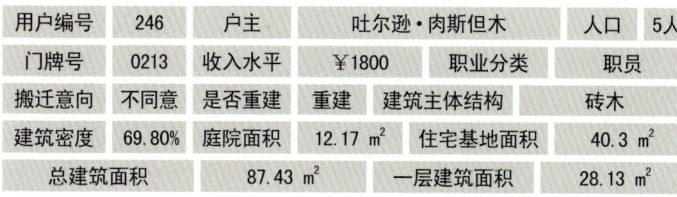

用户编号	246	户主	吐尔逊·肉斯但木	人口	5人
门牌号	0213	收入水平	￥1800	职业分类	职员
搬迁意向	不同意	是否重建	重建	建筑主体结构	砖木
建筑密度	69.80%	庭院面积	12.17 m²	住宅基地面积	40.3 m²
总建筑面积		87.43 m²		一层建筑面积	28.13 m²

描述：主人是具有40多年经验的土陶师傅。房屋是主人1975年修建的，有三层，共7间，庭院一侧无围合，紧贴211户外墙，房间沿土台升高布置。主人的改造意向是希望考虑他的行业特点，设计一个做土陶的工作室。

位置示意图

北

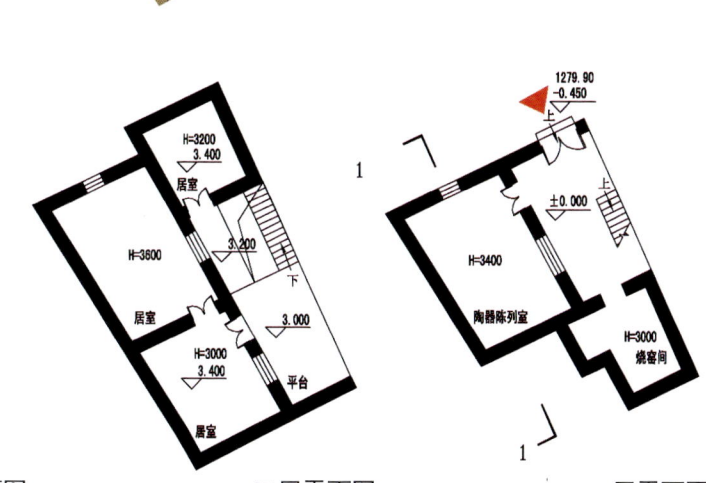

三层平面图　　二层平面图　　一层平面图

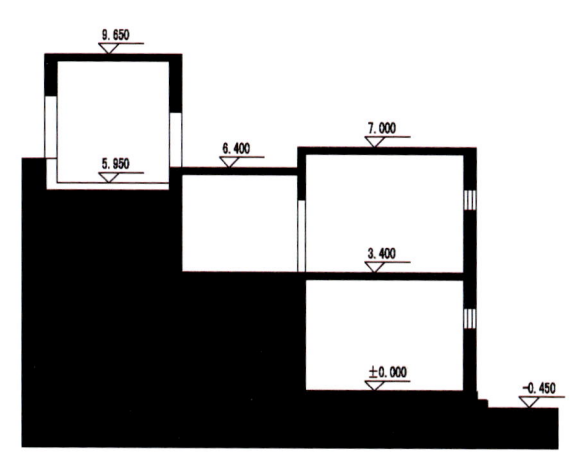

1-1剖面图

215a号住宅

用户编号	247	户主	库尔班江·依明	人口	4人
门牌号	0215a	收入水平	￥500	职业分类	打工
搬迁意向	不同意	是否重建	重建	建筑主体结构	砖混
建筑密度	82.00%	庭院面积	5.28 m²	住宅基地面积	29.32 m²
总建筑面积	64.09 m²	一层建筑面积	24.04 m²		

描述：该房屋现有两层，共3间。房屋建于1987年，于2008年开工重建，原与215b为一家。

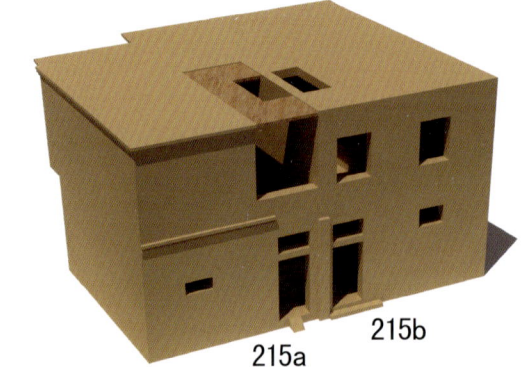

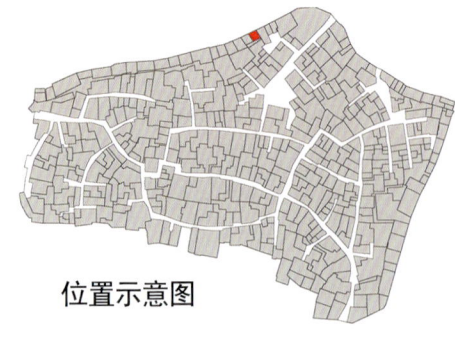

位置示意图

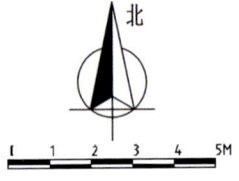

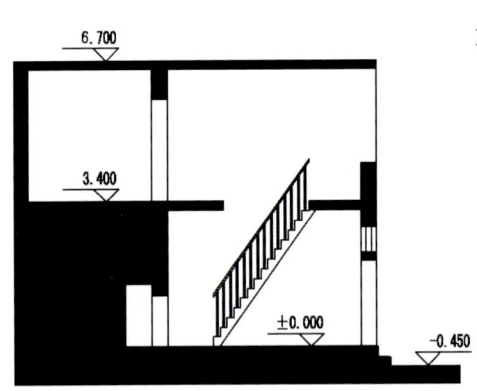

1-1剖面图

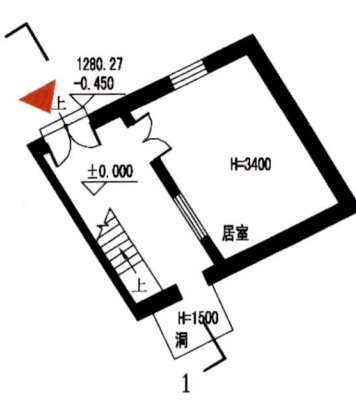

一层平面图

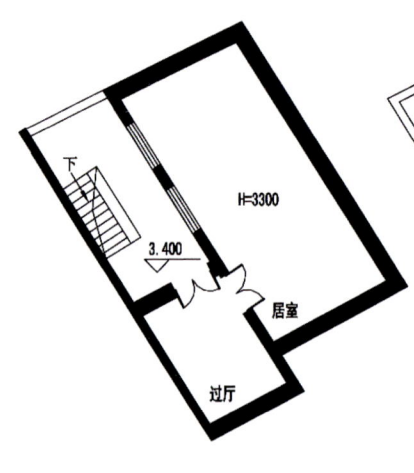

二层平面图

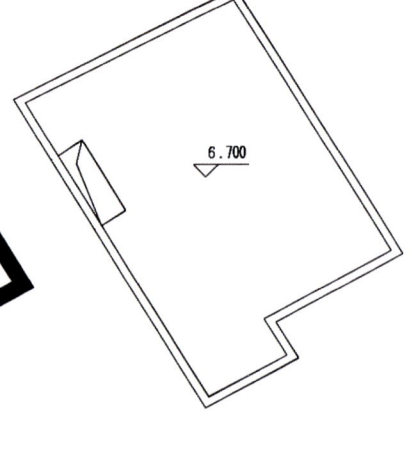

屋顶平面图

215b号住宅

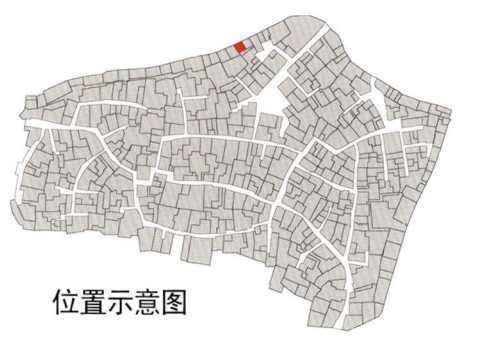

位置示意图

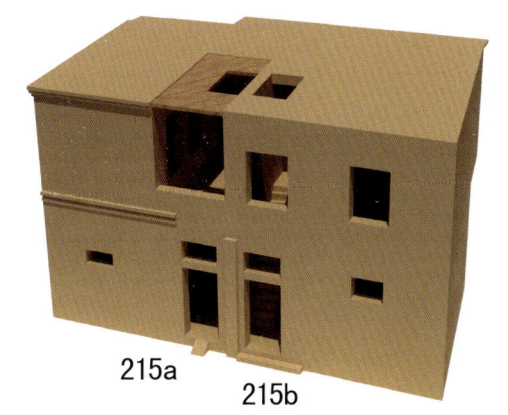

215a　215b

用户编号	248	户主	艾尔肯江	人口	3人
门牌号	0215b	收入水平	￥500	职业分类	职员
搬迁意向	不同意	是否重建	重建	建筑主体结构	砖木
建筑密度	82.00%	庭院面积	5.28 m²	住宅基地面积	29.32 m²
总建筑面积	61.59 m²			一层建筑面积	24.04 m²

描述　房屋有两层，共4间。房屋是1987年建造的，砖木结构，2008年主人的哥哥分给了现在的主人。

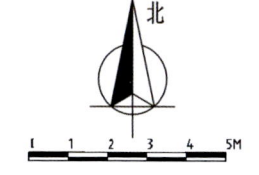

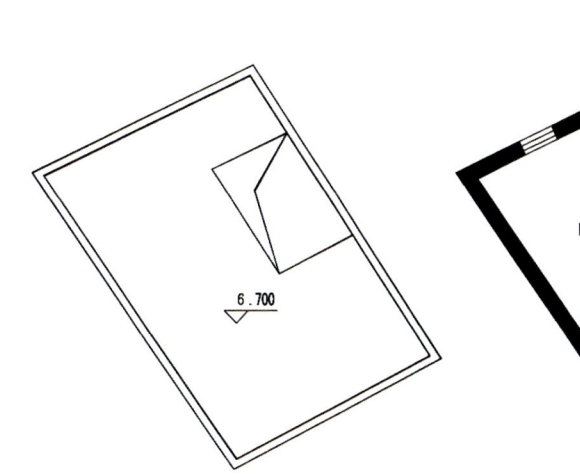

屋顶平面图

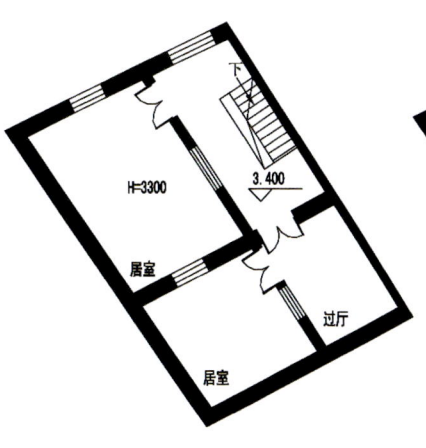

二层平面图

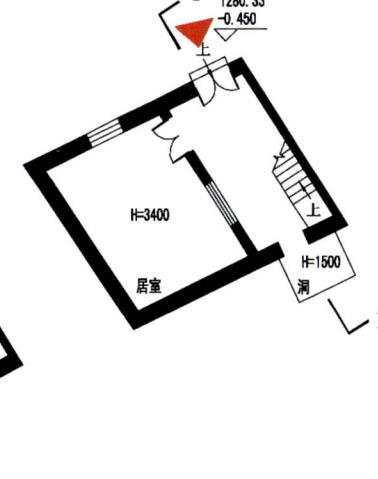

一层平面图

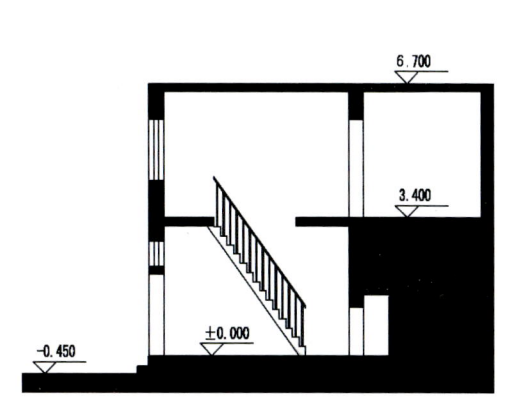

1-1剖面图

217a号住宅

用户编号	249	户主	吾买尔·依明	人口	6人
门牌号	0217a	收入水平	￥300	职业分类	待业
搬迁意向	不同意	是否重建	重建	建筑主体结构	砖木
建筑密度	84.50%	庭院面积	6.97 m²	住宅基地面积	44.99 m²
总建筑面积	92.87 m²	一层建筑面积	38.02 m²		
描述	房屋有两层，共4间。房屋是1987年建造的，砖木结构，2008年主人的哥哥分给了现在的主人。				

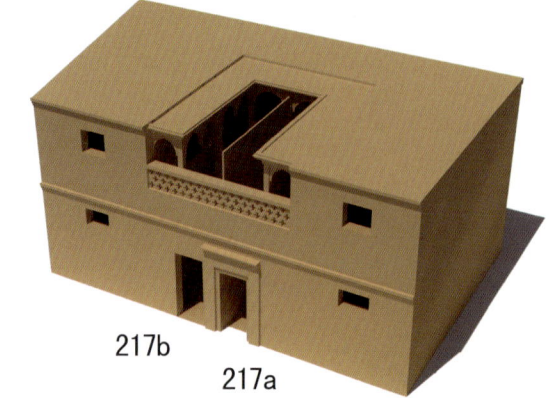
217b 217a

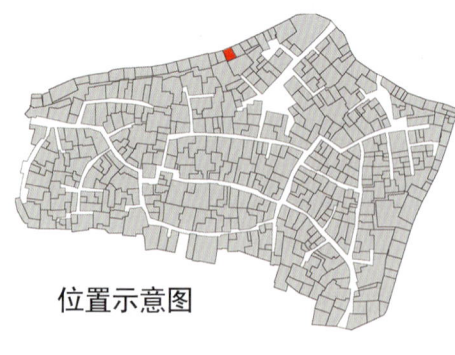
位置示意图

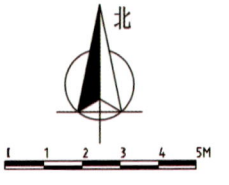

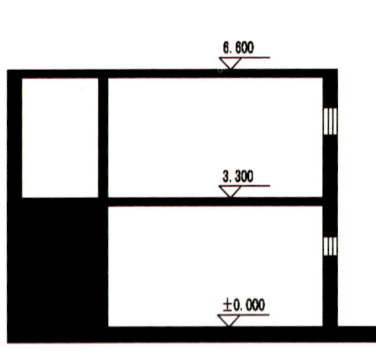
1-1剖面图

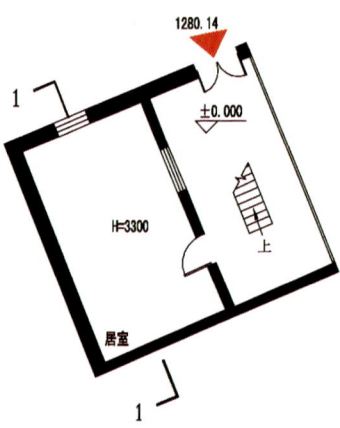
一层平面图

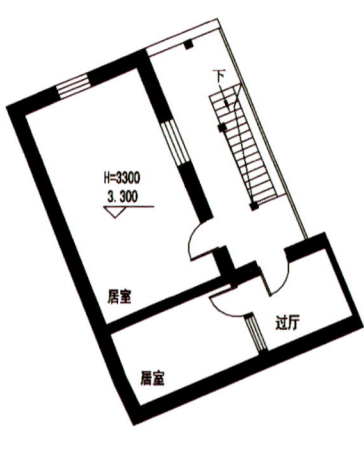
二层平面图

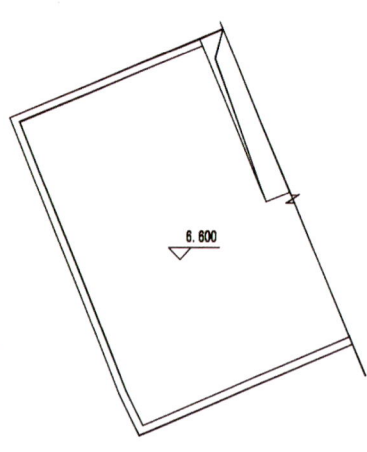
屋顶平面图

217b号住宅

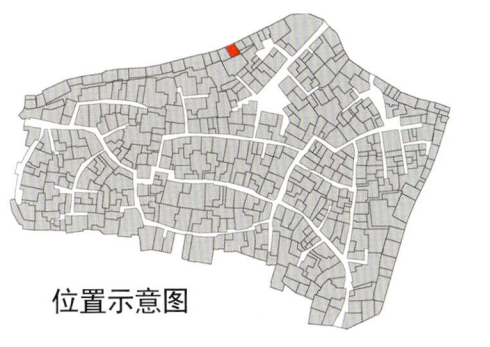

位置示意图

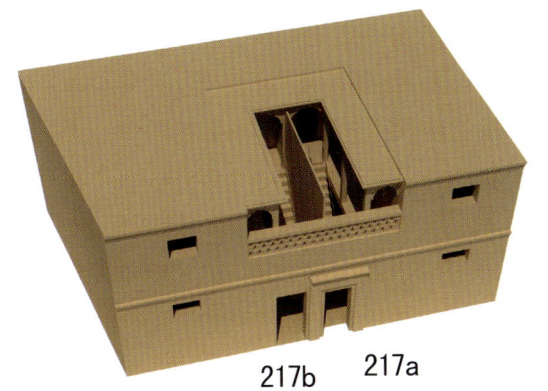

217b 217a

用户编号	250	户主	阿吾提依明	人口	4人
门牌号	0217b	收入水平	￥800	职业分类	卖羊皮子
搬迁意向	不同意	是否重建	重建	建筑主体结构	砖木
建筑密度	84.50%	庭院面积	6.97 m²	住宅基地面积	44.99 m²
总建筑面积		95.37 m²		一层建筑面积	38.02 m²

描述	房屋有两层，共4间。

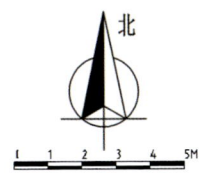

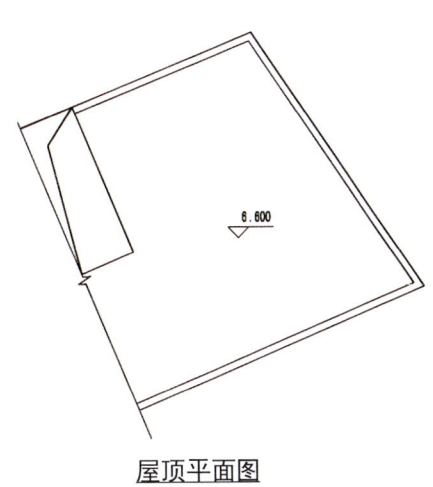
屋顶平面图

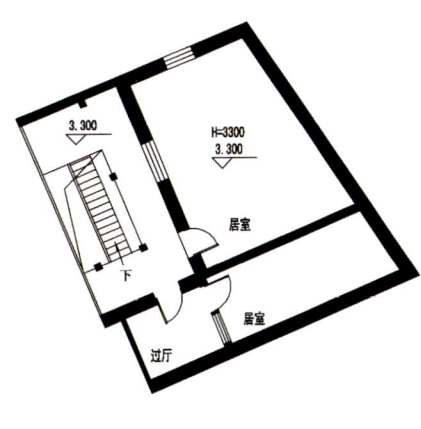
二层平面图

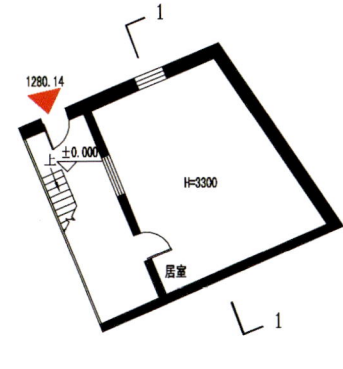
一层平面图

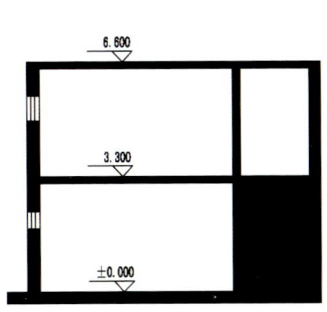
1-1剖面图

219a号住宅

用户编号	251	户主	买买提艾力·热沙提	人口	5人
门牌号	0219a	收入水平	￥600	职业分类	做生意
搬迁意向	不同意	是否重建	重建	建筑主体结构	砖木
建筑密度	90.30%	庭院面积	4.8 m²	住宅基地面积	49.51 m²
总建筑面积	74.41 m²	一层建筑面积	44.71 m²		

描述：房屋是2004年新建的，房屋有两层，共5间。户主为183户的儿子。

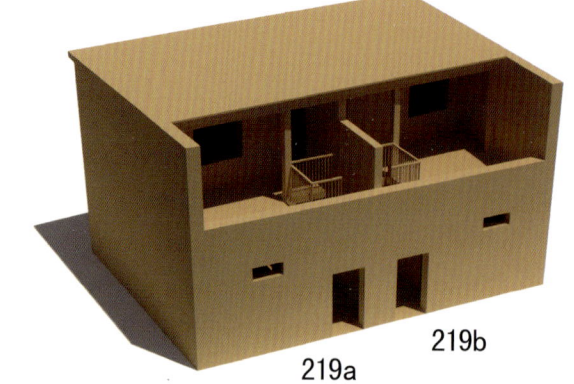
219a　219b

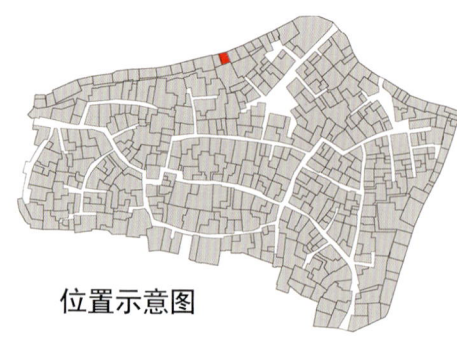
位置示意图

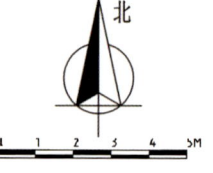

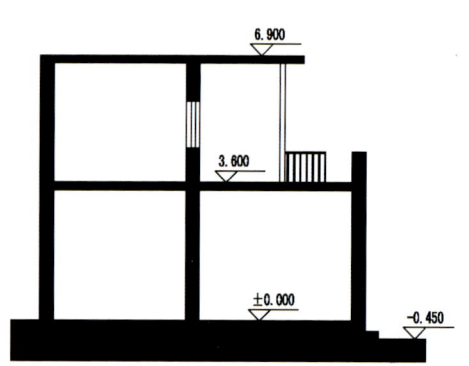
1-1剖面图

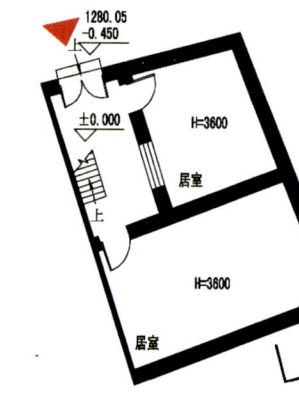
一层平面图

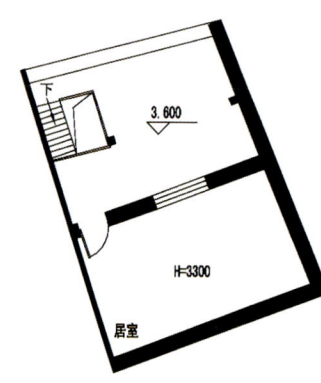
二层平面图

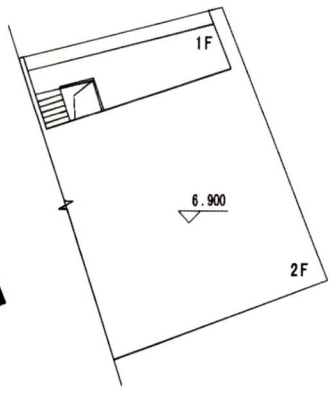
屋顶平面图

219b号住宅

位置示意图

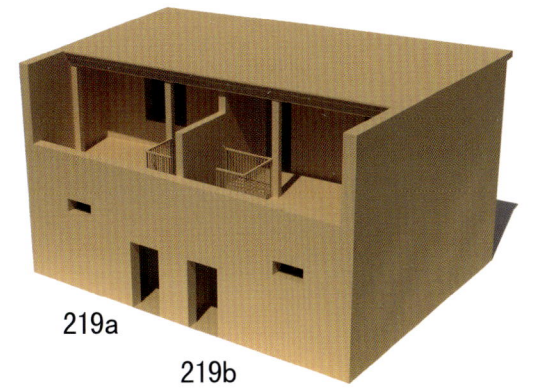

219a
219b

用户编号	252	户主	买买提吐尔逊·热	人口	4人
门牌号	0219b	收入水平	￥300	职业分类	做生意
搬迁意向	不同意	是否重建	重建	建筑主体结构	砖木
建筑密度	90.30%	庭院面积	4.8 m²	住宅基地面积	49.51 m²
总建筑面积		74.41 m²		一层建筑面积	44.71 m²
描述	房屋是在2004年新建的，房屋有两层，共5间。户主为183户的儿子。				

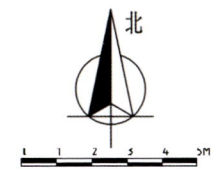

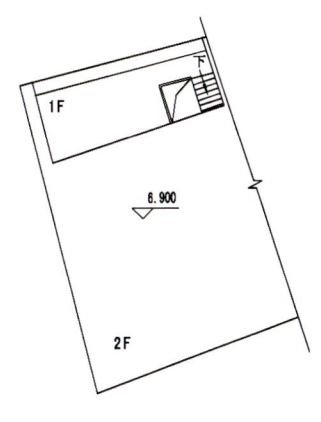

屋顶平面图

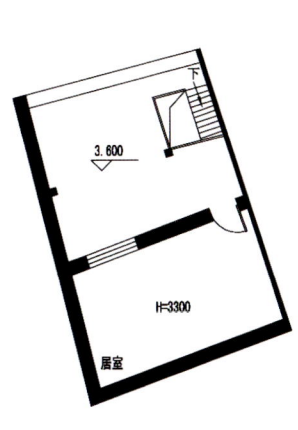

二层平面图

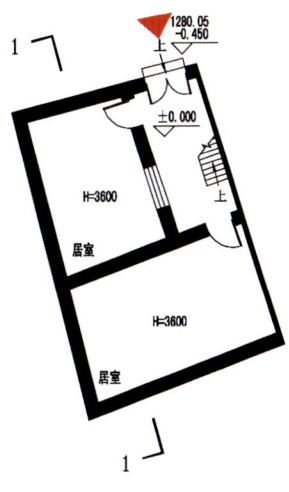

一层平面图

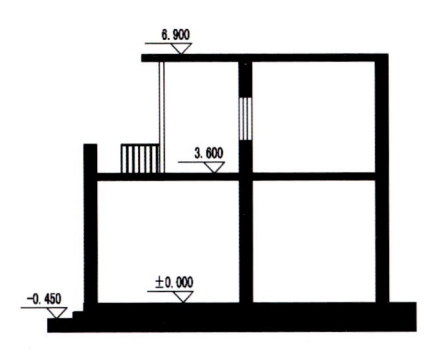

1-1剖面图

221号住宅

用户编号	253	户主	买买提阿吉·哈力克	人口	4人
门牌号	0221	收入水平	￥500	职业分类	打工
搬迁意向	不同意	是否重建	重建	建筑主体结构	土木&砖木
建筑密度	63.10%	庭院面积	49.5 m²	住宅基地面积	134.17 m²
总建筑面积	197.65 m²	一层建筑面积	84.67 m²		

描述：主人于1996年开始居住于此，在这期间没有任何修改或新建房屋。房屋有3层，共10间。房屋院子内有果园，并有大面积绿色植物构建的遮阳篷，院子内很雅致、凉爽。

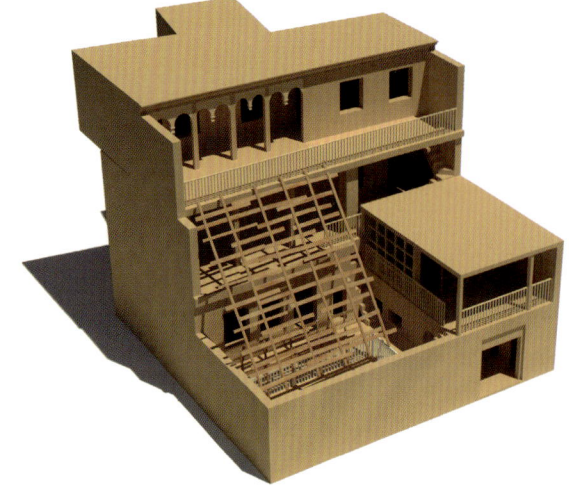

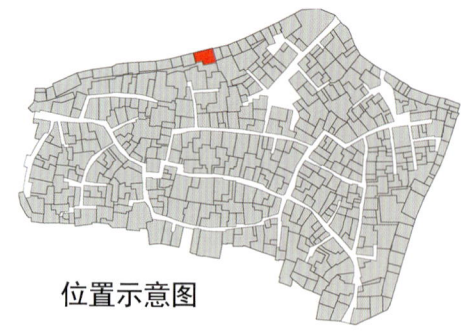

位置示意图

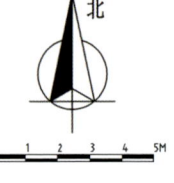

1-1剖面图

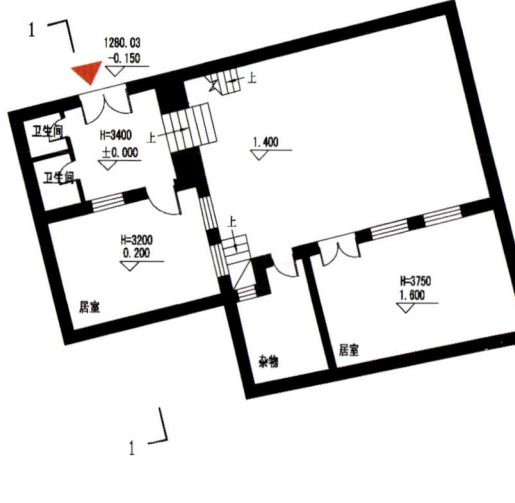

一层平面图

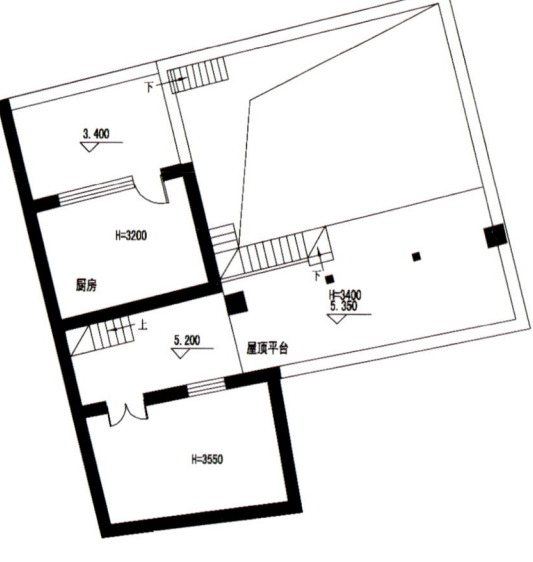

二层平面图

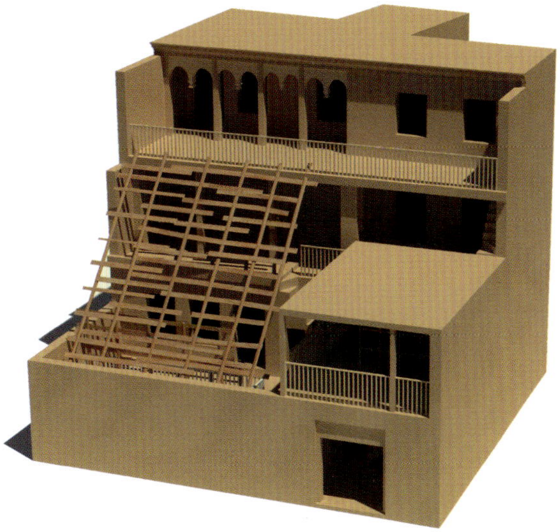

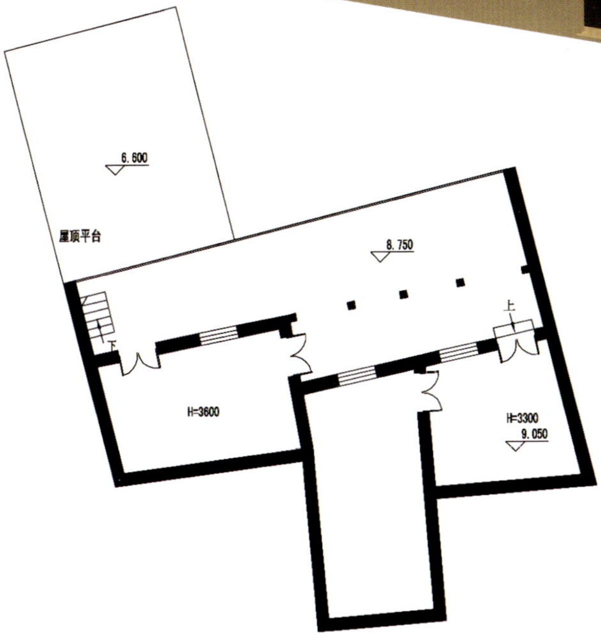

221号住宅

三层平面图

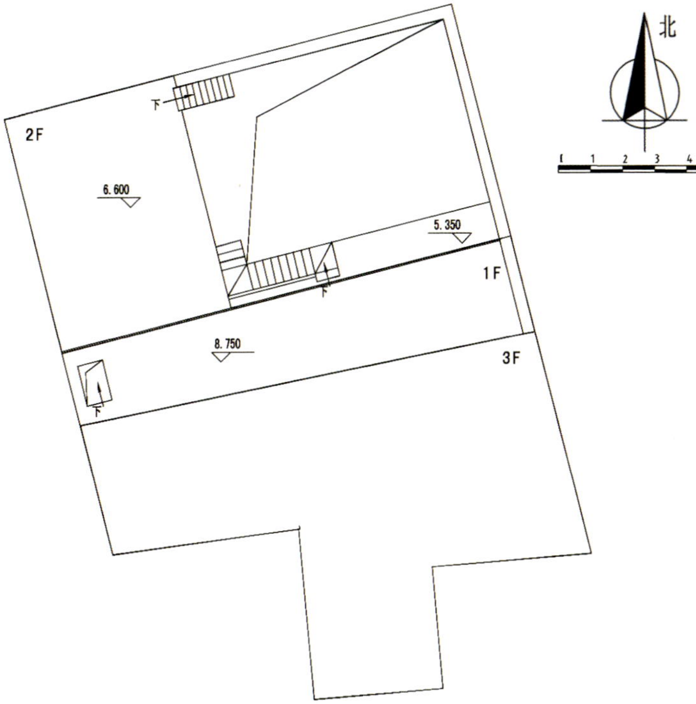

屋顶平面图

北

249号住宅

用户编号	254	户主	阿布力米提·艾山	人口	1人
门牌号	0249	收入水平	￥200	职业分类	退休
搬迁意向	不同意	是否重建	重建	建筑主体结构	土木
建筑密度	100.00%	庭院面积		住宅基地面积	38.81 m²
总建筑面积	38.81 m²	一层建筑面积	38.81 m²		

描述：房屋始建于1800年之前，一直没有改变，一层，共2间房间。

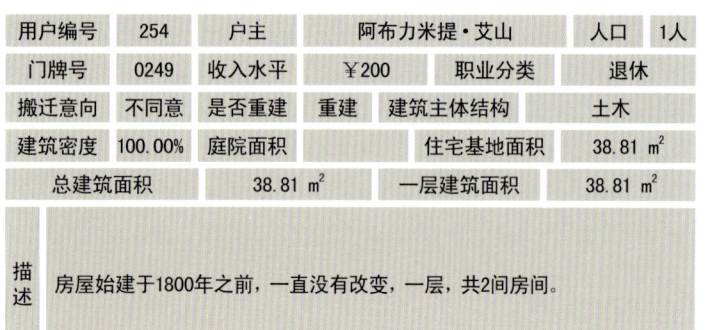

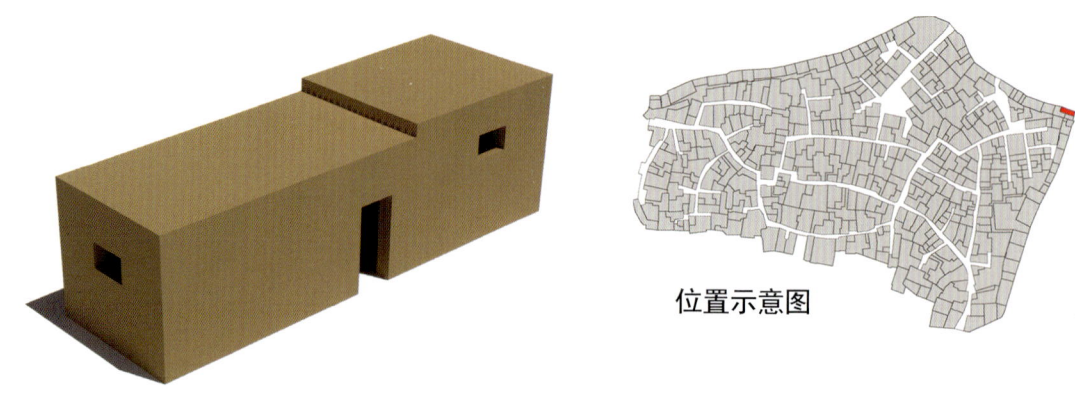

位置示意图

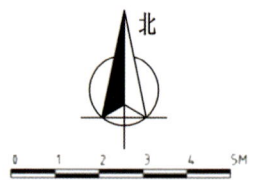

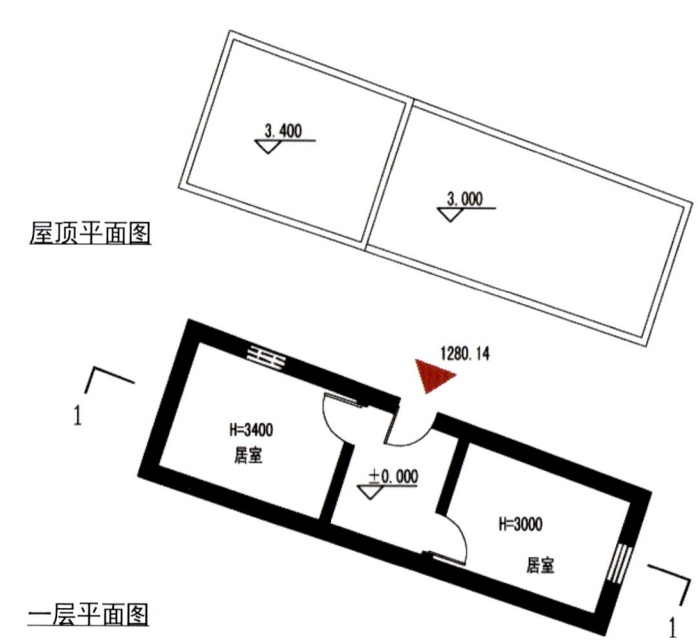

屋顶平面图

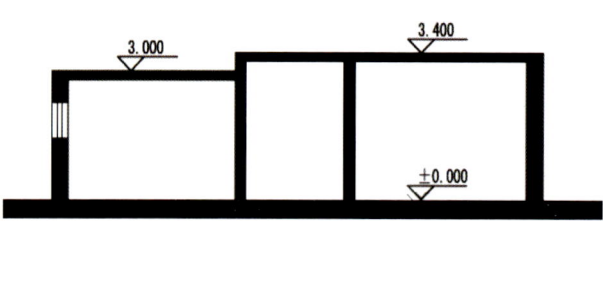

1-1剖面图

一层平面图

251a号住宅

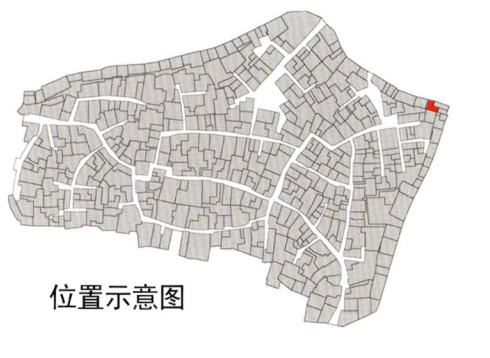

位置示意图

用户编号	255	户主	佐热古丽·艾山	人口	4人
门牌号	0251a	收入水平	￥500	职业分类	做生意
搬迁意向	不同意	是否重建	重建	建筑主体结构	土木
建筑密度	69.70%	庭院面积	14.75 m²	住宅基地面积	48.68 m²
总建筑面积		33.93 m²		一层建筑面积	33.93 m²

描述：房屋始建于1800年之前，2007年分成两家（251a号和251b号），一层，1间。

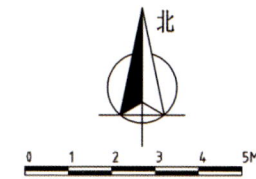

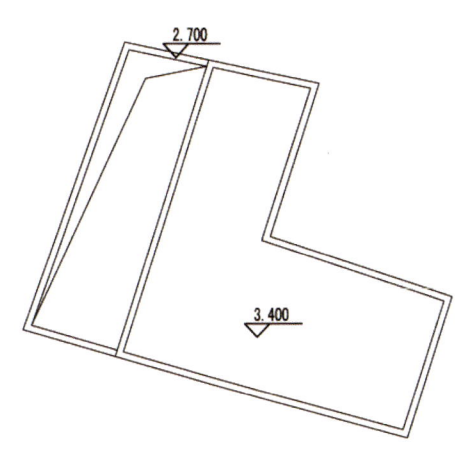

屋顶平面图

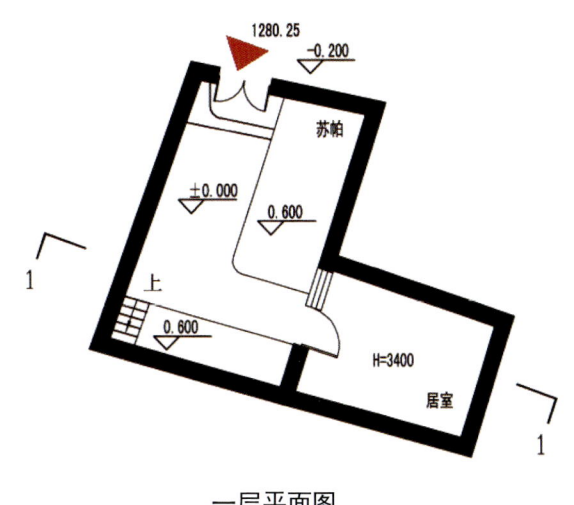

一层平面图

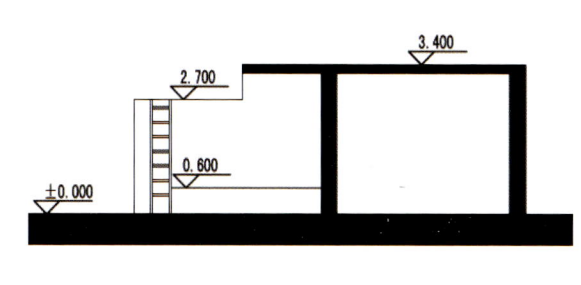

1-1剖面图

251b号住宅

用户编号	256	户主	阿玛古丽·艾山	人口	5人
门牌号	0251b	收入水平	￥600	职业分类	个体
搬迁意向	不同意	是否重建	重建	建筑主体结构	土木&砖木
建筑密度	93.36%	庭院面积	3.97 m²	住宅基地面积	59.81 m²
总建筑面积	55.84 m²		一层建筑面积	55.84 m²	

描述	房屋是2007年分家以后形成的，主人新建和装修房间共花了5千元。一层，共2间。

位置示意图

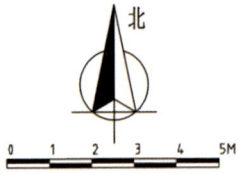

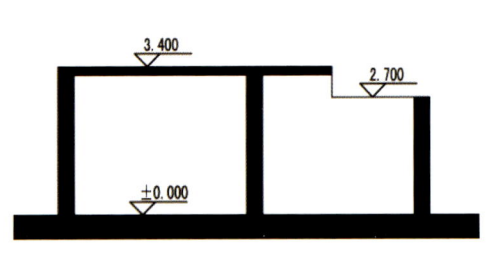

1-1剖面图　　　　一层平面图　　　　屋顶平面图

253号住宅

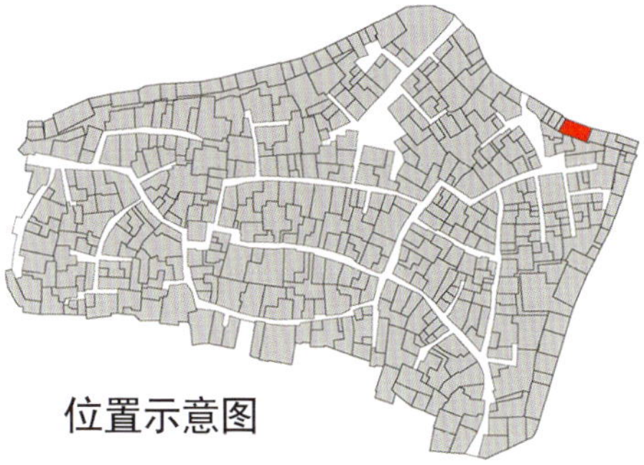

用户编号	257	户主	提吾库力·孜努	人口	5人
门牌号	0253	收入水平	￥1000	职业分类	个体
搬迁意向	不同意	是否重建	重建	建筑主体结构	砖木
建筑密度	100.00%	庭院面积		住宅基地面积	106.15 m²
总建筑面积	217.27 m²		一层建筑面积	106.15 m²	

描述：房屋是2004年建造的，两层，共8间，有一个半地下室。

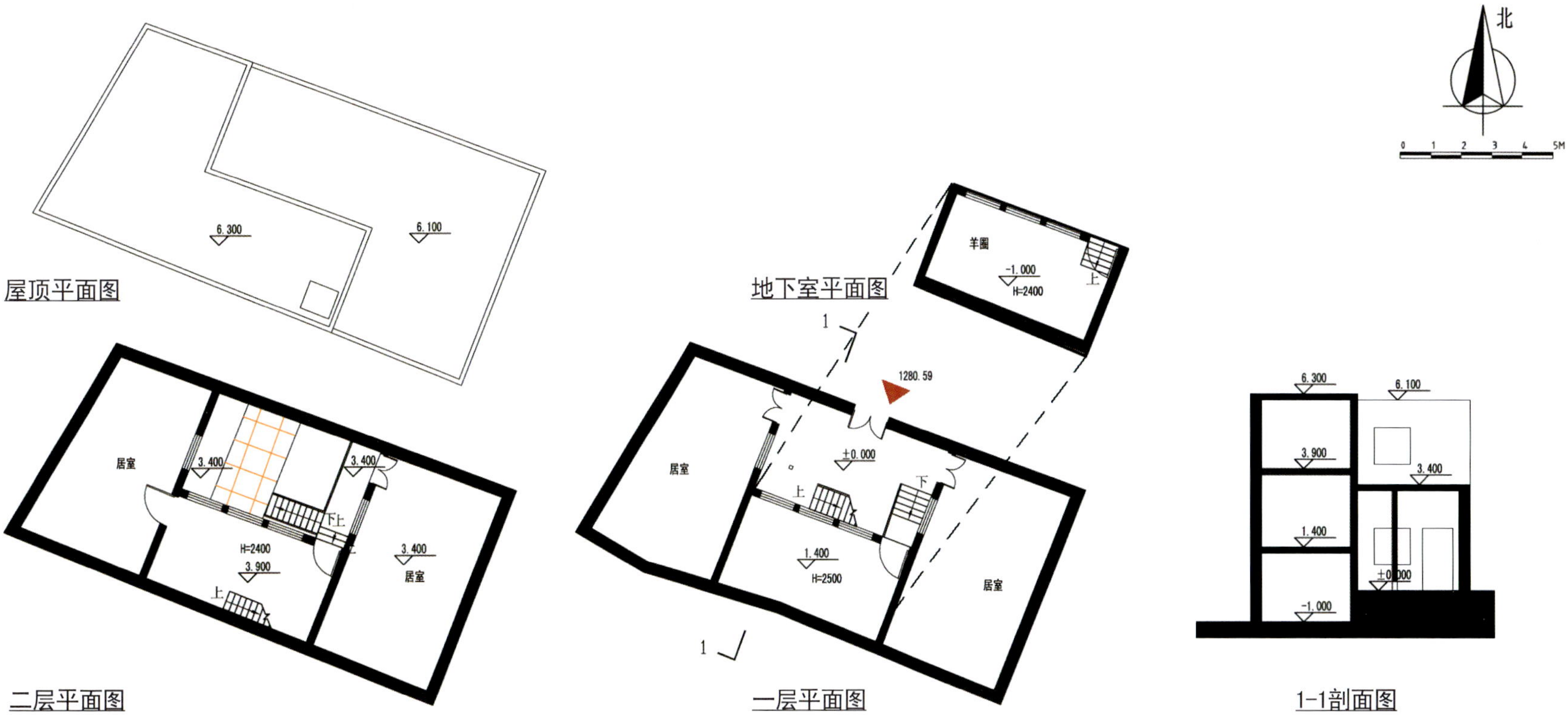

位置示意图

屋顶平面图

地下室平面图

二层平面图

一层平面图

1-1剖面图

255号住宅

用户编号	258	户主	阿依古丽·阿布都热合曼	人口	2人
门牌号	0255	收入水平	¥100	职业分类	绣帽子
搬迁意向	不同意	是否重建	重建	建筑主体结构	砖木
建筑密度	100.00%	庭院面积		住宅基地面积	17.9 m²
总建筑面积	17.9 m²			一层建筑面积	17.9 m²
描述	房屋是2002年建造的，一层，共2间，没有庭院。				

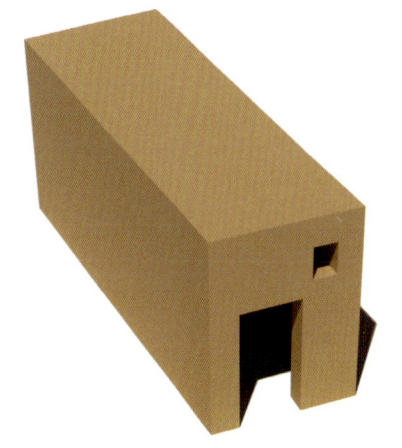

位置示意图

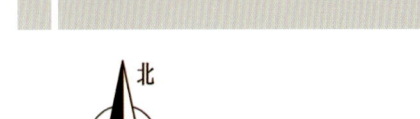

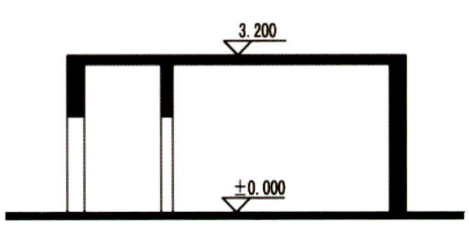

1-1剖面图

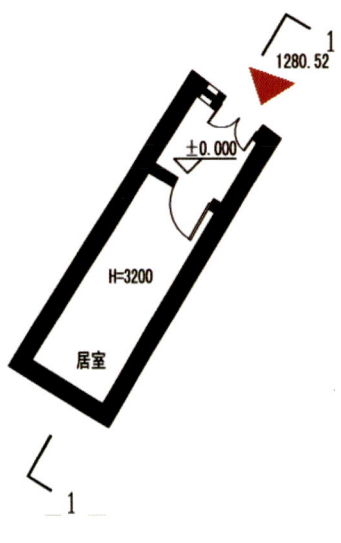

一层平面图

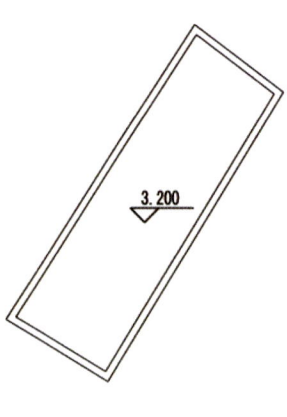

屋顶平面图

257号住宅

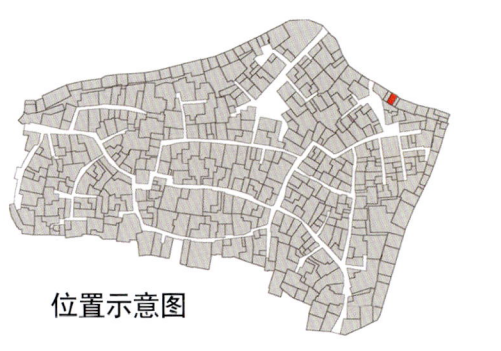

位置示意图

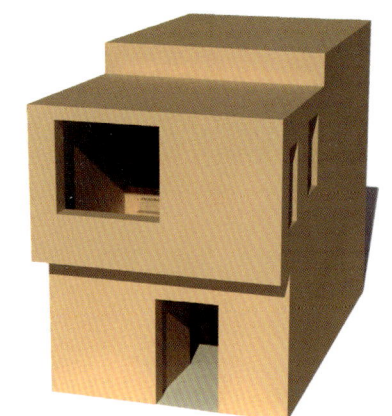

用户编号	259	户主	阿提古丽·阿布都热合曼	人口	5人
门牌号	0257	收入水平	￥1200	职业分类	裁缝
搬迁意向	不同意	是否重建	重建	建筑主体结构	砖木
建筑密度	100.00%	庭院面积		住宅基地面积	33.88 m²
总建筑面积	70.98 m²		一层建筑面积	33.88 m²	
描述	房屋是1999年建造的，2009年维修了一次，两层，共4间。				

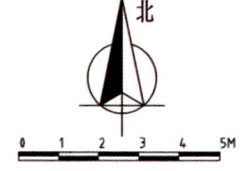

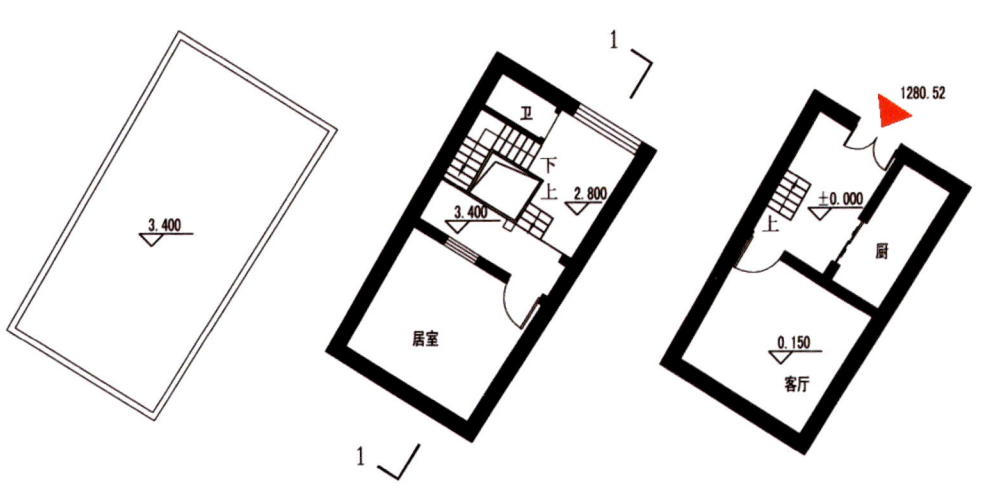

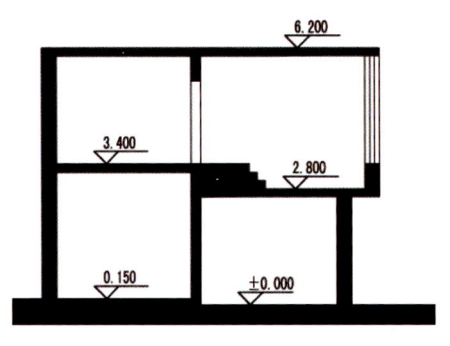

屋顶平面图　　二层平面图　　一层平面图　　1-1剖面图

261号住宅

用户编号	260	户主	热沙提·吐尔逊	人口	2人
门牌号	0261	收入水平	￥200	职业分类	待业
搬迁意向	不同意	是否重建	重建	建筑主体结构	砖木
建筑密度	93.28%	庭院面积	4.79 m²	住宅基地面积	71.24 m²
总建筑面积	66.45 m²	一层建筑面积	66.45 m²		
描述	房屋是1999年建造的，2009年维修了一次，两层，共4间。				

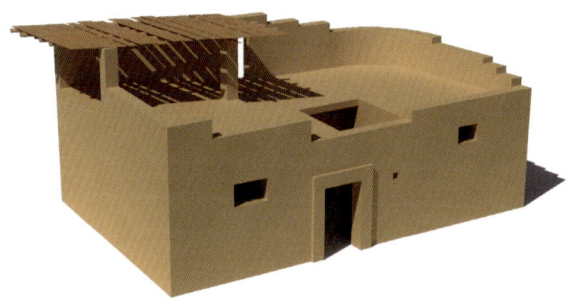

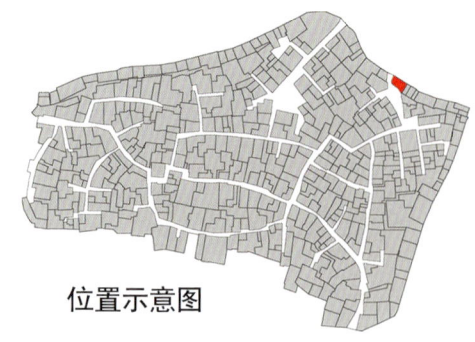

位置示意图

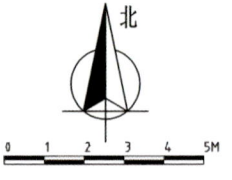

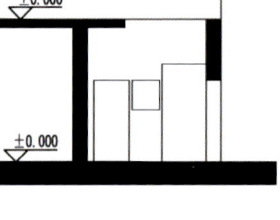

1-1剖面图

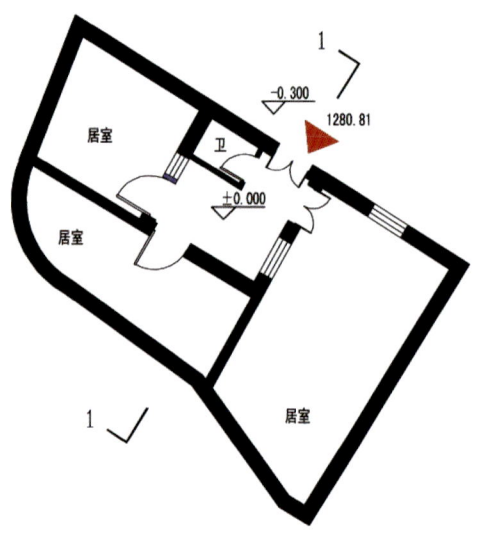

一层平面图

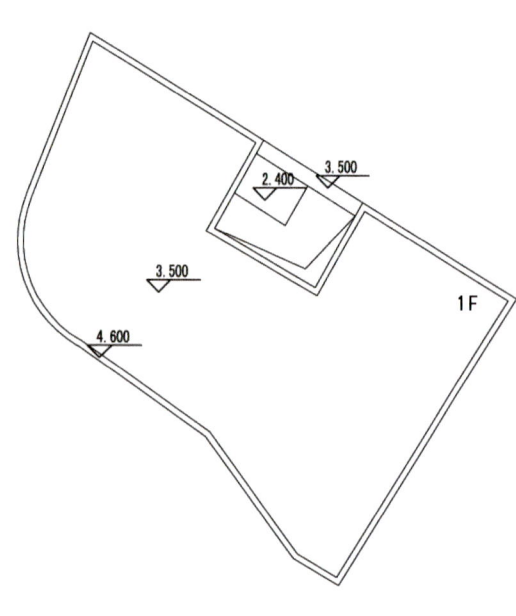

屋顶平面图

265号住宅

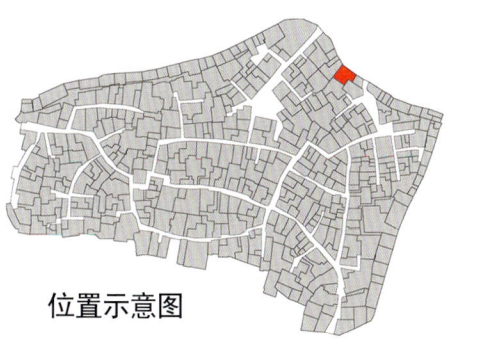

位置示意图

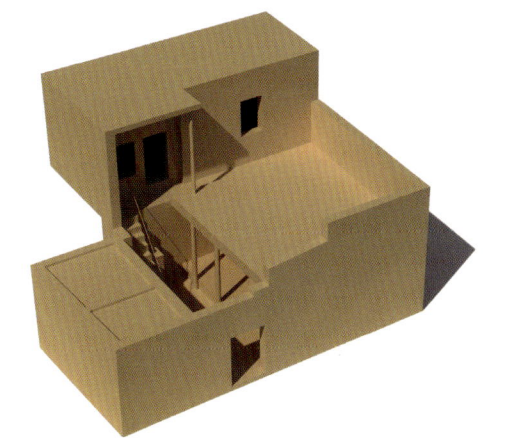

用户编号	261	户主	吐尔逊阿依·牙生	人口	4人
门牌号	0265	收入水平	￥500	职业分类	打工
搬迁意向	不同意	是否重建	重建	建筑主体结构	土木&砖木
建筑密度	81.78%	庭院面积	16.7 m²	住宅基地面积	91.67 m²
总建筑面积	123.16 m²	一层建筑面积	74.97 m²		
描述	房屋始建于1959年，两层，共6间，院内有两个苏帕。				

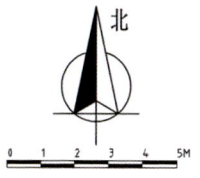

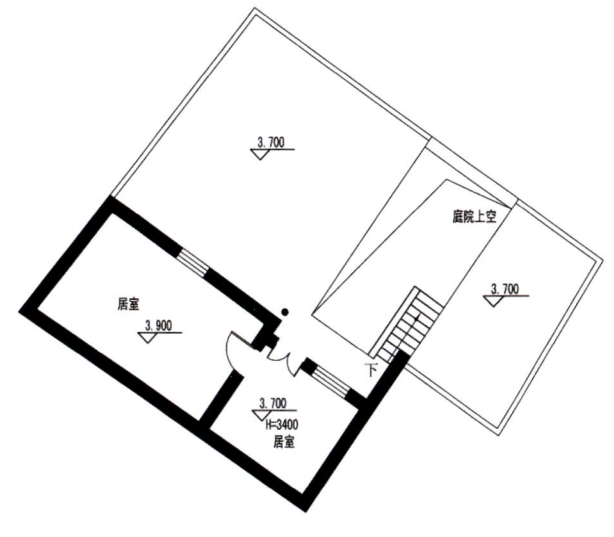

二层平面图

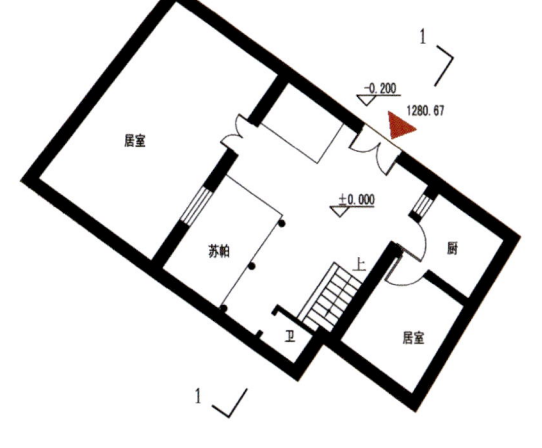

一层平面图

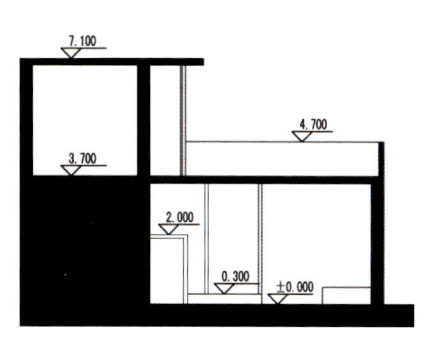

1-1剖面图

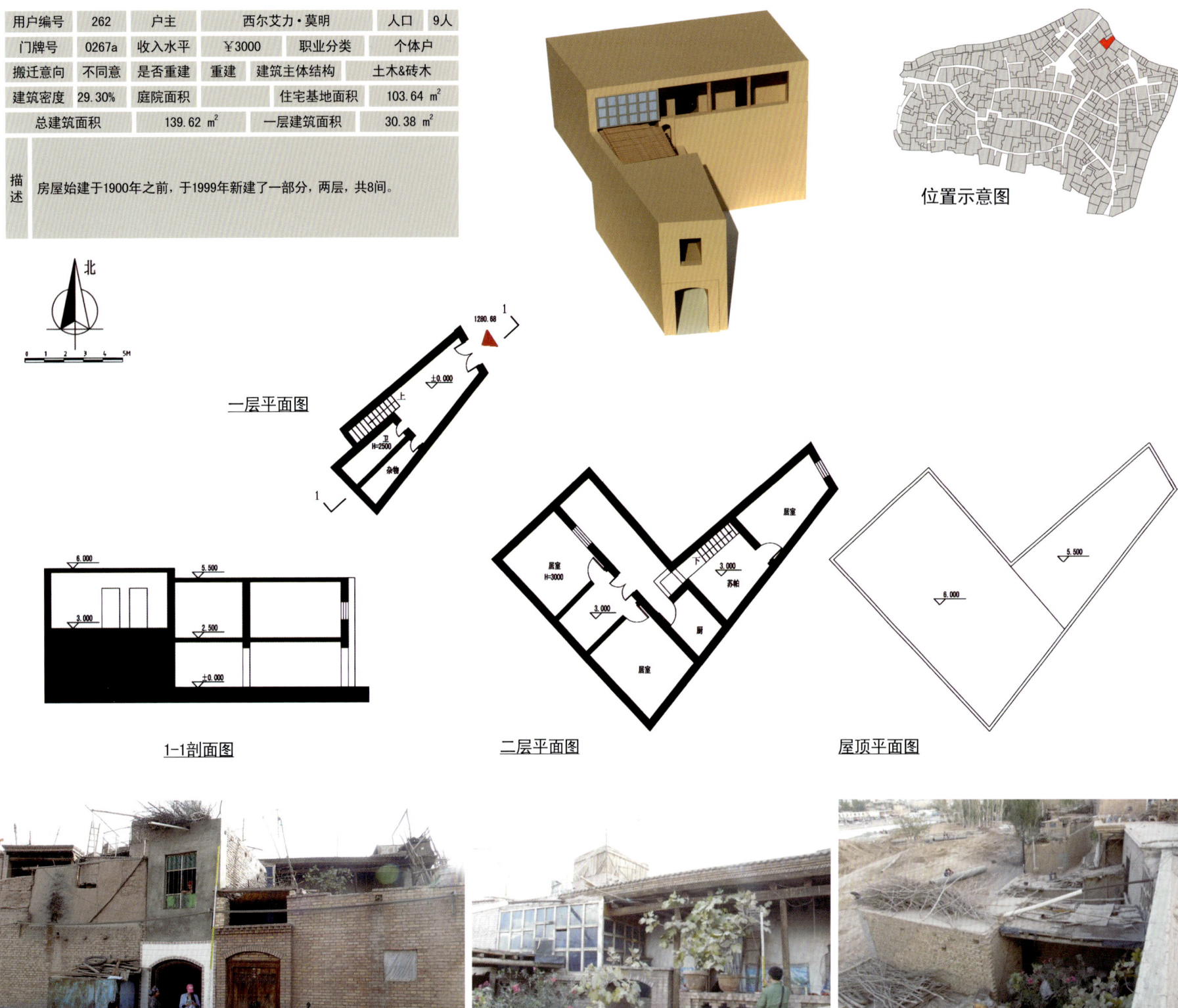

267b号住宅

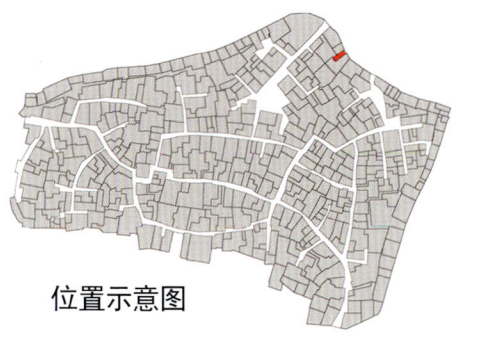

位置示意图

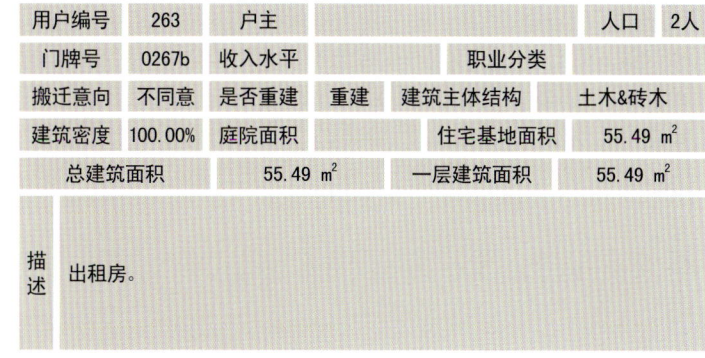

用户编号	263	户主			人口	2人
门牌号	0267b	收入水平		职业分类		
搬迁意向	不同意	是否重建	重建	建筑主体结构	土木&砖木	
建筑密度	100.00%	庭院面积		住宅基地面积	55.49 m²	
总建筑面积	55.49 m²		一层建筑面积	55.49 m²		
描述	出租房。					

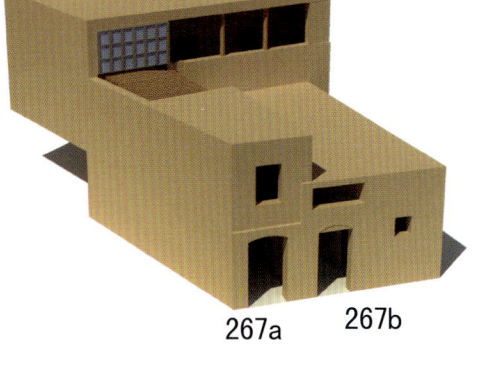

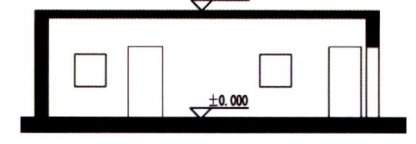

267a 267b

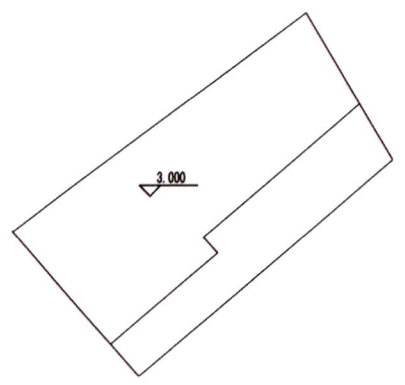

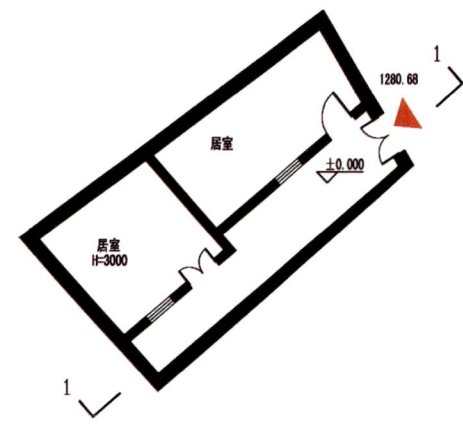

屋顶平面图　　一层平面图　　1-1剖面图

271号住宅

用户编号	264	户主	祖农汗·吐迪		人口	4人
门牌号	0271	收入水平	￥900	职业分类	打工	
搬迁意向	同意	是否重建		建筑主体结构	砖木	
建筑密度	94.60%	庭院面积	6.23 m²	住宅基地面积	114.88 m²	
总建筑面积	108.65 m²		一层建筑面积	108.65 m²		
描述	主人从1979年就生活这个房子里了。一层,共6间。					

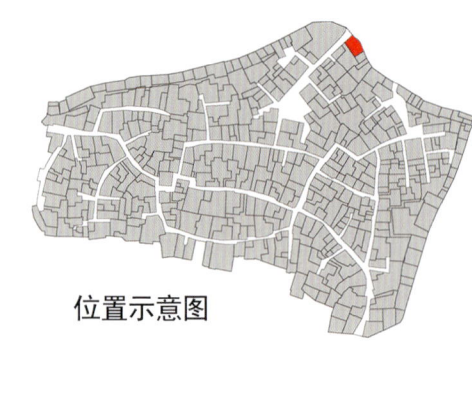

位置示意图

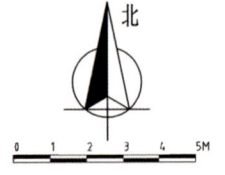

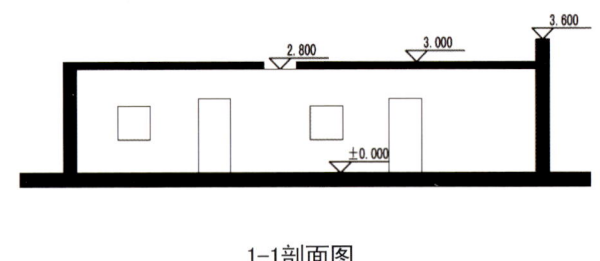
1-1剖面图

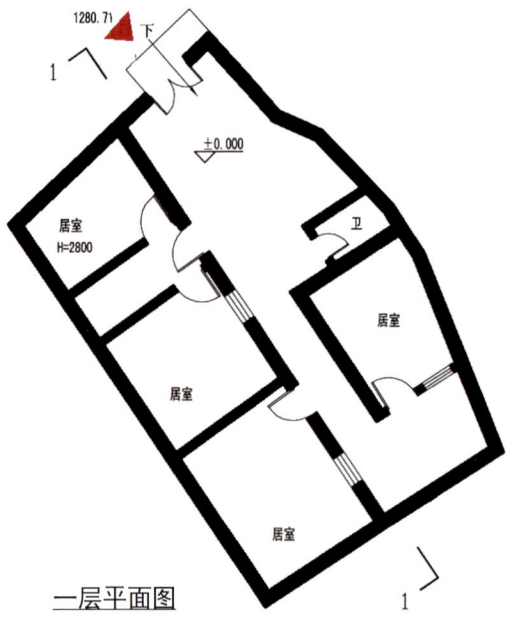
一层平面图

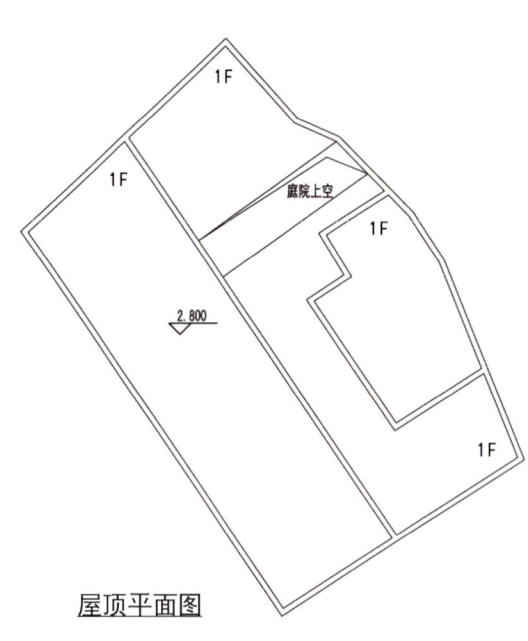
屋顶平面图

273号住宅

位置示意图

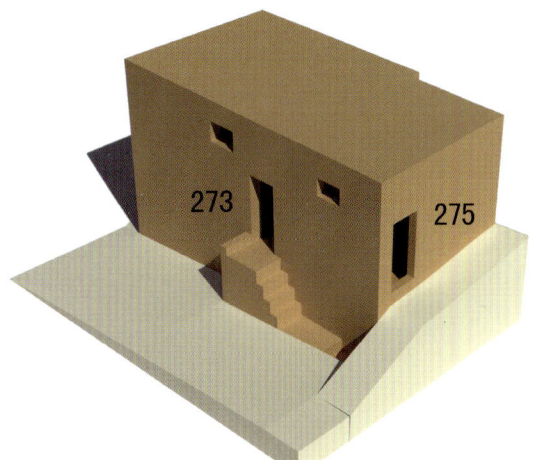

用户编号	265	户主	苏力坦·马木提	人口	1人
门牌号	0273	收入水平	￥300	职业分类	做土陶
搬迁意向	不同意	是否重建	重建	建筑主体结构	砖木
建筑密度		庭院面积		住宅基地面积	
总建筑面积		31.78 m²	一层建筑面积	31.78 m²	

描述	房屋对外出租。修建于1990年，一层，共2间。本户建在277号一层屋顶上，房主为277号主人。

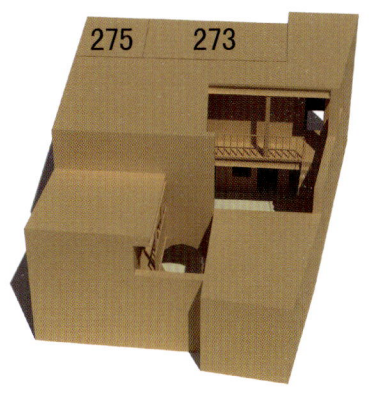

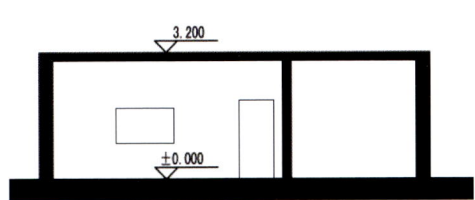

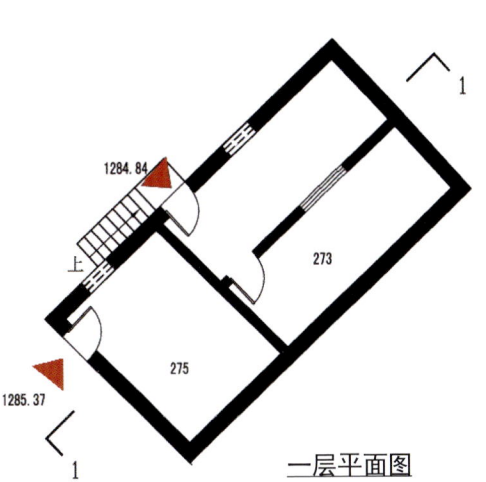

一层平面图

1-1剖面图

275号住宅

用户编号	266	户主	苏力坦·马木提	人口	1人
门牌号	0275	收入水平	￥500	职业分类	做土陶
搬迁意向	不同意	是否重建	重建	建筑主体结构	砖木
建筑密度		庭院面积		住宅基地面积	
总建筑面积		16.03 m²	一层建筑面积	16.03 m²	

描述	房屋对外出租。修建于1990年，一层，1间。本户建在277号一层屋顶上，房主为277号主人。

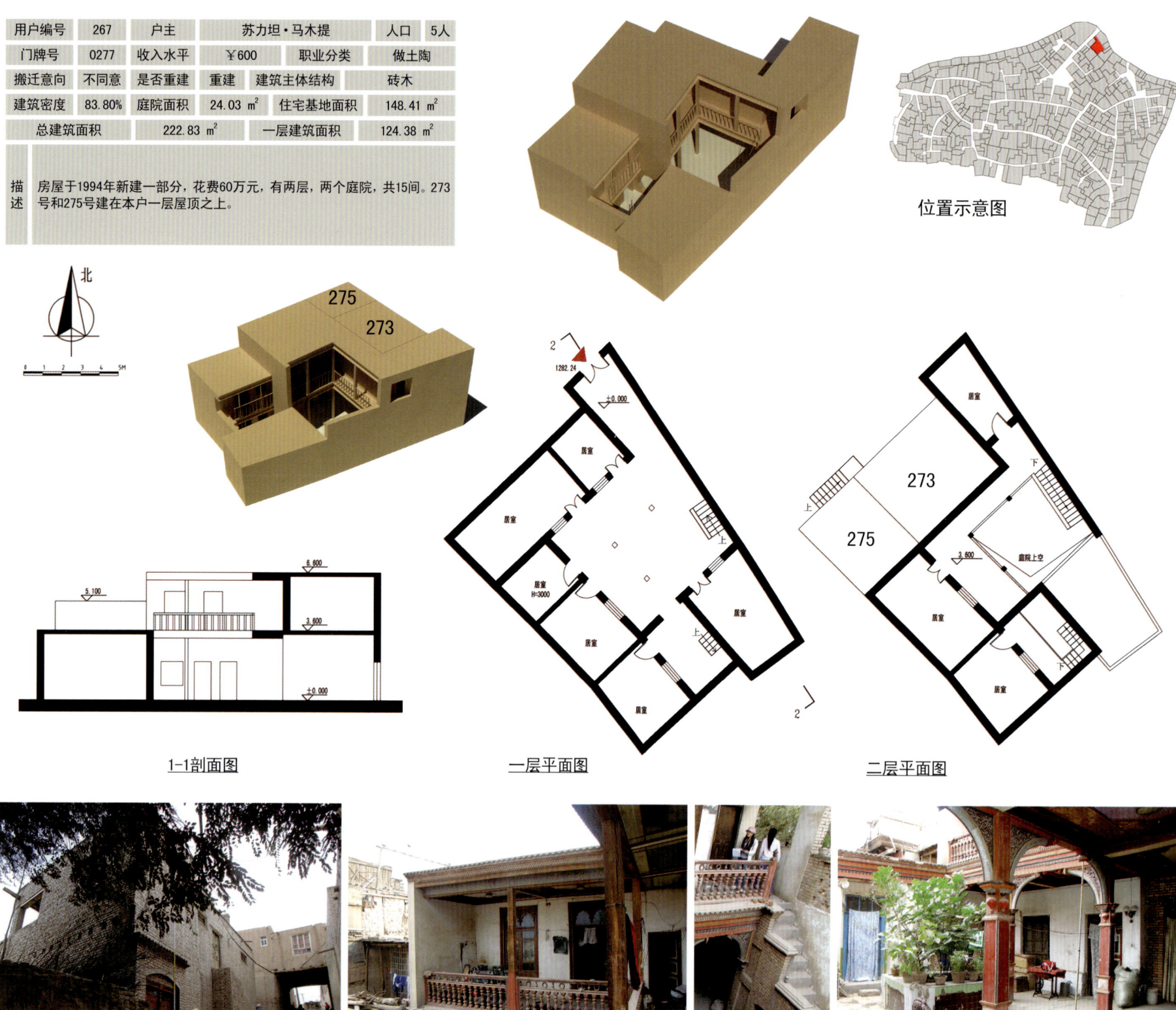

279号住宅

位置示意图

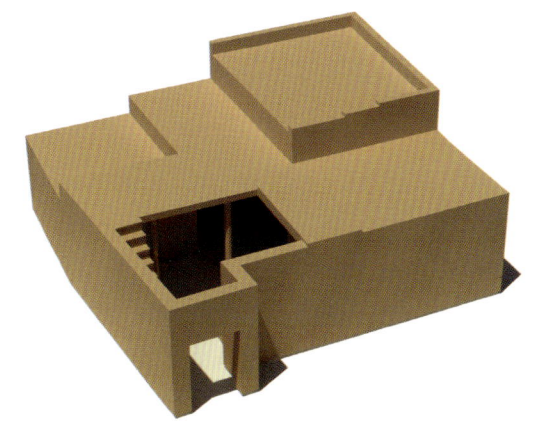

用户编号	268	户主	斯特尼沙·吾西尔	人口	1人
门牌号	0279	收入水平	￥100	职业分类	退休
搬迁意向	不同意	是否重建	重建	建筑主体结构	土木&砖木
建筑密度	87.10%	庭院面积	15.33 m²	住宅基地面积	118.47 m²
总建筑面积		103.14 m²		一层建筑面积	103.14 m²

描述：房屋始建于1900年之前，于2002年新建了一部分，一层，共4间，院内有一棵果树。主人有8个孩子，30个孙子。

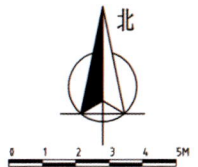

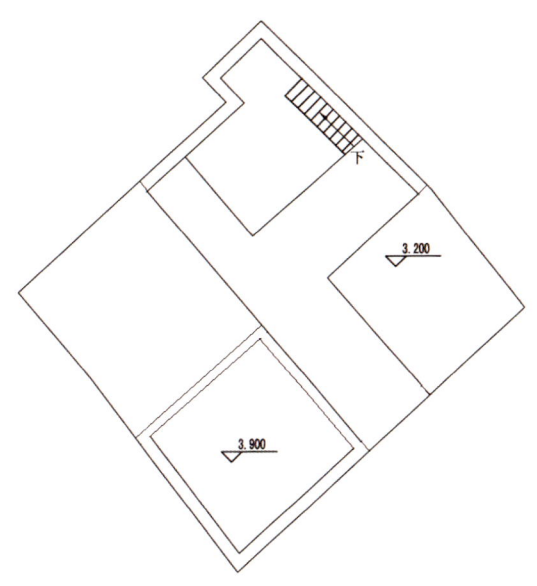

屋顶平面图

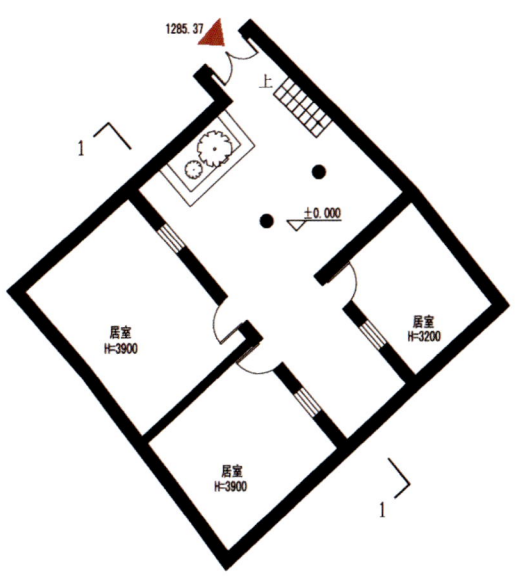

一层平面图

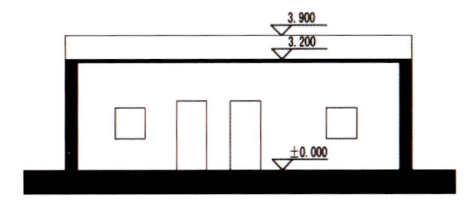

1-1剖面图

283号住宅

用户编号	269	户主	玉素甫·艾山	人口	4人
门牌号	0283	收入水平	￥300	职业分类	待业
搬迁意向	同意	是否重建		建筑主体结构	土木&砖木
建筑密度	82.70%	庭院面积	4.45 m²	住宅基地面积	25.71 m²
总建筑面积		70.89 m²	一层建筑面积		21.26 m²

描述：房屋是主人2006年花3.5万元购买的，一层，共4间。

位置示意图

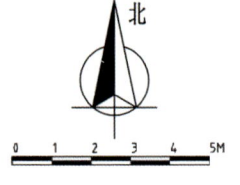

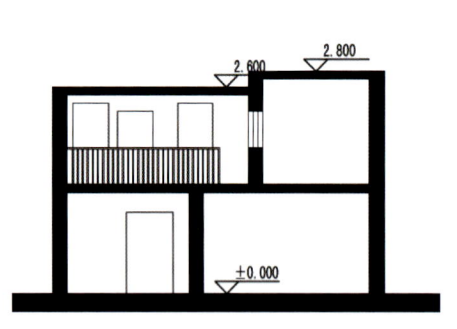

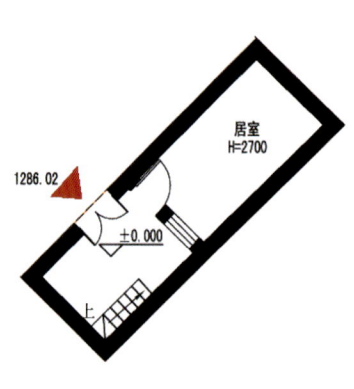

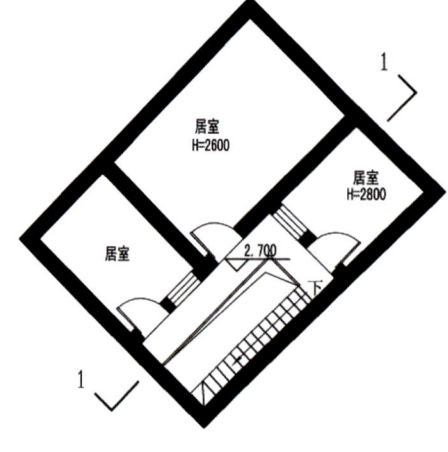

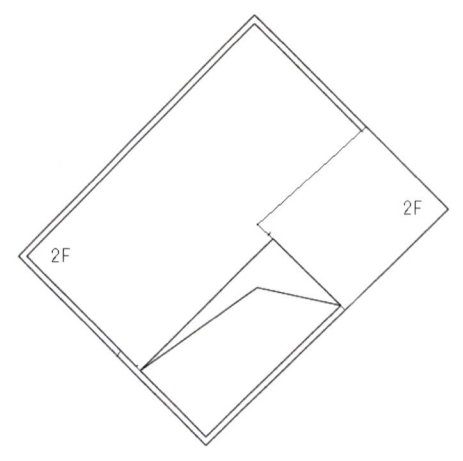

1-1剖面图　　　　一层平面图　　　　二层平面图　　　　屋顶平面图

289号住宅

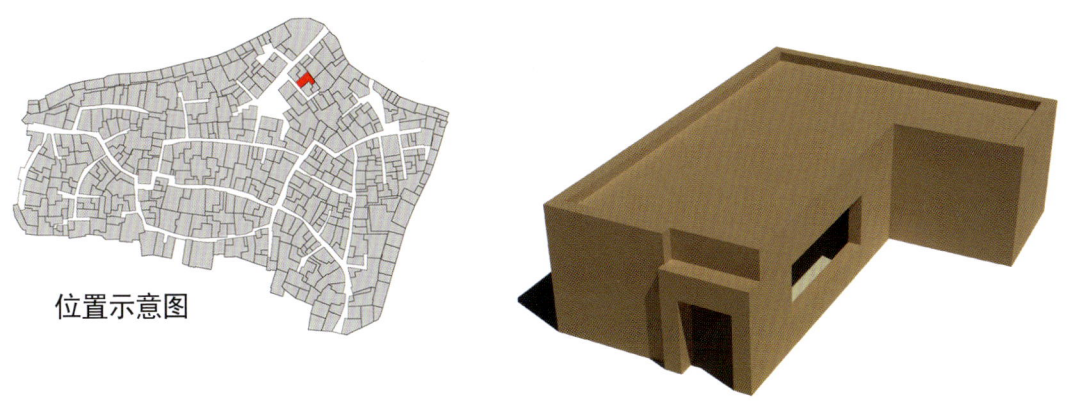

位置示意图

用户编号	270	户主	艾热肯·阿布都拉	人口	4人
门牌号	0289	收入水平	￥200	职业分类	待业
搬迁意向	同意	是否重建		建筑主体结构	砖木
建筑密度	100.00%	庭院面积		住宅基地面积	79.86 m²
总建筑面积	79.86 m²			一层建筑面积	79.86 m²
描述	房屋是2005年新建的，花了3万元，一层，共5间。愿意以平房置换。				

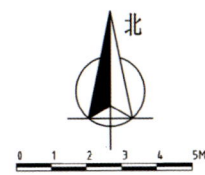

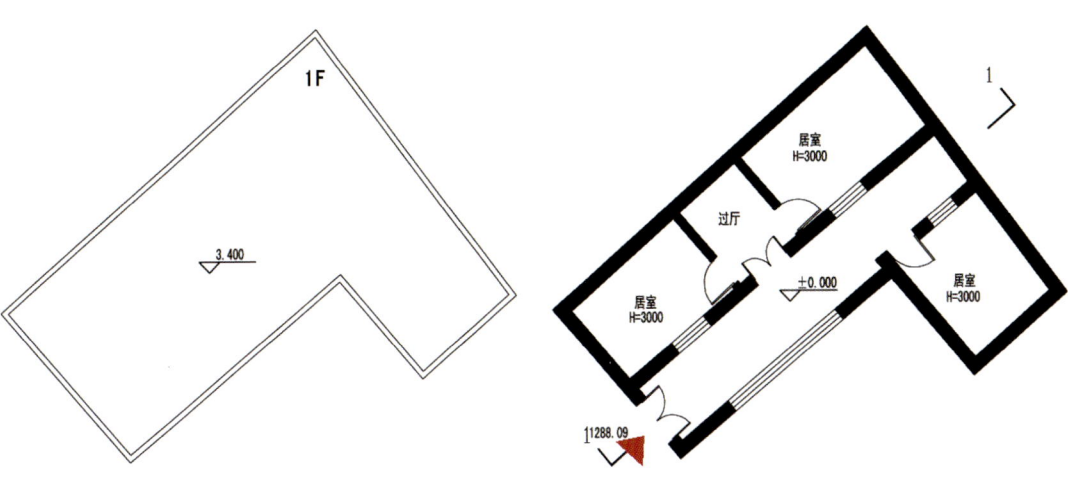

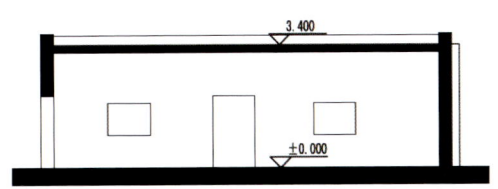

屋顶平面图　　　　　　　　一层平面图　　　　　　　　1-1剖面图

291号住宅

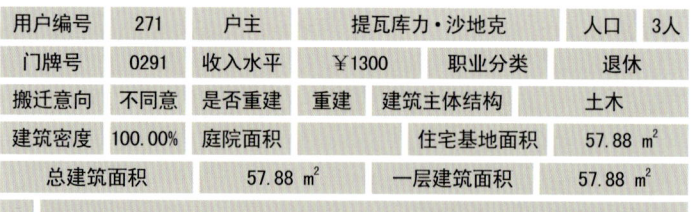

用户编号	271	户主	提瓦库力·沙地克	人口	3人
门牌号	0291	收入水平	￥1300	职业分类	退休
搬迁意向	不同意	是否重建	重建	建筑主体结构	土木
建筑密度	100.00%	庭院面积		住宅基地面积	57.88 m²
总建筑面积	57.88 m²			一层建筑面积	57.88 m²

描述	向外出租的房屋。主人说房屋是2004年买的，一直没有改变，共2间，一个庭院。

位置示意图

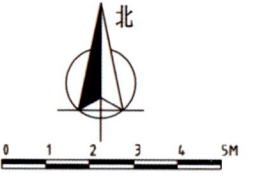

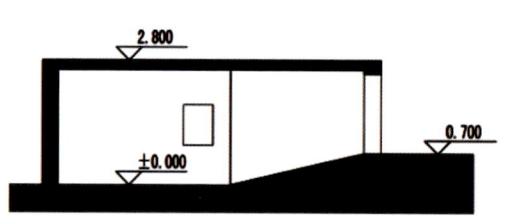

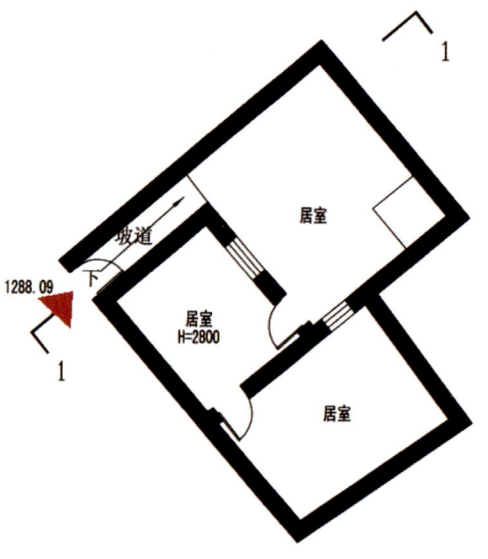

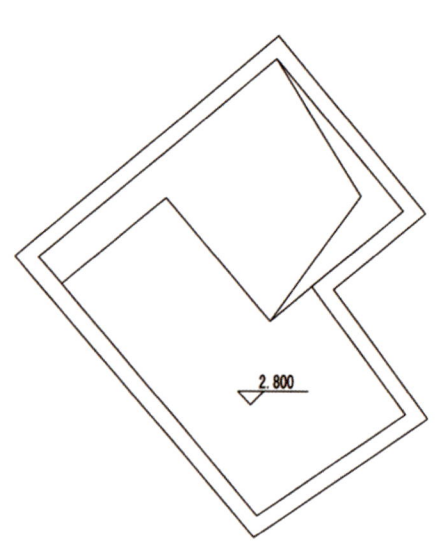

1-1剖面图　　　　　一层平面图　　　　　屋顶平面图

295号住宅

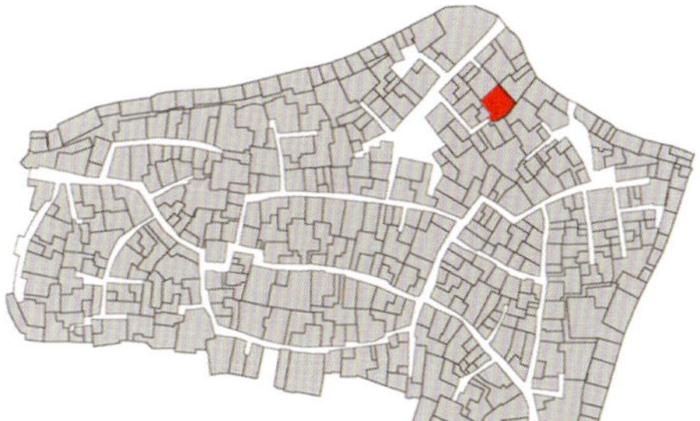

用户编号	272	户主	阿布力孜·马木提	人口	4人
门牌号	0295	收入水平	￥1600	职业分类	退役
搬迁意向	不同意	是否重建	重建	建筑主体结构	土木
建筑密度	82.10%	庭院面积	28.17 m²	住宅基地面积	157.64 m²
总建筑面积		129.47 m²		一层建筑面积	129.47 m²

描述：主人说这个房屋是1998年花4万元买的，2007年新建了一部分，一层，共4间。主人说房屋没电，没水，很希望早点搬。

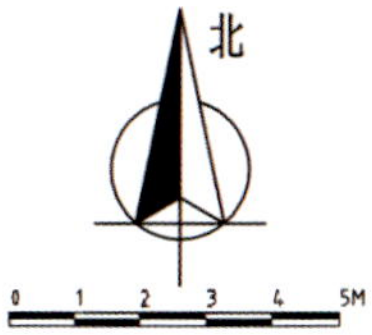

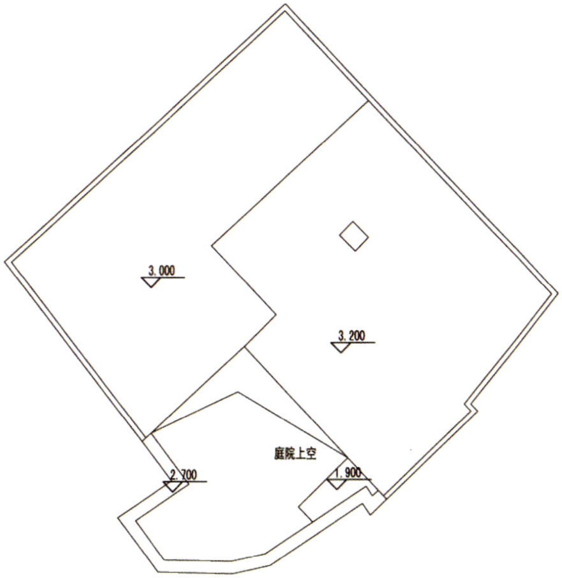

位置示意图

屋顶平面图 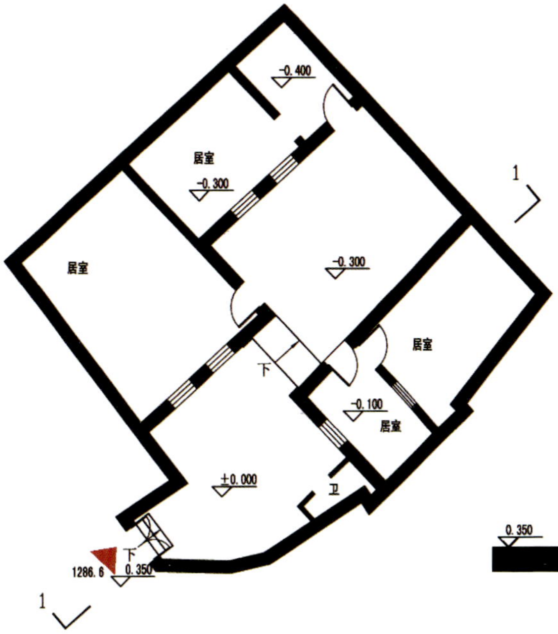　　　一层平面图 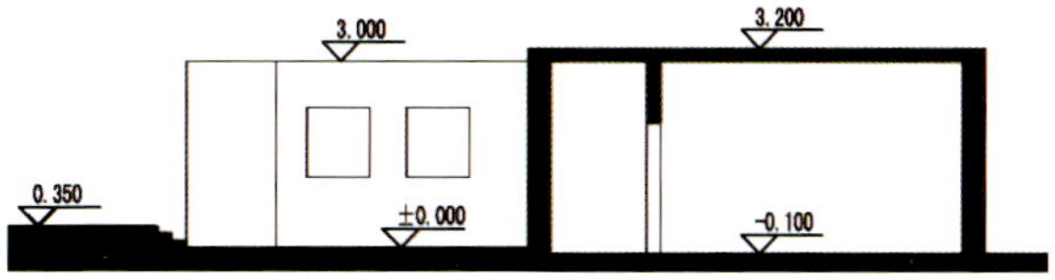　　　1-1剖面图

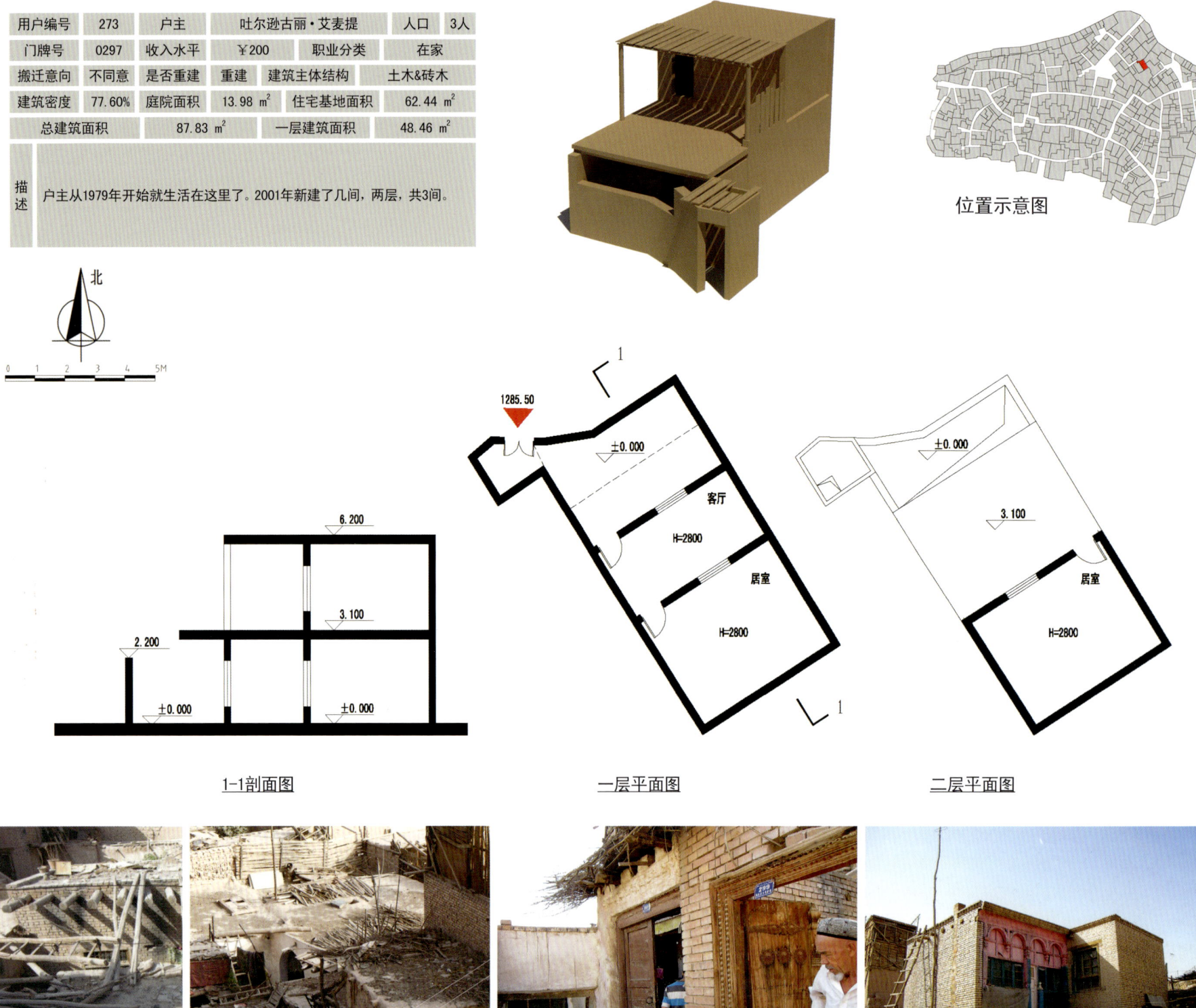

299号住宅

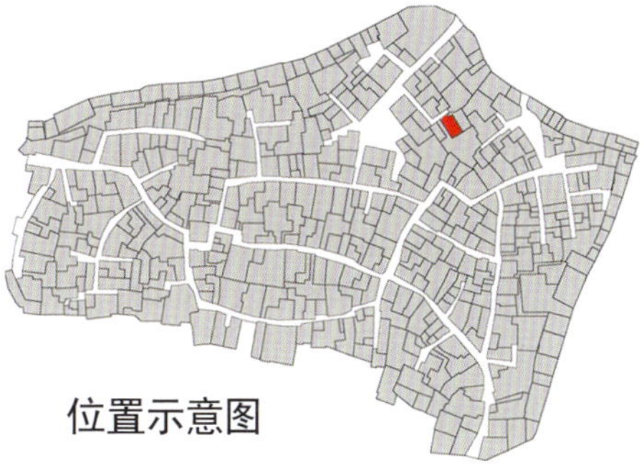

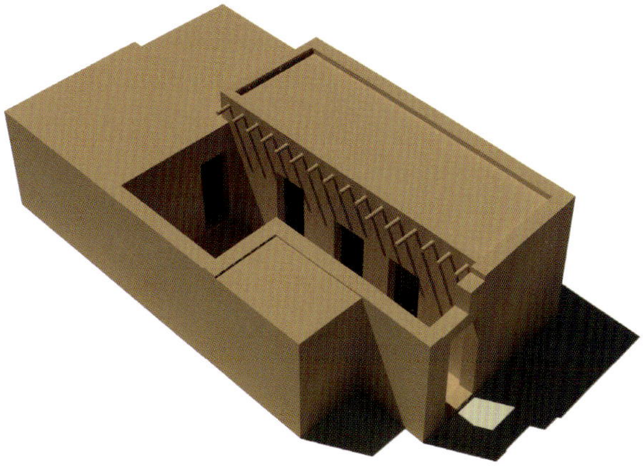

用户编号	274	户主	比丽克孜	人口	2人
门牌号	0299	收入水平	￥1500	职业分类	打工
搬迁意向	不同意	是否重建	重建	建筑主体结构	土木&砖木
建筑密度	73.10%	庭院面积	19.72 m²	住宅基地面积	73.35 m²
总建筑面积		53.63 m²		一层建筑面积	53.63 m²

描述	该房屋对外出租，一层，共4间。

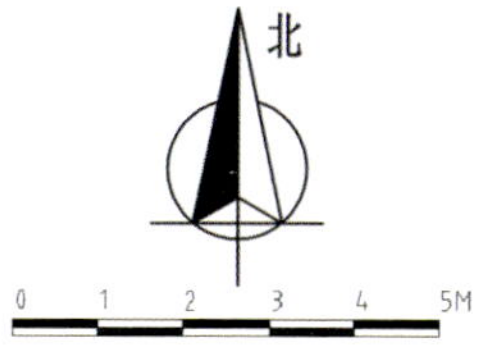

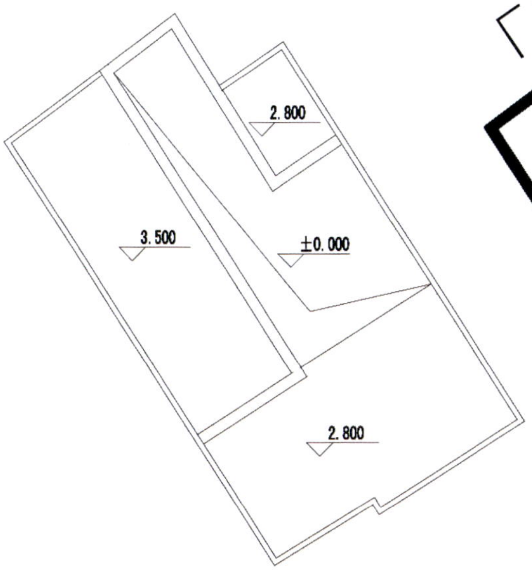

位置示意图

屋顶平面图 　　　一层平面图 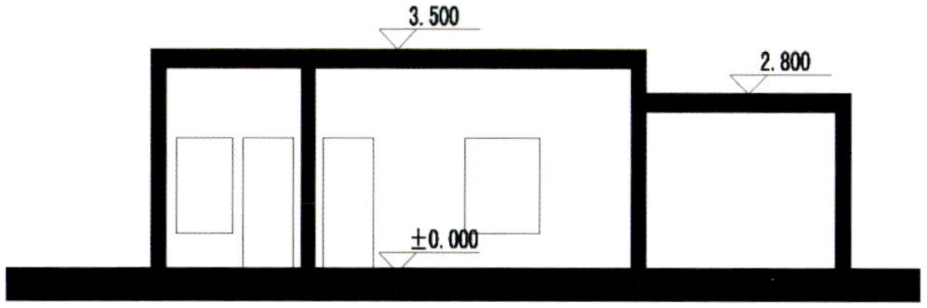　　　1-1剖面图

301号住宅

用户编号	275	户主	艾尔肯牙生	人口	8人
门牌号	0301	收入水平	￥2000	职业分类	个体
搬迁意向	不同意	是否重建	重建	建筑主体结构	砖木
建筑密度	69.00%	庭院面积	23.19m²	住宅基地面积	75.56m²
总建筑面积	103.44m²	一层建筑面积	52.37m²		
描述	房屋是在1979年购得，有两层，共4个房间。				

位置示意图

北

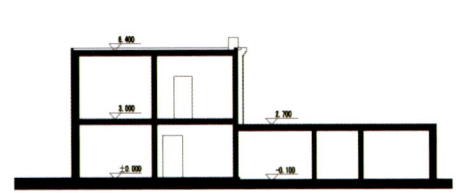

1-1剖面图

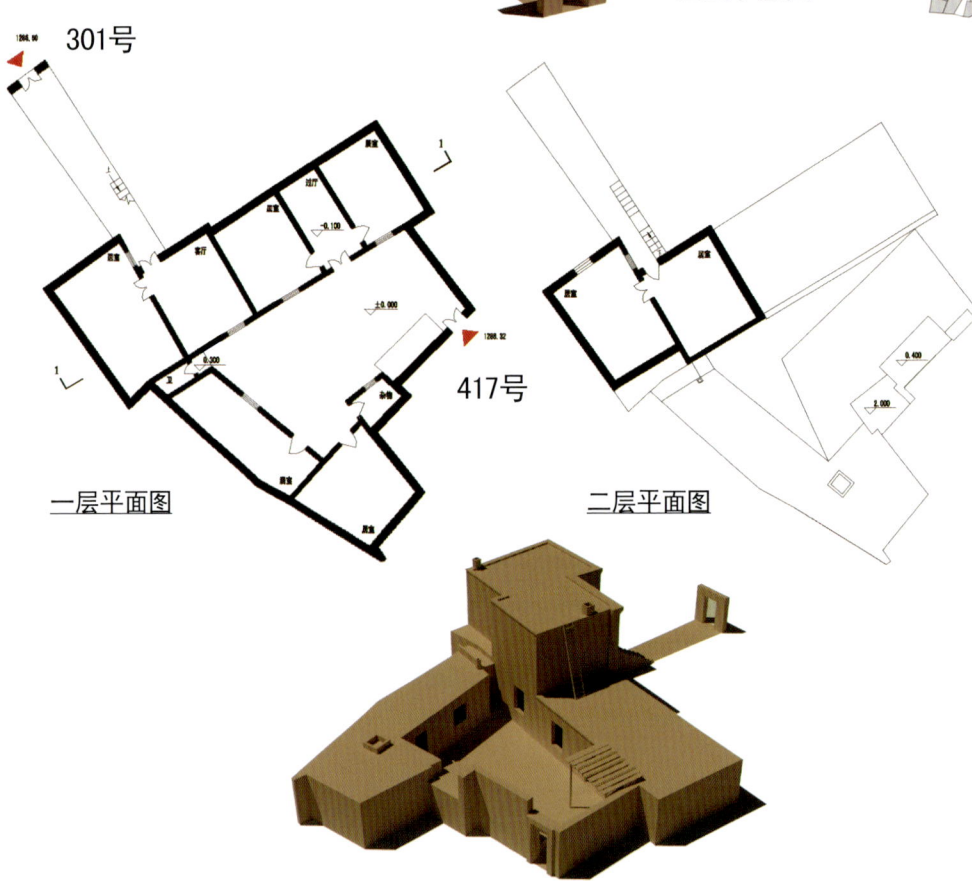

301号 / 417号
一层平面图　二层平面图

417号住宅

用户编号	276	户主	帕依夏·牙生	人口	4人
门牌号	0417	收入水平	￥500	职业分类	绣帽子
搬迁意向	同意	是否重建		建筑主体结构	土木
建筑密度	62.00%	庭院面积	70.38m²	住宅基地面积	185.56m²
总建筑面积	115.18m²	一层建筑面积	115.18m²		
描述	房屋始建于1929年，一层、共7间房。				

303号住宅

位置示意图

用户编号	277	户主	希玛丽亚·艾沙	人口	4人
门牌号	0303	收入水平	￥400	职业分类	在家
搬迁意向	不同意	是否重建	重建	建筑主体结构	土木
建筑密度	75.90%	庭院面积	9.75 m²	住宅基地面积	40.39 m²
总建筑面积	30.64 m²			一层建筑面积	30.64 m²
描述	房屋于1981年购买，目前为止没有进行过新建或修缮，房屋一层，共3间。				

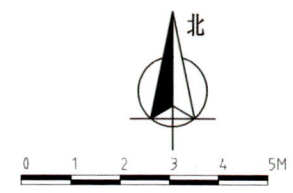

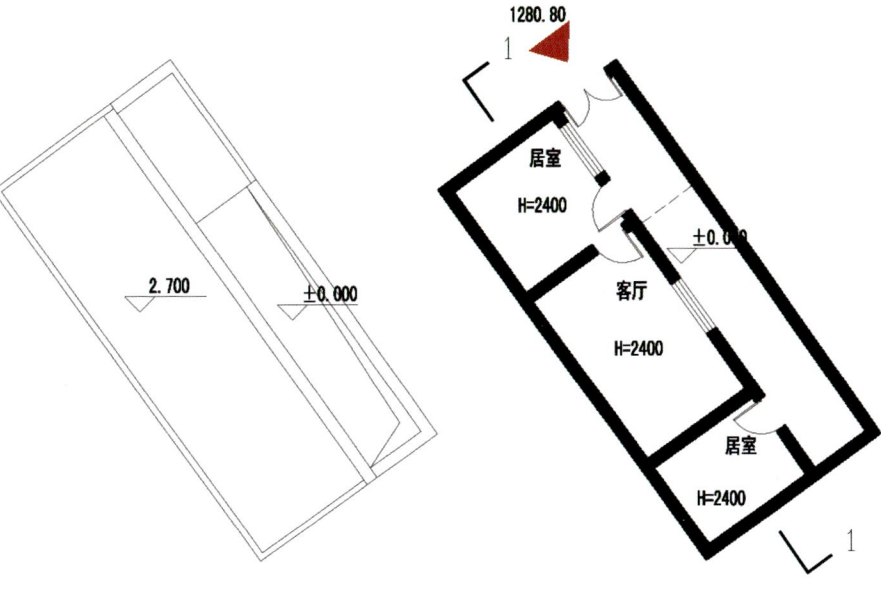

屋顶平面图　　一层平面图

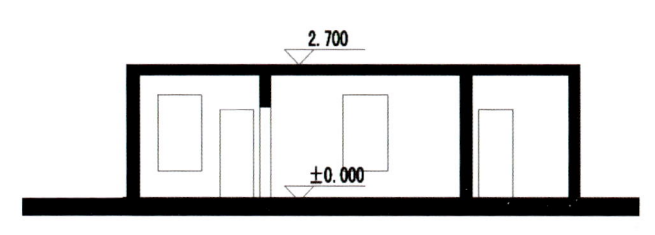

1-1剖面图

309号住宅

用户编号	278	户主	阿布都西库尔·阿布来提	人口	4人
门牌号	0309	收入水平	￥400	职业分类	做生意
搬迁意向		是否重建	重建	建筑主体结构	土木&砖混
建筑密度	88.10%	庭院面积	13.28 m²	住宅基地面积	111.23 m²
总建筑面积		222.04 m²	一层建筑面积	97.95 m²	

描述：户主于2003年购买，2005年耗费20万元于原址重建，房屋有两层，局部带地下室，总计8间。

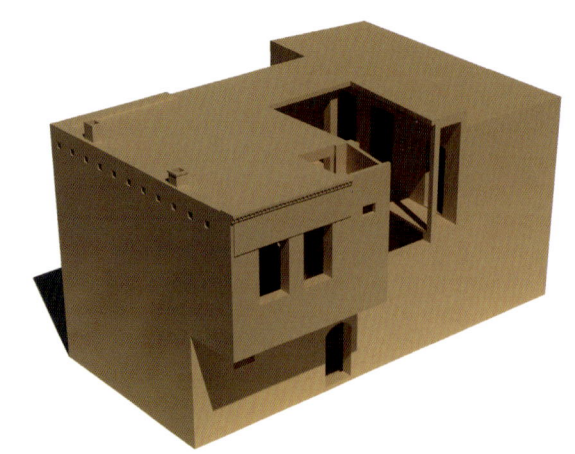

位置示意图

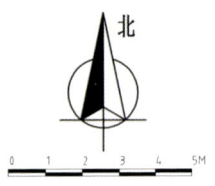

1-1剖面图

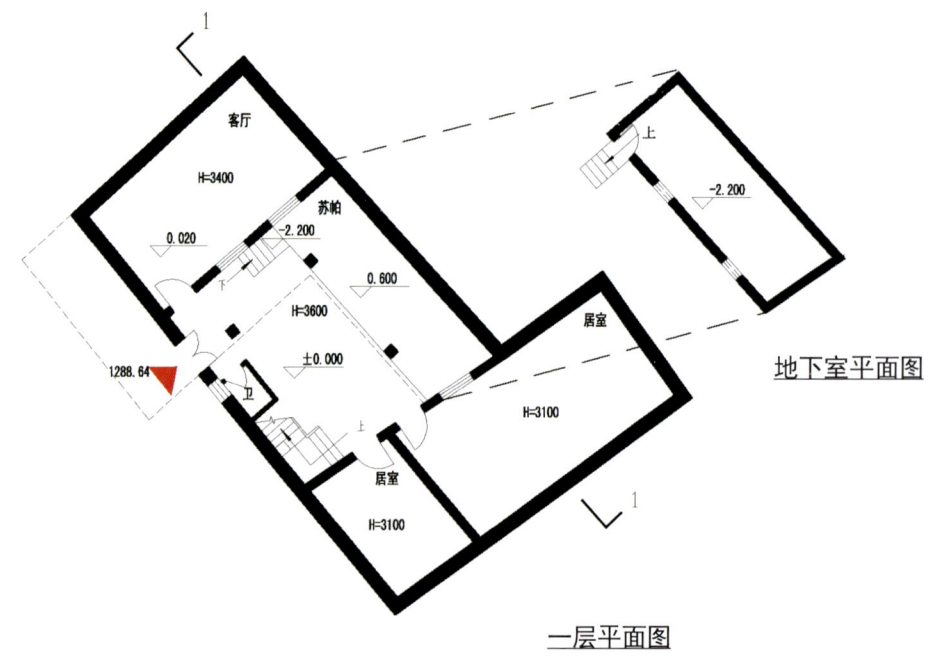

地下室平面图

一层平面图

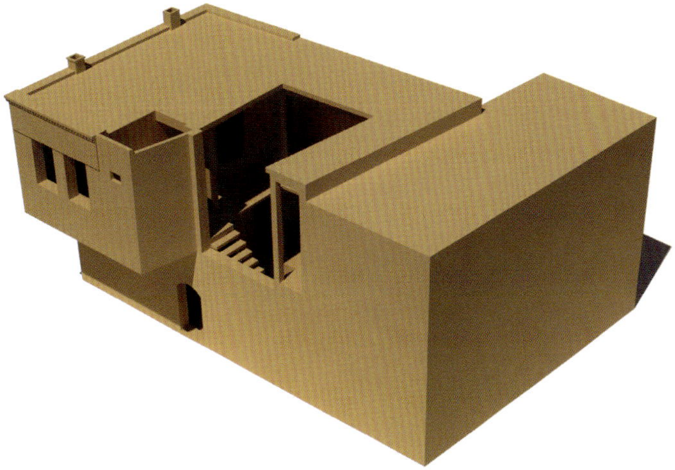

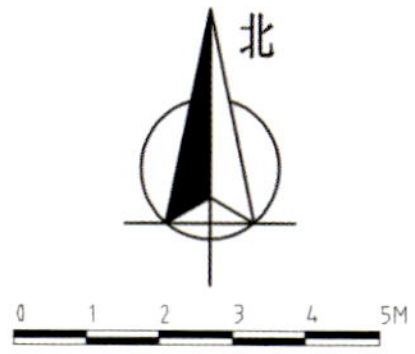

309号住宅

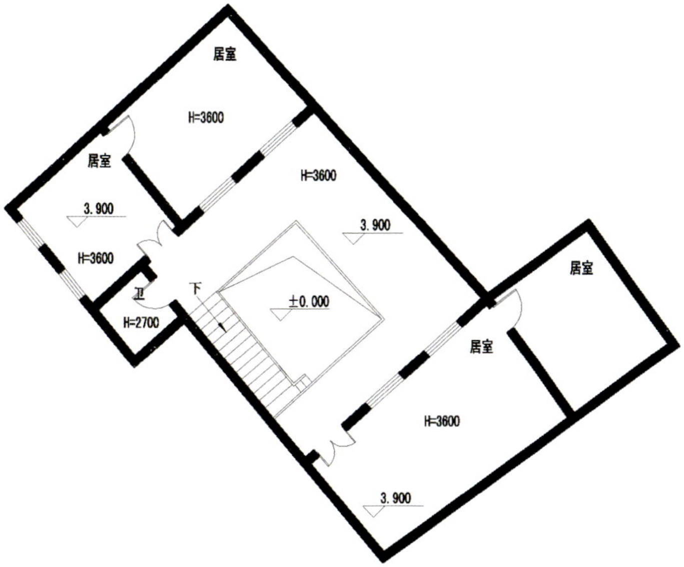

二层平面图 屋顶平面图

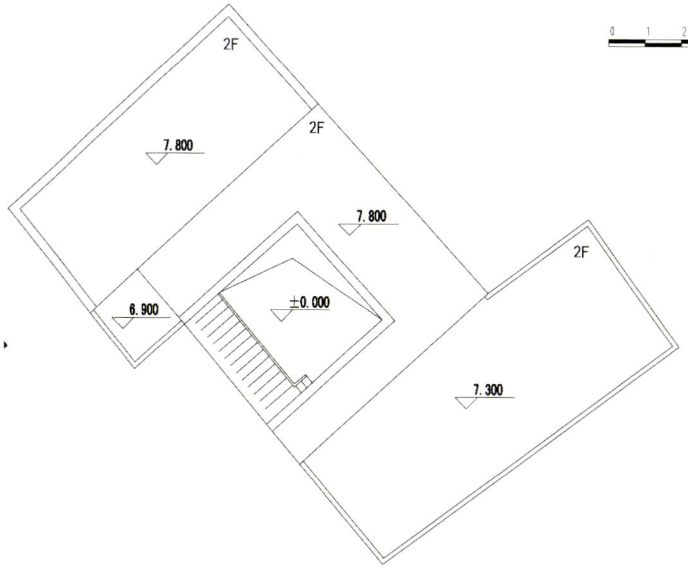

北

307号住宅

用户编号	279	户主	吐依先木·吐尔迪	人口	5人
门牌号	0307	收入水平	￥2500	职业分类	在家
搬迁意向	不同意	是否重建	重建	建筑主体结构	框架
建筑密度	88.10%	庭院面积	12.6 m²	住宅基地面积	105.63 m²
总建筑面积		93.03 m²		一层建筑面积	93.03 m²

描述：房屋于2006年新建，有1层、1间地下室，共6间（包括地下室）。

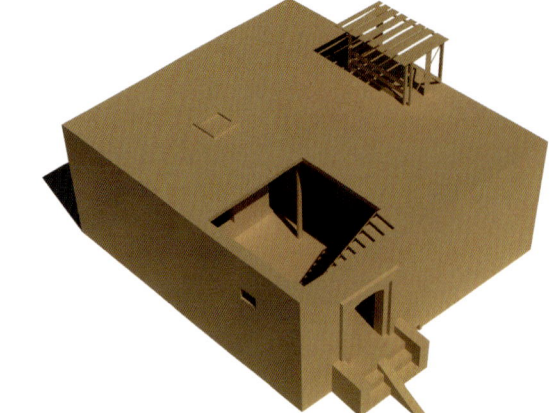

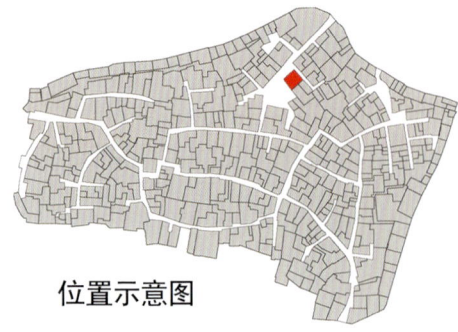

位置示意图

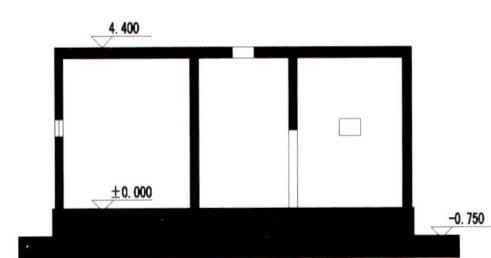

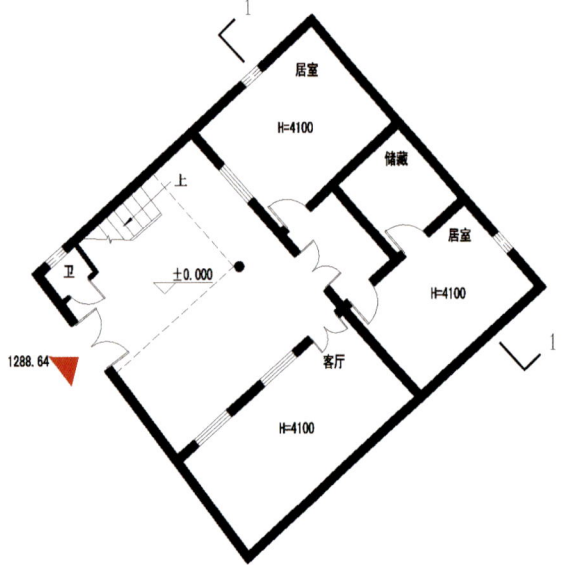

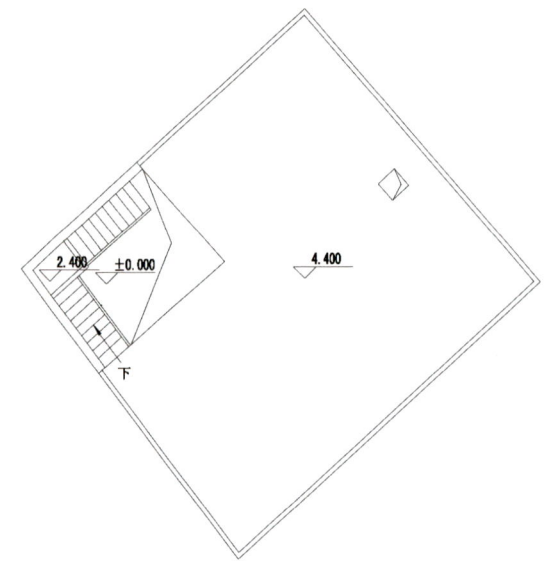

1-1剖面图　　　　　一层平面图　　　　　屋顶平面图

311号住宅

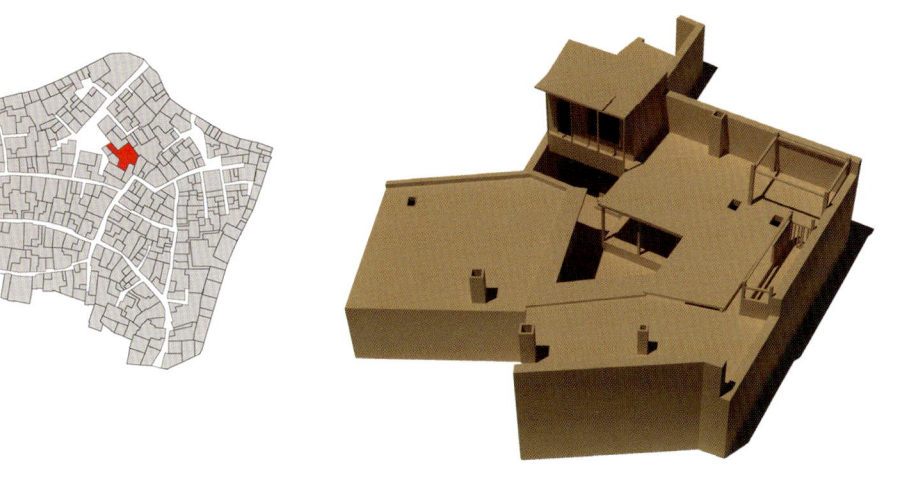

用户编号	280	户主	赛麦提阿吉·卡迪尔	人口	5人
门牌号	0311	收入水平	¥2600	职业分类	退休
搬迁意向	不同意	是否重建	重建	建筑主体结构	土木&砖木
建筑密度	70.90%	庭院面积	67.44 m²	住宅基地面积	231.65 m²
总建筑面积		180.87 m²		一层建筑面积	164.21 m²

描述　房屋历史悠久，于1985年新建了部分，现有两层，共9间。311号和313号及315号原来都属于同一个户主。

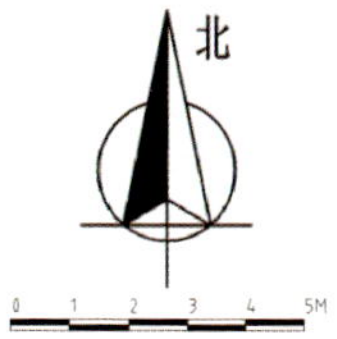

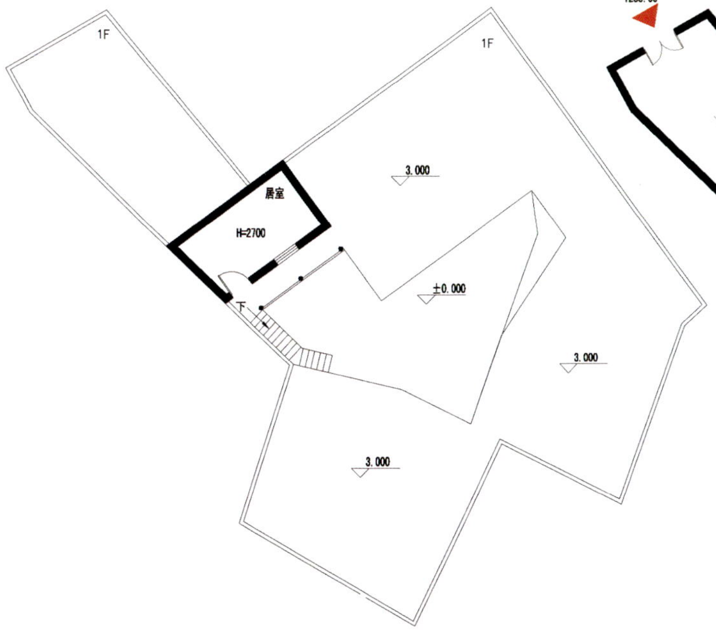

二层平面图 　　　一层平面图 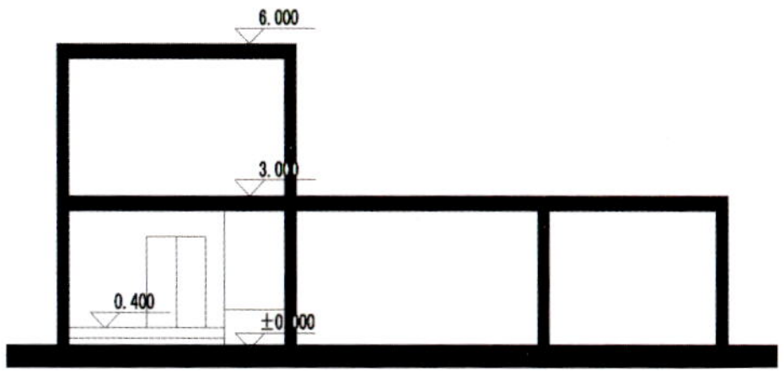　　　1-1剖面图

313号住宅

用户编号	281	户主	阿布都克依木	人口	5人
门牌号	0313	收入水平	￥600	职业分类	厨师
搬迁意向	不同意	是否重建	重建	建筑主体结构	砖木
建筑密度	85.10%	庭院面积	4.41 m²	住宅基地面积	29.54 m²
总建筑面积		77.77 m²	一层建筑面积		25.13 m²

描述：房屋于1990年新建，房屋两层，共4间。

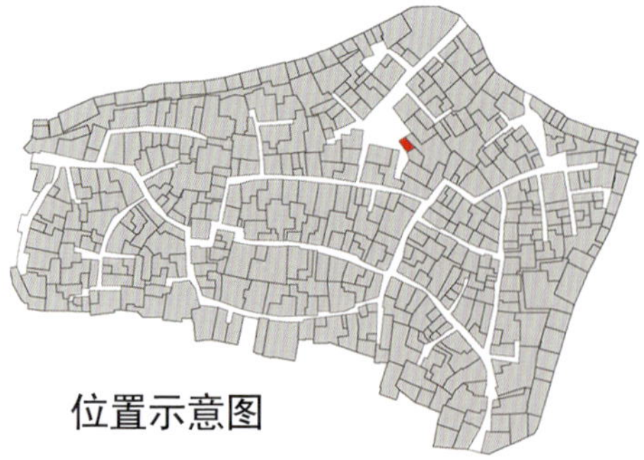

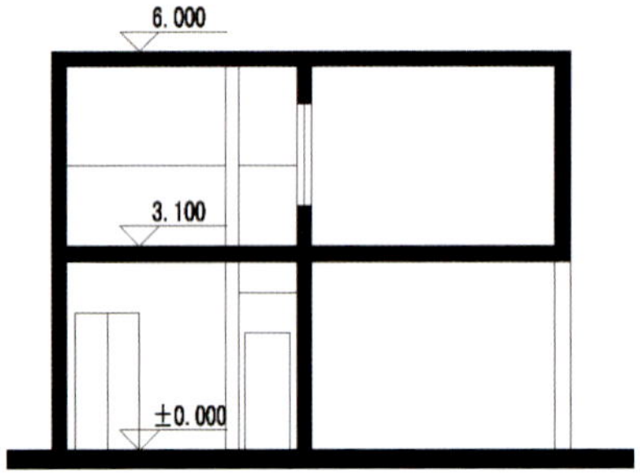

位置示意图

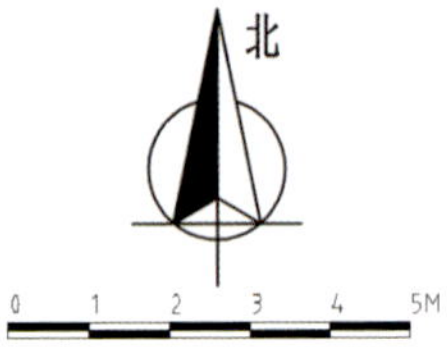

1-1剖面图 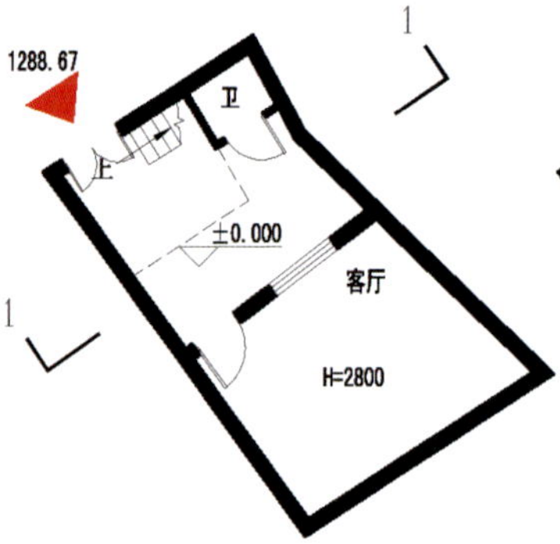　　一层平面图 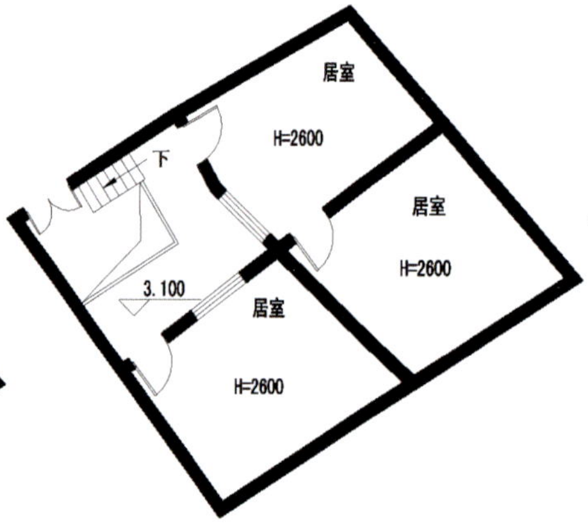　　二层平面图 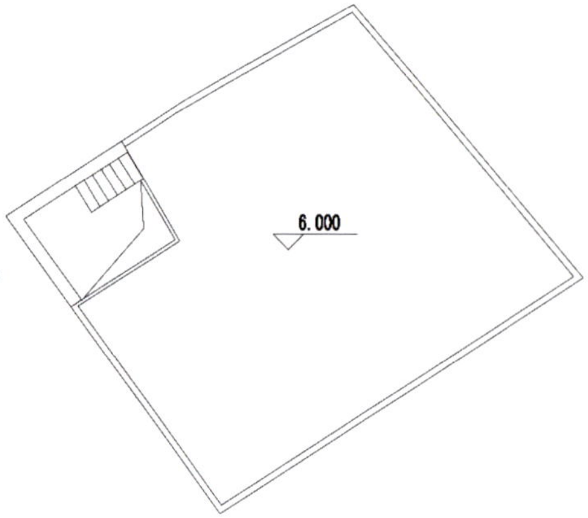　　屋顶平面图

315号住宅

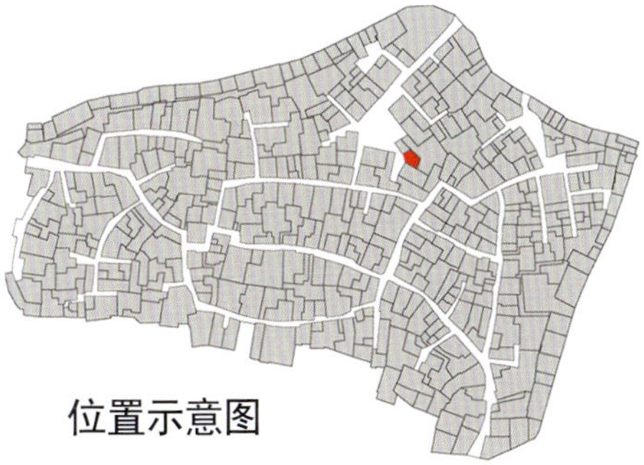

用户编号	282	户主	西尔艾力江·买买提	人口	4人
门牌号	0315	收入水平	￥600	职业分类	打工
搬迁意向	不同意	是否重建	重建	建筑主体结构	砖木
建筑密度	65.20%	庭院面积	7.34 m²	住宅基地面积	49.86 m²
总建筑面积		73.01 m²		一层建筑面积	32.52 m²

描述：主人于2007年迁入该房屋，房屋在1994年由户主的父亲修缮过一次。

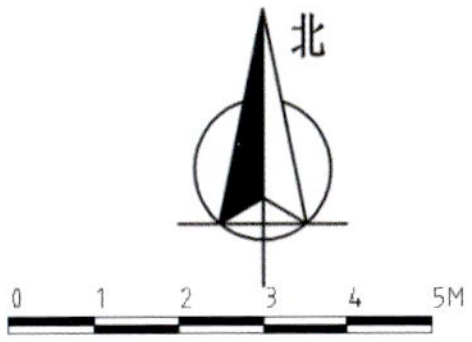

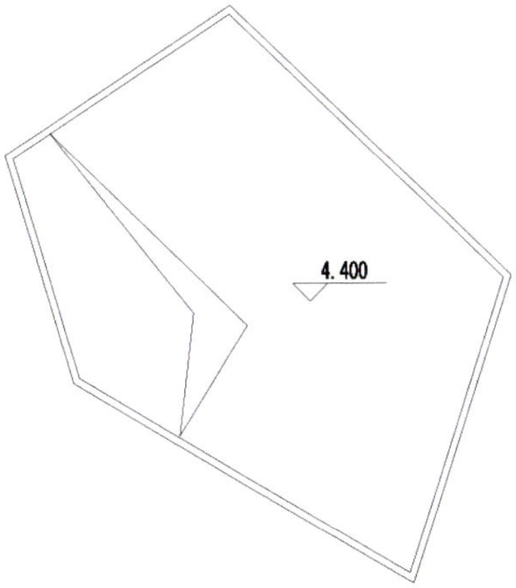

位置示意图

屋顶平面图 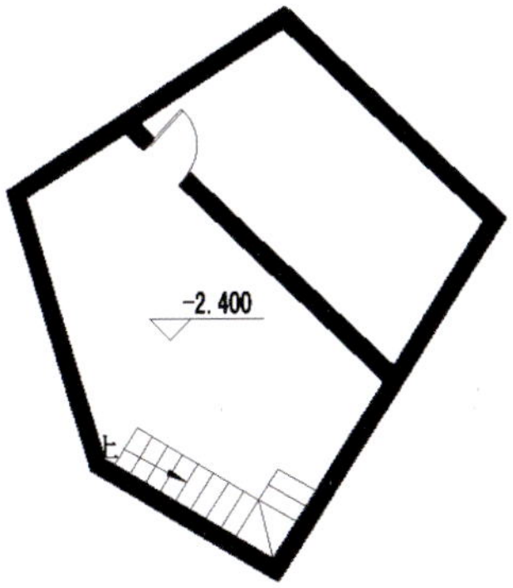　　地下一层平面图 　　一层平面图 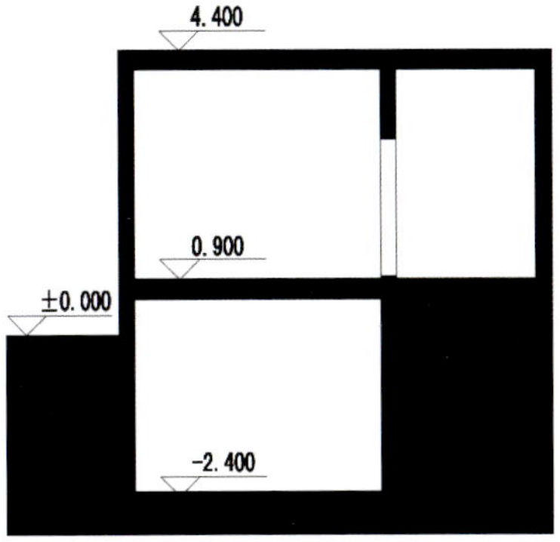　　1-1剖面图

317号住宅

用户编号	283	户主	买买提吐尔逊	人口	3人
门牌号	0317	收入水平	￥300	职业分类	修自行车
搬迁意向	不同意	是否重建	重建	建筑主体结构	土木
建筑密度	79.10%	庭院面积	7.89 m²	住宅基地面积	85.69 m²
总建筑面积	67.8 m²	一层建筑面积	67.8 m²		

描述：房屋始建于1979年，一层，共6间。317、319两家是亲戚。

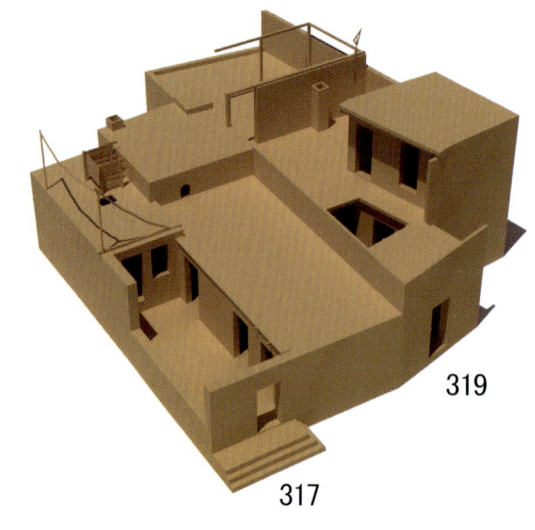

位置示意图

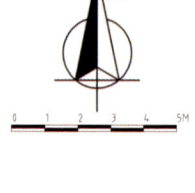

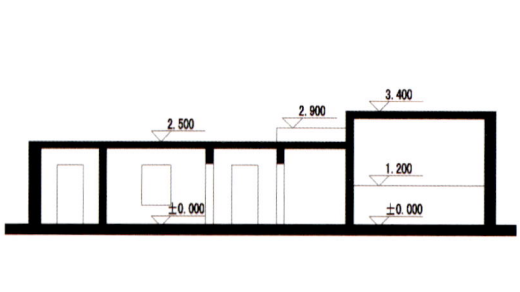
1-1剖面图

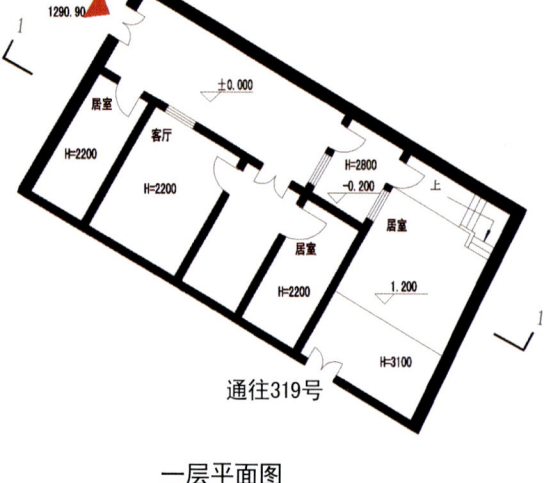
一层平面图

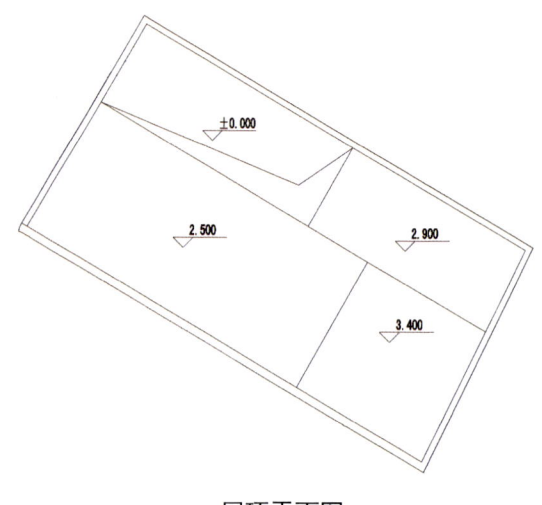
屋顶平面图

319号住宅

用户编号	284	户主	阿西木·买买提	人口	2人
门牌号	0319	收入水平	￥300	职业分类	做花瓶
搬迁意向	不同意	是否重建	重建	建筑主体结构	土木
建筑密度	83.40%	庭院面积	20.5 m²	住宅基地面积	123.7 m²
总建筑面积	121.06 m²	一层建筑面积	103.2 m²		

描述	房屋始建于1900年之前，至今没有修缮过。房屋有两层，共7间。

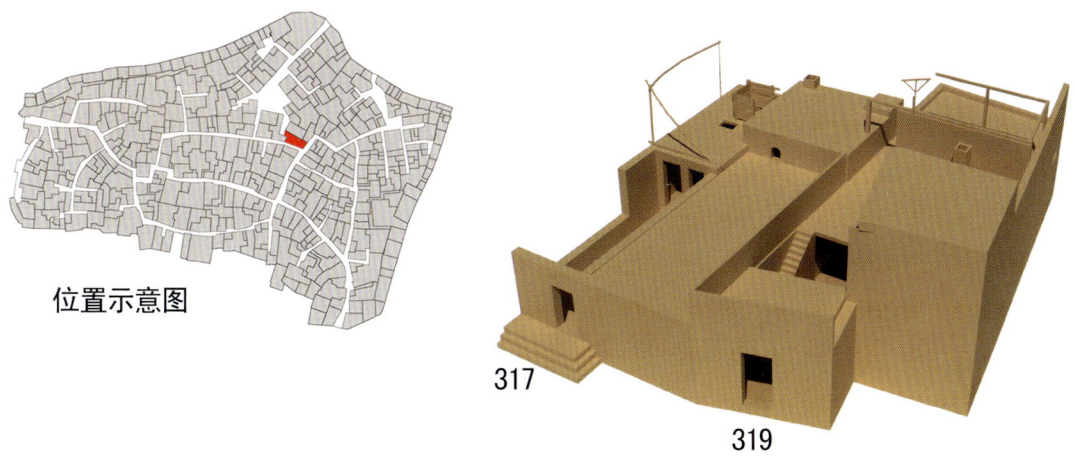

位置示意图

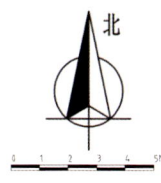

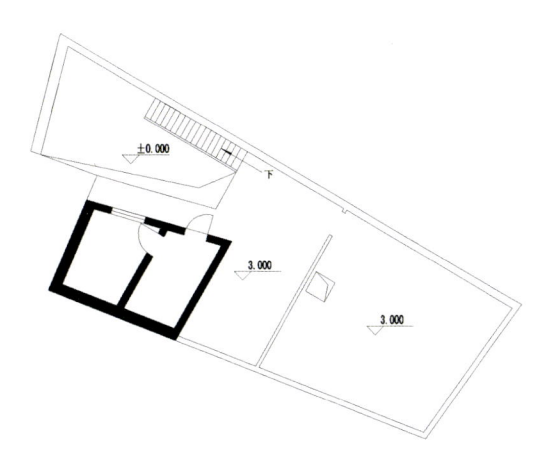

屋顶平面图

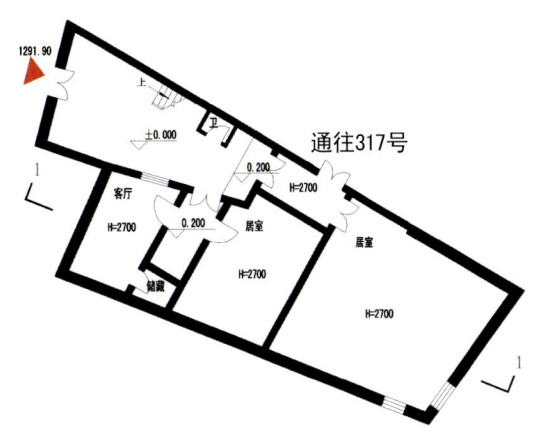

一层平面图

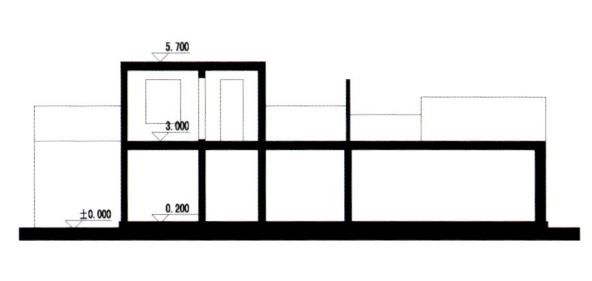

1-1剖面图

321a号住宅

用户编号	285	户主	艾买提江·阿布都拉	人口	2人
门牌号	0321a	收入水平	￥2500	职业分类	教师
搬迁意向	不同意	是否重建	重建	建筑主体结构	土木&砖木
建筑密度	84.30%	庭院面积	15.46 m²	住宅基地面积	98.59 m²
总建筑面积	109.99 m²			一层建筑面积	83.13 m²

描述：出租房。主人说他有6个孩子，是生活在这个房子的第5代人。房屋于1993年在老宅上修建，现在的房屋有两层，一个地下室，共6个房间。

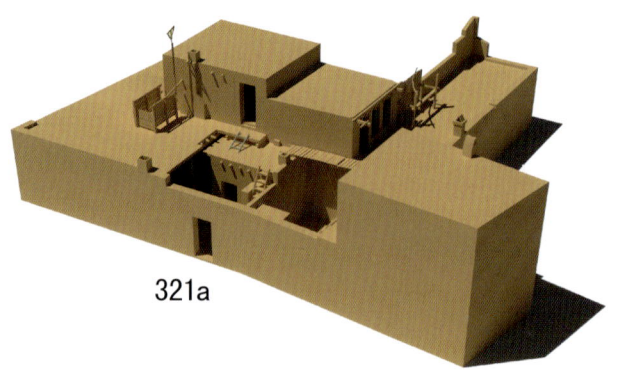
321a

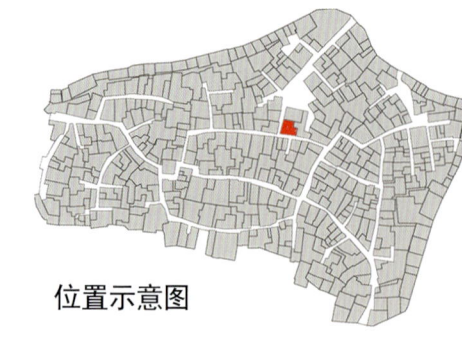
位置示意图

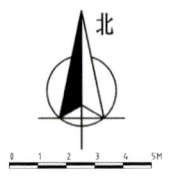

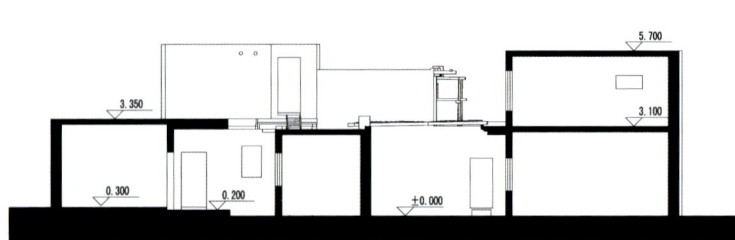

1-1剖面图　　　　　　　　　　一层平面图

321b号住宅

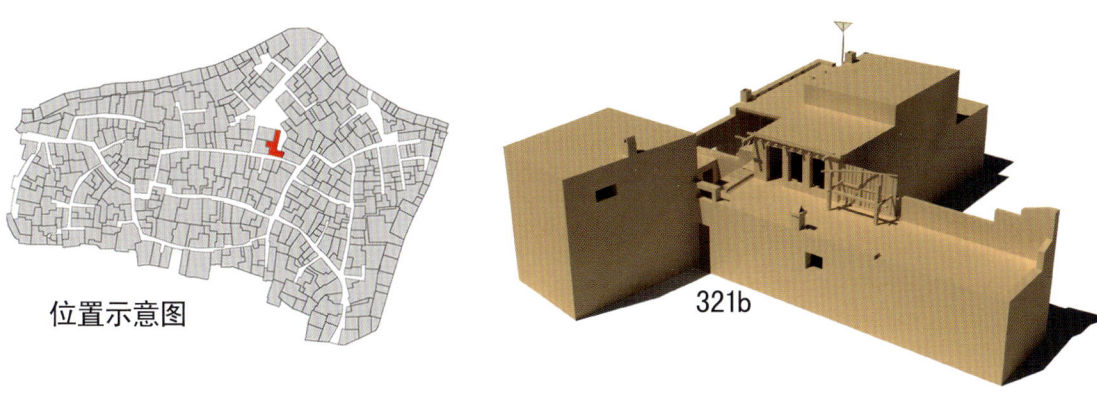

位置示意图　　　321b

用户编号	286	户主		人口	
门牌号	0321b	收入水平		职业分类	
搬迁意向	不同意	是否重建	重建	建筑主体结构	土木&砖木
建筑密度	81.50%	庭院面积	23.01 m²	住宅基地面积	124.46 m²
总建筑面积		146.14 m²	一层建筑面积		101.45 m²

描述：出租房，有两层，共7个房间。

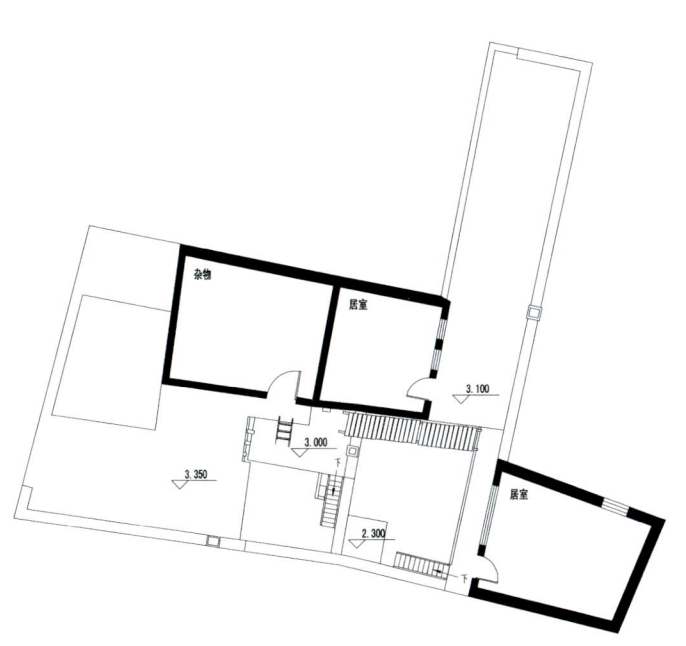

二层平面图

屋顶平面图

347

329a号住宅

用户编号	287	户主	噢布力卡斯木·吐尔逊	人口	5人
门牌号	0329a	收入水平	￥1500	职业分类	做陶瓷
搬迁意向	同意	是否重建		建筑主体结构	砖木
建筑密度	76.30%	庭院面积	10.51 m²	住宅基地面积	44.31 m²
总建筑面积	53.04 m²	一层建筑面积	33.8 m²		
描述	329a号和329b号住户为一家，有两层，共3间。				

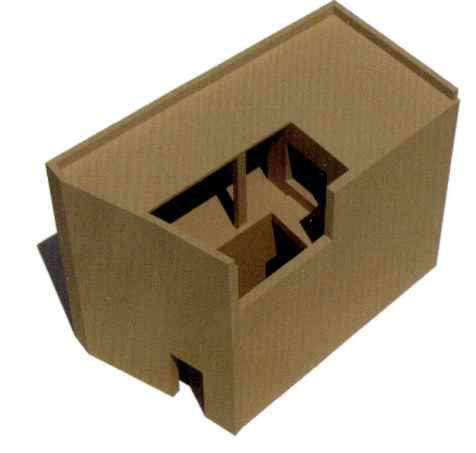

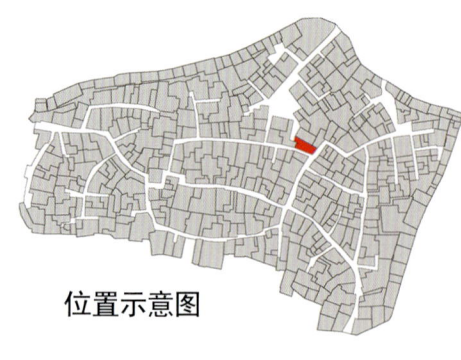

位置示意图

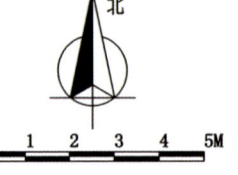

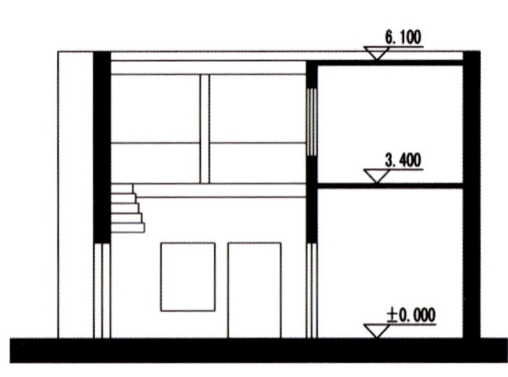
1-1剖面图

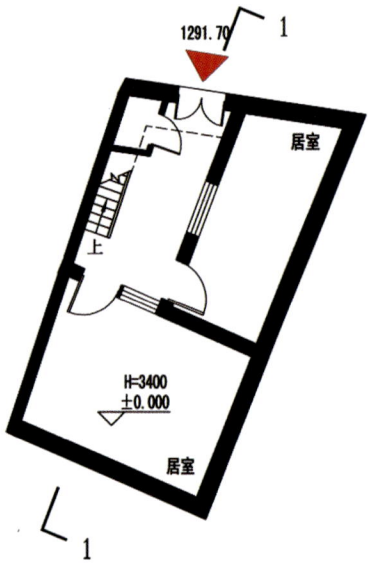
一层平面图

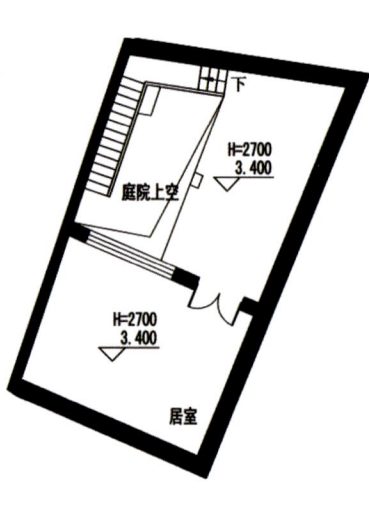
二层平面图

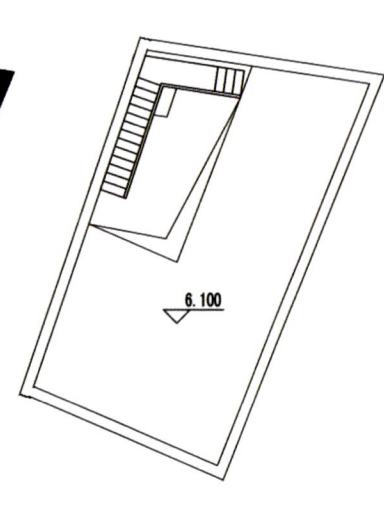
屋顶平面图

329b号住宅

位置示意图

用户编号	288	户主	阿力也·司马义	人口	2人
门牌号	0329b	收入水平	￥250	职业分类	打扫卫生
搬迁意向	同意	是否重建		建筑主体结构	土木
建筑密度	84.50%	庭院面积	8.44 m²	住宅基地面积	54.59 m²
总建筑面积	107.44 m²	一层建筑面积			46.15 m²

描述	房屋有两层，共4间。

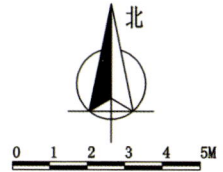

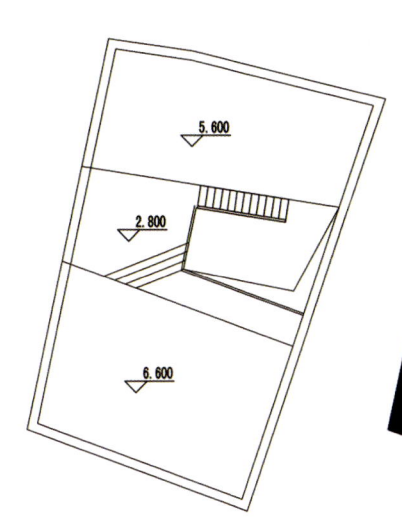

屋顶平面图

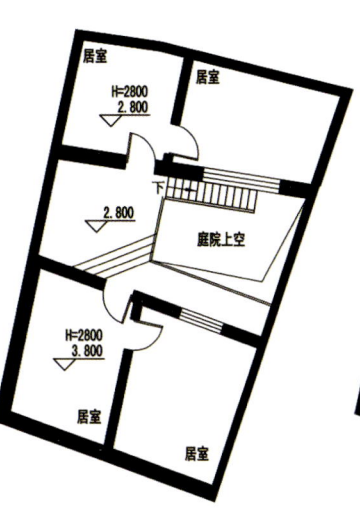

二层平面图

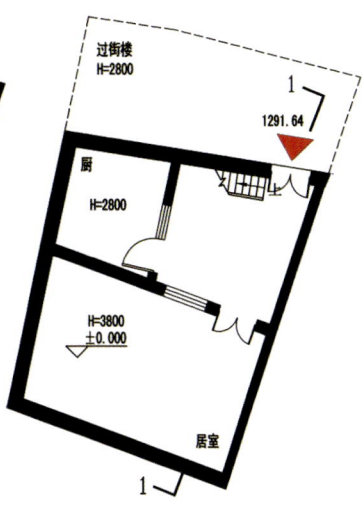

一层平面图

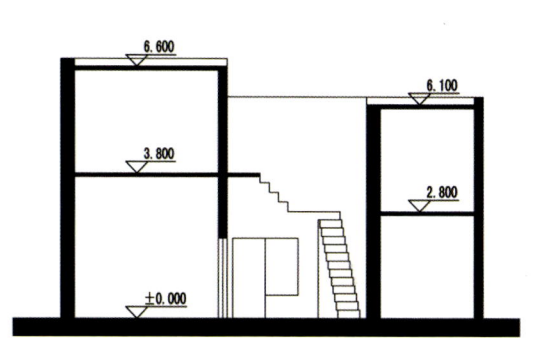

1-1剖面图

327号住宅

用户编号	289	户主	布帕提曼·艾山	人口	5人
门牌号	0327	收入水平	￥300	职业分类	木匠
搬迁意向	同意	是否重建		建筑主体结构	土木
建筑密度	82.70%	庭院面积	9.6 m²	住宅基地面积	55.56 m²
总建筑面积	71.29 m²			一层建筑面积	45.96 m²

描述	房屋于1989年购买，2008年修缮，有两层，共4间。

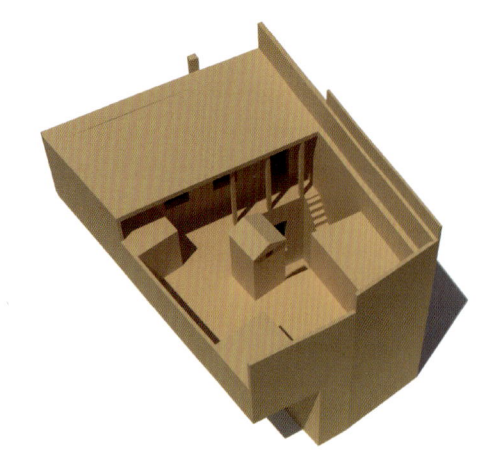

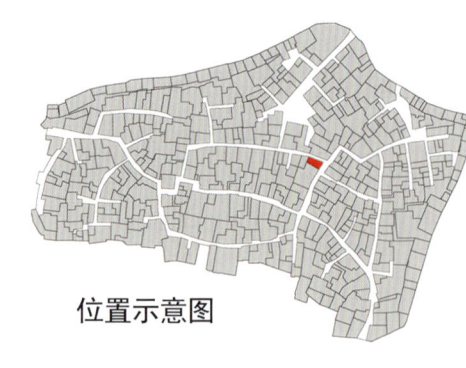

位置示意图

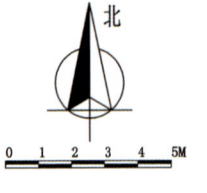

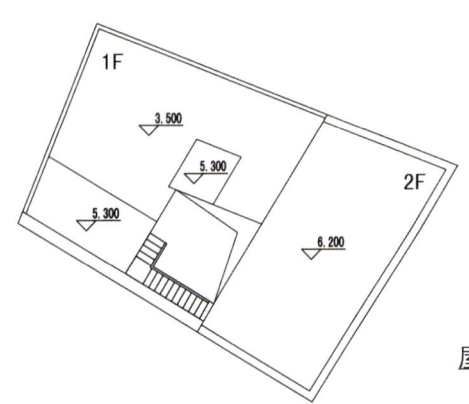

屋顶平面图

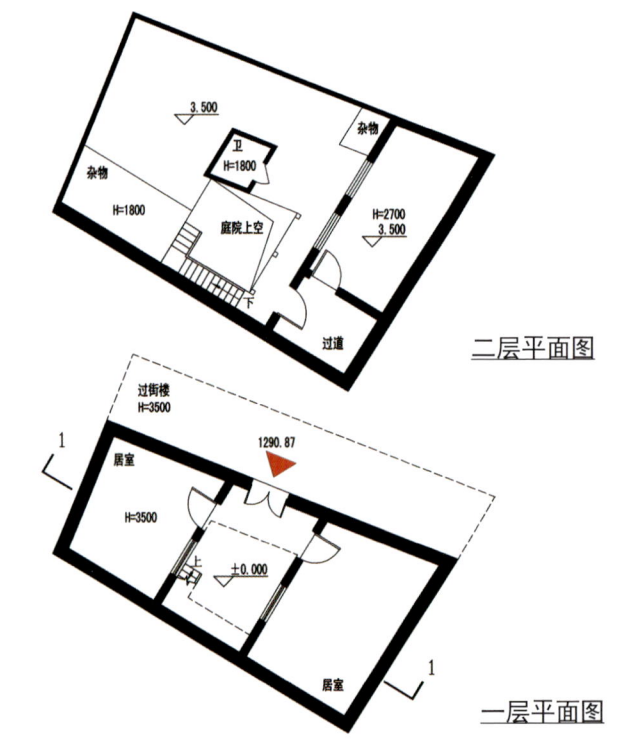

二层平面图

一层平面图

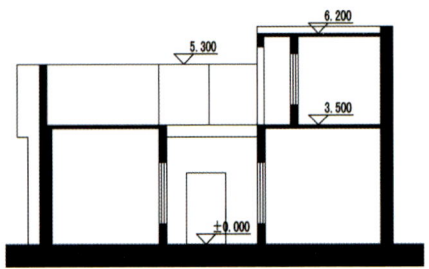

1-1剖面图

333号住宅

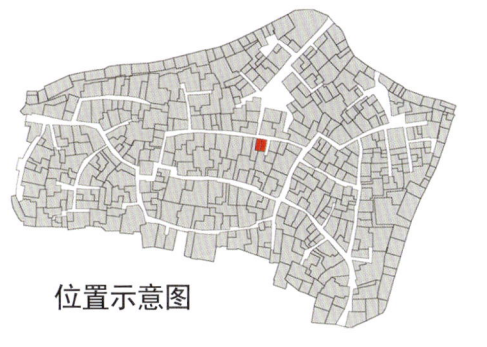

位置示意图

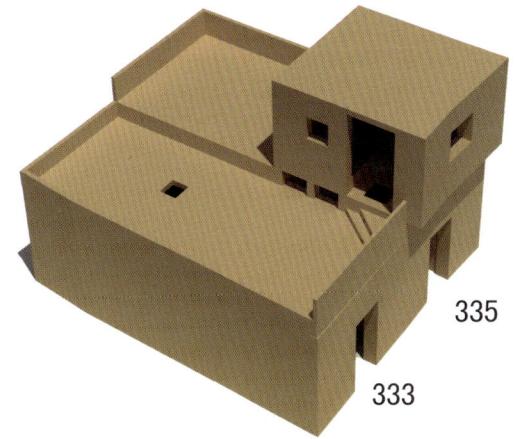

335
333

用户编号	290	户主	努热曼·艾山	人口	5人
门牌号	0333	收入水平	￥900	职业分类	绣帽子
搬迁意向	不同意	是否重建	重建	建筑主体结构	砖木
建筑密度	100.00%	庭院面积		住宅基地面积	32.17 m²
总建筑面积	32.17 m²	一层建筑面积	32.17 m²		

描述	333号和335号住户为一家。房屋于1989年购买,2004年装修过,一层,共2间。

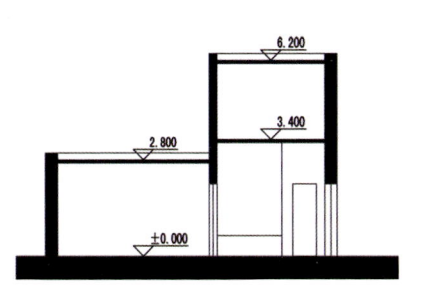

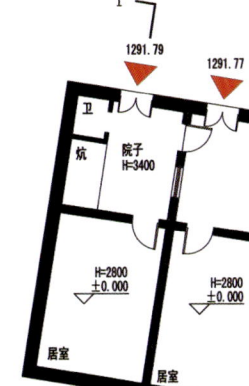

二层平面图　　一层平面图

1-1剖面图

335号住宅

用户编号	291	户主	努热曼·艾上	人口	5人
门牌号	0335	收入水平	￥900	职业分类	绣帽子
搬迁意向	不同意	是否重建	重建	建筑主体结构	土木
建筑密度	100.00%	庭院面积	8.65 m²	住宅基地面积	33.03 m²
总建筑面积	47.12 m²	一层建筑面积	33.03 m²		

描述	房屋始建于1969年,2004年修缮,333号和335号住户为一家,可相互进入。

331a号住宅

用户编号	292	户主	吾布力·喀生木.吾布力	人口	5人
门牌号	0331b	收入水平	￥3500	职业分类	卖土陶
搬迁意向	不同意	是否重建	重建	建筑主体结构	
建筑密度	65.90%	庭院面积	18.47 m²	住宅基地面积	54.13 m²
总建筑面积		91.64 m²	一层建筑面积	35.66 m²	
描述	房屋有两层，共4间。				

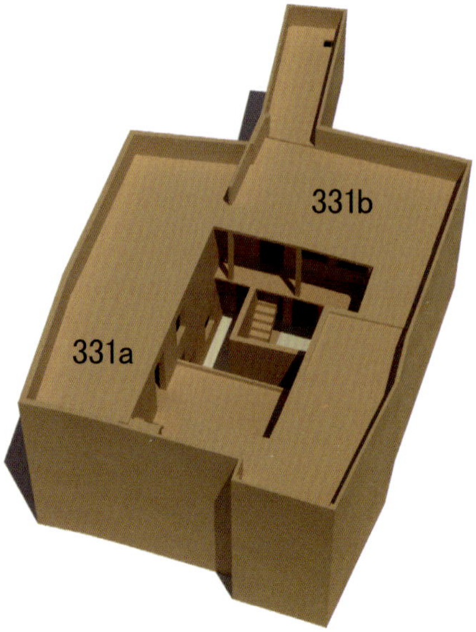

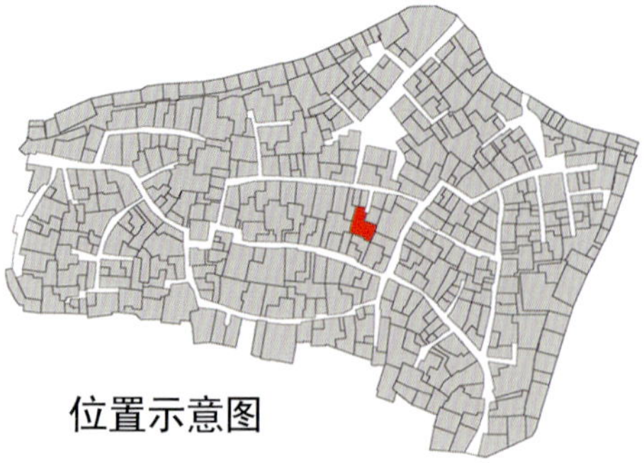

位置示意图

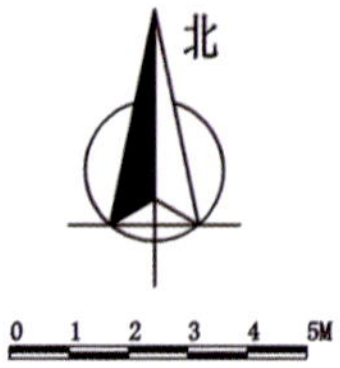

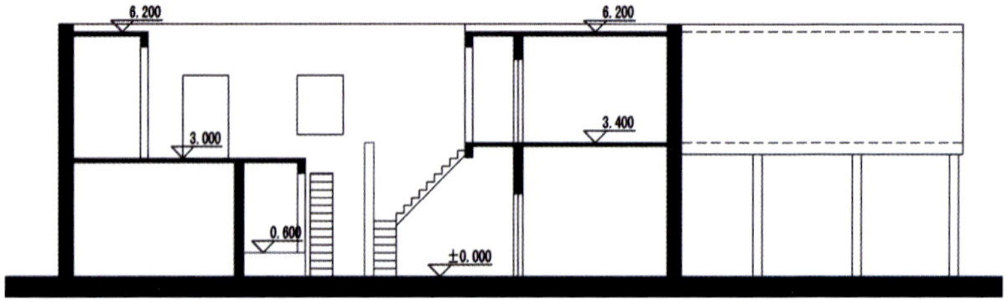

1-1剖面图

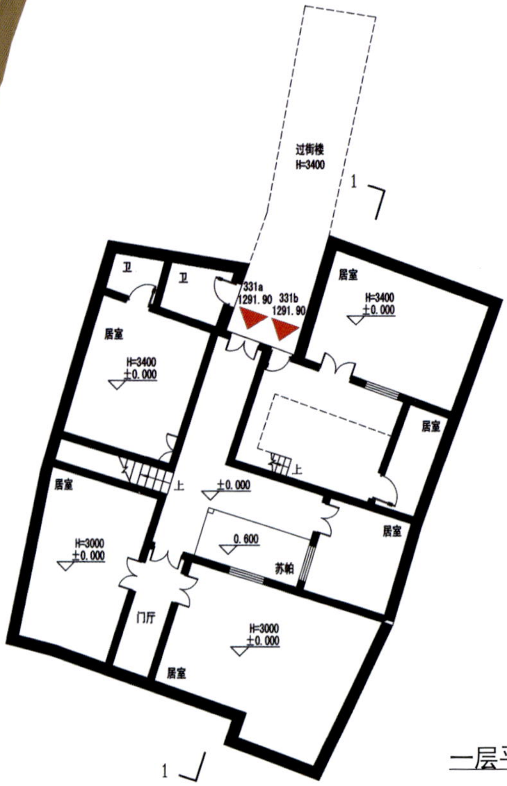

一层平面图

331b号住宅

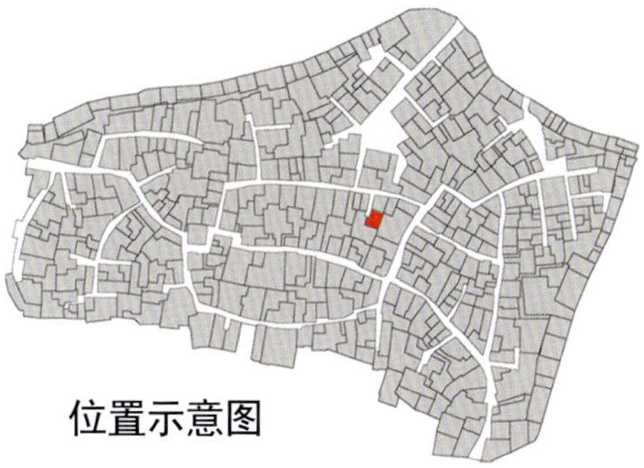

位置示意图

用户编号	293	户主	麦麦提依明·吾布力	人口	7人
门牌号	0331a	收入水平	￥1000	职业分类	做土陶
搬迁意向	不同意	是否重建	重建	建筑主体结构	砖混
建筑密度	85.20%	庭院面积	20.37 m²	住宅基地面积	137.51 m²
总建筑面积	191.49 m²	一层建筑面积	117.14 m²		

描述：房屋于1984年新建，有两层，共10间，1990年由兄弟二人分成两套。

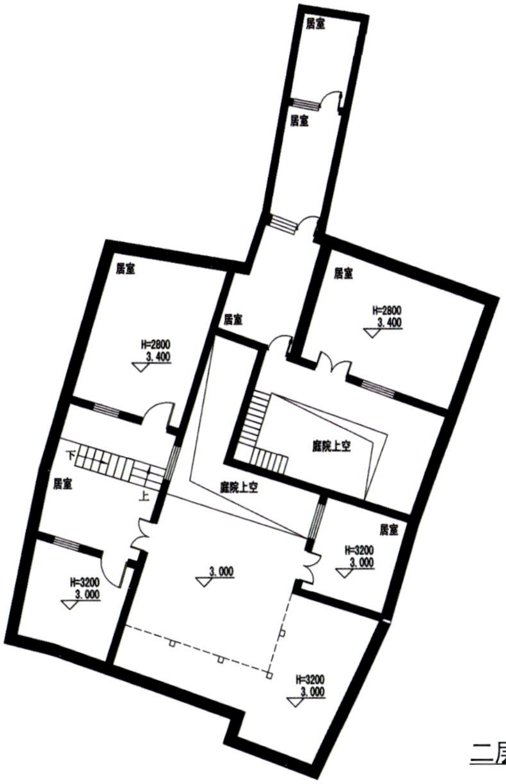

二层平面图

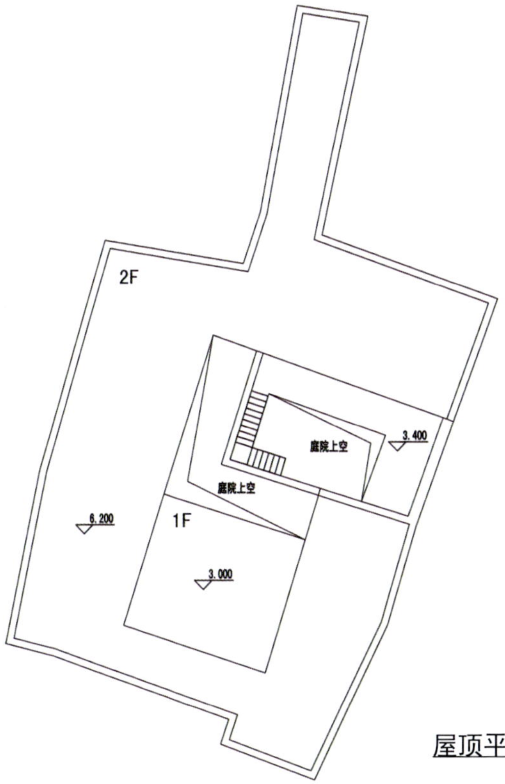

屋顶平面图

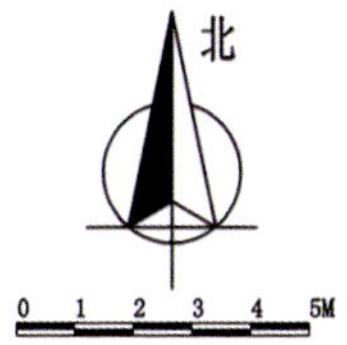

337号住宅

用户编号	294	户主	吐尔洪·库尔班	人口	4人
门牌号	0337	收入水平	￥1300	职业分类	修鞋子
搬迁意向	同意	是否重建		建筑主体结构	土木
建筑密度	63.40%	庭院面积	22.77 m²	住宅基地面积	62.22 m²
总建筑面积		47 m²	一层建筑面积		39.45 m²

描述：房屋修建于1990年之前，住户1997年修缮了房子，有两层，共4间，院子窄而且长，充分利用了地形。

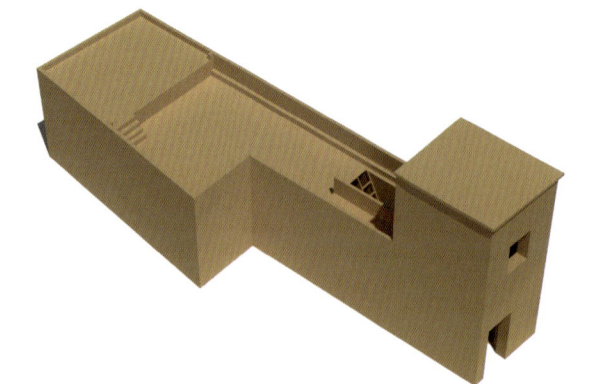

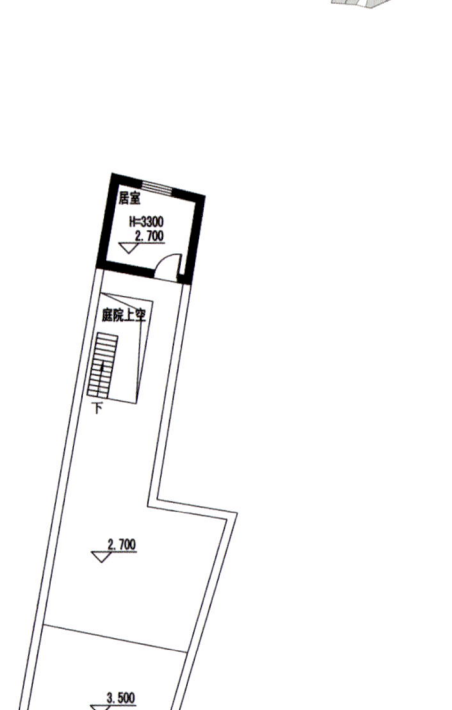

位置示意图

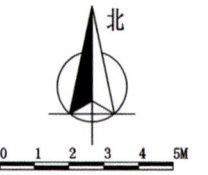

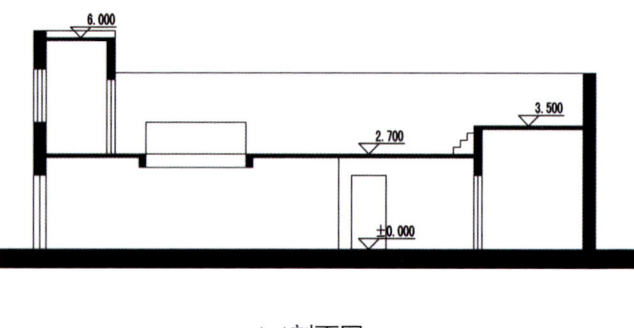

1-1剖面图

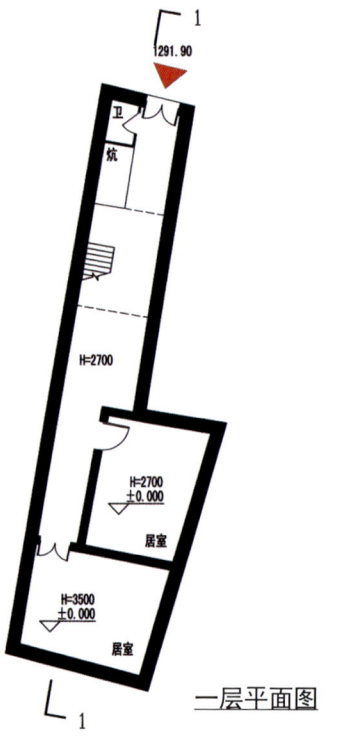

一层平面图　　二层平面图

339号住宅

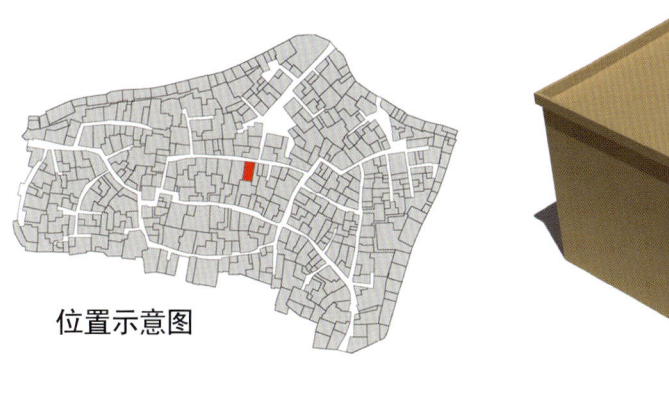

位置示意图

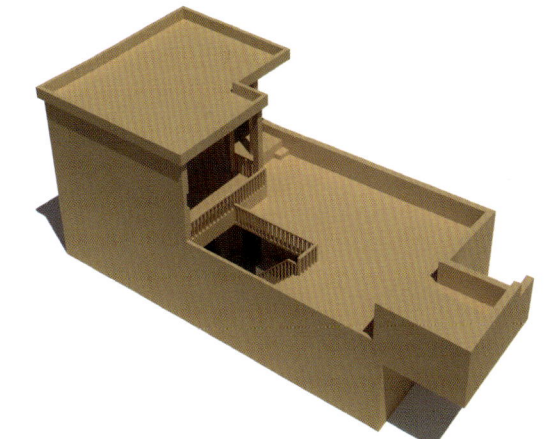

用户编号	295	户主	买买提依明·瓦力斯	人口	5人
门牌号	0339	收入水平	￥2200	职业分类	做手工艺品
搬迁意向	不同意	是否重建	重建	建筑主体结构	土木&砖木
建筑密度	77.60%	庭院面积	21.31 m²	住宅基地面积	95.06 m²
总建筑面积	102.1 m²		一层建筑面积	73.75 m²	

描述 房屋修建于1939年,住户于1994年前增建,有两层,共5间。339号和163号住户为一家。

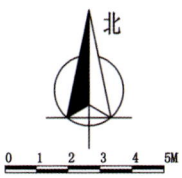

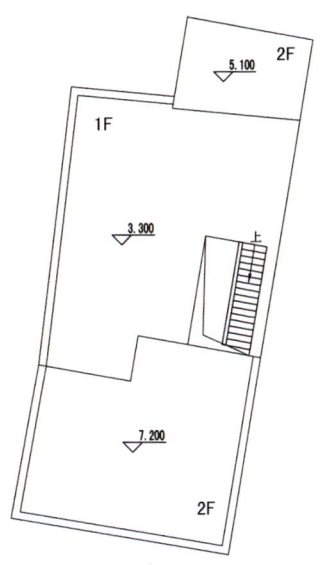

屋顶平面图

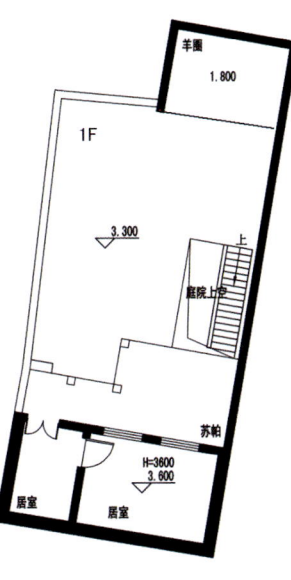

二层平面图

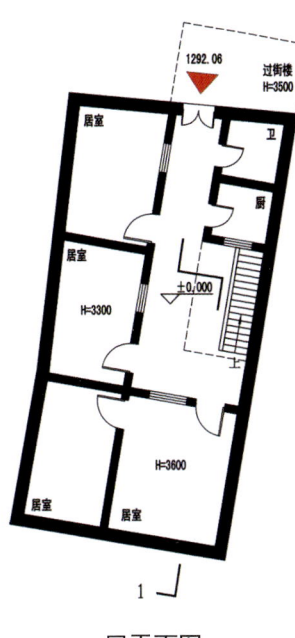

一层平面图

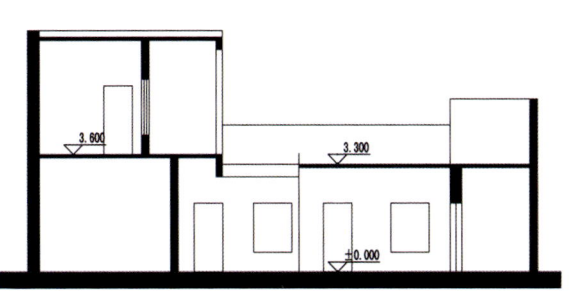

1-1剖面图

341号住宅

用户编号	296	户主	海仁尼萨·艾力	人口	4人
门牌号	0341	收入水平	￥600	职业分类	司机
搬迁意向	同意	是否重建		建筑主体结构	土木
建筑密度	76.80%	庭院面积	36.94 m²	住宅基地面积	159.26 m²
总建筑面积		142.82 m²	一层建筑面积		122.32 m²

描述：房屋修建于1949年，并于1974年扩建，两层，共9间。

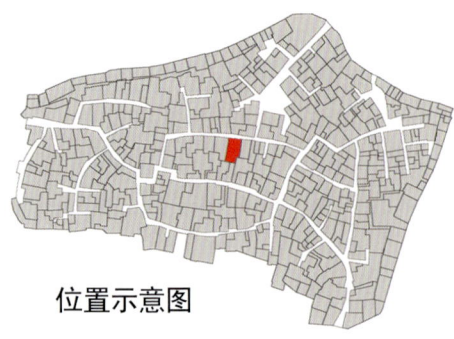

位置示意图

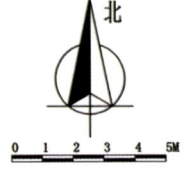

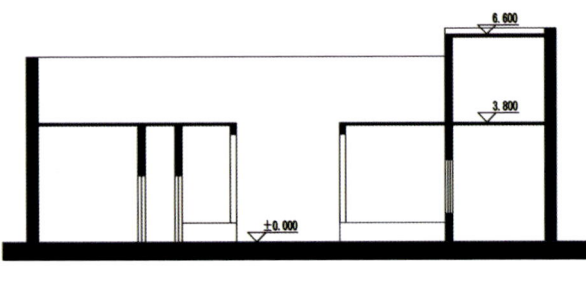

1-1剖面图

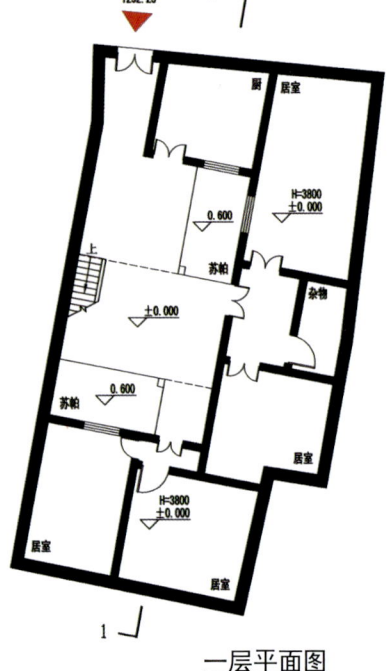

一层平面图

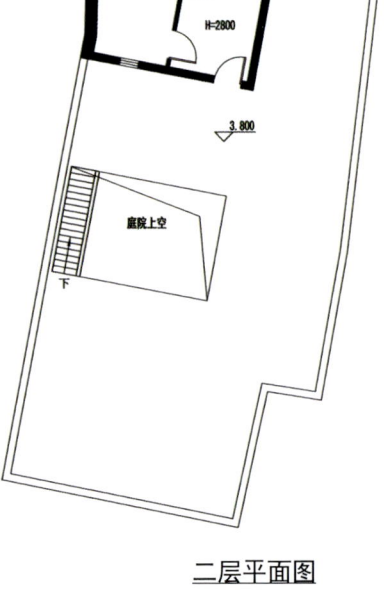

二层平面图

343号住宅

位置示意图

用户编号	297	户主	吐提古丽·肉孜	人口	3人
门牌号	0343	收入水平	￥800	职业分类	社区工作员
搬迁意向	不同意	是否重建	重建	建筑主体结构	土木
建筑密度	80.30%	庭院面积	27.35 m²	住宅基地面积	139.01 m²
总建筑面积		111.66 m²		一层建筑面积	111.66 m²

描述　房屋修建于1909年，并于2007年对房屋进行修缮，一层，共6间，庭院内有两个苏帕。

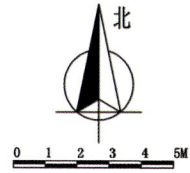

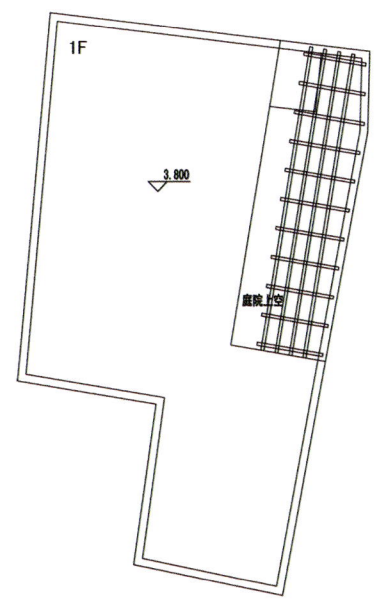

屋顶平面图

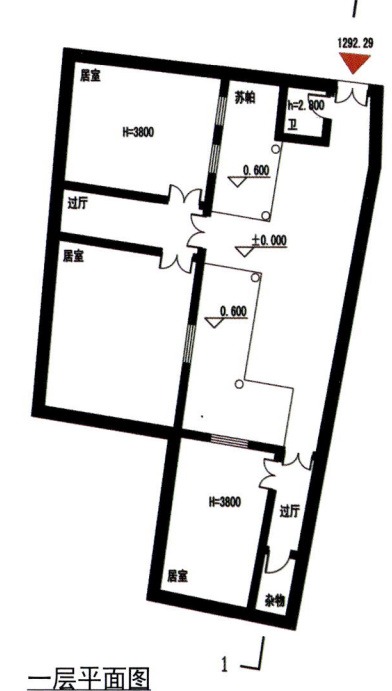

一层平面图

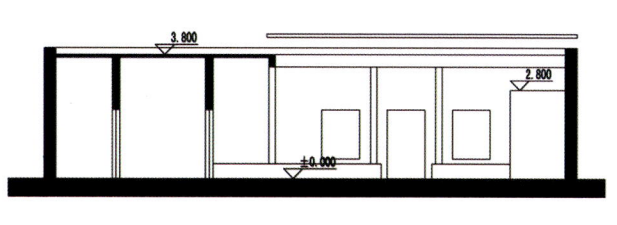

1-1剖面图

345号住宅

用户编号	298	户主	依玛木肉孜	人口	4人
门牌号	0345	收入水平	￥3000	职业分类	做生意
搬迁意向	不同意	是否重建	重建	建筑主体结构	土木&砖木
建筑密度	74.50%	庭院面积	24.33 m²	住宅基地面积	95.39 m²
总建筑面积	106.76 m²	一层建筑面积	71.06 m²		
描述	出租户。房屋有两层，共7间。				

位置示意图

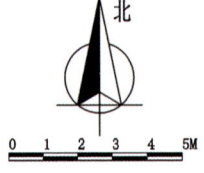

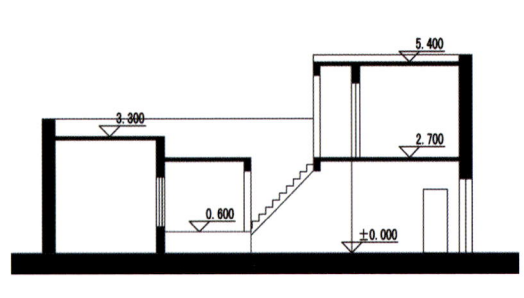
1-1剖面图

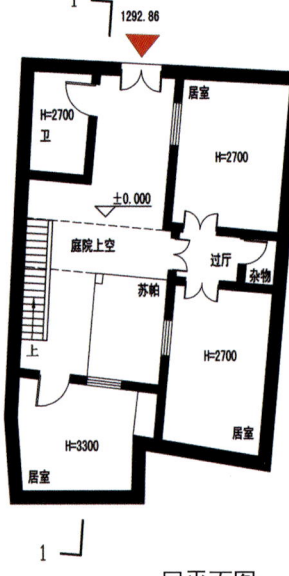
一层平面图

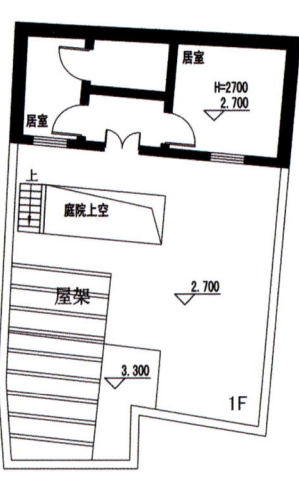
二层平面图

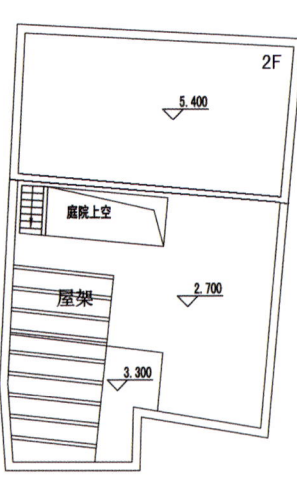
屋顶平面图

347号住宅

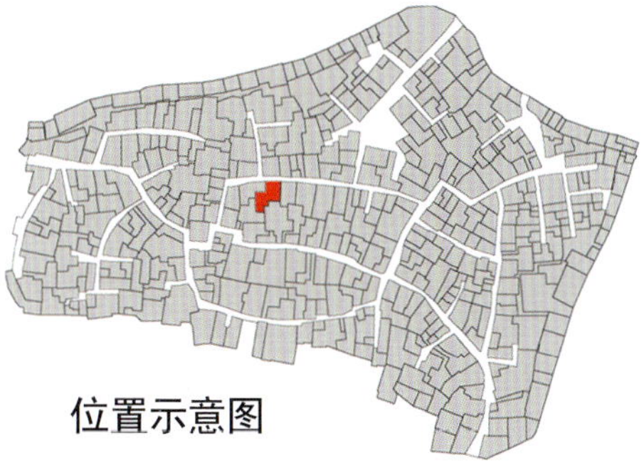

用户编号	299	户主	帕提古丽·祖农		人口	2人
门牌号	0347	收入水平	￥200		职业分类	待业
搬迁意向	同意	是否重建		建筑主体结构		土木
建筑密度	80.40%	庭院面积	25.74 m²		住宅基地面积	131.05 m²
总建筑面积		105.31 m²		一层建筑面积		105.31 m²
描述	房屋有一层，共7间。					

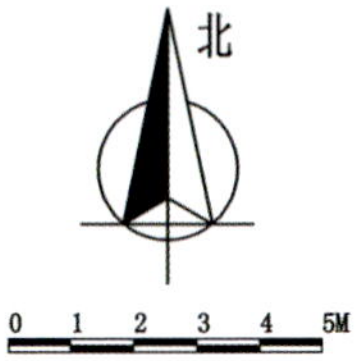

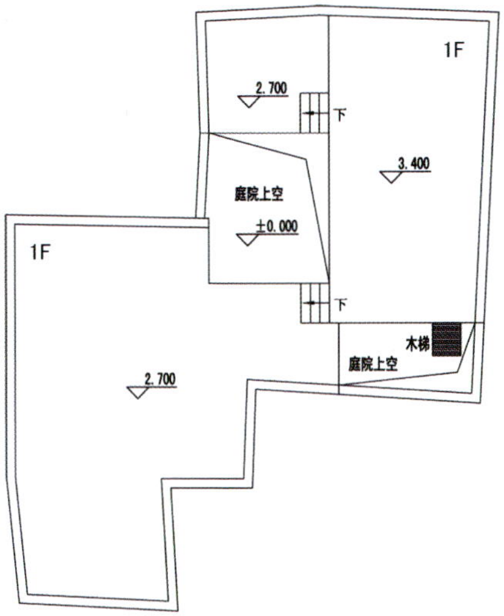

位置示意图

屋顶平面图 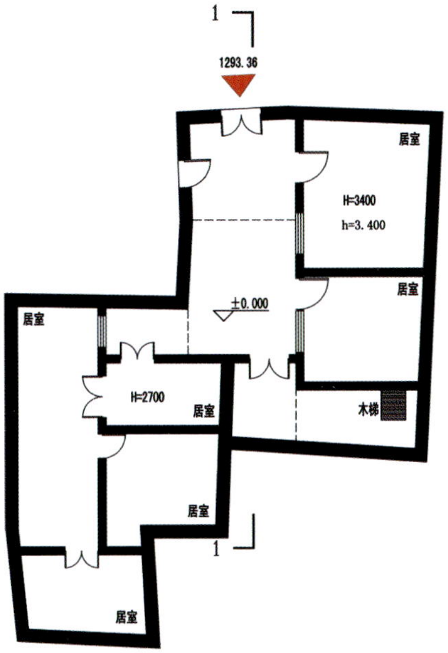　　　一层平面图 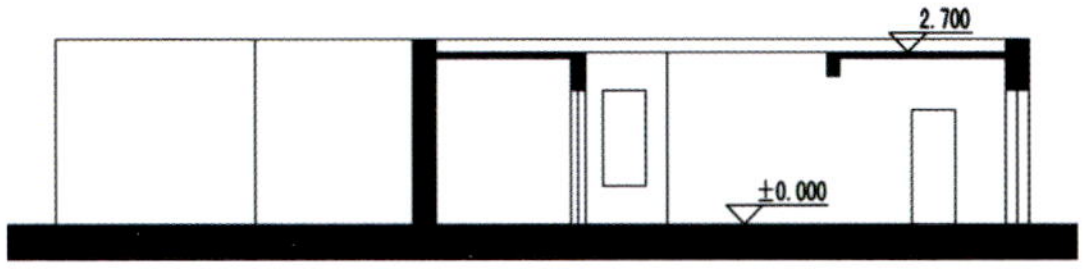　　　1-1剖面图

349号住宅

用户编号	300	户主	阿吉古丽·祖农	人口	3人
门牌号	0349	收入水平	￥4500	职业分类	教师
搬迁意向	同意	是否重建		建筑主体结构	土木
建筑密度	79.20%	庭院面积	21.56 m²	住宅基地面积	103.66 m²
总建筑面积		109.1 m²	一层建筑面积		82.1 m²

描述	房屋两层，共7间，为出租户。349号和347号民居由一户分成。

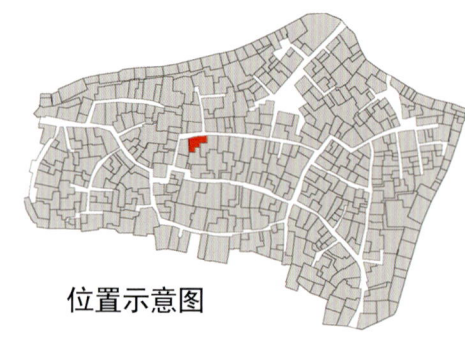

位置示意图

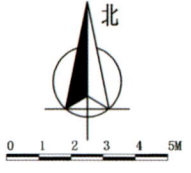

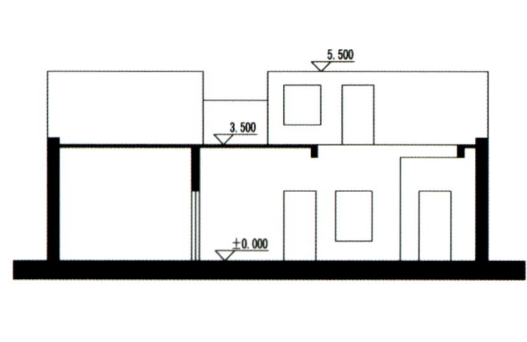

1-1剖面图

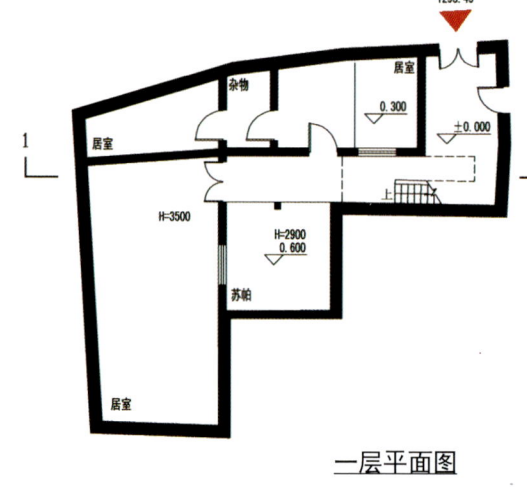

一层平面图

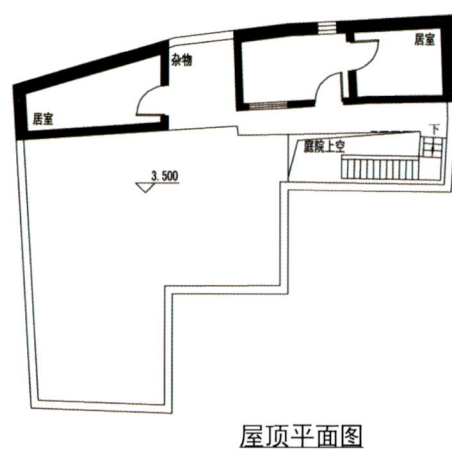

屋顶平面图

351号住宅

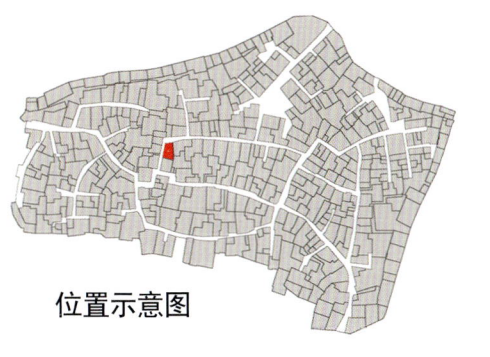

位置示意图

用户编号	301	户主	买买提艾力·克仁木	人口	6人
门牌号	0351	收入水平	￥1500	职业分类	卖土陶
搬迁意向	不同意	是否重建	重建	建筑主体结构	土木
建筑密度	75.70%	庭院面积	19.67 m²	住宅基地面积	80.85 m²
总建筑面积		111.45 m²		一层建筑面积	61.18 m²
描述	房屋修建于1909年，1991年购房，花费1.5万元，共两层。				

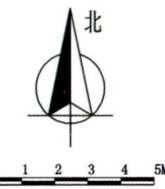

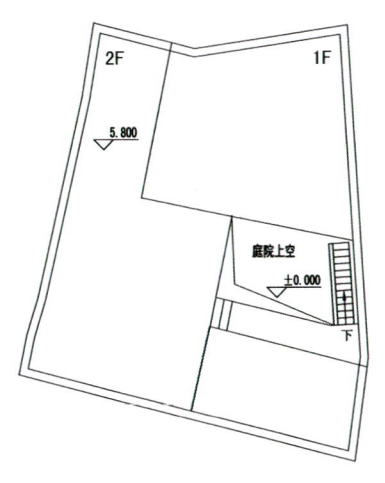
屋顶平面图

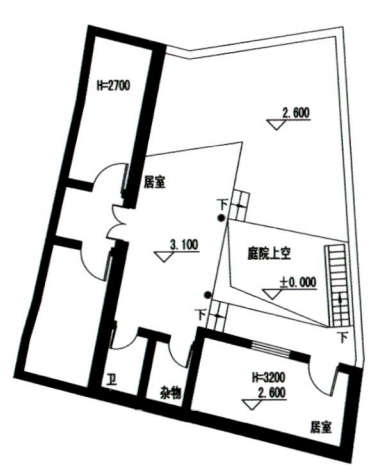
二层平面图

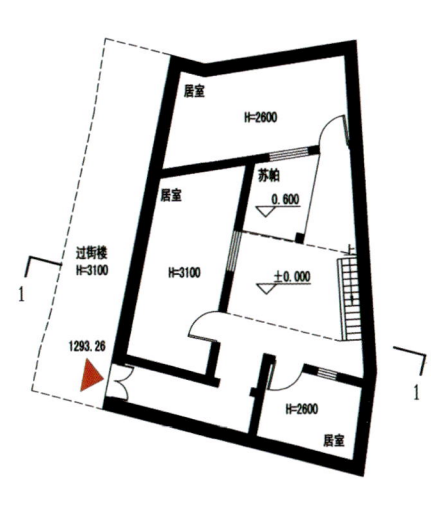
一层平面图

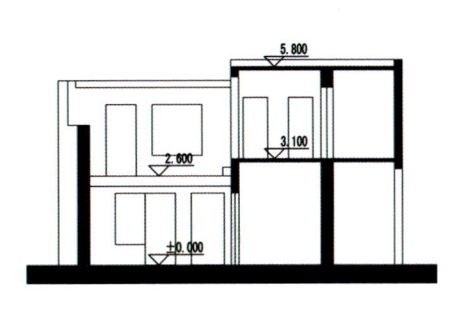
1-1剖面图

353号住宅

用户编号	302	户主	赛来·热依木	人口	4人
门牌号	0353	收入水平	￥300	职业分类	做馕
搬迁意向		是否重建	保留	建筑主体结构	砖混
建筑密度	83.90%	庭院面积	11.64 m²	住宅基地面积	72.27 m²
总建筑面积		116.44 m²		一层建筑面积	60.63 m²
描述	房屋于1953年购买，2006年扩建并装修，花费6万元，有两层，共8间。				

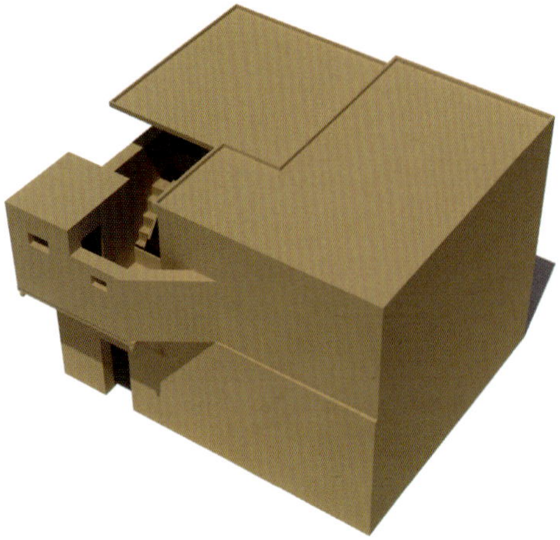

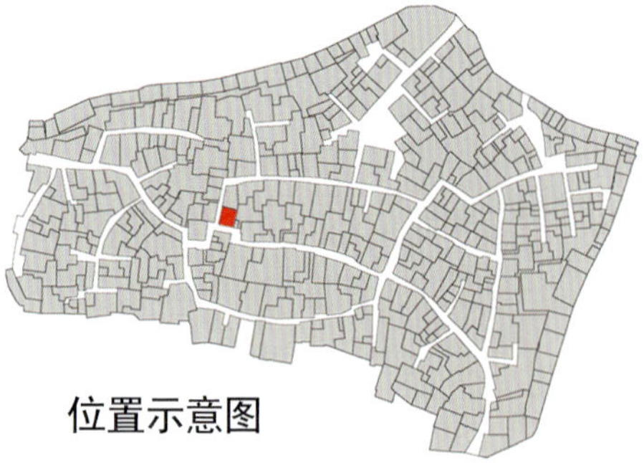

位置示意图

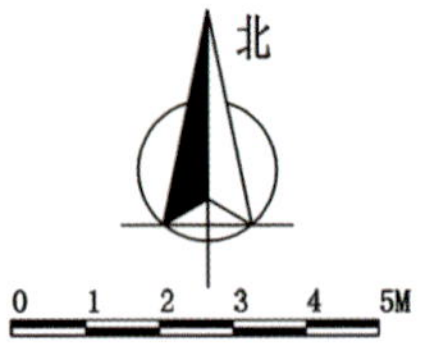

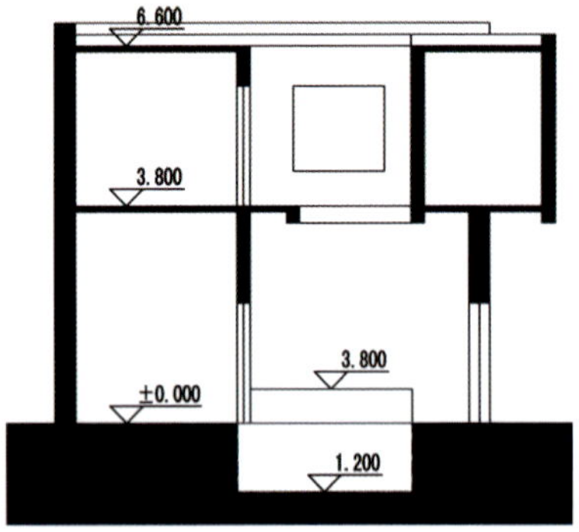

1-1剖面图 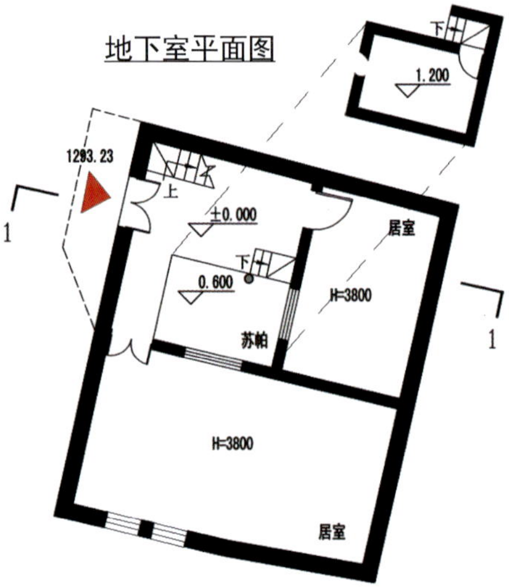　　一层平面图 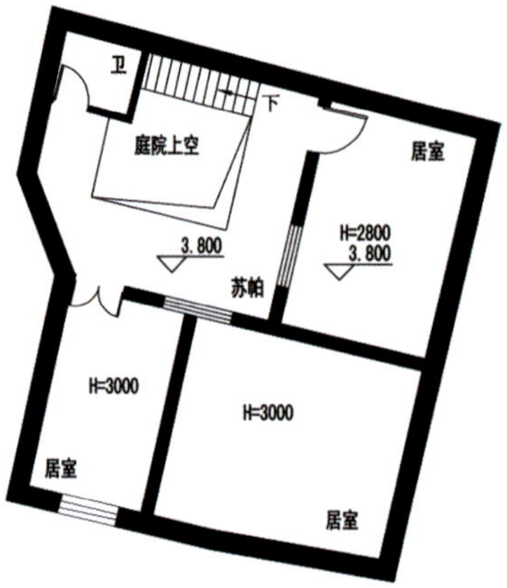　　二层平面图 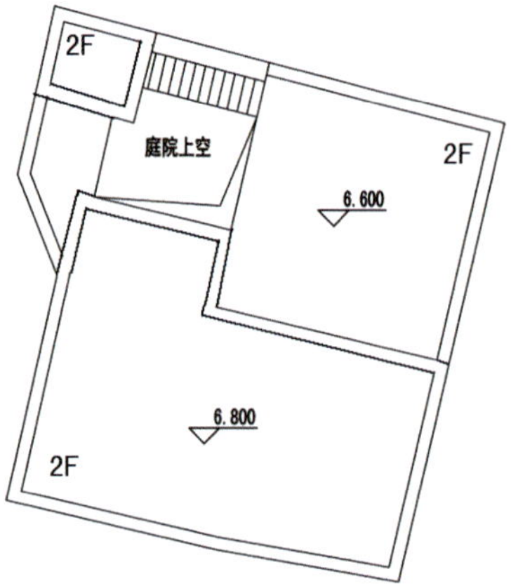　　屋顶平面图

355号住宅

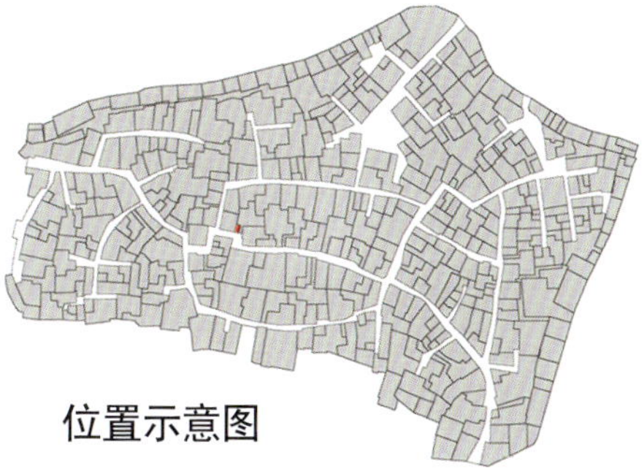

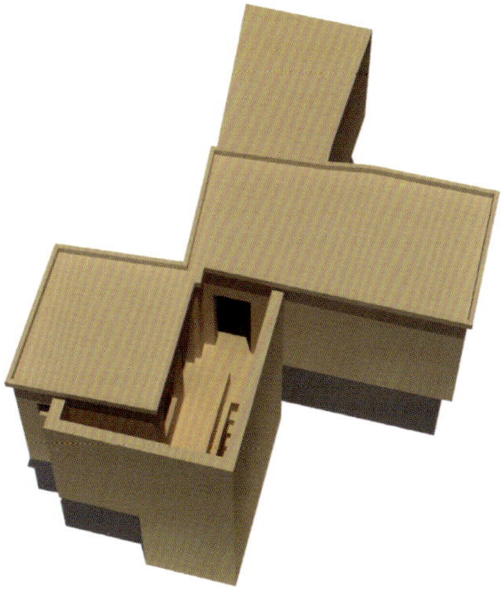

用户编号	303	户主	阿布力米提·阿吉	人口	2人
门牌号	0355	收入水平	￥50	职业分类	退休
搬迁意向	不同意	是否重建	重建	建筑主体结构	土木
建筑密度	100.00%	庭院面积		住宅基地面积	8.06 m²
总建筑面积		42.42 m²	一层建筑面积		8.06 m²
描述	房屋修建于1900年之前，房屋是住户2000年购买，有一层，共2间。					

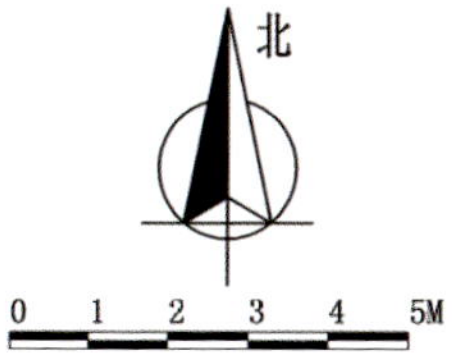

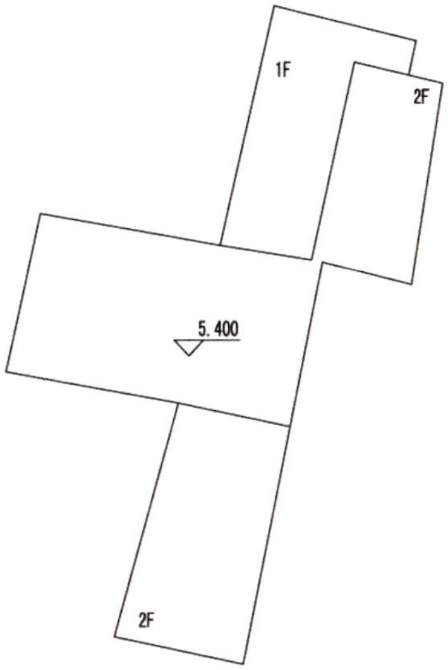

位置示意图

屋顶平面图 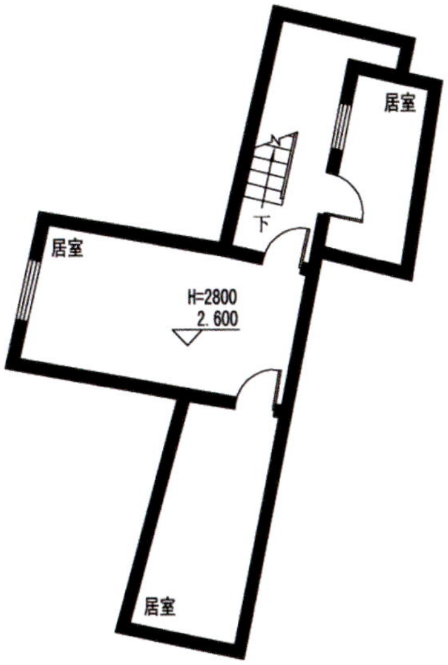　　二层平面图 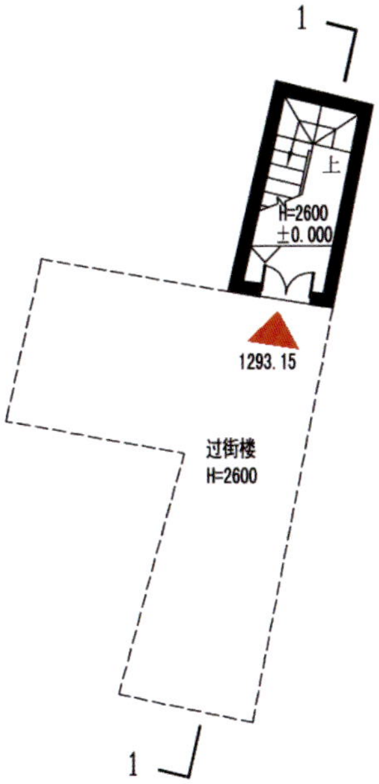　　一层平面图 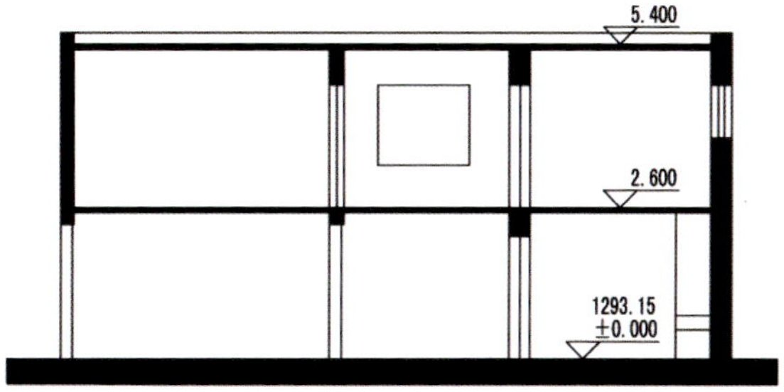　　1-1剖面图

357号住宅

用户编号	304	户主	阿布里米提	人口	6人
门牌号	0357	收入水平	￥1200	职业分类	做生意
搬迁意向	不同意	是否重建	重建	建筑主体结构	土木
建筑密度	78.30%	庭院面积	25.45 m²	住宅基地面积	117.45 m²
总建筑面积	92 m²		一层建筑面积	92 m²	

描述	房屋是住户2000年购买的，有一层，共4间。335号和357号住户为一家。

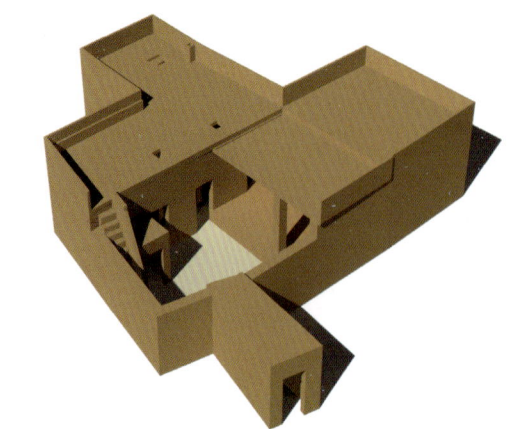

位置示意图

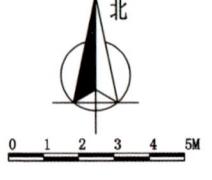

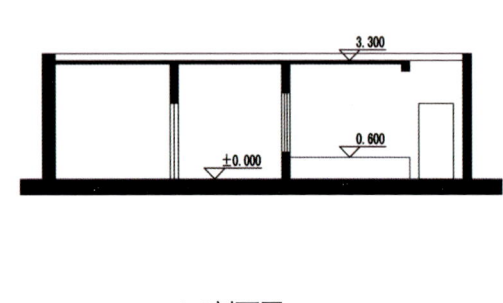

1-1剖面图

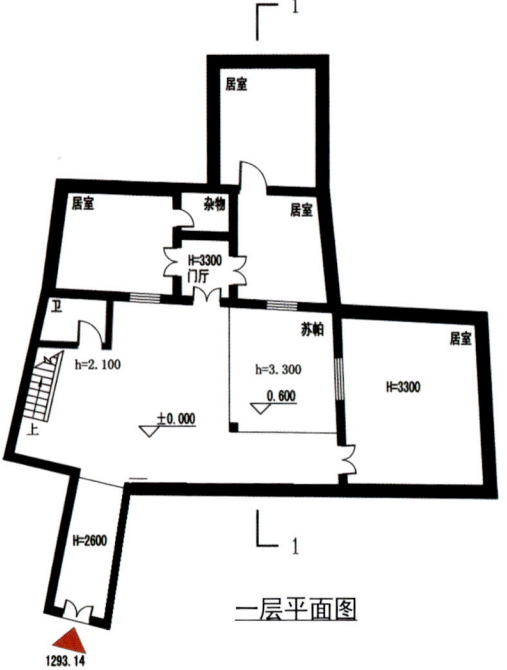

一层平面图

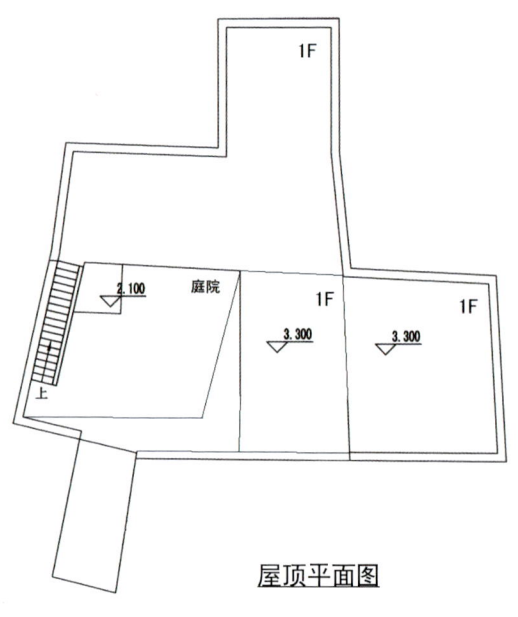

屋顶平面图

359号住宅

用户编号	305	户主	阿吉·阿布力米提	人口	5人
门牌号	0359	收入水平	￥450	职业分类	做生意
搬迁意向	不同意	是否重建	重建	建筑主体结构	砖木
建筑密度	70.10%	庭院面积	30.16 m²	住宅基地面积	100.79 m²
总建筑面积		109.5 m²		一层建筑面积	70.63 m²

描述	房屋修建于1990年之前，住户后来增建，有两层，共5间。

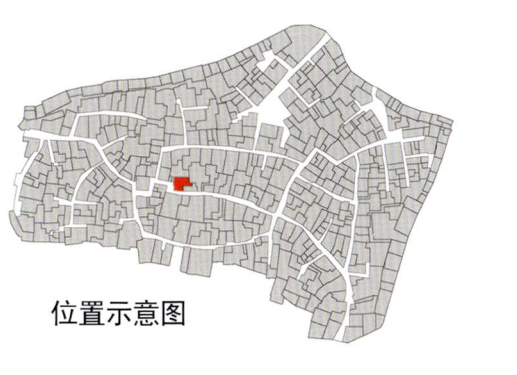

位置示意图

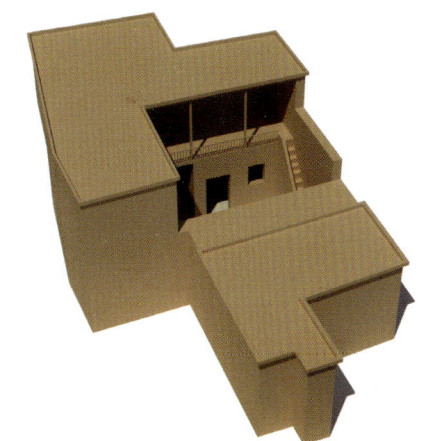

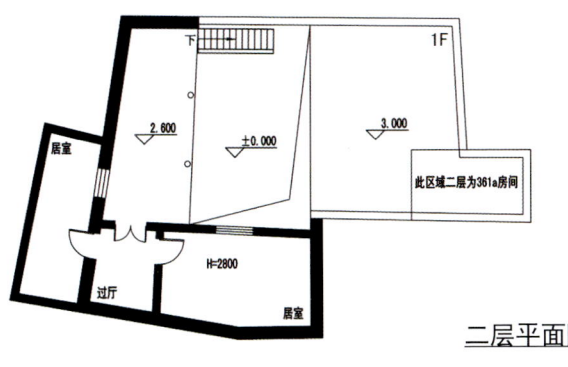

二层平面图　　　　屋顶平面图

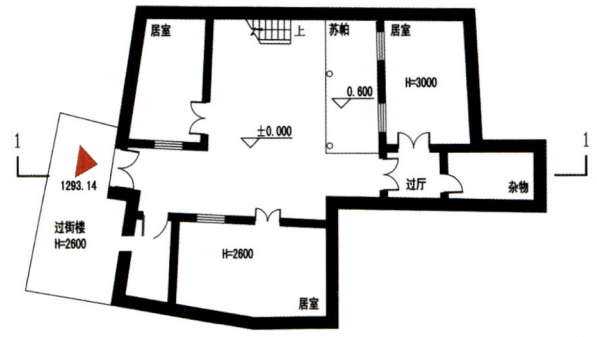

一层平面图

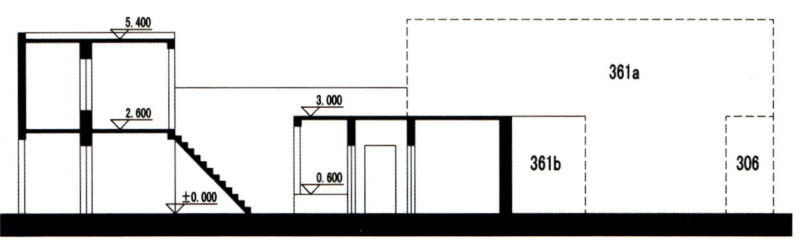

1-1剖面图

361a号住宅

用户编号	306	户主	阿布力米提·阿吉	人口	3人
门牌号	0361a	收入水平	￥400	职业分类	退休
搬迁意向	不同意	是否重建	重建	建筑主体结构	土木
建筑密度	75.60%	庭院面积	48.53 m²	住宅基地面积	198.58 m²
总建筑面积		187.8 m²		一层建筑面积	150.05 m²

描述：房屋修建于1850年之前，1961年新建了一部分，有两层，共14间。住户养有9个孩子，38个孙子，12个曾孙子。房屋下面设有地道，房屋安全性较差。

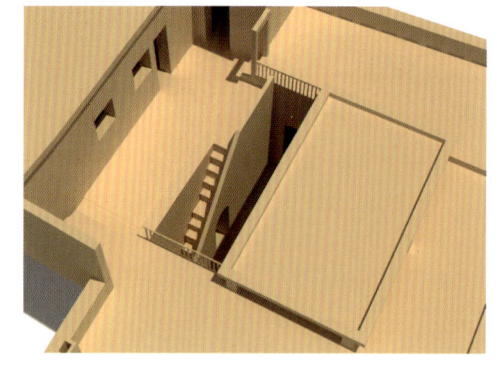

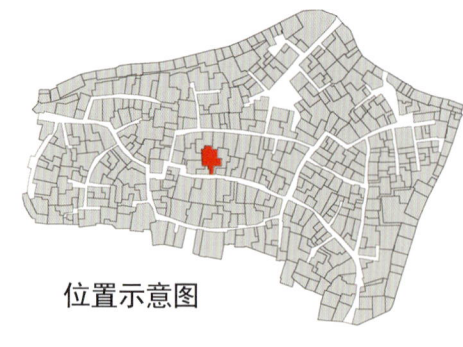

位置示意图

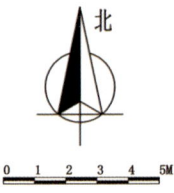
北
0 1 2 3 4 5M

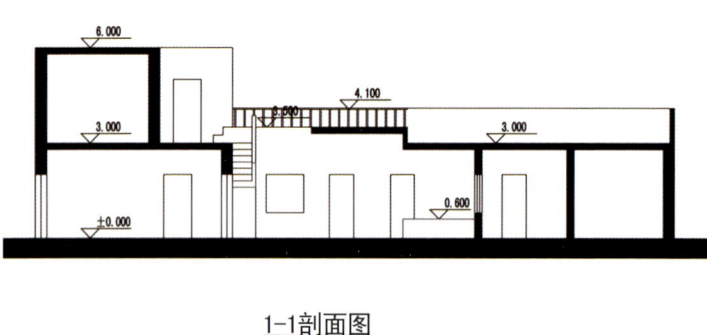

1-1剖面图

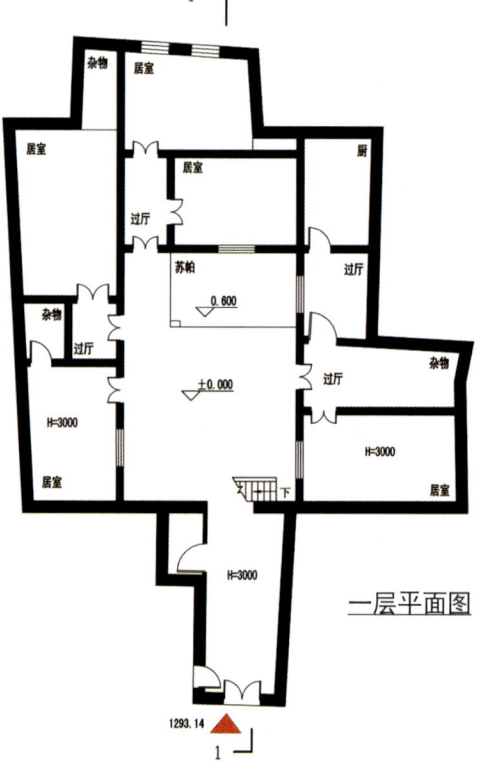

一层平面图

361a号住宅

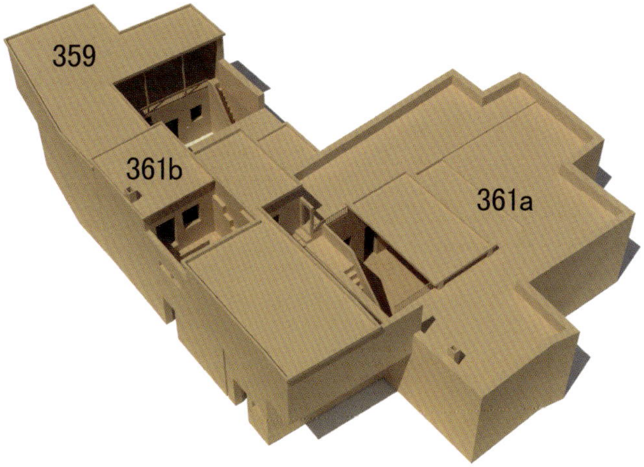

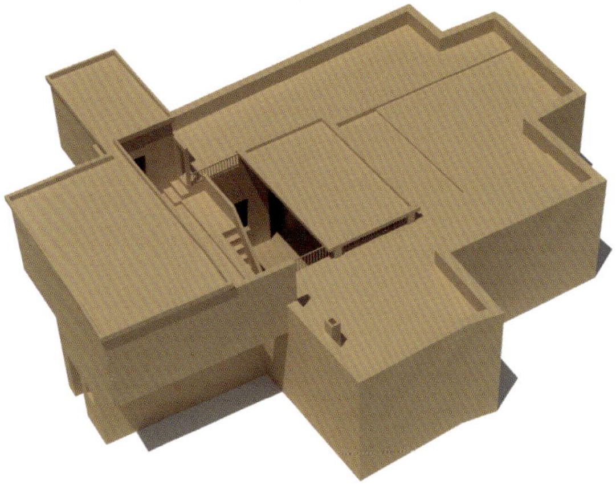

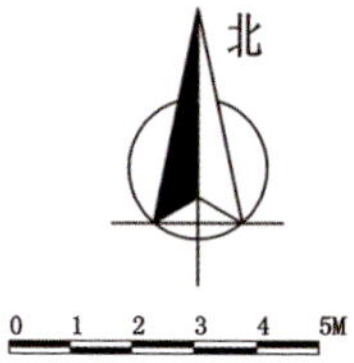

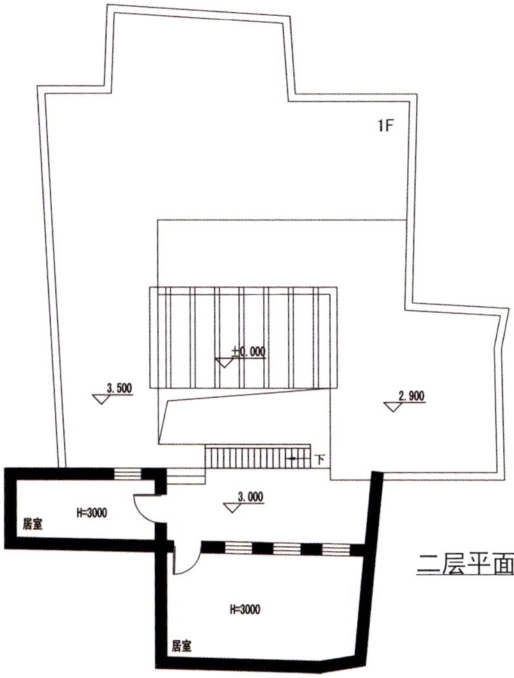

二层平面图

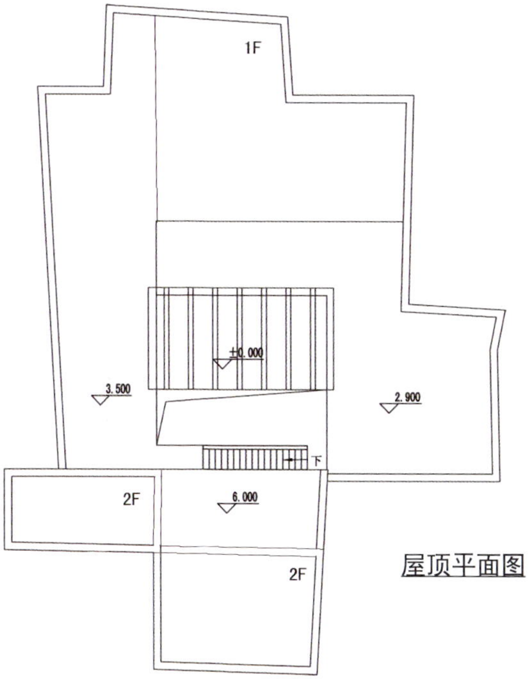

屋顶平面图

北

361b号住宅

用户编号	307	户主	阿布力米提·阿吉	人口	
门牌号	0361b	收入水平		职业分类	
搬迁意向	不同意	是否重建	重建	建筑主体结构	土木
建筑密度	76.20%	庭院面积	9.9 m²	住宅基地面积	41.6 m²
总建筑面积		47.76 m²	一层建筑面积	31.7 m²	
描述	出租房。				

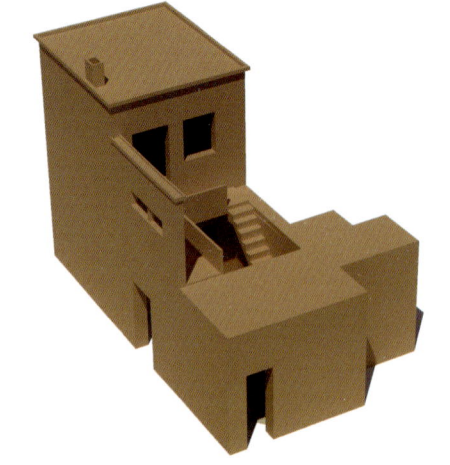

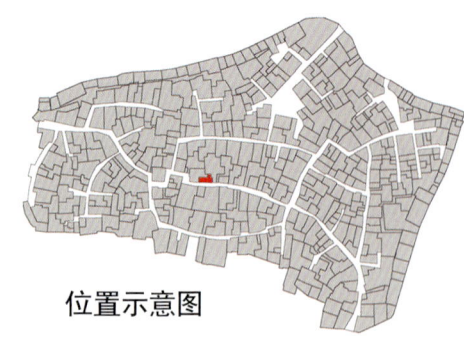

位置示意图

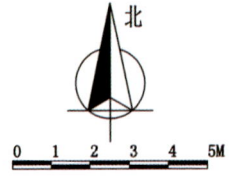

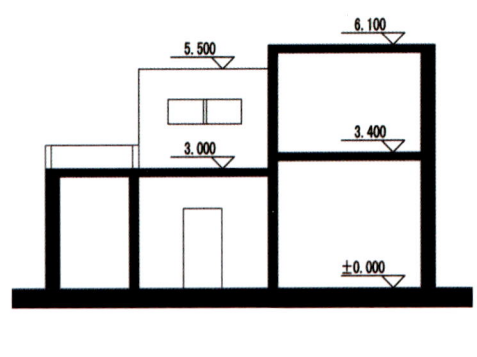

1-1剖面图

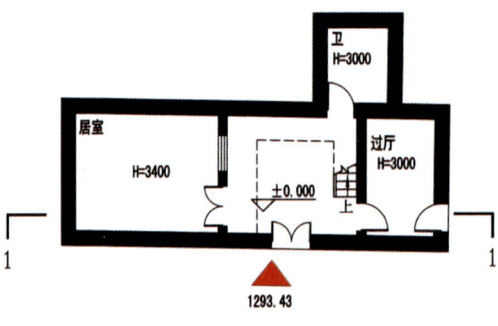

一层平面图

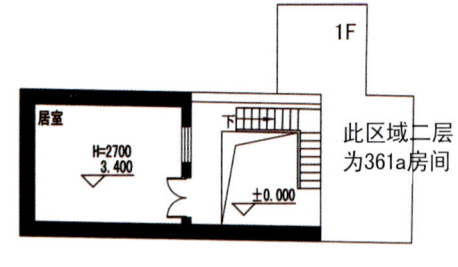

二层平面图

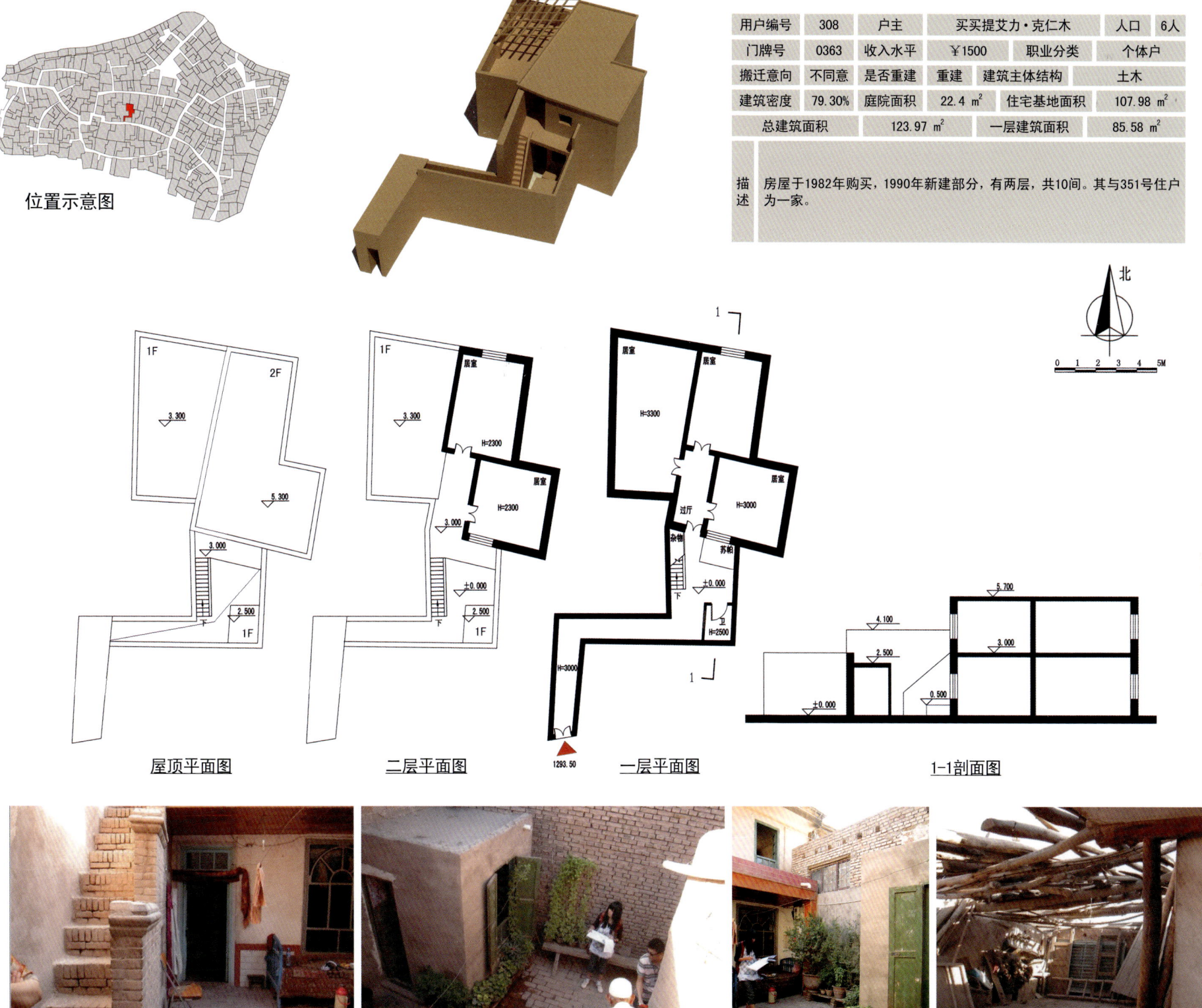

367a号住宅

用户编号	309	户主	阿布都热合木·米吉提	人口	5人
门牌号	0367a	收入水平	￥600	职业分类	司机
搬迁意向	不同意	是否重建	重建	建筑主体结构	土木&砖木
建筑密度	72.10%	庭院面积	23.6 m²	住宅基地面积	84.49 m²
总建筑面积	60.89 m²	一层建筑面积	60.89 m²		

描述：房屋始建于1909年，2007年扩建了两间砖木房，现一层，共4间。

位置示意图

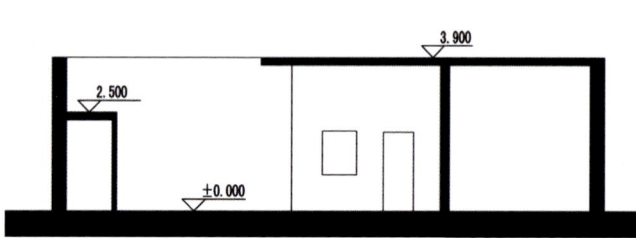

1-1剖面图

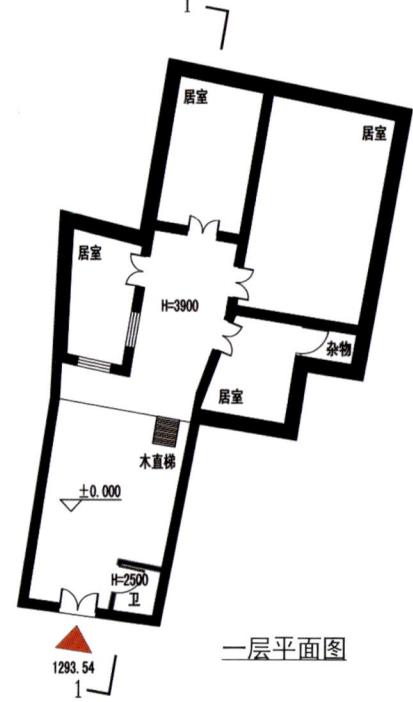

一层平面图

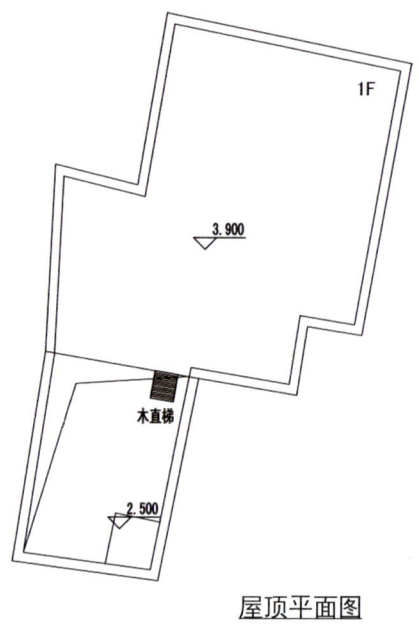

屋顶平面图

367b号住宅

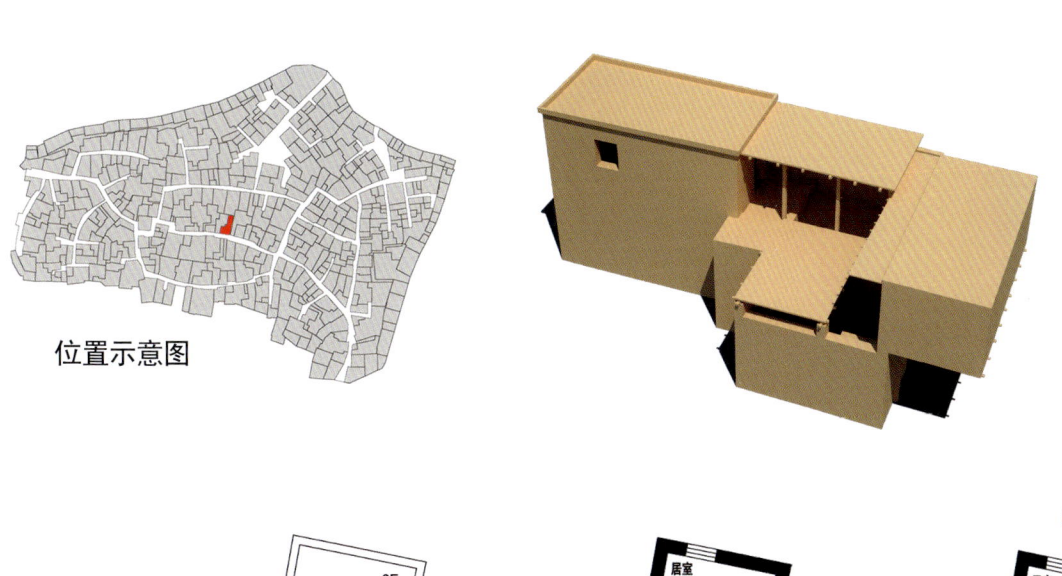

用户编号	310	户主	吐尔逊·米吉提	人口	5人
门牌号	0367b	收入水平	￥600	职业分类	卖烤肉
搬迁意向	不同意	是否重建	重建	建筑主体结构	土木
建筑密度	79.30%	庭院面积	15.83 m²	住宅基地面积	76.33 m²
总建筑面积		112.89 m²		一层建筑面积	60.5 m²

描述：房屋修建于1909年，有两层，共8间，并于1999年修缮。

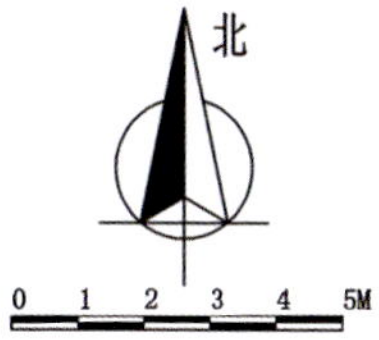

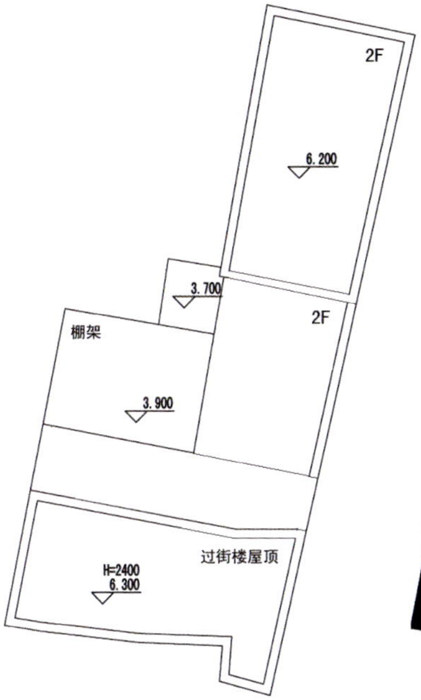

屋顶平面图 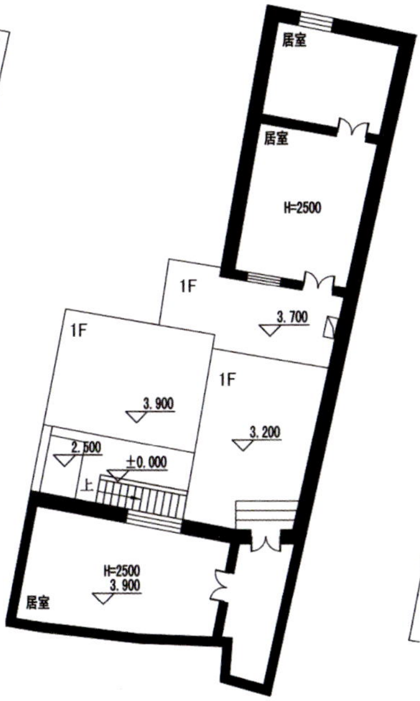　　二层平面图 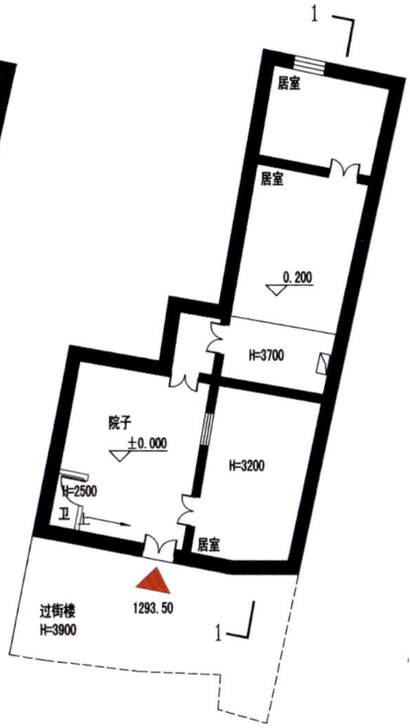　　一层平面图 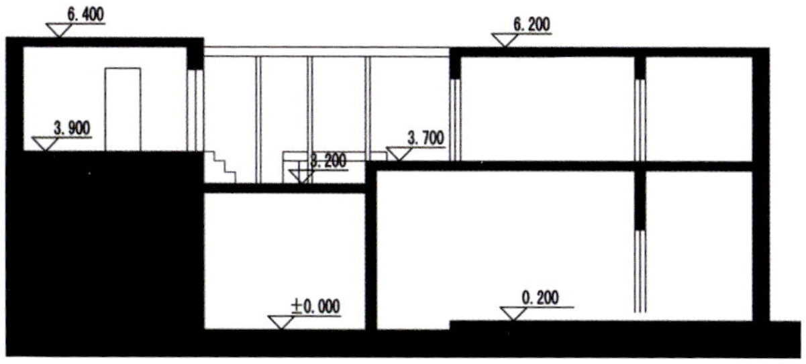　　1-1剖面图

365号住宅

用户编号	311	户主	如先古丽·艾山	人口	5人
门牌号	0365	收入水平	￥700	职业分类	司机
搬迁意向	不同意	是否重建	重建	建筑主体结构	砖混
建筑密度	76.70%	庭院面积	8.4 m²	住宅基地面积	36.04 m²
总建筑面积	68.28 m²			一层建筑面积	27.64 m²

描述：房屋于1978年建造，有两层，共4间，建有过街楼。

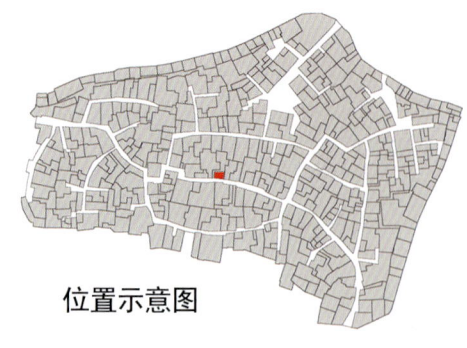

位置示意图

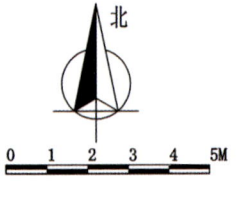

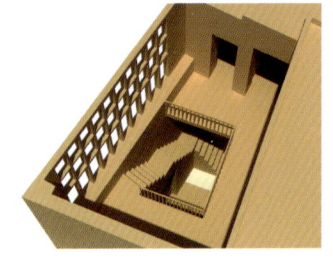

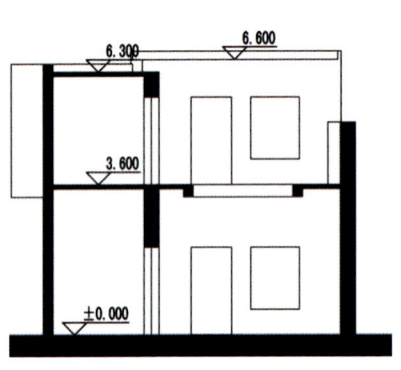
1-1剖面图

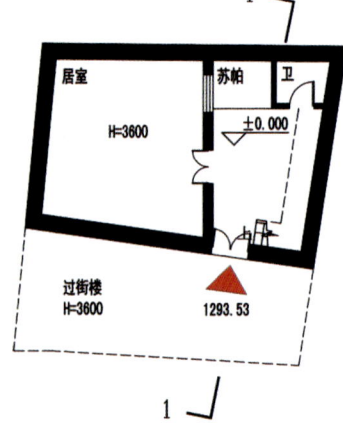
一层平面图

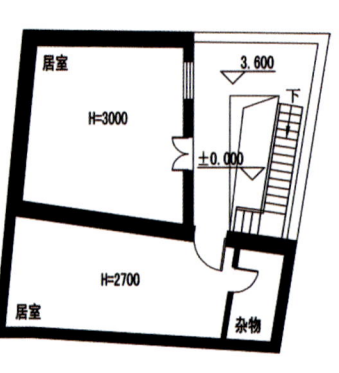
二层平面图

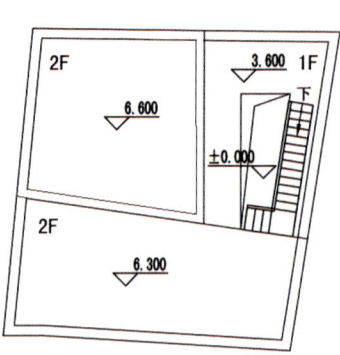
屋顶平面图

373号住宅

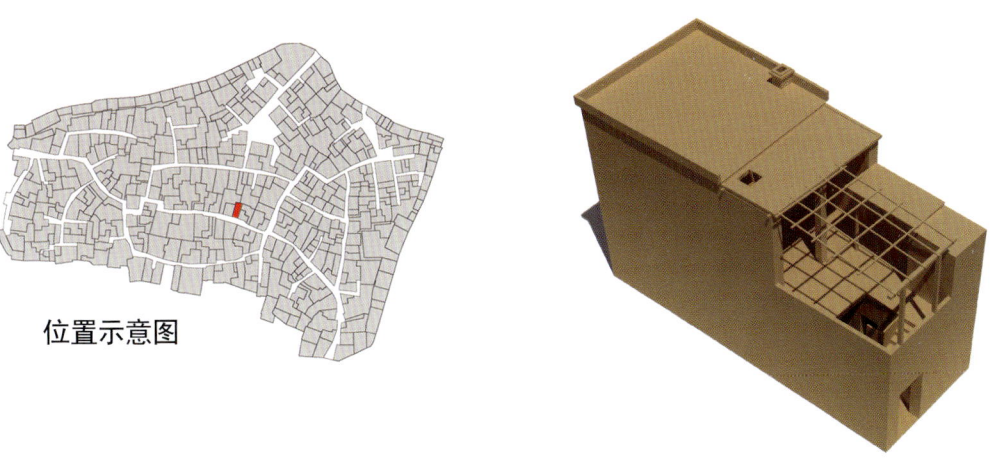

位置示意图

用户编号	312	户主	乌拉木江·阿比提	人口	5人
门牌号	0373	收入水平	￥1000	职业分类	保安
搬迁意向	不同意	是否重建	重建	建筑主体结构	砖木
建筑密度	75.30%	庭院面积	11.52 m²	住宅基地面积	46.67 m²
总建筑面积		74.91 m²		一层建筑面积	35.15 m²

描述	房屋于1999年购买，花费1.7万元，2004年新建，现为三层，共4间（含地下室）。

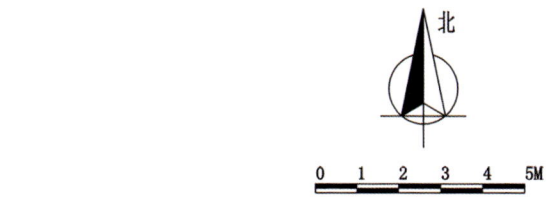

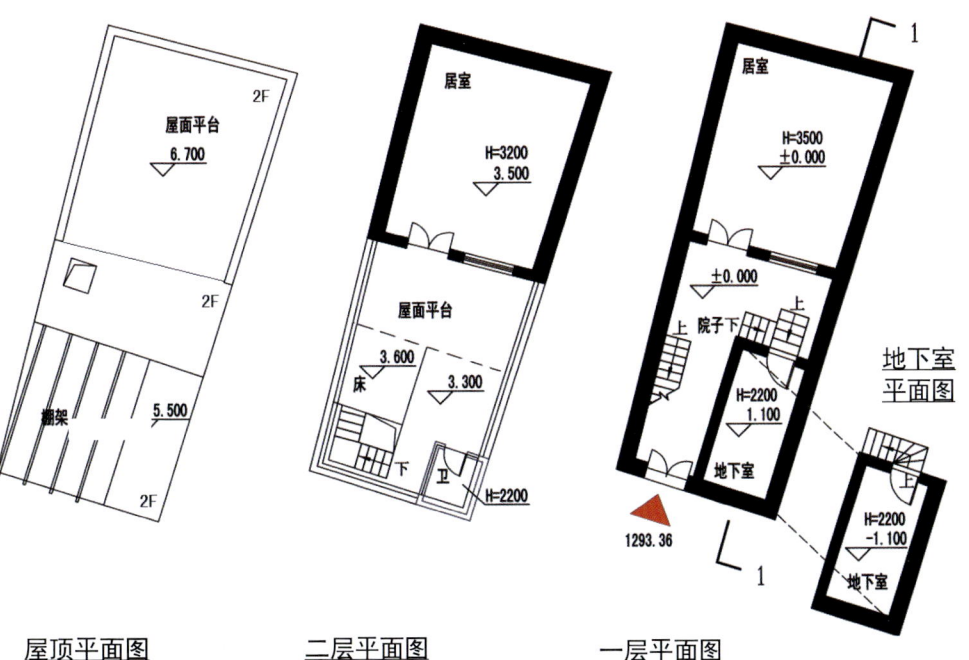

屋顶平面图　　二层平面图　　一层平面图

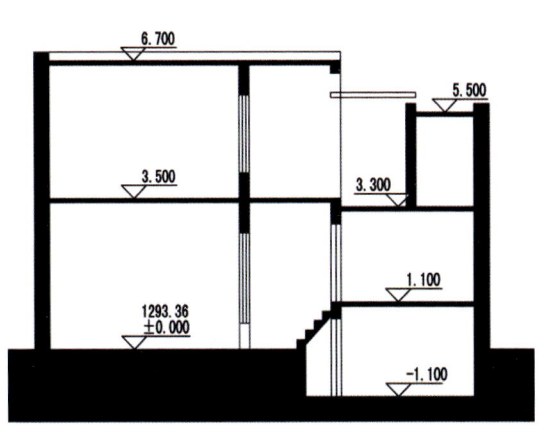

1-1剖面图

369a号住宅

用户编号	313	户主	阿布都拉吉·艾山		人口	4人
门牌号	0369a	收入水平	￥600	职业分类		导游
搬迁意向	不同意	是否重建	重建	建筑主体结构		砖木
建筑密度	73.00%	庭院面积	38.85 m²	住宅基地面积		143.72 m²
总建筑面积		166.45 m²		一层建筑面积		104.87 m²

描述	房屋于1989年新建，有两层，共8间。

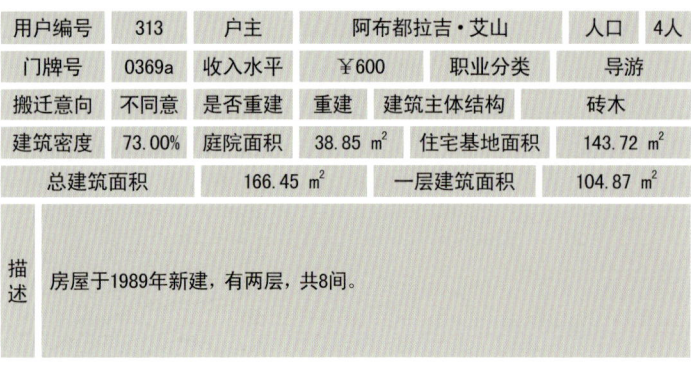
369a　369b

位置示意图

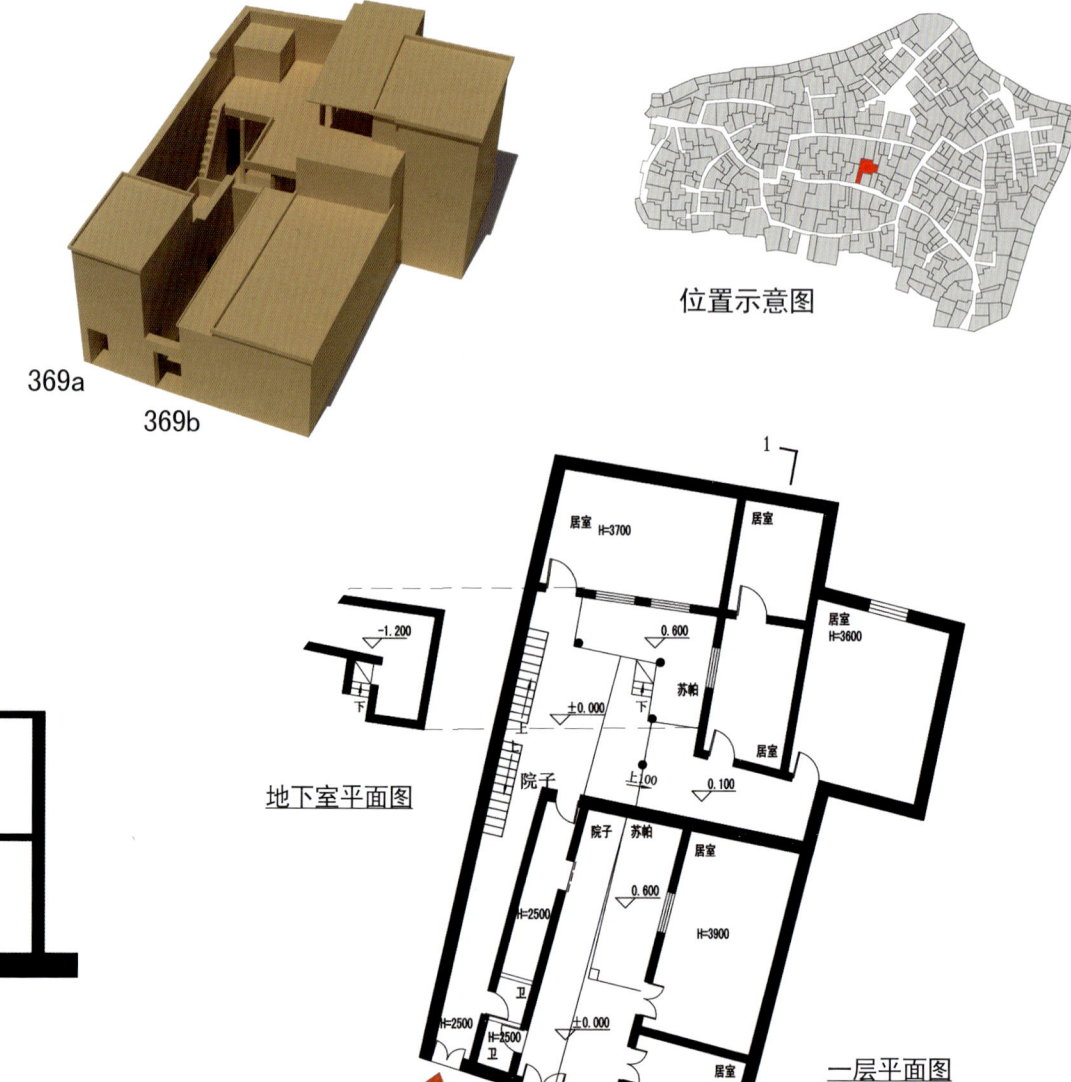
地下室平面图　　二层平面图

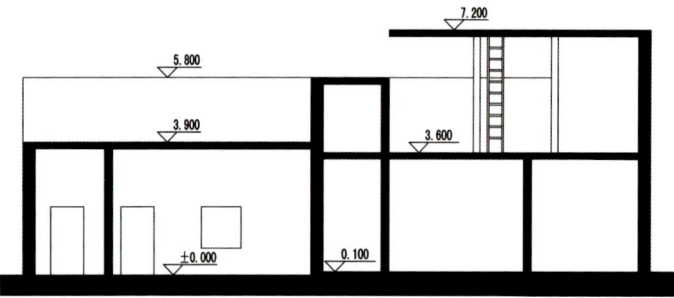
1-1剖面图

369b号住宅

用户编号	314	户主	阿布都拉吉·艾山	人口	
门牌号	0369b	收入水平		职业分类	
搬迁意向	不同意	是否重建	重建	建筑主体结构	砖木
建筑密度	71.20%	庭院面积	17.47 m²	住宅基地面积	60.69 m²
总建筑面积		43.22 m²		一层建筑面积	43.22 m²
描述	房屋是2004年住户分房所得，之后又新建，有一层，共2间。				

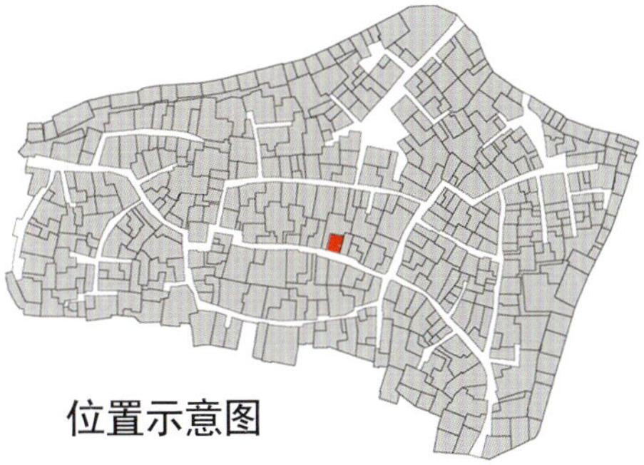

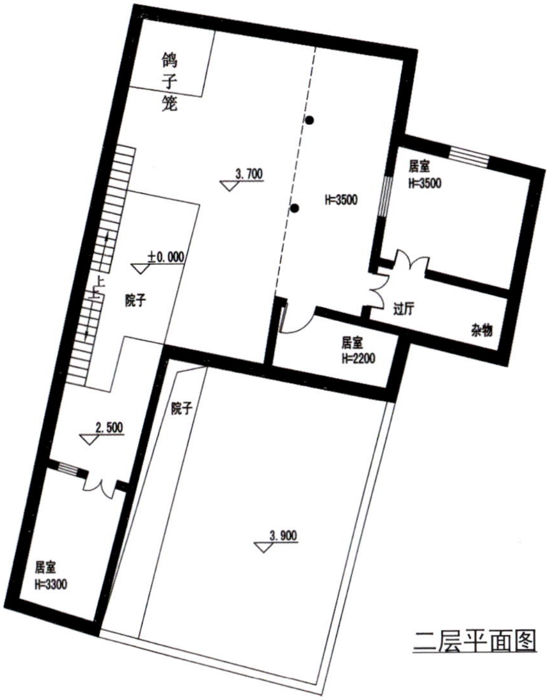

位置示意图

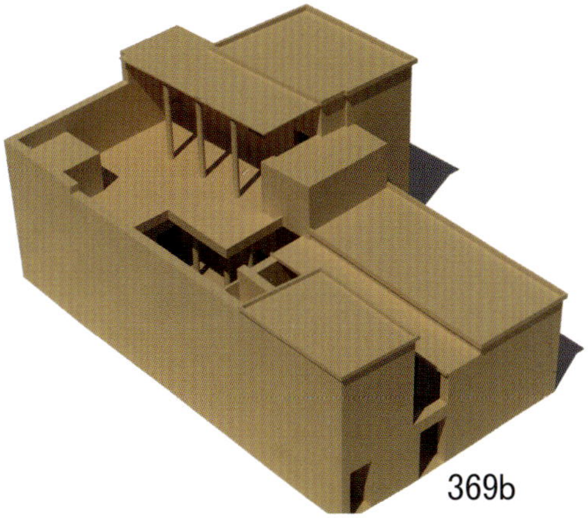

369a 369b

二层平面图

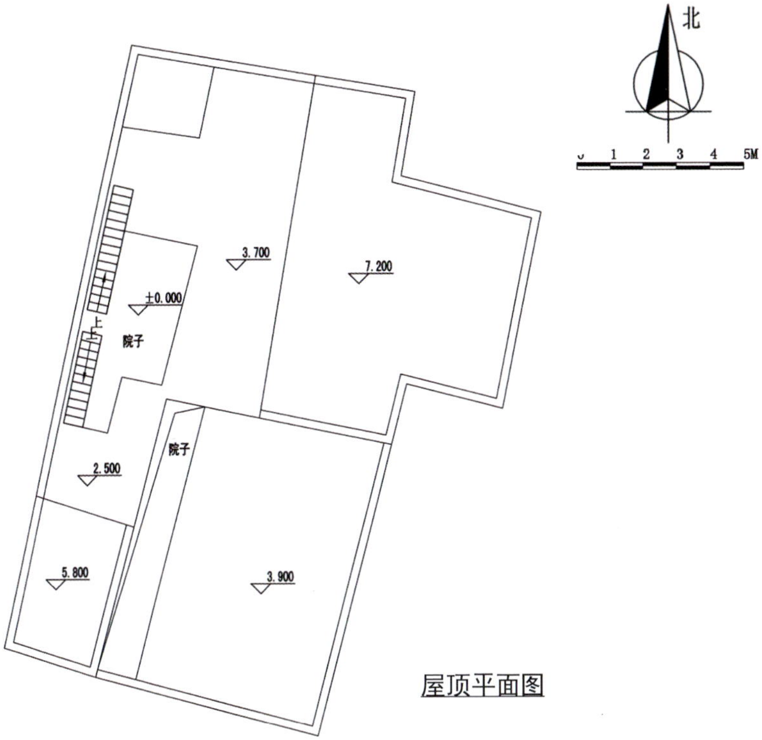

屋顶平面图

375号住宅

用户编号	315	户主	达吾提江·吐尔迪	人口	6人
门牌号	0375	收入水平	￥3500	职业分类	修路
搬迁意向	不同意	是否重建	重建	建筑主体结构	土木
建筑密度	82.70%	庭院面积	6.92 m²	住宅基地面积	40.06 m²
总建筑面积	53.01 m²		一层建筑面积	33.14 m²	
描述	房屋有一层，共三间。				

位置示意图

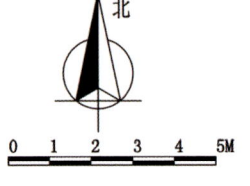

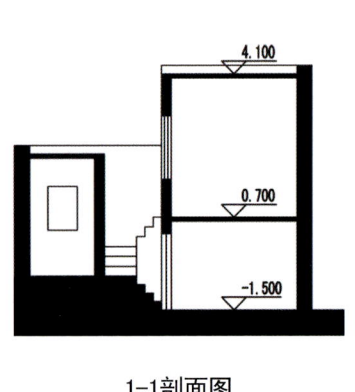
1-1剖面图

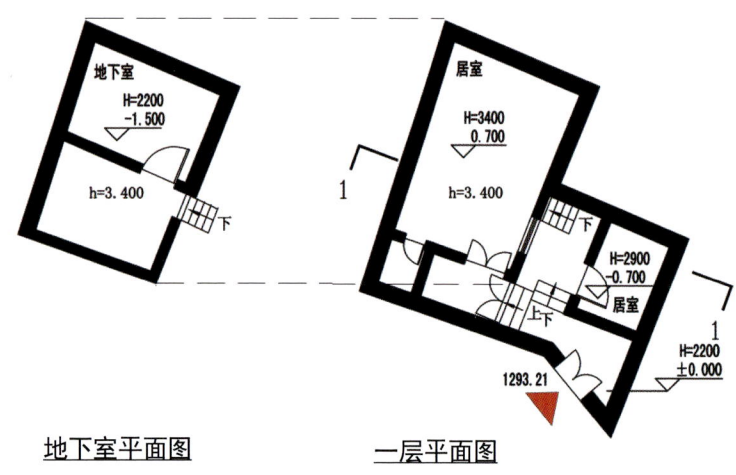
地下室平面图　　一层平面图

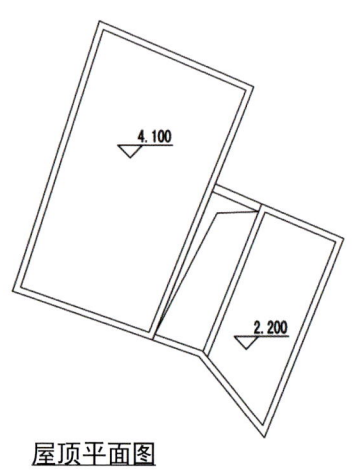
屋顶平面图

377号住宅

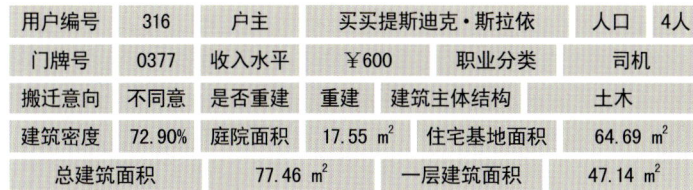

用户编号	316	户主	买买提斯迪克·斯拉依	人口	4人
门牌号	0377	收入水平	￥600	职业分类	司机
搬迁意向	不同意	是否重建	重建	建筑主体结构	土木
建筑密度	72.90%	庭院面积	17.55 m²	住宅基地面积	64.69 m²
总建筑面积	77.46 m²		一层建筑面积		47.14 m²

描述：房屋始建于1850年，为1989年住户分房所得（377号和375号），主人在2004年对房屋进行修缮，有两层，共4间。

位置示意图

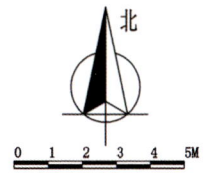

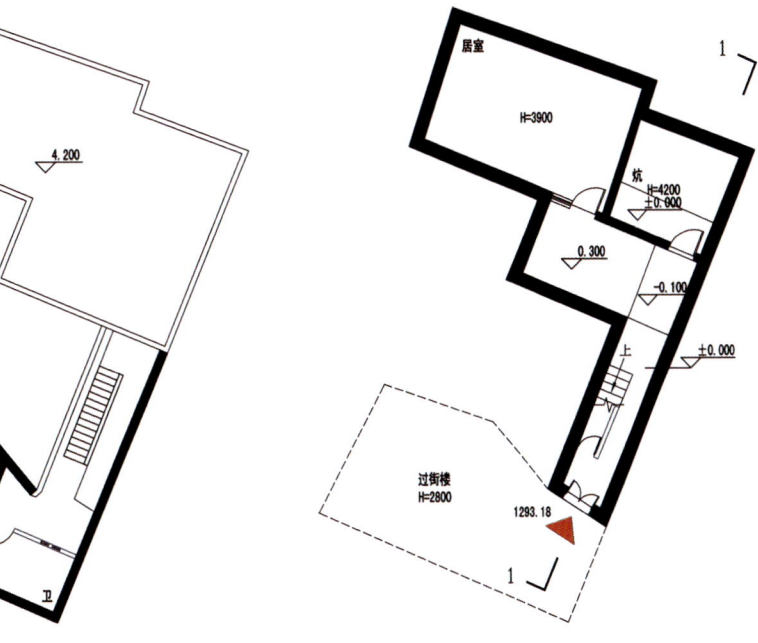

过街楼及屋顶平面图　　　　一层平面图　　　　1-1剖面图

381a号住宅

用户编号	317	户主	阿依夏木古丽·穆明	人口	3人
门牌号	0381a	收入水平	￥300	职业分类	绣帽子
搬迁意向	不同意	是否重建	重建	建筑主体结构	土木&砖木
建筑密度	90.80%	庭院面积	4.1 m²	住宅基地面积	44.37 m²
总建筑面积	40.27 m²		一层建筑面积	40.27 m²	
描述	房屋始建于1909年，2000年修缮。住户居此30余年。现房屋为一层，共3间。				

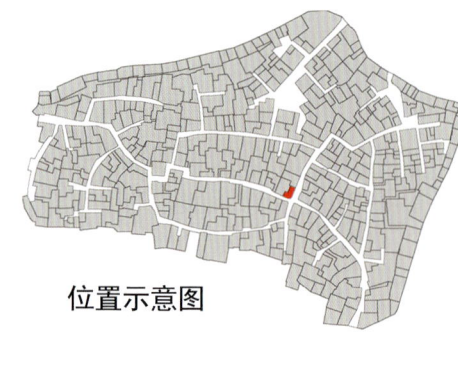

位置示意图

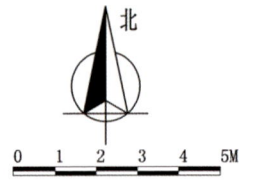

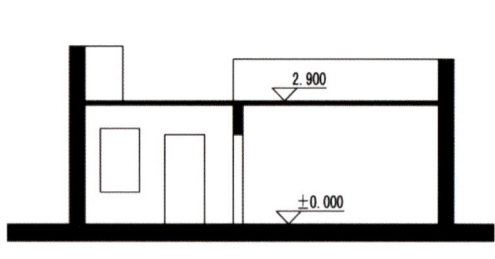

1-1剖面图

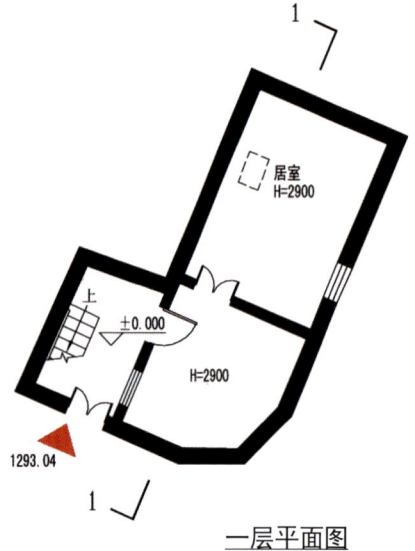

一层平面图

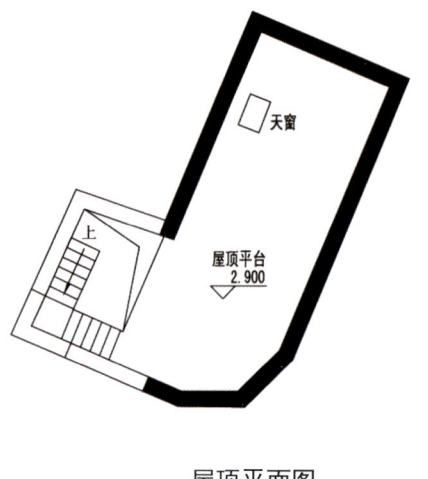

屋顶平面图

381b号住宅

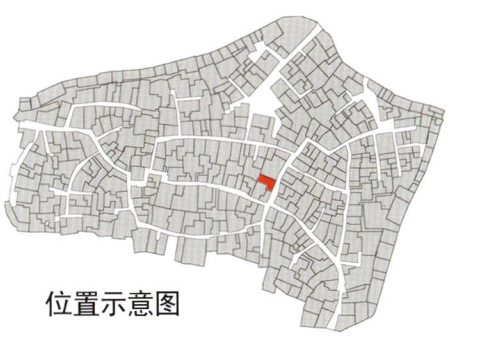

位置示意图

用户编号	318	户主	依明玉素音	人口	4人
门牌号	0381b	收入水平	￥800	职业分类	个体户
搬迁意向	不同意	是否重建	重建	建筑主体结构	土木
建筑密度	88.20%	庭院面积	10.26 m²	住宅基地面积	86.68 m²
总建筑面积		94.59 m²		一层建筑面积	76.42 m²

描述	房屋为住户在2007年购买，现有一层，共3间，二层有羊圈，房屋安全性较差。

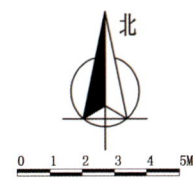

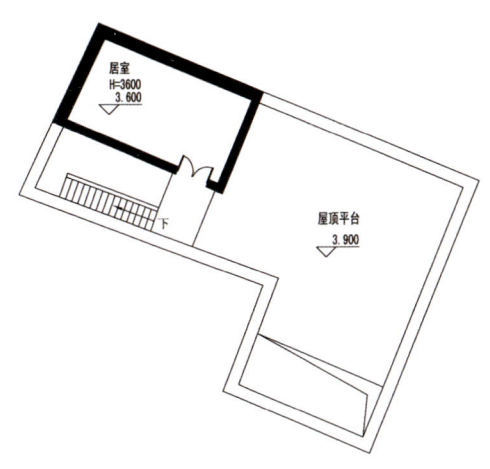

二层平面图

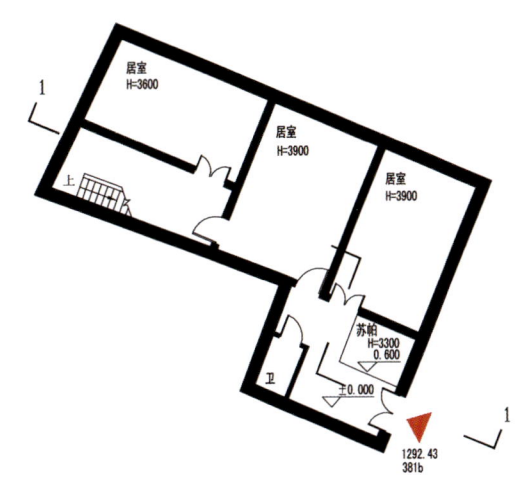

一层平面图

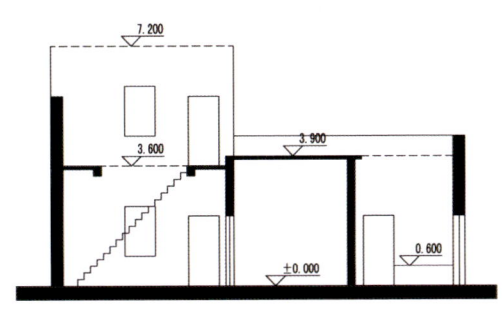

1-1剖面图

379号住宅

用户编号	319	户主	乌拉音·阿比提	人口	2人
门牌号	0379	收入水平	￥400	职业分类	司机
搬迁意向	不同意	是否重建	重建	建筑主体结构	土木
建筑密度	65.60%	庭院面积	32.61 m²	住宅基地面积	94.76 m²
总建筑面积	117.26 m²	一层建筑面积	62.15 m²		

描述：房屋修建于1909年，住户于1994年新建了部分。房屋现有两层，共8间（含地下室）。

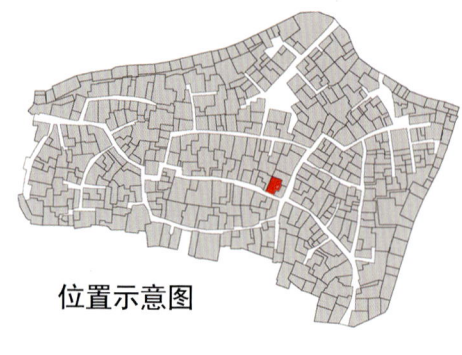

位置示意图

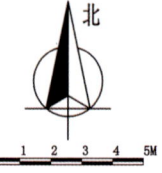

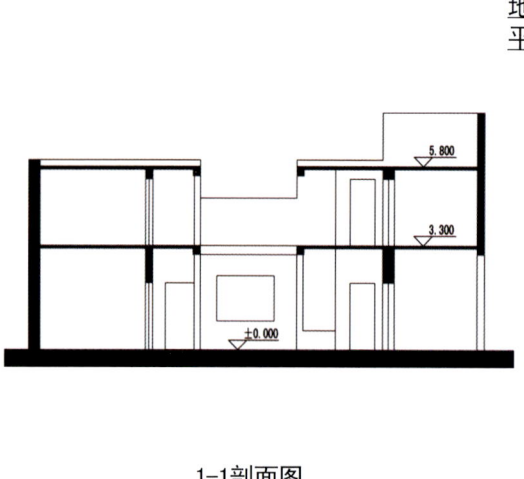

1-1剖面图

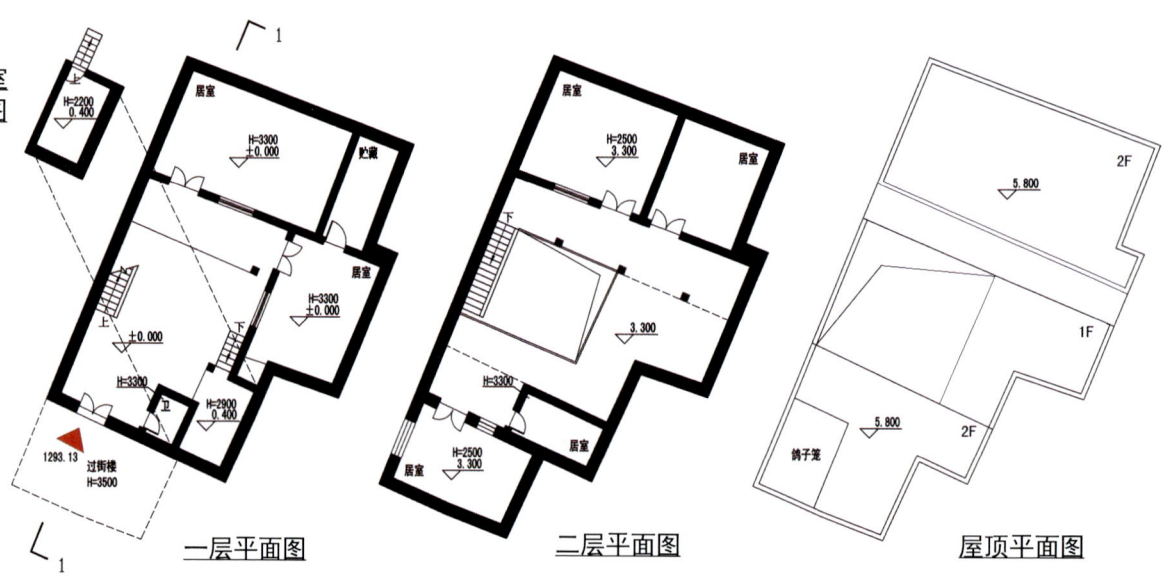

地下室平面图　　一层平面图　　二层平面图　　屋顶平面图

385号住宅

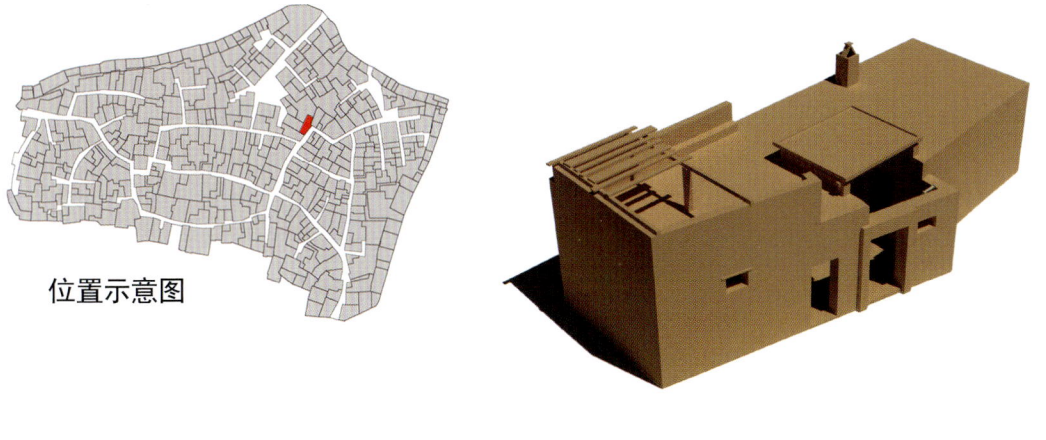

位置示意图

用户编号	320	户主	库尔班江·塔西	人口	5人
门牌号	0385	收入水平	￥600	职业分类	打工
搬迁意向	同意	是否重建		建筑主体结构	土木
建筑密度	77.00%	庭院面积	16.53 m²	住宅基地面积	71.76 m²
总建筑面积		55.23 m²	一层建筑面积		55.23 m²

描述	主人居此20余年。房屋于2008年维修了一次，有一层，总计3间。

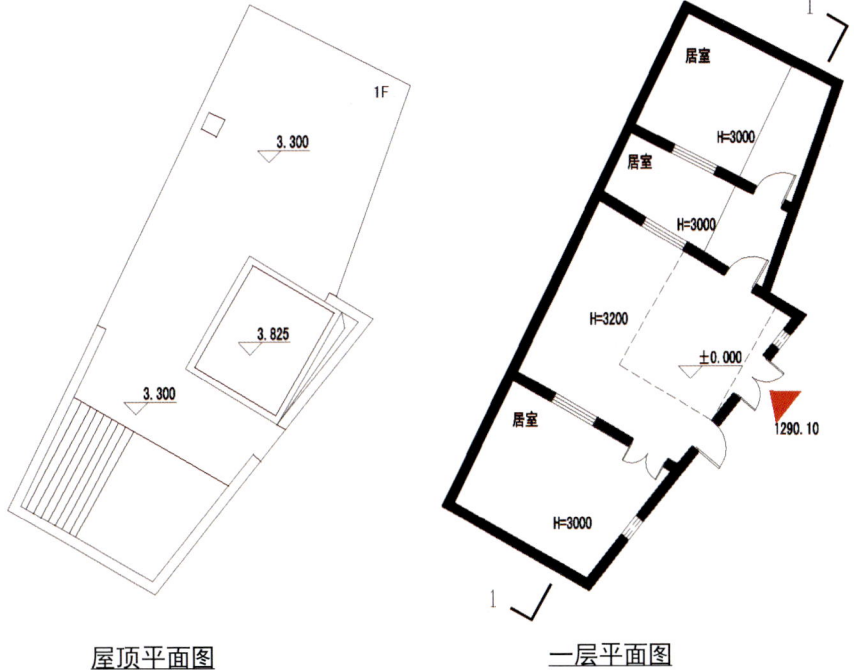

屋顶平面图　　　一层平面图

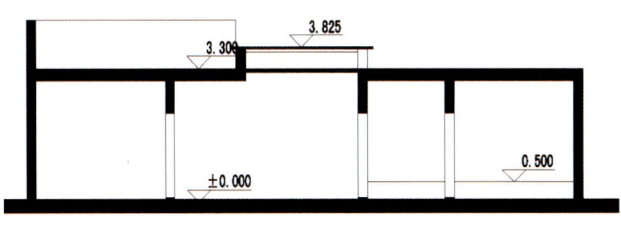

1-1剖面图

383号住宅

用户编号	321	户主	凯木拜尼沙	人口	6人
门牌号	0383	收入水平	￥800	职业分类	做生意
搬迁意向	不同意	是否重建	重建	建筑主体结构	土木
建筑密度	77.80%	庭院面积	45.09 m²	住宅基地面积	203.22 m²
总建筑面积		206.92 m²		一层建筑面积	158.13 m²

描述：房屋为住户1999年购买，曾于1998年修缮过。房屋现有两层，共15间。可供游客参观。

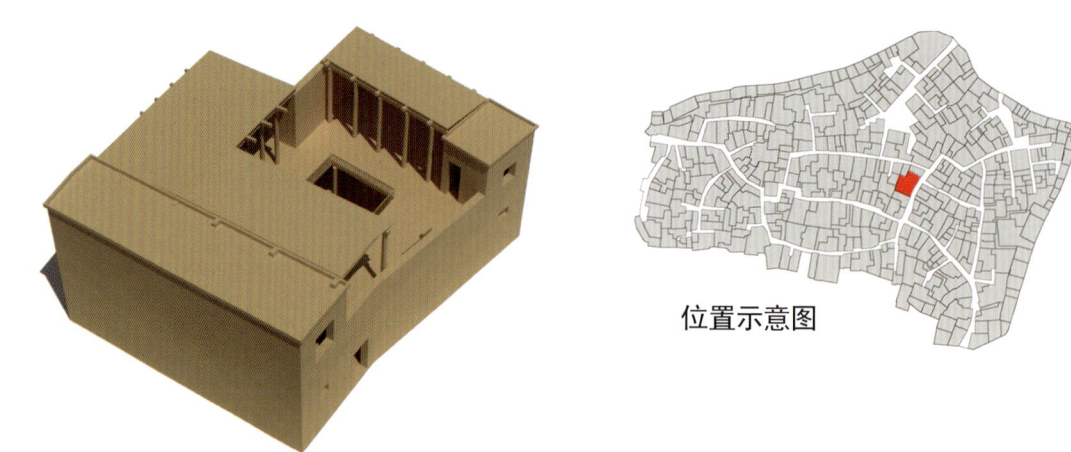

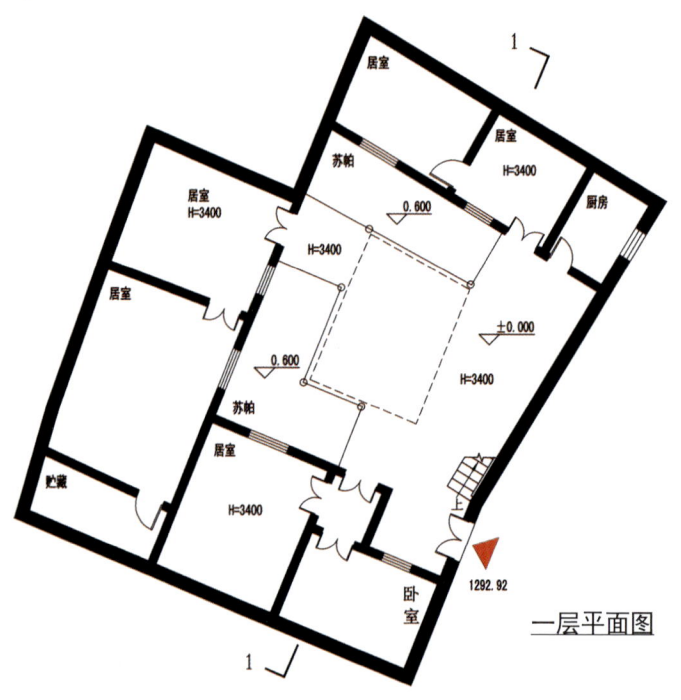

位置示意图

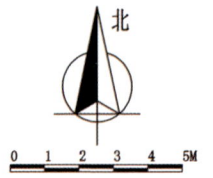

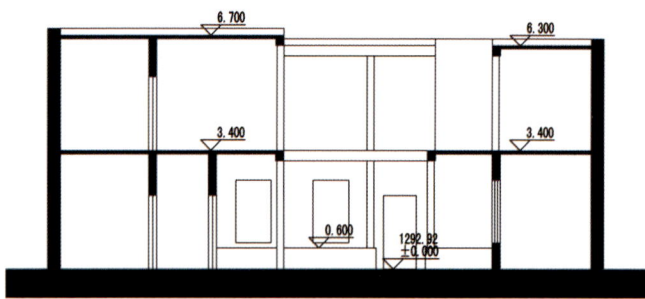

1-1剖面图

一层平面图

383号住宅

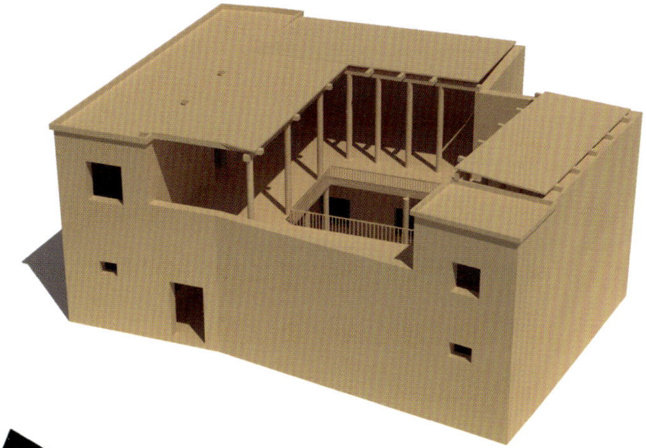

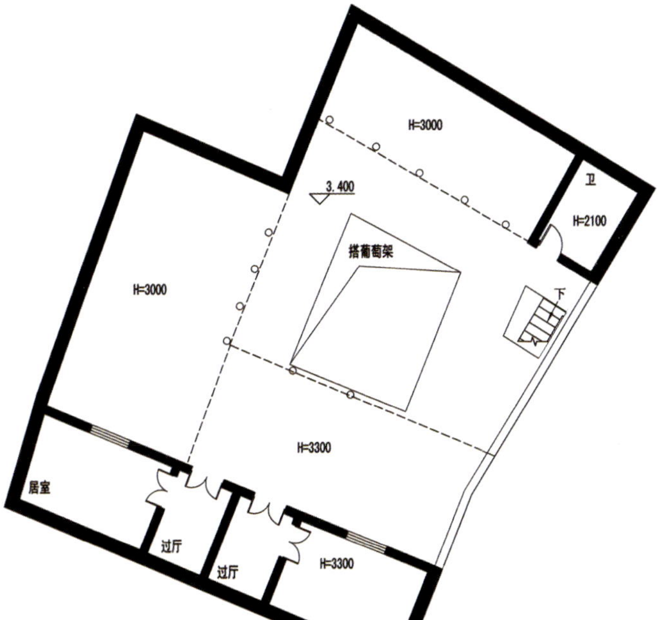

二层平面图

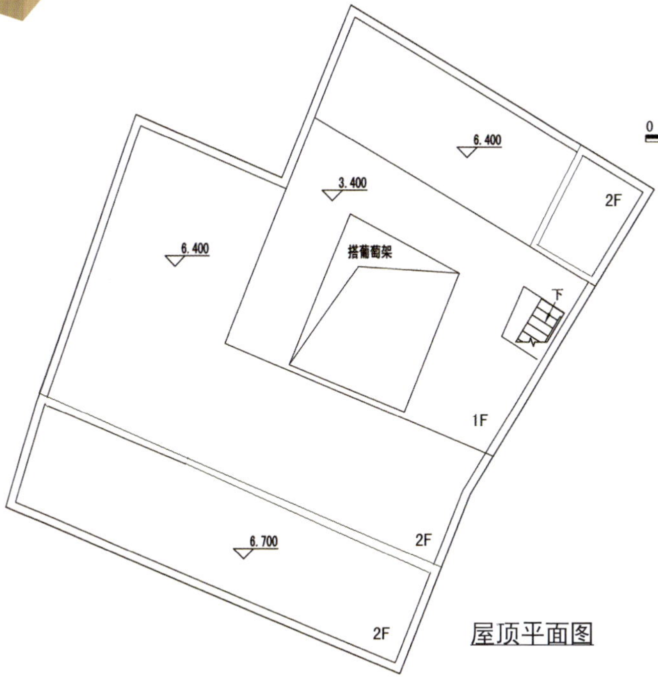

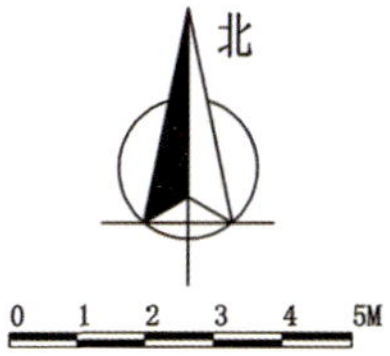

屋顶平面图

391号住宅

用户编号	322	户主	吐尼洪	人口	2人
门牌号	0391	收入水平	￥200	职业分类	退休
搬迁意向	不同意	是否重建	重建	建筑主体结构	土木
建筑密度	76.80%	庭院面积	14.51 m²	住宅基地面积	62.56 m²
总建筑面积	48.05 m²	一层建筑面积	48.05 m²		

描述：户主常住乌市，该房屋暂时住的是户主的亲戚。房屋一层，共4间。庭院一侧无围合，紧贴393ab号外墙。

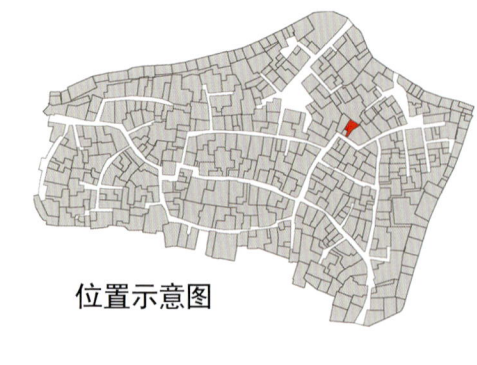

位置示意图

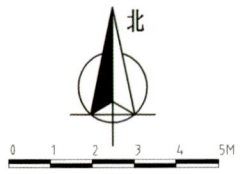

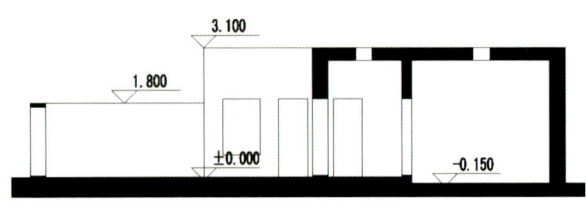
1-1剖面图

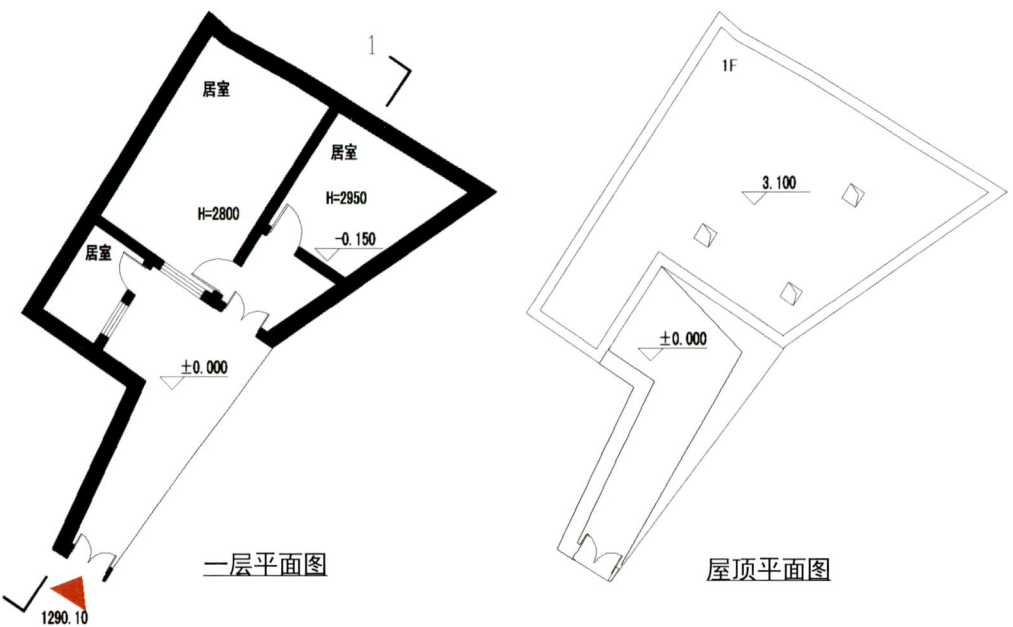
一层平面图　　屋顶平面图

393ab号住宅

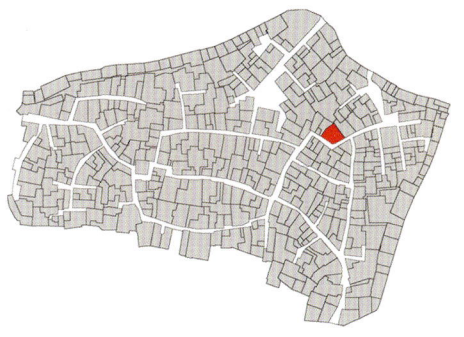
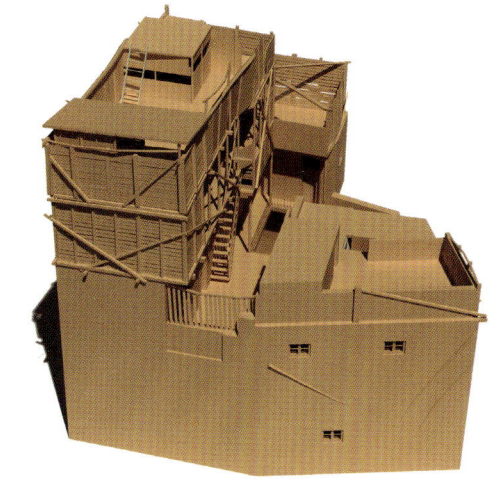

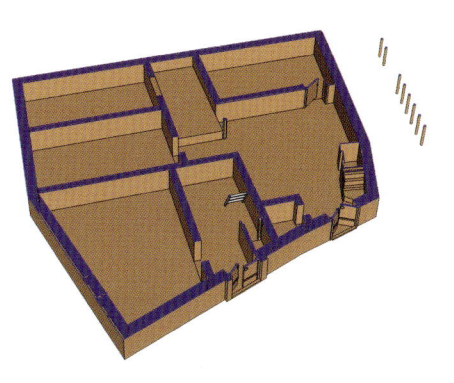
一层透视图

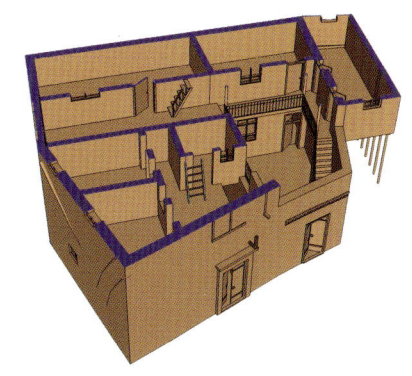
二层透视图

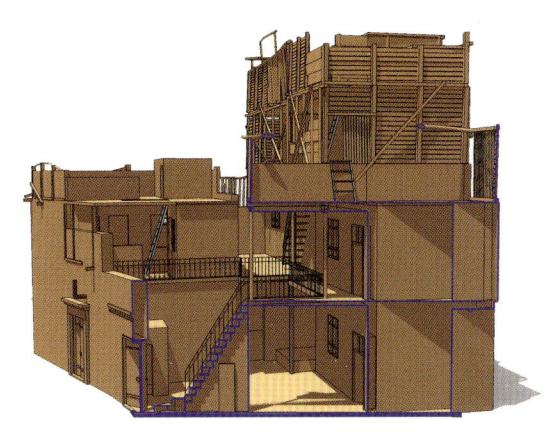
剖面透视图

393a号住宅

用户编号	323	户主	库尔班江·吐合提	人口	2人
门牌号	0393a	收入水平	￥600	职业分类	打工
搬迁意向	不同意	是否重建	重建	建筑主体结构	土木&砖木
建筑密度	100.00%	庭院面积		住宅基地面积	39.39 m²
总建筑面积	65.35 m²			一层建筑面积	39.39 m²

描述：房屋有两层，共5个房间。

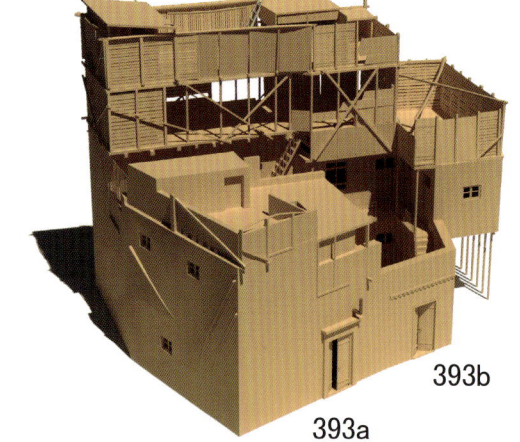

393b
393a

位置示意图

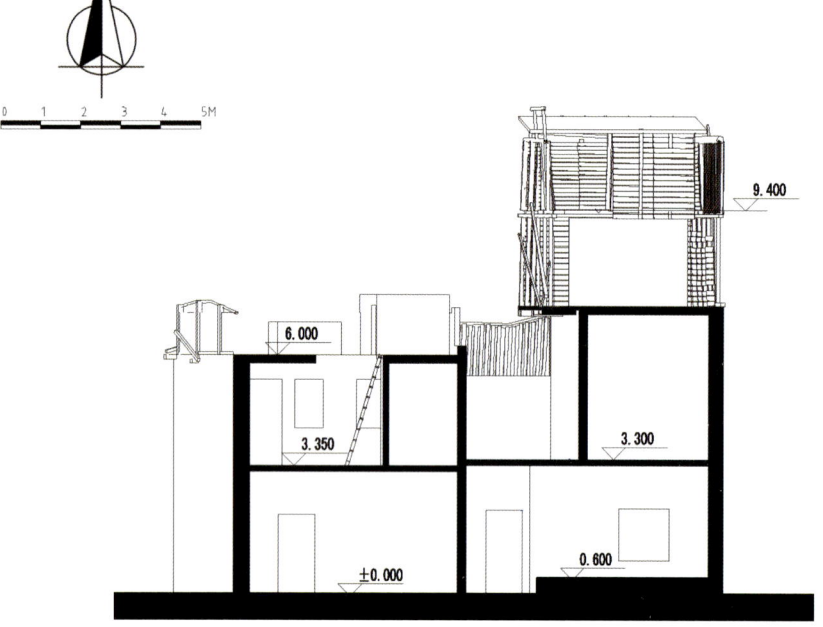

1-1剖面图　　　　一层平面图

393b号住宅

位置示意图

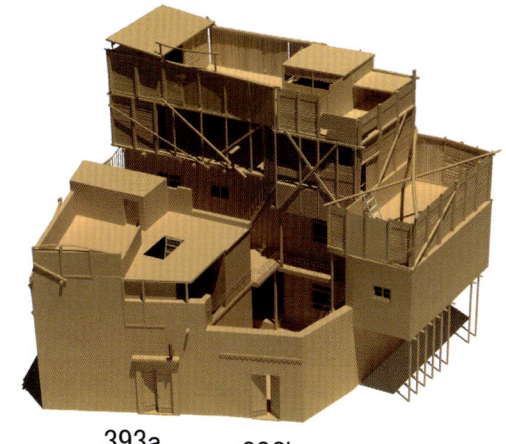

393a 393b

用户编号	324	户主	吐合提达吾提	人口	4人
门牌号	0393b	收入水平	￥500	职业分类	退休
搬迁意向	不同意	是否重建	重建	建筑主体结构	土木
建筑密度	82.00%	庭院面积	18.46 m²	住宅基地面积	101.7 m²
总建筑面积		155.27 m²		一层建筑面积	83.24 m²

描述：房子于1979年建造，2007年分为两家（393a号和393b号）。房屋有两层，8个房间。屋顶搭有两层棚架。

二层平面图

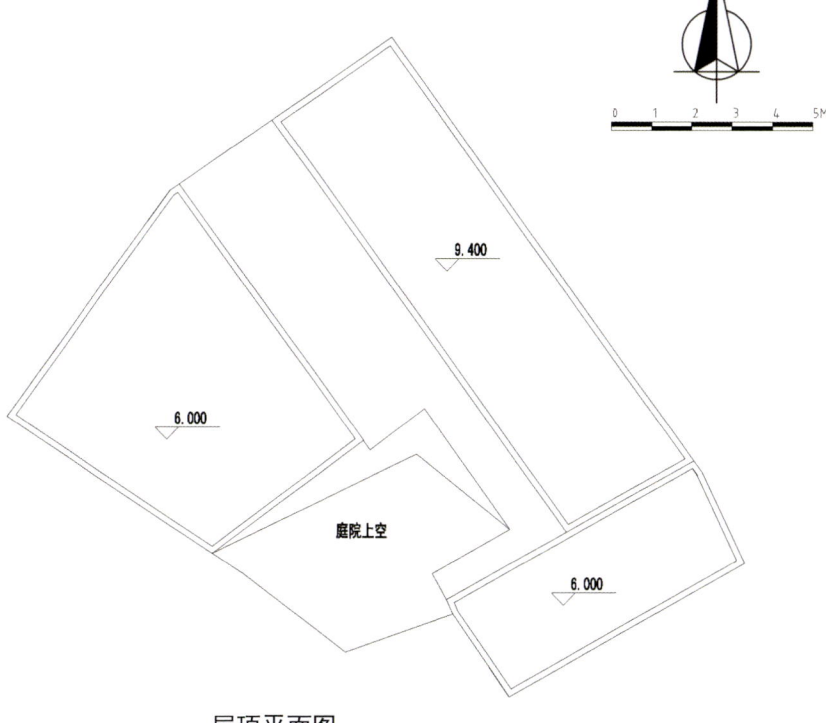

屋顶平面图

395号住宅

用户编号	325	户主	吾木热古丽·买买提	人口	4人
门牌号	0395	收入水平	￥1700	职业分类	教师
搬迁意向	不同意	是否重建	重建	建筑主体结构	土木
建筑密度	100.00%	庭院面积		住宅基地面积	109.32 m²
总建筑面积	109.32 m²			一层建筑面积	109.32 m²
描述	房屋有一层，共4个房间。				

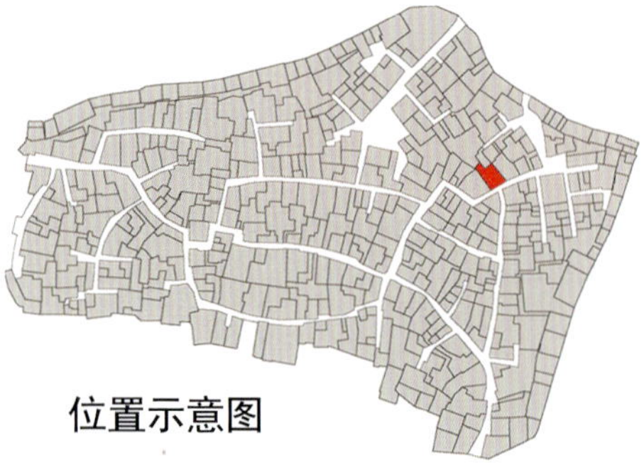

位置示意图

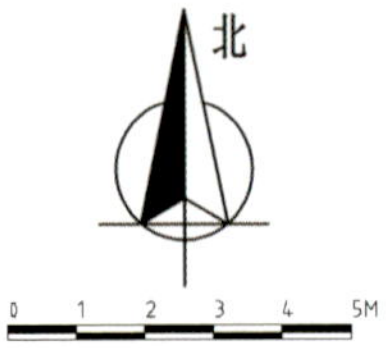

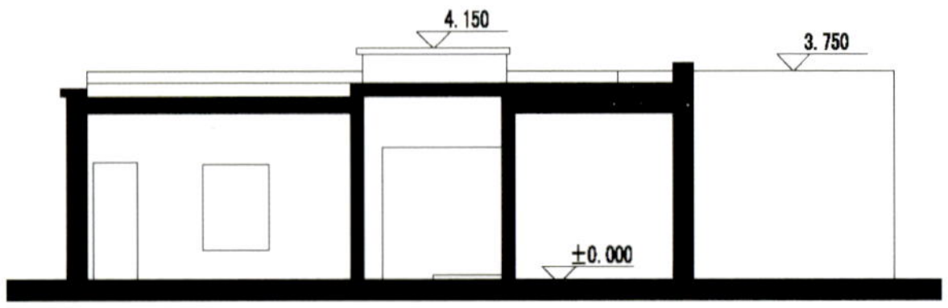

1-1剖面图 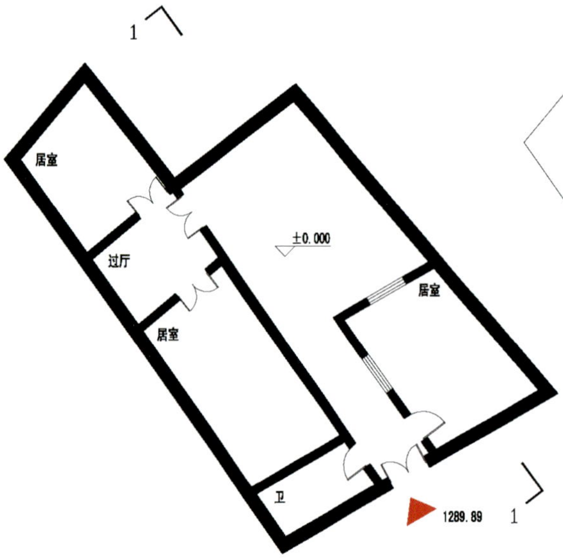   一层平面图 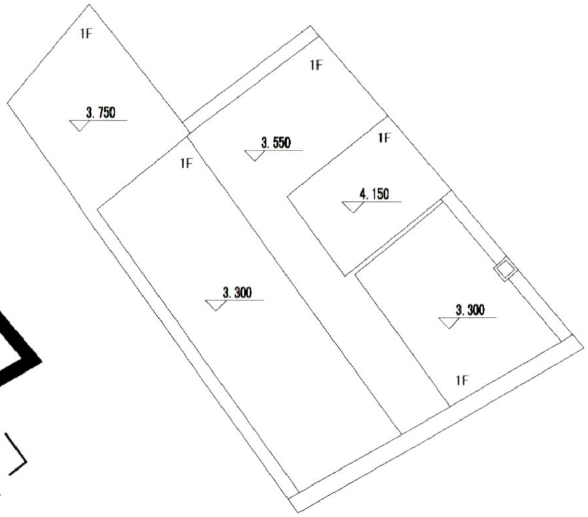   屋顶平面图

397号住宅

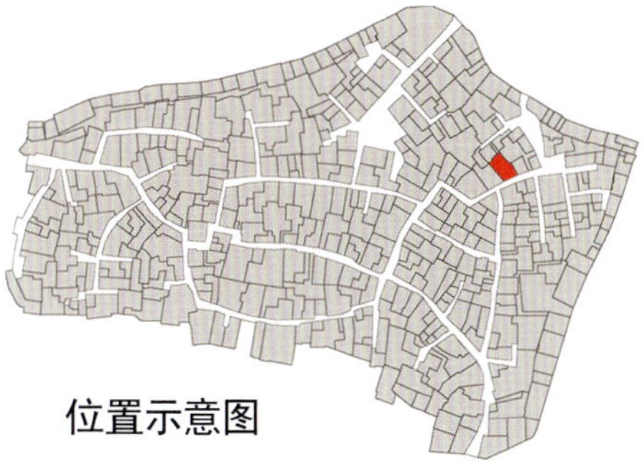

位置示意图

用户编号	326	户主	吐尼沙·尼牙孜	人口	2人
门牌号	0397	收入水平	￥300	职业分类	退休
搬迁意向	不同意	是否重建	重建	建筑主体结构	土木
建筑密度	100.00%	庭院面积		住宅基地面积	105.23 m²
总建筑面积		116.88 m²		一层建筑面积	105.23 m²
描述	房屋修建于1909年，到现在为止从没维修过，有二层，共5个房间。				

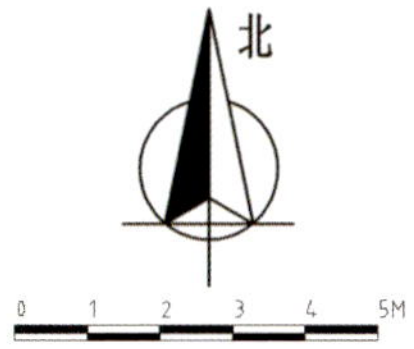

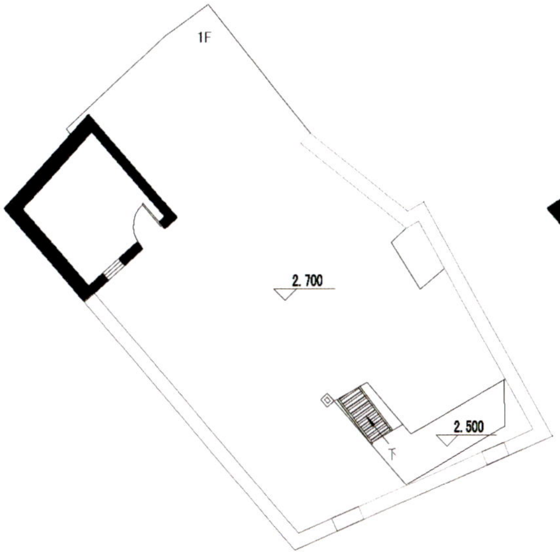

二层平面图 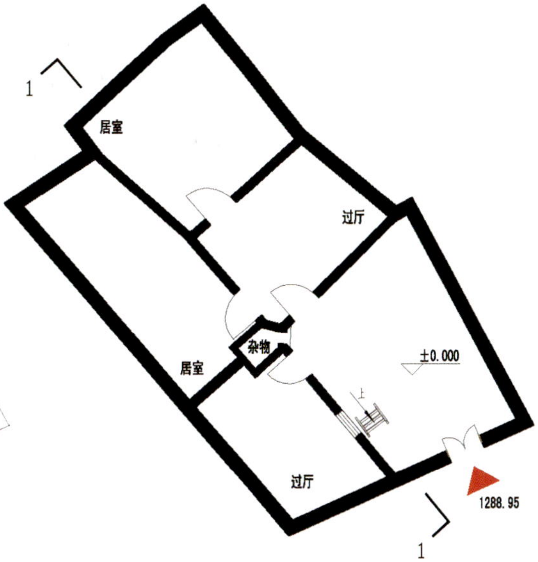　　一层平面图 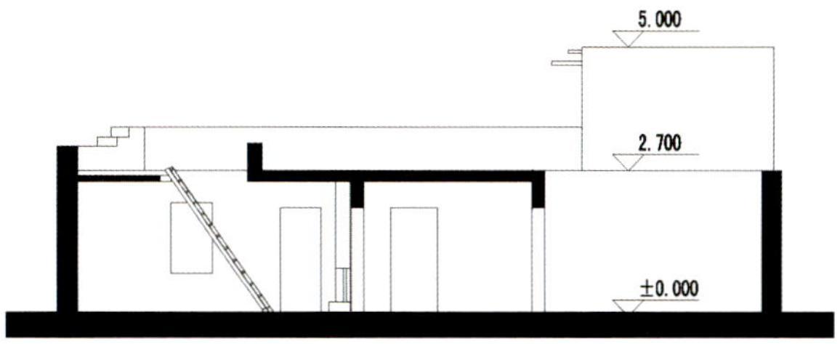　　1-1剖面图

399号住宅

用户编号	327	户主	买买提江·吾布尔	人口	5人
门牌号	0399	收入水平	￥800	职业分类	退休
搬迁意向	同意	是否重建		建筑主体结构	土木
建筑密度	100.00%	庭院面积		住宅基地面积	47.41 m²
总建筑面积	47.41 m²		一层建筑面积	47.41 m²	

描述：房屋是1988年购买的，1999年新建了一部分。房屋有两层，共5个房间。

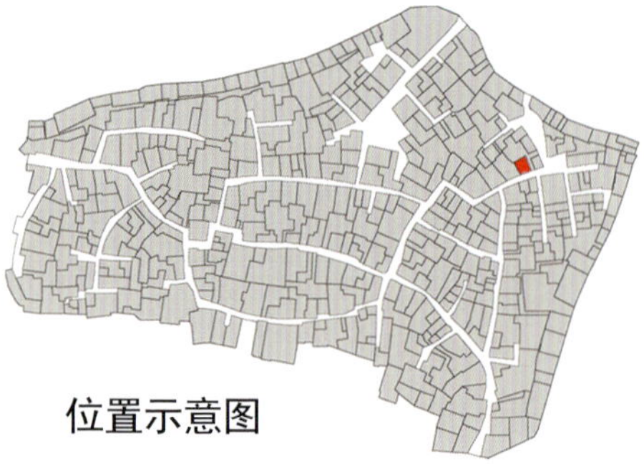

位置示意图

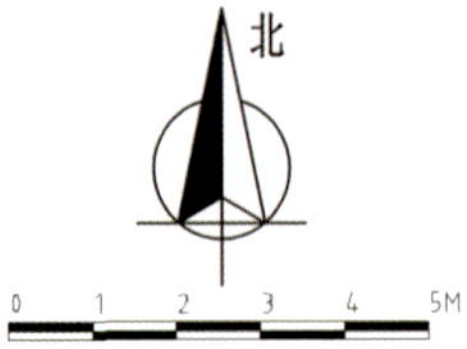

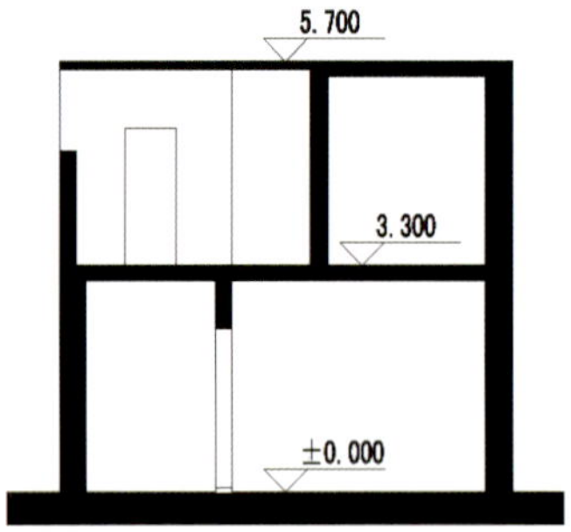

1-1剖面图 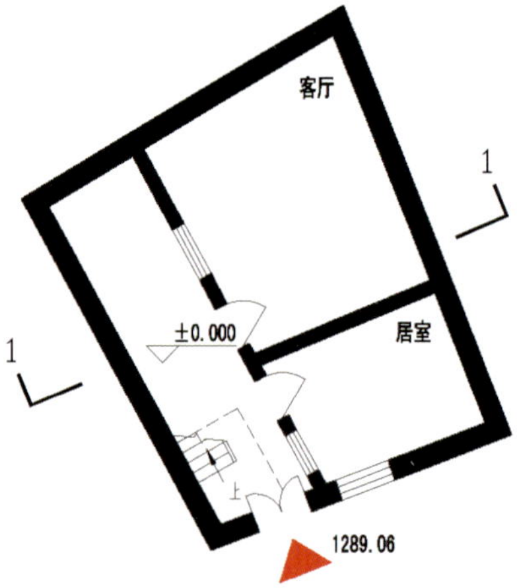　　一层平面图 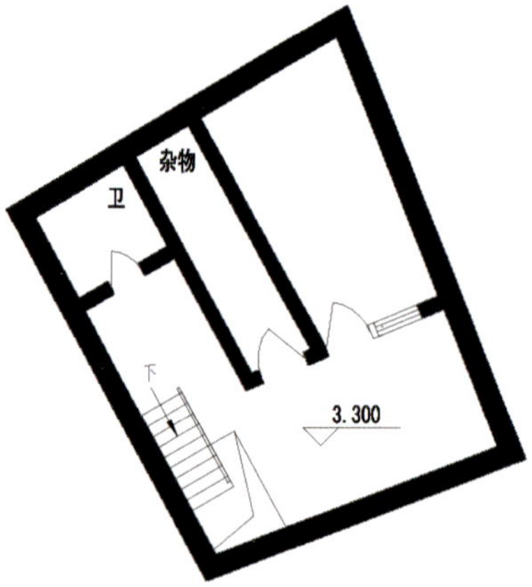　　二层平面图 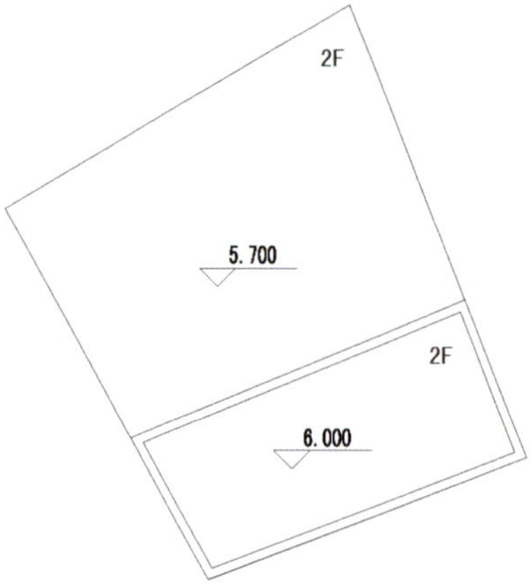　　屋顶平面图

401号住宅

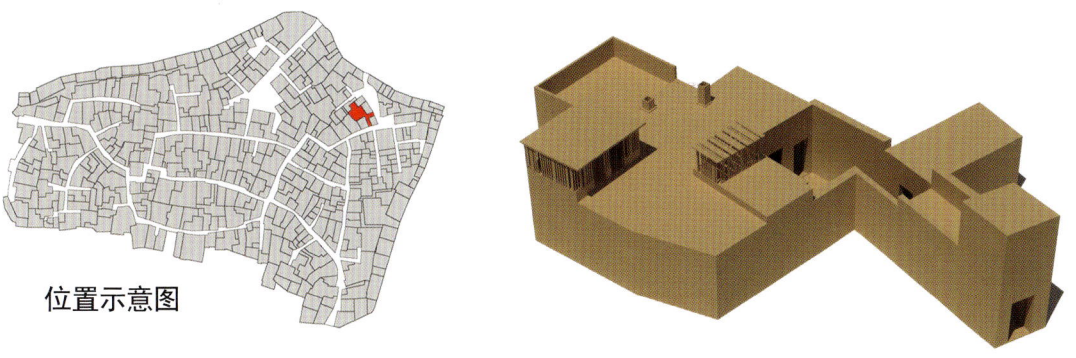

用户编号	328	户主	吐尼萨·尼亚孜	人口	6人
门牌号	0401	收入水平	￥900	职业分类	退休
搬迁意向	同意	是否重建		建筑主体结构	土木&砖木
建筑密度	80.80%	庭院面积	25.53 m²	住宅基地面积	133.59 m²
总建筑面积		114.15 m²	一层建筑面积		107.96 m²

描述：房屋于1979年购买，1992年新建了一部分，有两层，共7间，户主经济条件很差。

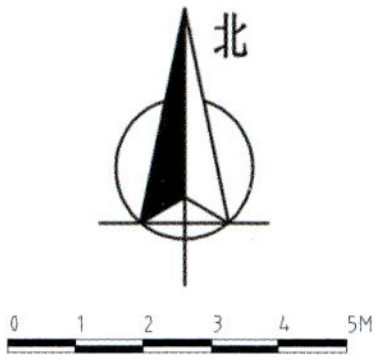

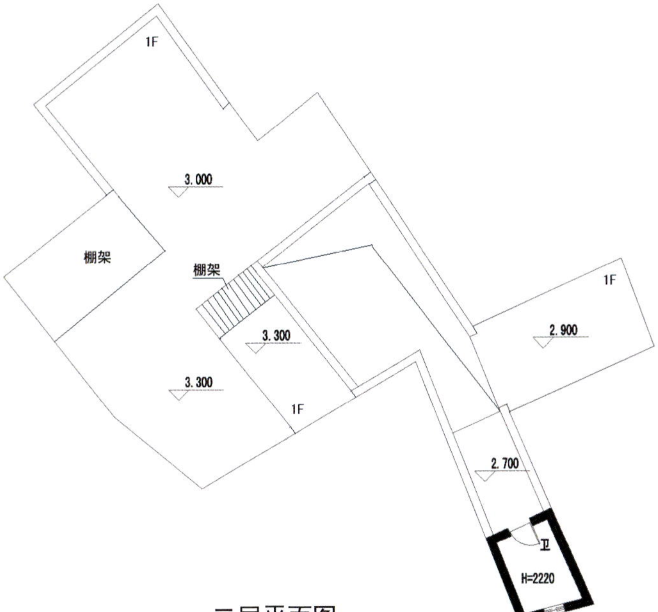

位置示意图

二层平面图 　　　一层平面图 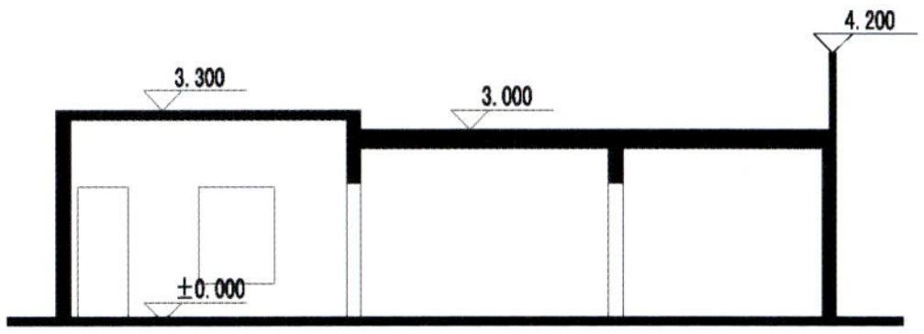　　　1-1剖面图

405号住宅

用户编号	329	户主	姑丽巴哈·由力瓦斯	人口	5人
门牌号	0405	收入水平	￥600	职业分类	在家
搬迁意向	不同意	是否重建	重建	建筑主体结构	砖木
建筑密度	85.80%	庭院面积	5.99 m²	住宅基地面积	42.31 m²
总建筑面积	64.91 m²	一层建筑面积	36.32 m²		
描述	房屋于2003年购买。房屋两层，共5间。				

位置示意图

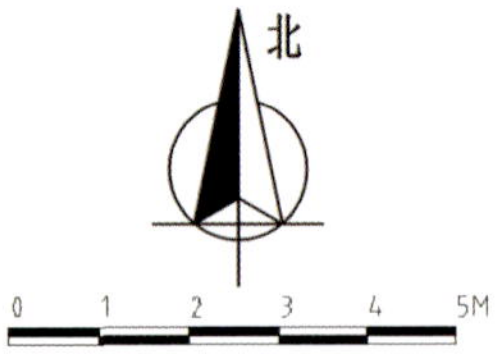

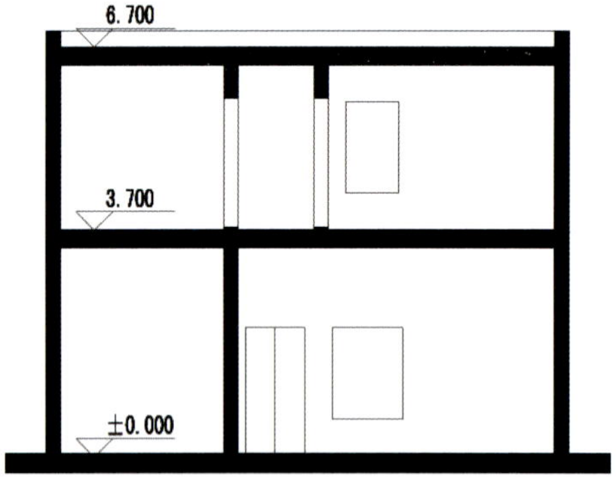

1-1剖面图 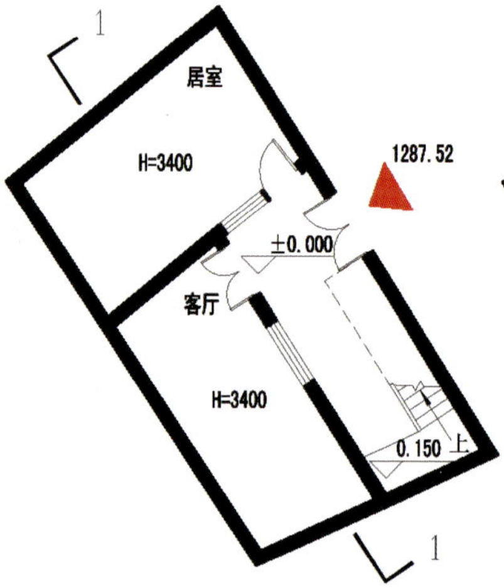　　一层平面图 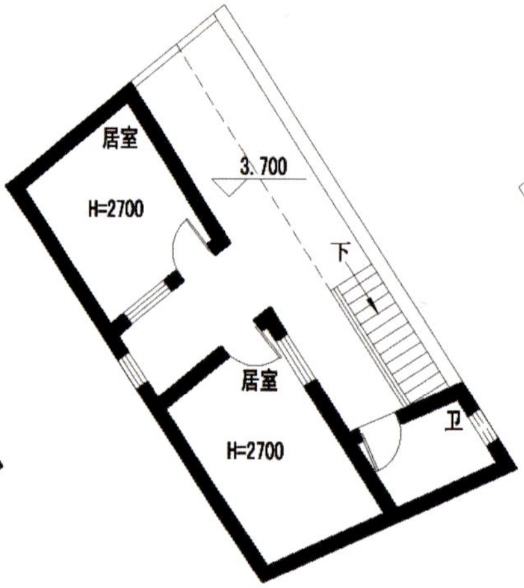　　二层平面图 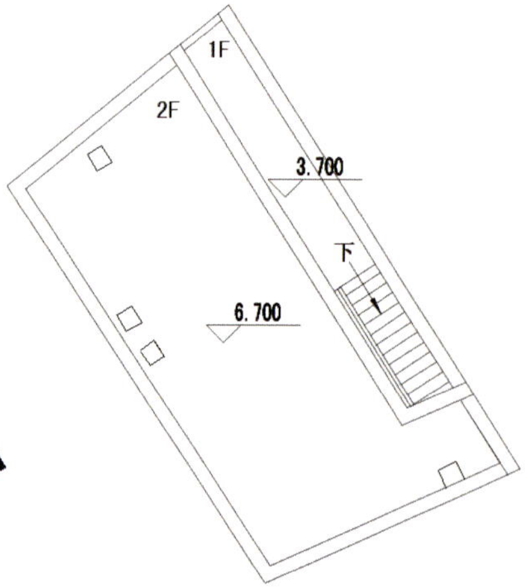　　屋顶平面图

407号住宅

位置示意图

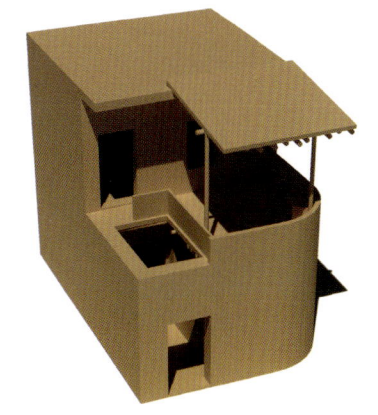

用户编号	330	户主	布合力其·艾麦提	人口	6人
门牌号	0407	收入水平	￥600	职业分类	在家
搬迁意向	同意	是否重建		建筑主体结构	土木
建筑密度	91.20%	庭院面积	3.1 m²	住宅基地面积	35.09 m²
总建筑面积	64.35 m²	一层建筑面积			31.99 m²
描述	户主在这个房屋里生活了20多年。房屋两层，共3间。				

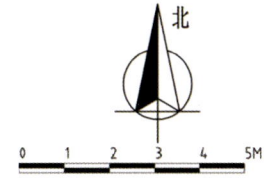

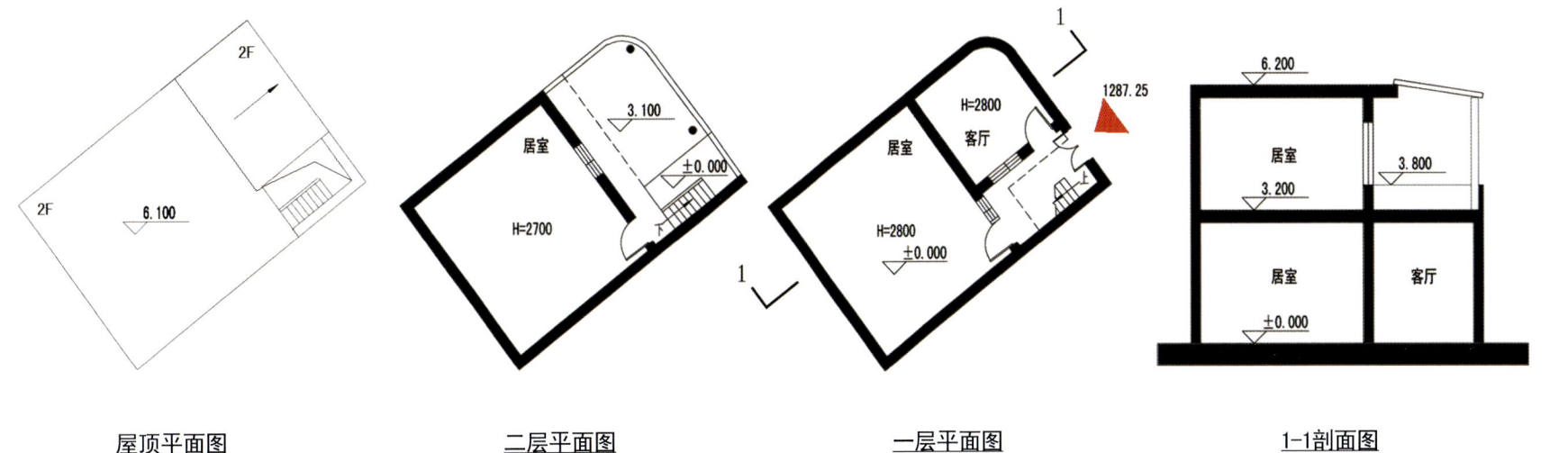

屋顶平面图　　二层平面图　　一层平面图　　1-1剖面图

409号住宅

用户编号	331	户主	吐热卡·阿布力孜	人口	3人
门牌号	0409	收入水平	￥600	职业分类	个体
搬迁意向	同意	是否重建		建筑主体结构	土木
建筑密度	100.00%	庭院面积		住宅基地面积	39.29 m²
总建筑面积		39.29 m²		一层建筑面积	39.29 m²
描述	户主于1994年花两万元购买该房屋。房屋有一层，共3间。				

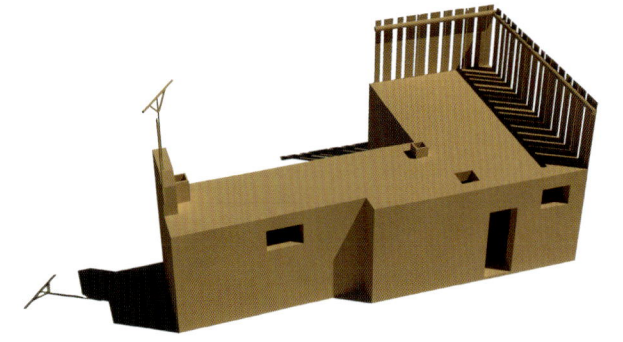

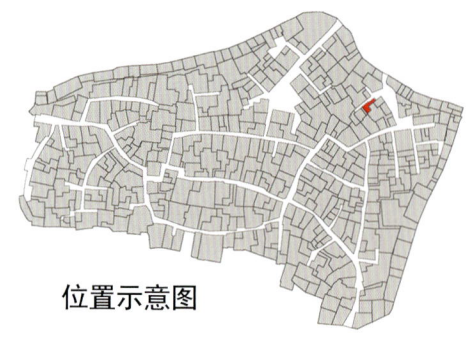

位置示意图

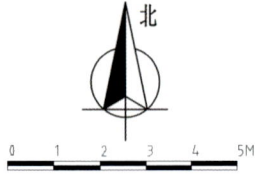

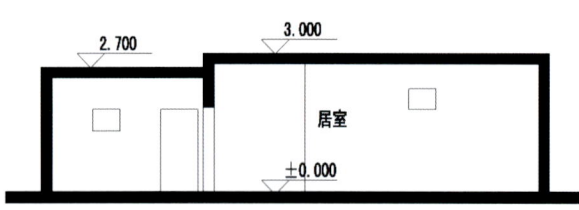

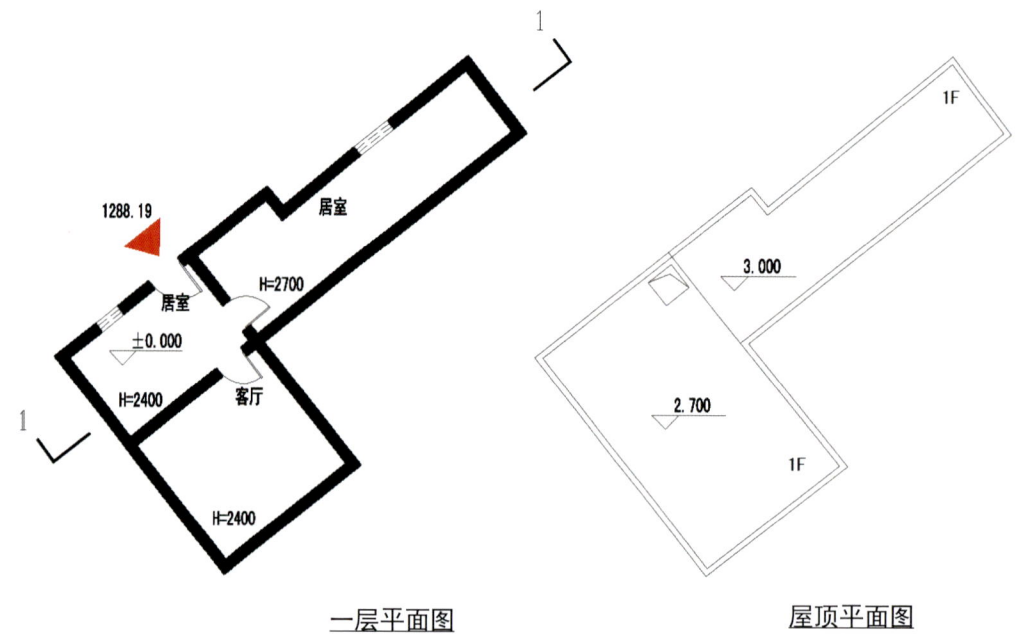

1-1剖面图　　　　　　　　　一层平面图　　　　　　　　屋顶平面图

413号住宅

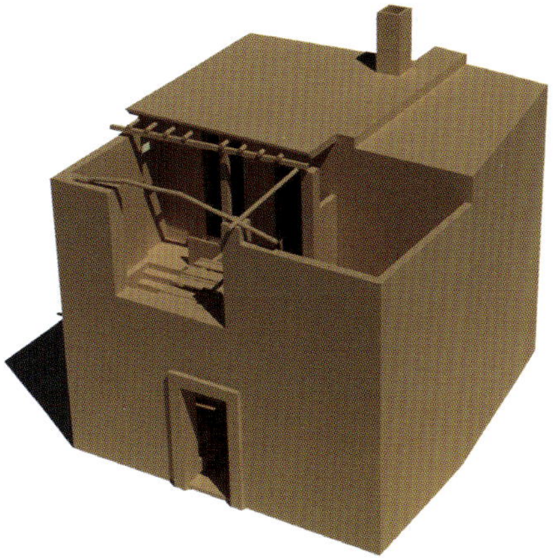

用户编号	332	户主	帕提古丽	人口	2人
门牌号	0413	收入水平	￥2000	职业分类	在家
搬迁意向	不同意	是否重建	重建	建筑主体结构	土木
建筑密度	85.50%	庭院面积	6.86 m²	住宅基地面积	47.4 m²
总建筑面积		69.24 m²		一层建筑面积	40.54 m²

描述：房屋有两层，共4个房间。主人有9个孩子。

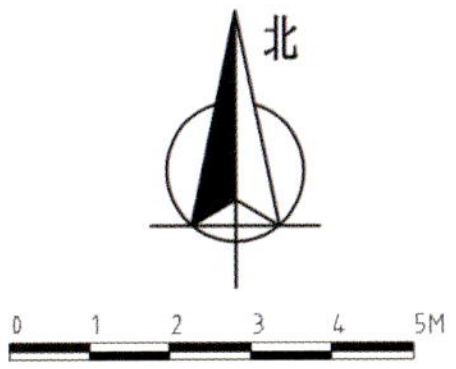

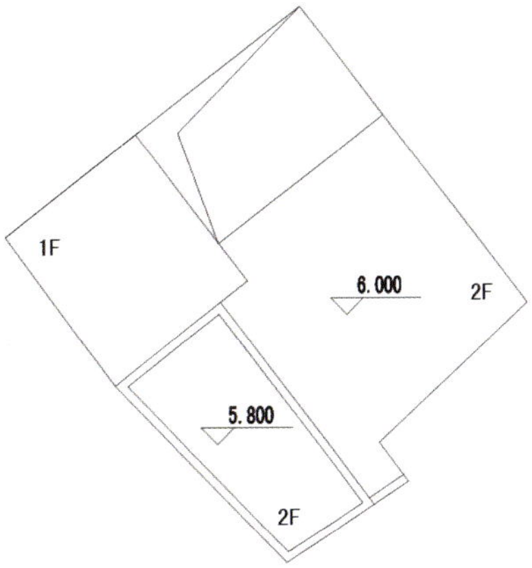

位置示意图

屋顶平面图 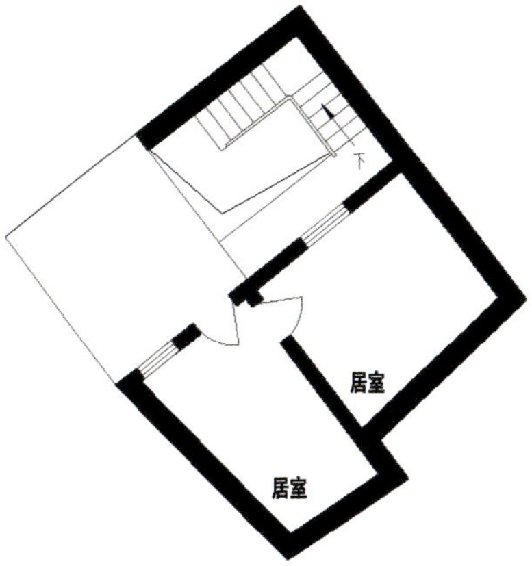　　二层平面图 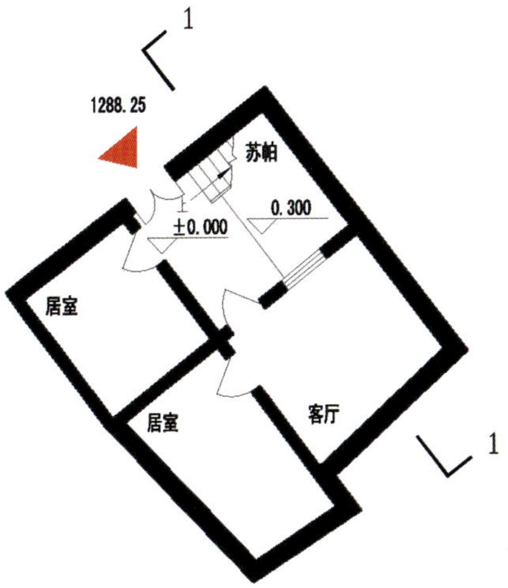　　一层平面图 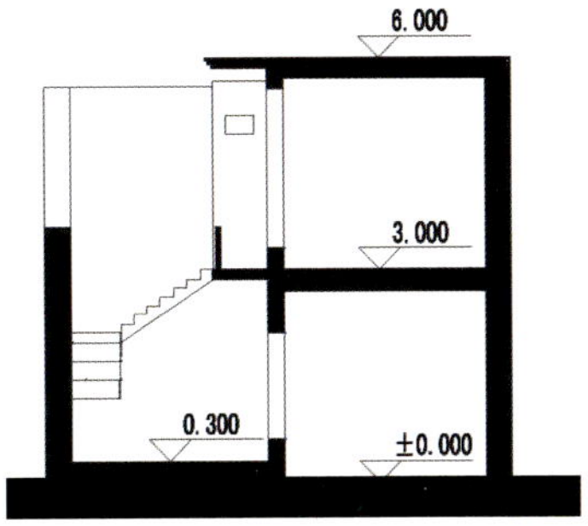　　1-1剖面图

415号住宅

用户编号	333	户主	吐地肉孜	人口	5人
门牌号	0415	收入水平	￥500	职业分类	
搬迁意向	不同意	是否重建	重建	建筑主体结构	土木&砖木
建筑密度	68.50%	庭院面积	12.3 m²	住宅基地面积	39.07 m²
总建筑面积		38.15 m²	一层建筑面积	26.77 m²	
描述	房屋修建于1909年，2006年维修过一次。房屋有两层，共3个房间。				

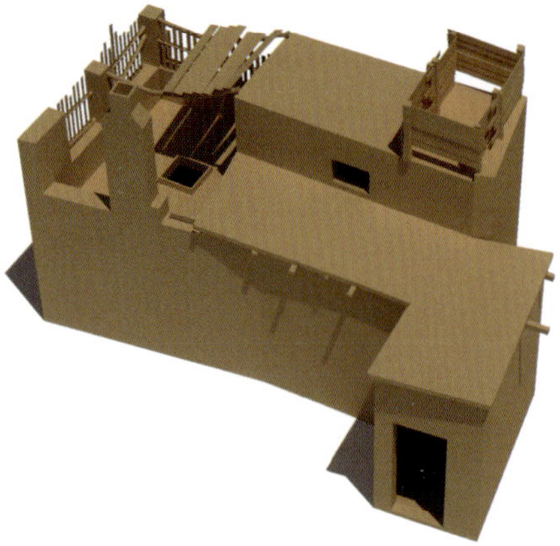

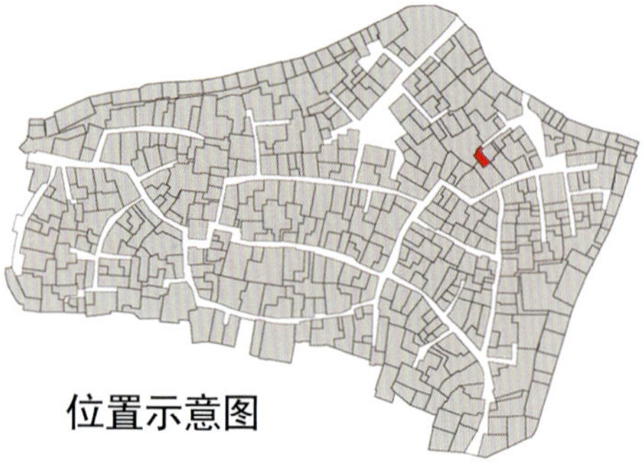

位置示意图

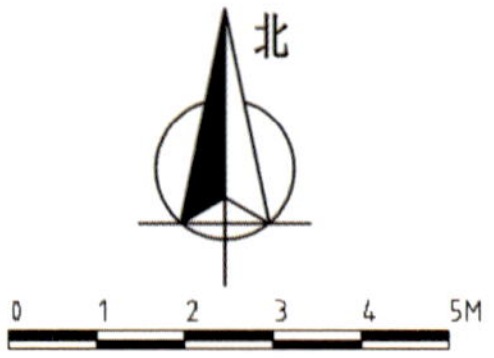

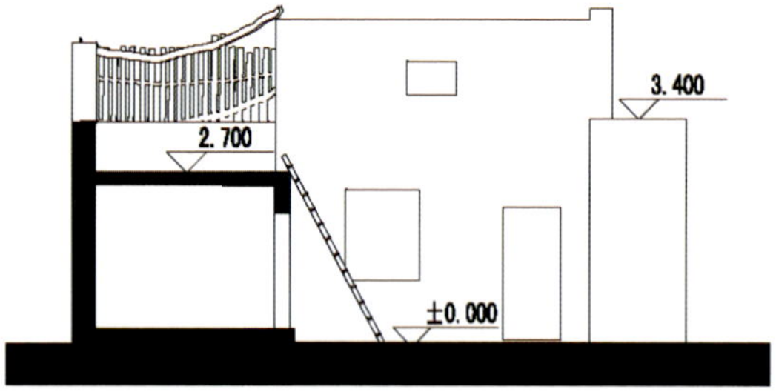

1-1剖面图 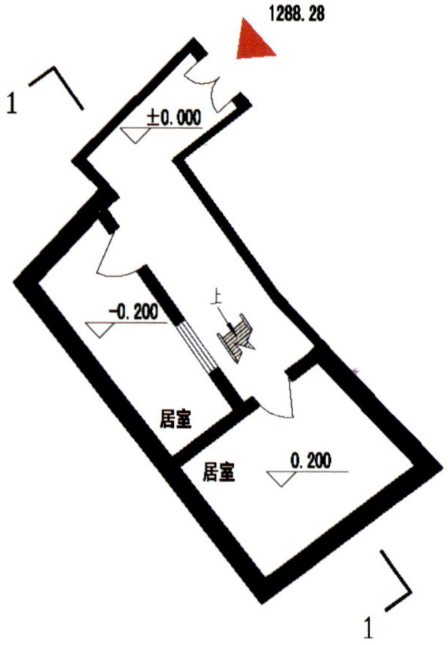　　一层平面图 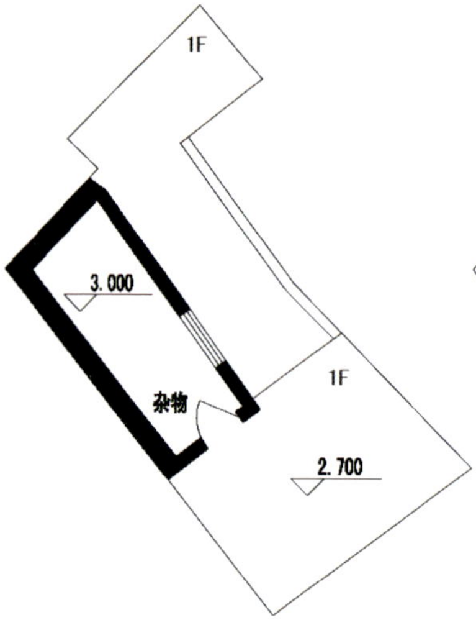　　二层平面图 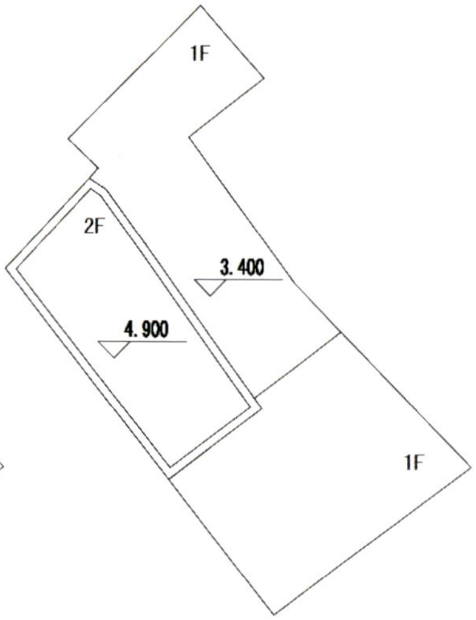　　屋顶平面图

423号住宅

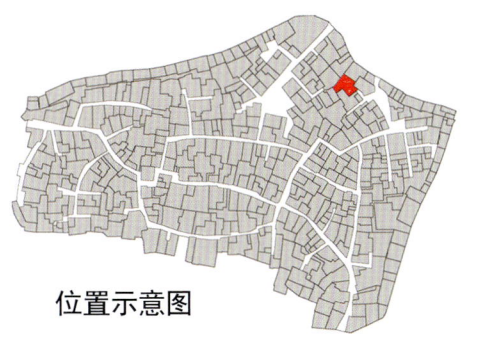

位置示意图

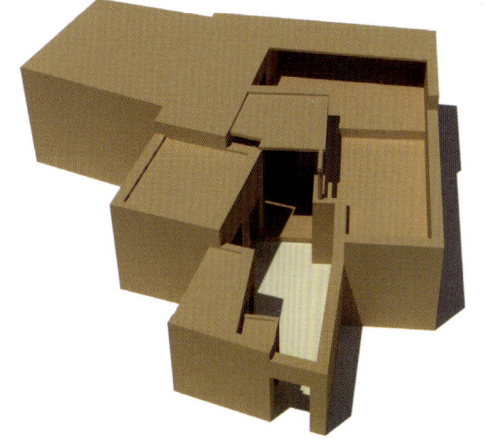

用户编号	334	户主	艾合提·吐尔逊	人口	5人
门牌号	0423	收入水平	￥1100	职业分类	个体户
搬迁意向	不同意	是否重建	重建	建筑主体结构	土木&砖木
建筑密度	83.00%	庭院面积	23.88 m²	住宅基地面积	140.15 m²
总建筑面积		116.27 m²		一层建筑面积	116.27 m²

描述	房屋修建于1909年，院内正在修建新的房间。主人有5个孩子，8个孙子。

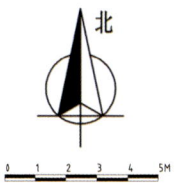

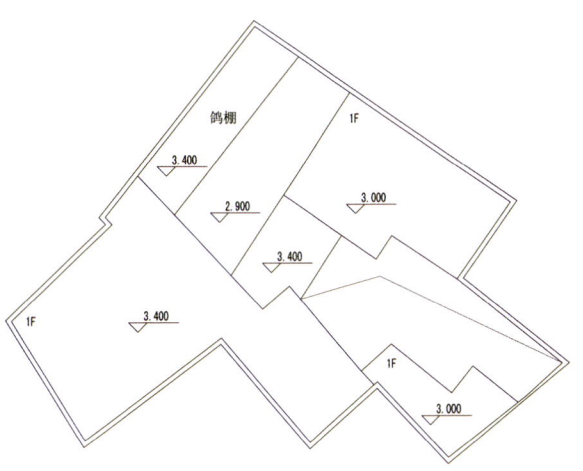

屋顶平面图

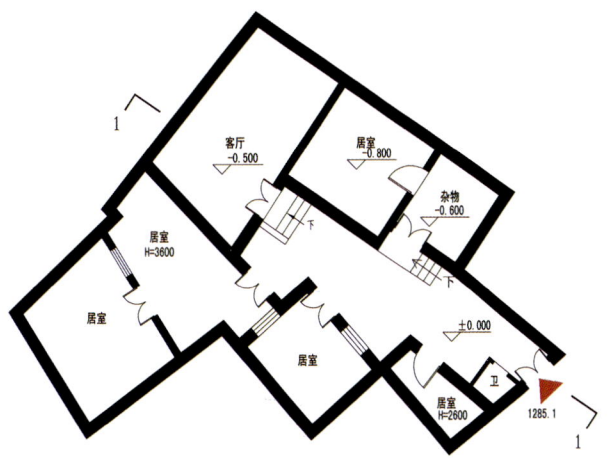

一层平面图

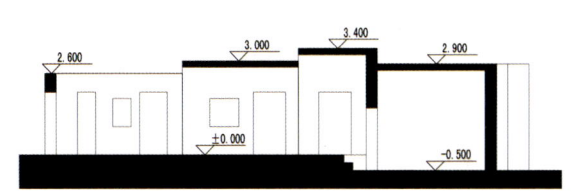

1-1剖面图

397

421号住宅

用户编号	335	户主	库尔班尼沙汗	人口	3人
门牌号	0421	收入水平	￥300	职业分类	退休
搬迁意向	不同意	是否重建	重建	建筑主体结构	土木&砖木
建筑密度	86.50%	庭院面积	19.73 m²	住宅基地面积	145.85 m²
总建筑面积	161.25 m²	一层建筑面积	126.12 m²		

描述：房屋修建于1959年，1997年新建了一部分。房屋两层，共8间。

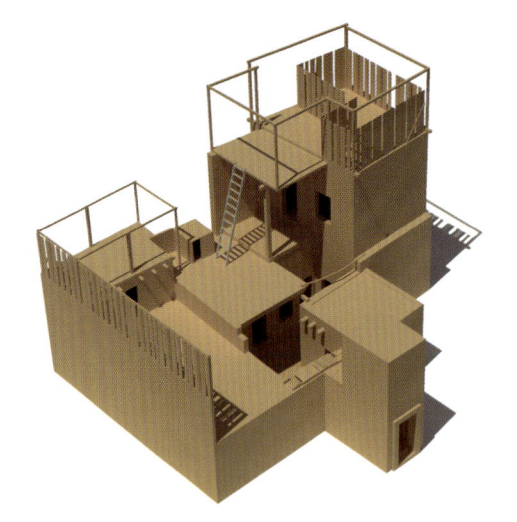

位置示意图

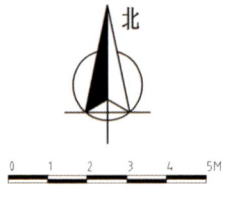

1-1剖面图

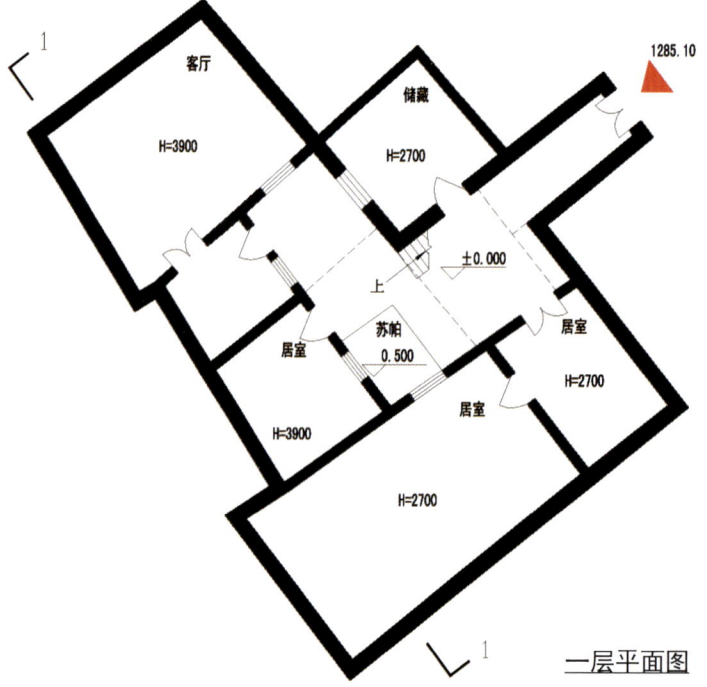
一层平面图

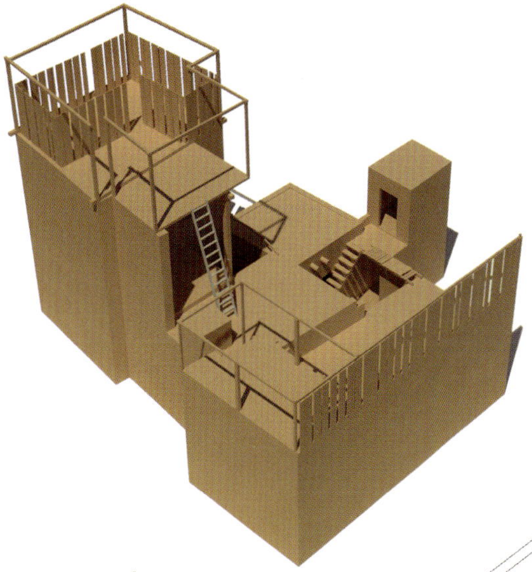

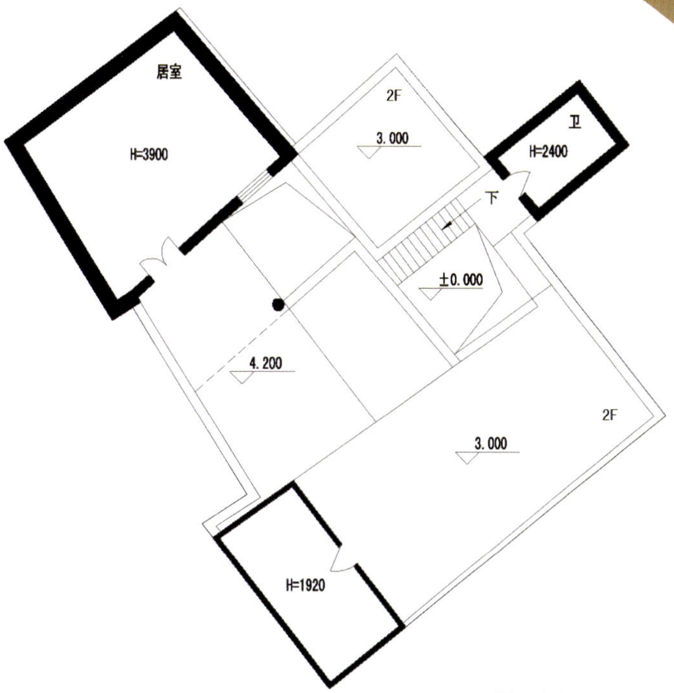

421号住宅

二层平面图

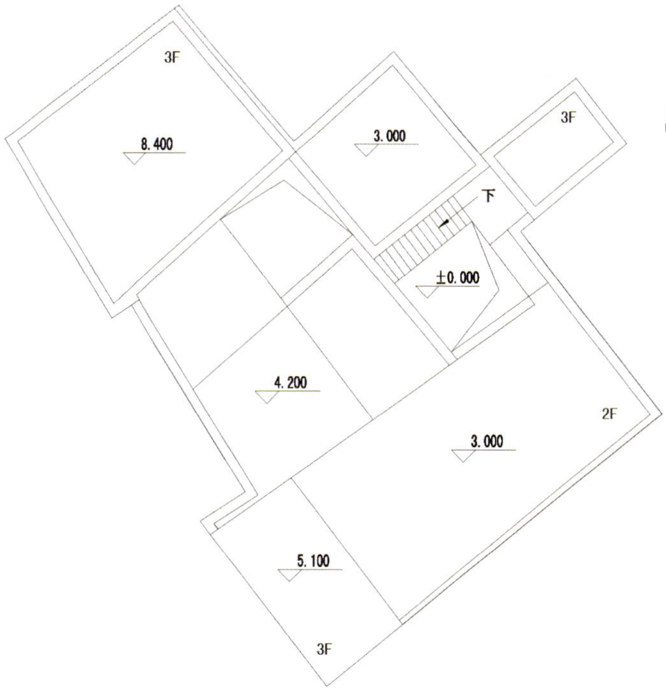

屋顶平面图

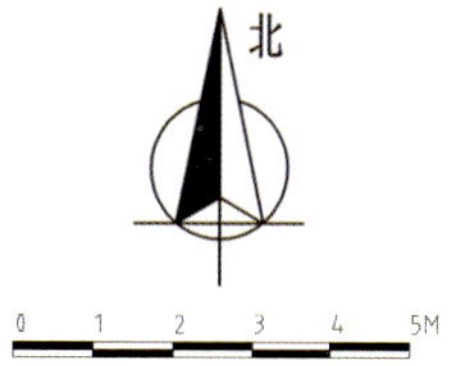

北

427号住宅

用户编号	336	户主	买买提依明达吾提	人口	6人
门牌号	0427	收入水平	￥500	职业分类	职员
搬迁意向	不同意	是否重建	重建	建筑主体结构	砖木
建筑密度	100.00%	庭院面积		住宅基地面积	54.12 m²
总建筑面积	98.12 m²			一层建筑面积	54.12 m²
描述	房子是2006年新建的。房屋现在有两层，共5个房间。				

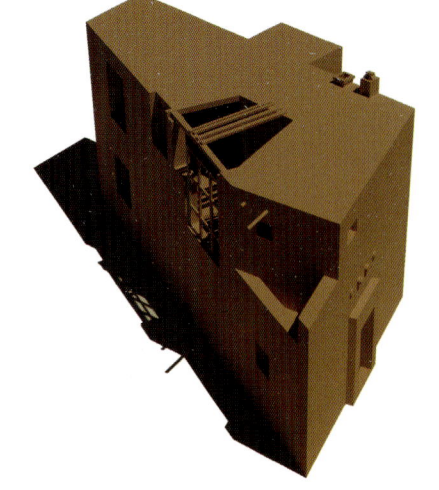

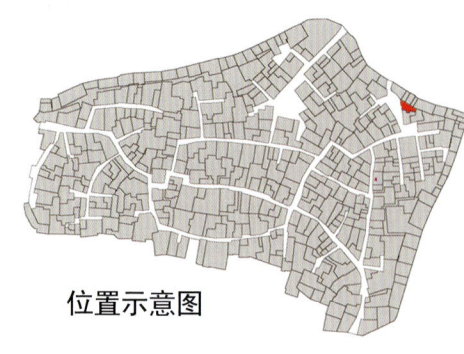

位置示意图

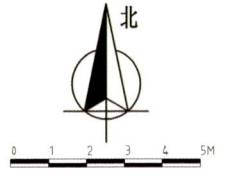

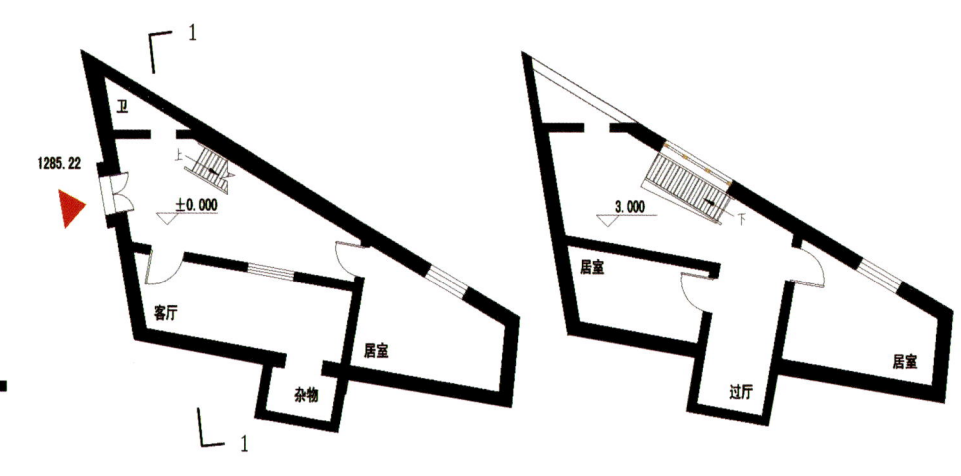

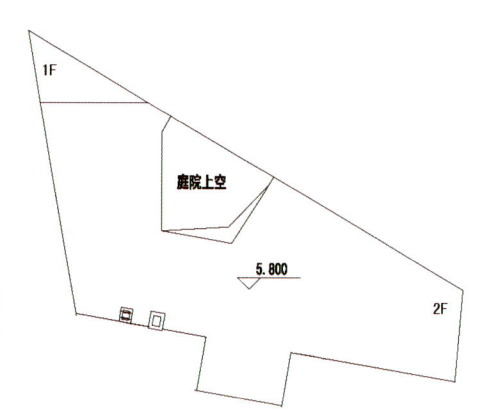

1-1剖面图　　　一层平面图　　　二层平面图　　　屋顶平面图

429号住宅

位置示意图

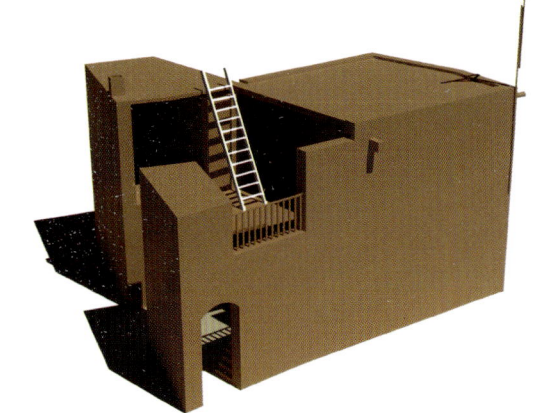

用户编号	337	户主	吾买尔·达吾提	人口	7人
门牌号	0429	收入水平	￥600	职业分类	在家
搬迁意向	不同意	是否重建	重建	建筑主体结构	土木
建筑密度	92.40%	庭院面积	4.6 m²	住宅基地面积	61.2 m²
总建筑面积		94.72 m²		一层建筑面积	56.6 m²

描述：房屋是2004年分家（427号和429号）而形成的。429号于2008年翻修了一次。房屋现在有两层，共4个房间。

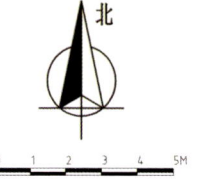

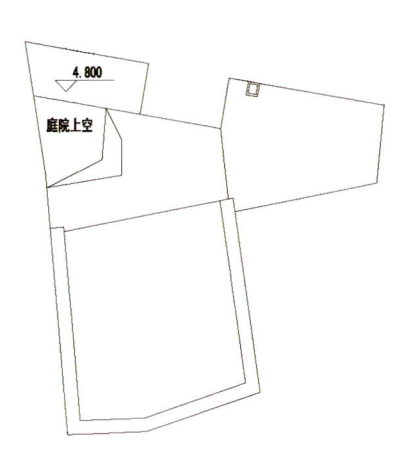
屋顶平面图

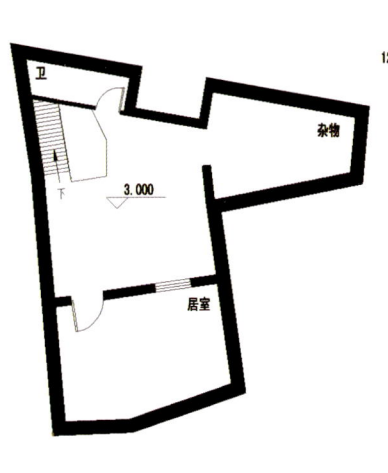
二层平面图

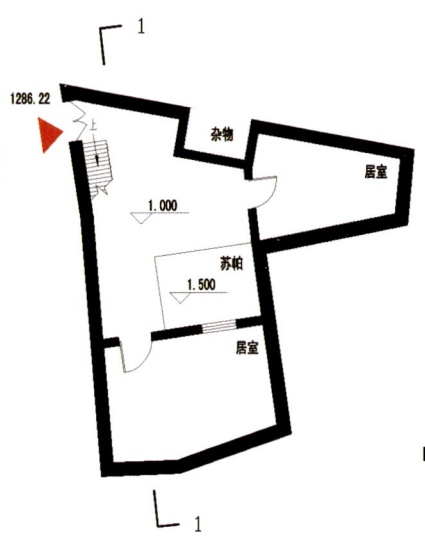
一层平面图

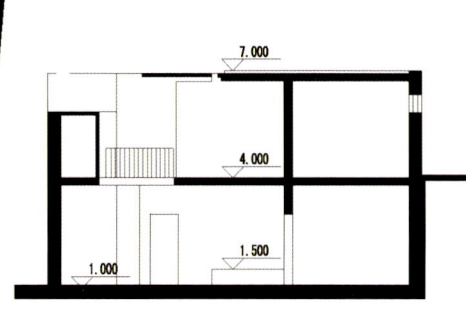
1-1剖面图

425号住宅

用户编号	338	户主	肉孜·阿布力米提	人口	4人
门牌号	0425	收入水平	￥1000	职业分类	
搬迁意向	不同意	是否重建	重建	建筑主体结构	土木&砖木
建筑密度	100.00%	庭院面积		住宅基地面积	122.4 m²
总建筑面积	160.41 m²	一层建筑面积	122.4 m²		

描述：房屋是主人2004年花了2.5万元买的，于1998年新建了一部分，两层，共8间。

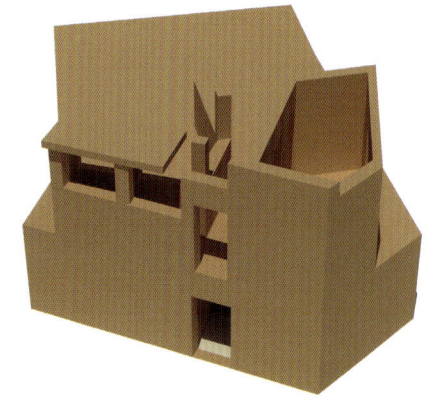

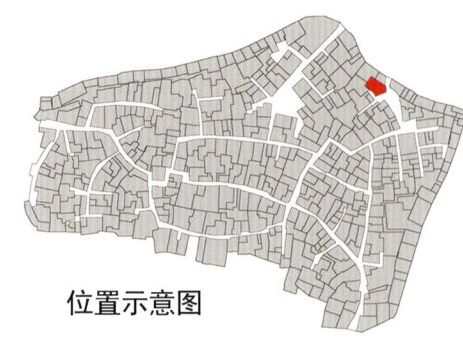

位置示意图

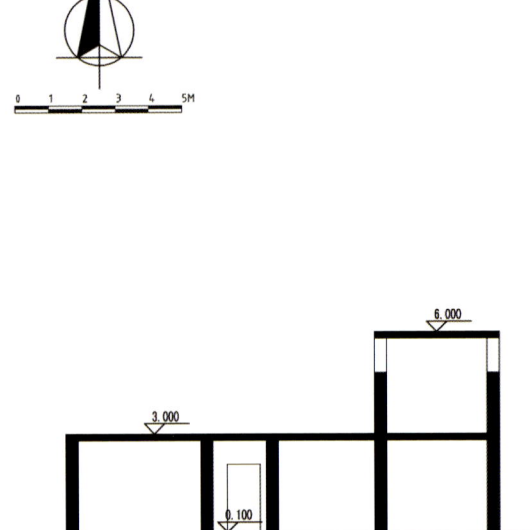

1-1剖面图

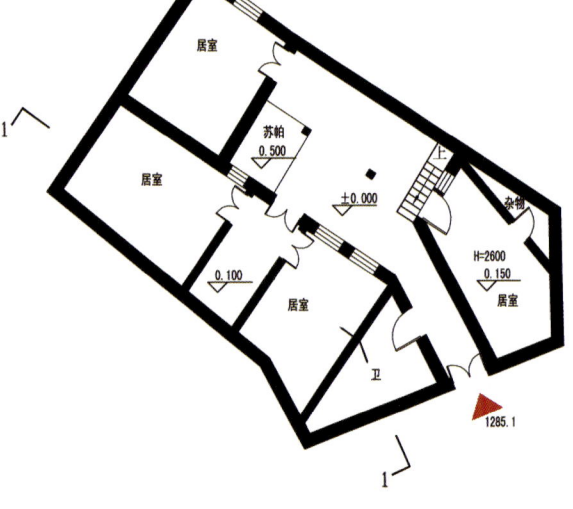

一层平面图

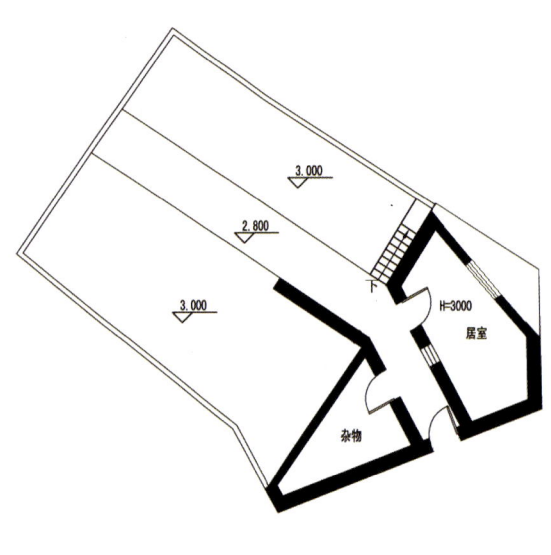

二层平面图

433号住宅

位置示意图

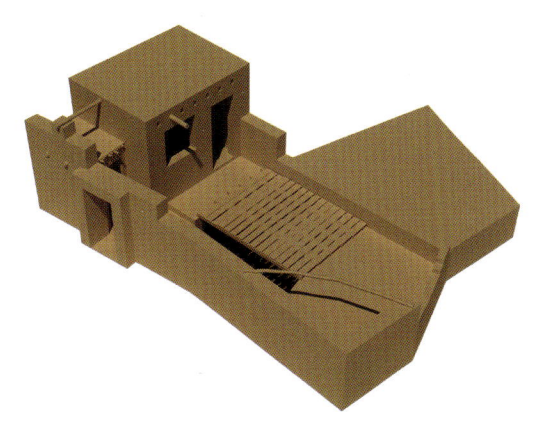

用户编号	339	户主	玉素音	人口	3人
门牌号	0433	收入水平	￥300	职业分类	退休
搬迁意向	不同意	是否重建	重建	建筑主体结构	土木
建筑密度	19.20%	庭院面积	49.35 m²	住宅基地面积	61.09 m²
总建筑面积		62.57 m²		一层建筑面积	11.74 m²

描述：沿坡地而建，进入大门后主要房屋在负一层，共有6个房间。

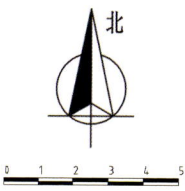

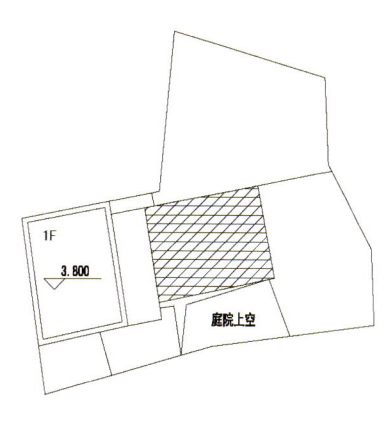

屋顶平面图

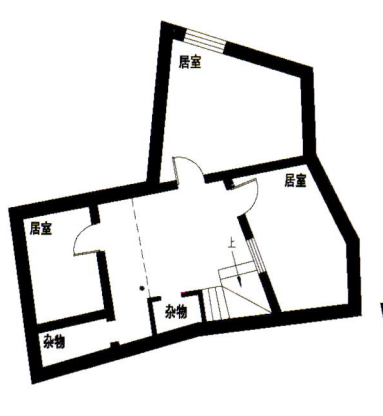

地下一层平面图

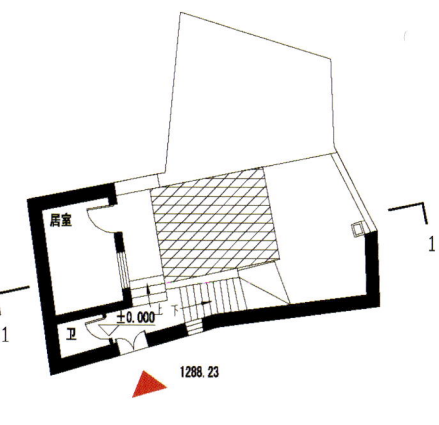

一层平面图

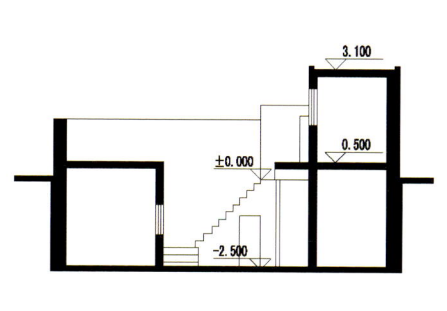

1-1剖面图

443号住宅

用户编号	340	户主	阿布力米提·吾	人口	7人
门牌号	0443	收入水平	￥500	职业分类	在家
搬迁意向	不同意	是否重建	重建	建筑主体结构	土木
建筑密度	71.00%	庭院面积	41.7 m²	住宅基地面积	144 m²
总建筑面积	131.57 m²	一层建筑面积	102.3 m²		

描述	进入大门后向下走两米多是建筑主体。房屋是1984年重建的，房屋有两层，共11间。

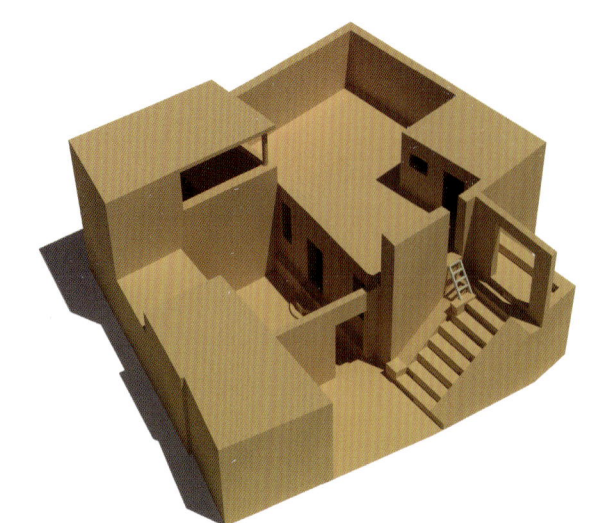

位置示意图

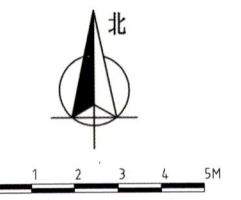

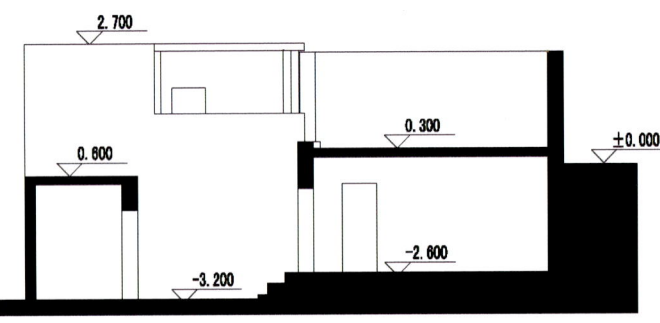

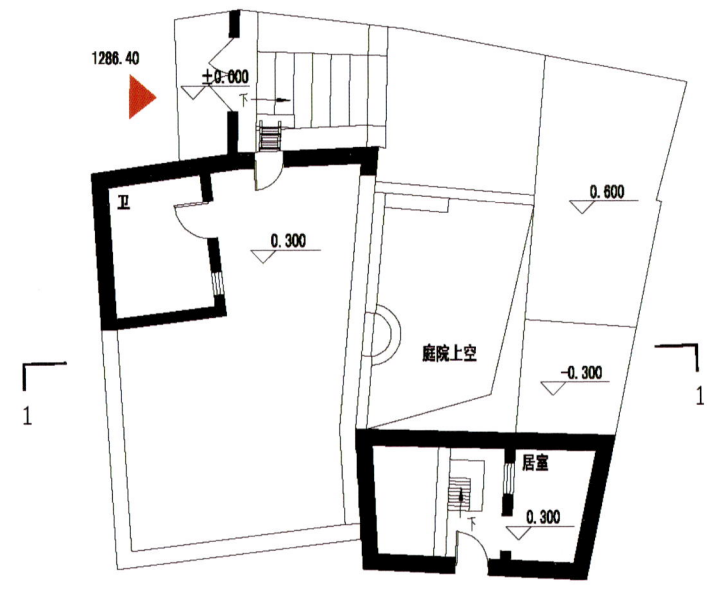

1-1剖面图

一层平面图

443号住宅

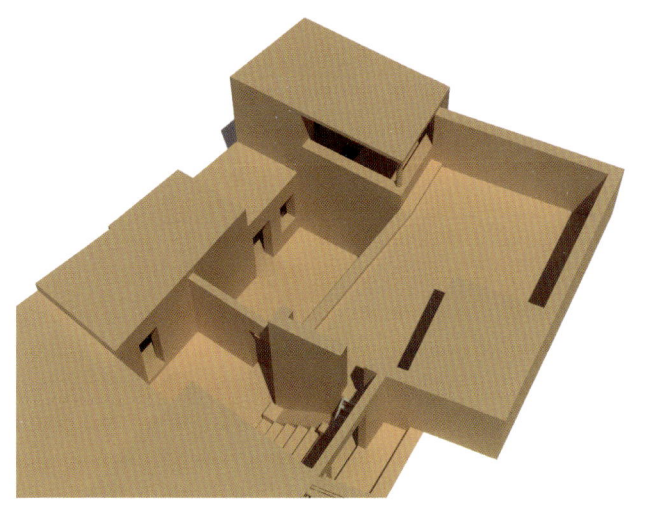
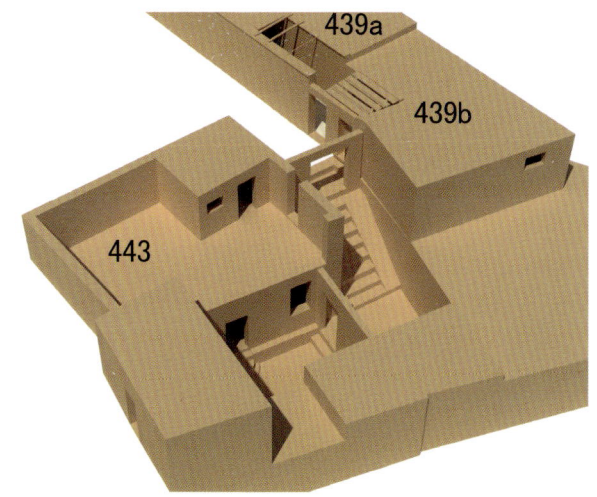
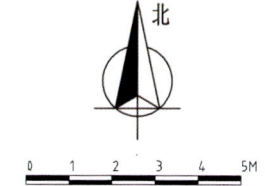

北

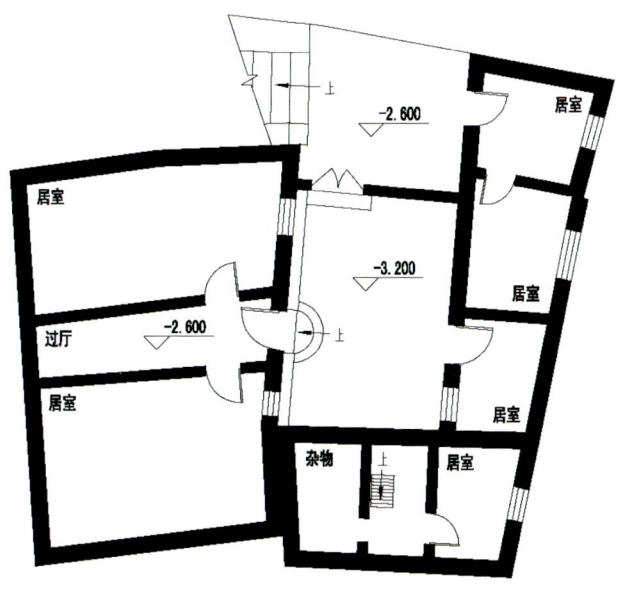

地下一层平面图　　　　　　　　　　屋顶平面图

439a号住宅

用户编号	341	户主	吾布力卡斯木	人口	2人
门牌号	0439a	收入水平	￥700	职业分类	职员
搬迁意向	不同意	是否重建	重建	建筑主体结构	砖木
建筑密度	89.30%	庭院面积	9.05 m²	住宅基地面积	85.16 m²
总建筑面积		76.11 m²	一层建筑面积		76.11 m²
描述	房屋2003年建造，一层，共4个房间。				

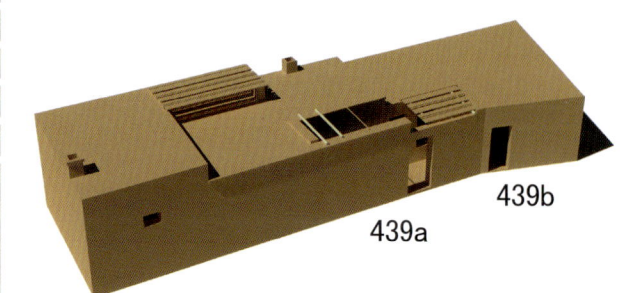
439a 439b

位置示意图

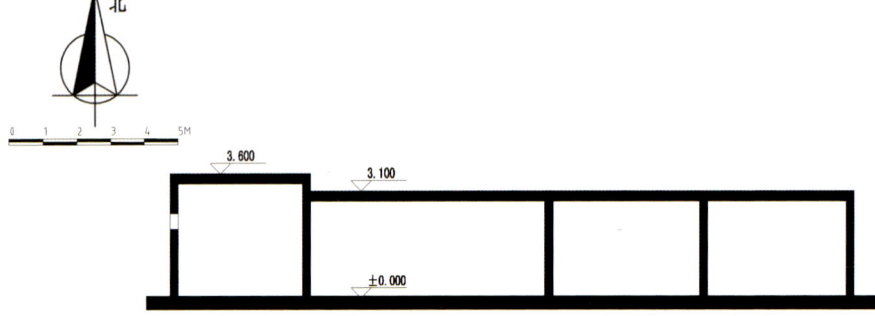
1-1剖面图

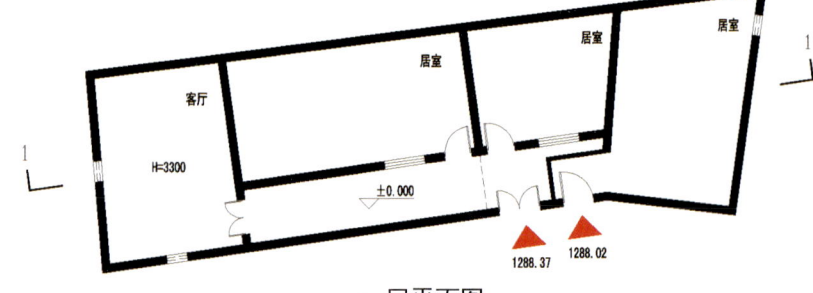
一层平面图

屋顶平面图

439b号住宅

用户编号	342	户主	布哈力其·吐拉克	人口	2人
门牌号	0439b	收入水平	￥400	职业分类	在家
搬迁意向	不同意	是否重建	重建	建筑主体结构	土木
建筑密度	100.00%	庭院面积		住宅基地面积	28.87 m²
总建筑面积		28.87 m²	一层建筑面积		28.87 m²
描述	房屋修建于1959年，2004年进行了维修。房屋有一层，1间。				

451号住宅

位置示意图

用户编号	343	户主	艾力·塔里甫	人口	2人
门牌号	0451	收入水平	￥2000	职业分类	民间建筑师
搬迁意向	不同意	是否重建	重建	建筑主体结构	土木
建筑密度	73.90%	庭院面积	17.29 m²	住宅基地面积	66.16 m²
总建筑面积		58.79 m²		一层建筑面积	48.87 m²

描述	房屋修建于1989年，两层，共5间。

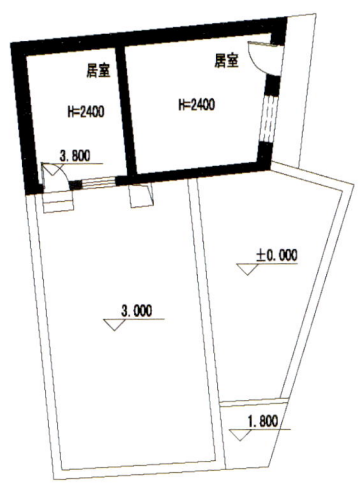

二层平面图

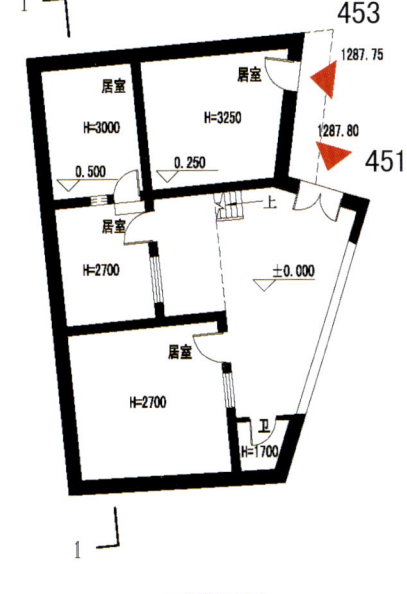

一层平面图

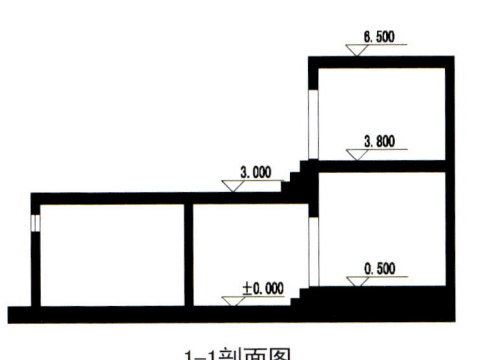

1-1剖面图

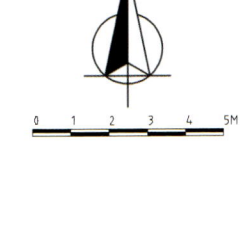

453号住宅

用户编号	344	户主	古丽克孜	人口	4人
门牌号	0453	收入水平	￥600	职业分类	在家
搬迁意向	不同意	是否重建	重建	建筑主体结构	土木
建筑密度	100.00%	庭院面积		住宅基地面积	16.55 m²
总建筑面积		33.1 m²		一层建筑面积	16.55 m²

描述	房屋两层，共2间，没有庭院。

449号住宅

用户编号	345	户主	阿布力米提·苏力坦	人口	4人
门牌号	0449	收入水平	￥600	职业分类	卖羊杂
搬迁意向	不同意	是否重建	重建	建筑主体结构	砖木
建筑密度	100.00%	庭院面积		住宅基地面积	48.27 m²
总建筑面积		102.49 m²		一层建筑面积	48.27 m²

描述　房屋于2004年建造，花费7.7万元。房屋两层，共6间，庭院内有皮夏阿以旺。有过街楼，横跨在457号屋顶。

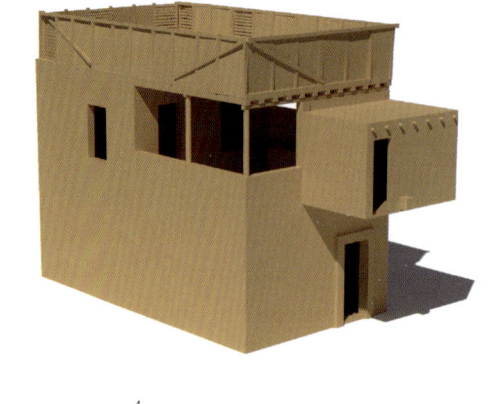

位置示意图

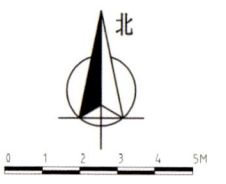
北

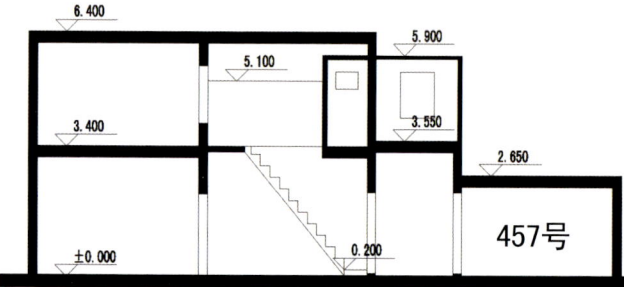

1-1剖面图

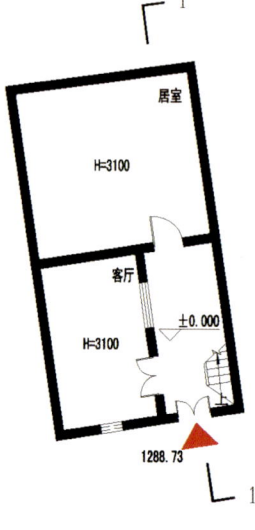

一层平面图

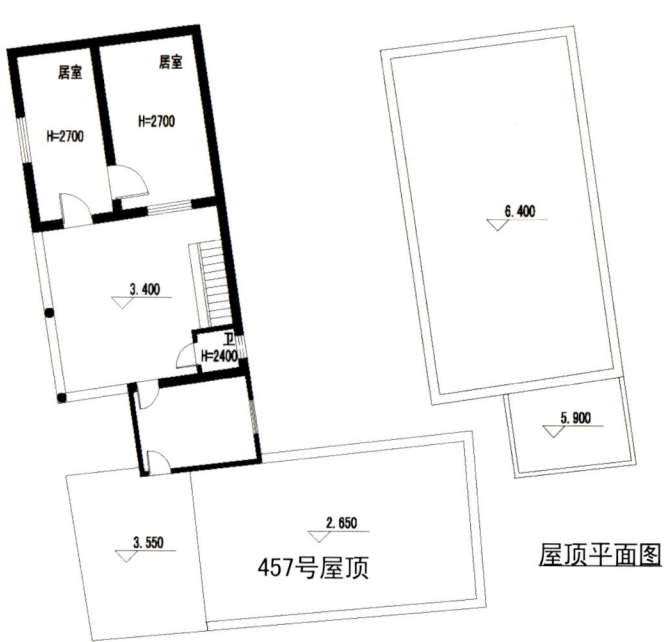

二层及457号屋顶平面图

屋顶平面图

457号住宅

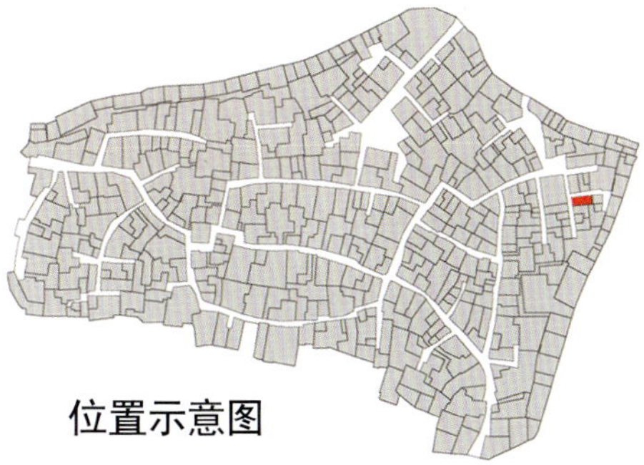

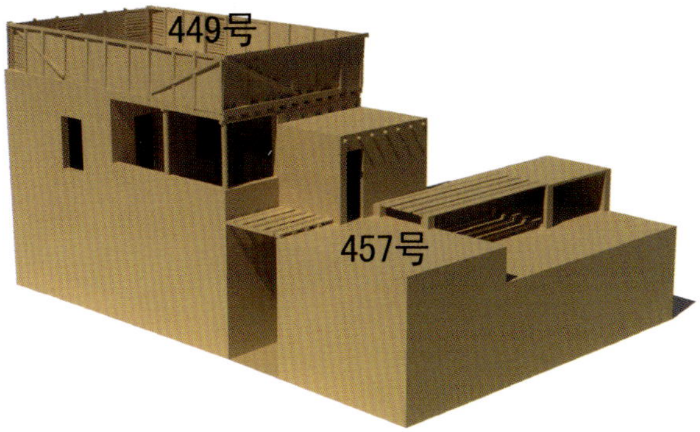

用户编号	346	户主	吐尔汗·达吾提	人口	2人
门牌号	0457	收入水平	￥600	职业分类	在家
搬迁意向	不同意	是否重建	重建	建筑主体结构	砖木
建筑密度	100.00%	庭院面积		住宅基地面积	47.96 m²
总建筑面积		47.96 m²	一层建筑面积		47.96 m²
描述	房屋于2004年建造，花费3.3万元。房屋一层，共3间。主人有7个孩子。					

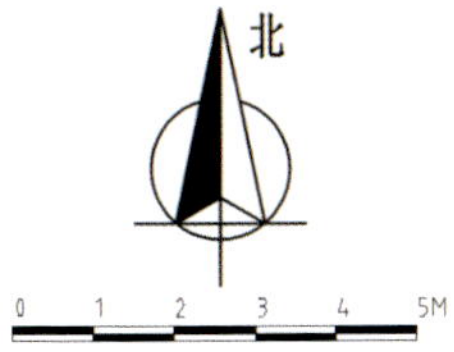

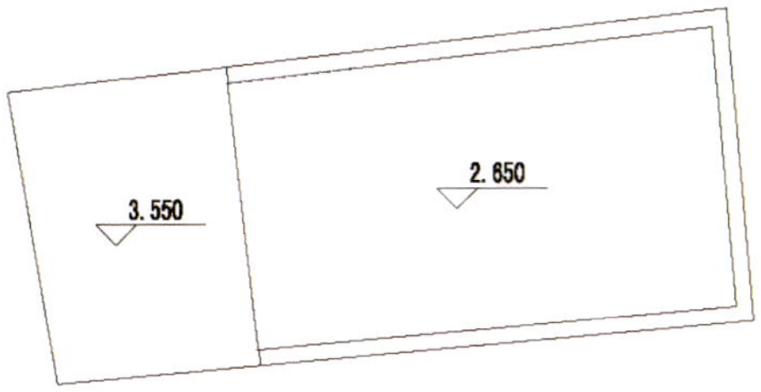

位置示意图

屋顶平面图 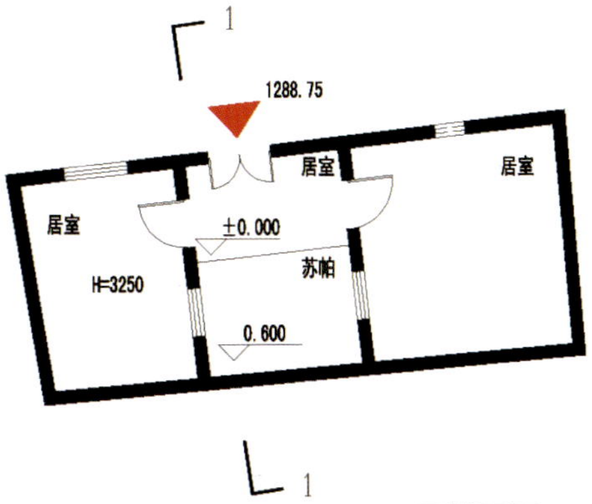 一层平面图 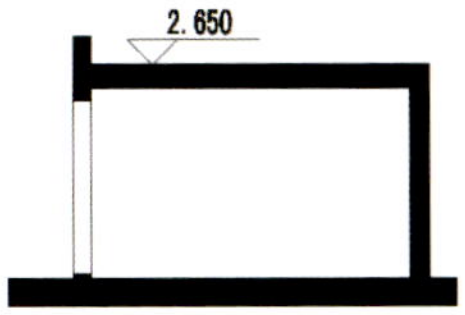 1-1剖面图

459号住宅

用户编号	347	户主	热依木买买提	人口	2人
门牌号	0459	收入水平	￥300	职业分类	退休
搬迁意向	不同意	是否重建	重建	建筑主体结构	土木
建筑密度	100.00%	庭院面积		住宅基地面积	41.74 m²
总建筑面积	41.74 m²		一层建筑面积	41.74 m²	

描述	房屋历史悠久，于2005年进行了一次修缮，院子内有皮夏阿以旺。房屋一层，共3间。

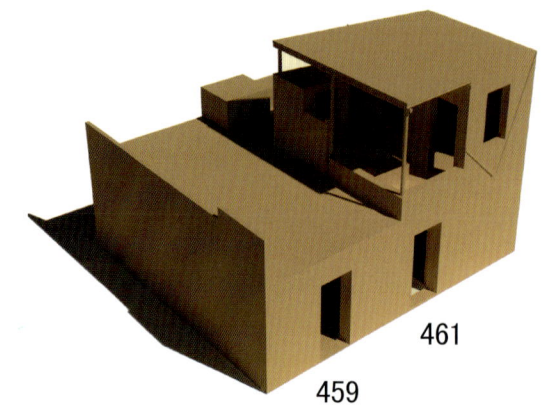

459
461

位置示意图

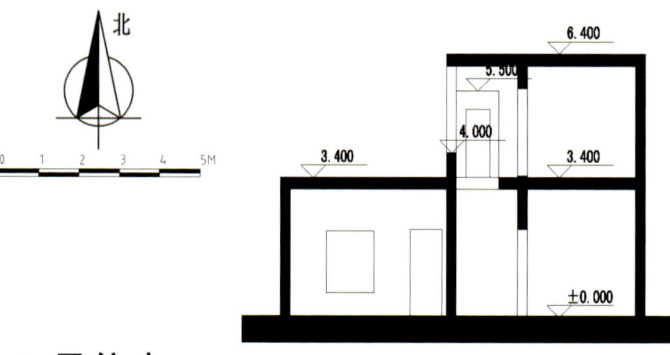

1-1剖面图

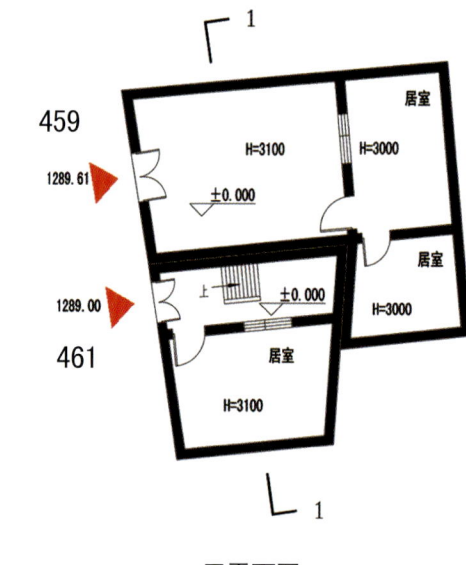

一层平面图

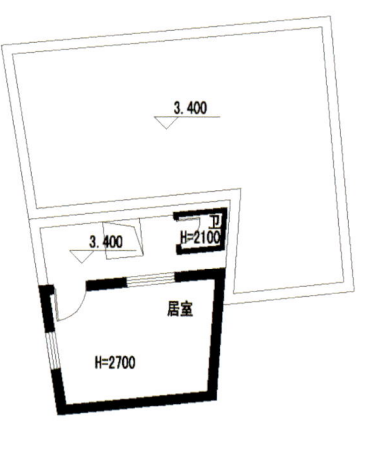

二层平面图

461号住宅

用户编号	348	户主	肉扎吉·热依木	人口	4人
门牌号	0461	收入水平	￥400	职业分类	个体户
搬迁意向	不同意	是否重建	重建	建筑主体结构	砖木
建筑密度	100.00%	庭院面积		住宅基地面积	21.41 m²
总建筑面积	34.96 m²		一层建筑面积	21.41 m²	

描述	房屋于1994年修建，房屋现两层，共2间。

463号住宅

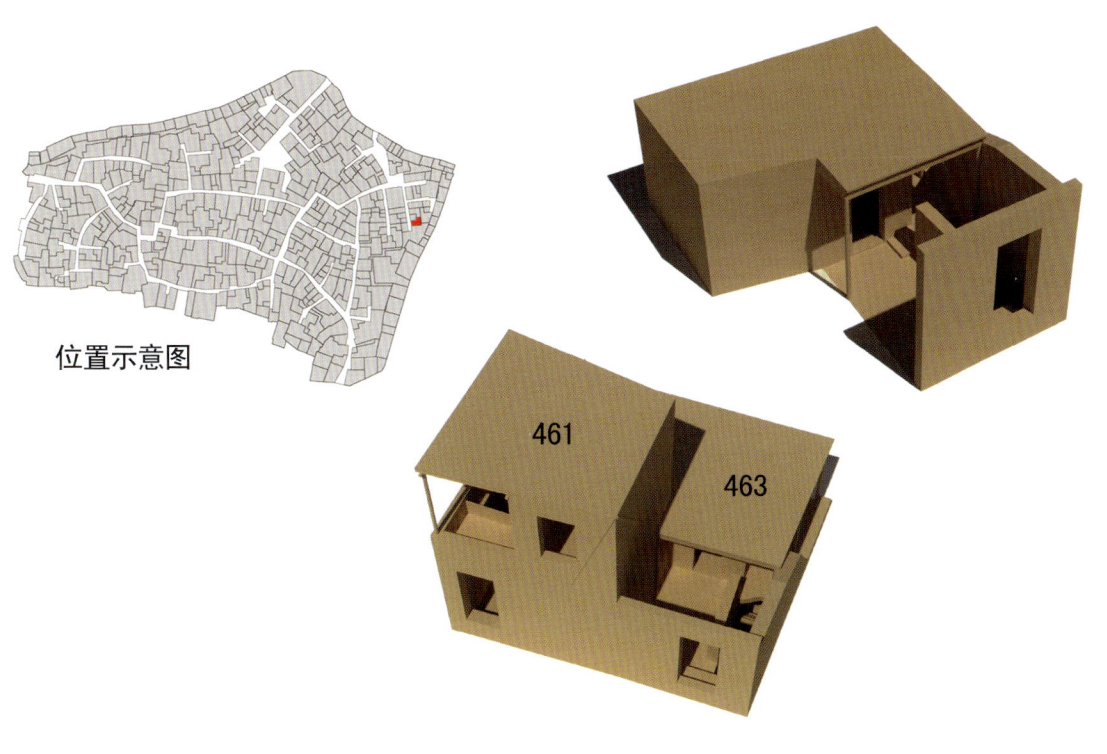

位置示意图

用户编号	349	户主	阿布都如斯力	人口	4人
门牌号	0463	收入水平	￥600	职业分类	个体户
搬迁意向	不同意	是否重建	重建	建筑主体结构	土木
建筑密度	57.80%	庭院面积	14.95 m²	住宅基地面积	35.44 m²
总建筑面积	37.72 m²			一层建筑面积	20.49 m²

描述 房屋于1994年修建，地面一层，地下一层，共2间。庭院一侧无围合，紧贴461号外墙。

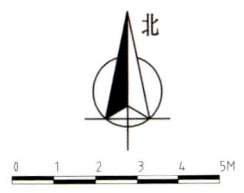

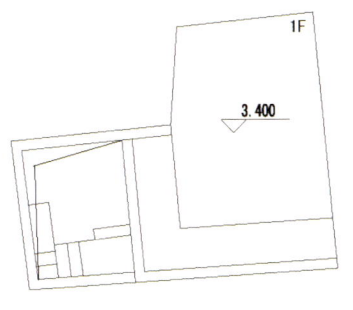
屋顶平面图

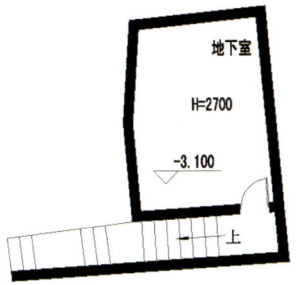
地下一层平面图

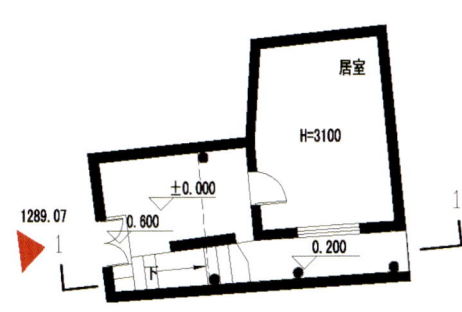
一层平面图

1-1剖面图

467号住宅

用户编号	350	户主	帕提古·西力甫		人口	1人
门牌号	0467	收入水平	￥100	职业分类	退休	
搬迁意向	不同意	是否重建	重建	建筑主体结构	土木	
建筑密度	95.40%	庭院面积	1.39 m²	住宅基地面积	30.22 m²	
总建筑面积	64.75 m²		一层建筑面积	28.83 m²		

描述：房屋于1989年购买，近期新建了几间，房屋两层，共4间。

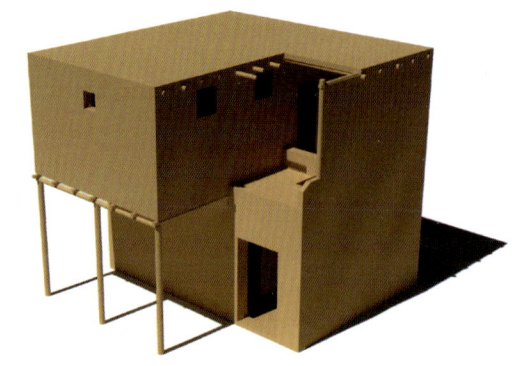

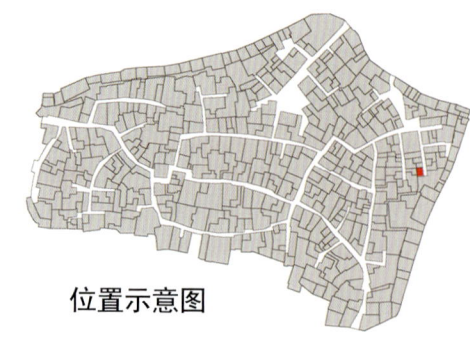

位置示意图

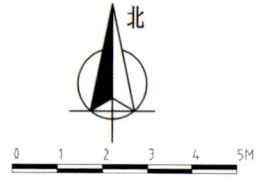

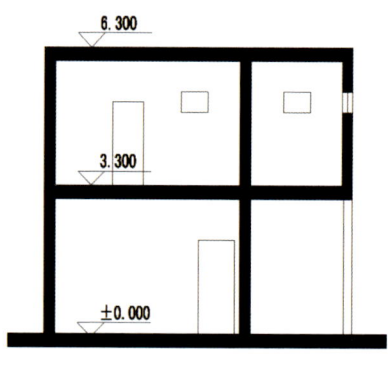

1-1剖面图

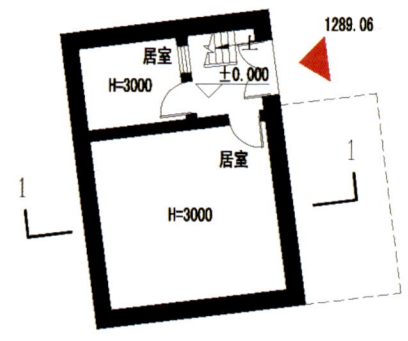

一层平面图

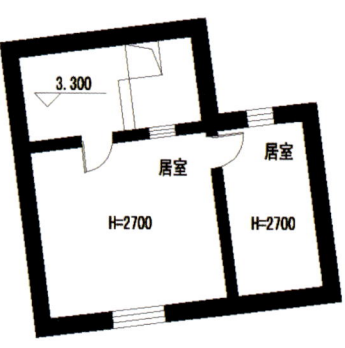

二层平面图

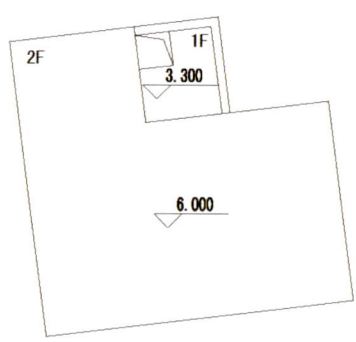

屋顶平面图

471号住宅

用户编号	351	户主	艾依拉汗	人口	1人
门牌号	0471	收入水平	￥100	职业分类	退休
搬迁意向	不同意	是否重建	重建	建筑主体结构	土木
建筑密度	100.00%	庭院面积		住宅基地面积	49.8 m²
总建筑面积		49.8 m²		一层建筑面积	49.8 m²

描述：房屋一层，共2间。

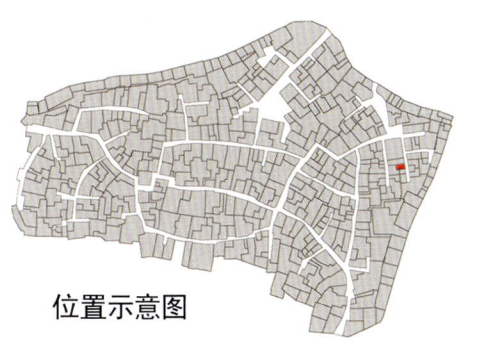

位置示意图

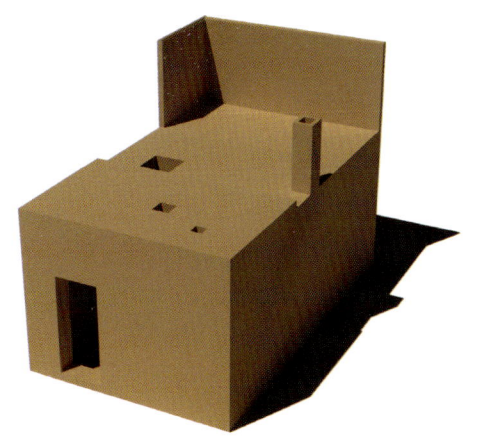

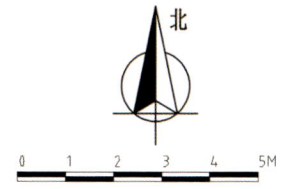

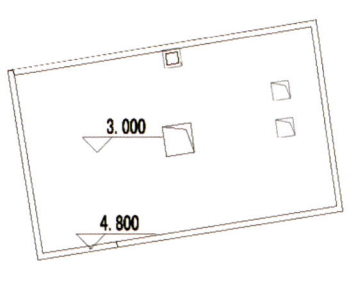

屋顶平面图

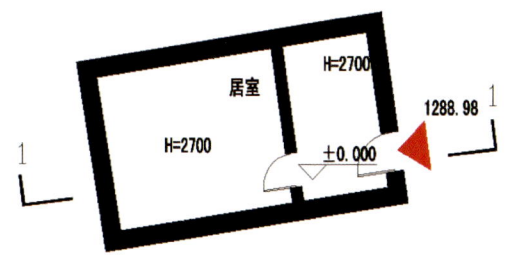

一层平面图

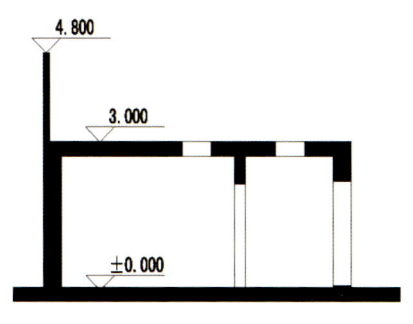

1-1剖面图

475号住宅

用户编号	352	户主	艾尼瓦尔江·提力瓦力地	人口	4人
门牌号	0475	收入水平	￥1200	职业分类	个体户
搬迁意向	不同意	是否重建	重建	建筑主体结构	土木
建筑密度	100.00%	庭院面积		住宅基地面积	25.03 m²
总建筑面积	25.03 m²	一层建筑面积	25.03 m²		
描述	房屋新建于1949年，2001年分为475号和477号。房屋现一层，共3间，没有庭院。				

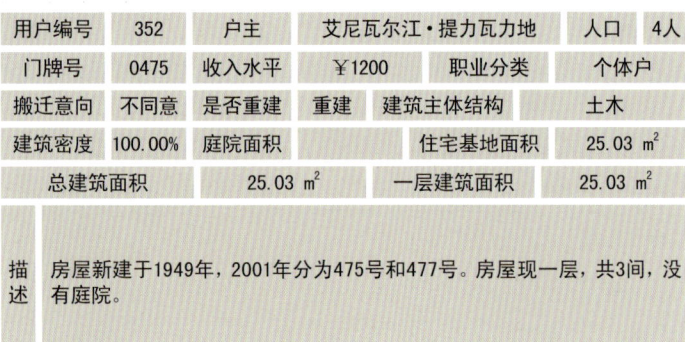

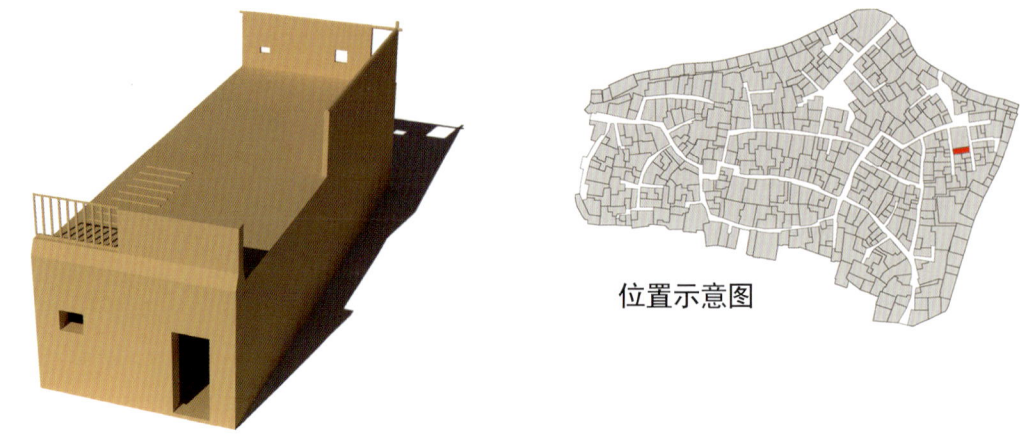

位置示意图

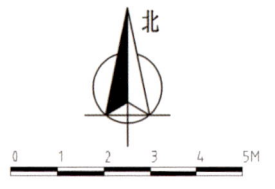

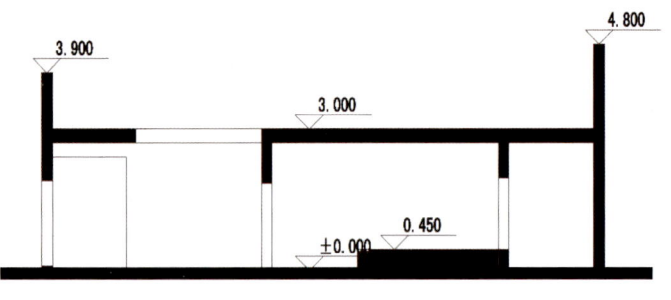

1-1剖面图

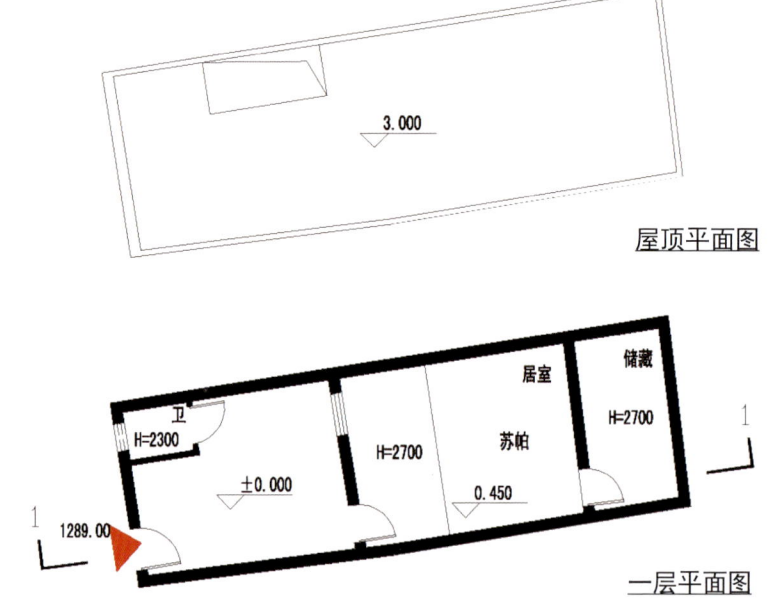

屋顶平面图

一层平面图

414

477号住宅

位置示意图

用户编号	353	户主	买买提依明·提力瓦力	人口	4人
门牌号	0477	收入水平	￥600	职业分类	个体户
搬迁意向	不同意	是否重建	重建	建筑主体结构	框架
建筑密度	100.00%	庭院面积		住宅基地面积	48.31 m²
总建筑面积		90.99 m²		一层建筑面积	48.31 m²

描述：2005年新建的房屋，两层，共7间。

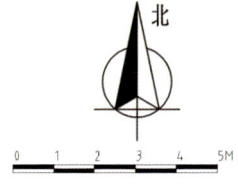

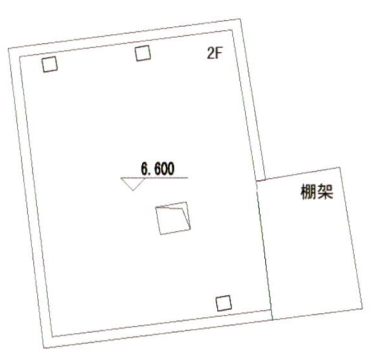
屋顶平面图

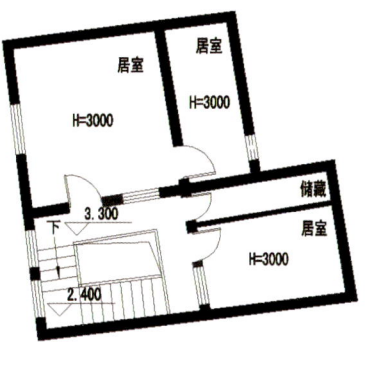
二层平面图

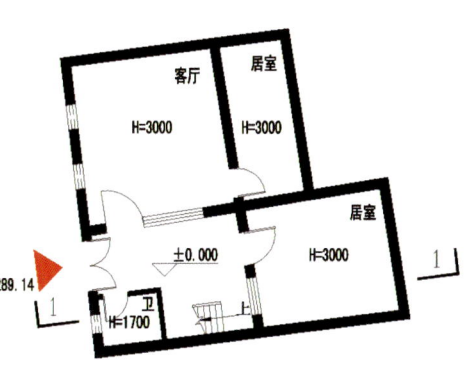
一层平面图

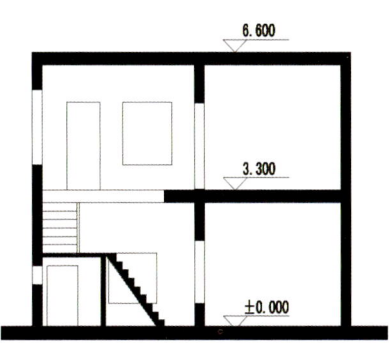
1-1剖面图

485号住宅

用户编号	354	户主	佐热木买买提	人口	3人
门牌号	0485	收入水平	￥1500	职业分类	职员
搬迁意向	不同意	是否重建	重建	建筑主体结构	土木
建筑密度	82.30%	庭院面积	11.16 m²	住宅基地面积	62.95 m²
总建筑面积		51.79 m²		一层建筑面积	51.79 m²

描述：房屋历史悠久，1984年分户为485号和487号。房屋现一层，共3间。

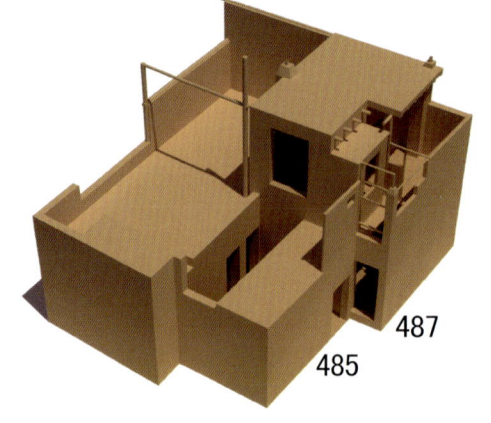
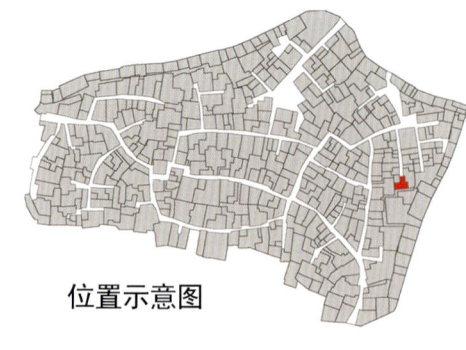

位置示意图

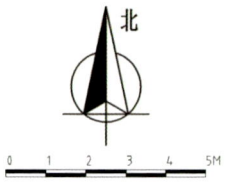

1-1剖面图　　　一层平面图　　　屋顶平面图

487号住宅

位置示意图

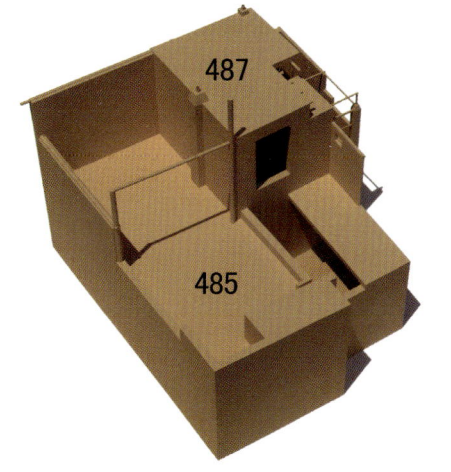

用户编号	355	户主	帕尔哈提·买买提	人口	3人
门牌号	0487	收入水平	￥300	职业分类	做鞋子
搬迁意向	不同意	是否重建	重建	建筑主体结构	土木
建筑密度	87.10%	庭院面积	3.31 m²	住宅基地面积	25.58 m²
总建筑面积	40.6 m²		一层建筑面积	22.27 m²	

描述	户主于1994年增建了房屋的第二层，现有二层，共4间。

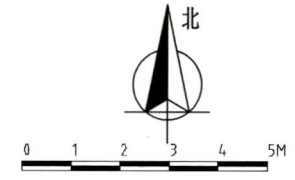

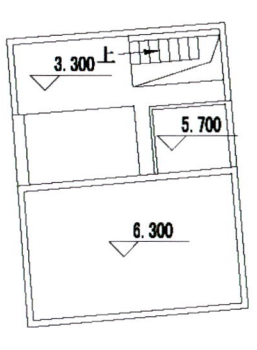

屋顶平面图

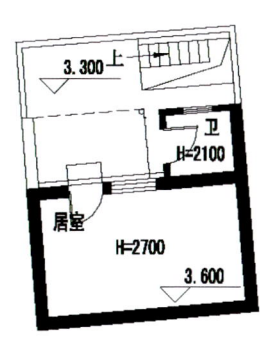

二层平面图

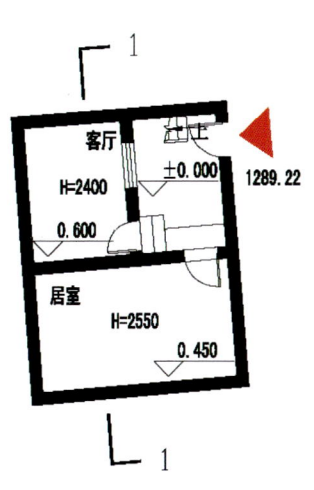

一层平面图

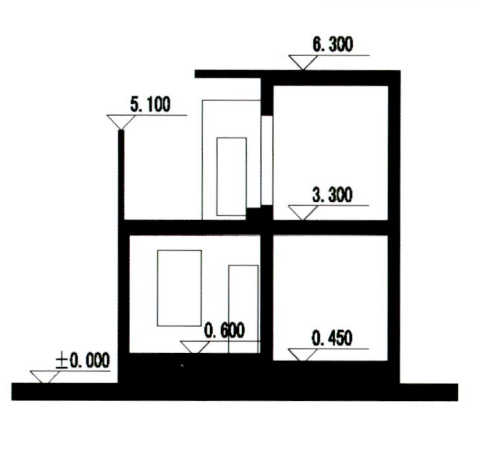

1-1剖面图

483号住宅

用户编号	356	户主	帕提古丽·买买提	人口	5人
门牌号	0483	收入水平	￥200	职业分类	在家
搬迁意向	不同意	是否重建	重建	建筑主体结构	土木
建筑密度	59.80%	庭院面积	35.81 m²	住宅基地面积	89.09 m²
总建筑面积	53.28 m²		一层建筑面积	53.28 m²	

描述：房屋历史悠久，户主于2006年重新修建，现一层，共3间。房屋庭院一侧紧邻台地边缘。

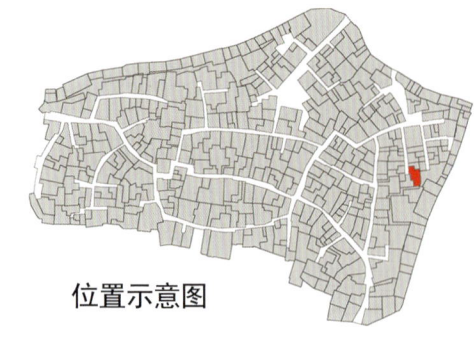

位置示意图

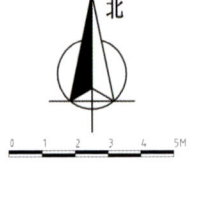

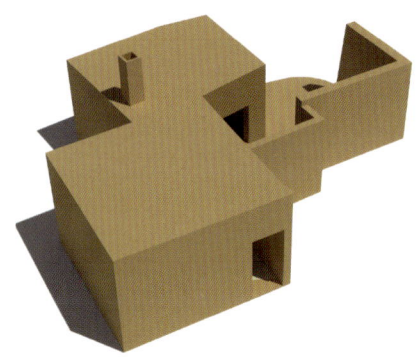

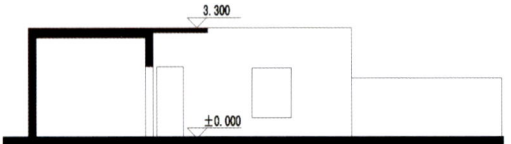

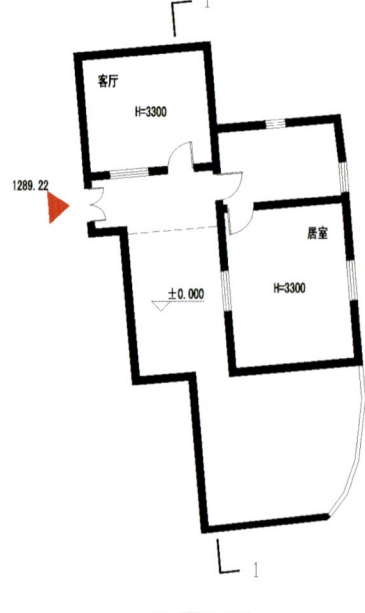

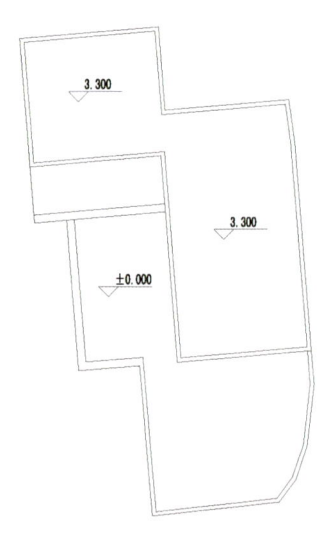

1-1剖面图　　　　一层平面图　　　　屋顶平面图

489a号住宅

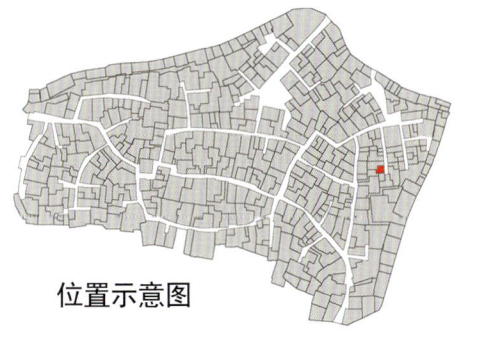

位置示意图

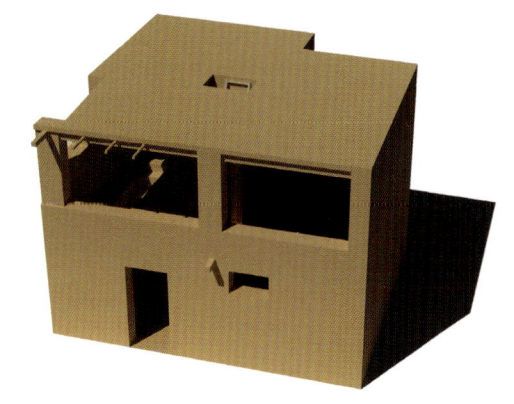

用户编号	357	户主	阿热斯玛汗	人口	5人
门牌号	0489a	收入水平	￥500	职业分类	在家
搬迁意向	不同意	是否重建	重建	建筑主体结构	土木
建筑密度	100.00%	庭院面积		住宅基地面积	29.5 m²
总建筑面积		56.8 m²	一层建筑面积		29.5 m²

描述：出租房，两层，共4间。

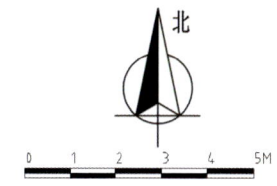

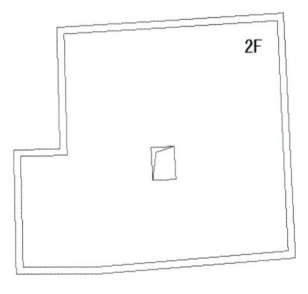
屋顶平面图

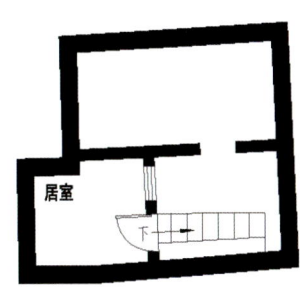
二层平面图

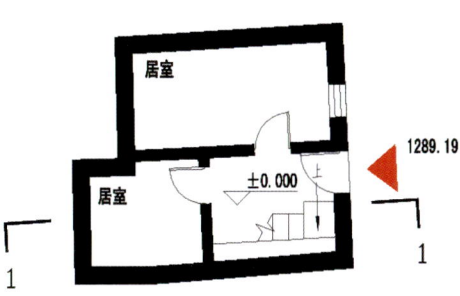
一层平面图

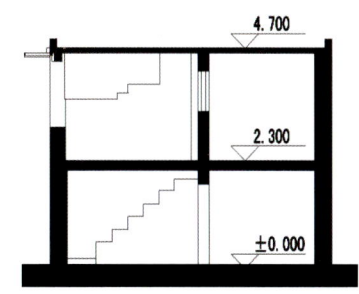
1-1剖面图

489b号住宅

用户编号	358	户主	阿热斯玛汗	人口	5人
门牌号	0489b	收入水平	￥500	职业分类	在家
搬迁意向	不同意	是否重建	重建	建筑主体结构	土木
建筑密度	90.80%	庭院面积	5.77 m²	住宅基地面积	62.7 m²
总建筑面积		99.77 m²		一层建筑面积	56.93 m²
描述	房屋修建于1979年，两层，共6间。				

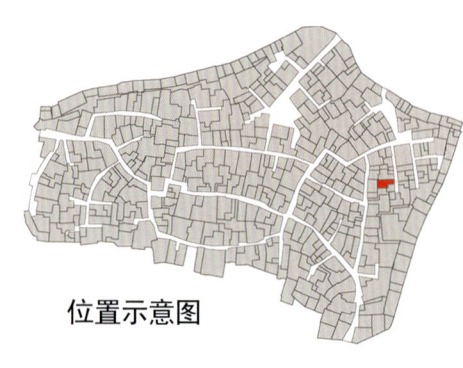

位置示意图

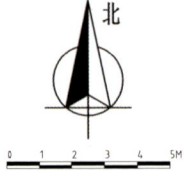

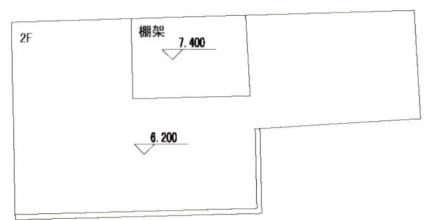

屋顶平面图

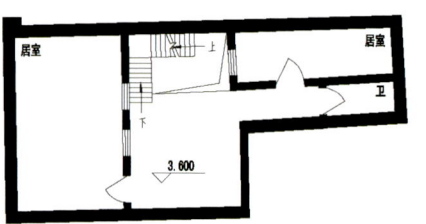

二层平面图

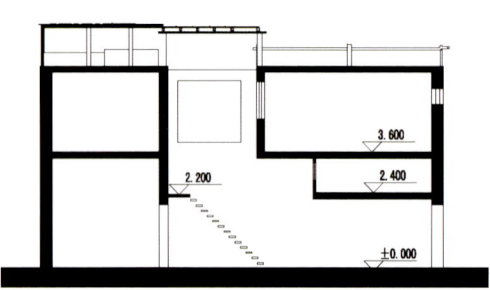

1-1剖面图

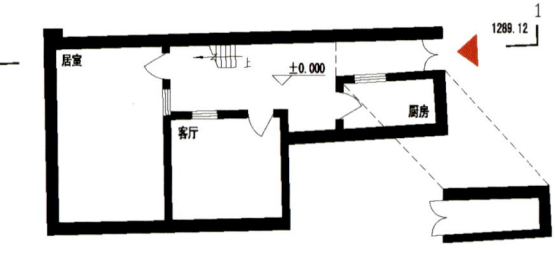

一层平面图　　夹层平面图

491a号住宅

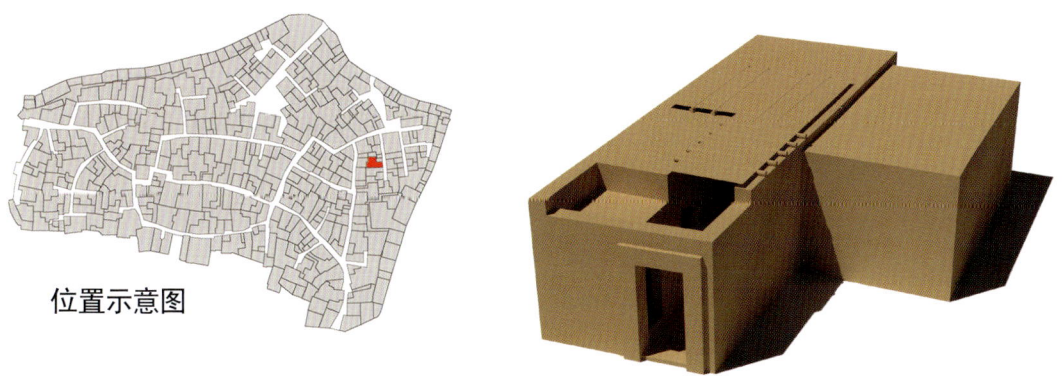

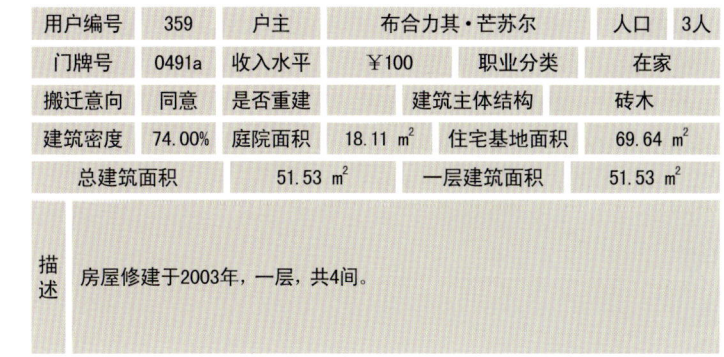

位置示意图

用户编号	359	户主	布合力其·芒苏尔	人口	3人
门牌号	0491a	收入水平	￥100	职业分类	在家
搬迁意向	同意	是否重建		建筑主体结构	砖木
建筑密度	74.00%	庭院面积	18.11 m²	住宅基地面积	69.64 m²
总建筑面积		51.53 m²	一层建筑面积		51.53 m²
描述	房屋修建于2003年,一层,共4间。				

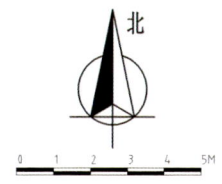

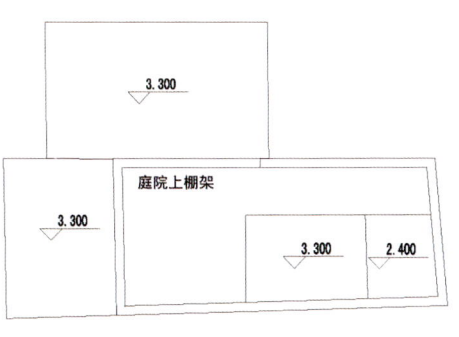

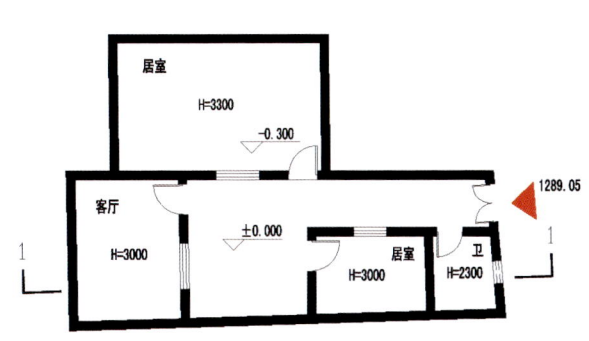

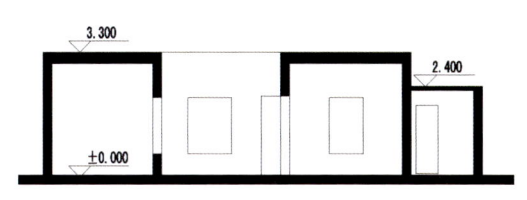

屋顶平面图　　　　　　　　一层平面图　　　　　　　　1-1剖面图

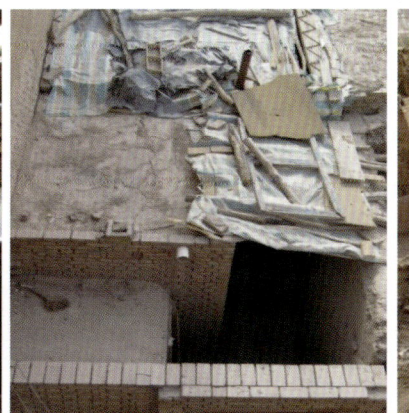

491b号住宅

用户编号	360	户主	阿吉汗·卡德	人口	2人
门牌号	0491b	收入水平	￥100	职业分类	在家
搬迁意向	同意	是否重建		建筑主体结构	土木
建筑密度	100.00%	庭院面积		住宅基地面积	9.78 m²
总建筑面积	9.78 m²			一层建筑面积	9.78 m²
描述	房屋修建于1972年，只有1个房间，没有庭院。				

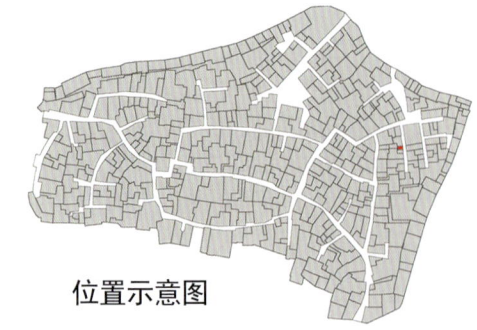

位置示意图

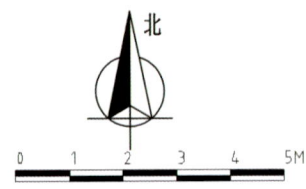

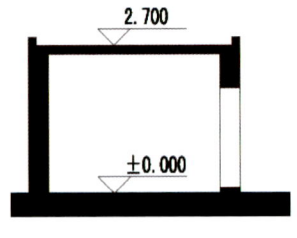

1-1剖面图

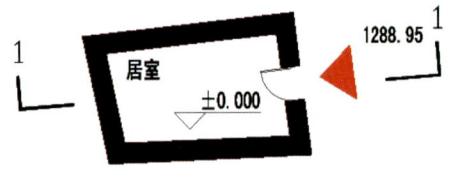

一层平面图

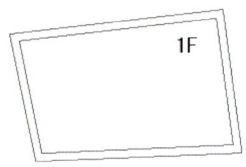

屋顶平面图

495号住宅

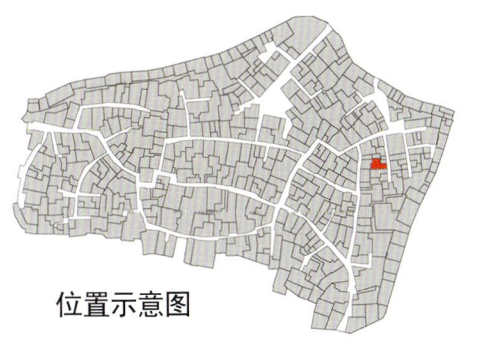

位置示意图

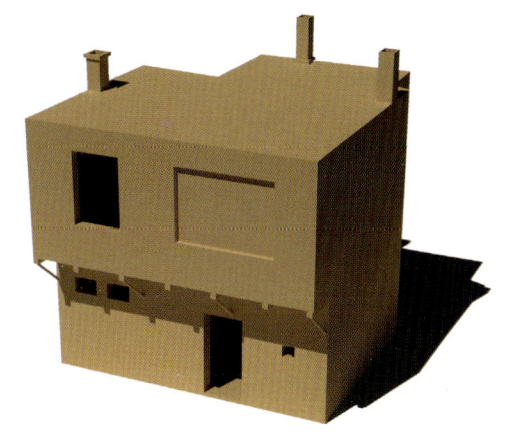

用户编号	361	户主	阿布力米提·噢斯曼	人口	4人
门牌号	0495	收入水平	￥600	职业分类	厨师
搬迁意向	同意	是否重建		建筑主体结构	砖木
建筑密度	100.00%	庭院面积		住宅基地面积	39.14 m²
总建筑面积	82.6 m²			一层建筑面积	39.14 m²
描述	房屋于1989年购买，2004年进行了重建，两层，5个房间。				

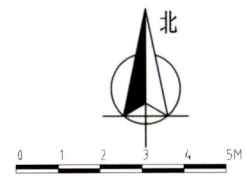

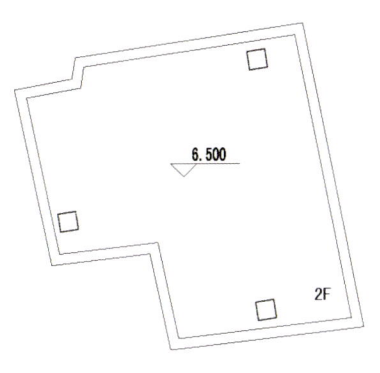

屋顶平面图

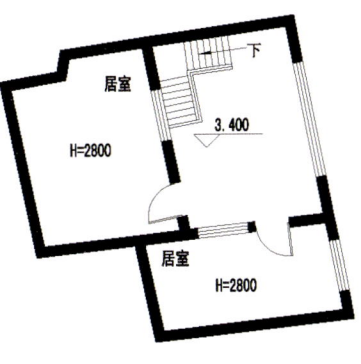

二层平面图

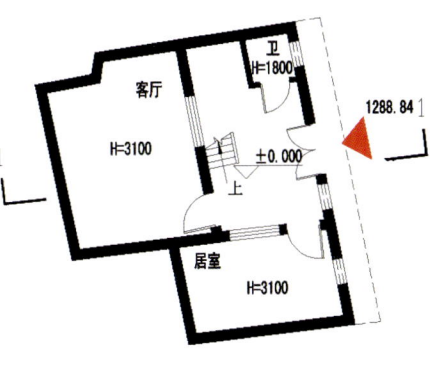

一层平面图

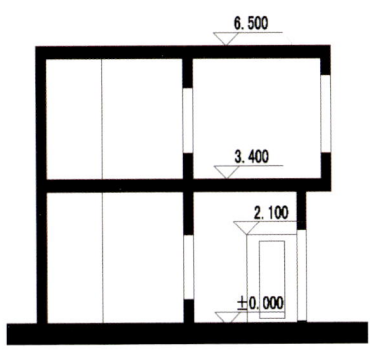

1-1剖面图

497号住宅

用户编号	362	户主	艾提·艾迪热斯	人口	2人
门牌号	0497	收入水平	￥100	职业分类	在家
搬迁意向	不同意	是否重建	重建	建筑主体结构	砖木
建筑密度	93.70%	庭院面积	1.94 m²	住宅基地面积	30.85 m²
总建筑面积	45.92 m²	一层建筑面积	28.91 m²		

描述：房屋1989年分为两户：497号和499号，497号房屋于1997年修建，两层，共4个房间。户主有5个孩子，9个孙子。

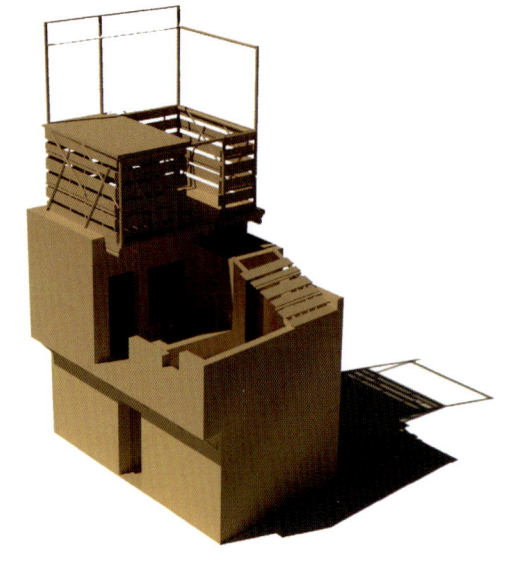

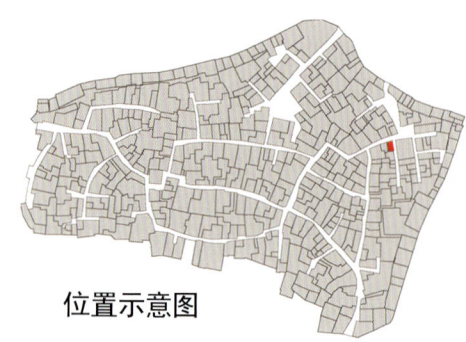

位置示意图

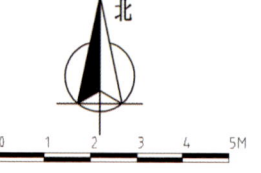

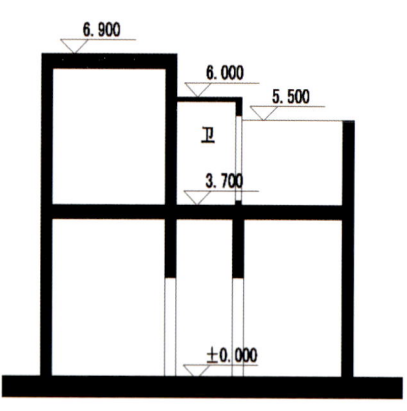

1-1剖面图

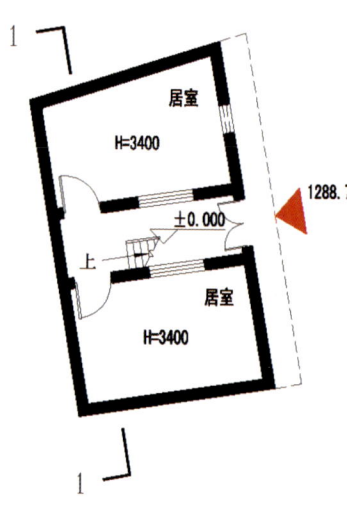

一层平面图

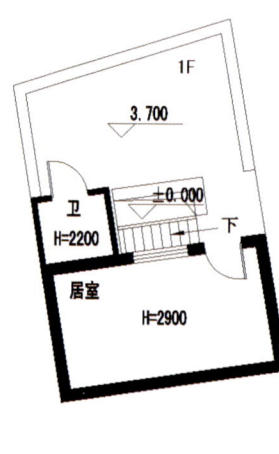

二层平面图

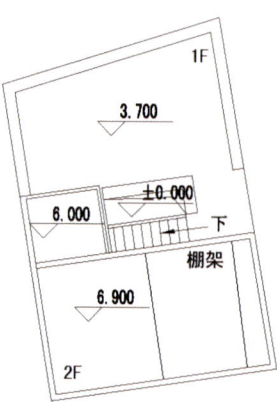

屋顶平面图

499号住宅

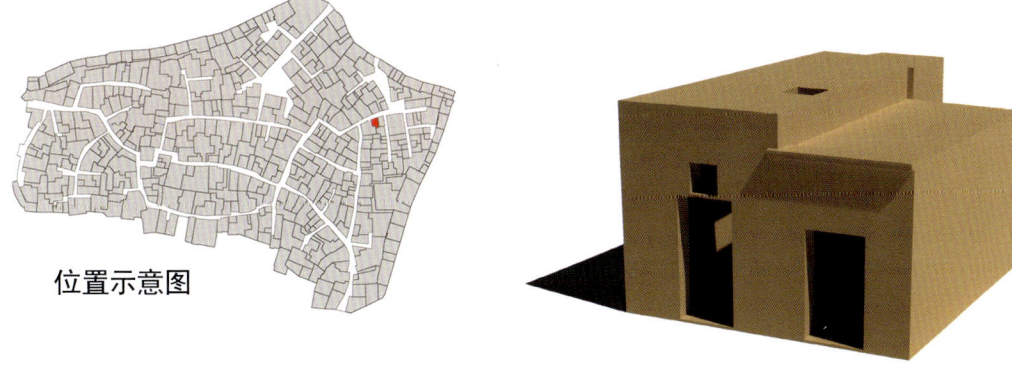

位置示意图

用户编号	363	户主	迪力米拉提	人口	5人
门牌号	0499	收入水平	￥800	职业分类	司机
搬迁意向	同意	是否重建		建筑主体结构	砖木
建筑密度	100.00%	庭院面积		住宅基地面积	29.97 m²
总建筑面积		29.97 m²	一层建筑面积		29.97 m²

描述	房屋修建于1996年，一层，共3个房间。

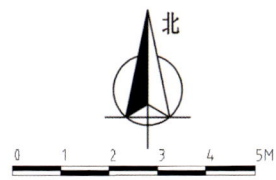

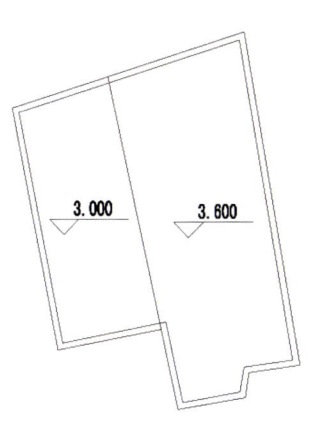

屋顶平面图

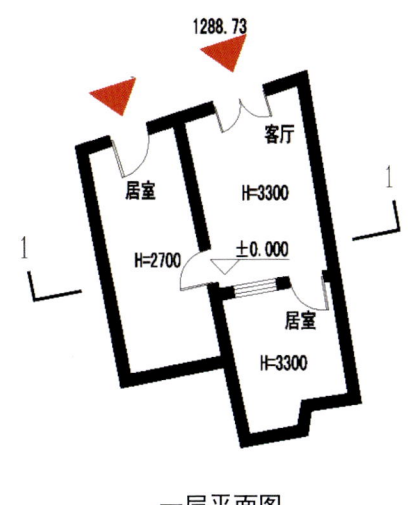

一层平面图

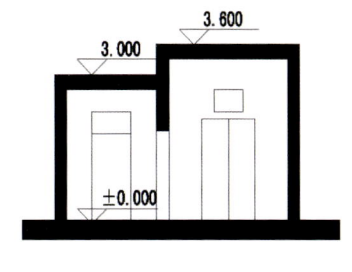

1-1剖面图

501号住宅

用户编号	364	户主	吐热克努尔	人口	5人
门牌号	0501	收入水平	￥500	职业分类	退休
搬迁意向	不同意	是否重建	重建	建筑主体结构	土木&砖木
建筑密度	89.50%	庭院面积	9.65 m²	住宅基地面积	92.34 m²
总建筑面积		82.09 m²		一层建筑面积	82.69 m²

描述：房屋历史悠久，于2008年重新修建，一层，共6个房间。

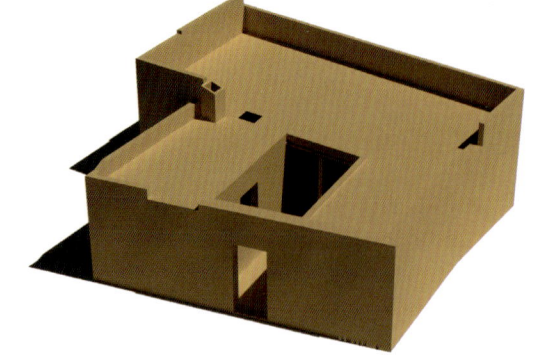

位置示意图

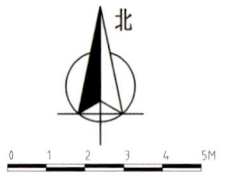

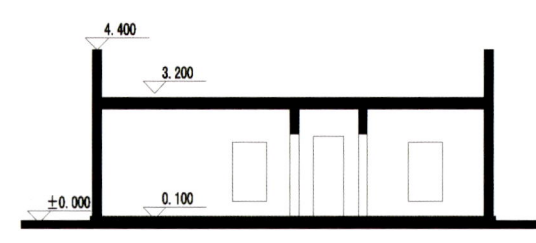

1-1剖面图　　　一层平面图　　　屋顶平面图

426

503a号住宅

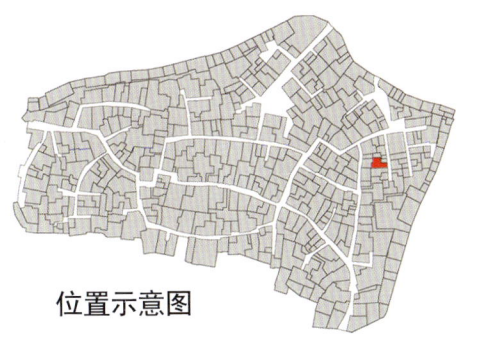
位置示意图

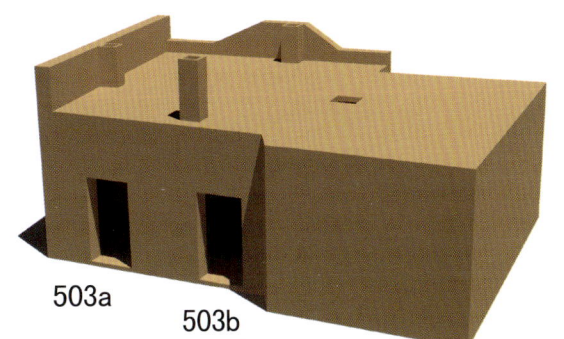
503a　503b

用户编号	365	户主	米热古丽·买买提	人口	5人
门牌号	0503a	收入水平	￥400	职业分类	在家
搬迁意向	同意	是否重建		建筑主体结构	土木
建筑密度	100.00%	庭院面积		住宅基地面积	22.98 m²
总建筑面积	22.98 m²		一层建筑面积	22.98 m²	

描述：房屋历史悠久，在1994年分为503a号和503b号。503a号房屋现一层，4个房间。

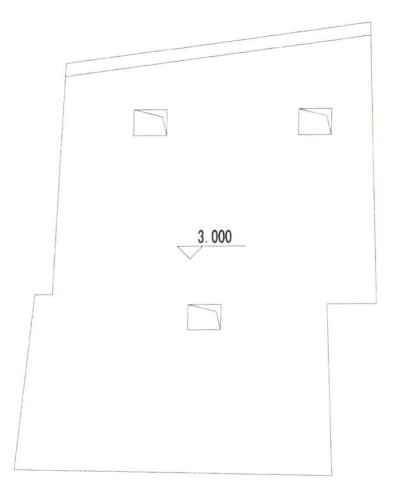
屋顶平面图

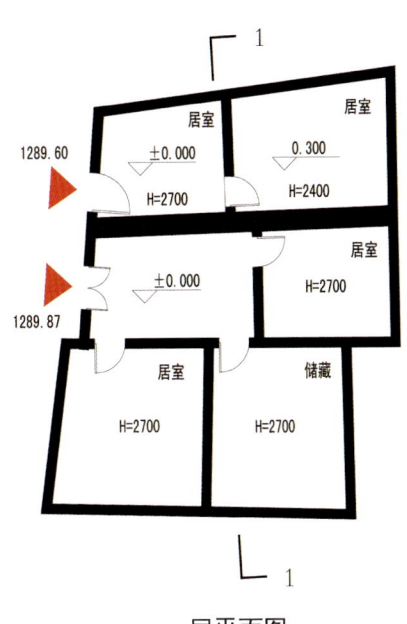
一层平面图

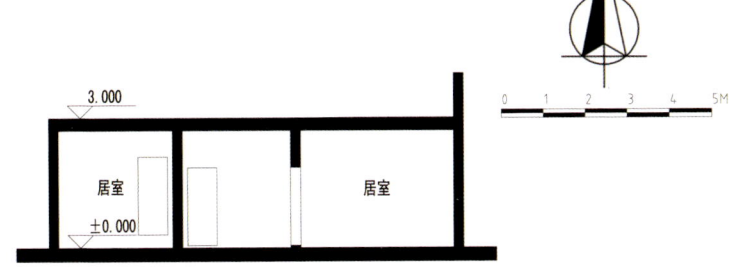
1-1剖面图

503b号住宅

用户编号	366	户主	米热瓦尔·买买提	人口	2人
门牌号	0503b	收入水平	￥100	职业分类	在家
搬迁意向	同意	是否重建		建筑主体结构	土木
建筑密度	100.00%	庭院面积		住宅基地面积	49.59 m²
总建筑面积	49.59 m²		一层建筑面积	49.59 m²	

描述：房屋一层，共2间，没有庭院。

505号住宅

用户编号	367	户主	阿吉木·尼亚孜	人口	3人
门牌号	0505	收入水平	￥500	职业分类	打工
搬迁意向	不同意	是否重建	重建	建筑主体结构	土木
建筑密度	87.10%	庭院面积	8.77 m²	住宅基地面积	68.16 m²
总建筑面积	72.35 m²	一层建筑面积	59.39 m²		

描述：房屋于1991年购买，2003年新建了1间。房屋现两层，共4间。

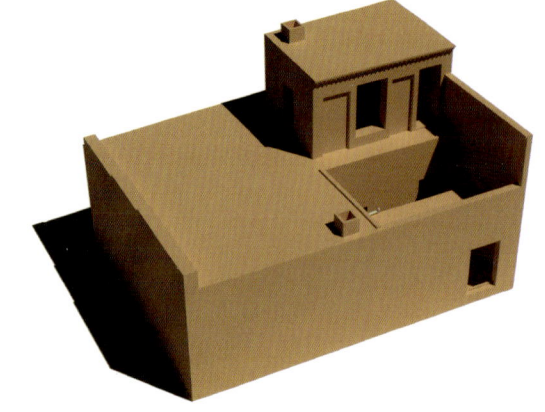

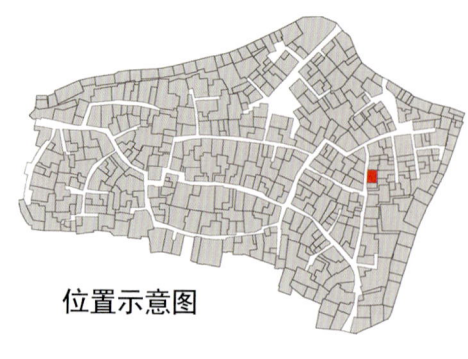

位置示意图

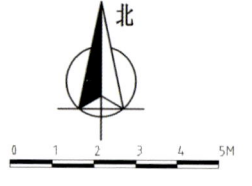

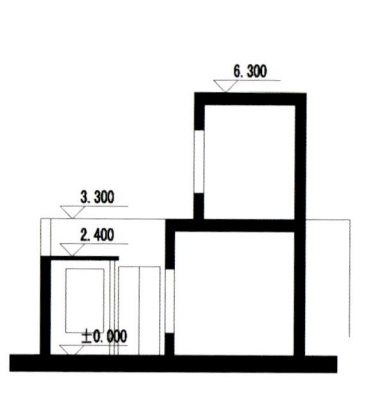

1-1剖面图

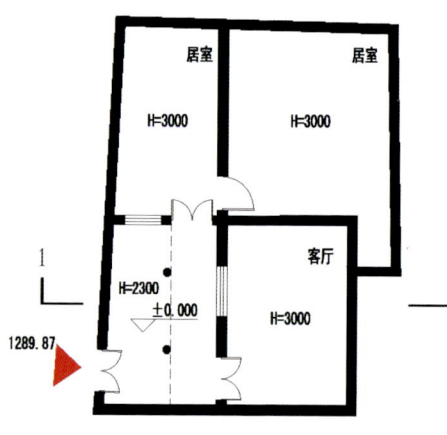

一层平面图

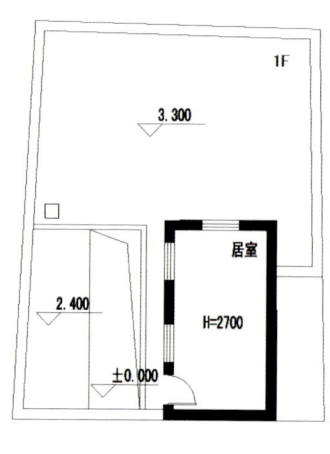

二层平面图

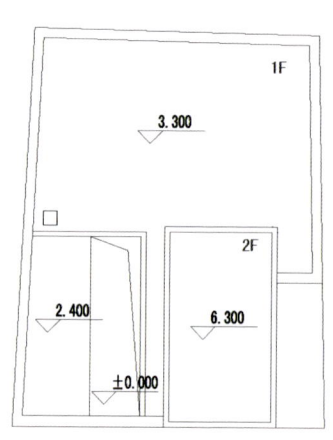

屋顶平面图

507号住宅

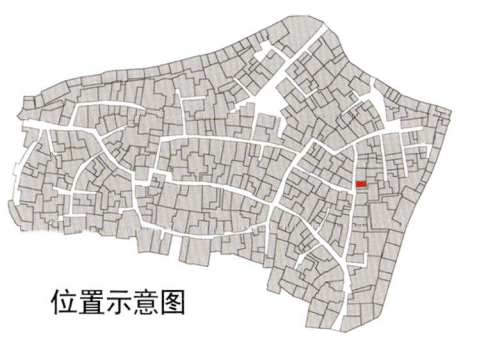

位置示意图

用户编号	368	户主	吐提古丽·提力瓦力地	人口	5人
门牌号	0507	收入水平	￥1000	职业分类	在家
搬迁意向	同意	是否重建		建筑主体结构	土木
建筑密度	100.00%	庭院面积		住宅基地面积	29.89 m²
总建筑面积		49.32 m²	一层建筑面积		29.89 m²

描述	房屋修建于1989年，有两层，共4个房间，没有庭院。

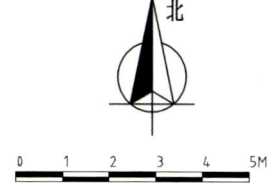

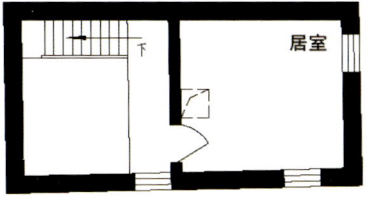

二层平面图

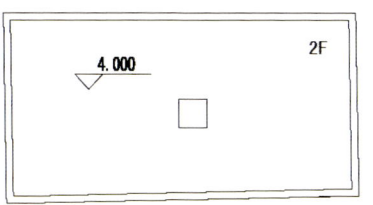

屋顶平面图

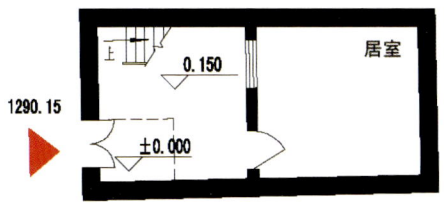

一层平面图

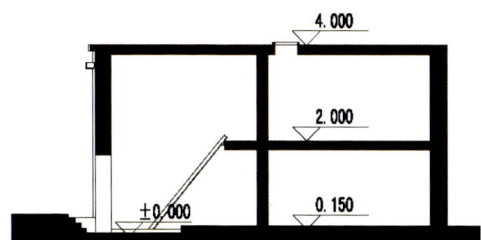

1-1剖面图

511号住宅

用户编号	369	户主	木合坦尔·艾山	人口	6人
门牌号	0511	收入水平	￥300	职业分类	
搬迁意向	不同意	是否重建	重建	建筑主体结构	土木
建筑密度	75.80%	庭院面积	28.32 m²	住宅基地面积	116.92 m²
总建筑面积	125.08 m²			一层建筑面积	88.6 m²

描述：房屋于1989年购买，两层，共7间，有两个庭院。

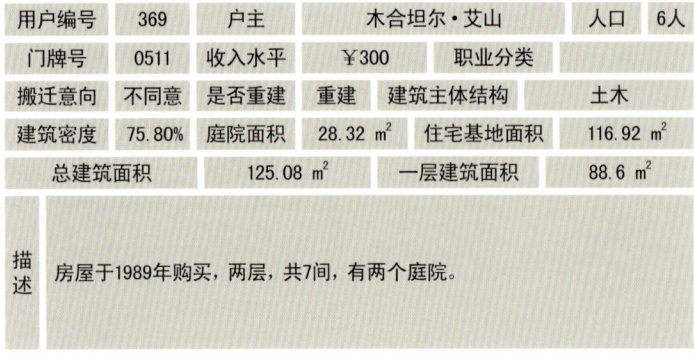

位置示意图

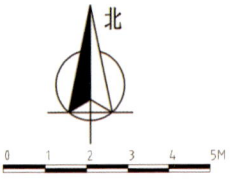

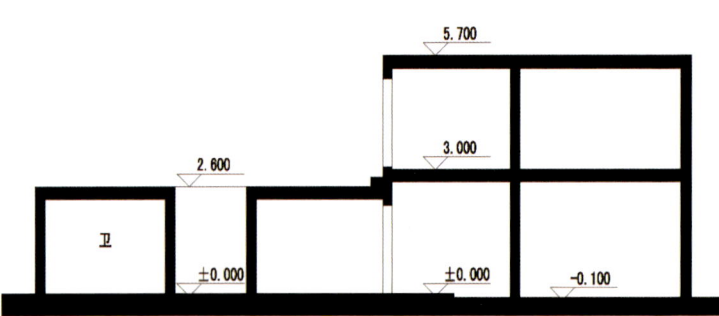

1-1剖面图

一层平面图

511号住宅

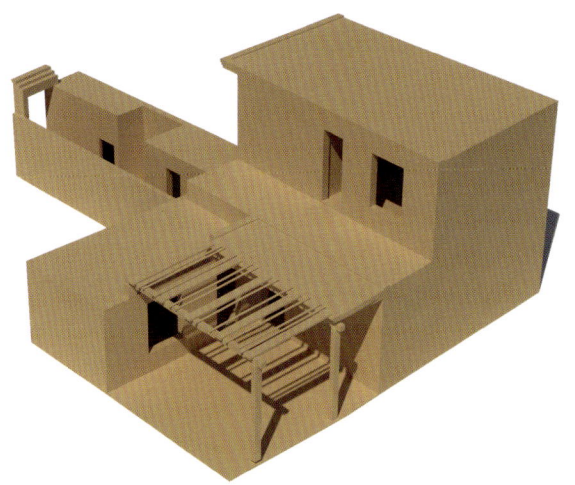

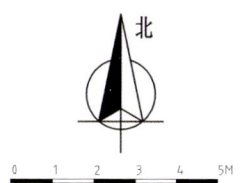

二层平面图

屋顶平面图

515号住宅

用户编号	370	户主	玉素甫·库尔班	人口	5人
门牌号	0515	收入水平	￥600	职业分类	个体户
搬迁意向	不同意	是否重建	重建	建筑主体结构	砖木
建筑密度	77.60%	庭院面积	19.26 m²	住宅基地面积	86 m²
总建筑面积	152.74 m²		一层建筑面积	66.74 m²	

描述	房屋是2006年沿台地边缘新建造的，有两层，共7个房间，地下一层的使用很巧妙，光线充足，承担了大部分活动的功能。

位置示意图

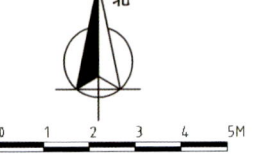

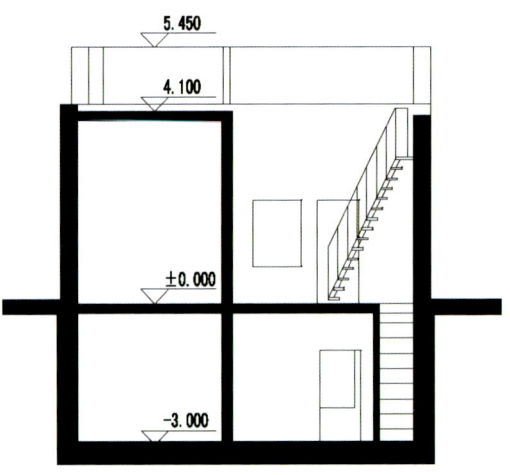

1-1剖面图

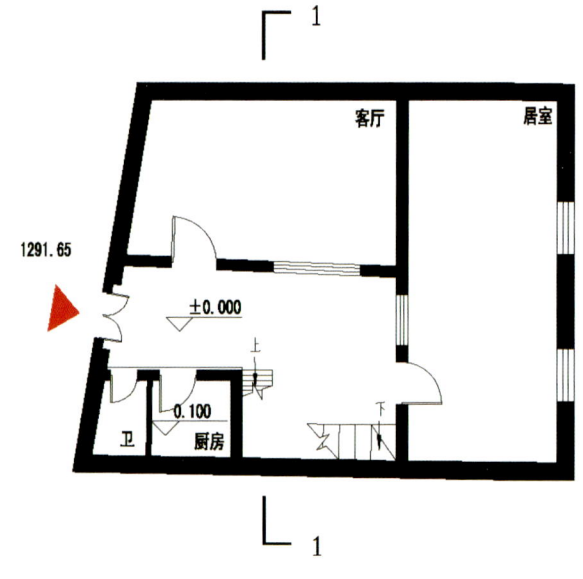

一层平面图

515号住宅

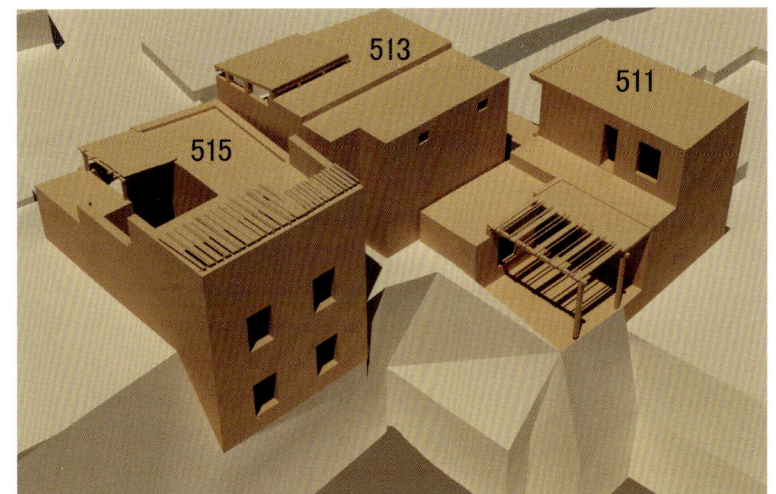

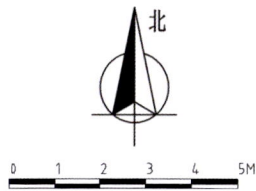

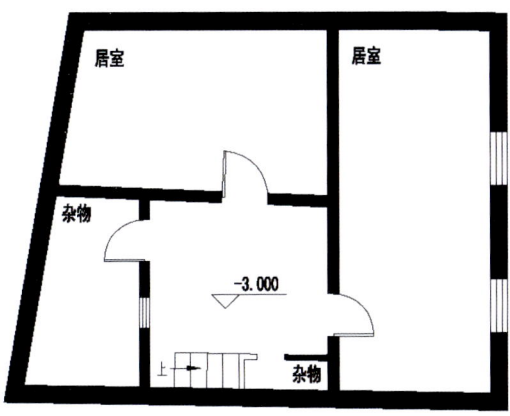

地下一层平面图

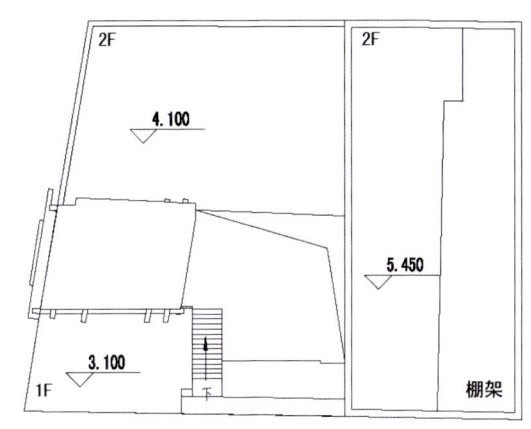

屋顶平面图

513号住宅

用户编号	371	户主	坎拜尼沙	人口	3人
门牌号	0513	收入水平	￥200	职业分类	在家
搬迁意向	不同意	是否重建	重建	建筑主体结构	土木&砖木
建筑密度	100.00%	庭院面积		住宅基地面积	70.87 m²
总建筑面积	129.46 m²			一层建筑面积	70.87 m²
描述	房屋于1979年修建，两层，共7个房间，院内和第二层都有皮夏阿以旺。				

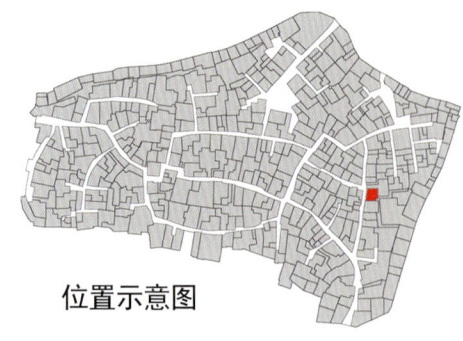

位置示意图

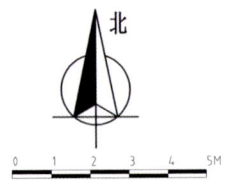

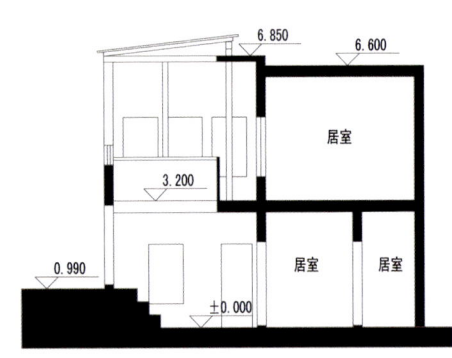

1-1剖面图

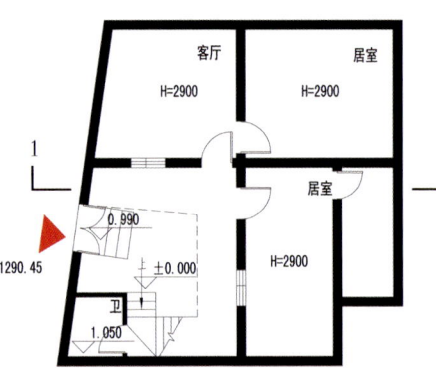

一层平面图

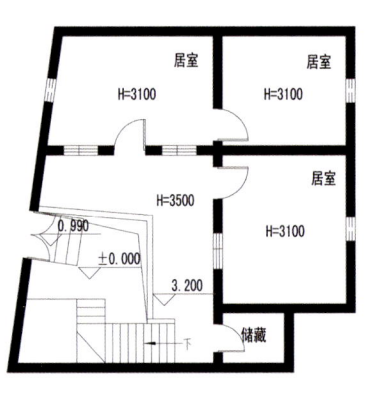

二层平面图

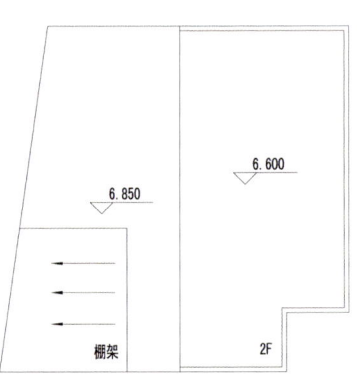

屋顶平面图

519号住宅

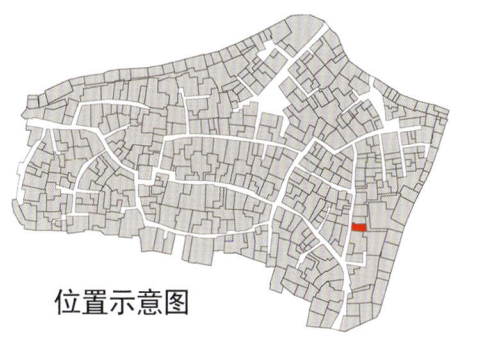

位置示意图

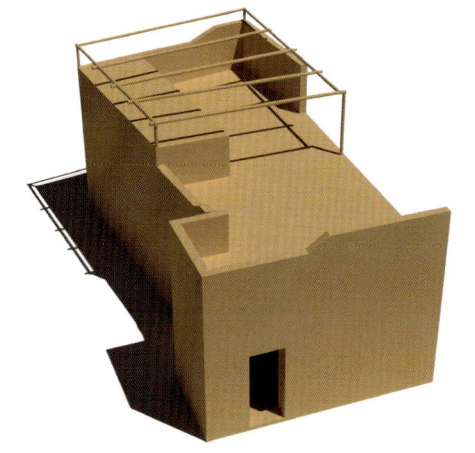

用户编号	372	户主	马依热木汗·热依木	人口	5人
门牌号	0519	收入水平	￥1330	职业分类	退休
搬迁意向	不同意	是否重建	重建	建筑主体结构	土木
建筑密度	100.00%	庭院面积		住宅基地面积	56.14 m²
总建筑面积		56.14 m²		一层建筑面积	56.14 m²

描述	房屋历史悠久，一层，共5个房间。主人有6个孩子，10个孙子。

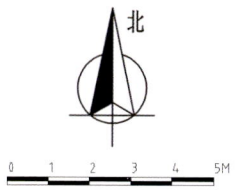

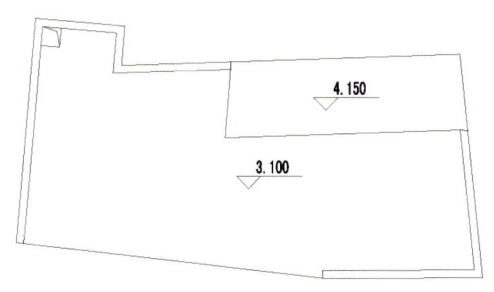

屋顶平面图

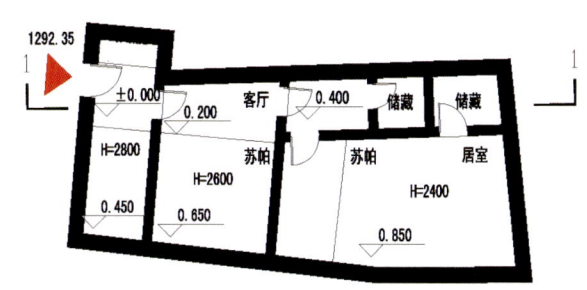

一层平面图

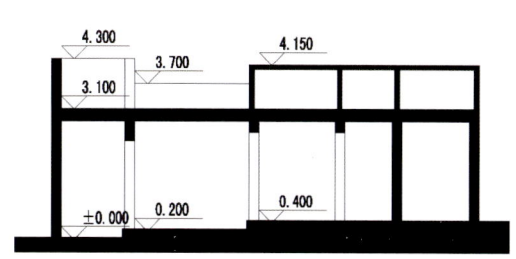

1-1剖面图

525号住宅

用户编号	373	户主	买买提吐尔逊·艾买提	人口	6人
门牌号	0525	收入水平	￥2000	职业分类	做龙须酥
搬迁意向	不同意	是否重建	重建	建筑主体结构	土木
建筑密度	93.40%	庭院面积	4.75 m²	住宅基地面积	72.38 m²
总建筑面积		131.73 m²	一层建筑面积		67.63 m²

描述：房屋于1999年购买，后为旅游开发又改扩建，房屋有地上两层，地下一层，共8个房间。

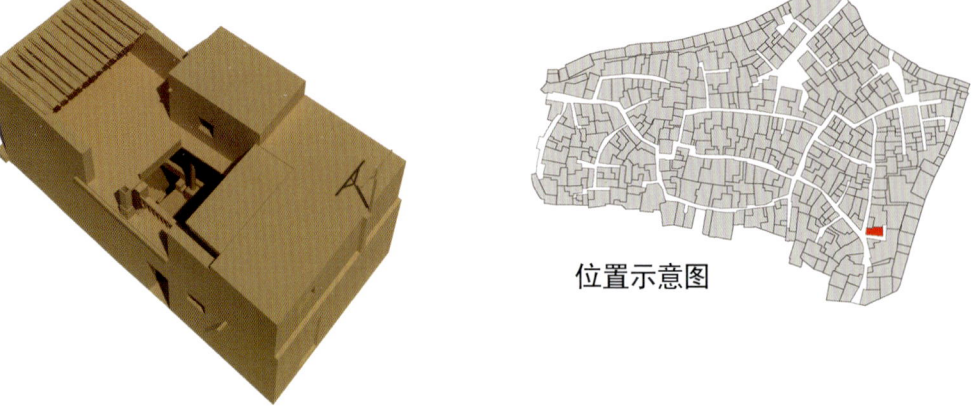

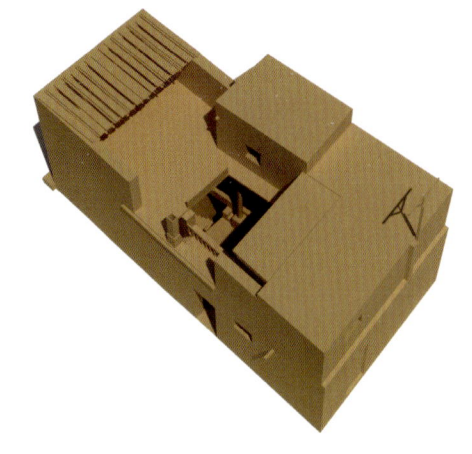

位置示意图

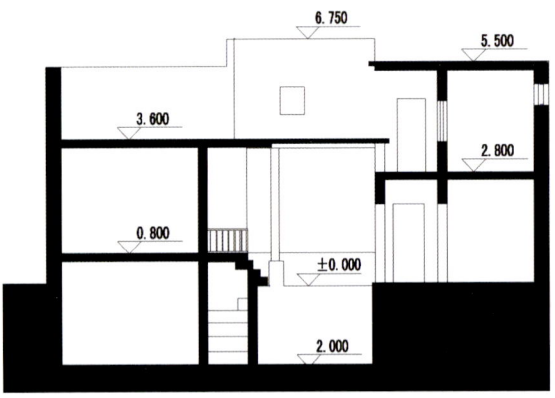

1-1剖面图

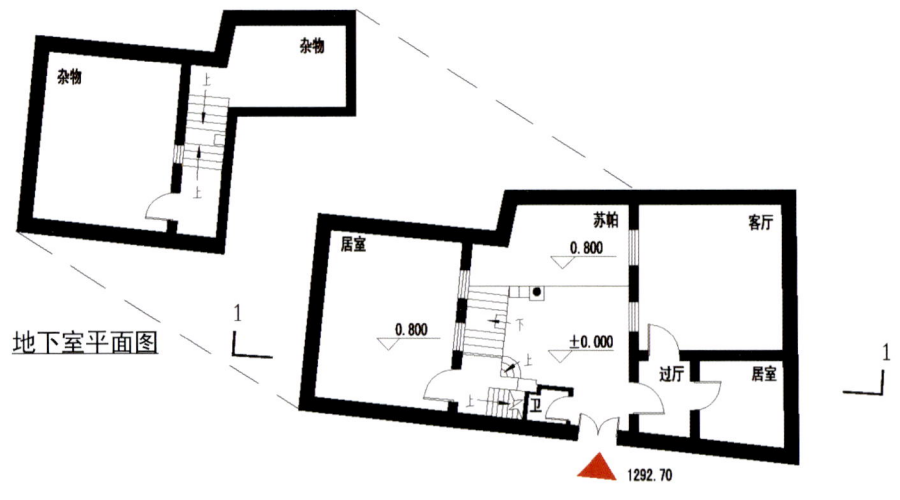

地下室平面图　　　一层平面图

525号住宅

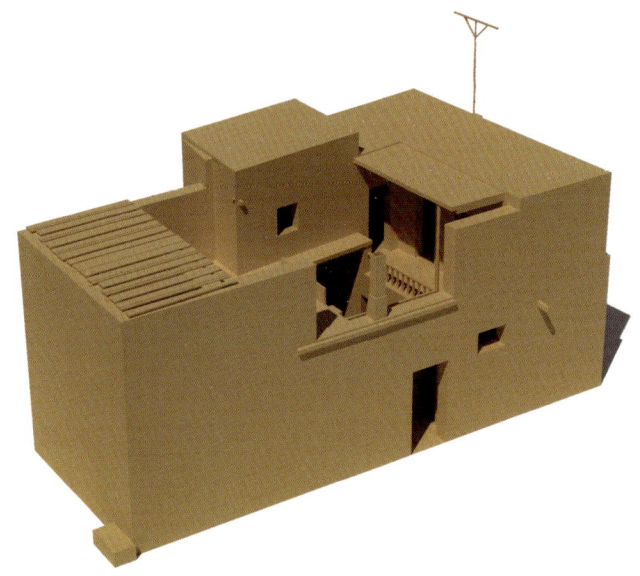

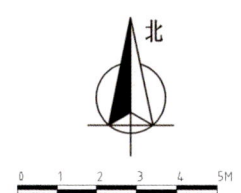

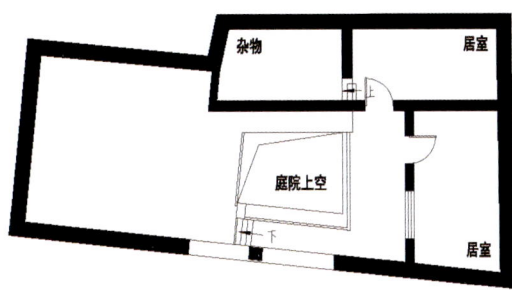

二层平面图

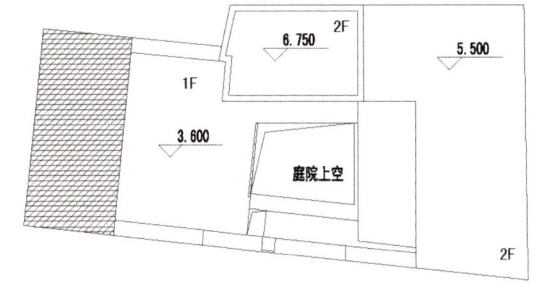

屋顶平面图

527号住宅

用户编号	374	户主	肉孜卡热·西吾屯	人口	6人
门牌号	0527	收入水平	￥1000	职业分类	待业
搬迁意向	同意	是否重建		建筑主体结构	土木
建筑密度	100%	庭院面积		住宅基地面积	163.11 m²
总建筑面积	170.29 m²			一层建筑面积	163.11 m²

描述：房屋始建于1800年，1999年进行了维修。房屋局部有两层，共11个房间（包括制陶室）。

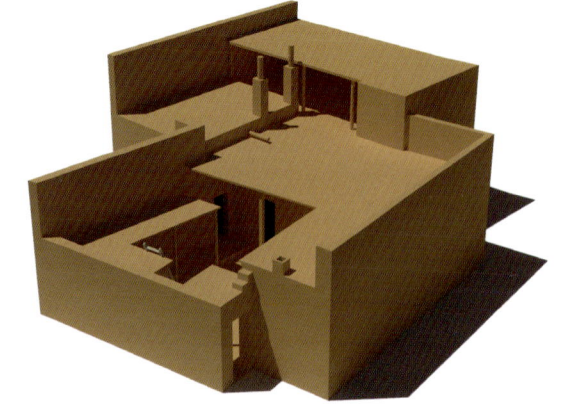

位置示意图

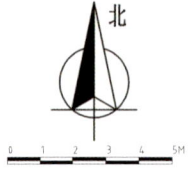
北

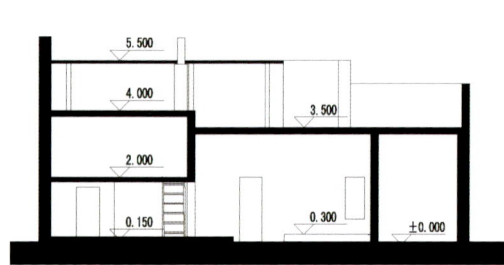

1-1剖面图

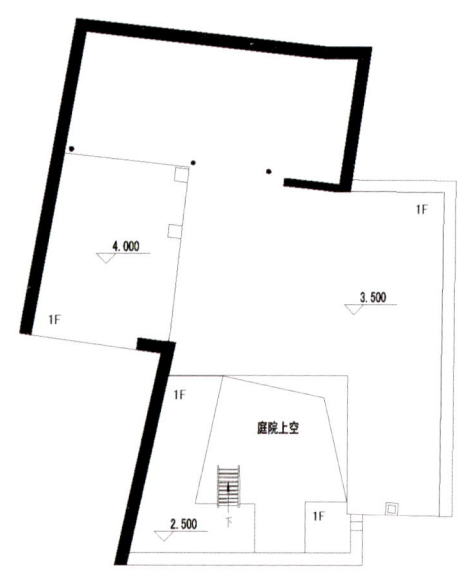

一层平面图　　二层平面图

529号住宅

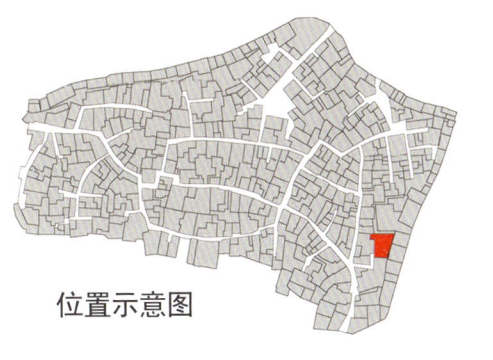

位置示意图

用户编号	375	户主	布合力其木·卡德尔	人口	5人
门牌号	0529	收入水平	￥800	职业分类	在家
搬迁意向	不同意	是否重建	重建	建筑主体结构	土木&砖木
建筑密度	81.80%	庭院面积	41.13 m²	住宅基地面积	225.55 m²
总建筑面积		184.42 m²		一层建筑面积	184.42 m²

描述　房屋修建于1982年，一层，共8个房间，庭院很大，紧邻台地边缘，视线很开阔。

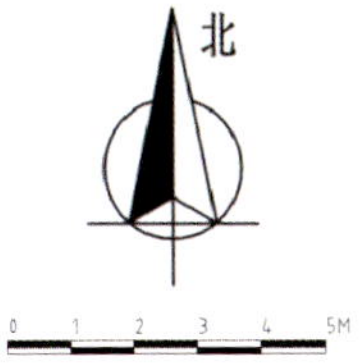

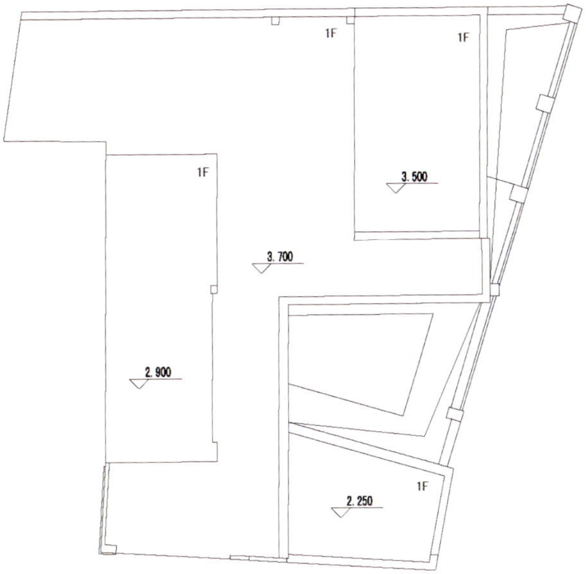

屋顶平面图 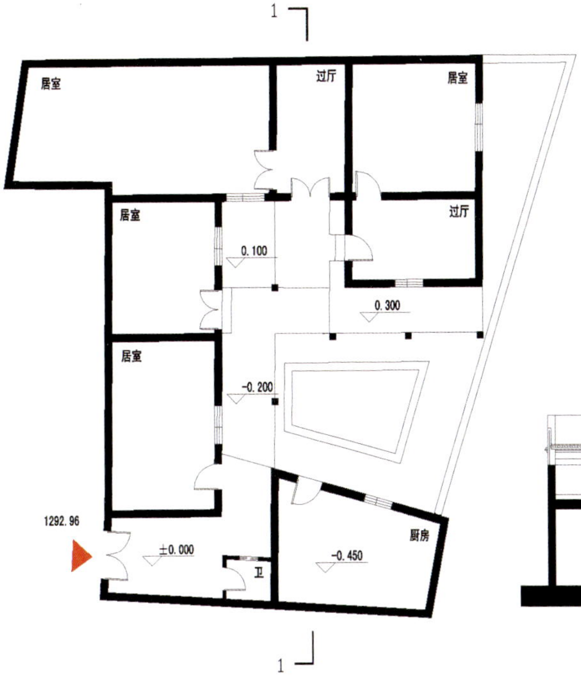　　一层平面图 　　1-1剖面图

531号住宅

用户编号	376	户主	依米尼汗·吾西尔	人口	6人
门牌号	0531	收入水平	￥1600	职业分类	做土陶
搬迁意向	不同意	是否重建	重建	建筑主体结构	土木
建筑密度	76.00%	庭院面积	83.19 m²	住宅基地面积	346.8 m²
总建筑面积	363.94 m²	一层建筑面积	263.61 m²		

描述：房屋修建于1600年，于1979年维修了一部分，1996年设计院测绘后在北京民族园进行了复原。房屋有两层，共15间，房屋内有皮夏阿以旺，非常具有维吾尔族民居特点。

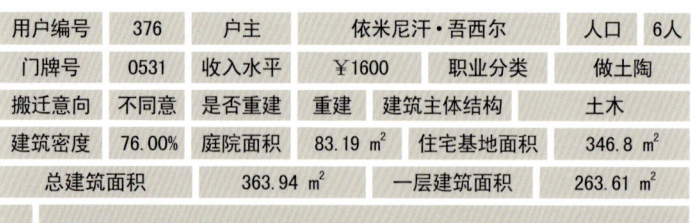

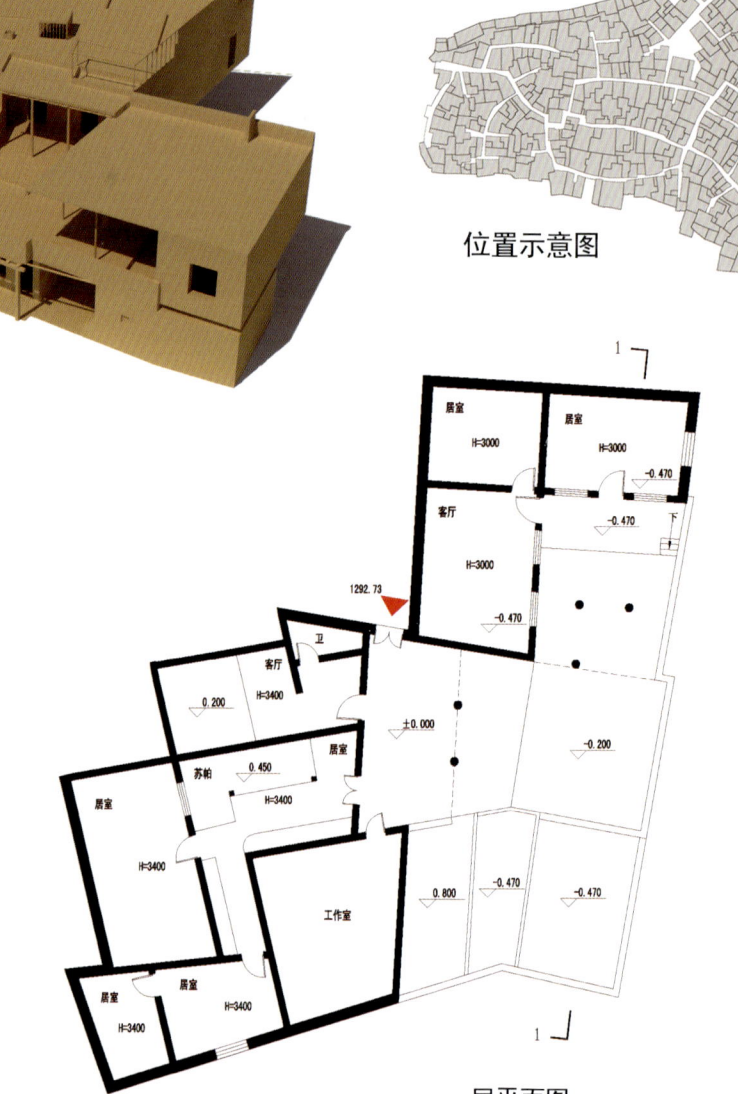

位置示意图

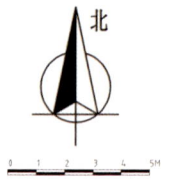

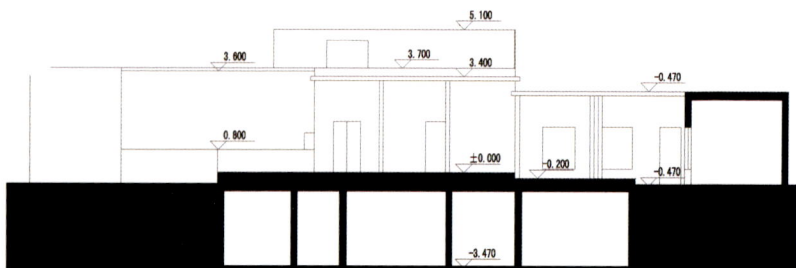

1-1剖面图

一层平面图

531号住宅

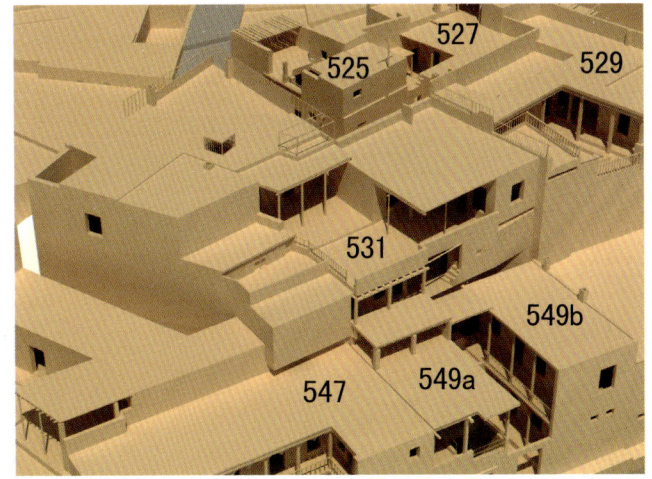

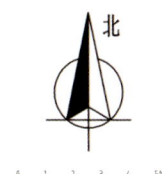
北

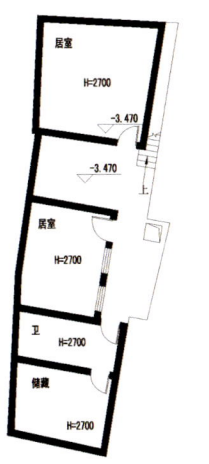

地下一层平面图

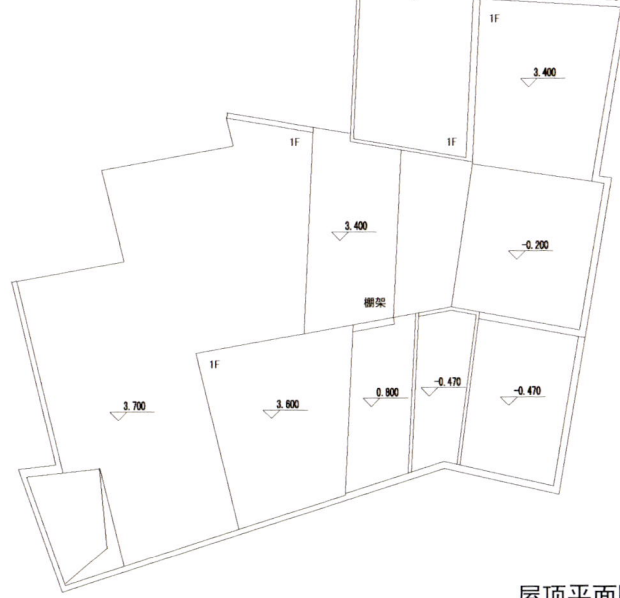

屋顶平面图

533号住宅

用户编号	377	户主	依米尼汗·吾西尔	人口	6人
门牌号	0533	收入水平	￥1600	职业分类	做土陶
搬迁意向	不同意	是否重建	重建	建筑主体结构	砖木
建筑密度	100.00%	庭院面积		住宅基地面积	39.98 m²
总建筑面积	39.98 m²		一层建筑面积	39.98 m²	
描述	房屋历史悠久，与531号是同一户主。				

位置示意图

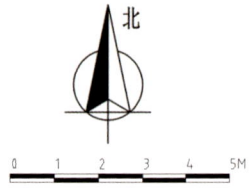

北

0 1 2 3 4 5M

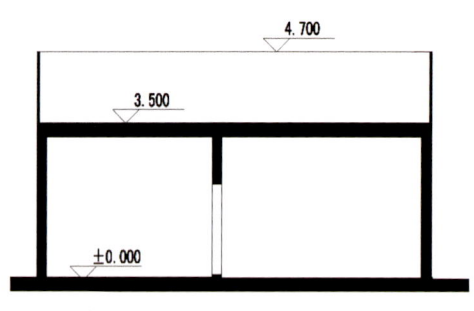

1-1剖面图

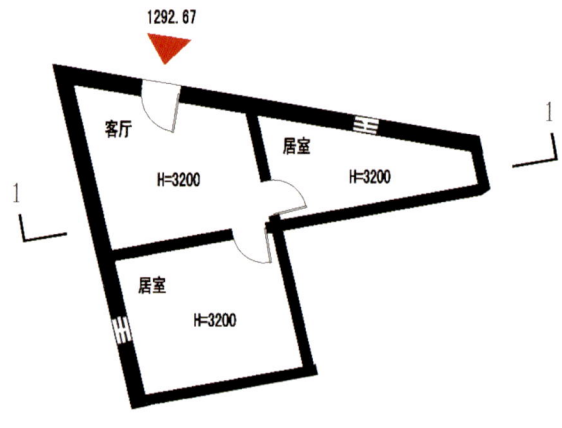

一层平面图

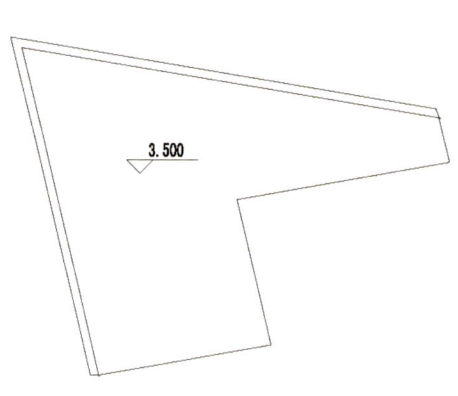

屋顶平面图

535号住宅

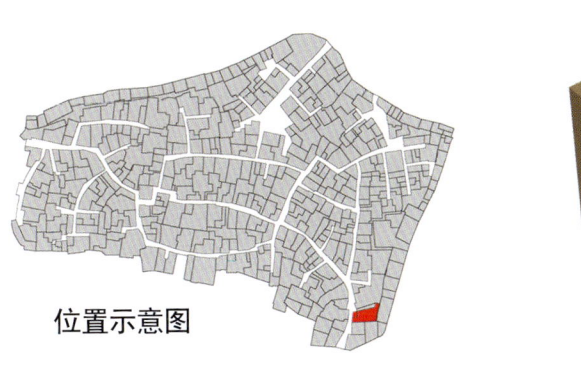
位置示意图

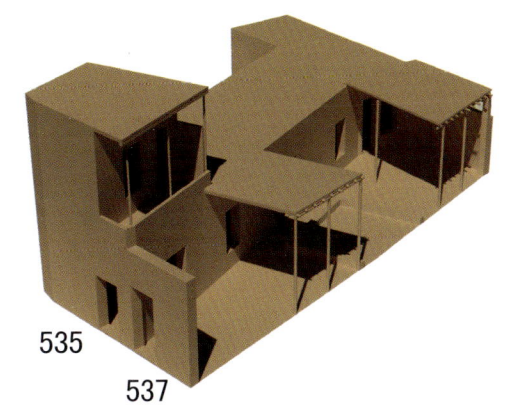
535
537

用户编号	378	户主	阿米纳·纳司	人口	4人
门牌号	0535	收入水平	￥300	职业分类	在家
搬迁意向	同意	是否重建		建筑主体结构	土木
建筑密度	100.00%	庭院面积		住宅基地面积	17.07 m²
总建筑面积		34.14 m²		一层建筑面积	17.07 m²
建筑描述	房屋一层，共3个房间，没有庭院。户主在1993年就在此生活了。				

屋顶平面图

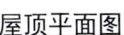

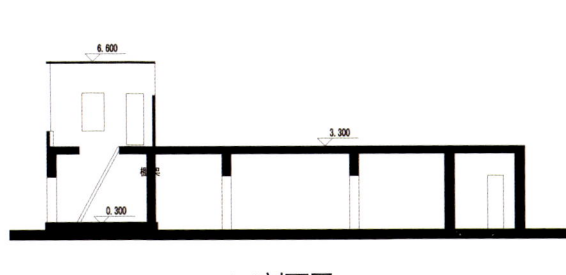
1-1剖面图

537号住宅

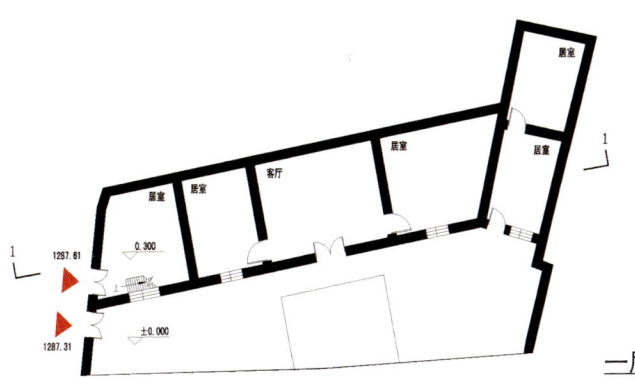
一层平面图

用户编号	379	户主	阿布都克热木·阿西木	人口	7人
门牌号	0537	收入水平	￥300	职业分类	修自行车
搬迁意向	不同意	是否重建	重建	建筑主体结构	土木
建筑密度	59.00%	庭院面积	62.76 m²	住宅基地面积	153.08 m²
总建筑面积		90.32 m²		一层建筑面积	90.32 m²
建筑描述	房屋于1987年建造，一层，共5个房间。				

539号住宅

用户编号	380	户主	努仁沙·克力木	人口	6人
门牌号	0539	收入水平	￥300	职业分类	在家
搬迁意向	不同意	是否重建	重建	建筑主体结构	土木&砖木
建筑密度	100.00%	庭院面积		住宅基地面积	89.49 m²
总建筑面积	89.49 m²			一层建筑面积	89.49 m²

描述：出租房，一层，共4个房间。楼上为541号住户。

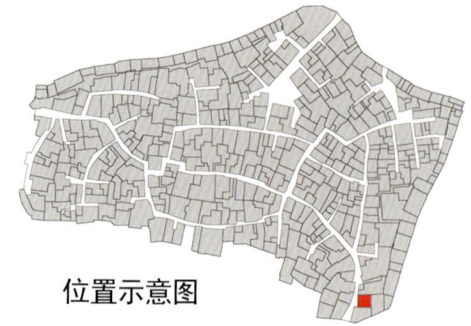

位置示意图

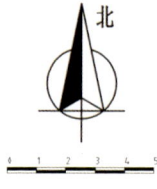
北

1-1剖面图

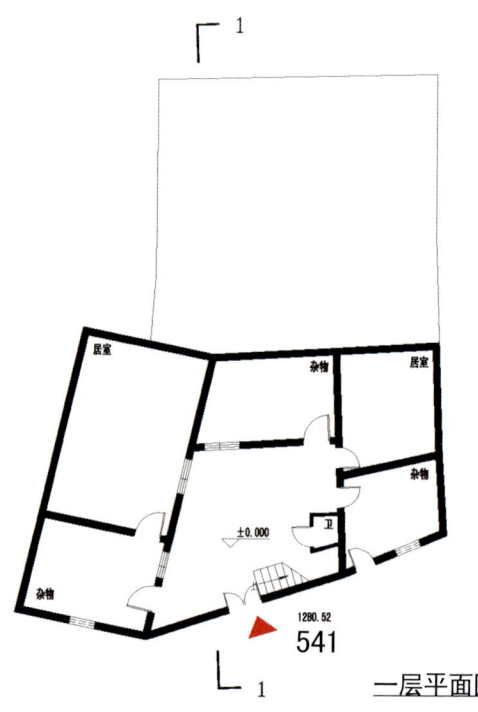
一层平面图

541号住宅

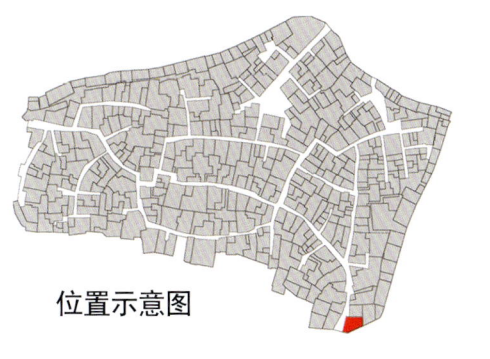

位置示意图

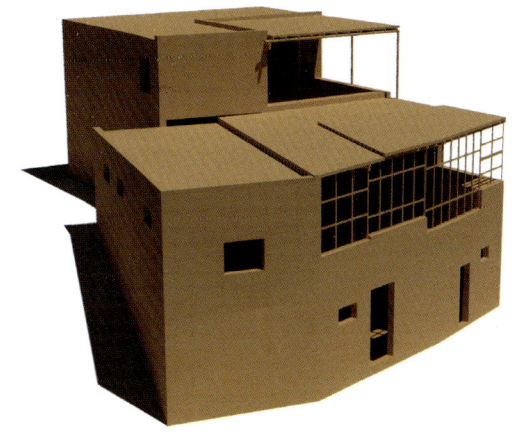

用户编号	381	户主	努仁沙·克力木	人口	6人
门牌号	0541	收入水平	￥300	职业分类	在家
搬迁意向	不同意	是否重建	重建	建筑主体结构	土木&砖木
建筑密度	100.00%	庭院面积		住宅基地面积	117.06 m²
总建筑面积	297.37 m²			一层建筑面积	117.06 m²

描述：房屋始建于1800年，1984年扩建了一部分，房屋现有三层，共11个房间。房子具有两个出入口。539号和541号有共用墙，相互可连通。

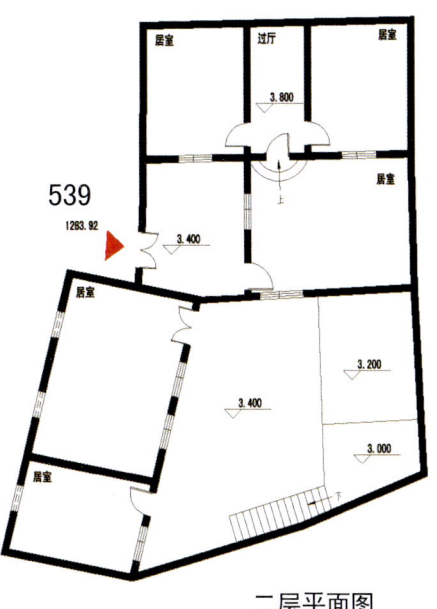

二层平面图

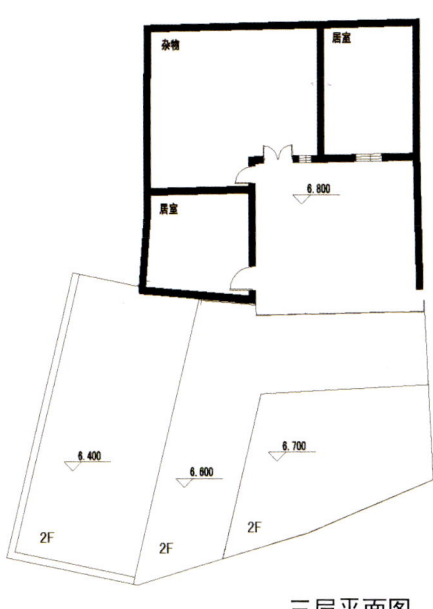

三层平面图

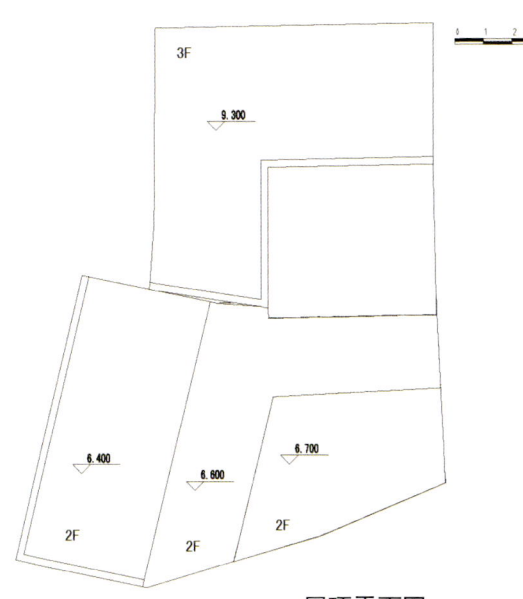

屋顶平面图

543号住宅

用户编号	382	户主	艾拉汗·牙生	人口	6人
门牌号	0543	收入水平	￥500	职业分类	在家
搬迁意向	不同意	是否重建	重建	建筑主体结构	土木&砖木
建筑密度	45.40%	庭院面积	69.31 m²	住宅基地面积	126.96 m²
总建筑面积	139.29 m²	一层建筑面积	57.65 m²		

描述：房屋建于1989年，有两层，共8个房间。退台设计，第一层没有院子，第二层设有庭院苏帕。

位置示意图

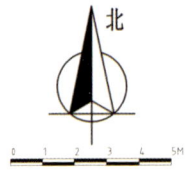

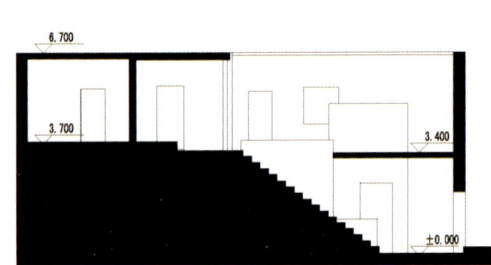

1-1剖面图

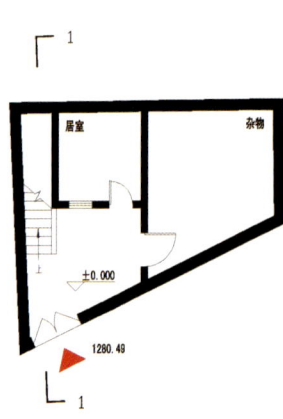

一层平面图

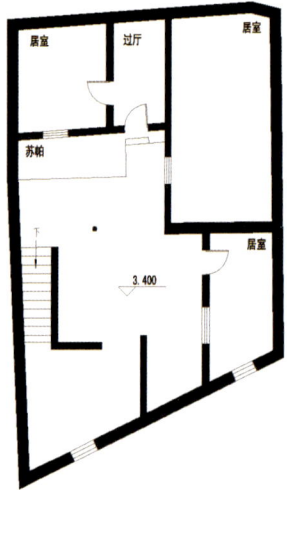

二层平面图

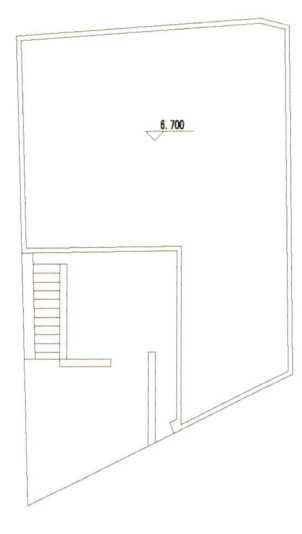

屋顶平面图

545号住宅

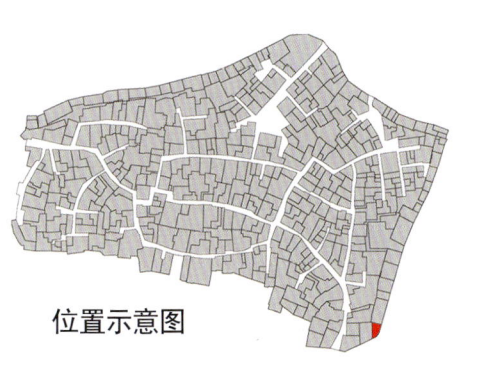

位置示意图

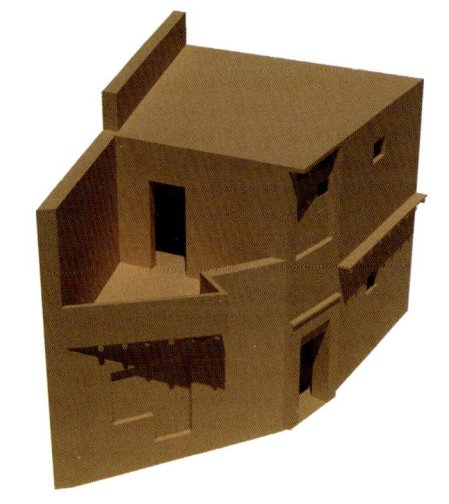

用户编号	383	户主	阿布克热木·亚生	人口	2人
门牌号	0545	收入水平	￥500	职业分类	裁缝
搬迁意向	不同意	是否重建	重建	建筑主体结构	土木
建筑密度	100.00%	庭院面积		住宅基地面积	51.14 m²
总建筑面积		92.27 m²		一层建筑面积	51.14 m²
描述	房屋有两层，共5个房间，向外出租。				

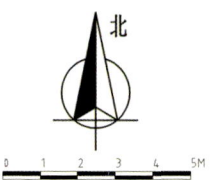

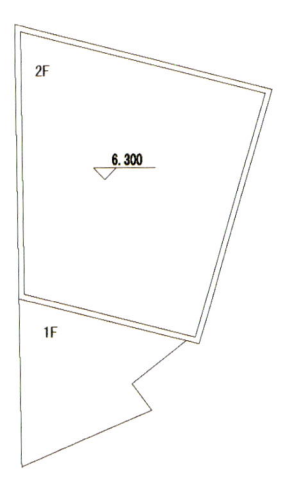

屋顶平面图

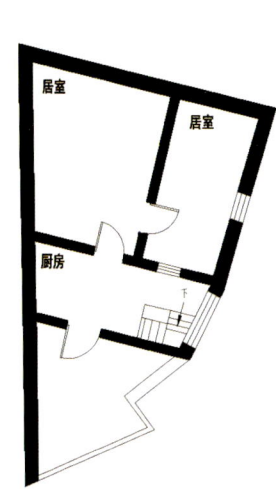

二层平面图

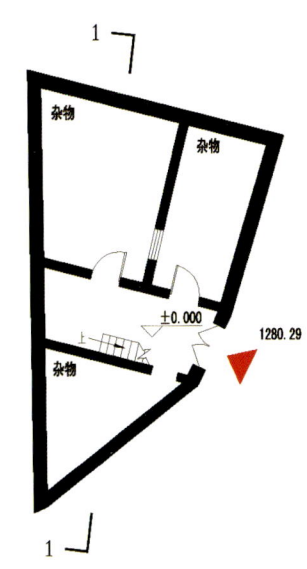

一层平面图

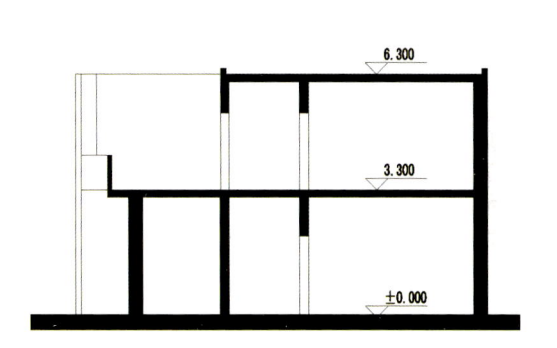

1-1剖面图

547号住宅

用户编号	384	户主	艾山江·阿西木	人口	2人
门牌号	0547	收入水平	￥3500	职业分类	退休
搬迁意向	不同意	是否重建	重建	建筑主体结构	砖木
建筑密度	86.80%	庭院面积	21.19 m²	住宅基地面积	159.93 m²
总建筑面积	293.54 m²		一层建筑面积		138.74 m²

描述：房屋建于1996年，有两层，共13个房间，院子里连廊上的木雕刻很精细。房屋现在向外出租。

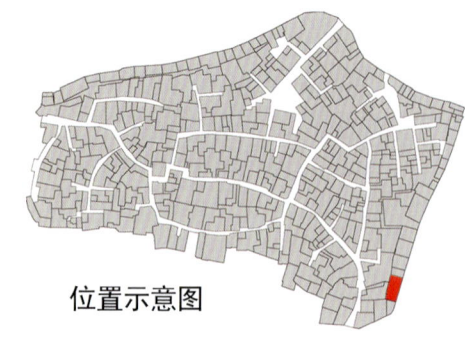

位置示意图

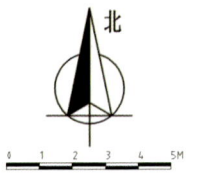

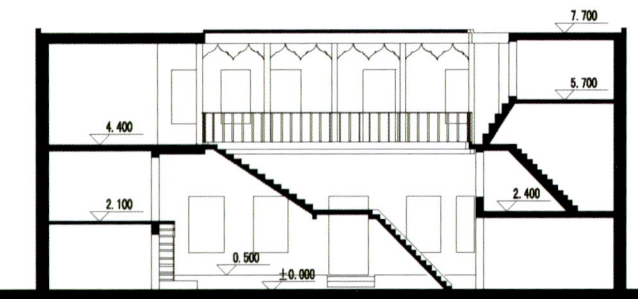
1-1剖面图

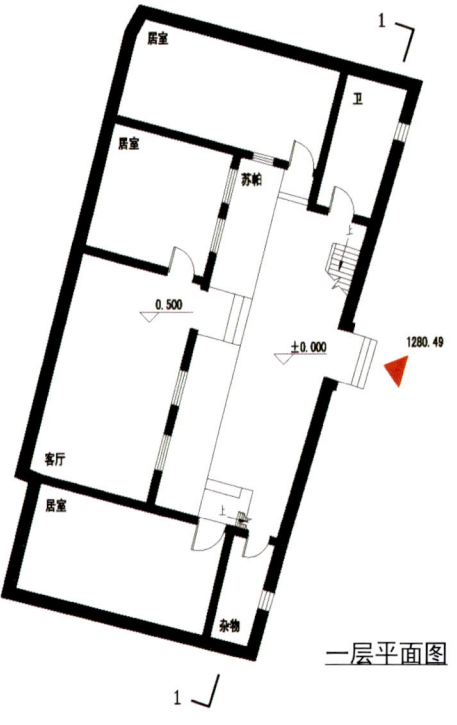
一层平面图

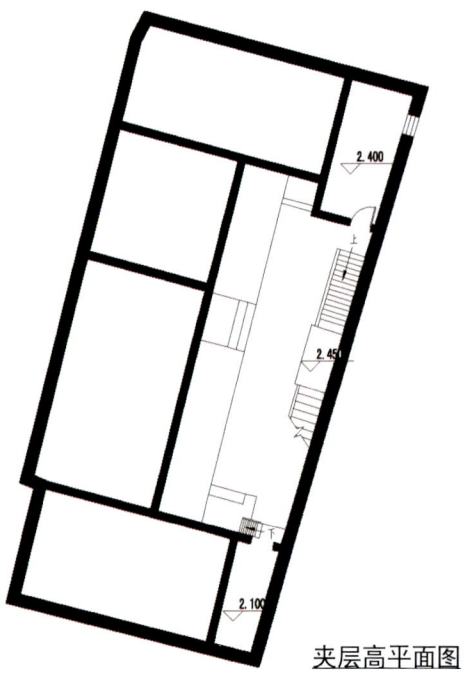
夹层高平面图

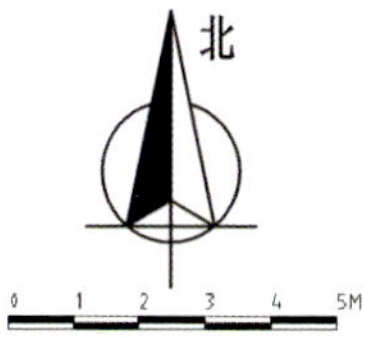

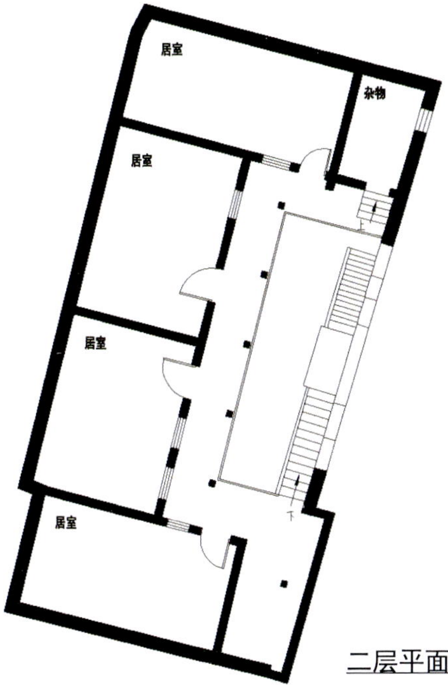

547号住宅

二层平面图

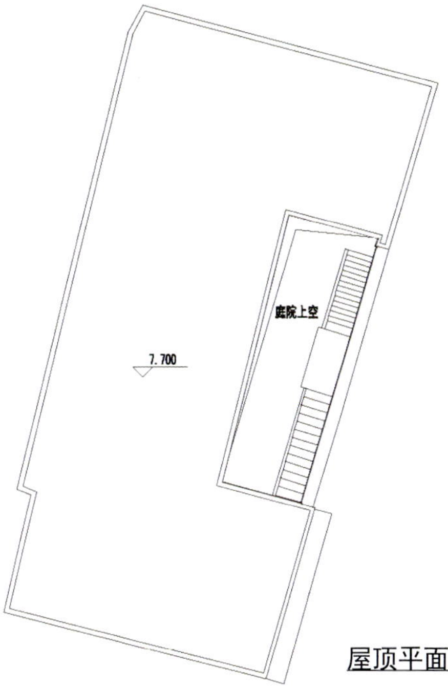

屋顶平面图

北

549a号住宅

用户编号	385	户主	吐尔逊·孜农	人口	4人
门牌号	0549a	收入水平	￥600	职业分类	
搬迁意向	不同意	是否重建	重建	建筑主体结构	砖木
建筑密度	77.80%	庭院面积	11.79 m²	住宅基地面积	53.07 m²
总建筑面积	96.48 m²			一层建筑面积	41.28 m²

描述：该房屋位于531号房子的下面；户主是531号户主的儿子，房屋于1985年修建，地面两层，地下室一层，共4间（包括地下室）。

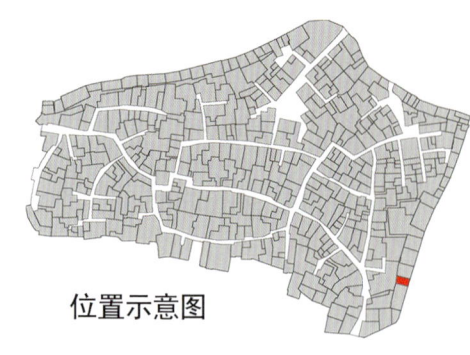

位置示意图

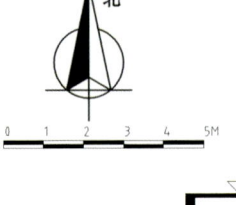

1-1剖面图

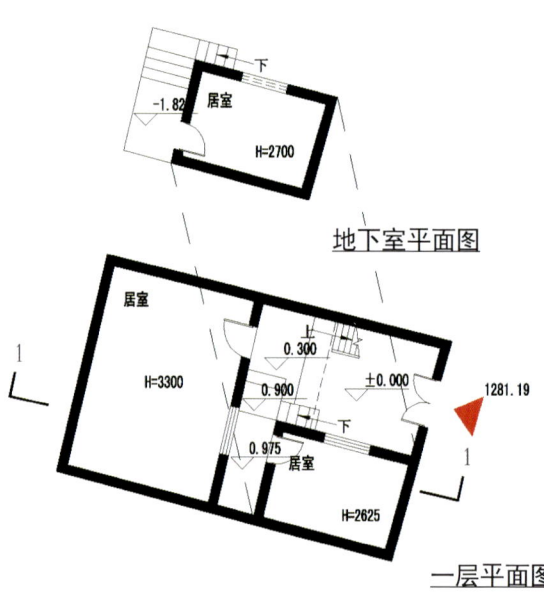

地下室平面图

一层平面图

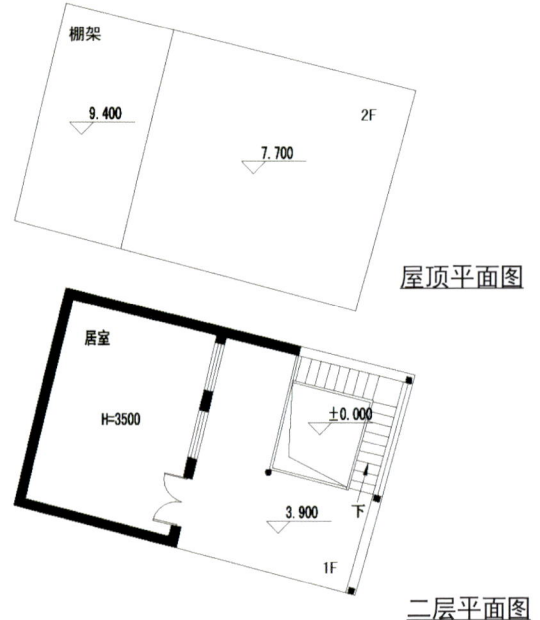

屋顶平面图

二层平面图

549b号住宅

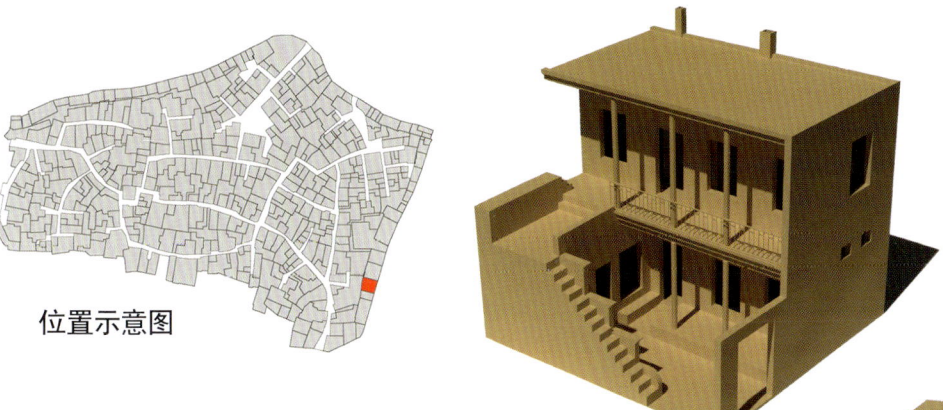

位置示意图

用户编号	386	户主	库尔班江	人口	4人
门牌号	0549b	收入水平	￥700	职业分类	司机
搬迁意向	不同意	是否重建	重建	建筑主体结构	砖木
建筑密度	78.30%	庭院面积	20.05 m²	住宅基地面积	92.3 m²
总建筑面积		114.57 m²		一层建筑面积	72.25 m²

描述：房屋位于531号房子的下面，549a号的北侧，与531号有夹层相连。户主是531号户主的儿子。房屋于1983年修建，有三层（包括夹层），共6间。

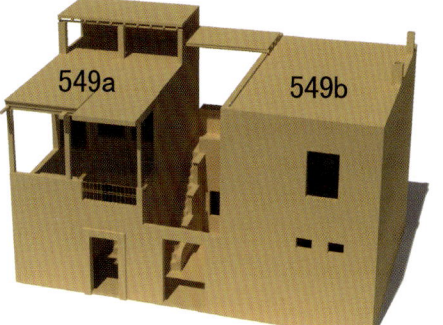

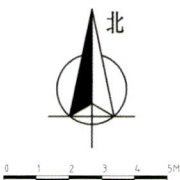
北

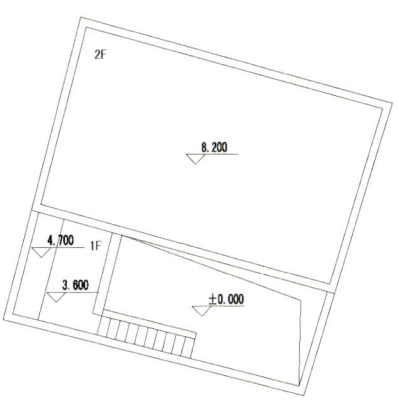
屋顶平面图

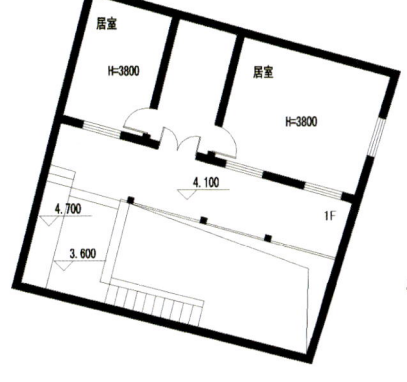
二层平面图

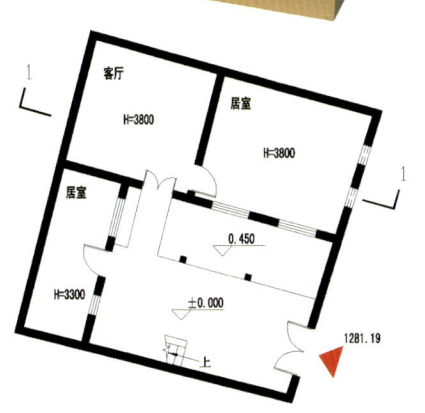
一层平面图

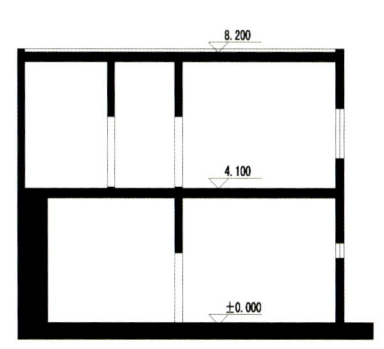
1-1剖面图

551a号住宅

用户编号	387	户主	布合力其木·卡德尔	人口	5人
门牌号	0551a	收入水平	￥4000	职业分类	做衣服
搬迁意向	不同意	是否重建	重建	建筑主体结构	土木
建筑密度	79.10%	庭院面积	26.7 m²	住宅基地面积	127.51 m²
总建筑面积		179.98 m²	一层建筑面积		100.81 m²

描述：房屋是2006年新建的，有两层，7个房间，其中二层可通向551b号屋顶。

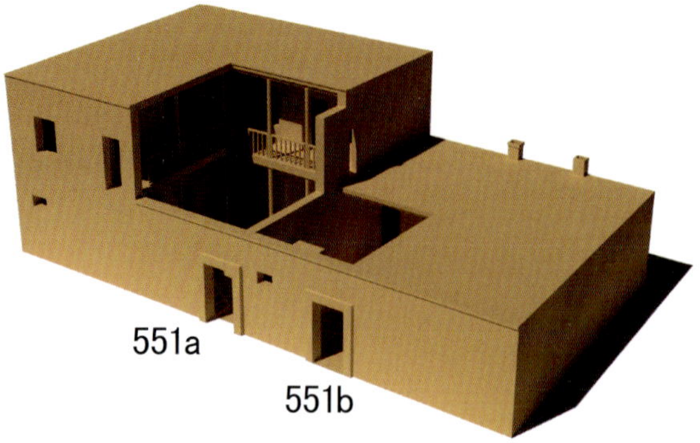

551a　551b

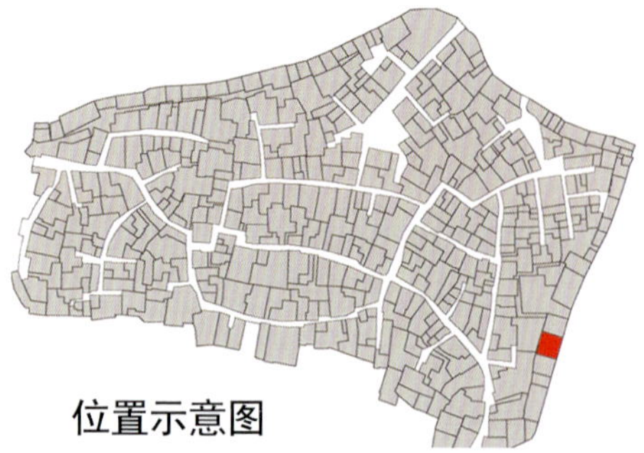

位置示意图

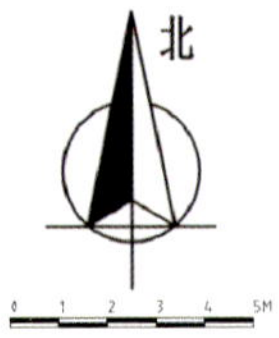

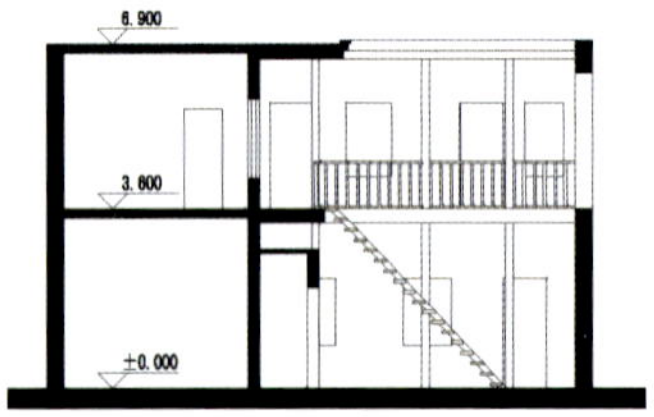

1-1剖面图 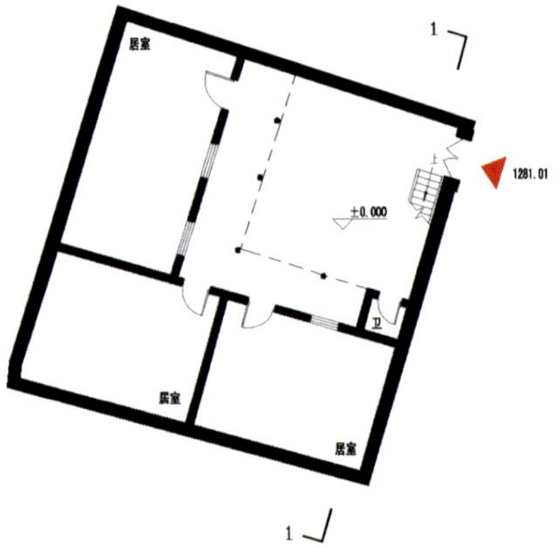　一层平面图 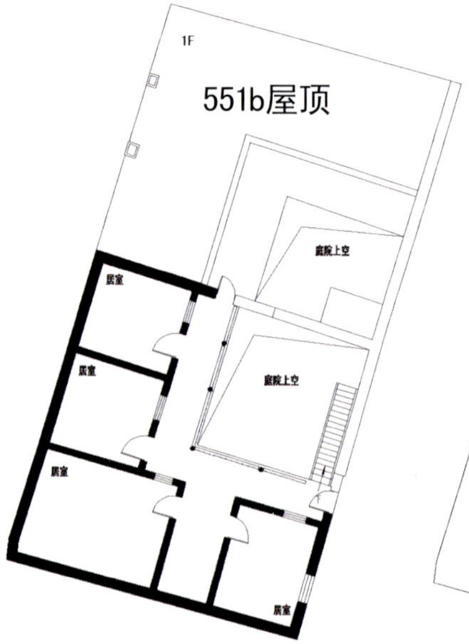　二层平面图 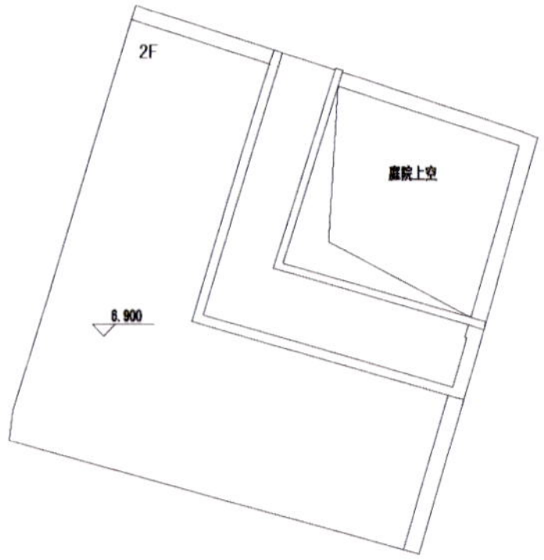　屋顶平面图

551b号住宅

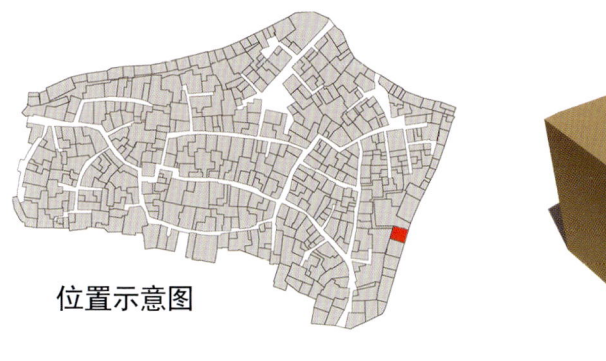

位置示意图

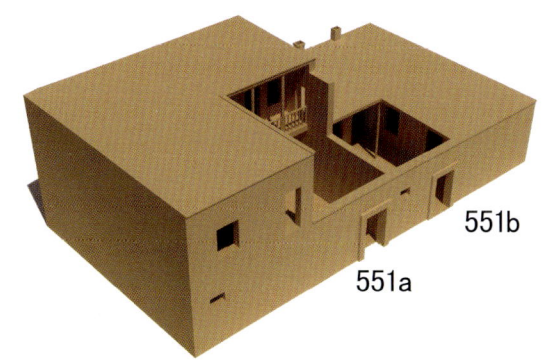

用户编号	388	户主	布合力其木·卡德尔	人口	5人
门牌号	0551b	收入水平	￥4000	职业分类	做衣服
搬迁意向	不同意	是否重建	重建	建筑主体结构	土木
建筑密度	85.90%	庭院面积	15.38 m²	住宅基地面积	108.85 m²
总建筑面积		93.47 m²		一层建筑面积	93.47 m²

描述	与551a号一墙之隔，一层，共4个房间。

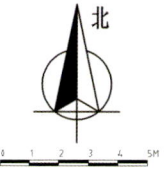

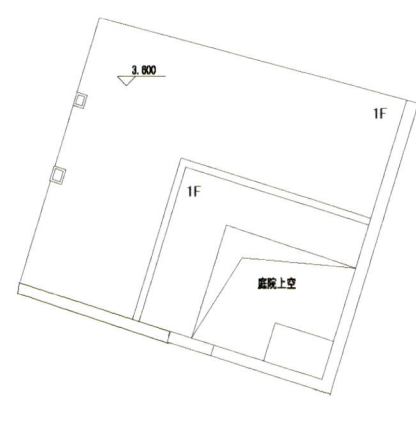

屋顶平面图

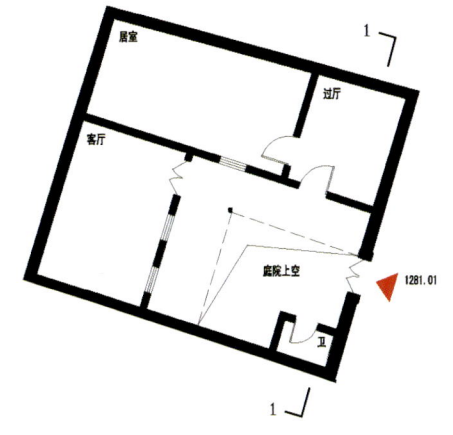

一层平面图

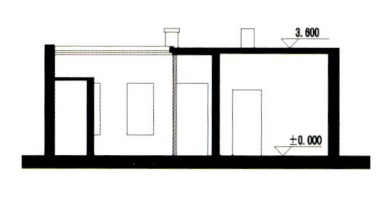

1-1剖面图

553a号住宅

用户编号	389	户主	阿布地瓦力江	人口	3人
门牌号	0553a	收入水平	￥1500	职业分类	
搬迁意向	不同意	是否重建	重建	建筑主体结构	土木
建筑密度	49.20%	庭院面积	180.73 m²	住宅基地面积	355.77 m²
总建筑面积		175.04 m²	一层建筑面积	175.04 m²	

描述：房屋建于1982年，从入口进去上11个台阶才能到院子，共11个房间。院内有葡萄架，两个苏帕，夏天很凉快。

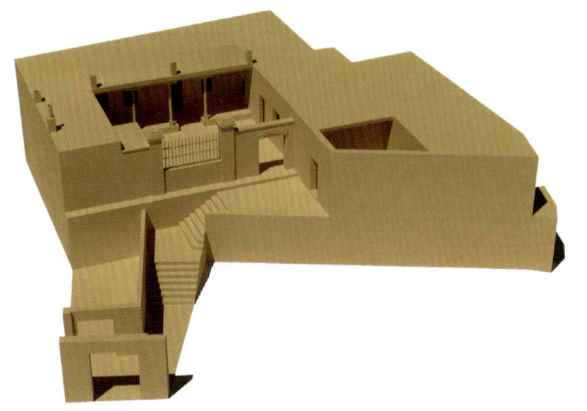

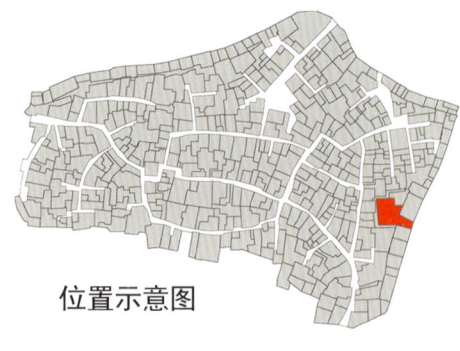

位置示意图

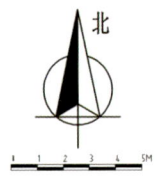

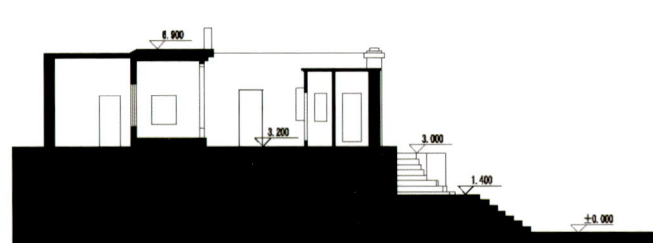

1-1剖面图

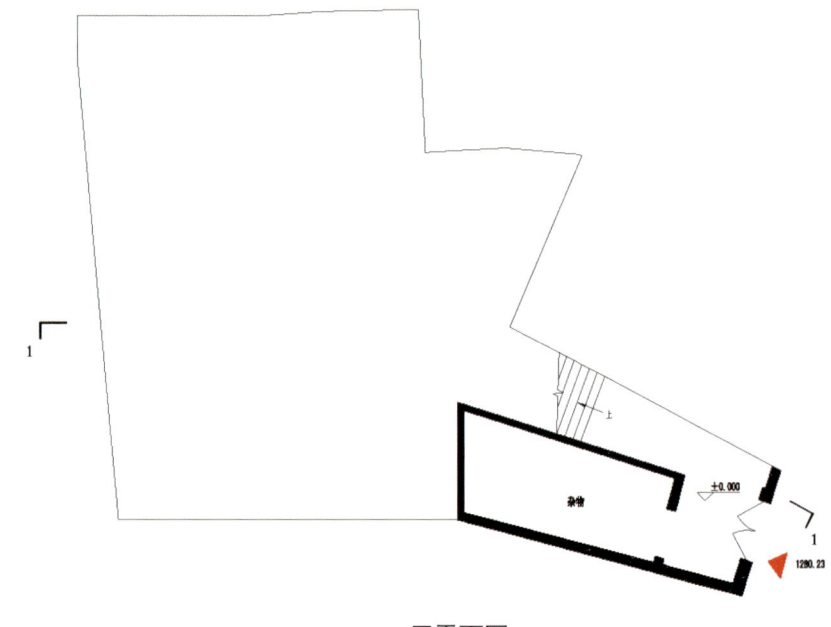

一层平面图

553a号住宅

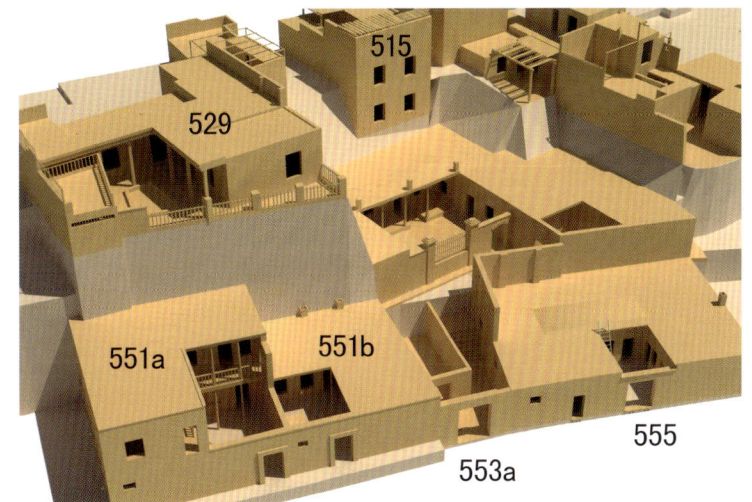

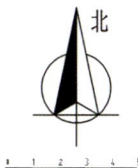

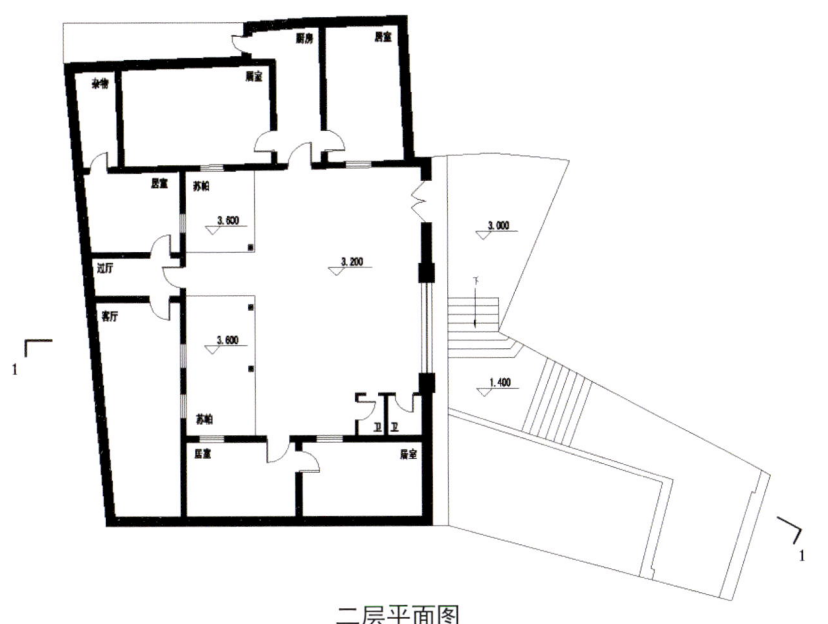

二层平面图

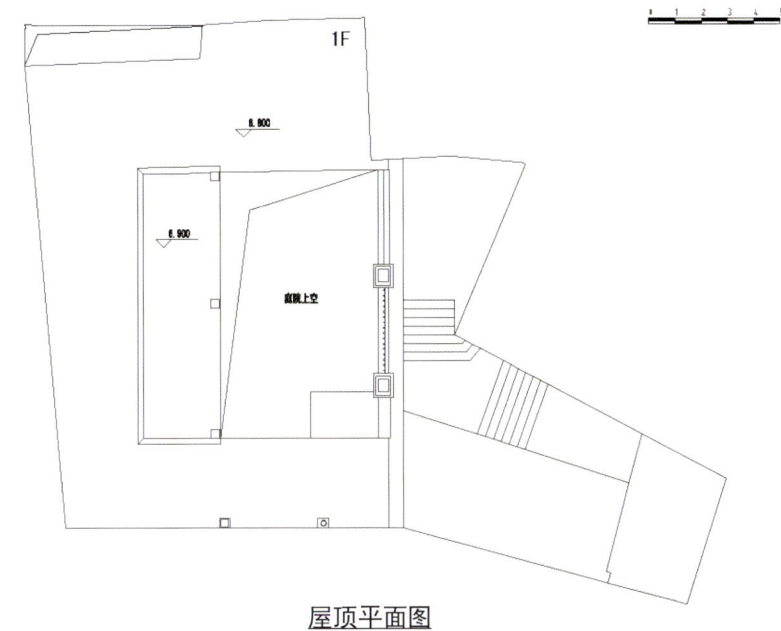

屋顶平面图

555号住宅

用户编号	390	户主	阿布都卡德·吐尔逊	人口	5人
门牌号	0555	收入水平	￥1200	职业分类	退休
搬迁意向	不同意	是否重建	重建	建筑主体结构	土木&砖木
建筑密度	91.20%	庭院面积	18.13 m²	住宅基地面积	204.92 m²
总建筑面积	186.79 m²	一层建筑面积		186.79 m²	

描述：房屋为1979年购买，1983年重建，1997年维修过一次，2000年房子倒塌后重新建造。房屋有两层，共12个房间，有一间对外开发为商铺。

位置示意图

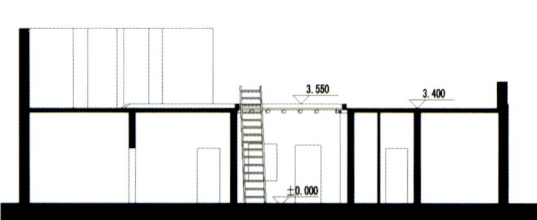

1-1剖面图

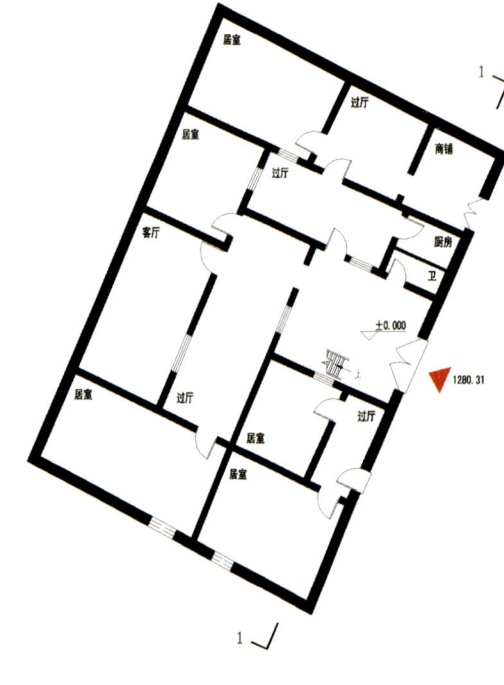

一层平面图

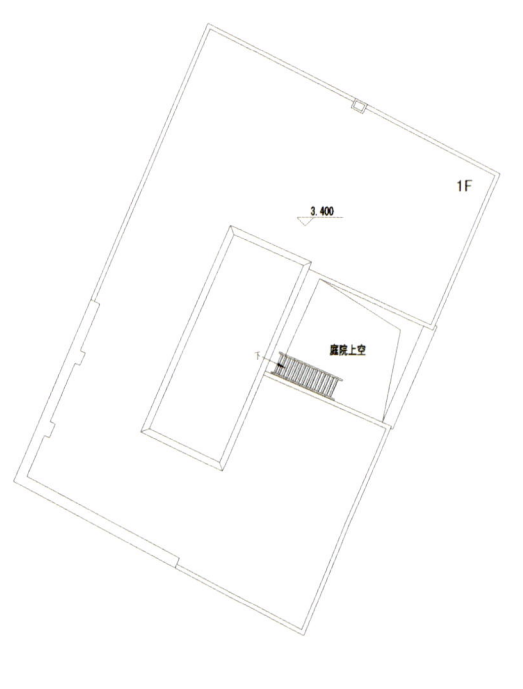

屋顶平面图

563号住宅

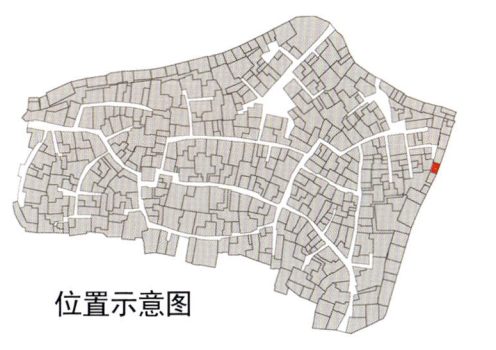

位置示意图

用户编号	391	户主	吾甫·西力甫	人口	5人
门牌号	0563	收入水平	￥1500	职业分类	退休
搬迁意向	不同意	是否重建	重建	建筑主体结构	砖混
建筑密度	100.00%	庭院面积		住宅基地面积	37.74 m²
总建筑面积		80.47 m²		一层建筑面积	37.74 m²
描述	房屋于2008年新建，花费4万多元。房屋有两层，共5个房间，没有院子。				

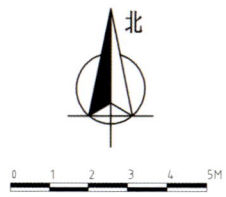

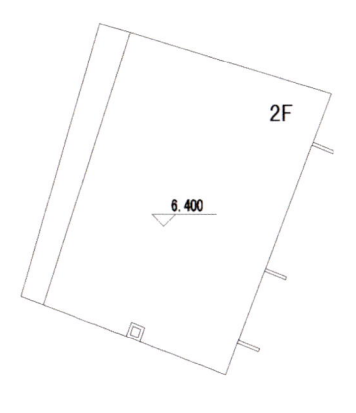
屋顶平面图

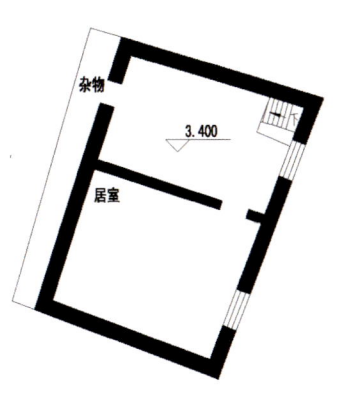
二层平面图

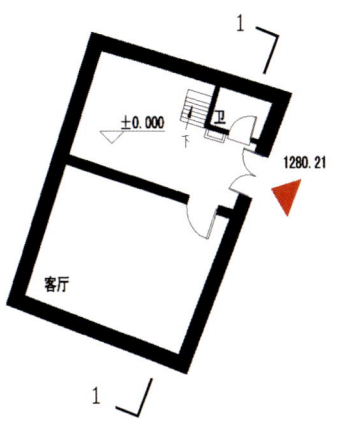
一层平面图

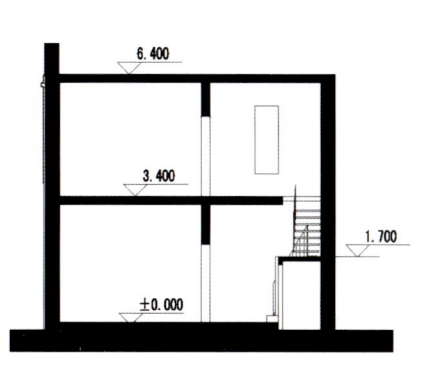
1-1剖面图

559a号住宅

用户编号	392	户主	努热克库尔班	人口	9人
门牌号	0559a	收入水平	￥1500	职业分类	
搬迁意向	不同意	是否重建	重建	建筑主体结构	土木&砖木
建筑密度	21.90%	庭院面积	149.39 m²	住宅基地面积	191.19 m²
总建筑面积	41.8 m²			一层建筑面积	41.8 m²

描述：房屋修建于1909年，院子前墙于2006年维修过，其他没改变，进门后直接上到2层，3个房间。559号和561号是一个人的，2006年分家。

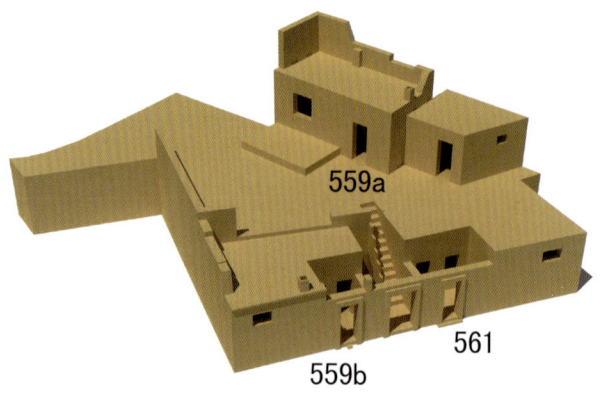

位置示意图

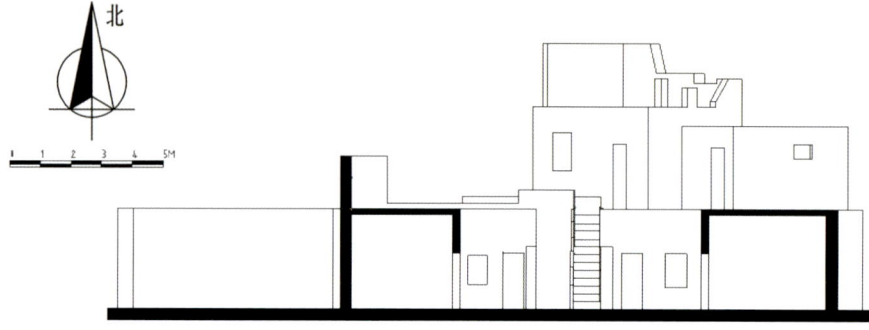

1-1剖面图

559b号住宅

用户编号	393	户主	努热克库尔班	人口	9人
门牌号	0559b	收入水平	￥1500	职业分类	
搬迁意向	不同意	是否重建	重建	建筑主体结构	土木&砖木
建筑密度	88.40%	庭院面积	3.53 m²	住宅基地面积	30.31 m²
总建筑面积	26.78 m²			一层建筑面积	26.78 m²

描述：出租房，一层，共2个房间。

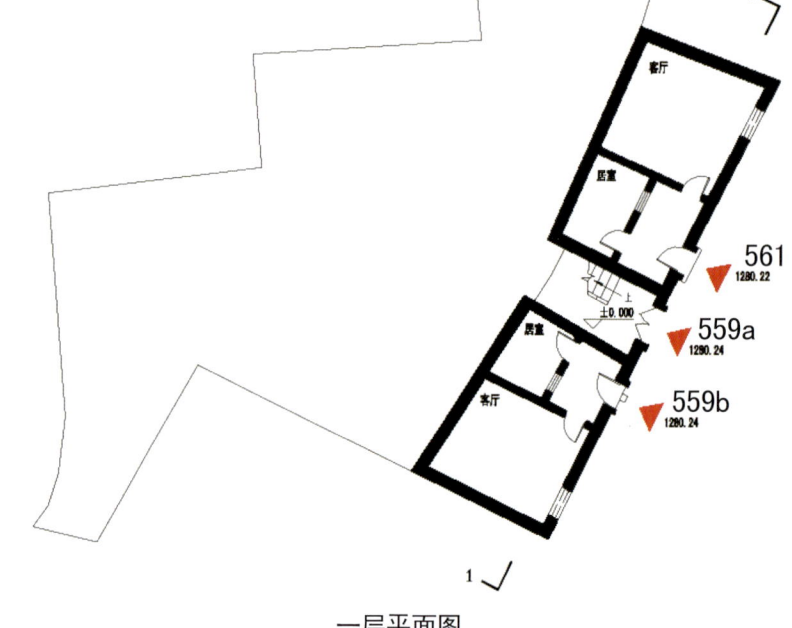

一层平面图

561号住宅

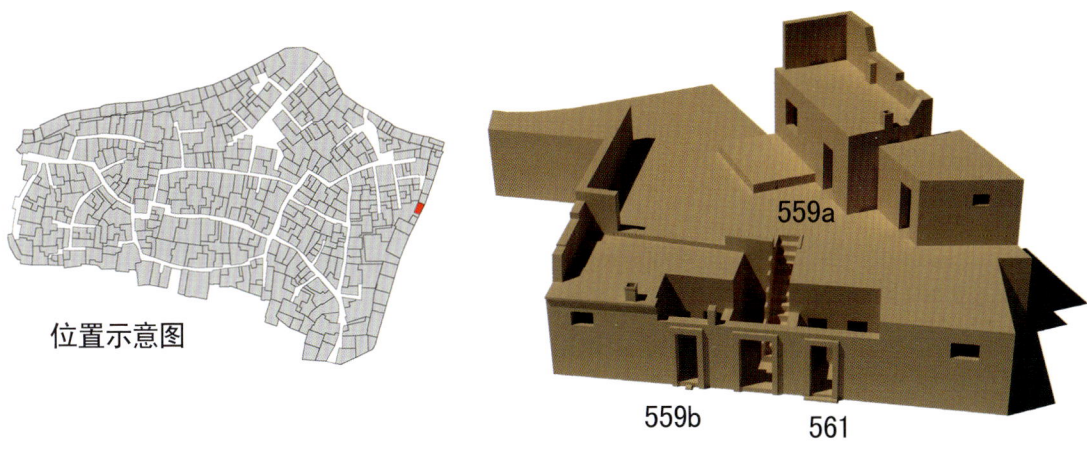

位置示意图

用户编号	394	户主	努热克库尔班	人口	1人
门牌号	0561	收入水平		职业分类	
搬迁意向	不同意	是否重建	重建	建筑主体结构	土木
建筑密度	86.10%	庭院面积	5.02 m²	住宅基地面积	36.04 m²
总建筑面积		31.02 m²	一层建筑面积	31.02 m²	

描述：一层，共2个房间。

北

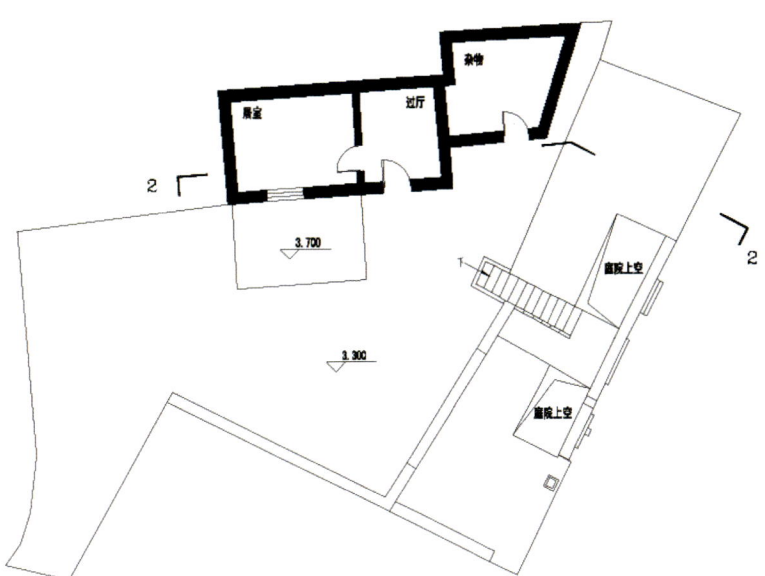

二层平面图

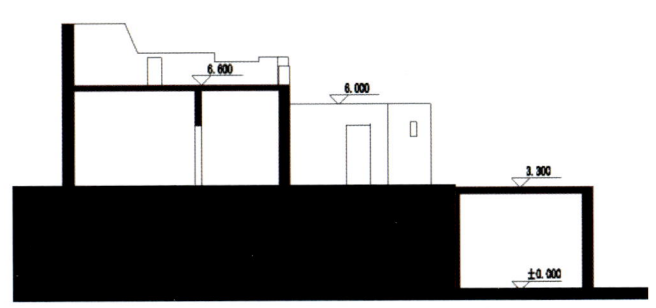

2-2剖面图

567号住宅

用户编号	395	户主	阿依夏木古丽·吾西尔	人口	4人
门牌号	0567	收入水平	￥300	职业分类	在家
搬迁意向	不同意	是否重建	重建	建筑主体结构	土木&砖木
建筑密度	77.00%	庭院面积	16.84 m²	住宅基地面积	72.96 m²
总建筑面积	74.05 m²			一层建筑面积	56.12 m²
描述	房屋修建于1939年，于1989年新建了一部分。房屋有两层，共4间。				

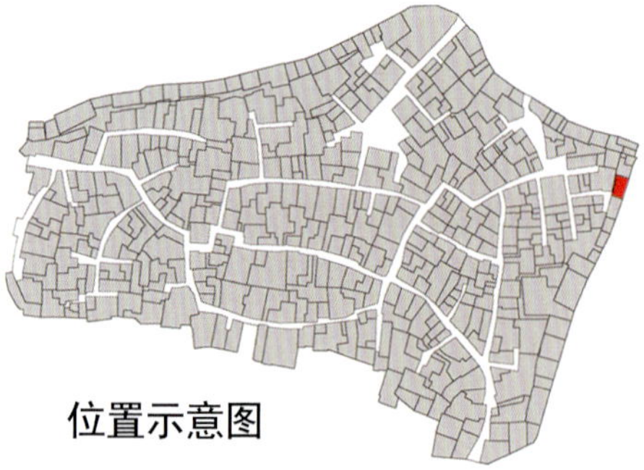

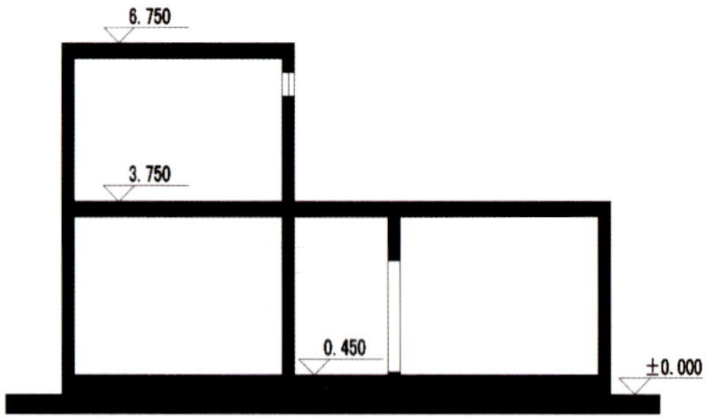

位置示意图

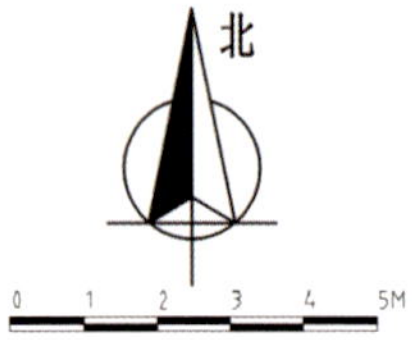

1-1剖面图 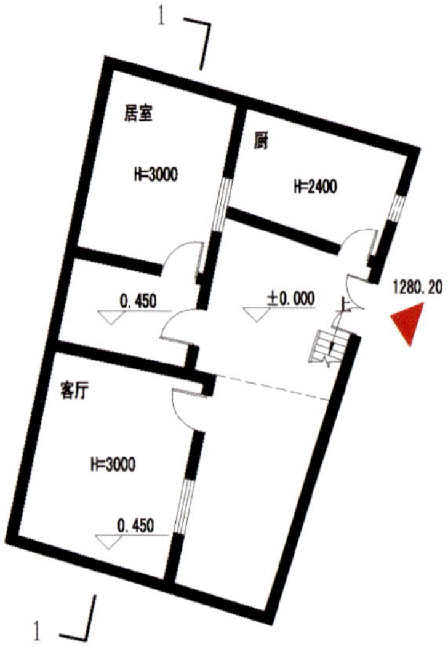　　一层平面图 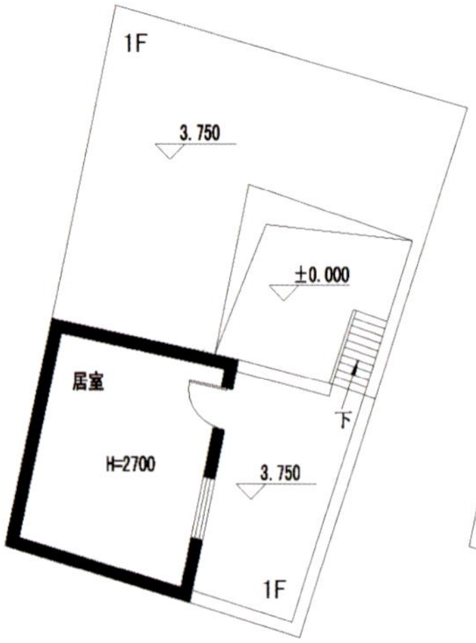　　二层平面图 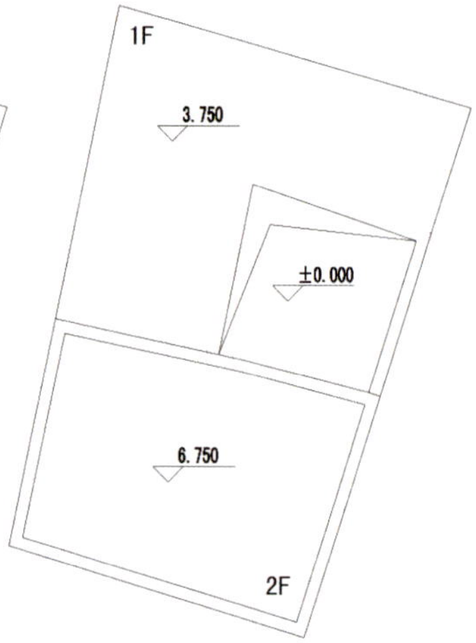　　屋顶平面图

569号住宅

位置示意图

用户编号	396	户主	依玛木江	人口	3人
门牌号	0569	收入水平	￥2000	职业分类	教师
搬迁意向	不同意	是否重建	重建	建筑主体结构	土木
建筑密度	77.00%	庭院面积	4.81 m²	住宅基地面积	56.27 m²
总建筑面积		43.21 m²		一层建筑面积	11.56 m²

描述：房屋一部分已经坍塌。房屋现两层，共4间。修建中。

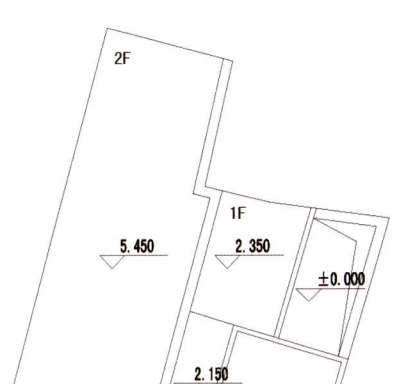
屋顶平面图

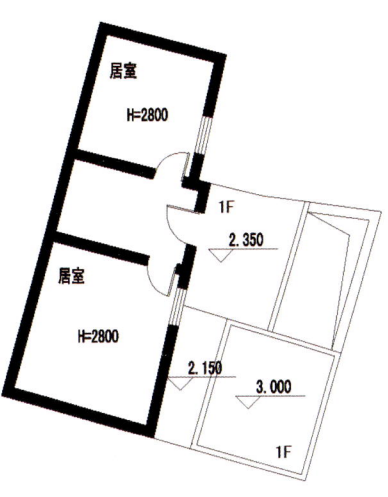
二层平面图

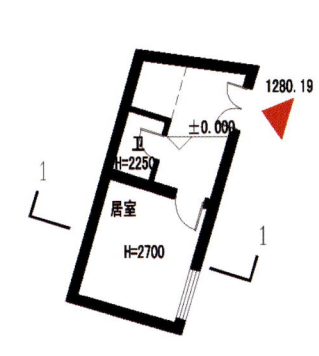
一层平面图

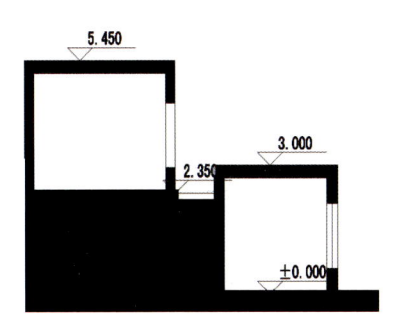
1-1剖面图

第三章　设计篇

高台民居外迁后平面分析图

规划设计方案一

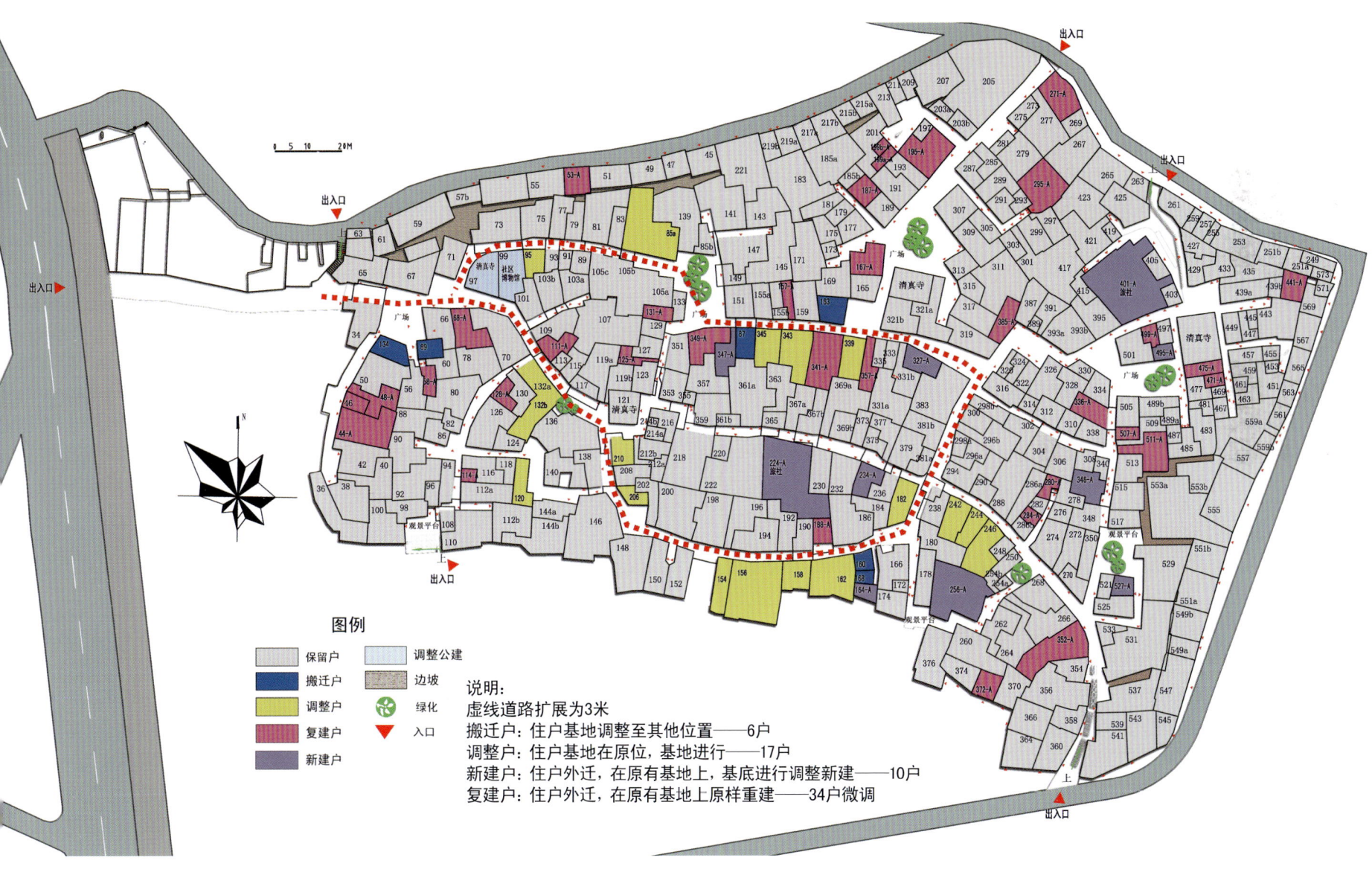

图例
- 保留户
- 搬迁户
- 调整户
- 复建户
- 新建户
- 调整公建
- 边坡
- 绿化
- 入口

说明：
虚线道路扩展为3米
搬迁户：住户基地调整至其他位置——6户
调整户：住户基地在原位，基地进行——17户
新建户：住户外迁，在原有基地上，基底进行调整新建——10户
复建户：住户外迁，在原有基地上原样重建——34户微调

规划设计方案二

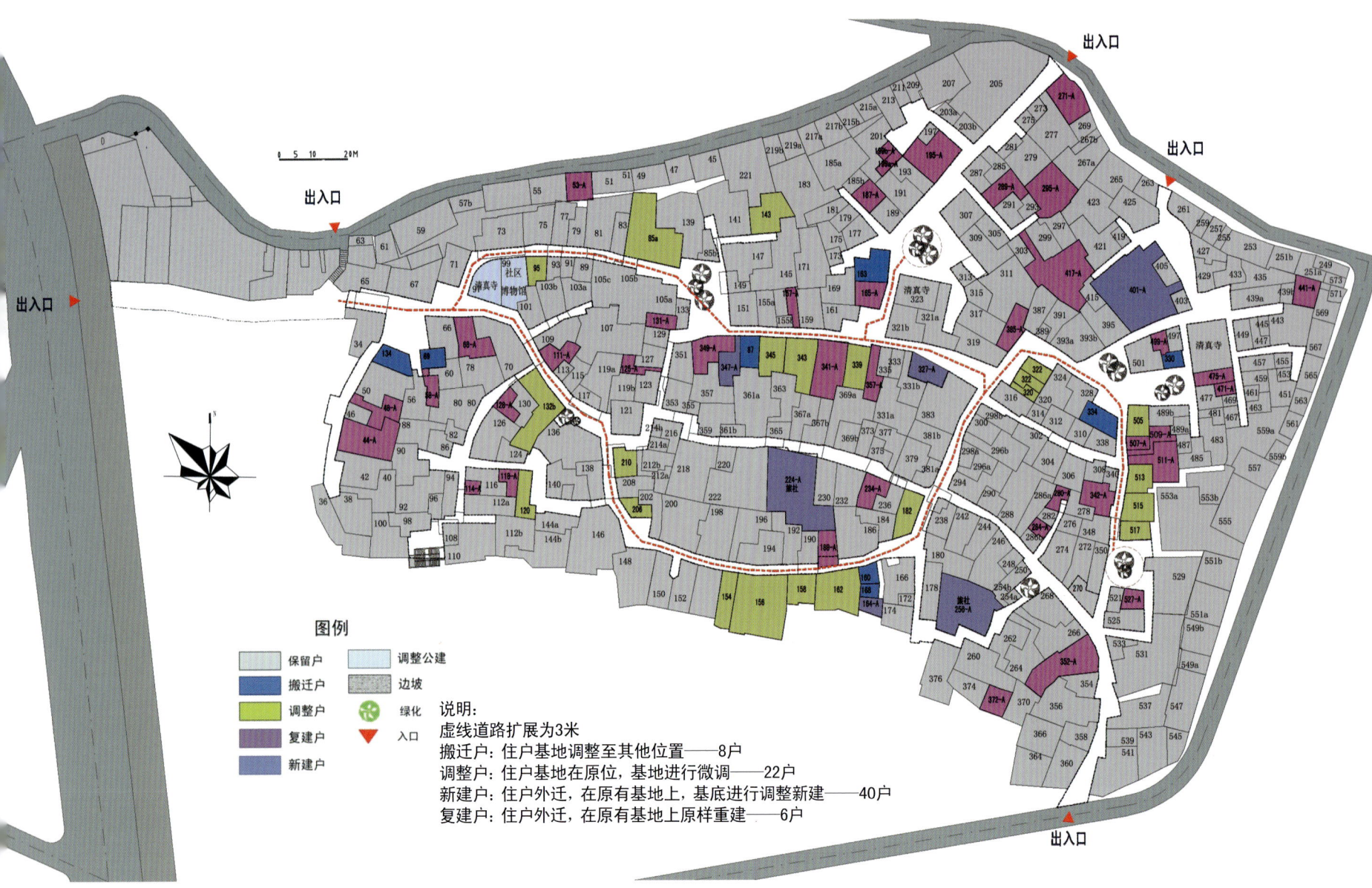

468

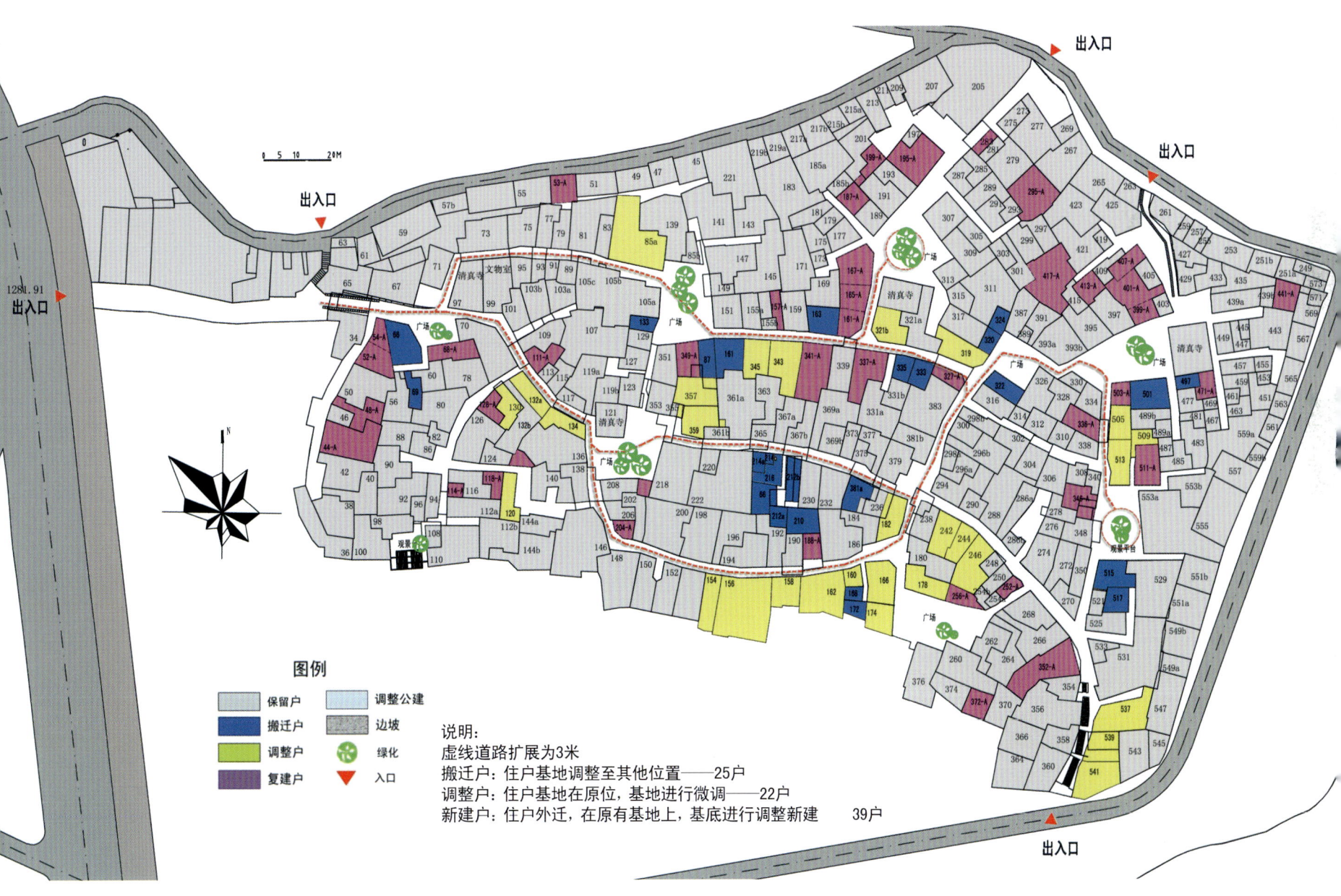

规划设计方案三

规划设计方案四

推荐方案鸟瞰图

西南角鸟瞰图

东南角鸟瞰图

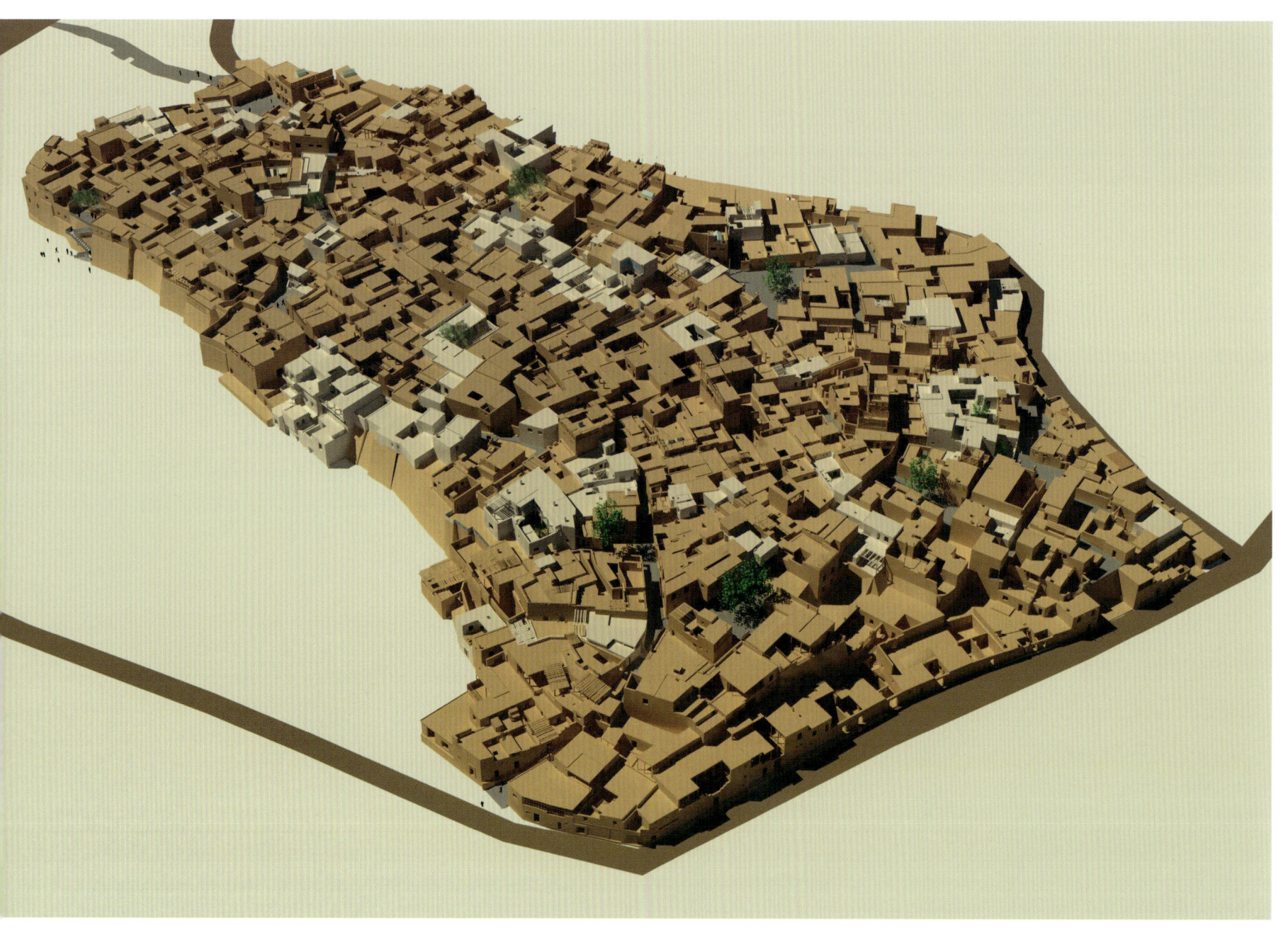

东北角鸟瞰图

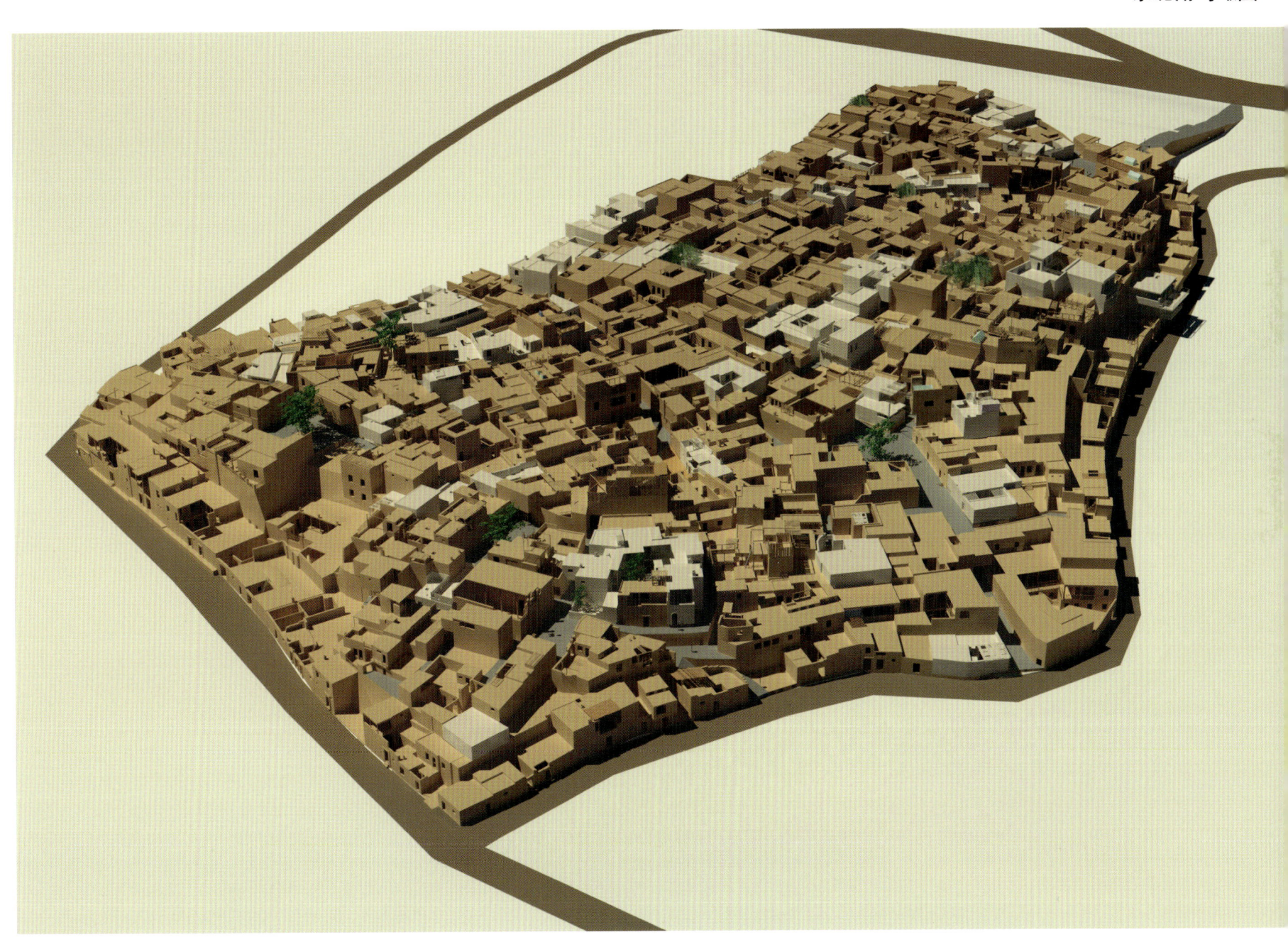

西北角鸟瞰图

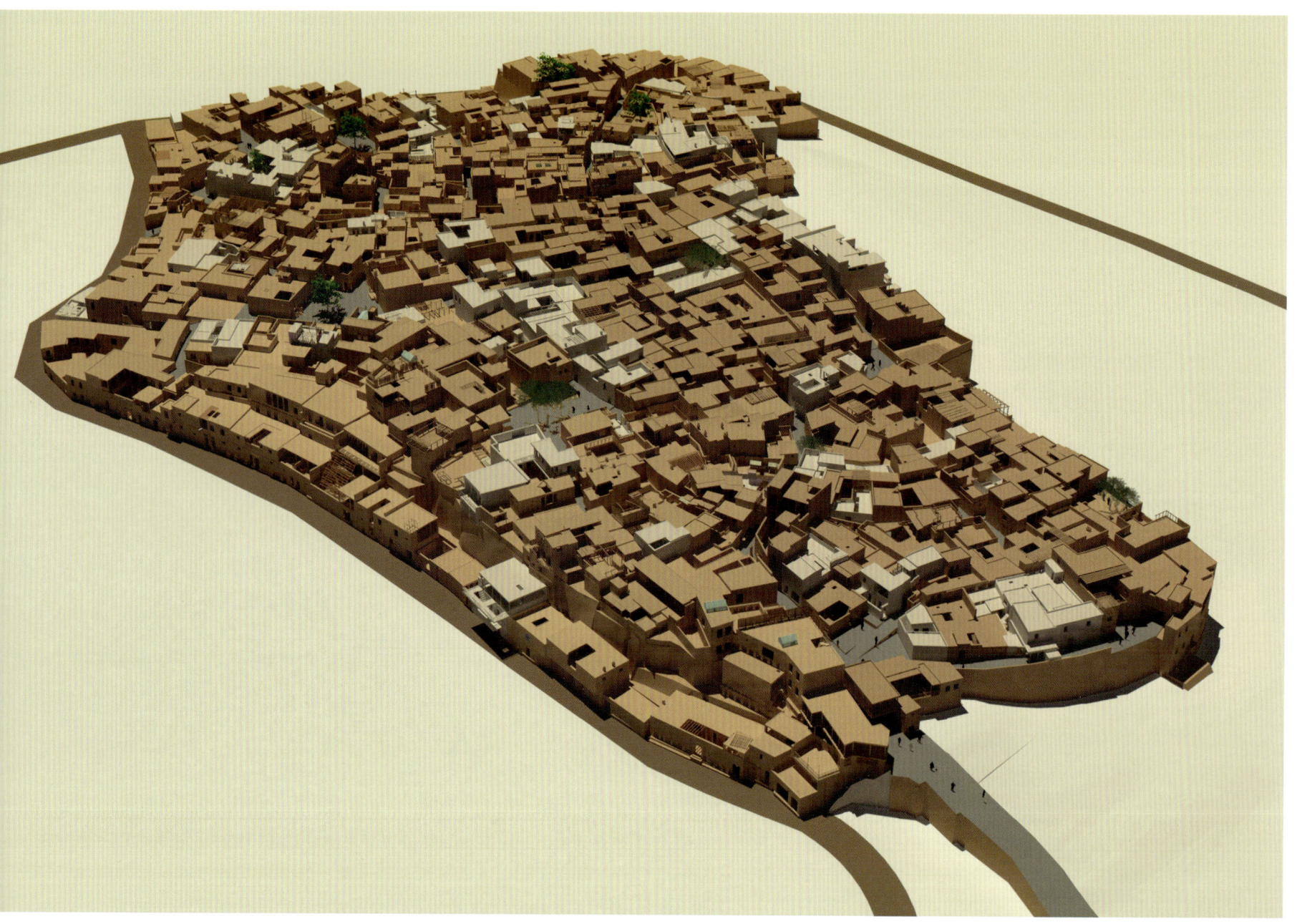

推荐方案及说明

喀什高台民居规划设计方案中，着重考虑高台民居的重要历史价值，以保护为主，维持原有空间风貌，在兼顾出行安全和满足高台内部居民的公共活动前提下，大部分房屋基址不动，将部分同意搬迁户和危旧房进行调整，经过最优化组合，推荐方案予以实施。

一、道路交通

中心交通环道：街道在中心形成主要交通环道，在环道形成的片区内，保证主要街道3米的通行宽度，另有加宽街道、巷道和尽端巷各一条，保持了中心区原有的完整性风貌的同时，使交通流线便捷明晰，方便日常出行和旅游参观，保证人员在紧急情况下的有序疏散。

入口缓冲平台：在高台民居现有的四个主入口中，北、西和东北方向均设置广场或平台，用以满足疏散要求，形成聚居区内新的交流空间的同时，也满足游客游览的功能。

而南向较长的入口台阶，利用原有的三个休息平台满足最基本的疏散要求。

交通空间：民居中的步移景异，蜿蜒曲折是高台空间的一个亮点。在西和北使用过街楼组织入口，形成"门"的意向。南入口特有的层层收束的楼梯和东北入口曲折分层上升的台地变化也使得空间丰富，给人以丰富的空间节奏感。

内部的街巷保留其蜿蜒曲折，不仅使景色变化引人入胜，而且更具有在沙尘暴气候下防风沙的实际效果。

为保证街道原有高宽比，规划设计道路宽度调整不大，不仅满足高台内部过街楼充分发挥原有遮阴避阳的作用，还使邻里间空间心理距离和以往一样亲近。在景观上，过街楼和两边墙体所形成的"画框"，起到了收束远景，暗示人们前进方向的作用。

可识别性：方案中，在保证了原有清真寺广场的基础上，根据地形和区内人均需求设置4处广场和2个观景平台，并新增了两处交往空间。街巷和尽端路口的交接避免垂直角，既缓和行人的心理，也减少潜在危险。道路尽端总是有一户住家的大门相对应，再加上路上每家不同的材质构件和尺度，使在看似狭长的街巷内行进并不感到枯燥，还增加各户特有的可识别性。

二、广场

在实际测绘调研中，居民提出了对广场空间的需求，希望满足他们交流和举行婚礼和葬礼等大型活动的需求。设计中从方便可达性出发，根据地形和区内人均需求设置了4处广场、5处交往空间和2个观景平台。

原有寺前广场：原有广场很少，仅有的一处大广场位于高台东北部323号清真寺前。其余三个清真寺广场的尺度小，与居民关系密切。因考虑到清真寺前广场是由于长期住宅演变围合而成，其尺度长期满足周围居民的心理感受，此并无较大修改。

新建广场：除去原有的一个清真寺前广场外，新建的其他三个广场均是在同意拆迁户的基址上规划建成的，三个广场也本着封闭内向的维吾尔建筑原则进行设计，使得广场空间与当地传统相统一，具有安全性和内聚性。广场的尺度控制在18m×10m的范围内。采用这种尺度既能满足功能，也不会破坏高台内整体风貌。每个广场都有两到三个出入口，以满足疏散要求。在新建广场上考虑以代表民族风俗的特色名称命名并加入具有供当地居民生活和旅游观赏价值的小品景观。

交往空间和观景平台：除稍大型的广场，在高台南向还设置了一个小观景平台，其上可看到南向城市、摩天轮和土曼河的美景。东南部的广场由于自有的高差优势，也可作观景平台使用，观景平台的设置使得高台居民生活品质和旅游价值都大大提高。在住户密集且距公共广场稍远的区域内，结合地形设置了多处交往空间，以满足居民平时邻里交流的需求。

三、功能布局

总体功能分为三部分，分别是居住区、公共服务区和旅游服务区。

居住区：本方案在调研的基础上，搬迁了6户，新建了46户，保留原有居住面积不变的前提下仅适当调整了17户。

公共服务区：5处广场，2处观景平台，7处交往空间，还有4所清真寺、1个博物馆和居委会。

旅游服务区：

1. 平均分布设置了三间旅社。考虑将此旅馆设计得富有民族风格，以供游客住宿体验，并可解决区内部分就业问题。

2. 对于从事传统手工业的家庭，考虑到非物质文化遗产的保护，为其提供展示空间。将沿街的住户部分设计成小商铺，成为旅游服务设施中的一部分。

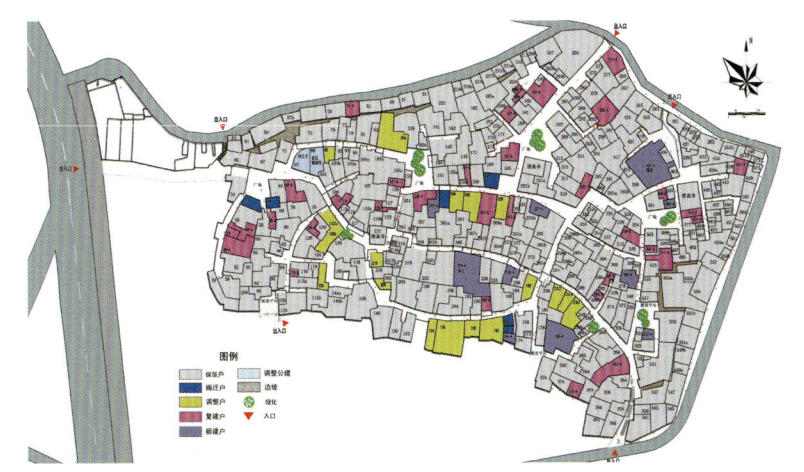

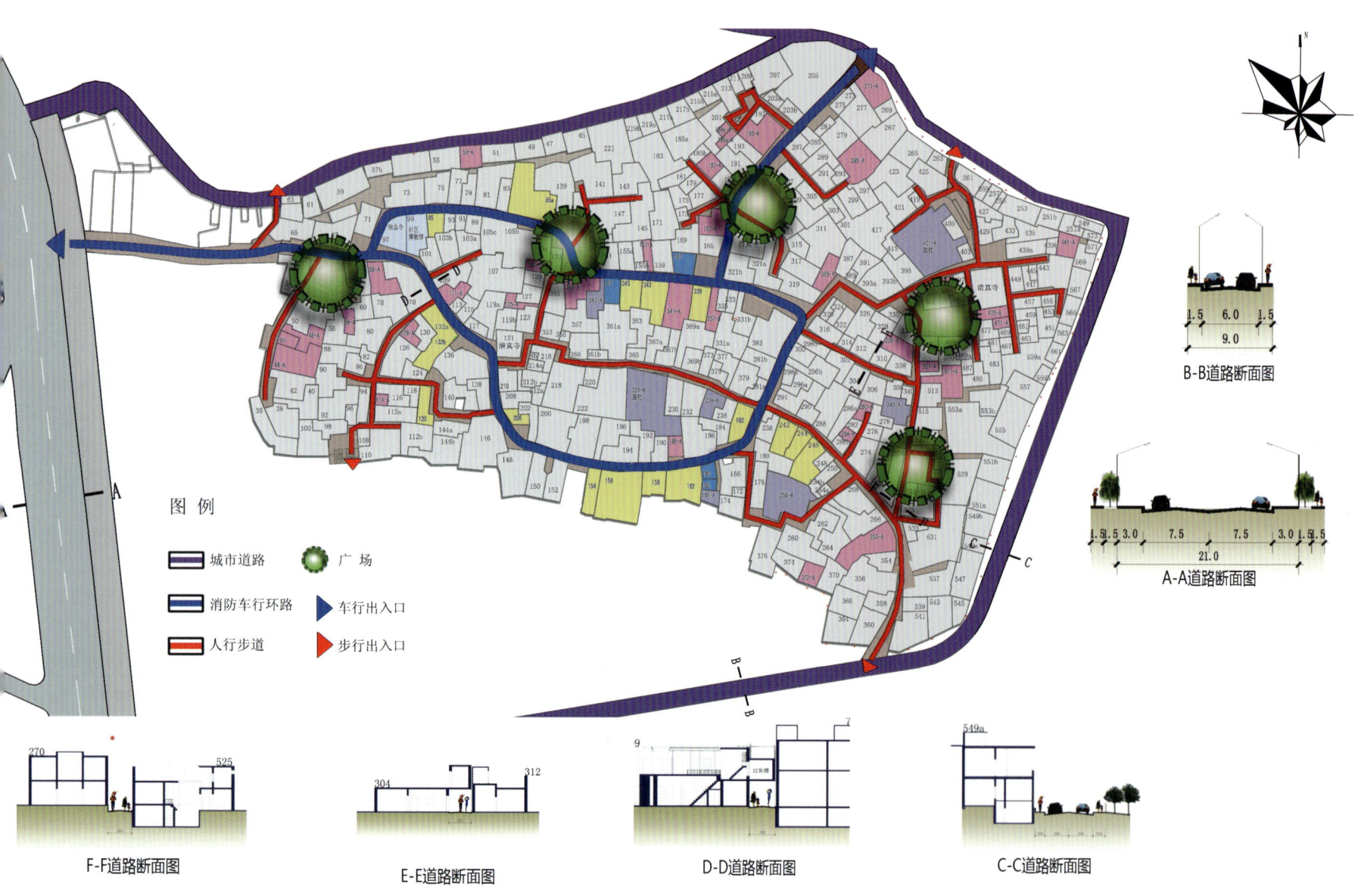

推荐方案道路断面分析图

推荐方案道路竖向分析图

推荐方案广场布局分析图

478

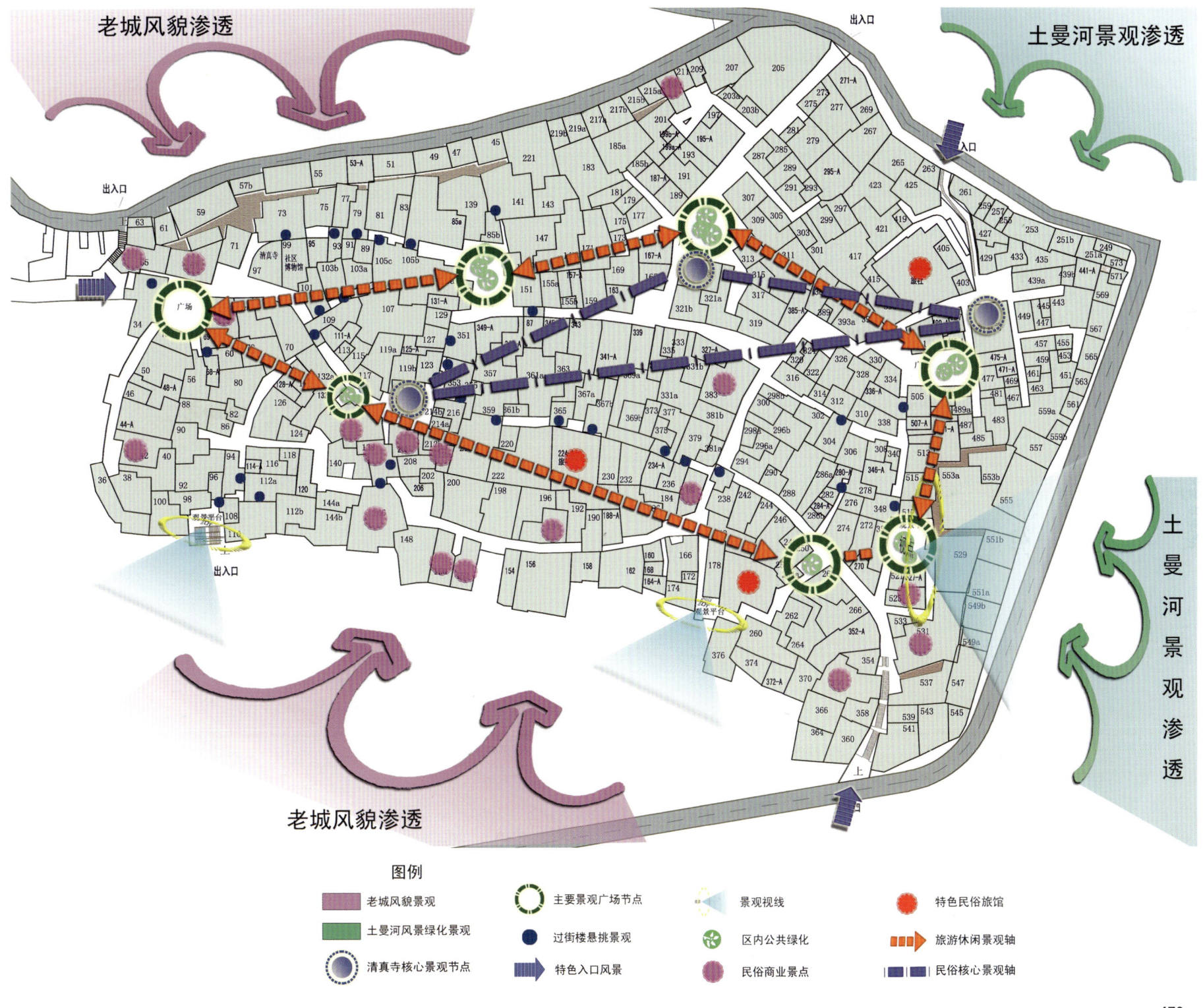

推荐方案商业功能分析图

图例：
- 🟡 高台特色商业（原有）
- 🔵 清真寺（原有）
- 🔴 高台内家庭旅馆（新加）

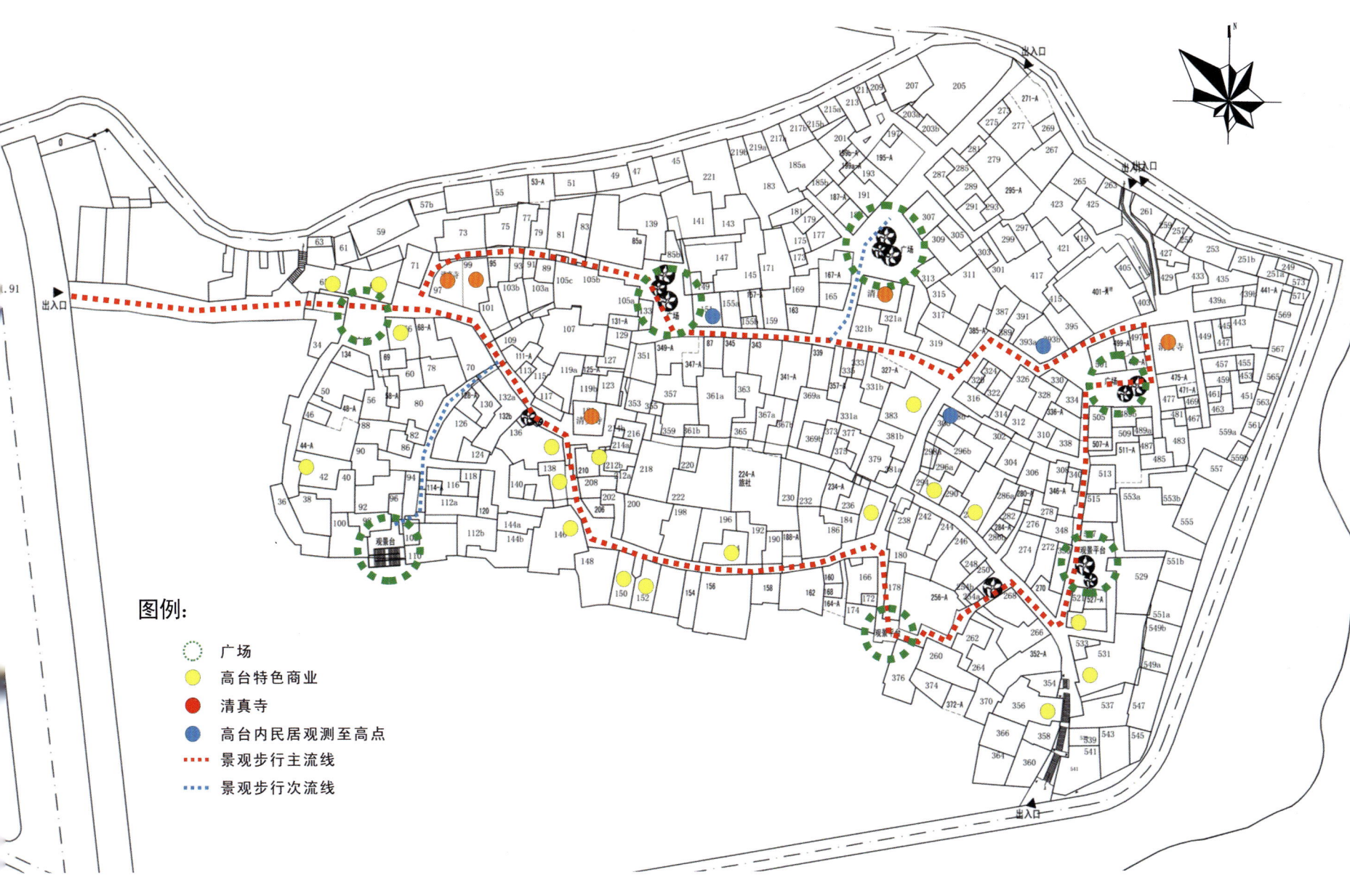

推荐方案街道公共服务设施图

推荐方案道路铺装意向图

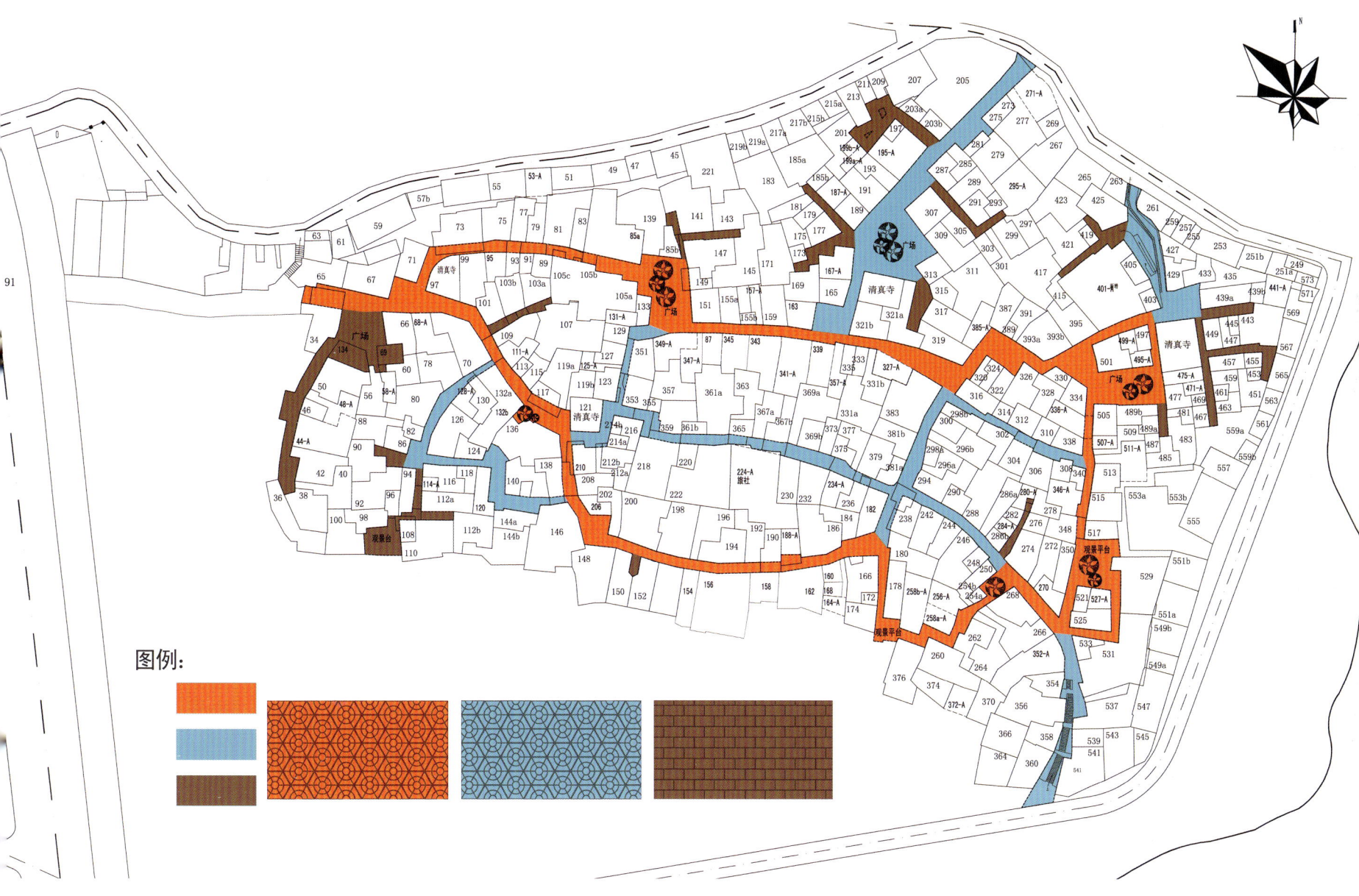

483

推荐方案实物模型照片